普通高等教育“十四五”规划教材

冶金工业出版社

财务共享与业财一体化应用实践

——以用友 U810 会计大赛为例

主　编　吴溥峰
副主编　钱　涛　丁丽君　苗　莉　吴祖光
参　编　杨　潭　董卓越　乔思雨
张新凤　陈熠阳　刘一凡

全书数字资源

北　京
冶 金 工 业 出 版 社
2024

内 容 提 要

本书以用友 U810 软件为平台，以“新道杯”会计大赛国赛竞赛题为基础账套和实训信息，详细介绍了财务共享与业财一体化应用实践。书中基础操作部分包括初始化、总账系统、工资系统、固定资产系统、总账期末处理、报表系统；ERP 系统包括初始化、采购系统、销售系统、应收系统、应付系统、库存系统、存货核算系统，以实际案例和详细操作截图讲解了系统中各部分之间的综合应用和数据传递。本书讲解详细，ERP 案例综合性强，涵盖 ERP 实际遇到的各种情况，能够提高使用者的综合应用能力。

本书可作为普通高等院校财会金融类专业学生学习财务软件系统的教学用书，也可作为会计类专业研究生的参考教材，并可供相关人员自学。

图书在版编目(CIP)数据

财务共享与业财一体化应用实践：以用友 U810 会计大赛为例/吴溥峰主编．—北京：冶金工业出版社，2022.8（2024.3 重印）
普通高等教育“十四五”规划教材
ISBN 978-7-5024-9186-4

Ⅰ.①财…　Ⅱ.①吴…　Ⅲ.①财务软件—高等学校—教材　Ⅳ.①F232

中国版本图书馆 CIP 数据核字(2022)第 122930 号

财务共享与业财一体化应用实践——以用友 U810 会计大赛为例

出版发行 冶金工业出版社　**电　话** (010)64027926
地　址 北京市东城区嵩祝院北巷 39 号　**邮　编** 100009
网　址 www.mip1953.com　**电子信箱** service@mip1953.com

责任编辑 王 颖　美术编辑 彭子赫　版式设计 郑小利
责任校对 窦 唯　责任印制 禹 蕊
北京富资园科技发展有限公司印刷
2022 年 8 月第 1 版，2024 年 3 月第 2 次印刷
787mm×1092mm　1/16；27.5 印张；670 千字；428 页
定价 99.90 元

投稿电话 (010)64027932　投稿信箱 tougao@cnmip.com.cn
营销中心电话 (010)64044283
冶金工业出版社天猫旗舰店 yjgycbs.tmall.com
（本书如有印装质量问题，本社营销中心负责退换）

前　言

会计信息化以传统会计理论为指导，依托先进的信息技术和互联网平台，广泛收集和全面整合会计资料，通过数据共享实现各种单据的快速传递、实现财务与业务的整合以及财务数据共享，线上实施会计管理，实现资金流、物流与业务流融合，提高工作效率，规范企业管理，是企业会计顺应信息化浪潮所做出的必要举措，促进了企业经济效益稳步提升。

本书借助用友会计大赛的数据，结合教学实际，在讲清财务共享、业财一体化这些概念的同时，结合企业实际数据和编者的教学经验对学生进行生动的实践训练，做到理论和实践的结合，激发学生的学习兴趣，使学生在练习过程中加强思考，加深对理论知识的理解，促进实际能力的提高。

本书是编者多年教学经验的总结，也是指导学生参加比赛的心得。每章都从概述、操作基本流程开始，基础操作讲解全面、清楚，再结合实际案例进行实训操作讲解。ERP 系统和综合应用从理论和提纲挈领的系统讲解开始，然后结合案例进行实际演示。步骤描述清楚，并通过大量截图增加了可读性和可操作性。综合业务实训的讲解则打乱了各部分的操作界限，以实际案例讲解了系统中各部分之间的综合应用和数据传递，突出重点操作步骤和指出相应的难点，很好地实现了基础操作、ERP 和竞赛题的呼应，也避免了内容重复和冗余。

本书数据之间具有贯通性，比如总账期末处理是在其他各系统真实传递数据基础上的结转和结账，报表是在期末处理基础上产生数据自动生成，期末报表满足各报表之间的勾稽关系。

本书第 1 章至第 3 章由吴祖光、陈熠阳、钱涛编写，第 4 章至第 7 章由钱涛、苗莉、乔思雨、吴溥峰编写，第 8 章至第 10 章由杨潭、刘一凡编写，第

11 章至第 13 章由吴溥峰、丁丽君、董卓越、张新凤编写。全书由吴溥峰统稿。杜婷婷、张新莹和徐万兴对本书资料的收集和校对工作付出了辛劳。

由于编者水平所限，书中难免存在疏漏和不妥之处，恳请广大读者批评指正。

编 者

2022 年 1 月

目　　录

1 会计信息化基础

1.1 基本概念

1.1.1 会计信息化的定义

会计信息化是会计与信息技术的结合，是信息社会对企业财务信息管理提出的一个新要求，是企业会计顺应信息化浪潮所做出的必要举措。它是网络环境下企业领导者获取信息的主要渠道，有助于增强企业的竞争力，解决会计电算化存在的“孤岛”现象，提高会计管理决策能力和企业管理水平。纵观20多年来中国会计信息化的发展，信息系统的功能不断增强，应用也越来越普及。

1.1.2 会计信息化的意义

（1）节省了处理信息的时间，加快了处理信息的速度。实现会计信息化以后，会计信息系统将真正成为企业管理信息系统的一个子系统。企业发生的各项业务，能够自动从企业的内部和外部采集相关的会计核算资料，并汇集于企业的内部会计信息系统进行实时处理。会计将从传统的记账算账的局限中解脱出来，从而更大地发挥会计的管理控制职能，让企业经营者和信息使用者可随时利用企业的会计信息对企业的未来财务形势做出合理的预测，为企业的管理和发展做出科学的决策。

（2）提高了会计信息的可靠性和信息的质量。对于会计假设中，特别是传统的会计主体不再是拥有实实在在的资金和厂房的企业，它还将包括一些虚拟公司和网络公司，这些公司为了共同的目标，会在短时间结合在一起，当完成特定的目标后会很快解散，它的持续经营、会计分期和货币计量的基本前提都将会受到冲击。实现会计信息化后，企业网络与外界网络实现了互联，会计信息的使用者可以随时获取有关的会计信息。由于信息技术的全面应用，极大地提高了信息的及时性，信息的预测价值和反馈价值也大大提高，信息的流速也大大加快，有力地促进了经营管理水平的提高。另外，通过会计信息系统直接获取相关数据并进行分析，减少了人为的舞弊现象，从而也大大提高了会计信息的可靠性和会计信息的质量。

（3）提高了工作效率，促进了经济的发展。当今的会计软件的处理流程基本上还是模拟手工会计的处理流程而设计的。实现会计信息化后，会计不再是孤立的系统，而是一个实时处理、高度自动化的系统，它与其他业务系统一起和外界连接，可以直接从其他系统读取数据，并进行一系列的加工、处理、存储和传输。会计报告也可以采用电子联报方式进行实时报告，用户可以随时获取有用的会计信息进行决策，提高了工作效率，促进了经济的发展。

1.2 会计信息系统

1.2.1 会计信息系统的产生与发展

管理水平的提高和科学技术的进步对会计理论、会计方法和会计数据处理技术提出了更高的要求，使会计信息系统由简单到复杂、由落后到先进、由手工到机械、由机械到计算机，会计信息系统的发展历程是不断发展、不断完善的过程。从数据处理技术来看，会计信息系统的发展可分为三个阶段，即手工会计信息系统阶段、机械会计信息系统阶段、基于计算机的会计信息系统阶段。

（1）手工会计信息系统阶段。手工会计信息系统阶段是指财会人员以纸、笔、算盘等为工具，实现对会计数据的记录、计算、分类、汇总，并编制会计报表。这一阶段历史漫长，直至今天，仍有不少组织的财会人员停留在手工阶段。

（2）机械会计信息系统阶段。从19世纪末到20世纪初，随着科学管理理论与实务的发展和应用，会计更加受到重视，出现了相应的改进，对会计数据处理提出了更高的要求，因而不得不用机械化核算代替手工操作。财会人员借助穿孔机、卡片分类机、机械式计算机、机械制表机等机械设备，实现会计信息的记录、计算、分类、汇总和报表编制。这一阶段在计算机出现后很快结束，国外只有少数大型组织在会计中运用过机械装置，而我国几乎没有经历这一阶段。

（3）基于计算机的会计信息系统阶段。第二次世界大战后，资本主义社会竞争日益激烈，单靠垄断已难以维持资本家的高额利润，不得不转向通过加强管理来增加产量，提高质量，降低成本，提高竞争能力。特别是日本、德国等国，政治和经济都处于劣势，只有加强内部管理，企业才能获得竞争优势。会计是加强内部管理的重要手段，出现了重大变革，对会计数据处理提出了更高要求。在这一阶段，计算机的产生及其相应软件的应用为会计数据处理带来了根本性变革。

采用计算机进行会计信息处理后，会计数据的主要处理过程全部由计算机自动完成，如数据检验、分类、记账、算账、编制会计报表等，并能准确、高效地完成。

随着时代的发展，计算机技术也在飞速发展，新技术、新观念、新思想层出不穷。以计算机技术为代表的信息技术的发展，就会被快速地应用于会计信息系统，同时又会推动会计信息系统的发展和革命，推动会计人员观念的更新。因此，人们称计算机会计信息系统的产生是继原始社会的结绳记事、封建社会早期的簿记，以及欧洲（意大利）文艺复兴时期的复式记账法之后在会计史上的第四次革命。

基于计算机的会计信息系统的发展可以细分为以下几个阶段：

（1）电子数据处理（EDP）阶段。本阶段也称为面向事务处理阶段，是会计信息系统的初级阶段。当时，以计算机为代表的信息技术处于初级阶段，会计信息系统的主要目标是用计算机替代手工操作，实现会计核算工作的自动化或半自动化，以提高会计工作效率为主。

（2）会计管理信息系统阶段。本阶段也称为面向会计管理阶段。此时，计算机技术有了突飞猛进的发展，特别是数据库技术、网络技术在会计信息系统中得到了广泛的应用。会计信息系统的主要目标是综合处理发生在组织各业务环境中的各种会计信息，并为组织管理部门提供有关管理和决策的辅助信息。

（3）基于互联网的会计信息系统阶段。20 世纪末，互联网在全球 IT 领域掀起了第二次产业浪潮，其发展一日千里。Intranet 作为组织内部网络，将网络技术应用于组织内部；Extranet 作为组织间网络，将网络及组织网络技术应用于组织间；Internet 作为国际互联网，将散布在全球各地的计算机和网络相互连接，形成全球最大的网络系统。同时，基于网络资源共享的电子商务正在全球各地刮起一阵旋风，它不仅打破了国界、距离与时间的限制，而且改变了组织经营模式和生存方式，使经营、管理和服务变得及时而迅速。为了使我国财会工作能够适应新的网络环境的需求，国内会计学术界、实务界以及会计软件公司都做出了积极响应，特别是会计软件公司纷纷行动起来，相继研发和推出互联网或电子商务时代的会计信息系统，简称为基于互联网的会计信息系统。

目前，一方面会计信息系统的功能越来越强大；另一方面会计信息系统与组织管理信息系统的融合越来越紧密。特别是企业资源计划（ERP）管理思想和系统的提出，要求财务业务一体化管理，即当经济业务发生时，由业务单据驱动，根据会计分录模板，由系统自动生成会计凭证并审核后记账。这样就实现了财务账和实物账的同步生成，使财会人员从繁杂的劳动中解放出来，不断完善会计信息系统的控制功能，在会计（控制）信息系统的支持下，将控制职能延伸到业务前端，从核算角色转变为管理决策角色，并在会计决策系统的支持下辅助决策。

1.2.2 会计信息系统的功能结构

会计信息系统的功能结构主要描述会计信息系统的核心——会计软件（会计管理软件）由哪几个子系统组成，以及每个子系统的基本功能。

会计信息系统是随着信息技术革命和会计学科的发展逐步发展和完善的。早期的会计信息系统包含的子系统非常少，主要是工资核算、总账、报表等子系统。每个子系统功能相对比较简单，主要是帮助财会人员完成记账、算账、报账等基本核算业务。随着信息技术革命和会计学科的发展，越来越多新的信息技术（如网络技术和数据库技术）应用于会计信息系统；同时，随着会计改革的不断深入，越来越多的先进会计管理理论和管理方法也不断加入会计信息系统，使会计信息系统功能不断丰富和完善。

到目前为止，会计信息系统已经从核算型发展为管理型，涵盖了供产销、人财物以及决策分析等企业经济活动的各个领域，并与管理信息系统中的其他子系统有机融合，共同为提高运作效率、效益而服务。因此，在我国，实务界会计信息系统也被称为财务及企业管理信息系统，会计信息系统的内容已经超越了传统的核算，更加体现了会计和财务管理的特征，并在企业管理过程中发挥越来越重要的作用。

由于企业性质、行业特点以及会计核算和管理需求的不同，会计信息系统所包含的内容不尽相同，其子系统的划分也不尽相同。一般来说，较完整的会计信息系统应该具备的基本功能如图 1-1 所示。

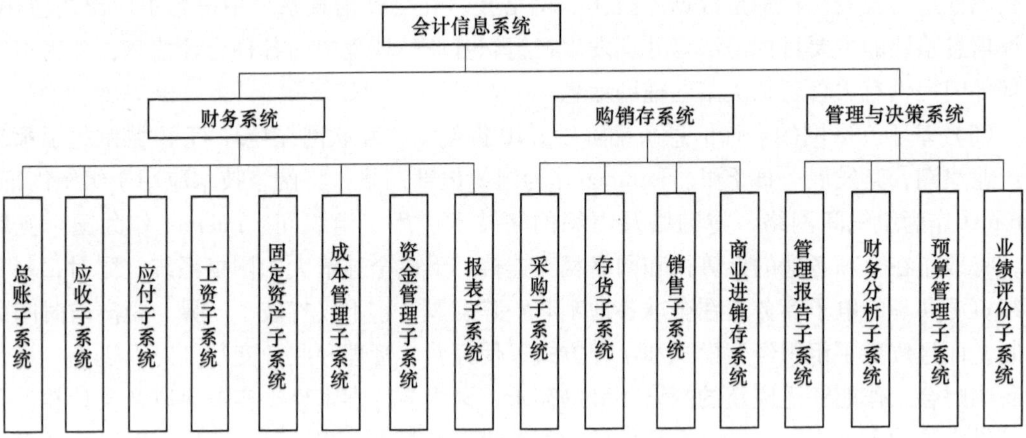

图 1-1　会计信息系统的基本功能结构图

1.2.3　大数据背景下企业会计信息化发展趋势

大数据是一种数据处理技术，是基于海量数据进行分析后获得的信息和再造价值。会计信息化则是以传统会计理论为指导，依托先进的信息技术和互联网平台，广泛收集和全面整合会计资料，线上实施会计管理，以提高企业财务工作效率，促进企业经济效益稳步提升。毋庸置疑，会计信息化迎合了时代发展趋势，满足了财务管理高效化的基本诉求，对企业科学配置财务资源、优化财务管理结构等具有积极作用。

（1）企业会计信息化建设持续增强。目前，信息技术持续更迭发展，越来越多的企业加入技术化改革的大军，高频次地运用信息技术处理事务。与此同时，面临着日趋激烈的市场竞争，企业出于保证收益稳定、获得市场话语权的考量，也不得不迎合时代的信息化发展趋势，加强该技术在财务管理领域的应用。而会计工作作为财务管理的核心内容，实现信息化无疑是大势所趋。相较于传统会计处理模式而言，企业会计信息化能够有效克服资源浪费和会计数据分散的问题，通过大数据等先进技术，高度整合会计信息，精准分析会计数据，更准确地反映企业财务现状，更高效地处理会计事务。

（2）有利于企业共享资源。会计作为企业经营管理中的重要环节，决定了企业的经济效益和发展可持续性。在大数据背景下，将信息技术引进会计工作，搭建重要的信息资源共享平台，将使得会计的烦琐性和复杂性有所降低。信息资源共享包括两部分，一是企业内部各部门和各信息系统间的数据传输与共享；二是企业与外部环境的信息交换与共享。而前者则能够使得各部分关系更加密切，信息更具有时效性；企业与外部信息资源的有效对比则使得企业有更大的竞争力，获得更多的异质性资源。此外，基于大数据的信息资源共享平台，还能够帮助企业补充与丰富会计数据库，对企业会计工作效率有着巨大的推动作用。

（3）降低会计信息化的成本。传统模式下，会计信息化建设成本高，需要耗费大量的资源，并且对后续企业的软件升级和建设设备的实施都离不开充足的资金；而在大数据时代下，现代信息技术手段打破了原有企业会计发展的瓶颈，信息资源的获取方式发生了转变，大力提升了会计工作效率，解放了劳动力，促使会计整体工作过程更加快捷。与此同时，大数据等技术的应用，能够帮助企业全面广泛地收集数据，并快速高效地执行数据对比分析等一系列工作，这既提高了企业数据收集效率，又显著降低了企业会计信息化建设成本，同时还能够推动企业稳定持续发展。

1.2.4　大数据背景下企业会计信息化面临的挑战

（1）共享平台存在风险。信息的安全决定了企业信息化成败。伴随着大数据时代的到来，人们的思维方式和理念发生了根本性变化，对维护会计信息安全提出了更高要求。对现代企业而言，信息是至关重要的战略资产，一旦其被泄露，势必将威胁到企业的生存。在会计信息化建设中，信息共享平台是关键，既是企业传递信息的支撑平台，又是企业处理与分析数据的工具。因此，加强平台的加密保护，保障平台运行安全高效是企业会计信息化建设的核心内容。当前的网络环境中，病毒能够对网络信息系统中的密码识别方式进行拦截，导致共享平台中的数据信息面临着泄露等风险，从而导致企业遭受巨额损失，严重时会影响到企业的正常经营。如何有效保证共享平台的安全，是当前企业会计信息化进程中面临的一项重大挑战，也是阻碍企业会计信息化发展的关键因素。

（2）完善的法律法规保障和行业标准缺乏。大数据技术高速发展，社会信息化水平也越来越高，它的健康运行与发展离不开标准化的流程和法律的规范扶持。近年来，国家在法律规章制度建设层面持续加码，明确强调增强会计信息化建设的必要性，并提出了一系列相关技术标准。现阶段，我国存在规章条例过于宽泛、可操作性不足的问题，无法对其发展提供有效的保障。此外，针对信息技术安全管理方面也没有制定明确且有效的法律规范，这也导致我国企业会计信息化建设缺乏完善的法律支撑和政策指导，同时也缺乏法律的强力约束，无形之中增加了信息安全隐患发生的概率，给企业会计信息化发展带来了巨大的风险隐患。

（3）会计信息化体系相关专业人员欠缺。在大数据背景下，人才是企业创新发展的重要资产，是企业推进会计信息化建设工程的主力军。企业会计信息化建设对技术、知识储备、专业技能等各方面有着较高的要求，而其主要是依赖于高层次人才才能有序推进。会计信息化作为会计与信息技术深度融合的产物，既需要企业会计人员掌握全面的财务管理知识和会计理论，又需要其深入了解数据库等计算机知识和应用技术，同时还需要其能够熟练运用各项技术整合分析数据等。

1.3　云会计与财务软件对比分析

财政部在2013年12月发布的《企业会计信息化工作规范》极大地加快了我国企业会计信息化的建设脚步，并在一定程度上对信息化环境下的会计工作进行了规范。XBRL财务报告格式的应用、财务共享服务中心的建设与云计算的大力发展，一种新颖的会计处理形式——云会计逐步形成。

云会计是以云计算技术为基础、以互联网作为媒介、由软件供应商提供服务的一种会计信息系统，其中，云计算技术是云会计的一大特色。云计算作为分布式计算的一种，采取按使用量付费的模式，该模式既可以存储海量数据，还能够为客户提供便捷、快速、可用的网络访问以查找到所需要的资源，对于企业而言，其只需要投入很少的精力就能完成相对应的管理工作。

在云计算的基础上，云会计形成了软件即服务（SaaS）、平台即服务（PaaS）、基础设施即服务（IaaS）的三大基础层级，每一层级对应不同的功能。“软件即服务”指的是各类应用系统，如会计核算、决策、管理、投资等系统，不同于传统的财务软件，该层级主要在于企业无须将系统安装到设备，可以利用互联网这个媒介对接软件供应商，选择符合企业要求的应用系统，并按照服务的多少与时长支付费用。“平台即服务”把软件研发的平台作为服务，并为客户完成云端基础设施和客户端的安装，用户只需要管理上层应用程序和环境管理。“基础设施即服务”是使用网络将 IT 基础设施对外提供，客户不需要搭建硬件设备，可直接租用软件供应商的服务器与存储。

大数据和云计算让企业的管理模式发生了更新，人工智能的发展给会计带来强大的冲击，但相应地也会产生信息失真、法律边界界定模糊等风险。云会计资源共享中，数据保密性、会计产品、服务以及决策信息共享还存在不完善的地方。

从用友、金蝶等大型软件供应商所提供的产品来看，以及从财务软件和云会计的使用界面来看，两者略微有一些区别，但所含内容大致相同。总的来说，它们在部署设置、网络要求、数据库、付费模式等方面都有所不同。表 1-1 为云会计与财务软件对比。

表 1-1　云会计与财务软件对比

比较项目	云会计	财务软件
部署模式	SaaS（Software as a Service，云计算里面称为软件即服务）、托管部署、本地部署、自行购买托管服务器等	本地部署、自行购买托管服务器、独立安装等
网络要求	互联网、局域网、固定 IP 专网等	专网、局域网、封闭专线网
操作系统	服务器由软件供应商统一部署，客户端支持 Windows 系列操作系统	服务器按照产品说明书部署，客户端一般支持 Windows 操作系统
数据库版本	软件供应商统一数据库版本	按照说明书客户自行选择，一般使用 SQL 系列数据库
付费模式	租赁模式、按需付费、按年支付	许可模式、按需购买、一次性购买
使用期限	租赁有效期内使用	长期有效
使用方式	WEB+云插件登录	服务器、客户端登录的 C/S 或 B/S 模式
费用构成	首次购买费用+每年租赁费+账套增加数量费用	软件许可费用
用户模式	并发注册用户模式	并发许可数量用户模式

1.4　财务共享服务

1.4.1　财务共享服务概述

经济新常态下，工业 4.0、移动互联网、云计算等新概念的影响越发明显，而传统的财务工作流程也越来越不能满足财务信息化、规模化的需要。现代的财务应摆脱常规的财务活动，如应付账款、应收账款、工资福利、固定资产等，而将更多的精力投入到战略谋划和财务统筹上。20 世纪 90 年代，财务共享崭露头角，并在 10 年后得到了迅速发展，在私有企业、政府机构以及非营利组织内都得到了实践。

根据国际财务共享服务管理协会（IFSS）的权威定义，所谓财务共享服务是依托信息技术以财务业务流程处理为基础，以优化组织结构、制定标准流程、提升团队效率，降低运营成本或创造价值为目的，站在市场的角度为内外部客户提供专业化服务的分布式管理模式。换言之，财务共享服务是重新构造企业的财务组织管理模式，集团将各分支机构的基础会计业务从分支机构的财务部门进行转移，集中到共享中心进行统一处理，合并相同的职能部门，统一运作流程，业务内容的集约构建使其能够进一步引入现代化的信息技术，提升运营的效率。同时，这一管理手段也慢慢地被全球各大集团公司广泛运用。

财务共享服务为解决企业的“大企业病”问题应运而生，且能够在财务问题上一定程度解决“大企业病”，财务共享服务的基本要义包括应用统一化，标准化的业务流程完成高频次的、大量的、日常化的、可规范化的业务财务。财务共享服务的基础服务内容是企业的新型财务管理手段，财务共享中心作为企业的组成部分，其存在的合理性已经被企业的经营者所接受。

中兴通讯作为我国率先开展使用财务共享服务的企业，其开始进行财务共享服务改革是 2005 年，2006 年，“共享服务中心”关键词则开始出现。此时，财务共享概念仍然被视为财务管理的一种手段，财务共享尚未上升到企业管理的研究层次上。而财务共享服务与财务管理的理念也在不断影响之后的研究进程，随着中兴通讯开始实施财务共享，大批企业开始效仿，如中石油、中交二航局、长虹电器等企业也开始进行财务共享服务转型。自 2007 年开始，“财务共享服务”“财务共享服务中心”等关键词开始出现，同时也成为这个领域研究中热点更高且对未来研究工作进展影响更深的关键词。2008 年后，更多的企业开始推进财务共享服务改革。更多的学者开始关注财务共享的深层企业管理意义，而不仅是将其视作财务管理手段的一种，将其更多聚焦于企业的业务管理、内部控制、人力资源问题以及绩效考核等企业各个方面的宏观决策上。

财务共享服务的职能定位是分层次的，需要诸如 ERP 系统的繁杂事务处理系统，同样需要顶层的智库型决策储备库，财务共享服务能够成为企业在全面转型期结束后全新盈利点以及业务板块。

财务共享服务中心（Financial Shared Service Center，FSSC）是近年来出现并流行起来的会计和报告业务管理方式。它是将不同国家、地点的实体的会计业务拿到一个 SSC（共享服务中心）来记账和报告，这样做的好处是保证了会计记录和报告的规范、结构统一，而且由于不需要在集团的每个公司和办事处都设会计，节省了系统和人工成本，但这种操作受限于某些国家的法律规定。

1.4.2 财务共享服务分类

以基础财务共享服务为前提，财务共享服务应当分为两种模式：管理模式和服务模式。目前，对于财务共享服务大体可以分为两种学术观点：会计核算工业化和战略决策财务信息事业化。

（1）会计核算工业化观点大体上认为：财务共享服务的核心在于削减非必要成本，回避因流转过程带来的时间冗余，而财务共享中心自身除了技术团队以外不应当设置过多的人力，企业事业组织应当明确全部财务共享服务的使用方法，并配合这种方法进行高效率的日常业务处理，同时要实现财务共享中心的虚拟化，财务共享服务的深层意义应当是在确保企业信息安全的基础上不断提升效率。

（2）战略决策财务信息事业化观点大体认为：财务共享服务的核心在于契合企业的市场战略，并在维持正常运转后开始创造营业收入，财务共享中心应当被列为与企业事业组织同等重要的部门，需要独立的团队保障其运转。企业事业组织应当掌握其基本使用方法和沟通流程，以确保日常标准化业务的进行，甚至应当设置独立的二级业务财务中心集中处理日常化会计业务，同时要实现财务共享中心的实体化。表 1-2 为财务共享“会计核算工业化”与“战略决策财务信息事业化”观点比较。

表 1-2　财务共享“会计核算工业化”与“战略决策财务信息事业化”观点比较

项目	会计核算工业化	战略决策财务信息事业化
服务的价值要求	应当建立在日常财务核算的效率提升基础上	应当体现在财务管理的集成信息对决策的影响程度上
职能的辨认	财务共享中心是企业的内部控制职能部门，要求具备足够的外部封闭性，确保企业安全	财务共享中心是企业同量级的事业群，要求具备足够的自主性和扩张性，实现企业的收入增加
存在的形式	财务共享中心应当是一个虚拟的会计信息以及价值交换网络	财务共享中心应当是一个通过精心选址建立的企业部门实体组织
服务的期待范围	财务共享服务应当迅速削减非必要成本并提升日后的工作效率	财务共享中心应当具备一定的独立自主权以及决策权
职权的控制	财务共享中心应当具备相对有限的职权	财务共享中心应当具备一定的独立自主权以及决策权
服务改造流程风险的认知	仅存在有限且可控的风险，且能够通过效率的提升无形消解	改造流程存在系统性风险，需要企业决策层进行周密的部署达到软着陆
适用行业及企业特征	行业偏国家垄断或国家管制，如石油化工、土木工程、航空航天、通信等行业，企业成分上大体都具备国家资本或纯粹的非营利组织，企业体量一般都处于行业内的领军梯队	行业偏日常消费，如电器生产行业、餐饮业等行业，企业成分上以跨国企业或私营企业为主，具备非常强的盈利意图，企业体量各有不同，但是必定都具备一定的品牌知名度

1.4.3　财务共享的推动力

（1）降低成本。有研究表明，通过财务共享使得美国公司两年内的成本节省了 40%～70%，欧洲企业也节省了 25%～50%。因此，成本降低也成为国外研究认可最多的优势。通过共享服务可产生规模经济和范围经济，进而获得流程成本和人工成本降低。建立财务共享中心后，TCL 集团的工作人员将集中在一起，这样有利于企业集体化的管理和工作。各个分公司录入自己公司的数据库并在财务共享中心集中核算、审批、支付，这样一来提高了员工的工作效率，二来减少了管理的成本。实行共享后，每个共享总账会计平均处理 3.8 家单位的业务，员工的成本明显减少。以 2018 年第三季度数据为例，电汇会计由原来的每天处理 397.23 单增加到 828.12 单；平均每人每小时处理 51.76 单，包括进行资金支付纸制单据的资料审核、实现付款凭证记账及线上发送支付指令至支付系统。哈药集团依靠系统化和流程化，降低近60%人力成本，结合实时数据分析为业务、决策提供支持，该团队为哈药集团转型提供巨大推力。

（2）改善服务质量。共享服务能够切实提高服务的质量，一方面便于内部成员交流和知识共享，优势互补提高服务质量；另一方面促成整体化运作，建立共享中心内部自己的业务制度和监控标准，摆脱各自松散无规则的局面。

（3）强化核心业务。将常规的入账出账活动交给财务共享中心，可以使管理层节约出更多时间来进行财务统筹和投资规划，同时财务共享中心的标准化建设也能更敏捷地提供财务信息，从而便于核心部门更快更准确地运作。

（4）提高监控管理。财务服务标准化使得各部门得到一致的财务信息，消除了原先财务服务各自解释、松散孤立的复杂性，也增强了信息的透明度，便于发现问题。

（5）增强创新力量。把分散的财务服务集中到一个共享中心，人员重新整合，为了强化财务共享中心的生存能力就需要提供更优质的财务服务。

（6）减少风险。财务共享将常规业务集中到内部，进行统一服务。这样，可以减少信息不对称的合同风险，共享服务能适应新的环境，有更多的时间和精力来钻研出新的服务标准，降低盲目服务的投机风险，共享服务有明确的制度地位和统一办公场所，能够降低一定信誉风险。

1.5 财务机器人

财务机器人是机器人流程自动化（Robotic Process Automation，RPA）在财务领域的具体应用，是以RPA技术为主，结合一系列认知技术来代替传统人工的财务数字化应用技术。它能够针对财务的业务内容和流程特点，以自动化处理替代财务手工操作，辅助财务人员完成交易量大、重复性高、易于标准化的基础业务，从而优化财务流程，提高业务处理效率和质量。

1.5.1 财务机器人实施与应用要求

财务机器人的实施与应用需要以下四点前期准备与条件。

（1）规范标准的流程。机器人的实质是在企业信息系统上的外挂程序，并不是所谓的智能化，而是需要依赖于明确的规则和流程。财务机器人通过用户接口，基于既定的规则和规范标准的流程，完成低附加值、重复的工作，例如接收票据、审核、出具报表等工作。企业的经营活动如评估和决策难以使用规则进行定义，因此不属于RPA的功能范畴。

（2）结构化、数字化的数据准备。财务机器人仅能对大量结构化、数字化的数据和信息进行识别处理，可以结合OCR智能识别、语音识别等认知技术，将数据结构化、信息数字化，为财务机器人的工作奠定数据基础。例如，财务机器人可以依据信息系统生成的支付列表，进行网银支付操作；可以依据已有的纳税申报数据，自动计算税额并进行定期的纳税申报；可以根据合同台账中的结构化收款信息，定时发送邮件进行款项催收等。

（3）稳定的操作环境。财务机器人的日常运转必须建立在稳定的环境下，在实施之前，企业需要对自身软硬件及网络环境进行评估，尽量减少网络连接速度、页面打开速度、文件打开速度、人为干扰等环境因素对机器人运行的影响。同时还应当具备完善的财务机器人异常处理机制，从而使财务机器人始终保持在高速度、高质量的 24 小时工作状态。

（4）技术人员的储备。人员是部署财务机器人的重要一环。相比于传统的软件开发，财务机器人的开发及管理难度相对较低，企业相关人员不需要具备完备的软件开发能力。但为了方便对财务机器人的日常管理和维护，仍应具备一定的软件编程语言、信息化系统基础，并熟悉 RPA 平台的运行方式。

1.5.2 财务机器人实施价值

以往企业提升财务工作效率的方式主要是增加人力或采用传统的模式开发财务软件。但是，前者会增加成本，后者的系统升级周期长，往往业务模式已经发生改变，系统还没有开发上线。因此，企业难以兼顾成本与效率。在这种情况下，财务机器人的出现为企业提供了第三种选择，且其具备以下明显优势。

（1）业务处理效率高、成本低。财务机器人可以不间断且快速地处理大量重复的工作，比传统手工操作更为高效；相比于财务信息系统，采购和升级、实施和运维的成本更低，并且后续的替换较为容易。

（2）质量保障。在传统的财务模式下，人工操作容易导致较高的出错率，而财务机器人操作的正确率接近 100%，极大地保障了财务工作质量。另外，财务机器人的运作是基于规则化的流程和任务，这在一定程度上消除了输出的不一致性。明确的规则也使操作无差别化，避免了人为主观因素的干扰。此外，自动化处理的每一步操作都具有可追溯性，这使得系统错误可以被精准地发现，一旦出现问题，将更容易被解决。

（3）节约成本。在传统财务模式下，大量简单重复的工作往往需要投入较多的人力资源去处理，人员占用需要付出薪酬、福利、津贴等成本；而财务机器人上线后，企业将大幅度减少此类人力成本的投入。根据机器人流程自动化学会的数据，RPA 可以节约 25%～50%的成本，创建和维护机器人的平均成本仅为承担相同工作的全职员工的 1/3。

（4）价值增值。在传统财务模式下，财务部门会投入一半以上的精力用于基础交易的处理，但是基础交易处理工作不能为企业带来更多的价值增值。财务机器人的应用能够改变传统财务部门的人员结构，释放大量的基础交易处理人员转型去做高附加值的财务工作，财务人员积极性能得到有效调动，实现财务对业务的有力支撑以及财务部门的价值增值。

（5）联通多个业务系统，准确率高。财务机器人能自动操作整个业务流程，联通多个异构系统，反应速度快、准确率高；能够较大程度地消除人为因素的不利影响，且整个操作过程有完整、全面的追踪记录，降低了业务风险。

（6）流程的管控性强。财务机器人的可访问性和可视性极高，管理员通过管理终端对机器人进行统一调度、分配管理和实时监控，保证财务机器人运转中各个流程的准确性和系统运行的稳定性，加强了财务与业务数据的可追溯性和透明度，有助于企业的流程管控。

（7）有助于企业实现流程优化。财务机器人能够将工作流程模块化，当遇到影响效率的阻碍点时，可以利用技术手段解决问题，在完整的业务流程中起到替代人工操作、自动执行命令的作用，从而实现流程优化。

1.5.3 财务机器人方案适配性

财务机器人的实施与企业其他信息系统的实施有相似之处，可分为策略与评估、设计与构建、实施上线、运营与优化四个步骤。由于不同企业的规模大小、业务流程复杂度、人员统筹配合度等有所不同，因此每个企业应结合自身业务流程和运营现状，确定最优的实施步骤。

企业要以目标需求为导向，对企业财务业务流程进行穿行测试和梳理，评估各流程的业务特性，选择适合实施财务机器人的业务流程。一般通过七个方面评估各业务流程是否适合使用财务机器人：体量和规模要求、劳动密度和劳动重复性、流程数字化程度、流程是否贯通异构系统、风险和用户体验协同、战略重要性、短期系统升级的可能性。根据上述七个方面的评估标准以及以往经验数据，表 1-3 为业务流程 RPA 适配度统计表，仅作为理论分析结果，企业在确定业务流程 RPA 适配度时应结合自身业务流程现状，灵活运用评估标准进行分析。

表 1-3　业务流程 RPA 适配度统计表

流程	子流程	RPA 适配度/%（大约）
资金管理	银企对账、现金管理、收付款处理、支付指令查询	100
报销管理	报销单据接收、自动化费用报告审计、内部审计及内控遵守、账务处理及报告	75
应付管理	应付发票处理、采购付款、账务处理及报告、供应商对账、供应商资质审核、供应商主数据维护	75
应收管理	销售订单录入及变更、发票开具、返利管理、账务处理及报告、客户对账、收款核销、客户信用审核、客户主数据维护	75
档案管理	票据接收/票据快递管理、扫描、电子档案、电子档案查询	75
税收管理	纳税申报准备及申报、税务数据获取及维护、涉税数据核对校验、增值税发票开具、进项税差额提醒、发票验真、涉税会计入账及调整	50
总账管理	关账、标准记账分录处理、关联交易处理、对账、单体报表、合并报表	50
成本管理	成本统计指标录入、成本与费用分摊、账务处理及报告	25
资产管理	资产卡片管理、资产变动、资产账龄管理、账务处理及报告	25
预算管理	年度预算、季度预算和滚动预算	25
绩效管理	产品效益分析、客户效益分析、资本效益分析、经营分析标准化报表	25
合规管理	SOX 合规、财务主数据管理	25

1.6 习　题

（1）会计信息化的意义有哪些？

（2）基于计算机的会计信息系统的发展可以细分为几个阶段？

（3）云计算与财务软件从部署模式、网络要求、操作系统、付费模式、使用方式这几个方面对比，有何不同？

（4）财务共享的推动力有哪些？

（5）财务机器人的实施价值有哪些方面？

2 系统管理与设置

2.1 用友 U810 会计信息化平台介绍

用友公司全面提供具有自主知识产权的企业管理/ERP 软件、服务与解决方案，是中国最大的管理软件、ERP 软件、集团管理软件、人力资源管理软件、客户关系管理软件提供商。

用友 U8+以 U8 财务业务一体化、U8 ERP、U8 All-in-One、U8+形象伴随中国经济的高速发展一路走来，见证了成长型企业信息化从 7 个应用模块到 126 个产品及行业应用、从简单管理到粗放管理再到精细管理、从部门级应用到企业级应用再到供应链级应用、从局部到集成到全面再到软件及云应用、从少数人应用到全员应用、从中国走向亚太再走向世界的发展历程。

2.1.1 软件特点

用友 U8-ERP 系统以财务管理为企业的目标核心，以业务管理为企业的行为核心，突破了平行思考的串行的价值链结构，提出了基于立体价值链结构的产品体系部署原理，适应了中国企业在不同发展阶段对于企业管理需求的不同特点。该系统包括了单一企业模式、具有分支机构的单一企业模式、产业型和投资型的企业集团及连锁经营模式等。

（1）界面。用友 U8 软件秉承了原有的财务管理软件的版面风格，整体界面比较实用，但是比较简单。

（2）功能。用友 U8-ERP 财务管理，包括了财务会计与管理会计的功能，能够在企业内和不同系统间，进行及时、准确、严格的财务数据传递与控制，帮助企业进行战略制定和科学决策。全面透视分析企业经营流程，对决策层提供所需的信息和数据，产生各类报表和专家报告，通过资金管理、成本管理、预算管理等实现并协调企业长、短期经营目标；提供应收账龄分析、欠款分析、回款分析等统计分析，提供资金流入预测功能，提供应收票据的管理，处理应收票据的核算与追踪功能。

（3）操作。对习惯使用用友财务管理系统的用户来说，没有什么障碍，但是在报表的自定义功能、跨年度查询功能、提供快捷操作方面、在线帮助功能有待改进。

（4）服务。覆盖全国的服务网络比较完善，服务手段多样，包括现场服务、上门服务、热线电话服务等，比较注重和客户的沟通，经常举行客户联谊活动。

总的来说，用友 U8 软件产品能够充分利用原有系统的投资，实现系统的平滑升级，减少实施成本和风险。同时，用友 U8-ERP 系统适应各行业的中小型企业的管理软件产品，形成了快速交付实施、低成本部署的业务模式。

2.1.2 功能结构

用友 U8 软件分设业务工作、系统服务以及基础设置板块，本书主要运用企业应用平台中的财务会计模块、供应链模块、人力资源模块、内部控制模块以及企业应用集成模块，主要运用的功能模块有：财务会计模块中的总账系统、凭证系统、出纳系统、固定资产系统、薪资业务处理系统、账表系统以及 UFO 报表；供应链模块中的销售管理系统、采购管理系统、库存管理系统以及存货核算系统。这些模块的具体操作将会在后面章节详细说明。

2.2 案例企业情况简介

本书案例绝大部分来自第十一届“新道杯”全国会计技能大赛，为适合教学，对案例进行了部分修改，增加了部分练习题。

本书运用的案例企业是山东××科技有限公司（简称“××科技”），是专门从事东芝、金士顿、索尼、三星、爱国者等电子产品批发的商贸企业；公司下设 5 个部门，分别为总经理办公室、财务部、采购部、销售部以及仓管部。

××科技属于中小企业，依据《会计法》《企业财务通则》和《企业会计准则》等有关法律、法规，采用《企业会计准则》的第一百六十项条款对其资产、负债、所有者权益进行界定与核算，本书所有实训均采用 2007 企业会计准则。

2.3 系统管理简介

2.3.1 系统管理的作用

通常财务、业务一体化的企业会计信息系统囊括了企业的资金流、物流和信息流。企业会计信息系统通常由多个子系统组成，各个子系统之间相互联系，数据共享，完整实现财务、业务一体化的管理。因此，就要求这些子系统具备公用的基础信息、拥有相同的账套和年度账、操作员和操作权限集中管理、业务数据共用一个数据库。

要想满足上述要求，就要设立独立的一个系统模块，也就是系统管理模块来对企业及各个子系统进行统一的操作管理和数据维护，为各个子系统提供统一的环境，实现一体化的管理应用模式。

2.3.2 系统管理的基本功能

系统管理模块主要功能是对各个子系统进行统一的操作管理和数据维护，具体包括以下几个方面。

（1）账套管理。账套指的是一组相互关联的数据。企业应用会计信息系统之始，首先需要在系统中建立企业的基本信息、核算方法、编码规则等，称为建账，这里的“账”是“账套”的概念。一般来说，我们可以为企业中每一个独立核算的单位建立一个账套，账套管理包括账套的建立、修改、删除、引入和输出等。

（2）年度账的统一管理。在 ERP 系统中，用户不仅可以建立多个账套，而且每个账套中可以放不同年度的会计数据，不同年度的数据存放在不同的数据库中，称为年度账。系统管理也包括对年度账的管理。

（3）多账套管理。在计算机管理信息系统中，每一个企业的数据都存放在数据库中，称为一个账套。在手工核算方式下，可以为会计主体单独设账进行核算，而在计算机中则体现为多个账套。在用友 ERP 管理软件中，可以为多个企业（或企业内多个独立核算的部门）分别立账，各账套间相互独立、互不影响。系统最多允许建立 999 套企业账套。

（4）设置统一的安全机制。该部分具备监控并记录整个系统的运行过程、设置数据自动备份、清除系统运行过程中的异常任务等功能。为了保证系统及数据的安全与保密，系统管理员提供了操作员及操作权限的集中管理功能。通过对系统操作分工和权限的管理，一方面可以避免与业务无关的人员进入系统；另一方面可以对系统所包含的各个子系统的操作进行协调，以保证各负其责，流程顺畅。操作权限的集中管理包括设定各子系统的操作员，以及为操作员分配一定的权限。

2.3.3　系统管理操作流程

图 2-1 为系统管理操作流程图。

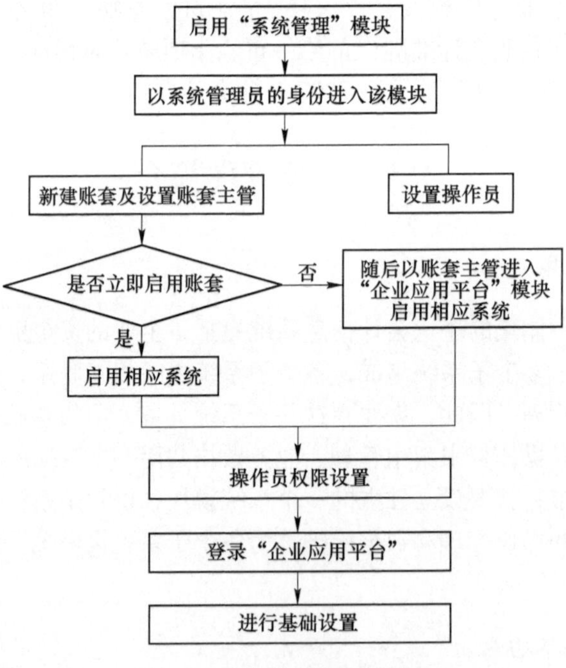

图 2-1　系统管理操作流程图

2.3.4　角色、用户及权限管理

2.3.4.1　角色管理

角色是指在企业管理中拥有某一类职能的组织，这个角色组织可以是实际的部门，也可以是由拥有同一类职能的人构成的虚拟组织。例如：实际工作中最常见的会计和出纳两个角色（他们既可以是同一个部门的人员，也可以分属不同的部门，但其工作职能相同）。

我们在设置了角色后，就可以定义角色的权限，当用户归属某一角色后，就相应地拥有了该角色的权限。设置角色的方便之处在于可以根据职能统一进行权限的划分，方便授权。

在“系统管理”主界面，单击“权限”→“角色”按钮，进入“角色管理”窗口。图 2-2 中，系统自带角色主要包括账套主管、预算主管以及普通员工。在系统自带角色之外，还可以自行添加角色，例如：财务经理、销售经理等。

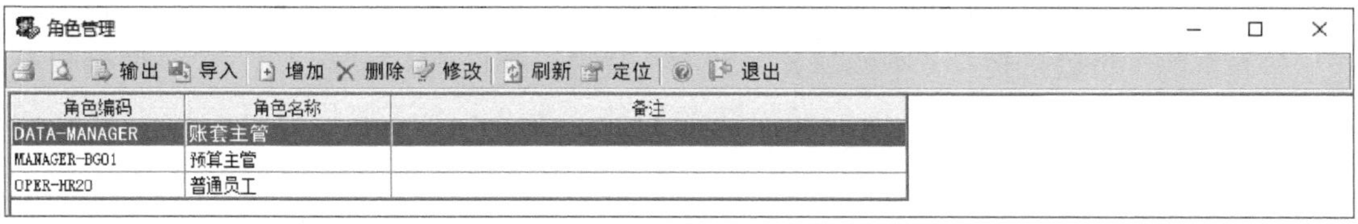

图 2-2 角色管理

2.3.4.2 用户管理

用户是指有权登录系统并对系统进行操作的人员，即通常意义上的“操作员”。与角色的建立和管理相同，只有系统管理员才有权利建立和管理用户。在系统管理窗口，选择“权限”下的子功能“用户”，进入“用户管理”窗口。

从图 2-3 中可以看到，用户又分为管理员用户和普通用户。

图 2-3 用户管理

A 管理员

管理员用户即系统操作员，负责进行系统管理，系统默认名称为 admin，主要包括以下工作：

（1）按岗位分工要求设置系统操作员，分配其对应权限；

（2）按已确定的企业核算特点及管理要求进行企业建账；

（3）随时监控系统运行过程中出现的问题，清除异常任务、排除运行故障；

（4）保障网络系统的安全，预防计算机病毒侵犯；

（5）定期进行数据备份，保障数据安全、完整。

B 普通用户

普通用户即其他进入该系统的人员，主要负责企业日常业务的处理等工作。

用户管理功能主要包括增加用户、修改用户和删除用户三部分。

（1）增加用户。在“用户管理”窗口，单击“增加”按钮，输入操作员详细情况；在设置用户时，可以分配角色，这样该用户就具有该角色具有的用户权限。一个操作员设置完成后，单击“增加”按钮继续设置另一个操作员。

（2）修改用户。在“用户管理”窗口中，单击“修改”按钮，进入“操作员详细状况”窗口，可以修改操作员的用户名和口令。在“操作员详细状况”窗口，可以设置操作员启用（有效）或注销（无效）权限。

（3）删除用户。在“用户管理”窗口中，单击“删除”按钮，可以删除用户。但在各子系统中进行过操作的用户是不能被删除的。

一般情况下，所设置的操作员用户一旦以其身份进入过系统，便不能被修改或删除。

实际上，角色和用户两者是既相关又不同，例如：存在一个角色为账套主管，扮演账套主管角色的人可以是张三、李四等人，其中，张三、李四则被称为“用户”。即用户是该系统的使用者，而角色则是他们所扮演的职能。表 2-1 为一般操作员与账套主管的区别。

表 2-1　一般操作员与账套主管的区别

一般操作员	账套主管
具有单一角色的操作权限	具有账套业务操作的全部权限
可被账套主管限定明细权限	可设置一般操作员的明细权限

2.3.4.3　用户权限管理

企业应用 ERP 财务管理软件时，首先明确指定各系统授权的操作人员，并对操作人员的使用权限进行明确规定，以避免无关人员对系统进行非法操作，同时也可以对系统所包含的各个功能模块的操作进行协调，使其流程顺畅，从而保证整个系统和会计数据的安全性和保密性。

对于操作员及其权限的设置也是用友软件贴近实际的表现之一，无论是中小型企业还是大型企业，在各个部门都会有明确的分工，只是不同的企业由于需求和管理水平不同，分工的详细程度就会有所不同。所以操作员及其对应权限的设置正体现了企业职员的分工明确度、职责分配情况与企业的管理水平的高低。

用户权限管理功能是用于对已建立的用户进行赋权或取消赋权，只有系统管理员和账套主管有权利对用户权限进行设置，但两者的权限又有所区别。系统管理员可以指定或取消各账套的账套主管，还可以对各个账套的操作员进行权限设置。账套主管则只可对所管辖的操作员进行权限管理。表 2-2 为系统管理员与账套主管的区别。

表 2-2　系统管理员与账套主管的区别

系统管理员	账套主管
可增加操作员	无权增加操作员
可指定操作员角色（粗略权限）	可设置操作员明细权限
可建账和导入、导出账套	可查、改账套，进行年度处理
可指定账套主管	是较高权限的操作员

用户权限管理主要包括三部分，即设定或取消账套主管、增加用户权限、删除操作员权限。

A 设定或取消账套主管

用户可从操作员列表中选择所要设定或放弃账套主管资格的操作员，可在图 2-4 所示“操作员权限”窗口的右侧界面下拉菜单处选择相应的账套、年份，然后单击选中旁边的“账套主管”选项。一个账套可定义多个账套主管。

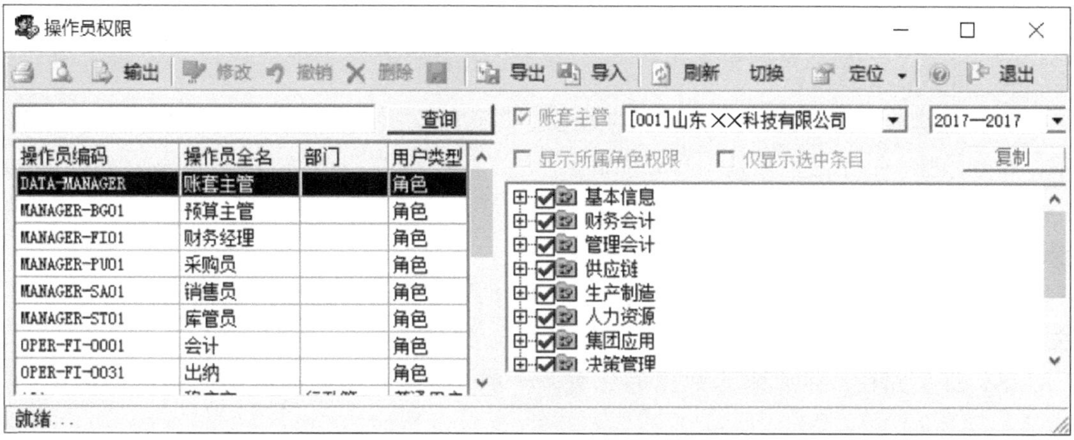

图 2-4 操作员权限

系统默认账套主管自动拥有该账套的全部权限。

B 增加用户权限

在系统管理窗口，单击“权限”功能下的子功能“权限”按钮，进入“操作员权限”窗口，选择具体要设置的操作员。在所分配角色权限的基础上，再增加其他权限，方法是先单击“修改”按钮，选择所需要增加的权限，最后单击“保存”按钮完成设置。

角色和用户的关系：该用户属于哪个角色，则该用户就拥有该角色具有的权限。这个用户除了拥有该角色的功能权限外，还可以增加新的权限。

C 删除操作员权限

系统管理员或账套主管可以对非账套主管的操作员已拥有的权限进行删除。首先在操作员显示区中选取“用户”，然后单击“删除”按钮，此时系统将自动弹出对话框供用户进行删除操作。值得注意的是，设置的操作员权限一旦被引用，便不能被修改或删除。

2.3.5 账套管理

账套管理主要包括建立账套、修改账套、账套的引入和输出三部分。

2.3.5.1 建立账套

在设定操作员之后，运行系统之前，首先应该为本单位建立一个账套。只有系统管理员有权利建立账套。

单击“开始”→“用友 U8V10.1”→“系统管理”按钮，启动用友 U8 系统管理窗口。

选择“系统”→“注册”登录进入“系统管理”窗口。在该窗口下，选择“账套”→“建立”，进入“创建账套”界面。创建账套的过程主要包括以下几步：

A　选择建账方式

建账方式包括两种：分别为“新建空白账套”“参照已有账套”。

（1）新建空白账套：建立全新空白账套；

（2）参照已有账套：系统将已有账套显示出来，用户可参照相关信息进行输入或修改。

B　输入账套信息

（1）账套号：用来输入新建账套的编号。“账套号”一般是000~999之间的三位数字，账套号唯一、不能重复且用户必须输入。

（2）账套名称：用来输入新建账套的名称。“账套名称”是能够标识该账套的信息，根据企业情况输入且用户必须输入。

（3）账套语言：用来选择新建账套的语言，“账套语言”有三个选项，包括“简体中文”“繁体中文”以及“英文”，用户可根据需求自行选择。

（4）账套路径：存放账套数据的位置，一般用系统默认的路径即可，也可以自行确定。

（5）启用会计期：用来输入新建账套将被启用的时间。系统默认为计算机的系统日期，用户也可根据实际情况，单击“会计期间设置”按钮来进行设置。

C　输入单位信息

输入单位信息用来记录本单位的各项信息，包括单位名称、机构代码、单位简称、单位域名、单位地址、法人代表、邮政编码、联系电话、传真、电子邮件、税号、备注。

D　输入核算类型

核算类型用于记录本单位的基本核算信息，包括本币代码、本币名称、企业类型、行业性质、科目预置语言、账套主管，是否按行业预置科目。

（1）本币代码：用来输入新建账套所用的本位币的代码，如“人民币”的代码为“RMB”。

（2）本币名称：用来输入新建账套的本币名称，用户必须输入。

（3）账套主管：用来输入新建账套中账套主管的姓名，用户必须从下拉框中选择。

（4）企业类型：用户必须从下拉列表框中选择输入，系统提供工业、商业、医疗流通三种类型。如果选择“工业模式”，则系统不能处理受托代销业务；如果选择“商业模式”，委托代销业务以及受托代销业务均可处理。

（5）行业性质：用户必须从下拉列表框中选择输入，包括“2007年新会计科目制度”等，用户可根据需求自行选择。

（6）科目预置语言：包括“中文（简体）”“中文（繁体）”“English”。

（7）是否按行业预置科目：如果用户希望预置所属行业的标准一级科目，则选中该项。

E　输入基础信息

存货、客户和供应商是否分类，要视具体情况而定。当存货、客户、供应商较多时，则可以对其进行分类管理。

（1）存货分类。如果企业存货种类繁多，可以选择存货分类管理，单击选中“存货是否分类”按钮。若企业实行存货分类管理，则应当在设置基础信息时，先设置存货分类，才可设置存货档案；如果不对存货进行分类管理，则在设置基础信息时，可以直接设置存货档案。

（2）客户分类。如果企业客户较多，可以选择客户分类管理，单机选中“客户是否分类”按钮。若企业实行客户分类管理，则应当在设置基础信息时，先设置客户分类，才可设置客户档案；如果不对客户进行分类管理，则在设置基础信息时，可以直接设置客户档案。

（3）供应商分类。如果供应商较多，可以选择供应商分类管理，单击选中“供应商是否分类”按钮。若企业实行供应商分类管理，则应当在设置基础信息时，先设置供应商分类，才可设置供应商档案；如果不对供应商进行分类管理，则在设置基础信息时，可以直接设置供应商档案。

（4）有无外币核算。企业可根据自身需求自行勾选，若企业有相关外币业务则可单击选中。

F 开始建账

完成上述内容输入后，单击“下一步”按钮，则进入建账准备。单击“完成”按钮，系统提示“可以创建账套了吗?”单击“是”按钮则可建立账套，此时需等待一段时间，即可完成建账工作。

G 编码方案

为了方便用户进行分级管理，基础数据的编码可以分级设置，包括：科目编码、存货分类编码、供应商分类编码、部门编码、成本对象编码、收发类别编码和结算方式编码。

账套建立后，系统将自动弹出“编码方案”页面，编码次级和各级编码长度的设置将决定用户单位如何编制基础数据的编号，进而构成用户分级核算。

H 数据精度

数据精度旨在满足不同企业对于核算精度的不同要求，可设置的数据精度包括：存货数量小数位、存货体积小数位、存货重量小数位、存货单价小数位、开票单价小数位、件数小数位、换算率小数位以及税率小数位。

2.3.5.2 修改账套

账套没有正式启用之前，用户可以通过修改账套功能，查看或修改账套信息。但只有账套主管才有权限修改相应的账套。

以“账套主管”的身份注册，选择相应的账套，进入“系统管理”窗口。在“系统管理”窗口中，单击“账套”菜单下的“修改”按钮，进入账套修改功能。系统将自动列示所选账套的账套信息、单位信息、核算信息、基础设置信息。账套主管可根据自己的实际情况，对允许修改的内容进行修改。

2.3.5.3 账套的引入和输出

引入账套是指将系统外某账套数据引入本系统中。该功能的增加将有利于集团公司的操作，子公司账套数据可以定期被引入母公司系统中，以便进行有关账套数据的分析和合并工作，也可以把备份的账套再次导入系统。

以“系统管理员”的身份注册登录系统管理，单击“账套”菜单下的“引入”按钮，在弹出的对话框中选择需引入的账套数据备份文件。账套数据备份文件由系统导出，后缀统一为“. UfErpAct”，选择后，即可将其引入系统。

输出账套功能是指将所选的账套数据做一个备份，既可以在硬盘上备份，也可以备份在网络上。

以“系统管理员”的身份注册登录系统管理，单击“账套”菜单下的“输出”命令，在弹出的“账套输出”的对话框中选择需输出的账套。确定后，系统将会自动压缩所选账套，在用户选择备份位置后，账套输出才能完成。

需要注意的是，在账套管理的以上功能中，建立账套、引入和输出账套均只能由系统管理员进行操作，而修改账套则只能由各账套的账套主管来进行。

账套的删除需要在账套输出时，选择“同时删除账套”按钮可以在账套输出后，实现账套从系统中的删除，这样做主要是多了一层保险机制，防止用户误删除账套。

2.3.6 设置系统自动备份计划

设置系统自动备份计划的工作应由系统管理员（admin）在系统管理的“系统”→“设置备份计划”功能中完成。操作步骤如下：

（1）执行“系统”→“设置备份计划”命令，打开“备份计划设置”对话框。

（2）单击“增加”按钮，进入“增加备份计划”窗口。保存备份计划设置，单击“退出”按钮退出即可，如图 2-5 所示。

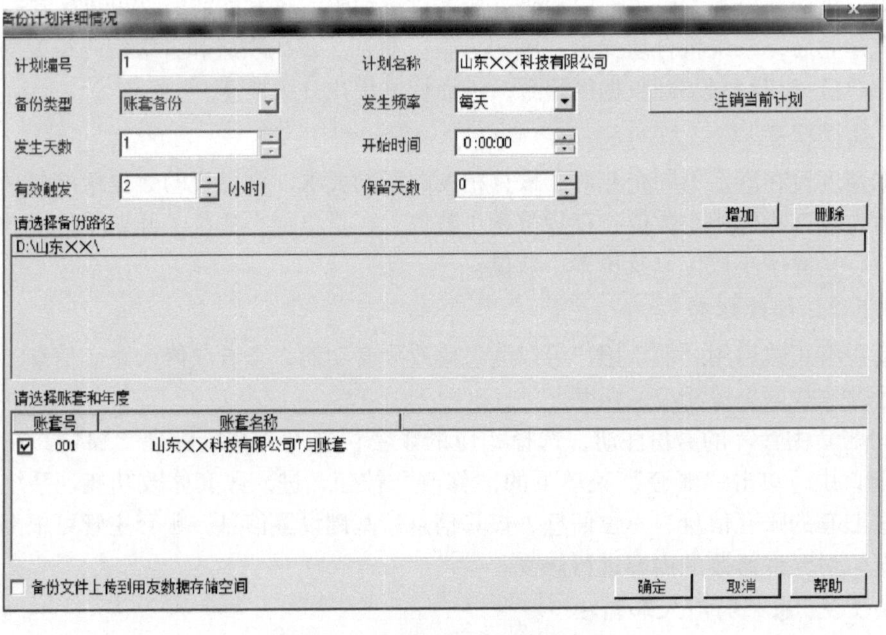

图 2-5 备份计划详细情况表

2.4　系统管理业务实训

2.4.1　实训 1　增加用户、角色

要求：根据以下实训资料，完成山东××科技有限公司角色的增加以及用户的建立。

2.4.1.1　实验资料：山东××科技有限公司基本情况

（1）账套代码：001

（2）账套名称：山东××科技有限公司

（3）启用期间：2017-07-01

（4）单位名称：山东××科技有限公司，简称：××科技

（5）单位地址：山东省××市××区××路 ** 号

（6）法人代表：甲 1

（7）联系电话：****-********，电子邮件：****@126.com

（8）税号：***************

（9）记账本位币：RMB 人民币

（10）企业类型：商业

（11）行业性质：2007 年新会计制度科目；选中“按行业性质预置科目”复选框

（12）账套主管：甲 1

（13）分类信息：进行经济业务处理时，需要对存货、客户、供应商分类；有外币核算；

（14）科目编码方案：会计科目编码级次：4 级，4-2-2-2 结构，其他分类编码级次采用系统默认；

（15）该企业对存货数量、存货单价、开票单价、件数、换算率等小数位数约定为 2 位；

（16）系统启用：总账、应收款管理、应付款管理、薪资管理、固定资产，销售管理、采购管理、库存管理、存货核算系统启用日期均为：2017 年 07 月 01 日。

（17）山东××科技有限公司人员构成情况见表 2-3。

表 2-3　人员构成及角色、权限表

编号	用户名	隶属部门	角色编码	角色名称	操作分工
A01	甲 1	总经理办公室	DATA-MANAGER	账套主管	账套主管权限
W01	甲 2	财务部	MANAGER-FI01	财务经理	公共目录设置、审核凭证、查询凭证、对账、总账结账、编制 UFO 报表
W02	甲 3	财务部	OPER-FI-0001	会计	公共目录设置、总账（凭证处理、查询凭证、常用凭证、记账、出纳银行对账、账表、期末处理）、应付款和应收款管理（不勾选“选择收款”和不勾选“选择付款”）、固定资产、薪资管理、存货核算的所有权限、银行对账

续表 2-3

编号	用户名	隶属部门	角色编码	角色名称	操作分工
W03	甲 4	财务部	OPER-FI-0031	出纳	应付款和应收款管理中的收款单据处理和付款单据处理、选择收款和选择付款、票据管理、出纳签字、出纳的所有权限
G01	甲 5	采购部	MANAGER-PU01	采购员	公共单据（入库单、入库单列表、请购）、公用目录设置、采购管理的所有权限
X01	甲 6	销售部	MANAGER-SA01	销售员	公共单据（出库单、出库单列表）、公用目录设置、销售管理的所有权限
C01	甲 7	仓管部	MANAGER-ST01	库管员	公共单据（入库单、出库单、入库单列表、出库单列表）、库存管理的所有权限

2.4.1.2 操作步骤

在进入系统前，为了保证系统的安全性，在“登录”系统管理对话框中，可以设置或更改系统管理员的密码。

如设置系统管理员密码为“super”的操作步骤如下：选中“修改密码”复选框和系统默认账套，单击“登录”按钮。打开“设置操作员密码”对话框，在“新密码”和“确认新密码”后面的输入框中均输入新密码，单击“确定”按钮，返回系统管理。

注：一定要牢记设置的系统管理员密码，否则无法以系统管理员的身份进入系统管理，也就不能执行账套数据的引入和输出。

在本教学案例中：考虑到实际教学环境，建议不要设置系统管理员密码。

A 增加角色

（1）选择“程序”→“用友 U8V10.1”→“系统管理”，单击“系统”→“注册”，出现登录界面，如图 2-6 所示。操作员为“admin”，没有密码，选择账套为“(default)”，然后单击“登录”（“登录到”指的是 U8 软件安装的服务器名称）按钮。

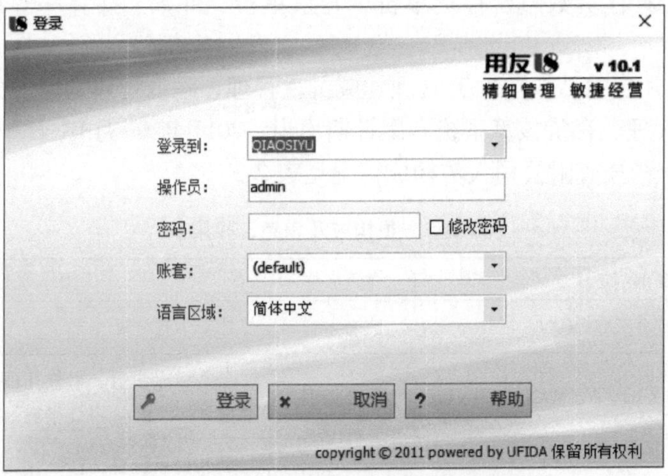

图 2-6 以系统管理员身份登录系统管理

（2）单击“权限”→“角色”按钮，进入“角色管理”界面，如图 2-7 和图 2-8 所示。

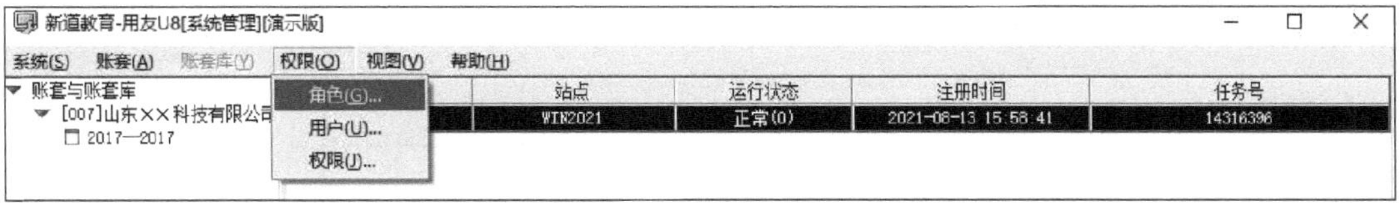

图 2-7 进入角色管理界面

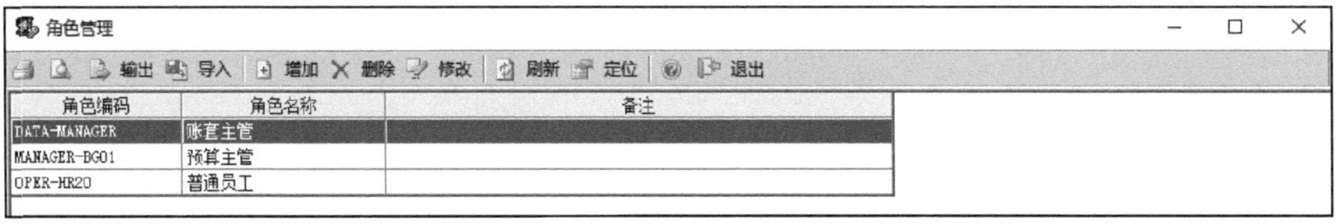

图 2-8 角色管理

（3）单击“增加”按钮，进入“角色详细情况”界面，如图 2-9 和图 2-10 所示。

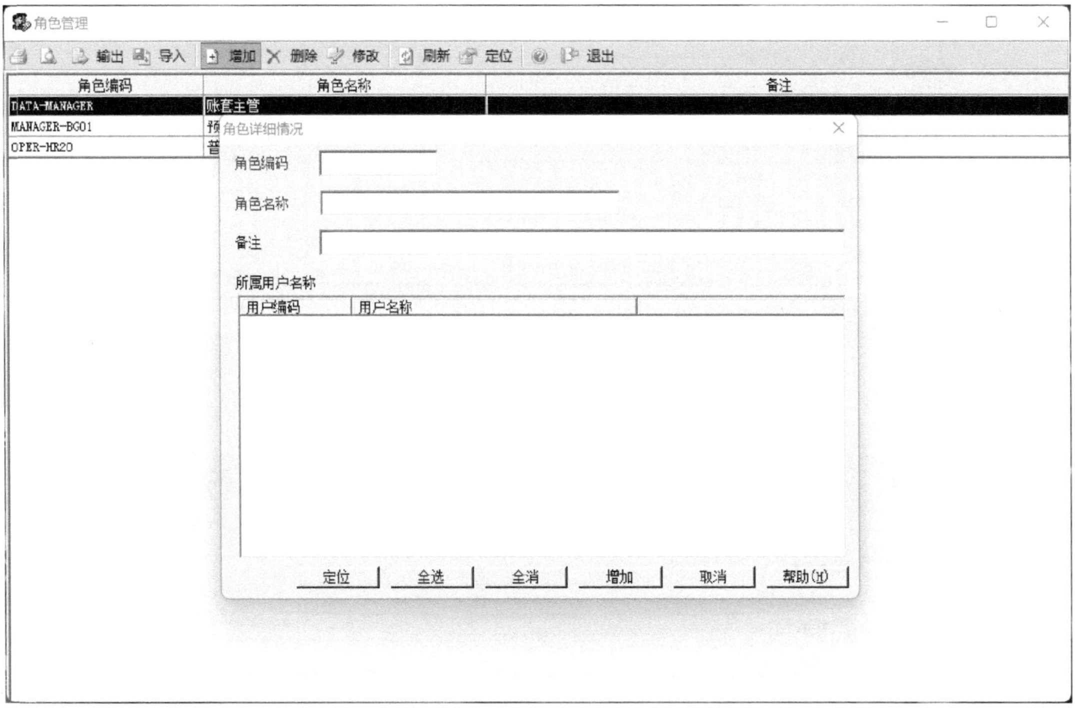

图 2-9 增加角色

（4）按照表 2-3，输入角色编码和角色名称后，继续单击“增加”按钮即可，如图 2-11所示。

（5）所有角色输入完成后，单击“取消”按钮，则出现图 2-12 所示的界面，角色输入完成。

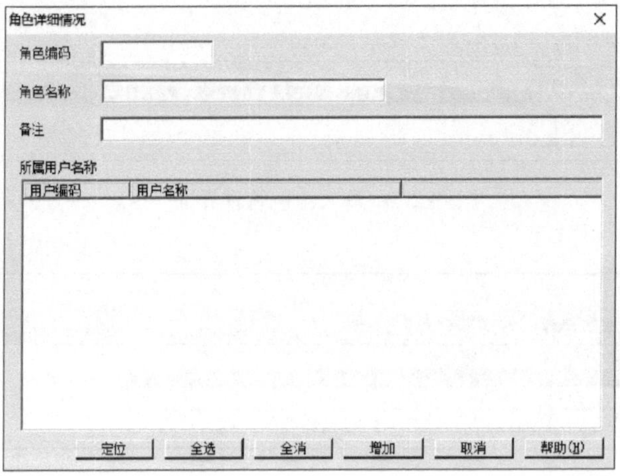

图 2-10　角色详细情况界面

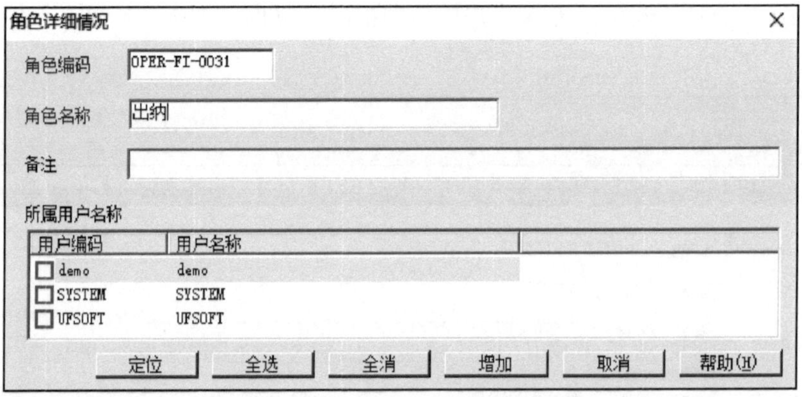

图 2-11　输入角色编码和角色名称

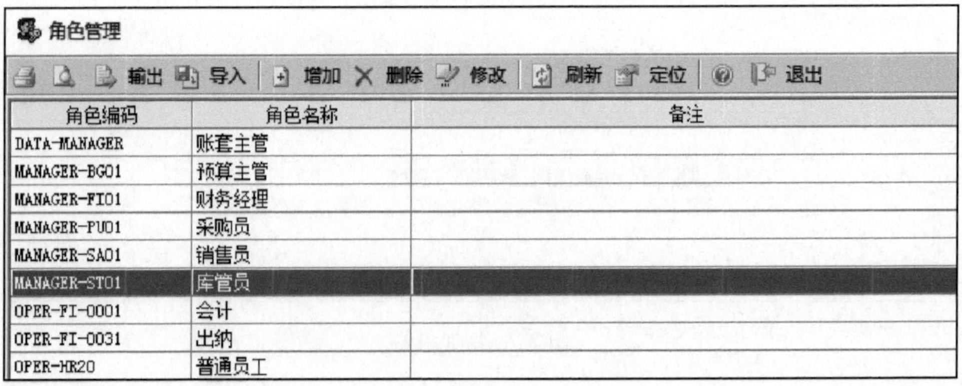

图 2-12　完成增加角色

B　增加用户

（1）在系统管理窗口，选择“权限”下的子功能“用户”按钮，进入“用户管理”窗口，如图 2-13 和图 2-14 所示。

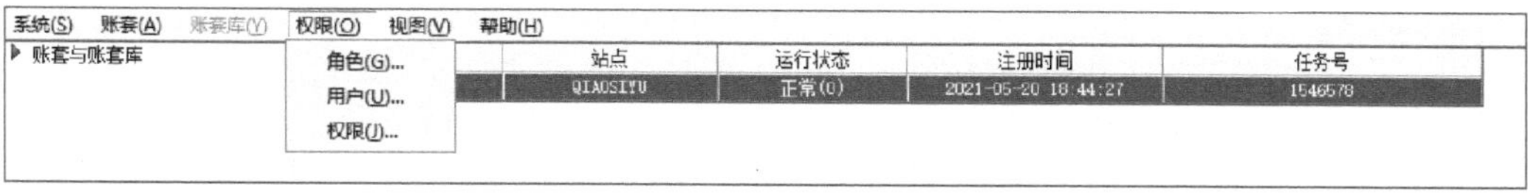

图 2-13 进入“用户管理”操作窗口

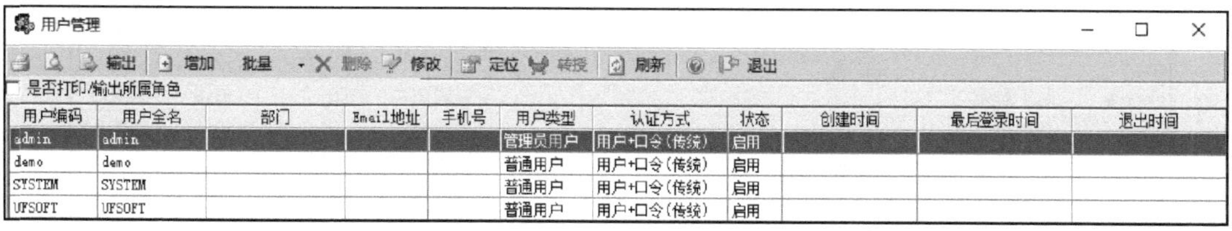

图 2-14 用户管理

（2）单击“增加”按钮，进入“操作员详细情况”界面。在此界面输入操作员详细情况，包括编号、姓名等。此外，还可在该界面下方，勾选该用户所属的角色。例如：如图 2-15 所示，编号“A01”、姓名为“甲 1”的用户，所属角色为“账套主管”。

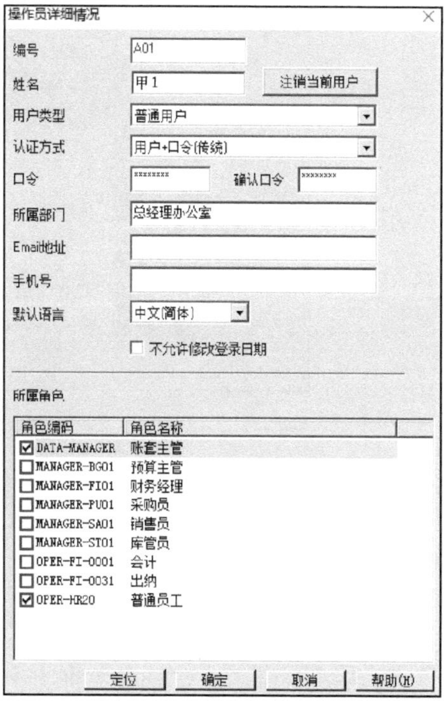

图 2-15 增加用户

（3）单击“增加”按钮，按照实验资料，依次设置其他操作员。

（4）全部设置完成后单击“取消”按钮退出，系统显示如图 2-16 所示的操作结果。

2.4.2 实训 2 建立账套

要求：根据实训 1 中的资料，完成该公司账套的建立。

（1）以“系统管理员（admin）”身份注册进入系统管理，执行“账套”→“建立”命令，打开“创建账套”对话框。选择“新建空白账套”，单击“下一步”按钮，打开“账套信息”对话框。录入账套代码“001”，账套名称“山东××科技有限公司”，启用会计期间为“2017 年 7 月”，如图 2-17 所示。

注：

- “账套号”一般是 000～999 之间的三位数字，账套号唯一，不能重复。
- “账套路径”是存放账套数据的位置，一般用系统默认的路径即可，也可以自行确定。
- “启用会计期”用来新建账套将被启用的时间，具体到“月”，用户可根据实际情况，单击“会计期间设置”按钮来进行设置会计期间。

（2）单击“下一步”按钮，打开“单位信息”对话框。录入单位信息，如图 2-18 所示。

用户编码	用户全名	部门	Email地址	手机号	用户类型	认证方式	状态
A01	甲1	总经理办公室			普通用户	用户+口令(传统)	启用
admin	admin				管理员用户	用户+口令(传统)	启用
C01	甲7	仓管部			普通用户	用户+口令(传统)	启用
demo	demo				普通用户	用户+口令(传统)	启用
G01	甲5	采购部			普通用户	用户+口令(传统)	启用
SYSTEM	SYSTEM				普通用户	用户+口令(传统)	启用
UFSOFT	UFSOFT				普通用户	用户+口令(传统)	启用
W01	甲2	财务部			普通用户	用户+口令(传统)	启用
W02	甲3	财务部			普通用户	用户+口令(传统)	启用
W03	甲4	财务部			普通用户	用户+口令(传统)	启用
X01	甲6	销售部			普通用户	用户+口令(传统)	启用

图 2-16 完成用户输入的用户管理界面

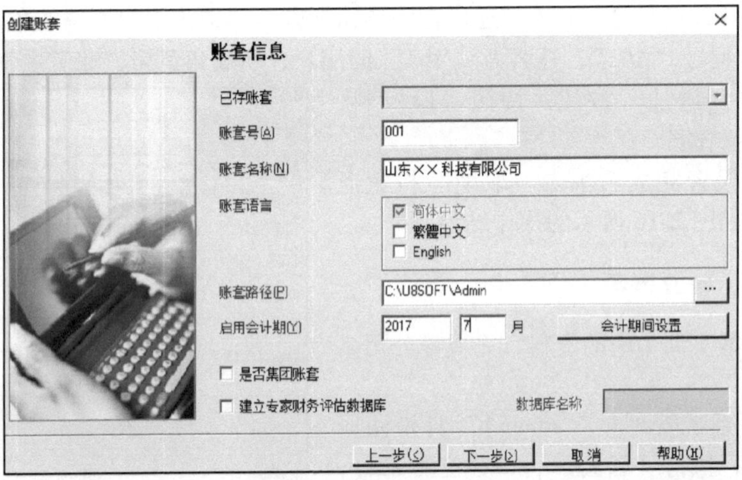

图 2-17 账套信息

注：

- 单位信息中只有“单位名称”是必须录入的。必须录入的信息以蓝色字体标识（以下同）。
- 单位名称应录入企业的全称以便打印发票时使用。

(3) 单击“下一步”按钮，进入“核算类型”选择。行业性质选择“2007 年新会计制度科目”，在“账套主管”的下拉框中，选择“A01 甲 1”，其他如图 2-19 所示。

注：

- 行业性质将决定系统预置科目的内容，必须选择正确。
- 如果事先增加了用户，则可以在建账时选择该用户为该账套的账套主管。如果建账前未设置用户，建账过程中可以先选择一个操作员作为该账套的账套主管，待建账完成后再到“权限”功能中进行账套主管的设置。
- 如果用户希望预置所属行业的标准一级科目及部分二级科目，则选中复选框“按

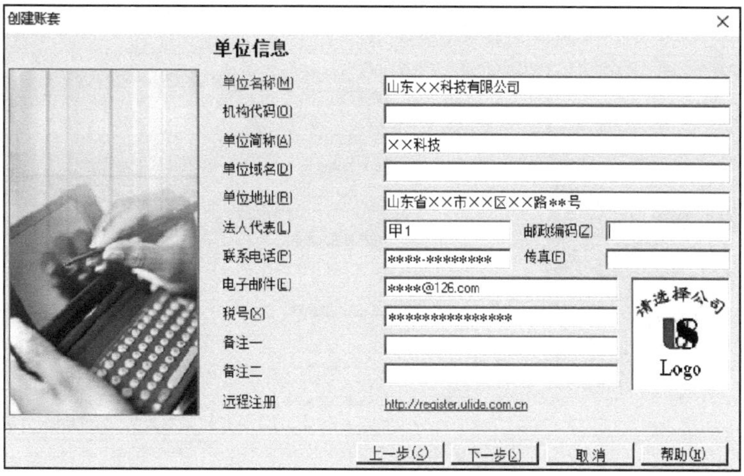

图 2-18　设置单位信息

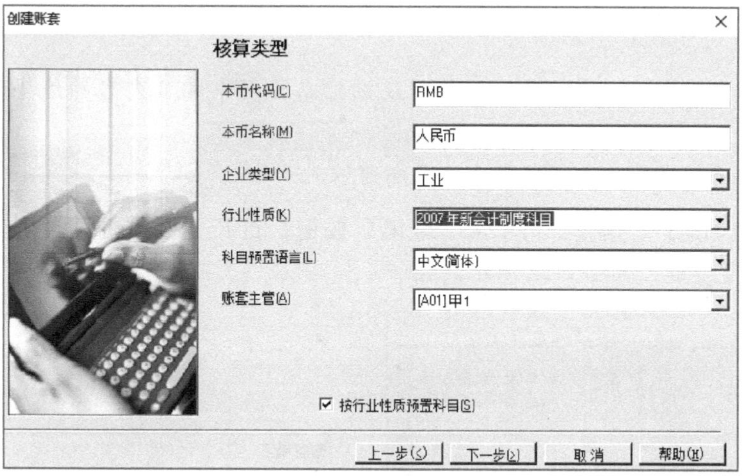

图 2-19　设置核算类型

行业性质预置科目”。

(4) 单击“下一步”按钮，进入“基础信息”界面，勾选“存货是否分类”“客户是否分类”“供应商是否分类”及“有无外币核算”，如图 2-20 所示。

注：

- 核算类型的选择应根据企业具体情况而定。
- 是否对存货、客户及供应商进行分类将会影响到其档案的设置。有无外币核算将会影响到基础信息的设置及日常能否处理外币业务。
- 如果基础信息设置错误，可由账套主管在修改账套功能中进行修改。

(5) 单击“下一步”按钮后，单击“完成”按钮进入系统建账过程，需要等待一段时间，系统弹出提示：“可以建账了吗?”单击“是”按钮，系统将自动进入账套创建工作。

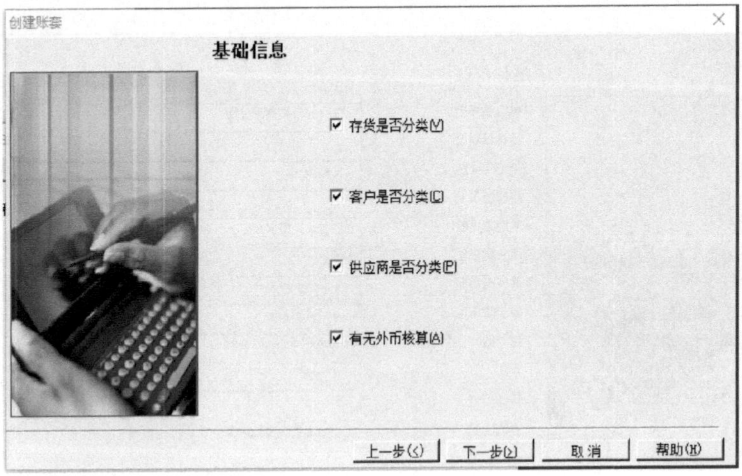

图 2-20 设置基础信息

（6）按所给资料修改分类编码方案，如图 2-21 所示。

注：

- 编码方案的设置，将会直接影响到基础信息设置中相应内容的编码级次及每级编码的位长。
- 删除编码级次时，必须从最后一级向前依次删除。

（7）选择“确定”按钮，再单击“取消”按钮，打开“数据精度”对话框，采用系统默认数据精度设置，如图 2-22 所示。

编码方案

项目	最大级数	最大长度	单级最大长度	第1级	第2级	第3级	第4级	第5级	第6级	第7级	第8级	第9级
科目编码级次	13	40	9		2	2	2					
客户分类编码级次	5	12	9	2	3	4						
供应商分类编码级次	5	12	9	2	3	4						
存货分类编码级次	8	12	9	2	2	2	2	3				
部门编码级次	9	12	9	1	2							
地区分类编码级次	5	12	9	2	3	4						
费用项目分类	5	12	9	1	2							
结算方式编码级次	2	3	3	9	2							
货位编码级次	8	20	9	2	3	4						
收发类别编码级次	3	5	5	1	1	1						
项目设备	8	30	9	2	2							
责任中心分类档案	5	30	9	2	2							
项目要素分类档案	6	30	9	2	2							
客户权限组级次	5	12	9	2	3	4						

确定(O) 取消(C) 帮助(F)

图 2-21 编码方案编辑

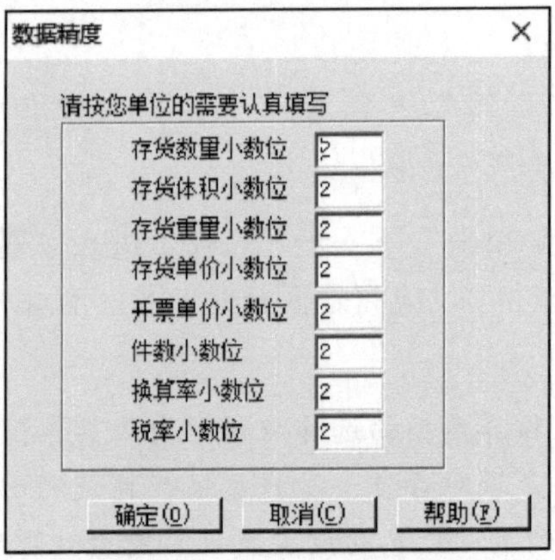

图 2-22 数据精度设置

（8）单击“确定”按钮，系统弹出信息提示框，如图 2-23 所示。

注：如果选择“是”按钮，则可直接进行“系统启用”的设置；也可单击“否”按钮，先完成建账过程，之后再在企业应用平台的基础信息中进行系统启用设置。

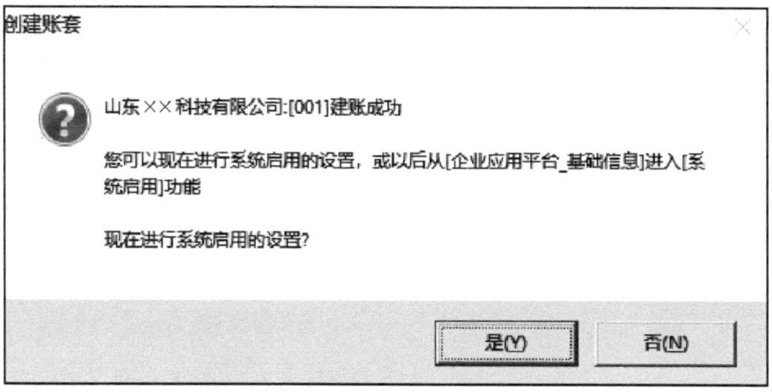

图 2-23 是否进行系统启用提示

（9）单击“是”按钮，启用总账、应收款管理、应付款管理、薪资管理、固定资产、销售管理、采购管理、库存管理、存货核算系统，启用日期均为：2017 年 07 月 01 日，如图 2-24 和图 2-25 所示。

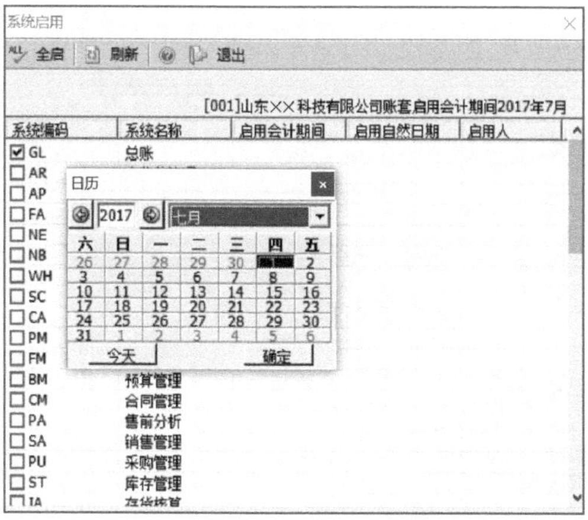

图 2-24 启用日期

图 2-25 系统启用

（10）启用后退出建账过程，完成建账。这时系统提示“进入企业应用平台进行业务操作”对话框，单击“确定”按钮返回到系统管理窗口，可以进行其他设置工作。

2.4.3 实训 3 设置角色和操作员权限

根据实训 1 中表 2-3 的资料，给各用户赋权。

在系统管理窗口，选择“权限”下的“权限”子菜单项，进入“操作员权限”窗口，如图 2-26 所示。在此界面下，用户的赋权可采用两种形式。

图 2-26 进入权限设置

第一种是先给各角色赋权，然后将各角色的权限应用到用户上。单击“修改”按钮，按照角色的权限进行设置。参照数据，给各角色赋权，然后单击“保存”按钮进行保存。然后选中用户，单击界面右边左上角“显示所属角色权限”，即可完成用户赋权。为角色授权的目的是为了方便给角色所属的用户赋予权限，用户可以继承角色权限，在这之后仍可对用户权限进行修改。该方法适用于用户数量较多时，方便实现按角色进行分类管理，减轻工作量。

第二种则是直接对各个用户赋权。选中用户，单击“修改”按钮，直接对该用户赋权，单击“保存”按钮进行保存，即可完成用户赋权。

(1) 按照表 2-3 要求，参照 2. 3. 4 操作步骤，角色赋权结果如图 2-27～图 2-31 所示。

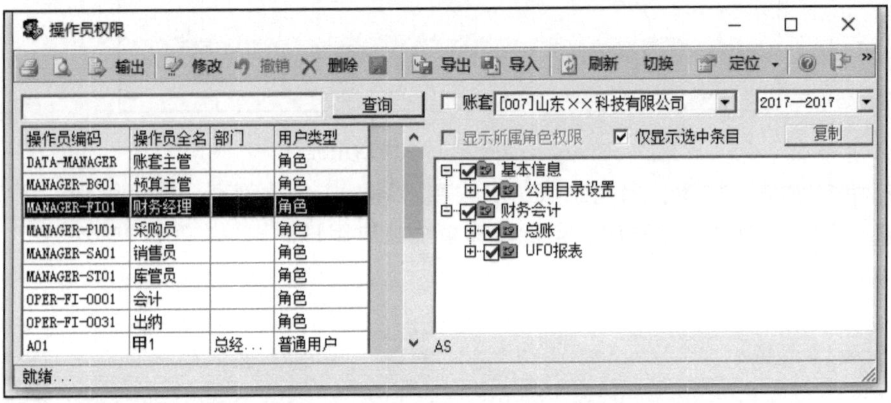

图 2-27　角色权限分配——财务经理

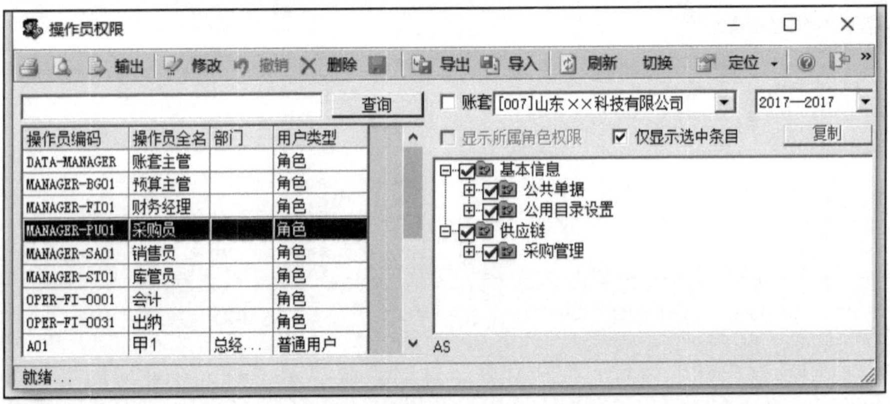

图 2-28　角色权限分配——采购员

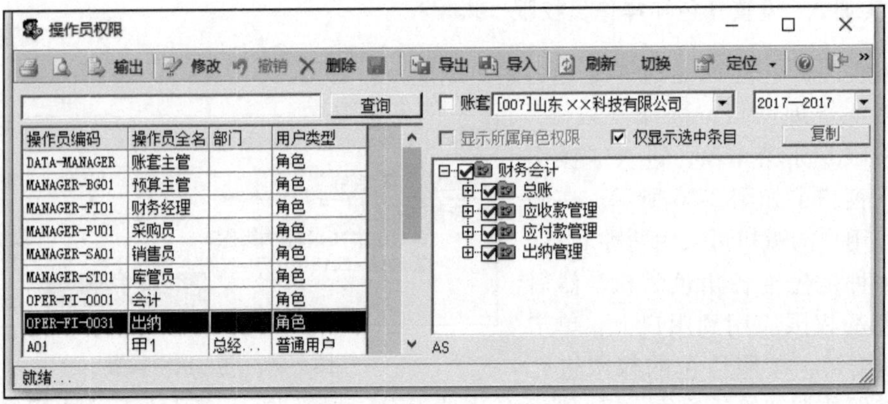

图 2-29　角色权限分配——出纳

图 2-30　角色权限分配——销售员

图 2-31　角色权限分配——库管员

(2) 用户授权。按照表 2-3 要求，操作步骤参照 2.3.4，用户授权结果如图 2-32 所示。

(a)

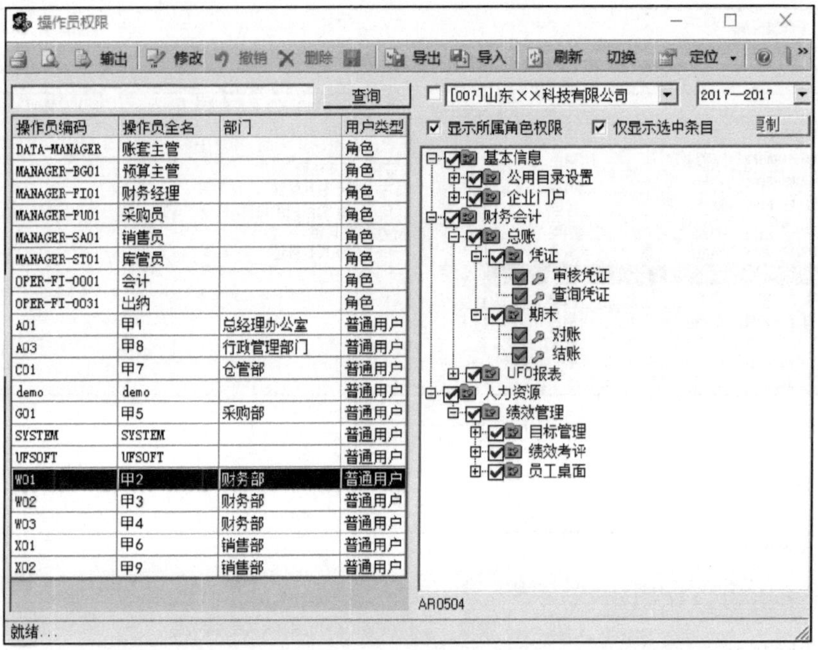
操作员权限
输出 修改 撤销 删除 导出 导入 刷新 切换 定位
查询
[007]山东××科技有限公司
2017—2017
显示所属角色权限
仅显示选中条目
复制
操作员编码 操作员全名 部门 用户类型
DATA-MANAGER 账套主管 角色
MANAGER-BG01 预算主管 角色
MANAGER-FI01 财务经理 角色
MANAGER-PU01 采购员 角色
MANAGER-SA01 销售员 角色
MANAGER-ST01 库管员 角色
OPER-FI-0001 会计 角色
OPER-FI-0031 出纳 角色
A01 甲1 总经理办公室 普通用户
A03 甲8 行政管理部门 普通用户
C01 甲7 仓管部 普通用户
demo demo 普通用户
G01 甲5 采购部 普通用户
SYSTEM SYSTEM 普通用户
UFSOFT UFSOFT 普通用户
W01 甲2 财务部 普通用户
W02 甲3 财务部 普通用户
W03 甲4 财务部 普通用户
X01 甲6 销售部 普通用户
X02 甲9 销售部 普通用户
基本信息
公用目录设置
企业门户
财务会计
总账
凭证
审核凭证
查询凭证
期末
对账
结账
UFO报表
人力资源
绩效管理
目标管理
绩效考评
员工桌面
AR0504
就绪...

(b)

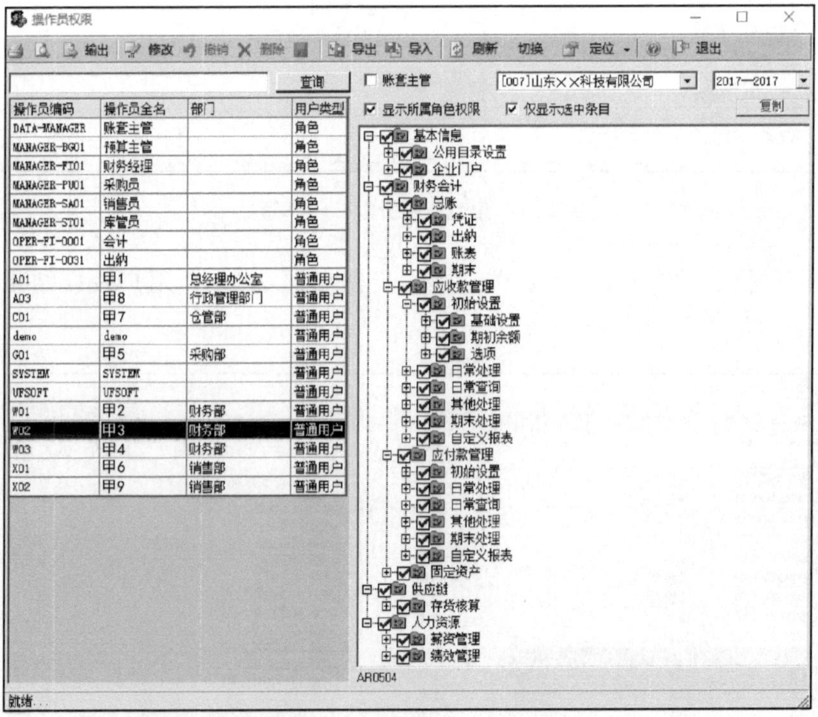
操作员权限
输出 修改 撤销 删除 导出 导入 刷新 切换 定位 退出
查询
账套主管
[007]山东××科技有限公司
2017—2017
显示所属角色权限
仅显示选中条目
复制
操作员编码 操作员全名 部门 用户类型
DATA-MANAGER 账套主管 角色
MANAGER-BG01 预算主管 角色
MANAGER-FI01 财务经理 角色
MANAGER-PU01 采购员 角色
MANAGER-SA01 销售员 角色
MANAGER-ST01 库管员 角色
OPER-FI-0001 会计 角色
OPER-FI-0031 出纳 角色
A01 甲1 总经理办公室 普通用户
A03 甲8 行政管理部门 普通用户
C01 甲7 仓管部 普通用户
demo demo 普通用户
G01 甲5 采购部 普通用户
SYSTEM SYSTEM 普通用户
UFSOFT UFSOFT 普通用户
W01 甲2 财务部 普通用户
W02 甲3 财务部 普通用户
W03 甲4 财务部 普通用户
X01 甲6 销售部 普通用户
X02 甲9 销售部 普通用户
基本信息
公用目录设置
企业门户
财务会计
总账
凭证
出纳
账表
期末
应收款管理
初始设置
基础设置
期初余额
选项
日常处理
日常查询
其他处理
期末处理
自定义报表
应付款管理
初始设置
日常处理
日常查询
其他处理
期末处理
自定义报表
固定资产
供应链
存货核算
人力资源
薪资管理
绩效管理
AR0504
就绪...

(c)

(d)

图 2-32

（a）账套主管“A01 甲 1”权限；（b）“W01 甲 2”权限；（c）“W02 甲 3”权限；（d）“W03 甲 4”权限

2.4.4 实训 4 账套输出

2017 年 7 月 1 日，公司建立账套，完成对“001 山东××科技有限公司”的账套备份。

（1）在 C 盘中新建“××科技账套备份”文件夹。

（2）由“系统管理员”注册“系统管理”，选择“账套”→“输出”，在出现的“账套输出”窗口中选择需要备份的账套号以及输出文件位置，如图 2-33 和图 2-34 所示。

（3）单击“确认”按钮，系统将进行账套数据输出，完成后，系统会提示“输出成功”，单击“确定”按钮返回。

注：

- 利用账套输出功能还可以进行删除账套的操作。在账套输出对话框中，选中“删除当前输出账套”，单击“确认”按钮。当输出完成后，系统提示“真要删除该账套吗?”，单击“是”按钮，则可删除账套。
- 只有系统管理员（admin）有权进行账套输出。
- 正在使用的账套可以进行账套输出，而不允许账套删除。

2.4.5 实训 5 账套修改

系统管理员在账套建立完成后，发现该账套“单位信息”的“机构代码”并未填写，请按要求对“001 山东××科技有限公司”的账套进行修改，机构代码为“ ****** ”。

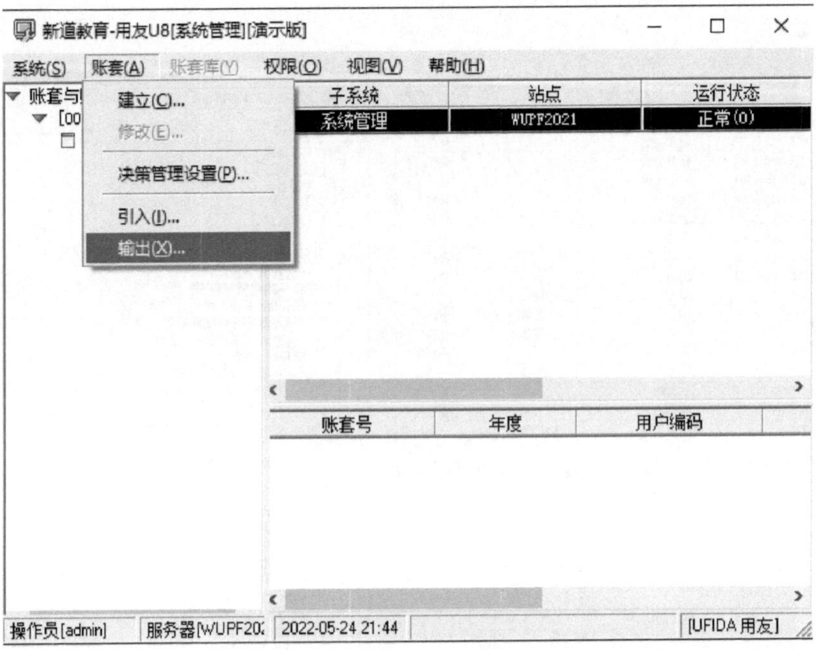

图 2-33　输出账套

(1) 执行“系统”→“注册”命令，打开登录界面。

(2) 以操作员“A01”“甲 1”身份，选择账套“001 山东××科技有限公司”，修改操作日期至“2017-07-01”，单击“登录”按钮，如图 2-35 所示。

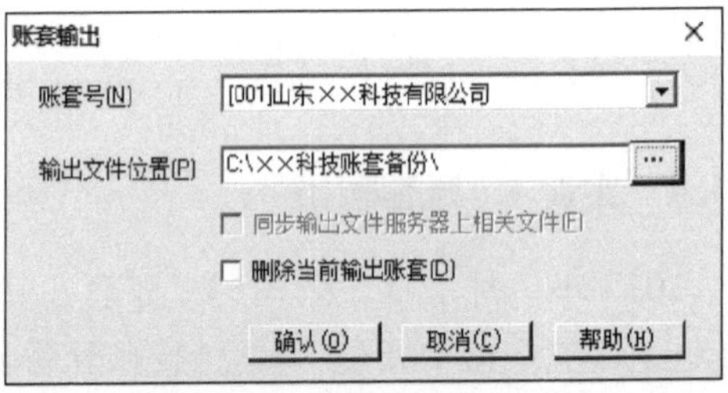

图 2-34　账套输出

(3) 执行“账套”→“修改”命令，打开“修改账套”对话框，单击“下一步”至“基础信息”界面，修改“机构代码”为“******”，如图 2-36 所示。

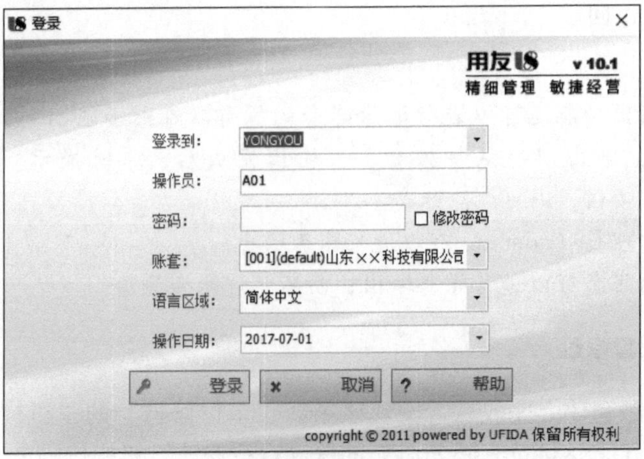

图 2-35　系统登录

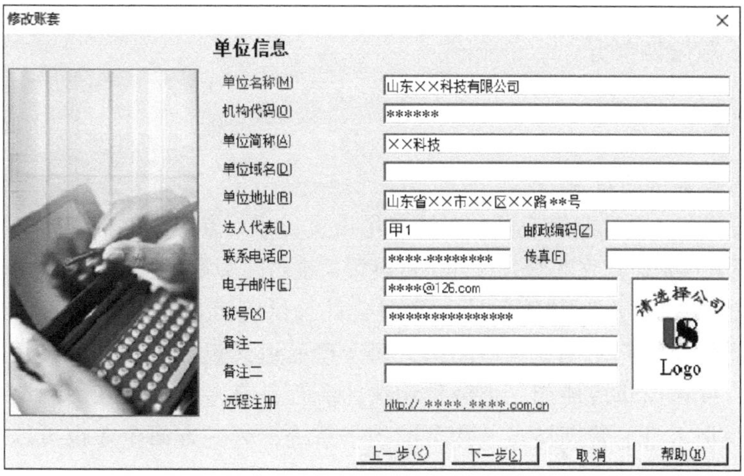

图 2-36　修改账套

（4）单击“下一步”按钮，直至出现“完成”按钮，系统弹出提示“确认修改账套了吗?”。

（5）单击“是”按钮，并在“编码方案”和“数据精度”窗口中分别单击“取消”和“确定”按钮，系统弹出提示“修改账套成功”。

2.5　基础设置简介

2.5.1　企业应用平台概述

为了使企业能够存储企业内部和外部的各种信息，用友 ERP-U8V10.1 软件提供了企业应用平台。在企业应用平台，企业员工可以通过单一的访问入口访问企业的各种信息，定义自己的业务工作，并设计自己的工作流程。企业应用平台实现了信息的及时沟通，资源的有效利用，与合作伙伴的在线和实时的链接，对提高企业员工的工作效率以及企业业务处理能力起到一定的推动作用。

2.5.1.1　企业应用平台基本功能模块

企业应用平台主要包括三大模块，分别是业务工作、系统服务以及基础设置模块。业务工作模块主要是处理企业日常经营活动中的诸多业务；系统服务模块主要是针对企业应用服务平台系统本身的设置以及维护；基础设置模块是为系统的日常运行做好基础工作，包括基础信息设置、基本档案设置、业务参数设置等。

2.5.1.2　业务工作与系统服务

（1）业务工作。在企业应用平台的“业务工作”界面中，集成了登录操作员拥有操作权限的所有功能模块，包括财务会计处理、供应链处理（购销存一体化）、人力资源处理等。因此该界面也是操作员进入用友 ERP-U8V10.1 管理软件的唯一入口。业务工作这一模块将在后面的章节中进行详细讲解，本部分内容不再赘述。

（2）系统服务。系统服务模块主要是针对企业应用服务平台系统本身的设置以及维护，通过系统服务模块能够便捷实现工具的调用与权限的分配，主要包括系统管理、服务器配置、工具、权限四部分。

2.5.2　基础设置

2.5.2.1　基本信息设置

基本信息设置包括会计期间设置、系统启用设置、编码方案设置、数据精度设置四部分。这些基本信息设置在企业建立账套时已进行过设置，也可在基本信息设置界面进行修改。

ERP-U8V10.1 软件分为财务会计、管理会计、供应链、生产制造、人力资源、集团应用、决策支持和企业应用集成等产品组，每个产品组又包含若干模块，它们中大多数既可以独立运行，又可以集成使用，但两种用法的流程是有差异的。在启用这些模块时，一方面企业可以根据本身的管理特点选购不同的子系统；另一方面企业也可以采取循序渐进的策略有计划的先启用一些模块，再根据企业需求启用另一部分模块。系统启用设置为企业提供了选择的便利且可设定用友 U8 应用系统中的各个子系统开始使用日期，只有启用的子系统才能登录进行业务处理。系统启用主要有两种方法：

（1）在企业建账完成后即进行系统启用。

（2）用账套主管身份登录企业应用平台，在企业应用平台中启用。选择“基础设置”→“基本信息”→“系统启用”，设定启用的模块。

2.5.2.2　基础档案设置

基础档案是系统业务处理必需的基础资料，是系统运行的基石，一个账套总是由若干个子系统构成，这些子系统共享公用的基础档案信息。在启用新账套之前，应该根据企业的实际情况，结合系统基础档案设置的要求，事先做好基础数据的准备工作。

基础档案设置主要包括机构人员设置、客商信息设置、存货设置、财务设置、收付结算设置、业务设置、对照表设置以及其他设置。具体操作方法将结合本章节实训部分进行讲解。

2.5.2.3　其他设置

其他设置主要包括业务参数设置、业务流程配置、个人参数设置、单据设置、档案设置。这些部分非本书的主要介绍内容，如在其他部分有所涉及，将进行讲解。

2.6　企业应用平台业务实训

2.6.1　实训 1　部门和人员档案设置

请参考实验资料，进行部门、人员类别设置和人员档案设置。

2.6.1.1　实验资料

部门档案、人员类别、人员档案见表 2-4~表 2-6。

表 2-4　部门档案

部门编码	部门名称	成立日期
A	行政管理部	2016-07-01
A01	总经理办公室	2015-07-01

续表 2-4

部门编码	部门名称	成立日期
A02	财务部	2015-07-01
A03	人力资源部	2015-07-01
A04	资产管理部	2015-07-01
C	仓储部	2016-07-01
C01	仓管部	2015-07-01
C02	质检部	2015-07-01
G	采购部	2015-07-01
X	销售部	2015-07-01

表 2-5 人员类别

档案编号	档案名称	档案简称	档案简拼
1011	企管人员	企管人员	QGRY
1012	销售人员	销售人员	XSRY
1013	采购人员	采购人员	CGRY
1014	仓储人员	仓储人员	CCRY
1015	零售人员	零售人员	LSRY

表 2-6 人员档案

职员编号	职员名称	所属部门	人员类别	是否业务员	是否操作员	性别	生效日期
A01	甲 1	总经理办公室	企管人员	是	是	男	2016-07-01
A03	甲 8	人力资源部	企管人员	是	否	男	2016-07-01
A04	甲 10	资产管理部	企管人员	是	否	女	2016-07-01
B01	甲 2	财务部	企管人员	是	是	女	2016-07-01
B02	甲 3	财务部	企管人员	是	是	男	2016-07-01
B03	甲 4	财务部	企管人员	是	是	女	2016-07-01
C01	甲 7	仓管部	仓储人员	是	是	男	2016-07-01
G01	甲 5	采购部	采购人员	是	是	男	2016-07-01
X01	甲 6	销售部	销售人员	是	是	男	2016-07-01
X02	甲 9	销售部	零售人员	是	否	女	2016-07-01

2.6.1.2 操作步骤

A 部门设置

以操作员“A01”“甲 1”身份登录进入 U8 企业应用平台后，选择“基础设置”→“基础档案”→“机构人员”→“部门档案”菜单项，在弹出的部门档案窗口，单击“增加”按钮，录入部门编码、部门名称等信息（注意：各部门成立的时间不一致），如图 2-37 所示。录入完成一个部门的信息后单击工具栏上的“”按钮，保存当前录入的部门信息，然后单击“增加”按钮继续输入，也可对已经输入的信息单击“修改”按钮进行修改，修改后单击“保存”按钮。

其中，部门编码不能修改，只能删除该部门后重新增加。

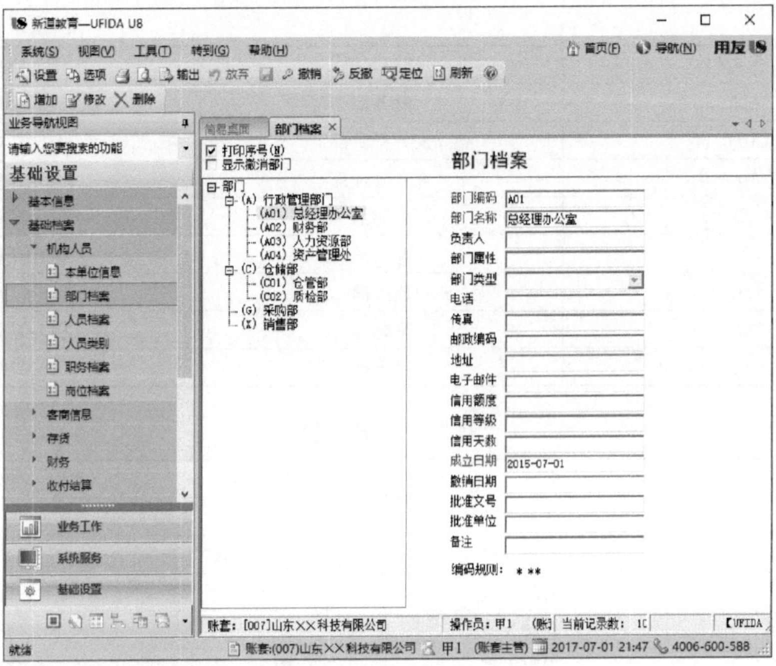

图 2-37 部门档案

B 人员类别设置

在 U8 企业应用平台，选择“基础设置”→“基础档案”→“机构人员”→“人员类别”菜单项，弹出“人员类别”窗口，先删除系统预置的人员类别，然后单击“增加”按钮，录入档案编码、档案名称后，按〈Enter〉键，“档案简称”与“档案简拼”自动出现，单击确定再继续增加其他类别即可，输出结果如图 2-38 所示。

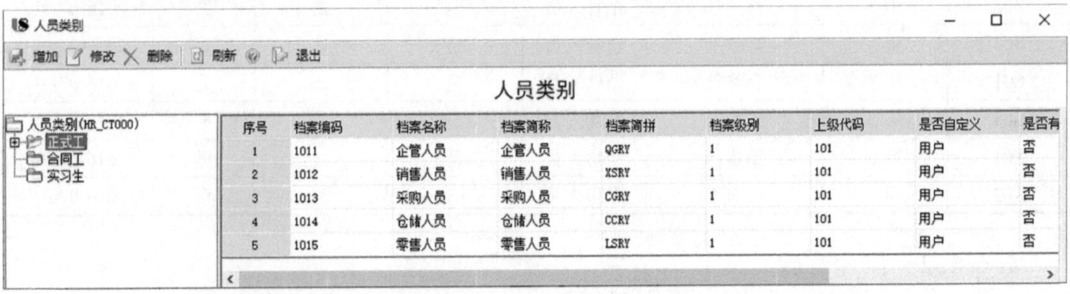

图 2-38 人员类别设置

C 人员档案设置

在 U8 企业应用平台，选择“基础设置”→“基础档案”→“机构人员”→“人员档案”菜单项，然后单击“增加”按钮，录入人员的相关信息，如图 2-39 所示。输完一个后，单击工具按钮“ ”保存，当系统弹出“人员信息已改，是否同步修改操作员的相关信息”时，单击“是”按钮。

注：

- 在选择“是否是操作员”时，单击对应操作员名称后的“…”按钮，这样对应的

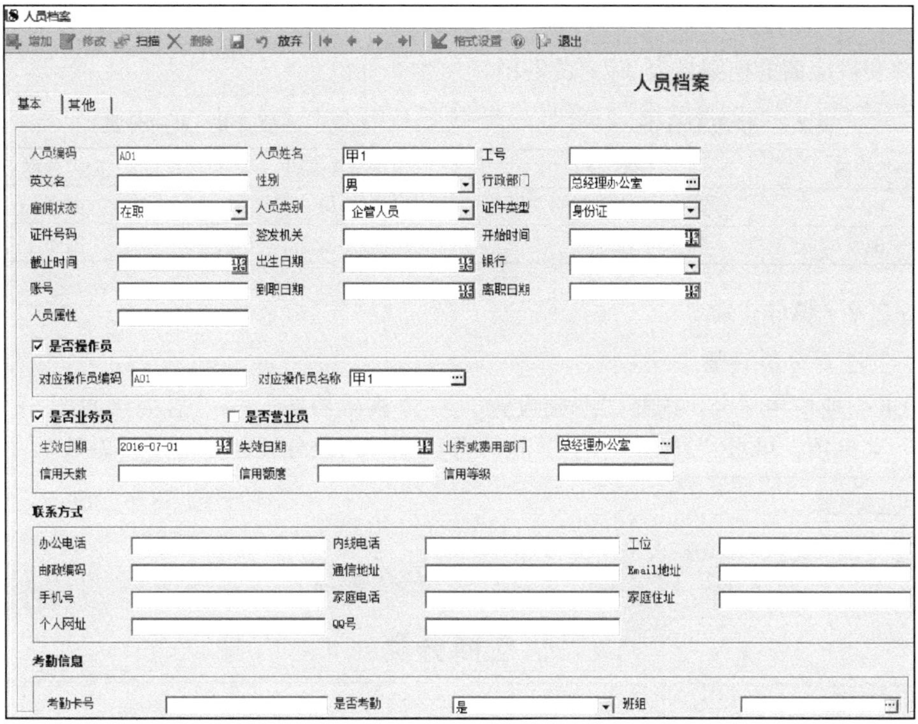

图 2-39　录入人员档案

编码才正确。若出现“操作员名称已经存在，不可重复”，则先不勾选“是否是操作员”，单击“保存”按钮，保存后单击“修改”按钮，进入人员档案界面，勾选“是否是操作员”，单击“…”按钮，选中对应的操作员名称。

- 一个人的信息输入完毕后，单击“保存”按钮完成。

人员设置完成后如图 2-40 所示。

选择	人员编码	姓名	行政部门名称	雇佣状态	人员类别	性别	出生日期	业务或费用部门名称	审核标志
	A01	甲1	总经理办公室	在职	企管人员	男		总经理办公室	未处理
	A03	甲8	人力资源部	在职	企管人员	男		人力资源部	未处理
	A04	甲10	资产管理部	在职	企管人员	女		资产管理部	未处理
	B01	甲2	财务部	在职	企管人员	女		财务部	未处理
	B02	甲3	财务部	在职	企管人员	男		财务部	未处理
	B03	甲4	财务部	在职	企管人员	女		财务部	未处理
	C01	甲7	仓管部	在职	仓储人员	男		仓管部	未处理
	G01	甲5	采购部	在职	采购人员	男		采购部	未处理
	X01	甲6	销售部	在职	销售人员	男		销售部	未处理
	X02	甲9	销售部	在职	零售人员	女		销售部	未处理

图 2-40　人员列表

2.6.2　实训 2　客户和供应商档案设置

根据实验资料，进行客户和供应商档案设置。

2.6.2.1 实验资料

客户和供应商的档案见表 2-7~表 2-10。

表 2-7 供应商分类

分类编码	分类名称
01	国内
02	国外

表 2-8 客户分类

分类编码	分类名称
01	国内
02	国外

2.6.2.2 操作步骤

A 供应商分类设置

在 U8 企业应用平台，选择“基础设置”→“基础档案”→“客商信息”→“供应商分类”菜单项，单击“增加”按钮，输入分类编号以及分类名称，如图 2-41 所示。

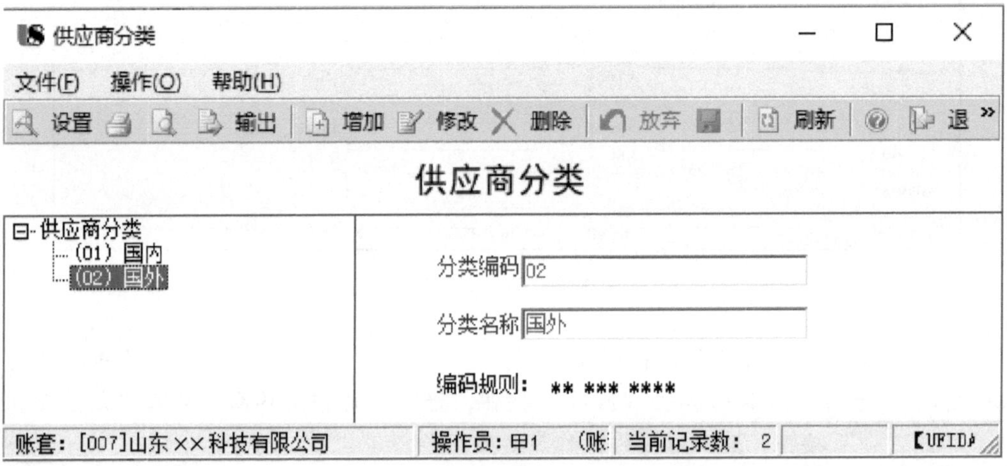

图 2-41 供应商分类

B 客户分类设置

在 U8 企业应用平台，选择“基础设置”→“基础档案”→“客商信息”→“客户分类”菜单项，单击“增加”按钮，输入分类编号以及分类名称，如图 2-42 所示。

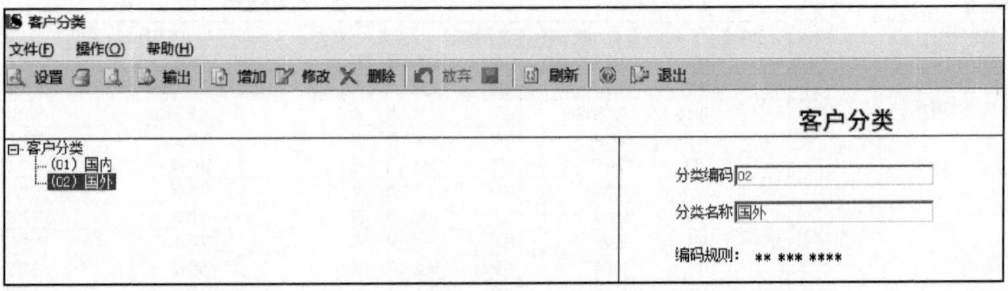

图 2-42 客户分类

C 供应商档案设置

(1) 实验资料，供应商档案见表 2-9。

注：本书所引用资料中的“××”“ *** ”，读者可自行输入有含义的文字及数字。

表 2-9 供应商档案

供应商编码	供应商	供应商简称	开户银行	纳税人识别号	电话	地址
0101	广东××科技有限公司	广东××	中国工商银行××市××支行 ***************	***************	**** - ********	××市××区××路 ** 号
0102	湖南××科技有限公司	湖南××	中国工商银行××市××支行 ***************	***************	**** - ********	××市××区××路 ** 号
0103	珠海××科技有限公司	珠海××	中国工商银行××市××支行 ***************	***************	**** - ********	××市××区××路 ** 号
0104	深圳××科技有限公司	深圳××	中国工商银行××市××支行 ***************	***************	**** - ********	××市××区××路 ** 号
0105	广州××科技有限公司	广州××	中国工商银行××市××支行 ***************	***************	**** - ********	××市××区××路 ** 号
0106	武汉××科技有限公司	武汉××	中国工商银行××市××支行 ***************	***************	**** - ********	××市××区××路 ** 号
0107	株洲××科技有限公司	株洲××	中国工商银行××市××支行 ***************	***************	**** - ********	××市××区××路 ** 号
0108	深圳××科技有限公司	深圳××	中国工商银行××市××支行 ***************	***************	**** - ********	××市××区××路 ** 号
0109	湖北××科技有限公司	××科技	中国工商银行××支行 ***************	***************	**** - ********	××市××区××路 ** 号
0110	山东××快运有限公司	山东××	中国工商银行山东××支行 ***************	***************	**** - ********	××省××市××区××路 ** 号
0111	武汉××科技有限公司	××科技	中国工商银行××支行 ***************	***************	**** - ********	××省××市××路 ** 号
0112	山东××汽车有限公司	××汽车	中国工商银行××市××支行 ***************	***************	**** - ********	××市××区××路 ** 号

表 2-10 客户档案

往来单位代码	往来单位名称	客户简称	开户银行	纳税人识别号	电话	地址
0101	湖北××科技有限公司	××科技	中国工商银行××支行 ***************	***************	*** - ********	××市××市××路 ** 号
0102	深圳××科技有限公司	深圳××	中国工商银行××支行 ***************	***************	*** - ********	××市××区×× ** 号
0103	武汉××科技有限公司	××科技	中国工商银行××支行 ***************	***************	*** - ********	××省××市××路 ** 号
0104	湖北××科技有限公司	××科技	中国工商银行××支行 ***************	***************	*** - ********	××市××区××路 ** 号
0105	河北××科技有限公司	××科技	中国工商银行××支行 ***************	***************	*** - ********	××市××区××路 ** 号
0106	长沙××科技有限公司	××科技	中国工商银行××支行 ***************	***************	*** - ********	××省××市××路 ** 号
0107	湖南××电子有限公司	湖南××	中国工商银行××支行 ***************	***************	*** - ********	××市××区××路 ** 号
0108	湖南××科技有限公司	××科技	中国工商银行××支行 ***************	***************	*** - ********	××市××区××路 ** 号
0109	江西××科技有限公司	××科技	中国工商银行××支行 ***************	***************	*** - ********	××市××县××路 ** 号
0110	湖北××科技有限公司	××科技	中国工商银行××支行 ***************	***************	*** - ********	××市××区××路 ** 号
0111	深圳××科技有限公司	××科技	中国工商银行××市××支行 ***************	***************	*** - ********	××市××区××路 ** 号
0112	零散客户	零散客户				

（2）操作步骤。在 U8 企业应用平台，选择“基础设置”→“基础档案”→“客商信息”→“供应商档案”菜单项，单击“增加”按钮，录入相关供应商信息，录入完成后单击“保存并新增”按钮，进行下一个供应商的信息录入，如图 2-43 所示。

供应商档案

序号	选择	供应商编码	供应商名称	供应商简称	地区名称	发展日期	电话	联系人	专营业务员名称	分管部门名称
1		0101	广东××科技有限公司	广东××		2017-07-01	0767-89...			
2		0102	湖南××科技有限公司	湖南××		2017-07-01	0731-84...			
3		0103	珠海××科技有限公司	珠海××		2017-07-01	0756-83...			
4		0104	深圳××科技有限公司	深圳××		2017-07-01	0760-83...			
5		0105	广州××科技有限公司	广州××		2017-07-01	0762-86...			
6		0106	武汉××科技有限公司	武汉××		2017-07-01	027-893...			
7		0107	株洲××科技有限公司	株洲××		2017-07-01	0731-89...			
8		0108	深圳××科技有限公司	深圳××		2017-07-01	0760-69...			
9		0109	湖北××科技有限公司	××科技		2017-07-01	027-836...			
10		0110	山东××快运有限公司	山东××		2017-07-01	0531-63...			
11		0111	武汉××科技有限公司	××科技		2017-07-01	027-836...			
12		0112	山东××汽车有限公司	××汽车		2017-07-01	0531-92...			

图 2-43　供应商档案

若供应商信息发生一定的变化，则单击“修改”按钮进行信息修改。

D　客户档案设置

（1）实验资料，客户档案见表 2-10。

（2）操作步骤。在 U8 企业应用平台，选择“基础设置”→“基础档案”→“客商信息”→“客户档案”菜单项，单击“增加”按钮，录入相关客户信息，所属银行和银行账号需要单击左上角“银行”按钮，默认值选择“是”，录入完成后单击“保存或保存并新增”按钮，进行下一个客户的信息录入，如图 2-44 和图 2-45 所示。

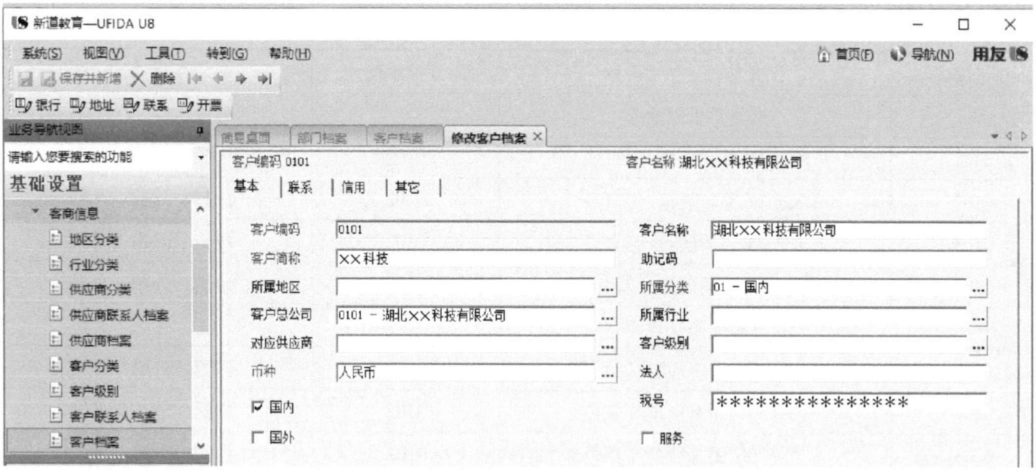

图 2-44　增加客户档案

2.6.3　实训 3　存货设置

根据实验资料，进行存货分类设置、计量单位设置及存货档案设置。

2.6.3.1　实验资料

存货分类、计量单位设置及存货档案见表 2-11 ~ 表 2-14。

客户档案

序号	选择	客户编码	客户名称	客户简称	地区名称	发展日期	联系人	电话	专营业务员名称	分管部门名称
1		0101	湖北××科技有限公司	××科技		2017-07-01		027-823...		
2		0102	深圳××科技有限公司	深圳××		2017-07-01		0760-69...		
3		0103	武汉××科技有限公司	××科技		2017-07-01		027-836...		
4		0104	湖北××科技有限公司	××科技		2017-07-01		027-836...		
5		0105	河北××科技有限公司	××科技		2017-07-01		0311-64...		
6		0106	长沙××科技有限公司	××科技		2017-07-01		0731-83...		
7		0107	湖南××电子有限公司	××智能		2017-07-01		0731-85...		
8		0108	湖南××科技有限公司	××科技		2017-07-01		0731-85...		
9		0109	江西××科技有限公司	××科技		2017-07-01		0791-83...		
10		0110	湖北××科技有限公司	××科技		2017-07-01		027-863...		
11		0111	深圳××科技有限公司	××科技		2017-07-01		0760-69...		
12		0112	零散客户	零散客户		2017-07-01				

图 2-45 客户档案

表 2-11 存货分类

存货分类	存货类别名称
01	东芝移动硬盘
02	三星固态硬盘
03	金士顿固态硬盘
04	索尼移动硬盘
05	爱国者移动硬盘
06	固定资产
07	应税劳务
08	周转材料
09	受托代销商品

表 2-12 计量单位-数量组（无换算率）

计量单位编码	计量单位名称
0101	台
0102	个
0103	栋
0104	辆

表 2-13 计量单位-里程（固定换算率）

计量单位编码	计量单位名称	换算率
0201	公里	1
0202	英尺	1

表 2-14 存货档案

存货编码	存货类别及存货名称	计量单位	存货属性
01	东芝移动硬盘库		
0101	东芝 1T 移动硬盘（黑色）	0102	内销、外销、外购
0102	东芝 1T 移动硬盘（灰色）	0102	内销、外销、外购
0103	东芝 2T 移动硬盘（黑色）	0102	内销、外销、外购
0104	东芝 2T 移动硬盘（灰色）	0102	内销、外销、外购
02	三星固态硬盘库		
0201	三星 250G 固态硬盘（黑色）	0102	内销、外销、外购
0202	三星 250G 固态硬盘（灰色）	0102	内销、外销、外购
0203	三星 500G 固态硬盘（黑色）	0102	内销、外销、外购
0204	三星 500G 固态硬盘（灰色）	0102	内销、外销、外购
03	金士顿固态硬盘库		
0301	金士顿 250G 固态硬盘（黑色）	0102	内销、外销、外购
0302	金士顿 250G 固态硬盘（灰色）	0102	内销、外销、外购
0303	金士顿 500G 固态硬盘（黑色）	0102	内销、外销、外购
0304	金士顿 500G 固态硬盘（灰色）	0102	内销、外销、外购

续表 2-14

存货编码	存货类别及存货名称	计量单位	存货属性
04	索尼移动硬盘库		
0401	索尼 1T 移动硬盘（黑色）	0102	内销、外销、外购
0402	索尼 1T 移动硬盘（灰色）	0102	内销、外销、外购
0403	索尼 2T 移动硬盘（黑色）	0102	内销、外销、外购
0404	索尼 2T 移动硬盘（灰色）	0102	内销、外销、外购
05	爱国者移动硬盘库		
0501	爱国者 500G 移动硬盘（黑色）	0102	内销、外销、外购
0502	爱国者 500G 移动硬盘（灰色）	0102	内销、外销、外购
0503	爱国者 1T 移动硬盘（黑色）	0102	内销、外销、外购
0504	爱国者 1T 移动硬盘（灰色）	0102	内销、外销、外购
06	固定资产		
0601	江铃货车（LG16B）	0104	内销、外销、外购、委外、资产
0602	戴尔电脑	0101	内销、外销、外购、委外、资产
07	应税劳务		
0701	运输费	02	应税劳务
08	周转材料		
0801	包装物	0101	
09	受托代销商品		
0901	希捷 1T 移动硬盘（黑色）	0102	内销、外销、外购、受托代销
0902	希捷 1T 移动硬盘（灰色）	0102	内销、外销、外购、受托代销
0903	希捷 2T 移动硬盘（黑色）	0102	内销、外销、外购、受托代销
0904	希捷 2T 移动硬盘（灰色）	0102	内销、外销、外购、受托代销

2.6.3.2 操作步骤

A 存货分类设置

选择“基础设置”→“基础档案”→“存货”→“存货分类”菜单项，单击“增加”按钮，添加存货编码和存货类别名称，单击“保存”按钮，依次添加其他存货分类，如图 2-46 所示。

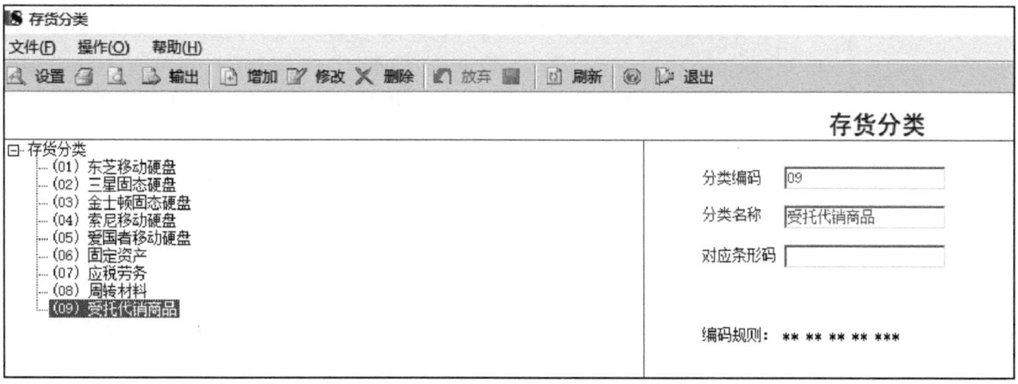

图 2-46 存货分类

B 计量单位设置

（1）选择“存货”→“计量单位”，进入“计量单位”→“计量单位组”窗口，单击左上角“分组”按钮，打开“计量单位组”窗口，单击“增加”按钮，输入计量单位组的编码、名称、换算类别等信息。输入完成后，如图 2-47 所示。

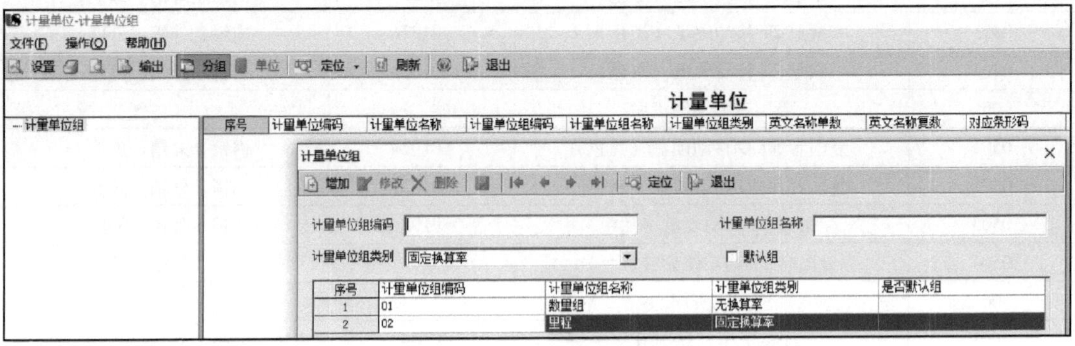

图 2-47 计量单位

（2）单击“退出”按钮，退出“计量单位组”窗口，回到“计量单位”→“计量单位组”窗口，之后选中“（01）数量组<无换算率>”计量单位组，单击“单位”按钮，打开“计量单位”对话框，单击“增加”按钮，录入计量单位编码和名称，如图 2-48 所示，单击“保存”按钮。同样，输入“（02）里程<固定换算率>”单位，如图 2-49 所示。

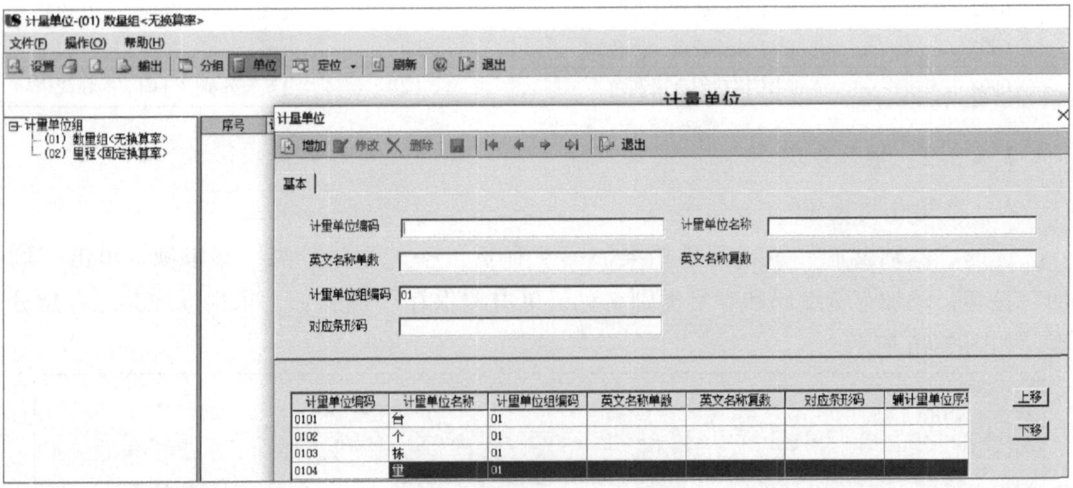

图 2-48 计量单位——数量组

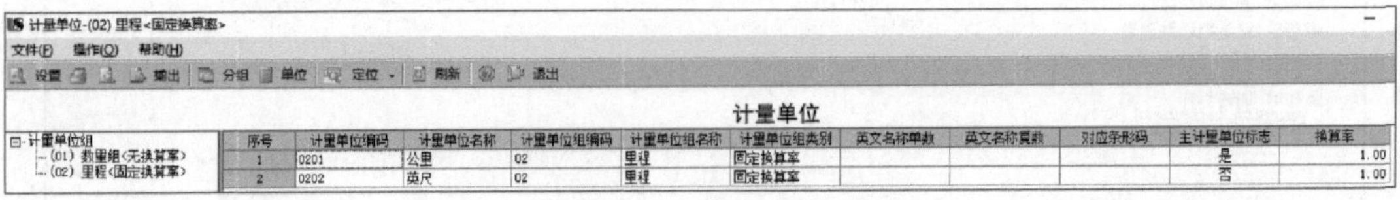

图 2-49 计量单位——里程

C 存货档案设置

在存货档案录入之前，修改采购管理业务参数，勾选“启用受托代销”，如图 2-50 所示。选择“基础设置”→“业务参数”→“供应链”→“采购管理”进入“采购系统选项”设置，勾选“启用受托代销”按钮，单击“确定”按钮。

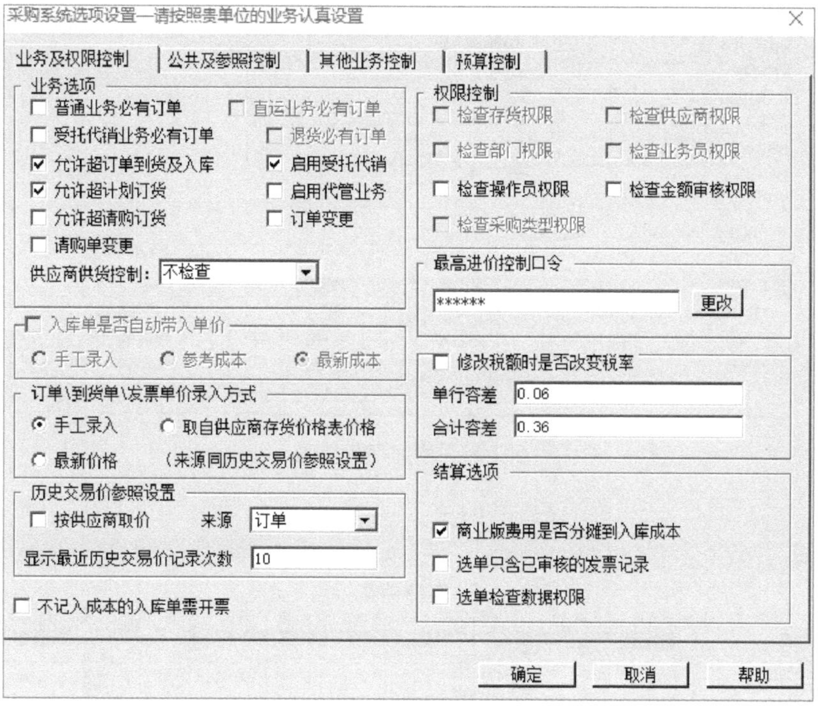

图 2-50 启用受托代销选项

选择“基础设置”→“基础档案”→“存货”→“存货档案”菜单项，单击“增加”按钮，录入存货代码、存货名称、计量单位等，如图 2-51 所示，录入完成后，单击“保存”或“保存并增加”按钮，录入完成如图 2-52 所示。

注：

- 一个科目可同时设置两种辅助核算。
- 存货档案设置：

1）“增加存货档案”窗口有 8 个选项卡，用于对存货不同的属性分别归类。

2）“基本”选项卡中主要记录企业存货的基本信息。其中“蓝色字体”项为必填项。

- 存货编码：存货编码必须唯一且必须输入，最大长度 30 个字符，可以用 0~9 或字符 A~Z 表示。
- 存货代码：必须唯一，最大长度 30 个字符，非必填项。
- 计量单位组和主计量单位组：可以参照输入。根据已选的计量单位组，带出主计量单位。如果要修改，则需要先删除该主计量单位，再输入其他计量单位。
- 税率：指该存货的增值税税率。销售该存货时，此税率为专用发票或普通发票上该存货默认的销项税税率。采购该存货时，此税率为专用发票、运费发票等可以抵扣的进

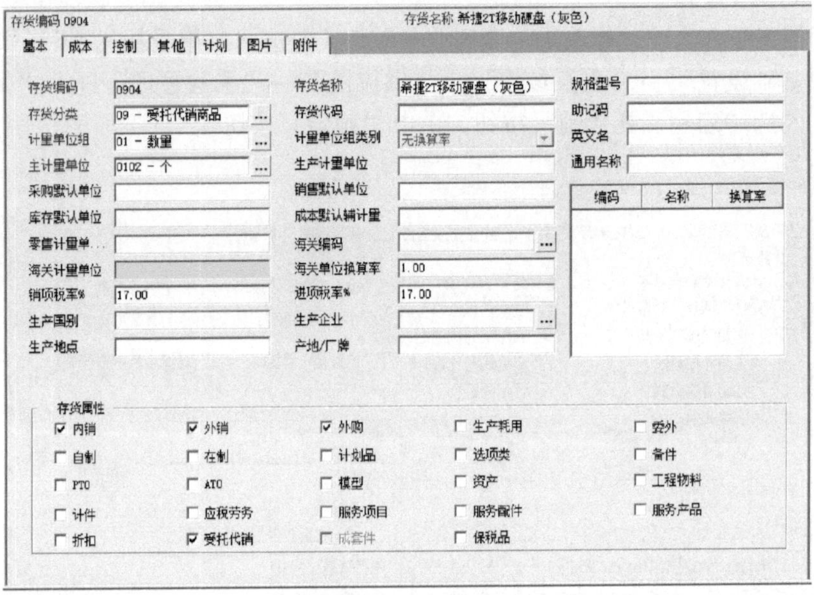

图 2-51 增加存货档案

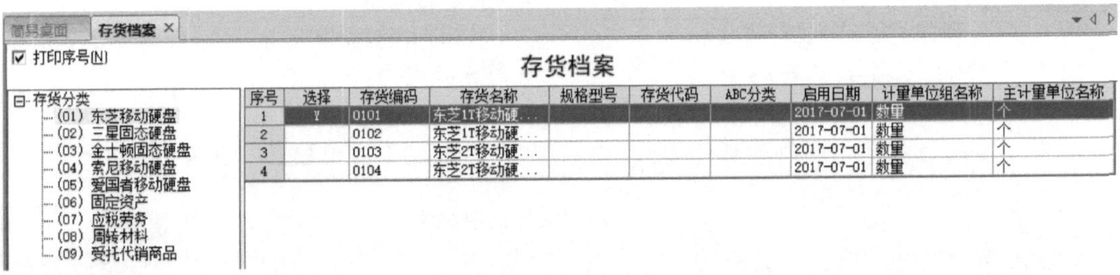

图 2-52 存货档案

项发票上默认的进项税税率。税率不能小于零。

• 存货属性：系统为存货设置了24种属性，其目的是在参照输入时缩小参照范围。具有“销售”属性的存货可用于出售；具有“外购”属性的存货可用于采购；具有“生产耗用”属性的存货可用于生产领用；具有“自制”属性的存货可由企业生产；具有“在制”属性的存货是指正在制造过程中；具有“应税劳务”属性的存货可以抵扣进项税，是指可以开具在采购发票上的运输费等应税劳务。具有“折扣”属性的存货可以在采购发票和销售发票中输入折扣额。

2.6.4 实训4 财务设置

根据实验资料进行会计科目设置、项目类型设置、凭证类别设置。

2.6.4.1 实验资料

表2-15为会计科目及各科目的期初余额、属性。

表 2-15 会计科目及各科目的期初余额、属性

科目代码	会计科目	借方余额	贷方余额	辅助核算
1001	库存现金	21755.00		日记账
1002	银行存款	11574567.98		日记账、银行账
100201	工行存款	1150767.98		日记账、银行账
100202	中行存款	67000（10000 美元）		日记账、银行账
1003	存放中央银行款项			
1011	存放同业			
1012	其他货币资金	1050000.00		
101201	存出投资款	1050000.00		
101202	银行汇票存款			
1021	结算备付金			
1031	存出保证金			
1101	交易性金融资产			
110101	成本			项目核算
110102	公允价值变动			项目核算
1111	买入返售金融资产			
1121	应收票据	200000.00		
112101	银行承兑汇票	200000.00		客户往来辅助核算 受控系统：应收系统
112102	商业承兑汇票			客户往来辅助核算 受控系统：应收系统
1122	应收账款			客户往来辅助核算 受控系统：应收系统
112201	一般应收款			客户往来辅助核算 受控系统：应收系统
112202	非货币性资产置换			客户往来辅助核算
1123	预付账款			供应商往来辅助核算 受控系统：应付系统
1131	应收股利			
1132	应收利息			
1201	应收代位追偿款			
1211	应收分保账款			
1212	应收分保合同准备金			
1221	其他应收款	4900.00		
122101	个人往来	4900.00		个人往来辅助核算
122102	单位往来			客户往来辅助核算
1231	坏账准备			
1301	贴现资产			

续表 2-15

科目代码	会计科目	借方余额	贷方余额	辅助核算
1302	拆出资金			
1303	贷款			
1304	贷款损失准备			
1311	代理总付证券			
1321	代理业务资产			
1401	商品采购			
1402	在途物资			
1403	原材料			
1405	库存商品	1482000.00		
1406	发出商品			
1407	商品进销差价			
1408	委托加工物资	5000.00		
1411	周转材料			
1421	消耗性生物资产			
1431	受托代销商品			
1441	抵债资产			
1451	损余物资			
1461	融资租赁资产			
1471	存货跌价准备		2500.00	
1501	持有至到期投资			
1502	持有至到期投资减值准备			
1503	可供出售金融资产			
150301	成本			
150302	公允价值变动			
1511	长期股权投资			
1512	长期股权投资减值准备			
1521	投资性房地产			
1531	长期应收款			
1532	未实现融资收益			
1541	存出资本保证金			
1601	固定资产	6164550.00		
1602	累计折旧		264277.30	
1603	固定资产减值准备			
1604	在建工程			
1605	工程物资			
1606	固定资产清理			

续表 2-15

科目代码	会计科目	借方余额	贷方余额	辅助核算
1611	未担保余值			
1621	生产性生物资产			
1622	生产性生物资产累计折旧			
1623	公益性生物资产			
1631	油气资产			
1631	累计折耗			
1701	无形资产			
1702	累计摊销			
1703	无形资产减值准备			
1711	商誉			
1801	长期待摊费用			
1811	递延所得税资产			
1821	独立账户资产			
1901	待处理财产损溢			
190101	待处理流动资产损溢			
190102	待处理非流动资产损溢			
2001	短期借款			
2002	存入保证金			
2003	拆入资金			
2004	向中央银行借款			
2011	吸收存款			
2012	同业存款			
2021	贴现负债			
2101	交易性金融负债			
2111	卖出回购金融资产款			
2201	应付票据			
220101	银行承兑汇票			供应商往来辅助核算 受控系统：应付系统
220102	商业承兑汇票			供应商往来辅助核算 受控系统：应付系统
2202	应付账款		98000.00	
220201	暂估应付账款		98000.00	供应商往来辅助核算
220202	一般应付款			供应商往来辅助核算 受控系统：应付系统
2203	预收账款			
220301	定金			客户往来辅助核算
220302	预收款项			客户往来辅助核算 受控系统：应收系统

续表 2-15

科目代码	会计科目	借方余额	贷方余额	辅助核算
2211	应付职工薪酬		103646. 28	
221101	工资		66908. 00	
221102	职工福利			
221103	养老保险		13381. 60	
221104	医疗保险		6690. 80	
221105	失业保险		669. 08	
221106	工伤保险		669. 08	
221107	职工教育经费		3757. 50	
221108	住房公积金		8028. 96	
221109	工会经费		3006. 00	
221110	生育保险		535. 26	
2221	应交税费		148636. 40	
222101	应交增值税			
22210101	进项税额			
22210102	进项税额转出			
22210103	销项税额			
22210104	已交税金			
22210105	出口退税			
22210106	转出未交增值税			
222102	未交增值税		46970. 00	
222103	应交所得税		94725. 00	
222104	代扣代缴个人所得税		1305. 00	
222105	应交城市维护建设税		3287. 90	
222106	应交教育费附加		1409. 10	
222107	应交地方教育费附加		939. 40	
2231	应付利息			
2232	应付股利			
2241	其他应付款		14853. 58	
224101	住房公积金		8028. 96	
224102	养老保险		5352. 64	
224103	医疗保险		1338. 16	
224104	失业保险		133. 82	
2251	应付保单红利			
2261	应付分保账款			
2311	代理买卖证券款			
2312	代理承销证券款			

续表 2-15

科目代码	会计科目	借方余额	贷方余额	辅助核算
2314	受托代销商品款			供应商往来辅助核算
2401	递延收益			
2501	长期借款		2000000.00	
2502	应付债券			
250201	面值			
250202	利息调整			
250203	应计利息			
2601	未到期责任准备金			
2602	保险责任准备金			
2611	保护储金			
2621	独立账户负债			
2701	长期应付款			
2702	未确认融资负债			
2711	专项应付款			
2801	预计负债			
2901	递延所得税负债			
3001	清算资金往来			
3002	货币兑换			
3101	衍生工具			
3201	套期工具			
3202	被套期项目			
4001	实收资本		8812929.20	
4002	资本公积		517000.00	
4003	其他综合收益			
4101	盈余公积		253197.00	
410101	法定盈余公积		253197.00	
410102	任意盈余公积			
4102	一般风险准备			
4103	本年利润		1850000.00	
4104	利润分配		6437733.22	
410401	提取法定盈余公积			
410402	提取任意盈余公积			
410403	应付现金股利或利润			
410404	转作股本股利			
410405	未分配利润		6437733.22	
4201	库存股			

续表 2-15

科目代码	会计科目	借方余额	贷方余额	辅助核算
5001	生产成本			
5101	制造费用			
5201	劳务支出			
5301	研发支出			
5401	工程施工			
5402	工程结算			
5403	机械作业			
6001	主营业务收入			
6011	利息收入			
6021	手续费及佣金收入			
6031	保费收入			
6041	租赁收入			
6051	其他业务收入			
605101	租金收入			
605102	劳务收入			
6061	汇兑损益			
6101	公允价值变动损益			
6111	投资收益			
6201	摊回保险责任准备金			
6202	摊回赔付支出			
6203	摊回分保费用			
6301	营业外收入			
6401	主营业务成本			
6402	其他业务成本			
6403	营业税金及附加			
6411	利息支出			
6421	手续费及佣金支出			
6501	提取未到期责任准备金			
6502	提取保险责任准备金			
6511	赔付支出			
6521	保单红利支出			
6531	退保金			
6541	分出保费			
6542	分保费用			
6601	销售费用			
660101	包装费			
660102	广告费			

续表 2-15

科目代码	会计科目	借方余额	贷方余额	辅助核算
660103	运杂费			
660104	职工薪酬			
660105	业务招待费			
660106	折旧费			
660107	委托代销手续费			
660108	差旅费			
660109	其他			
6602	管理费用			
660201	职工薪酬			
660202	办公费			
660203	差旅费			
660204	招待费			
660205	折旧费			
660206	存货盘点			
6603	财务费用			
6604	勘探费用			
6701	资产减值损失			
6711	营业外支出			
671101	债务重组损失			
671102	盘亏支出			
671103	捐赠支出			
67110301	非公益性捐赠			
67110302	公益性捐赠			
671104	非货币资产交换			
671105	违约支出			
6801	所得税费用			
680101	当期所得税费用			
680102	递延所得税费用			
6901	以前年度损益调整			
		（20435772. 98）		
合计		20168995. 68	20168995. 68	

注：灰底色的为需要增加的二级三级会计科目。

20435772. 98－20168995. 68＝266777. 30

此处差额为存货跌价准备（2500. 00）与累计折旧（264277. 30）的期初余额之和。

用友软件进行试算平衡时，是根据有关账户余额减去其备抵账户的净额进行计算。

其中，本案例中涉及的账户包括：

- 库存商品（1482000. 00）－存货跌价准备（2500. 00）＝ 1479500. 00
- 固定资产（6164550. 00）－累计折旧（264277. 30）＝ 5900272. 70

因此，这里借方余额合计应当减去这两个备抵账户的期初余额：20435772. 98－2500. 00－264277. 30＝20168995. 68，同时在贷方余额合计中也不应当包含该值。

（2）指定科目包括现金科目、银行科目和现金流量科目。

现金科目：1001 库存现金

银行科目：1002 银行存款

现金流量科目：1001 库存现金

100201 工行存款

101201 存出投资款

101202 银行汇票存款

（3）凭证类型 选择见表 2-16。

（4）新增项目目录如下：

新项目大类名称：金融资产项目（普通项目）

核算科目：110101 成本；110102 公允价值变动损益

（5）项目分类定义见表 2-17。

表 2-16 凭证类别选择

凭证字	限制类型
收	借方必有
付	贷方必有
转	借贷必无

表 2-17 项目分类定义

分类编码	分类名称
1	股票

（6）项目目录见表 2-18。

表 2-18 项目目录表

项目编码	项目名称	所属分类码
01	中国××股份有限公司股票	1
02	××矿业股份有限公司股票	1

（7）凭证类别模板见表 2-19。

表 2-19 凭证类别模板

类别字	类别名称	限制类型	限制科目
收	收款凭证	借方必有	1001，100201，100202，101201
付	付款凭证	贷方必有	1001，100201，100202，101201
转	转账凭证	凭证必无	1001，100201，100202，101201

2.6.4.2 操作步骤

A 会计科目设置

a 增加会计科目

选择“基础设置”→“基础档案”→“财务”→“会计科目”进入会计科目界面，单击“增加”按钮，输入科目编码、科目名称等，单击“确定”按钮，即可增加会计科目，如图 2-53 所示。

若需要修改相关的会计科目，选中需要修改的会计科目，单击“修改”按钮，即可以修改相关的信息。在增加会计科目时，涉及辅助核算的，只需在相应的会计科目中勾选对应的辅助核算即可，如图 2-54 所示。

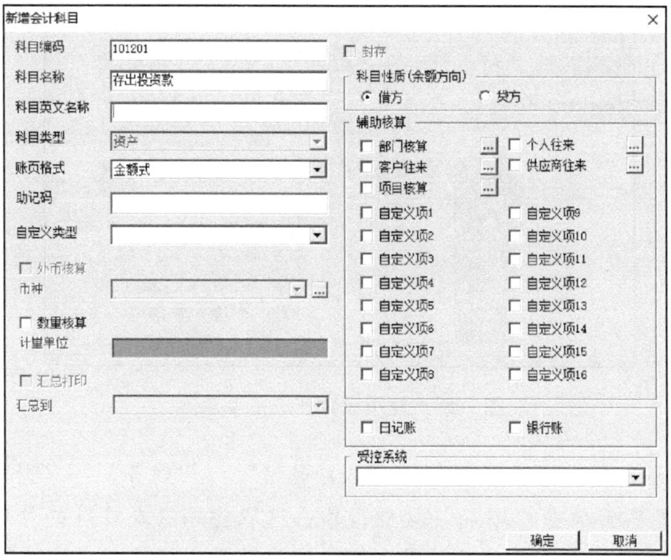

图 2-53 新增会计科目

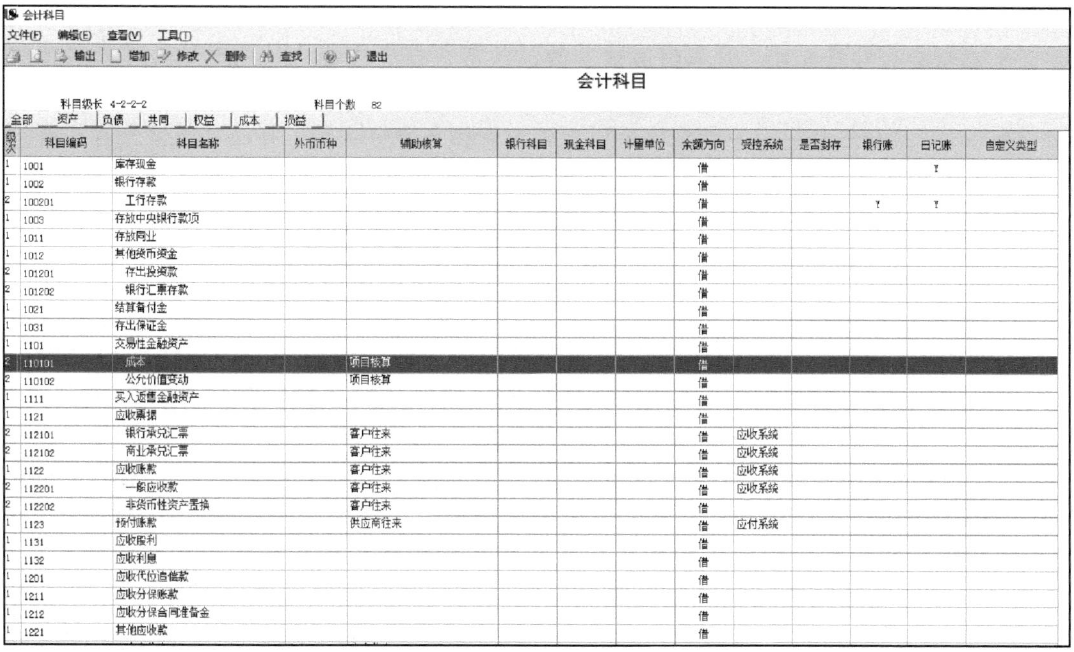

级次	科目编码	科目名称	外币币种	辅助核算	银行科目	现金科目	计量单位	余额方向	受控系统	是否封存	银行账	日记账	自定义类型
1	1001	库存现金						借				Y	
1	1002	银行存款						借					
2	100201	工行存款						借			Y	Y	
1	1003	存放中央银行款项						借					
1	1011	存放同业						借					
1	1012	其他货币资金						借					
2	101201	存出投资款						借					
2	101202	银行汇票存款						借					
1	1021	结算备付金						借					
1	1031	存出保证金						借					
1	1101	交易性金融资产						借					
2	110101	成本		项目核算				借					
2	110102	公允价值变动		项目核算				借					
1	1111	买入返售金融资产						借					
1	1121	应收票据						借					
2	112101	银行承兑汇票		客户往来				借	应收系统				
2	112102	商业承兑汇票		客户往来				借	应收系统				
1	1122	应收账款		客户往来				借	应收系统				
2	112201	一般应收款		客户往来				借	应收系统				
2	112202	非货币性资产置换		客户往来				借					
1	1123	预付账款		供应商往来				借	应付系统				
1	1131	应收股利						借					
1	1132	应收利息						借					
1	1201	应收代位追偿款						借					
1	1211	应收分保账款						借					
1	1212	应收分保合同准备金						借					
1	1221	其他应收款						借					

图 2-54 会计科目输入与修改

注：

- 增加科目 100202（中行存款）科目时，选择外币核算币种为“美元”，在“…”选项中选择固定汇率，并设置为 6.70000，如图 2-55 所示。
- 设置会计科目时应注意会计科目的“账页格式”，一般情况下应为“金额式”，也有可能是“数量金额式”等，如果是数量金额式还应继续设置计量单位，否则仍不能同时进行数量金额的核算。
- 增加的会计科目的编码应符合编码规则。

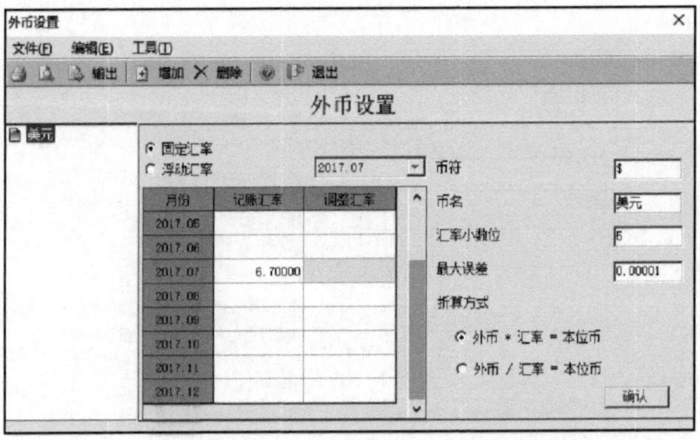

图 2-55 外币设置——汇率录入

- 外币核算的设置：“基础设置”→“基础档案”→“财务”→“外币设置”即可。
- 在外币设置界面单击“增加”按钮，单击选取要删除或修改的外币，单击“删除”按钮，即可删除该外币，如果要修改外币，可在外币设置各栏目中直接进行改动。注意：外币被使用后，不能被删除。若选择“固定汇率”，记账汇率右边的调整汇率即月末汇率，在期末计算汇兑损益时用，平时可不输入，等期末时可输入期末汇率，用于计算汇兑损益。
- 在增加会计科目时，涉及辅助核算的，只需在相应的会计科目中勾选对应的辅助核算即可。
- 如：“应付账款——一般应付款”为供应商往来辅助核算，所以勾选供应商往来辅助核算选项。

在会计科目界面可以完成对会计科目的设立和管理，用户可以根据业务的需要方便地增加、插入、修改、查询、打印会计科目。

b 指定会计科目

选择“基础设置”→“基础档案”→“财务”→“会计科目”→“编辑”→“指定科目”菜单项，单击“现金科目”选项，单击“>”按钮将“1001 库存现金”从“待选科目”窗口选入“已选科目”窗口。单击选择“银行科目”选项，单击“>”按钮将“1002 银行存款”从“待选科目”窗口选入“已选科目”窗口即可。“现金流量科目”类似，如图 2-56~图 2-58 所示。

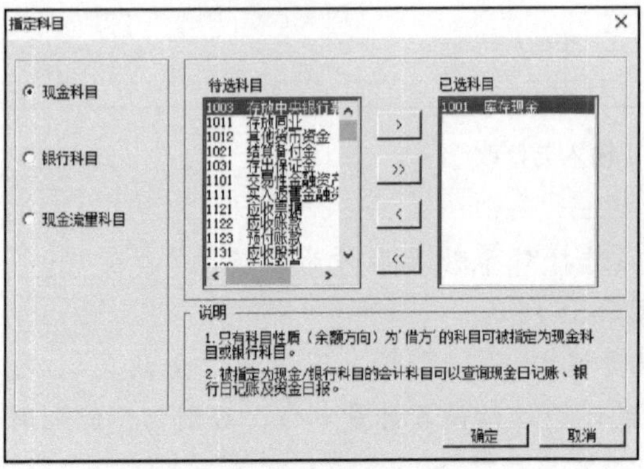

图 2-56 指定会计科目——现金科目

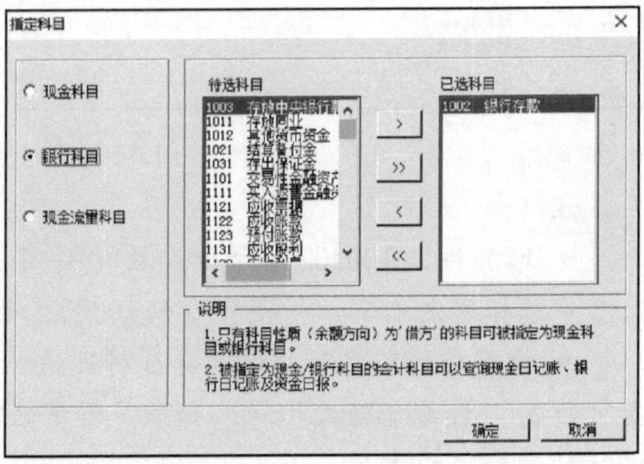

图 2-57 指定会计科目——银行科目

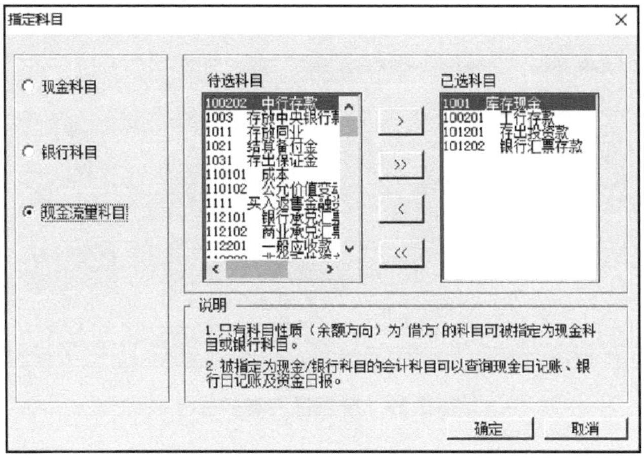

图 2-58 指定会计科目——现金流量科目

注：

- 被指定的"现金总账科目"及"银行总账科目"必须是一级会计科目。
- 只有指定现金及银行总账科目才能进行出纳签字的操作。
- 只有指定现金及银行总账科目才能查询现金日记账和银行存款日记账。

B 项目核算设置

辅助核算是对账务处理的一种补充，即实现更广泛的账务处理，以适应企业管理和决策的需要。辅助核算一般通过核算项目来实现，核算项目是会计科目的一种延伸，设置某科目有相应的辅助核算后，相当于设置了科目按核算项目进行更为明细的核算。但核算项目又不同于一般的明细科目，它具有更加灵活方便的特性，一个核算项目可以在多个科目下挂接；而且一个会计科目可以设置单一核算项目，也可以选择多个核算项目。例如，可以将"应收账款"科目同时设置为往来核算与部门核算，方便进行财务管理。

设置辅助核算的原因及意义：设置辅助核算最早的原因是一些业务的核算对象众多，此类对象增加明细科目会受到会计科目代码结构的限制，处理起来不方便。如某账套会计科目编码方案是 4-2-2-2，此编码方案限制了账套的二级明细科目最多有 99 个，这个方案可以满足绝大多数会计科目明细科目设置的需要，因为大多会计科目下设的二级明细科目不会超过 100 个。但"应收账款"科目要根据客户设置明细科目，随着客户的增多，"应收账款"的明细科目可能超过 100 个，这样原有的科目编码方案就难以满足要求。假如调整会计科目编码方案，二级长度增至三位甚至更长，势必造成其他总账科目下的二级科目也要使用三位或更长的科目编码，这样总体使用效率会降低，也与简洁性原则相矛盾。因此，用友软件采取了与手工会计完全不同的处理方法，即通过辅助核算进行治理。

a 设置项目大类名称

选择"基础设置"→"基础档案"→"财务"→"项目目录"进入"项目档案"窗口，单击"增加"按钮，输入新项目大类名称"金融资产项目（普通项目）"，如图 2-59 所示。

单击"下一步"按钮，定义项目级次，本处采用默认值。

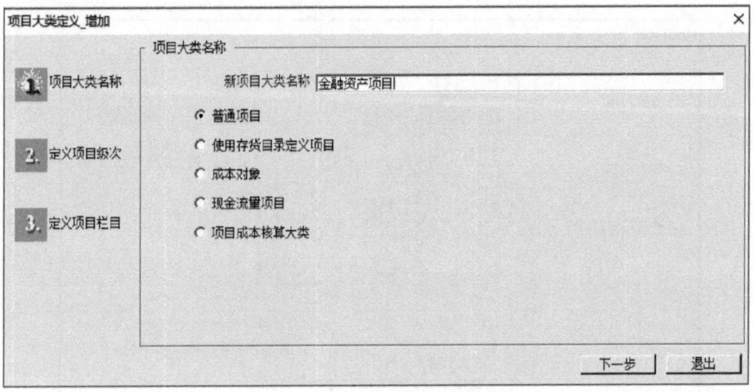

图 2-59 新项目大类名称

单击“下一步”按钮，定义项目栏目，本处采用默认值，单击“完成”按钮。

b 项目定义分类

在项目大类中选择“金融资产项目”，选择“项目分类定义”选项卡，单击右下角的“增加”按钮，输入项目信息（1 股票），单击“确定”按钮，如图 2-60 所示。

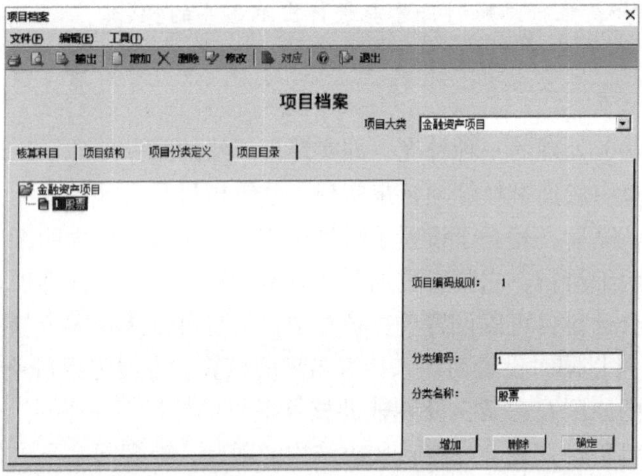

图 2-60 项目分类定义

c 项目目录

选择项目大类“金融资产项目”，再选择“项目目录”选项卡，单击右下角的“维护”按钮，进入“项目目录维护”窗口。单击“增加”按钮后输入项目信息，如图 2-61 所示。

d 指定核算项目

选择项目大类为“金融资产项目”，再选择“核算科目”选项卡，将“待选科目”选入，这些科目是在科目定义时设定了“项目核算”的，单击“确定”按钮完成，如图 2-62 所示。

C 设置凭证类别

在企业应用平台的“基础设置”选项卡中，执行“基础档案”→“财务”→“凭证类别”菜单项，打开“凭证类别预置”对话框。选中“收款凭证 付款凭证 转账凭证”前的单选按钮，如图 2-63 所示。

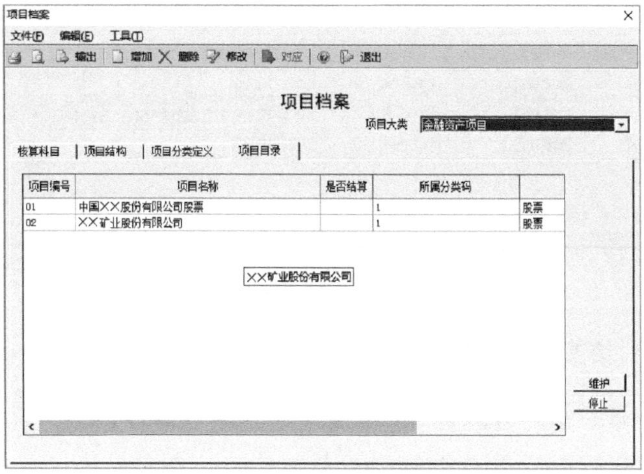

图 2-61 项目目录

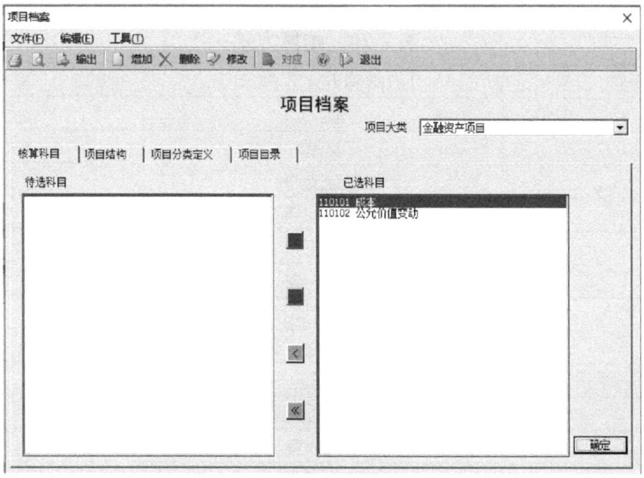

图 2-62 项目档案核算科目选择

在“凭证类别预置”界面，单击“确定”按钮，打开“凭证类别”对话框。单击“修改”按钮，双击“收款凭证”所在行的“限制类型”栏，出现下三角按钮，从下拉列表中选择“借方必有”，在“限制科目”栏录入“1001，100201，100202，101201”，或单击“限制科目栏参照”按钮，分别选择这四个科目。同理，完成对付款凭证和转账凭证的限制设置，如图 2-64 所示，单击“退出”按钮。

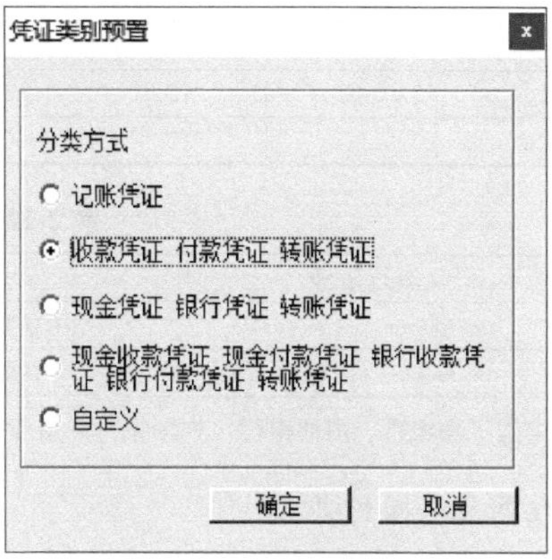

图 2-63 凭证类别预置

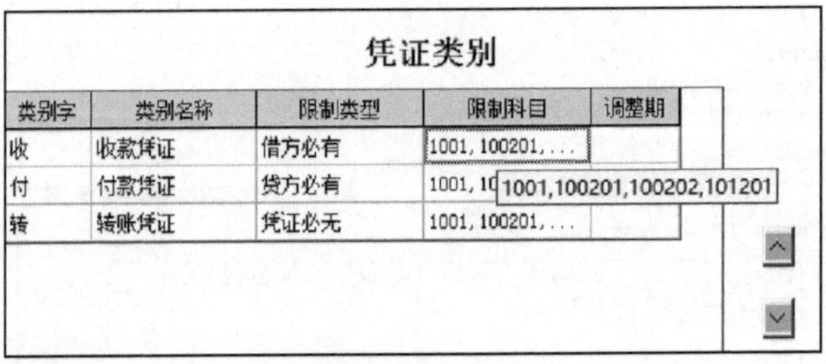

图 2-64 凭证类别设置

2.6.5 实训 5 收付结算设置

根据实验资料，进行结算方式设置、付款条件设置、银行档案设置、本单位开户银行设置。

2.6.5.1 实验资料

结算方式、付款条件、银行档案、本单位开户银行，见表 2-20~表 2-22。

表 2-20 结算方式

结算方式编码	结算方式名称	是否票据管理
1	现金	
2	支票	
201	现金支票	是
202	转账支票	是
3	银行汇票	
4	商业汇票	
401	银行承兑汇票	是
402	商业承兑汇票	是
5	电汇	
6	同城特约委托收款	
7	委托收款	
8	托收承付	
9	其他	

表 2-21 付款条件

付款条件编码	信用天数	优惠天数 1	优惠率 1	优惠天数 2	优惠率 2	优惠天数 3	优惠率 3
01	10	10	1	0	0	0	0
02	30	10	2	20	1	30	0

表 2-22 本单位开户银行

编码	银行账号	开户银行	所属银行编码	币种
01	*******************	中国工商银行××支行	01	人民币
02	*******************	中国银行××支行	00002	美元

注：中国工商银行、招商银行、中国银行的企业账号长度改为 19。

2.6.5.2 操作步骤

A 结算方式设置

选择“基础设置”→“基础档案”→“收付结算”→“结算方式”进入结算方式界

面，单击“增加”按钮，录入结算方式编码和名称，单击“保存”按钮，如图 2-65 所示。

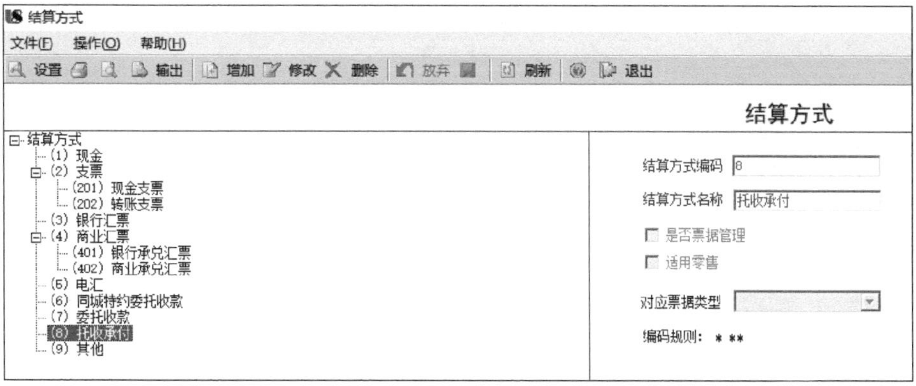

图 2-65 结算方式设置

B 付款条件设置

选择“基础设置”→“基础档案”→“收付结算”→“付款条件”进入付款条件界面，单击“增加”按钮，输入付款条件相关信息，单击“保存”按钮，如图 2-66 所示（灰色部分是自动生成的）。

序号	付款条件编码	付款条件名称	信用天数	优惠天数1	优惠率1	优惠天数2	优惠率2	优惠天数3	优惠率3	优惠天数4	优惠率4
1	01	1/10, n/10	10	10	1.0000	0	0.0000	0	0.0000	0	0.0000
2	02	2/10, 1/20, n/30	30	10	2.0000	20	1.0000	30	0.0000	0	0.0000

图 2-66 付款条件设置

C 银行档案设置

中国工商银行、招商银行、中国银行企业账号长度改为 19。选择“基础设置”→“基础档案”→“收付结算”→“银行档案”菜单项，进入银行档案窗口，选择“中国工商银行”，单击“修改”按钮，进入银行档案界面，修改企业账号长度为 19，单击“保存”按钮，如图 2-67 和图 2-68 所示。

D 本单位开户银行设置

单击“基础设置”→“基础档案”→“收付结算”→“本单位开户银行”菜单项，进入“本单位开户银行”界面，单击“增加”按钮，录入相关本单位开户银行信息，比如：银行账号、开户银行、币种、银行编码等，如图 2-69 所示。

2.6.6 实训 6 业务设置

根据实验资料，完成仓库档案设置、收发类别设置、采购类型设置、销售类型设置、费用项目分类设置、非合理损耗类型设置。

2.6.6.1 实验资料

仓库档案、收发类别、采购类型、销售类型、费用项目、非合理损耗类型见表2-23～表 2-29。

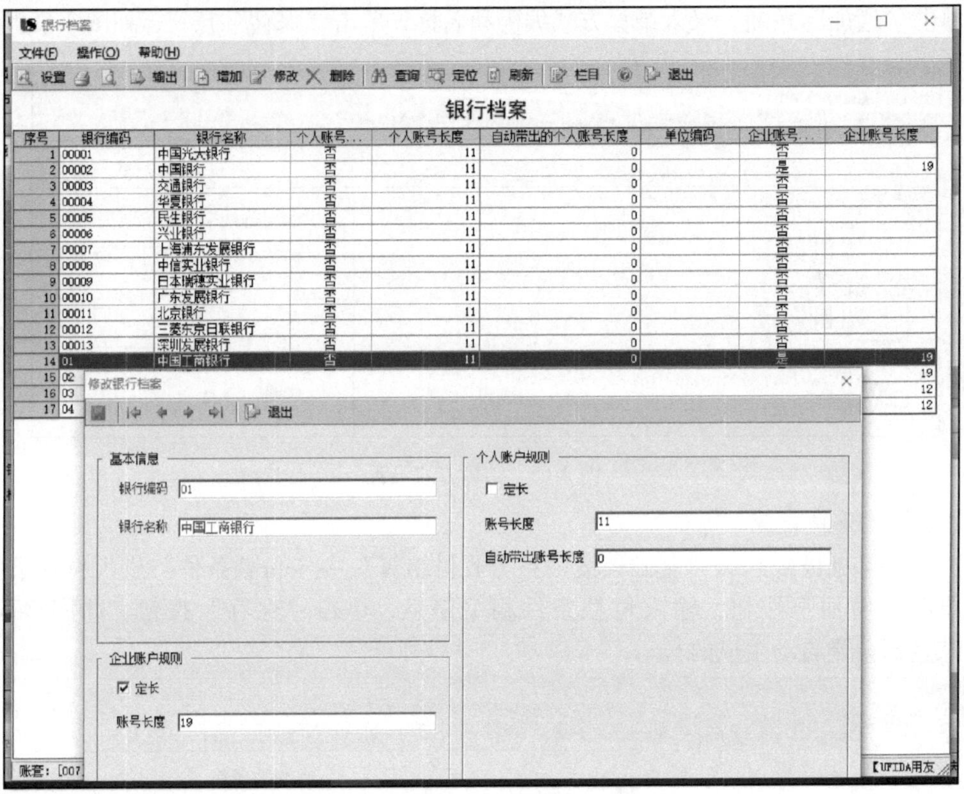

图 2-67　银行档案

图 2-68　银行档案录入结果

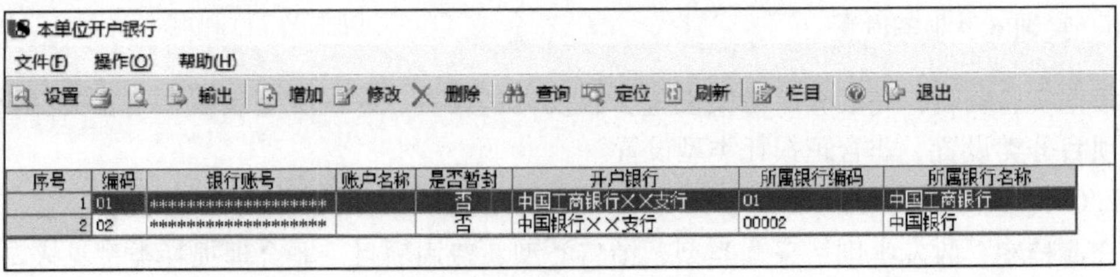

图 2-69　本单位开户银行

表 2-23 仓库档案

仓库编码	仓库名称	部门名称	计价方式	参与 MRP 运算	纳入可用量计算	计入成本	参与 ROP 计算	控制序列号	资产仓
01	东芝移动硬盘库	仓管部	先进先出法	√	√	√	√	√	
02	三星固态硬盘库	仓管部	先进先出法	√	√	√	√	√	
03	金士顿固态硬盘库	仓管部	先进先出法	√	√	√	√	√	
04	索尼移动硬盘库	仓管部	先进先出法	√	√	√	√	√	
05	爱国者移动硬盘库	仓管部	先进先出法	√	√	√	√	√	
06	固定资产库		先进先出法				√	√	√
07	赠品库	仓管部	先进先出法	√	√	√	√	√	
08	周转材料	仓管部	先进先出法	√	√	√	√	√	
09	受托代销商品库	仓管部	先进先出法	√	√	√	√	√	

表 2-24 收发类别

收发类别编码	收发类别名称	收发类别编码	收发类别名称
1	入库	2	出库
11	采购入库	21	销售出库
12	盘盈入库	22	盘亏出库
13	受托代销入库	23	受托代销出库
14	其他入库	24	非货币性资产置换出库
15	非货币性资产置换入库	25	委托代销出库
16	调拨入库	26	债务重组出库
		27	捐赠出库
		28	周转材料出库
		29	调拨出库

表 2-25 采购类型

编码	名称	入库类别	是否默认值	是否委外默认值	是否列入 MPS/MRP 计划
1	直接采购	采购入库	是	否	否
2	受托代销	受托代销入库	否	否	否
3	非货币性资产置换	非货币性资产置换入库	否	否	是

表 2-26 销售类型

编码	名称	出库类别	是否默认值	是否列入 MPS/MRP 计划
1	直接销售	销售出库	否	否
2	委托代销	委托代销出库	否	否
3	受托代销	受托代销出库	否	否
4	门市销售	销售出库	否	否

表 2-27 费用项目分类

分类编码	分类名称
1	运杂费
2	销售费用

表 2-28 费用项目

费用项目编码	费用项目名称	费用项目分类
101	代垫运杂费	运杂费
201	代销手续费	销售费用
202	运输费	销售费用

表 2-29 非合理损耗类型

非合理损耗类型编码	非合理损耗类型名称	是否默认值
01	货物短缺	否

2.6.6.2 操作步骤

A 仓库档案设置

选择“基础设置”→“基础档案”→“业务”→“仓库档案”菜单项，单击“增加”按钮，录入仓库档案信息，录完结果如图 2-70 所示。

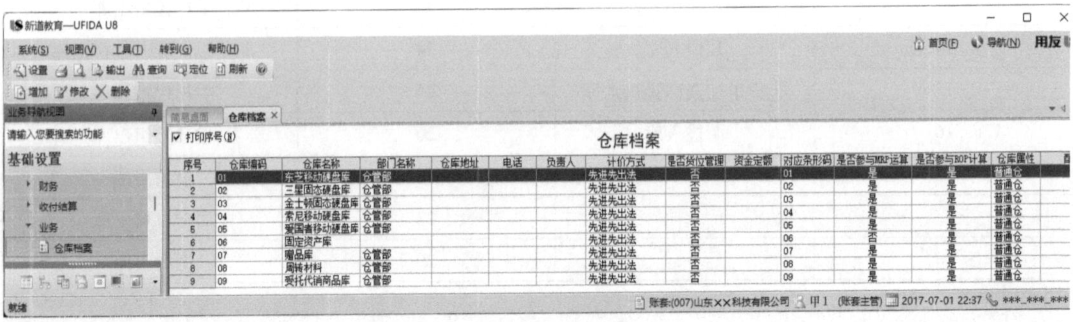

图 2-70 仓库档案

B 收发类别设置

选择“基础设置”→“基础档案”→“业务”→“收发类别”菜单项进入“收发类别”界面，单击“增加”按钮，录入相应的类别编码、类别名称，单击“保存”按钮，如图 2-71 所示。

注：

- 必须按编码方案设定的编码规则输入。
- 必须先建立上级收发类别，再建立下级类别。

C 采购类型设置

选择“基础设置”→“基础档案”→“业务”→“采购类型”菜单项进入“采购类

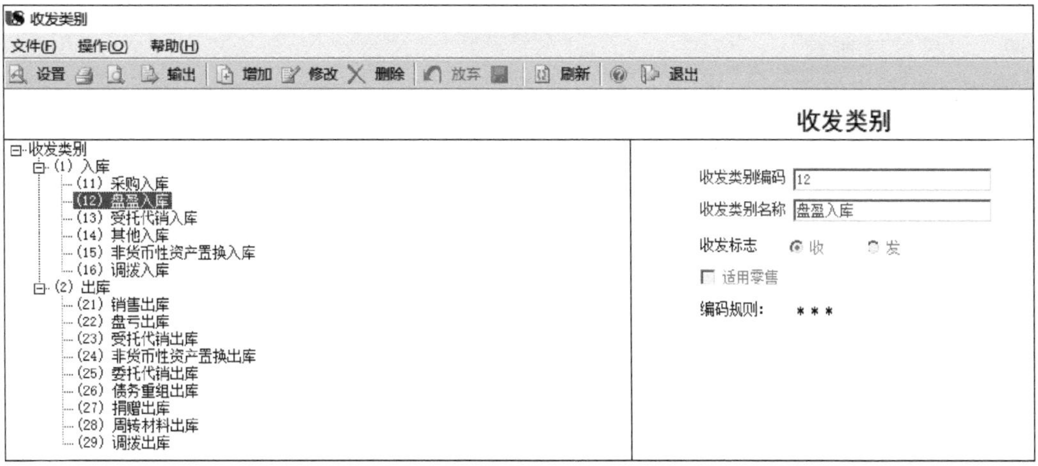

图 2-71　收发类别

型”界面，单击“增加”按钮，录入采购类型相应信息，单击“保存”按钮，如图 2-72 所示。

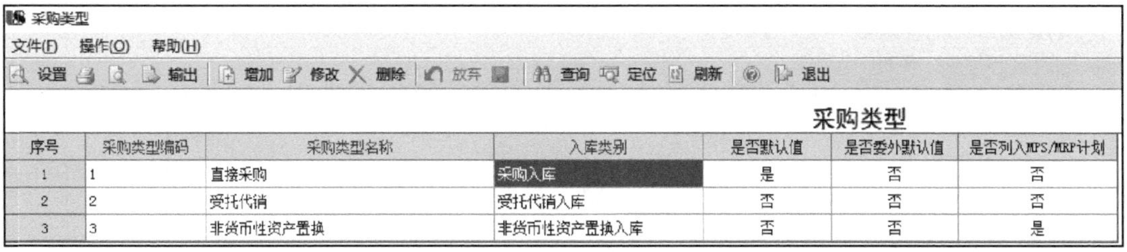

序号	采购类型编码	采购类型名称	入库类别	是否默认值	是否委外默认值	是否列入MPS/MRP计划
1	1	直接采购	采购入库	是	否	否
2	2	受托代销	受托代销入库	否	否	否
3	3	非货币性资产置换	非货币性资产置换入库	否	否	是

图 2-72　采购类型

D　销售类型设置

选择“基础设置”→“基础档案”→“业务”→“销售类型”菜单项进入“销售类型”界面，单击“增加”按钮，录入销售类型相应信息，单击“保存”按钮，如图 2-73 所示。

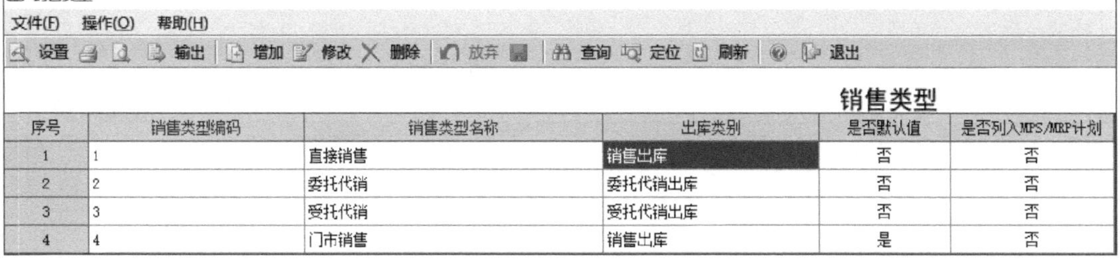

序号	销售类型编码	销售类型名称	出库类别	是否默认值	是否列入MPS/MRP计划
1	1	直接销售	销售出库	否	否
2	2	委托代销	委托代销出库	否	否
3	3	受托代销	受托代销出库	否	否
4	4	门市销售	销售出库	是	否

图 2-73　销售类型

E　费用项目分类设置

(1) 选择“基础设置”→“基础档案”→“业务”→“费用项目分类”菜单项进入

“费用项目分类”界面，单击“增加”按钮，录入费用项目分类相应信息，单击“保存”按钮，如图 2-74 所示。

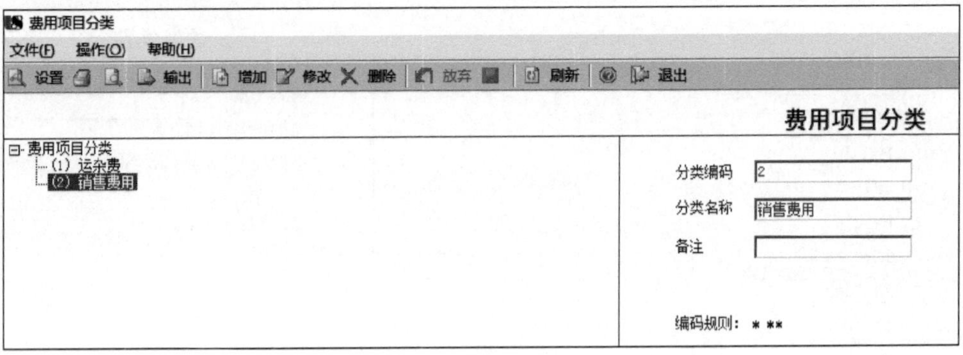

图 2-74 费用项目分类

（2）选择“基础设置”→“基础档案”→“业务”→“费用项目”进入“费用项目档案”界面，单击“增加”按钮，录入费用项目相应信息，单击“保存”按钮，如图 2-75所示。

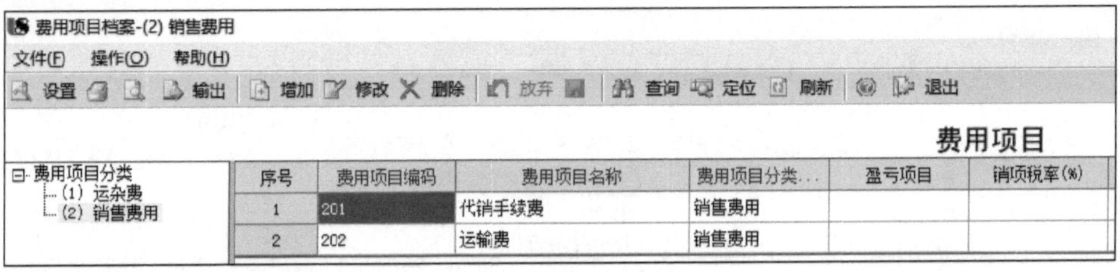

图 2-75 费用项目档案

F 非合理损耗类型设置

选择“基础设置”→“基础档案”→“业务”→“非合理损耗类型”菜单项进入“非合理损耗类型”界面，单击“增加”按钮，录入非合理损耗类型项目相应信息，单击“保存”按钮，如图 2-76 所示。

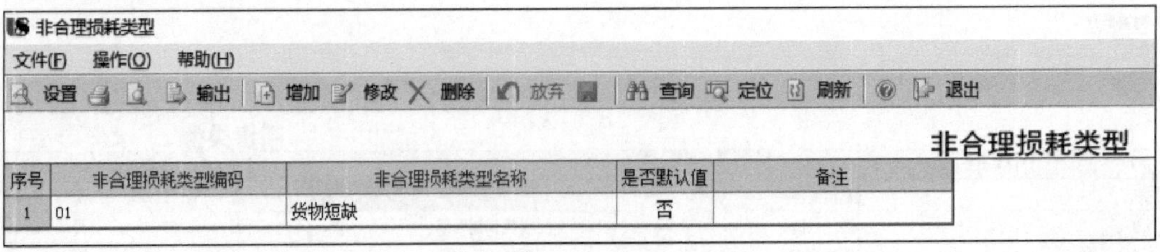

图 2-76 非合理损耗类型

2.6.7 实训 7 期初余额录入

根据实验资料进行期初余额的录入以及期初对账。

2.6.7.1 实验资料

（1）会计科目期初余额见表 2-15。

（2）辅助科目期初余额见表 2-30～表 2-32。

表 2-30 应收票据期初余额

客户	摘要	借方余额	票号	票据日期
××科技	往来期初引入	200000.00	0000001	2017-06-30

表 2-31 其他应收款期初余额

部门	个人	摘要	借方余额	票据日期
总经理办公室	甲 1	预借差旅费	4900.00	2017-06-28

表 2-32 应付账款期初余额（暂估应付款）

供应商	业务员	摘要	贷方余额	票据日期
珠海××	甲 5	材料采购	98000.00	2017-04-30

2.6.7.2 操作步骤

A 科目期初余额录入

在企业应用平台的“业务工作”选项卡中，执行“财务会计”→“总账”→“设置”→“期初余额”命令，进入“期初余额录入”窗口。

期初余额不同颜色代表不同的输入属性：白色的单元为末级科目，可以直接输入期初余额；灰色的单元为非末级科目，不允许录入期初余额，待下级科目余额录入完成后自动汇总生成；黄色的单元，属于辅助核算项目，需要先输入相关的资料，由系统逐级核算自动生成数据。

B 辅助科目期初余额录入

“期初余额”窗口中，黄色的单元代表对该科目设置了辅助核算，不允许直接录入余额，需要在该单元中双击进入辅助账期初设置，在辅助账中输入期初数据，完成后自动返回总账期初余额表中。如双击“应收账款”所在行的“期初余额”栏，进入“辅助期初余额”窗口。单击“往来明细”按钮；进入“期初往来明细”窗口。单击“增行”按钮，根据案例资料输入相关信息，如图 2-77 所示。

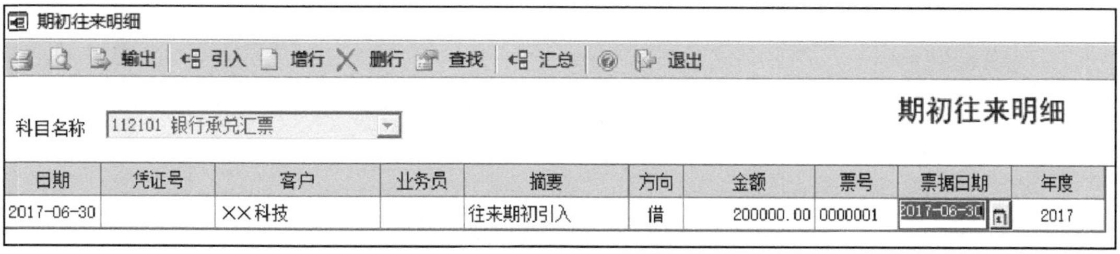

图 2-77 辅助科目（录入明细）

“期初往来”明细输入完成后，单击“汇总”按钮，系统将按照单位进行汇总，把汇总数据填入到辅助期初余额，如图 2-78 所示，单击“确定”按钮返回“辅助期初余额窗口，再次单击“退出”按钮，如图 2-79 所示。

其他应收款、应付账款的期初余额录入方法与上述步骤类似。

参照表 2-15 进行期初余额录入，期初余额输入完成后结果如图 2-80 所示。

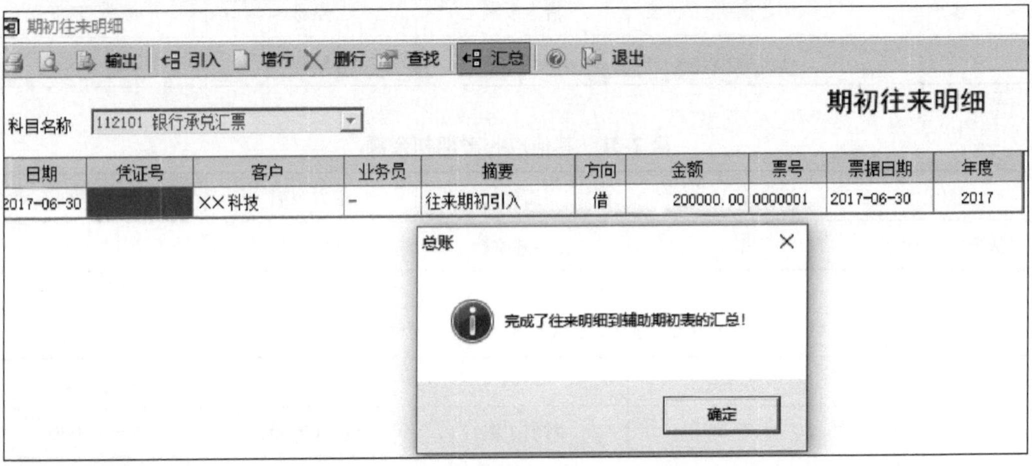

图 2-78　辅助科目（汇总）

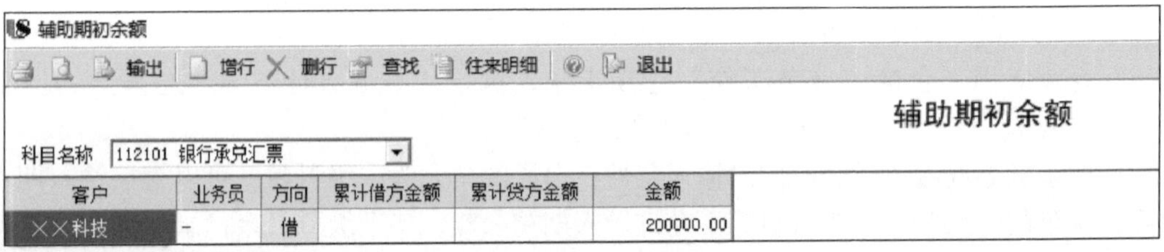

图 2-79　辅助期初余额

图 2-80　期初余额录入

科目名称	方向	币别/计量	年初余额	累计借方	累计贷方	期初余额
结算备付金	借					
存出保证金	借					
交易性金融资产	借					
成本	借					
公允价值变动	借					
买入返售金融资产	借					
应收票据	借			200000.00		200000.00
银行承兑汇票	借			200000.00		200000.00
商业承兑汇票	借					
应收账款	借					
一般应收款	借					
非货币性资产置换	借					
预付账款	借					
应收股利	借					
应收利息	借					
应收代位追偿款	借					
应收分保账款	借					
应收分保合同准备金	借					
其他应收款	借		4900.00			4900.00
个人往来	借		4900.00			4900.00
单位往来	借					
坏账准备	贷					
贴现资产	借					
拆出资金	借					
贷款	借					
贷款损失准备	贷					
代理兑付证券	借					
代理业务资产	借					
材料采购	借					
在途物资	借					
原材料	借					
材料成本差异	借					
库存商品	借		1482000.00			1482000.00
发出商品	借					
商品进销差价	贷					
委托加工物资	借		5000.00			5000.00
周转材料	借					
消耗性生物资产	借					
贵金属	借					
抵债资产	借					
损余物资	借					
融资租赁资产	借					
存货跌价准备	贷		2500.00			2500.00
持有至到期投资	借					
持有至到期投资减值准备	贷					
可供出售金融资产	借					
成本	借					
公允价值变动	借					
长期股权投资	借					
长期股权投资减值准备	贷					
投资性房地产	借					
长期应收款	借					
未实现融资收益	贷					
存出资本保证金	借					

图 2-80　期初余额录入（续 1）

科目名称	方向	币别/计量	年初余额	累计借方	累计贷方	期初余额
固定资产	借		6164550.00			6164550.00
累计折旧	贷		264277.30			264277.30
固定资产减值准备	贷					
在建工程	借					
工程物资	借					
固定资产清理	借					
未担保余值	借					
生产性生物资产	借					
生产性生物资产累计折旧	贷					
公益性生物资产	借					
油气资产	借					
累计折耗	贷					
无形资产	借					
累计摊销	贷					
无形资产减值准备	贷					
商誉	借					
长期待摊费用	借					
递延所得税资产	借					
独立账户资产	借					
待处理财产损溢	借					
待处理流动资产损溢	借					
待处理非流动资产损溢	借					
短期借款	贷					
存入保证金	贷					
拆入资金	贷					
向中央银行借款	贷					
吸收存款	贷					
同业存放	贷					
贴现负债	贷					
交易性金融负债	贷					
卖出回购金融资产款	借					
应付票据	贷					
银行承兑汇票	贷					
商业承兑汇票	贷					
应付账款	贷		98000.00			98000.00
暂估应付账款	贷		98000.00			98000.00
一般应付款	贷					
预收账款	贷					
定金	贷					
预收款项	贷					
应付职工薪酬	贷		103646.28			103646.28
工资	贷		66908.00			66908.00
职工福利	贷					
养老保险	贷		13381.60			13381.60
医疗保险	贷		6690.80			6690.80
失业保险	贷		669.08			669.08
工伤保险	贷		669.08			669.08
职工教育经费	贷		3757.50			3757.50
住房公积金	贷		8028.96			8028.96
工会经费	贷		3006.00			3006.00
生育保险	贷		535.26			535.26
应交税费	贷		148636.40			148636.40
应交增值税	贷					
进项税额	贷					

图2-80 期初余额录入（续2）

科目名称	方向	币别/计量	年初余额	累计借方	累计贷方	期初余额
进项税额转出	贷					
销项税额	贷					
已交税金	贷					
出口退税	贷					
转出未交增值税	贷					
未交增值税	贷		46970.00			46970.00
应交所得税	贷		94725.00			94725.00
代扣代缴个人所得税	贷		1305.00			1305.00
应交城市维护建设税	贷		3287.90			3287.90
应交教育费附加	贷		1409.10			1409.10
应交地方教育费附加	贷		939.40			939.40
应付利息	贷					
应付股利	贷					
其他应付款	贷		14853.58			14853.58
住房公积金	贷		8028.96			8028.96
养老保险	贷		5352.64			5352.64
医疗保险	贷		1338.16			1338.16
失业保险	贷		133.82			133.82
应付保单红利	贷					
应付分保账款	贷					
代理买卖证券款	贷					
代理承销证券款	贷					
代理兑付证券款	贷					
受托代销商品款	贷					
递延收益	贷					
长期借款	贷		2000000.00			2000000.00
应付债券	贷					
面值	贷					
利息调整	贷					
应计利息	贷					
未到期责任准备金	贷					
保险责任准备金	贷					
保户储金	贷					
独立账户负债	借					
长期应付款	贷					
未确认融资费用	借					
专项应付款	贷					
预计负债	贷					
递延所得税负债	贷					
清算资金往来	借					
货币兑换	借					
衍生工具	借					
套期工具	借					
被套期项目	借					
实收资本	贷		8812929.20			8812929.20
资本公积	贷		517000.00			517000.00
盈余公积	贷		253197.00			253197.00
法定盈余公积	贷		253197.00			253197.00
任意盈余公积	贷					
一般风险准备	贷					
本年利润	贷		1850000.00			1850000.00
利润分配	贷		6437733.22			6437733.22
提取法定盈余公积	贷					
提取任意盈余公积	贷					

图 2-80 期初余额录入（续 3）

科目名称	方向	币别/计量	年初余额	累计借方	累计贷方	期初余额
应付现金股利或利润	贷					
转作股本股利	贷					
未分配利润	贷		6437733.22			6437733.22
库存股	借					
生产成本	借					
制造费用	借					
劳务成本	借					
研发支出	借					
工程施工	借					
工程结算	贷					
机械作业	借					
主营业务收入	贷					
利息收入	贷					
手续费及佣金收入	贷					
保费收入	贷					
租赁收入	贷					
其他业务收入	贷					
租金收入	贷					
劳务收入	贷					
汇兑损益	贷					
公允价值变动损益	贷					
投资收益	贷					
摊回保险责任准备金	贷					
摊回赔付支出	贷					
摊回分保费用	贷					
营业外收入	贷					
主营业务成本	借					
其他业务成本	借					
营业税金及附加	借					
利息支出	借					
手续费及佣金支出	借					
提取未到期责任准备金	借					
提取保险责任准备金	借					
赔付支出	借					
保单红利支出	借					
退保金	借					
分出保费	借					
分保费用	借					
销售费用	借					
包装费	借					
广告费	借					
运杂费	借					
职工薪酬	借					
业务招待费	借					
折旧费	借					
委托代销手续费	借					
差旅费	借					
其他	借					
管理费用	借					
职工薪酬	借					
办公费	借					
差旅费	借					
招待费	借					
折旧费	借					

图 2-80 期初余额录入（续 4）

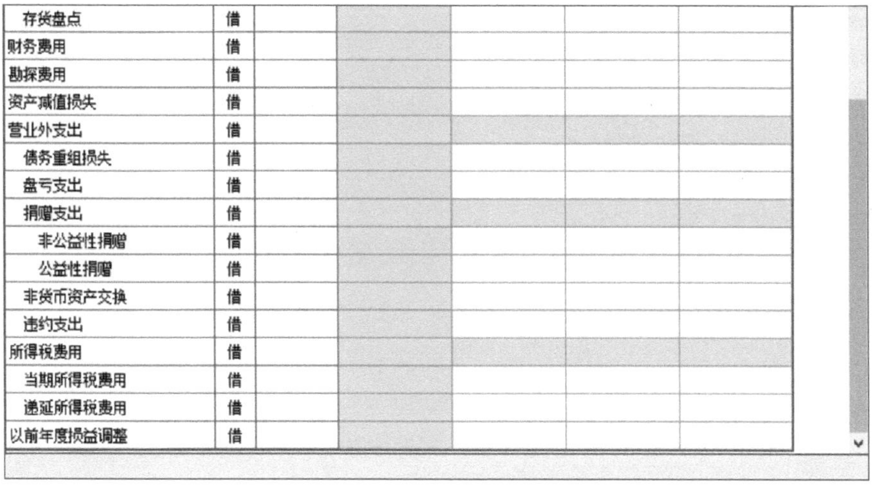

图 2-80 期初余额录入（续 5）

C 对账

期初余额录入完成后，单击“对账”按钮。然后单击“开始”按钮可对当前期初余额进行对账，核对方法为总账上下级、明细账与总账之间对账，总账与辅助账之间对账，如图 2-81 所示。

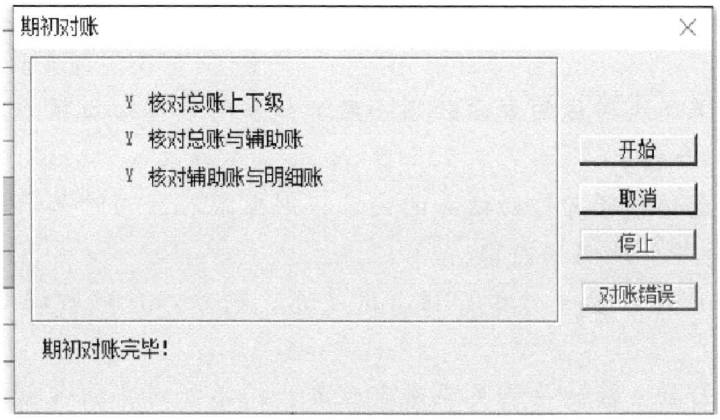

图 2-81 对账

如果对账后发现有错误，可单击“对账错误”按钮，系统将把对账中发现的问题列出来。然后根据问题找到原因，进行修正，直到没有错误为止。

D 试算平衡

将所有科目的期初余额输入完毕，对账完成后必须进行上下级间余额的试算平衡和一级科目余额试算平衡，以保证初始数据的正确性，检验过程由计算机自动进行，即“期初余额”界面单击“试算”按钮，系统即进行试算平衡，试算结果如图 2-82 所示，单击“确定”按钮即可。

注：

- 若是年中建账，可以录入当月初的期初余额以及本年初 1 月至该月的借、贷方累计

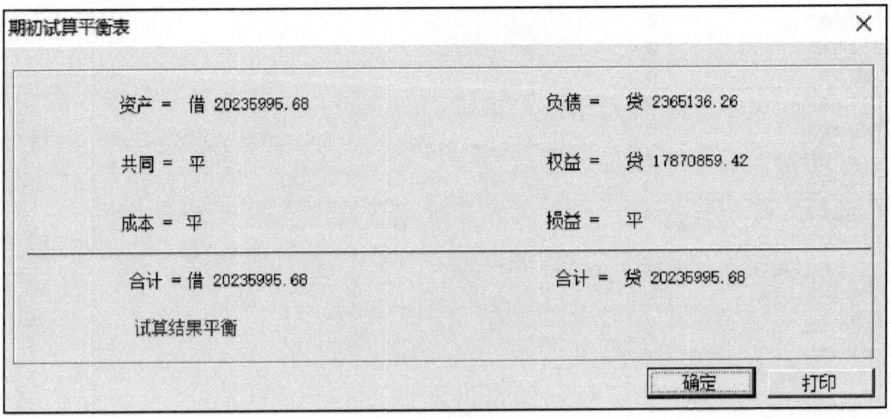

图 2-82 试算平衡

发生额，系统自动计算年初余额；若是年初建账，可以直接录入年初余额。

- 本系统的期初余额清零功能：当此科目的下级科目的期初数据互相抵消使本科目的期初余额为零时，清除此科目的所有下级科目的期初数据。
- 辅助核算科目必须按辅助项录入期初余额，往来科目（即个人往来、客户往来、供应商往来账类的科目）应录入期初未达项，用鼠标双击辅助核算科目的期初余额（年中启用）或年初余额（年初启用），屏幕显示辅助核算科目期初余额录入界面。
- 如果要修改余额的方向，可以在未录入余额的情况下，单击“方向”按钮改变余额的方向。
- 总账科目与其下级科目的方向必须一致。如果所录明细余额的方向与总账余额方向相反，则用“-”号表示。
- 如果录入余额的科目有辅助核算的内容，则在录入余额时必须录入辅助核算的明细内容，而修改时也应修改明细内容。
- 如果某一科目有数量（外币）核算的要求，则录入余额时还应输入该余额的数量（外币）。
- 系统只能对月初余额的平衡关系进行试算，而不能对年初余额进行试算。如果期初余额不平衡，可以填制凭证但是不允许记账。凭证记账后，期初余额变为只读状态，不能再修改，也不能执行“结转上年余额”的功能。

2.7 习题与参考答案

习 题

单选题

(1)（ ）有权利建立账套和管理用户。

A. 账套主管 B. 操作员 C. 系统管理员 D. 用户

(2) 用户可以通过单击“（ ）”菜单下的“角色”命令，实现对角色的增加、删除和修改等操作。

A. 权限　　B. 账套　　C. 系统　　D. 视图

（3）（　　）是指有权登录系统，并对系统进行操作的人员，即通常意义上的“操作员”。

A. 角色　　B. 会计人员　　C. 用户　　D. 账套主管

（4）企业应用平台主要包括三大模块，（　　）主要是处理企业日常经营活动中的诸多业务。

A. 系统服务模块　　B. 业务工作模块　　C. 基础设置模块　　D. 基本信息设置模块

判断题

（1）账套主管可以建立账套、引入和输出账套。（　　）

（2）“账套号”一般是 000~999 之间的三位数字，账套号可以重复。（　　）

（3）在“用户管理”窗口中，单击“删除”按钮，可以删除用户。但在各子系统中进行过操作的用户是不能被删除的。（　　）

（4）用户权限管理功能是用于对已建立的用户（操作员）进行赋权或取消赋权。只有系统管理员有权利对用户进行设置。（　　）

（5）企业应用平台主要包括三大模块，分别是业务工作模块、系统服务模块以及基础设置模块。（　　）

简答题

（1）企业应用平台的基本功能模块包括哪些？

（2）系统启用包括几种方法，分别是什么？

（3）账套管理主要包括哪些内容？

（4）系统管理的作用是什么？

参 考 答 案

单选题

（1）C　　（2）A　　（3）C　　（4）B

判断题

（1）×　系统管理员可以建立账套、引入和输出账套。

（2）×　账套号不能重复。

（3）√

（4）×　用户权限管理功能是用于对已建立的用户（操作员）进行赋权或取消赋权。只有系统管理员和账套主管有权利对用户进行设置。

（5）√

简答题

（1）企业应用平台主要包括三大模块，分别是业务工作、系统服务以及基础设置模块。业务工作模块主要是处理企业日常经营活动中的诸多业务，包括财务会计处理、供应链处理、人力资源处理等；系统服务模块主要是针对企业应用服务平台系统本身的设置以及维护，能够便捷实现工具的调用以及权限的分配，包括系统服务、服务器配置等；基础设置模块是为系统的日常运行做好基础工作，包括基础信息设置、基本档案设置、业务参数设置等。

（2）系统启用主要有两种方法：

1）在企业建账完成后即进行系统启用。

2）用账套主管身份登录企业应用平台，并在企业应用平台中启用。选择“基础设置”→“基本信息”→“系统启用”，设定启用的模块。

（3）账套管理主要包括：账套的建立、账套的修改、账套的删除以及账套的引入与输出。

（4）企业会计信息系统通常由多个子系统组成，各个子系统之间相互联系，数据共享，完整实现财务、业务一体化的管理。因此，就要求这些子系统具备公用的基础信息、拥有相同的账套和年度账、操作员和操作权限集中管理、业务数据共用一个数据库等功能。要想满足上述要求，就要设立独立的一个系统模块，也就是系统管理模块，来对企业及各个子系统进行统一的操作管理和数据维护，为各个子系统提供统一的环境，实现一体化的管理应用模式。

3 总账管理系统

3.1 总账管理系统概述

3.1.1 总账管理系统基本功能

总账管理系统是企业财务及管理软件的核心模块，它适用于各类单位进行凭证管理、账簿处理、出纳管理、期末转账等基本核算功能，并提供个人、部门、客户、供应商、项目核算等辅助管理功能。在业务处理过程中，可以随时查询包含未记账凭证的所有账表，充分满足管理者对信息及时性的要求。

3.1.2 总账管理系统目标

（1）及时、准确地采集和输入各种凭证，保证进入计算机的会计数据及时、准确和全面；

（2）高效、正确地完成记账等数据处理过程；

（3）随时输出某个时期内任意会计科目发生的所有业务，随时输出各个会计期间的各种账表，为企业管理提供信息；

（4）建立总账系统与其他子系统的数据接口，实现会计数据的及时传递和数据共享。

3.1.3 总账管理系统和其他系统之间关系

总账管理系统与其他系统成并行关系。其是与应收款管理系统、应付款管理系统、固定资产系统、薪资管理系统、采购管理系统、销售管理系统、存货管理系统以及库存管理系统的接口，接收其他系统生成的凭证；是与报表管理系统、决策支持系统、财务分析系统的接口，提供财务数据生成财务报表及其他财务分析表。财务分析系统向总账系统提供预算数据，对总账系统中的填制凭证进行预算控制。总账管理系统和其他系统之间的关系如图 3-1 所示。

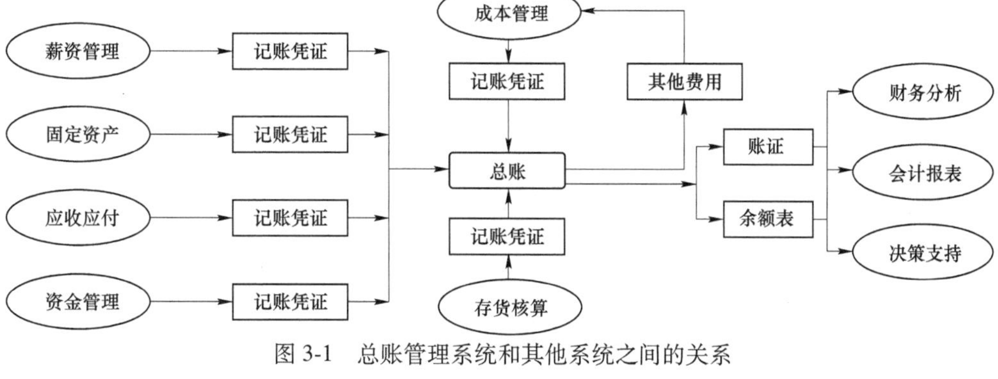

图 3-1　总账管理系统和其他系统之间的关系

3.2 总账管理系统参数设置

总账管理系统是一个通用性较强的系统，为了使其能够在各行各业应用，设置时应重点考虑各单位会计核算和财务管理的一般特性。在进行账务处理之前，要根据本单位的业务属性进行具体设置，即将企业个性化特征的信息保存在相应的数据文件中，这种设置工作称为初始设置工作。总账系统的参数设置将决定总账系统的输入控制、处理方式、数据流向、输出格式等，设定后一般不能随意改变，见表3-1。

表3-1 总账控制参数设置

选项卡	参数设置
凭证	勾选“可以使用存货受控科目”“银行科目结算方式必录”
账簿	按照默认设置
凭证打印	按照默认设置
预算控制	按照默认设置
权限	勾选“允许修改、作废他人填制的凭证”“可查询他人凭证”
会计日历	会计日历为7月1日~12月31日；数量小数位、单价小数位为5；本位币精度为2
其他	外币核算采用固定汇率；部门、个人、项目按名称排列

初始设置的操作过程如下：

（1）在企业应用平台“业务工作”选项卡中，执行“财务会计”→“总账”命令，打开总账系统。

（2）在总账系统中，执行“设置”→“选项”命令，进入“选项”对话框，单击“编辑”按钮。

（3）在“凭证”选项卡中勾选“可以使用存货受控科目”复选框和“银行科目结算方式必录”复选框，如图3-2所示。

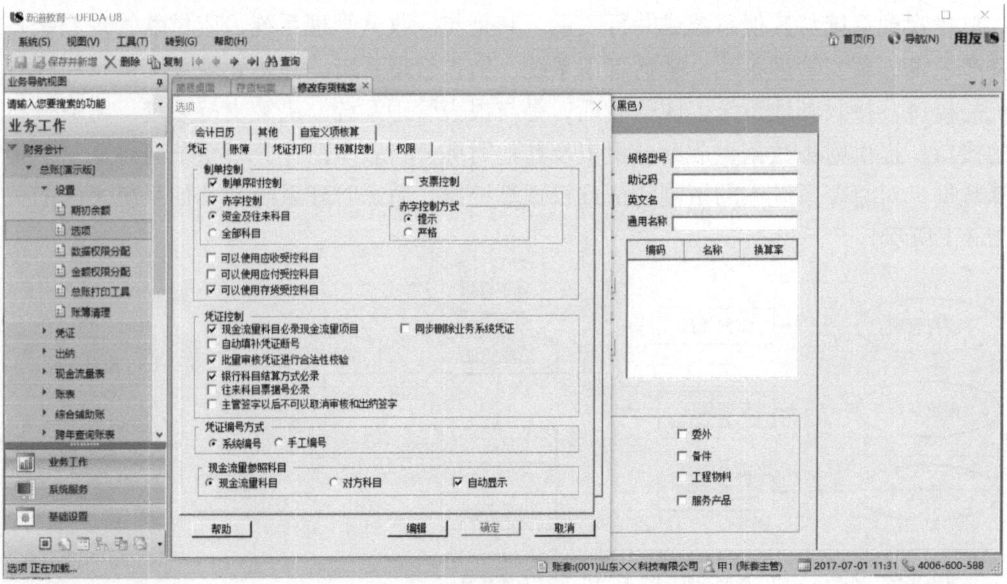

图3-2 总账系统参数设置——凭证

（4）在“权限”选项卡中勾选“允许修改、作废他人填制的凭证”复选框和“可查询他人凭证”复选框，如图3-3所示。

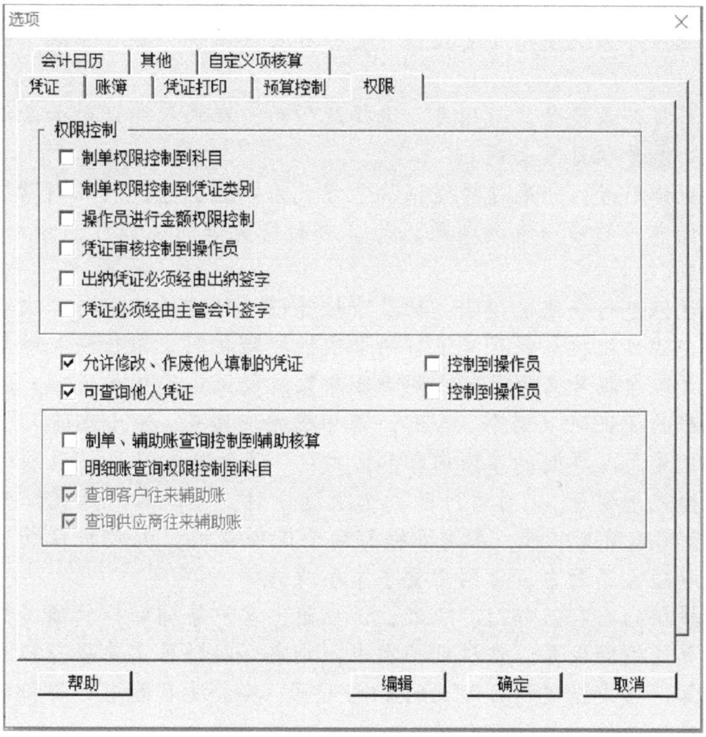

图3-3 总账系统参数设置——权限

（5）设置完成后单击“确定”按钮。

也可以通过“基础设置”→“业务参数”→“财务会计”→双击“总账”进行总账系统参数的设置。

注：

● 制单序时控制：此项和“系统编号”选项联用，制单时凭证编号必须按日期顺序排列，10月25日编制到25号凭证，则10月26日只能开始编制26号凭证，即制单序时，如果有特殊需要可以将其改为不序时制单。

● 支票控制：若选择此项，在制单时使用银行科目编制凭证时，系统针对票据管理的结算方式进行登记，如果录入支票号在支票登记簿中已存，系统提供登记支票报销的功能；否则，系统提供登记支票登记簿的功能。

● 赤字控制：若选择了此项，在制单时，当“资金及往来科目”或“全部科目”的最新余额出现负数时，系统将予以提示。提供了提示、严格两种方式，可根据需要进行选择。

● 可以使用应收受控科目：若科目为应收款管理系统的受控科目，为了防止重复制单，只允许应收系统使用此科目进行制单，总账系统是不能使用此科目制单的。所以如果希望在总账系统中也能使用这些科目填制凭证，则应选择此项。

● 可以使用应付受控科目：若科目为应付款管理系统的受控科目，为了防止重复制单，只允许应付系统使用此科目进行制单，总账系统是不能使用此科目制单的。所以如果希望在总账系统中也能使用这些科目填制凭证，则应选择此项。

● 可以使用存货受控科目：若科目为存货核算系统的受控科目，为了防止重复制单，只允许存货核算系统使用此科目进行制单，总账系统是不能使用此科目制单的。所以如果希望在总账系统中也能使用这些科目填制凭证，则应选择此项。

● 总账和其他业务系统使用了受控科目会引起应收系统、应付系统、存货系统与总账对账不平。

● 现金流量科目必录现金流量项目：选择此项后，在录入凭证时如果使用现金流量科目则必须输入现金流量项目及金额。

● 自动填补凭证断号：如果选择凭证编号方式为系统编号，则在新增凭证时，系统按凭证类别自动查询本月的第一个断号默认为本次新增凭证的凭证号。如无断号则为新号，与原编号规则一致。

● 批量审核凭证进行合法性校验：批量审核凭证时针对凭证进行二次审核，提高凭证输入的正确率，合法性校验与保存凭证时的合法性校验相同。银行科目结算方式必录：填制凭证时结算方式和票据号必须录入。同步删除系统凭证：选中该选项，外部系统删除凭证时相应地将总账的凭证同步删除。否则，将总账凭证作废，不予删除。

● 设置现金流量录入界面的参照内容和方式："现金流量科目"选项选中时，系统只参照凭证中的现金流量科目；"对方科目"选项选中时，系统只显示凭证中的非现金流量科目。"自动显示"选项选中时，系统依据前两个选项将现金流量科目或对方科目自动显示在指定现金流量项目界面中，否则需要手工参照选择。

● 如果系统提供的个人、部门、项目、供应商、客户等辅助核算项不够时，可在此将某些自定义项设置为辅助核算。在科目档案中，指定哪些科目需要跟踪自定义项信息。在总账自定义项核算选项中指定科目涉及的自定义项。其余没有选中并与科目关联的自定义项，在录入凭证时，只作为备注信息录入。

3.3 总账管理系统业务处理

日常总账处理主要围绕凭证进行总账处理工作。它是总账处理子系统中使用最频繁的功能模块，主要功能有会计凭证的录入修改、会计凭证的审核、复核、会计凭证的记账、会计凭证的查询打印及汇总等。

凭证是总账核算的基础，是会计软件中最重要的业务数据，是总账处理的核心功能。凭证处理的及时性与正确性是总账处理的基础。凭证是登记账簿的依据，在实行计算机处理总账后，电子账簿的准确与完整完全依赖于凭证，因而必须确保凭证输入的准确完整。

3.3.1 实训1 填制凭证

3.3.1.1 常用凭证

在单位里，会计业务都有其规范性，因而在日常填制凭证的过程中，经常会有许多凭证完全相同或部分相同。如果将这些常用的凭证存储起来，在填制会计凭证时可随时调用，必将大大提高业务处理的效率。用户对常用凭证根据需要自行定义和输入，系统对这些信息不进行校验，只进行保存。

【业务一】调用常用凭证：1日，从工商银行提现1000元备用。

结算方式：其他

借：库存现金　　　　1000

　　贷：银行存款——工商银行　　　　1000

常用凭证是一个凭证模板，不是一条具体凭证。本业务操作分两步，先定义该常用凭证，再调用该常用凭证快速输入该凭证。

填制凭证操作步骤如下：

（1）在企业应用平台中，以“W02”号操作员身份，操作日期为“2017-07-01”进入企业应用平台。

（2）单击“业务工作”→“财务会计”→“总账”→“凭证”→“常用凭证”菜单项，系统打开“常用凭证”窗口。

（3）单击“增加”按钮，分别编辑“编码”为“01”“说明”为“提现备用”“凭证类别”选择“付 付款凭证”，如图 3-4 所示。

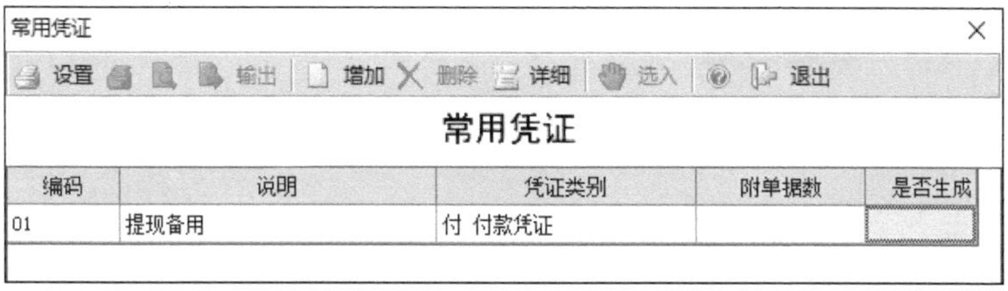

图 3-4　增加常用凭证

（4）单击“详细”按钮，然后单击“增分”按钮，增加分录，在第 1 行的“摘要”栏录入“提现备用”，在“科目名称”栏参照输入或录入“1001”（库存现金），在“借方金额”中输入“1000”。然后再单击“增分”按钮，在第 2 行的“科目名称”栏参照输入或录入“100201”（银行存款—工行存款），按〈Enter〉键，系统自动弹出“辅助信息”窗口，“结算方式”中选择输入“其他”，单击“确定”按钮，返回“常用凭证”窗口，单击“贷方金额”按钮，录入完成后在“贷方金额”中输入“1000”，如图 3-5（a）所示。退出当前窗口和“常用凭证”窗口。

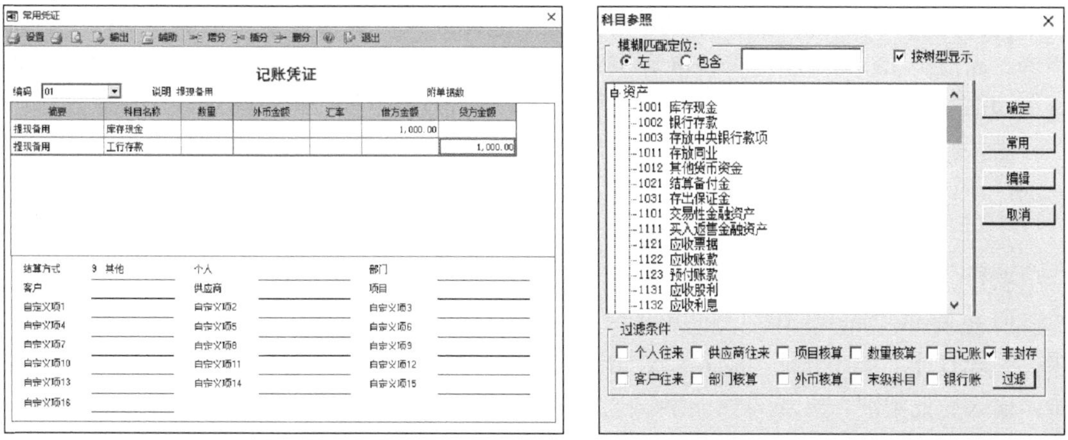

(a)　　　　(b)

图 3-5　常用凭证输入界面、科目参照

(5) 参照输入即单击旁边的“”按钮，出现“科目参照”窗口，如图 3-5 (b) 所示。可进行选择输入或者直接输入科目代码，输完后按〈Enter〉键，系统会自动进行简单校验，如果输入的科目代码合法（即在科目代码表中）即通过，否则会弹出错误提示“科目不合法”。

(6) 单击“业务工作”→“财务会计”→“总账”→“凭证”→“填制凭证”菜单项，打开“填制凭证”窗口，单击工具栏“常用凭证”调用常用凭证“F4”，单击“...”按钮，进入“常用凭证”窗口，单击“选入”按钮，系统会自动将该凭证模板的信息自动填入当前凭证。如果有信息不同，可以进行修改，如图 3-6 所示。

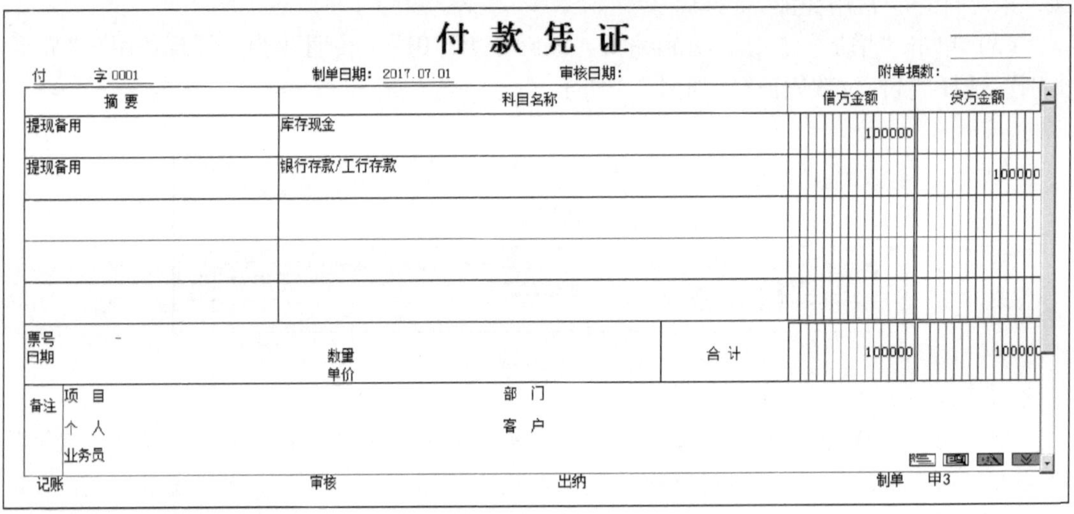

图 3-6　调用常用凭证

(7) 退出。单击“”按钮，保存凭证。然后单击“填制凭证”窗口右上角的“×”按钮，关闭并退出该窗口。

3.3.1.2　发行公司债券

【业务二】1 日，发行公司债券，准备用于仓库建设。该债券为 3 年期到期还本付息债券，面值为 300 万元，发行价格为 339.75 万元，票面利率 8%，另外发行过程中支付佣金 10 万元，实际募集资金净额为 329.75 万元（银行收款单据：略；结算方式：现金）。

借：银行存款　　3297500

　　贷：应付债券——面值　　3000000

　　　　应付债券——利息调整　　297500

发行公司债券凭证操作步骤如下：

(1) 单击“业务工作”→“财务会计”→“总账”→“凭证”→“填制凭证”菜单项，系统打开“填制凭证”窗口。单击工具栏“”按钮，输入凭证类别“收”字或者参照输入凭证类别，出现“凭证字”选择界面，确定后按〈Enter〉键或者双击选项，系统将自动生成凭证编号。按〈Enter〉键，制单日期默认用登录日期（也可以修改）。

(2) 在第 1 行的“摘要”栏输入“发行公司债券”，在“科目名称”栏参照输入或录入“100201”（银行存款/工行存款），此时弹出“辅助项”窗口，输入结算方式为

“1（现金）”，如图 3-7 所示。单击“确定”按钮，“借方金额”为“3297500”，按〈Enter〉键；在第 2 行的“摘要”栏录入“发行公司债券”，在“科目名称”栏参照输入或录入“250201”（应付债券/面值），“贷方金额”为“3000000”，按〈Enter〉键；在第 3 行的“摘要”栏录入“发行公司债券”，在“科目名称”栏参照输入或录入“250202”（应付债券/利息调整），“贷方金额”为“297500”。

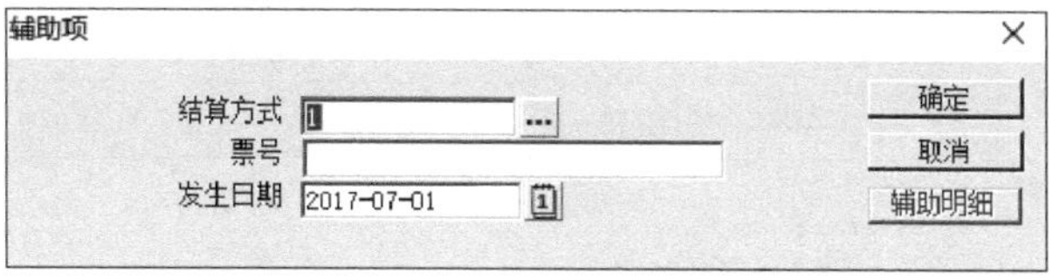

图 3-7　辅助项录入

（3）单击“保存”按钮，自动弹出“现金流量录入修改”窗口，选择“项目名称”为“18 借款所收到的现金”，如图 3-8 所示，然后单击“确定”按钮。

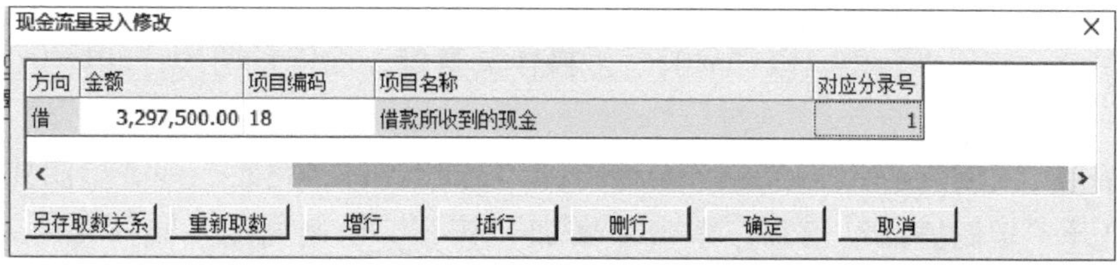

图 3-8　现金流量录入修改

（4）退出。单击“保存”凭证，单击“填制凭证”窗口右上角“关闭”按钮，退出该窗口，如图 3-9 所示。

图 3-9　发行债券收款凭证

3.3.1.3　购买办公用品

【业务三】5 日，购买办公用品（现金支付），增值税发票如图 3-10 所示。

借：管理费用——办公费　2500

　　应交税费——应交增值税（进项税额）　150

　　贷：库存现金　2650

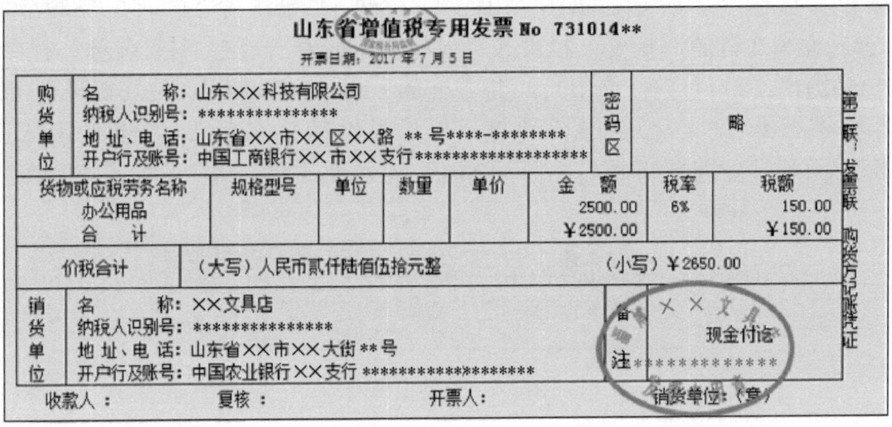

山东省增值税专用发票 No 731014**

开票日期：2017 年 7 月 5 日

购货单位 名称：山东××科技有限公司
纳税人识别号：***************
地址、电话：山东省××市××区××路 ** 号****-********
开户行及账号：中国工商银行××市××支行******************

密码区 略

货物或应税劳务名称	规格型号	单位	数量	单价	金额	税率	税额
办公用品					2500.00	6%	150.00
合计					¥2500.00		¥150.00
价税合计	（大写）人民币贰仟陆佰伍拾元整				（小写）¥2650.00		

销货单位 名称：××文具店
纳税人识别号：***************
地址、电话：山东省××市××大街**号
开户行及账号：中国农业银行××支行 ******************

备注 现金付讫 *************

收款人： 复核： 开票人： 销货单位：（章）

第二联：发票联 购货方记账凭证

图 3-10 增值税专用发票

购买办公用品操作步骤如下：

（1）在企业应用平台中，以“W02”号操作员身份，操作日期为“2017-07-05”进入企业应用平台。

（2）单击“业务工作”→“财务会计”→“总账”→“凭证”→“填制凭证”菜单项，系统打开“填制凭证”窗口。单击“增加”按钮，填制凭证，输入凭证类别“付”字，双击自动生成凭证编号，录入制单日期“2017/7/5”，附单据数为“1”。

（3）在第 1 行的“摘要”栏中输入“购买办公用品”，在“科目名称”栏参照输入或录入“660202”（管理费用——办公费用），“借方金额”为“2500”，按〈Enter〉键；在第 2 行的“摘要”栏录入“购买办公用品”，在“科目名称”栏参照输入或录入“22210101”（应交税费——应交增值税——进项税额），“借方金额”为“150”，按〈Enter〉键；在第 3 行的“摘要”栏录入“购买办公用品”，在“科目名称”栏参照输入或录入“1001”（库存现金），“贷方金额”为“2650”。

（4）单击“保存”按钮，弹出“现金流量录入修改”窗口，选择“项目名称”为“购买商品、提供劳务支付的现金”，单击“确定”按钮，保存凭证，如图 3-11 所示，然后退出。

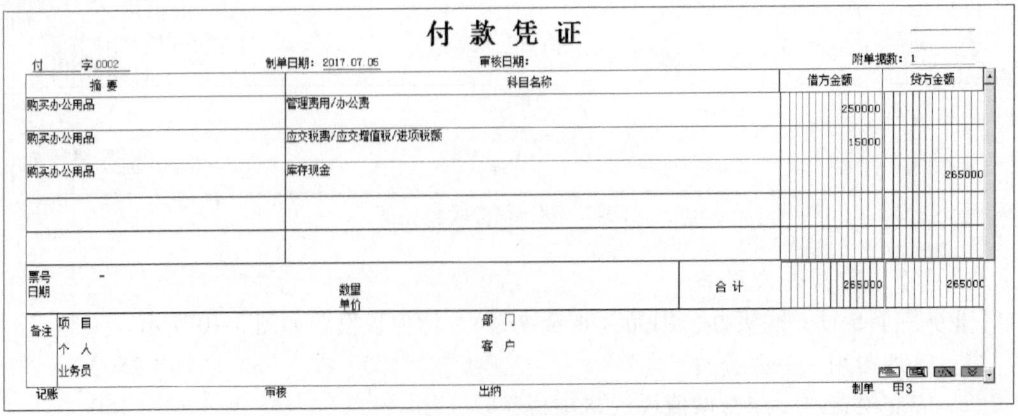

付款凭证

付 字 0002 制单日期：2017.07.05 审核日期： 附单据数：1

摘要	科目名称	借方金额	贷方金额
购买办公用品	管理费用/办公费	250000	
购买办公用品	应交税费/应交增值税/进项税额	15000	
购买办公用品	库存现金		265000
票号 日期	数量 单价 合计	265000	265000

备注 项目 部门 个人 客户 业务员

记账 审核 出纳 制单 甲3

图 3-11 购买办公用品付款凭证

3.3.1.4 购买股票作为交易性金融资产

【业务四】6 日，购买股票作为交易性金融资产（上月已宣告未发放股利，每股 0.2 元），每股 10.9 元，支付 111113.00 元，其中包含交易费用 2113 元（实收佣金 933.00 元，印花税 1180.00 元），如图 3-12 所示。

借：交易性金融资产——成本　　107000
　　投资收益　　2113
　　应收股利　　2000
　　贷：其他货币资金——存出投资款　　111113

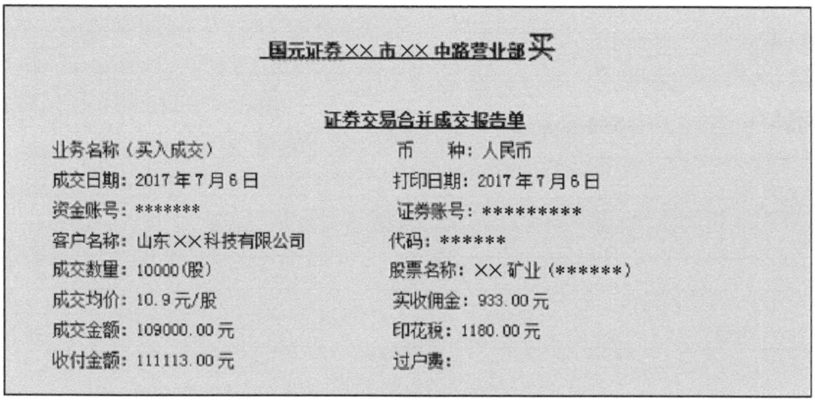
国元证券××市××中路营业部买

证券交易合并成交报告单

业务名称（买入成交）　　币　种：人民币
成交日期：2017 年 7 月 6 日　　打印日期：2017 年 7 月 6 日
资金账号：*******　　证券账号：*********
客户名称：山东××科技有限公司　　代码：******
成交数量：10000（股）　　股票名称：××矿业（******）
成交均价：10.9 元/股　　实收佣金：933.00 元
成交金额：109000.00 元　　印花税：1180.00 元
收付金额：111113.00 元　　过户费：

图 3-12　证券合并交易报告单

购买股票作为交易性金融资产操作步骤如下：

（1）单击“业务工作”→“财务会计”→“总账”→“凭证”→“填制凭证”菜单项，系统打开“填制凭证”窗口。单击“增加”按钮，填制凭证，输入凭证类别“付”字，双击自动生成凭证编号，录入制单日期“2017/7/6”，附单据数为“1”。

图 3-13　辅助项

（2）在第 1 行的“摘要”栏中输入“购买股票作为交易性金融资产”，在“科目名称”栏参照输入或录入“110101”（交易性金融资产——成本），此时弹出“辅助项”窗口，“项目名称”参照输入“××矿业股份有限公司”，如图 3-13 所示。“借方金额”为“107000”，按〈Enter〉键；在第 2 行的“摘要”栏录入“购买股票作为交易性金融资产”，在“科目名称”栏参照输入或录入“6111”（投资收益），“借方金额”为“2113”；在第 3 行的“摘要”栏输入“购买股票作为交易性金融资产”，在“科目名称”栏参照输入或录入“1131”（应收股利），“借方金额”为“2000”；在第 4 行的“摘要”栏录入“购买股票作为交易性金融资产”，在“科目名称”栏参照输入或录入“101201”（其他货币资金——存出投资款），在“贷方金额”栏按“=”键，系统自动填充贷方金额（111113）。

（3）单击“保存”按钮，弹出“现金流量录入修改”窗口，选择“项目名称”为“投资所支付的现金”，如图 3-14 所示。单击“确定”保存凭证，退出，如图 3-15 所示。

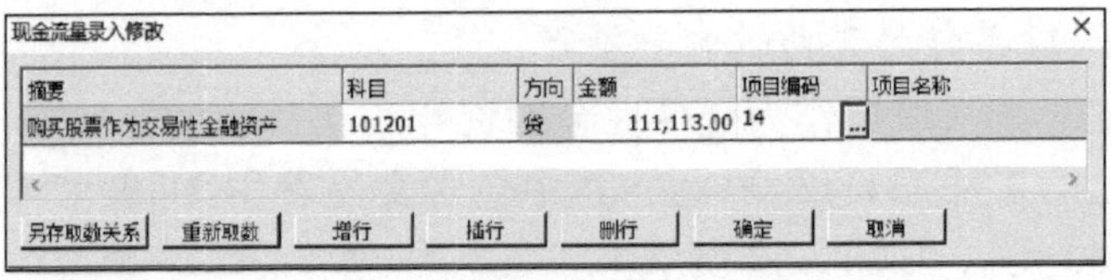

现金流量录入修改

摘要	科目	方向	金额	项目编码	项目名称
购买股票作为交易性金融资产	101201	贷	111,113.00	14	

另存取数关系 重新取数 增行 插行 删行 确定 取消

图 3-14 现金流量录入修改

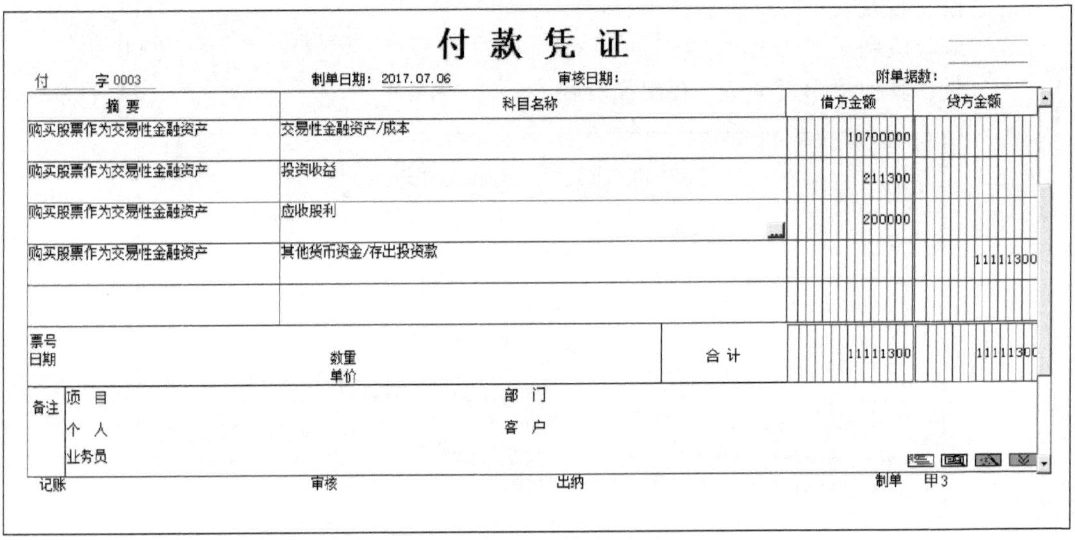

付款凭证

付 字 0003 制单日期：2017.07.06 审核日期： 附单据数：

摘要	科目名称	借方金额	贷方金额
购买股票作为交易性金融资产	交易性金融资产/成本	10700000	
购买股票作为交易性金融资产	投资收益	211300	
购买股票作为交易性金融资产	应收股利	200000	
购买股票作为交易性金融资产	其他货币资金/存出投资款		11111300
票号 日期 数量 单价	合 计	11111300	11111300

备注 项 目 部 门
个 人 客 户
业务员

记账 审核 出纳 制单 甲3

图 3-15 购买股票付款凭证

3.3.1.5 缴纳税费

【业务五】6 日，缴纳公司第二季度相关税费。

(1) 缴纳国税回单，如图 3-16 所示。

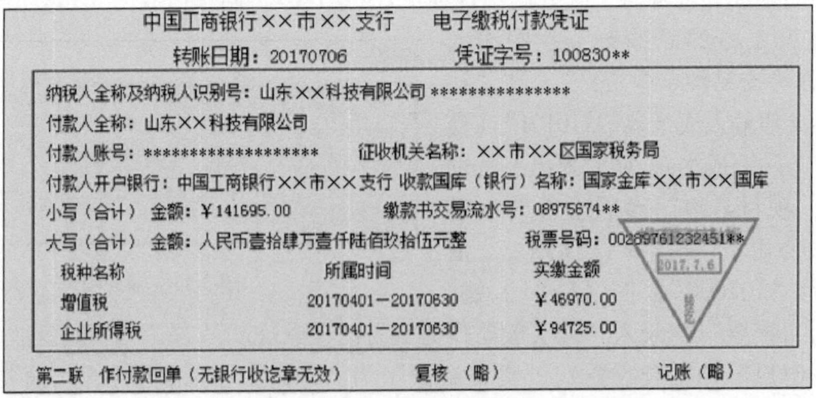

中国工商银行××市××支行 电子缴税付款凭证

转账日期：20170706 凭证字号：100830**

纳税人全称及纳税人识别号：山东××科技有限公司 ***************

付款人全称：山东××科技有限公司

付款人账号：******************* 征收机关名称：××市××区国家税务局

付款人开户银行：中国工商银行××市××支行 收款国库（银行）名称：国家金库××市××国库

小写（合计） 金额：￥141695.00 缴款书交易流水号：08975674**

大写（合计） 金额：人民币壹拾肆万壹仟陆佰玖拾伍元整 税票号码：00289761232451**

税种名称	所属时间	实缴金额
增值税	20170401－20170630	￥46970.00
企业所得税	20170401－20170630	￥94725.00

第二联 作付款回单（无银行收讫章无效） 复核（略） 记账（略）

图 3-16 缴纳国税回单

借：应交税费——未交增值税 46970

应交税费等——应交企业所得税 94725

贷：银行存款——工行存款 141695

(2) 缴纳地税回单，如图 3-17 所示。

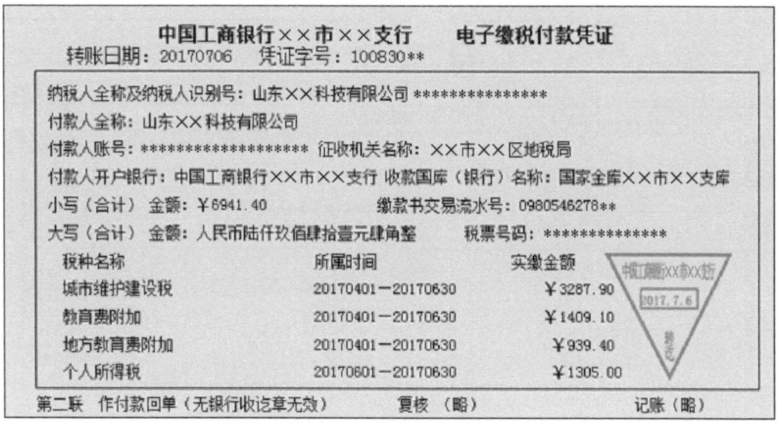
中国工商银行××市××支行　电子缴税付款凭证
转账日期：20170706　凭证字号：100830**
纳税人全称及纳税人识别号：山东××科技有限公司 ***************
付款人全称：山东××科技有限公司
付款人账号：******************　征收机关名称：××市××区地税局
付款人开户银行：中国工商银行××市××支行　收款国库（银行）名称：国家金库××市××支库
小写（合计）金额：￥6941.40　缴款书交易流水号：0980546278**
大写（合计）金额：人民币陆仟玖佰肆拾壹元肆角整　税票号码：**************

税种名称	所属时间	实缴金额
城市维护建设税	20170401—20170630	￥3287.90
教育费附加	20170401—20170630	￥1409.10
地方教育费附加	20170401—20170630	￥939.40
个人所得税	20170601—20170630	￥1305.00

第二联　作付款回单（无银行收讫章无效）　复核（略）　记账（略）

图 3-17　缴纳地税回单

借：应交税费——应交城市维护建设税　3287.90
　　应交税费——应交教育费附加　1409.10
　　应交税费——应交地方教育费附加　939.40
　　应交税费——代扣代缴个人所得税　1305.00
　　贷：银行存款——工行存款　6941.40

缴纳税费操作步骤如下：

（1）单击“业务工作”→“财务会计”→“总账”→“凭证”→“填制凭证”菜单项，系统打开“填制凭证”窗口。单击“增加”按钮，选择凭证类别，生成凭证号，选择凭证日期。

（2）编辑国税凭证分录，在第 1 行的“摘要”栏参照输入或录入“缴纳公司第二季度国税”，在“科目名称”栏参照输入或录入“222102”（应交税费——未交增值税），在“借方金额”中输入“46970”，然后按〈Enter〉键；在第 2 行的“科目名称”栏参照输入或录入“222103（应交税费——应交所得税）”，在“借方金额”中输入“94725”，然后按〈Enter〉键；在第 3 行的“科目名称”栏参照输入或录入“100201（银行存款——工行存款）”，单击“其他区域系统”弹出“辅助项”对话框，在其“结算方式”编辑框参照输入为“其他”，录入票号，单击“确定”按钮，返回“填制凭证”窗口，在“贷方金额”栏按〈=〉键，系统自动填充贷方金额（141695.00）。

（3）保存缴纳国税凭证。单击“保存”按钮，弹出“现金流量录入修改”窗口，选择“项目名称”为“支付的各项税费”，单击“确定”“保存”按钮，如图 3-18 和图 3-19 所示。

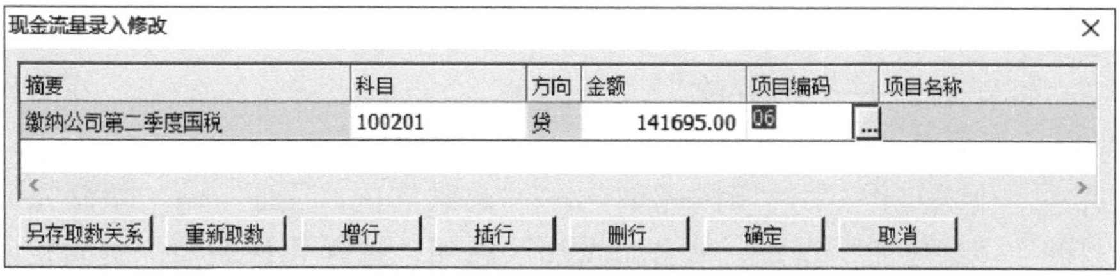

图 3-18　现金流量录入修改

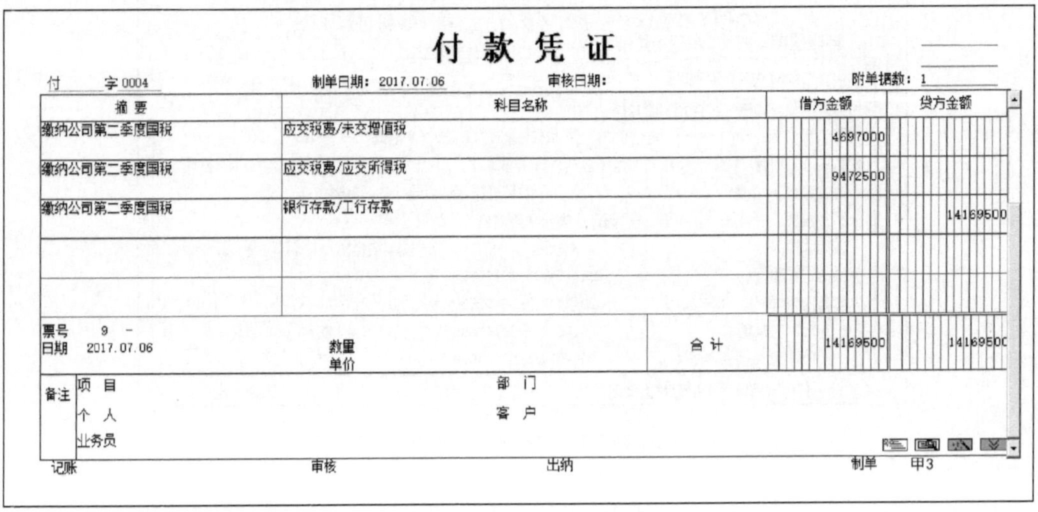

付款凭证

付 字 0004 制单日期：2017.07.06 审核日期： 附单据数：1

摘要	科目名称	借方金额	贷方金额
缴纳公司第二季度国税	应交税费/未交增值税	4697000	
缴纳公司第二季度国税	应交税费/应交所得税	9472500	
缴纳公司第二季度国税	银行存款/工行存款		14169500
票号 9 - 日期 2017.07.06	数量 单价 合计	14169500	14169500

备注 项目 部门

个人 客户

业务员

记账 审核 出纳 制单 甲3

图 3-19 缴纳国税付款凭证

（4）编辑地税凭证。在“填制凭证”窗口，单击“增加”按钮，选择凭证类别，生成凭证号，选择凭证日期。

在第 1 行的“摘要”栏中输入“缴纳公司第二季度地税”，在科目名称栏参照输入或录入“222105”（应交税费——应交城市维护建设税），在“借方金额”中输入“3287.9”，然后按〈Enter〉键；在第 2 行的“科目名称”栏参照输入或录入“222106”（应交税费——应交教育费附加），在“借方金额”中输入“1409.10”，然后按〈Enter〉键；在第 3 行的“科目名称”参照输入或录入“222107”（应交税费——应交地方教育费附加），在“借方金额”中输入“939.40”，然后按〈Enter〉键；在第 4 行的“科目名称”参照输入或录入“222104”（应交税费——代扣代缴个人所得税），在“借方金额”中输入“1305”，然后按〈Enter〉键；在第 5 行的“科目名称”参照输入或录入“100201”（银行存款——工行存款），按〈Enter〉键，系统将弹出“辅助项”对话框，在其“结算方式”编辑框参照输入“其他”，然后单击“确定”按钮，返回“填制凭证”窗口，再在“贷方金额”栏按〈=〉键，系统自动填充贷方金额（6941.40）。

（5）保存缴纳地税凭证。单击“保存”按钮，弹出“现金流量录入修改”窗口，选择“项目名称”为“支付的各项税费”，单击“确定”“保存”按钮，凭证如图 3-20 所示。

3.3.1.6 支付职工薪酬

【业务六】8 日，支付上月职工薪酬。

本笔业务是委托银行代发上月职工工资的转账制单，如图 3-21 所示。

借：应付职工薪酬——工资 66908.00

贷：银行存款——工行存款 66908.00

支付职工薪酬操作步骤如下：

（1）单击“业务工作”→“财务会计”→“总账”→“凭证”→“填制凭证”菜单项，系统打开“填制凭证”窗口。单击“增加”按钮，选择凭证类别，生成凭证号，选择凭证日期，附单据数输入“1”。

图 3-20　缴纳地税付款凭证

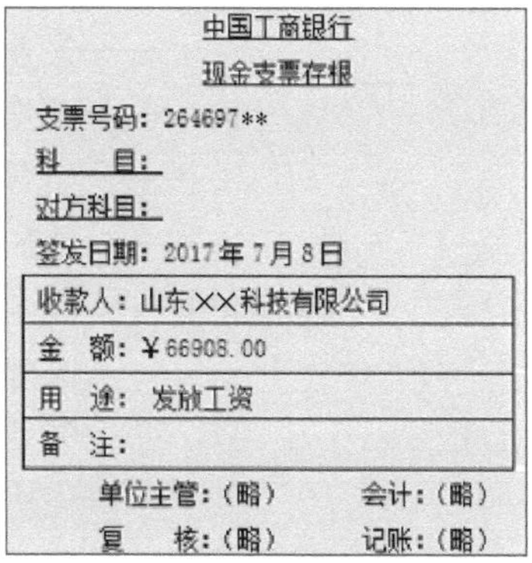

图 3-21　现金支票存根

（2）填制发放工资的凭证。在第 1 行的“摘要”栏中输入“支付上月工资”，在“科目名称”栏中参照输入或填入“221101”（应付职工薪酬——工资），在“借方金额”中输入“66908”，然后按〈Enter〉键；在第 2 行的“科目名称”中参照输入或填入“100201”（银行存款——工行存款），按〈Enter〉键，系统将弹出“辅助项”对话框，设置“结算方式”为“现金支票”，录入票据号“264697 * *”，如图 3-22 所示，单击“确定”按钮，返回“填制凭证”窗口，在“贷方金额”栏按〈=〉键由系统自动填充金额。

（3）保存凭证弹出“现金流量录入修改”窗口，选择“项目名称”为“支付给职工以及为职工支付的现金”，单击“确定”“保存”按钮，结果如图 3-23 所示。

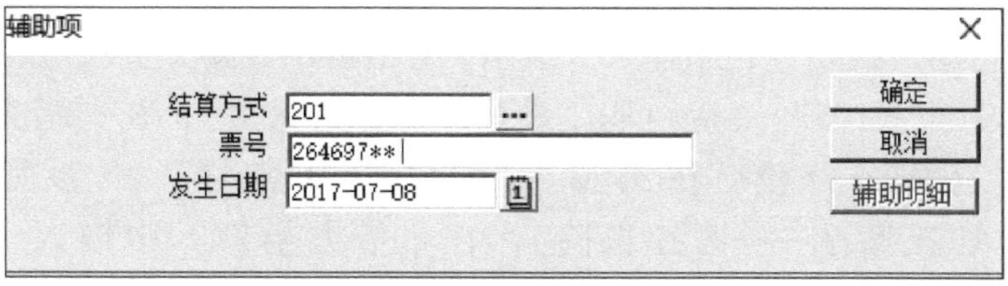

图 3-22　辅助项录入

3.3.1.7　缴纳社会保险费和住房公积金

【业务七】10 日，缴纳上月的各项五险一金（合并制单，票号统一略，结算方式：同城特约委托收款，社会保险基金专用收据略）。

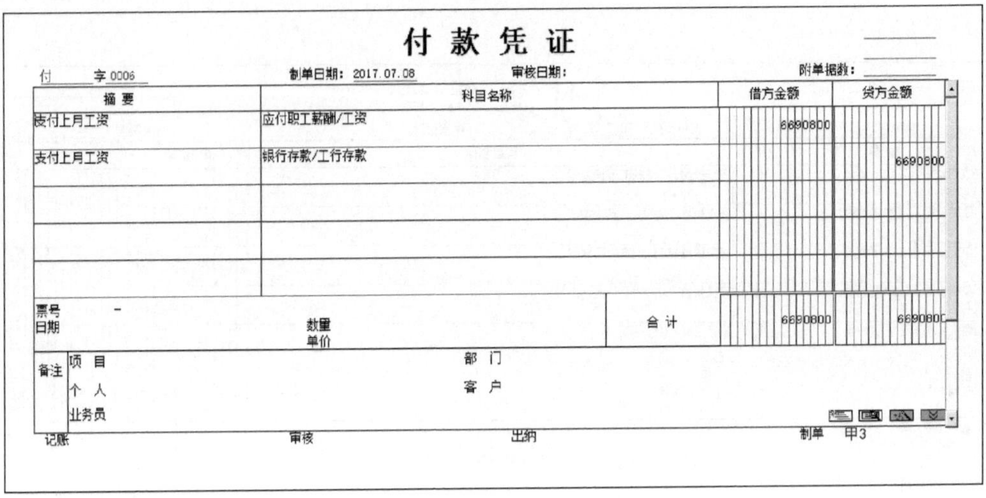

图 3-23 发放职工薪酬付款凭证

借：应付职工薪酬——养老保险	13381.60	
——医疗保险	6690.80	
——失业保险	669.08	
——工伤保险	669.08	
——生育保险	535.26	
——住房公积金	8028.96	
其他应付款——养老保险	5352.64	
——医疗保险	1338.16	
——失业保险	133.82	
——住房公积金	8028.96	
贷：银行存款——工行存款		44828.36

缴纳社会保险费和住房公积金操作步骤如下：

（1）单击“业务工作”→“财务会计”→“总账”→“凭证”→“填制凭证”菜单项，系统打开“填制凭证”窗口。单击“增加”按钮，选择凭证类别，生成凭证号，选择凭证日期。

（2）在第1行的“摘要”栏中输入“缴纳上月的各项五险一金”，在“科目名称”栏中参照输入或填入“221103”（应付职工薪酬——养老保险），在“借方金额”中输入“13381.60”，按〈Enter〉键；在第2行的“科目名称”中参照输入或填入“221104”（应付职工薪酬——医疗保险），在“借方金额”中输入“6690.80”，按〈Enter〉键；在第3行的“科目名称”中参照输入或填入“221105”（应付职工薪酬——失业保险），在“借方金额”中输入“669.08”，按〈Enter〉键；在第4行的“科目名称”中参照输入或填入“221106”（应付职工薪酬——工伤保险），在“借方金额”中输入“669.08”，按〈Enter〉键；在第5行的“科目名称”中参照输入或填入“221110”（应付职工薪酬——生育保险），在“借方金额”中输入“535.26”，按〈Enter〉键；在第6行的“科目名称”中参照输入或填入“221108”（应付职工薪酬——

住房公积金），在“借方金额”中输入“8028.96”，按〈Enter〉键；在第7行的“科目名称”中参照输入或填入“224102”（其他应付款——养老保险），在“借方金额”中输入“5352.64”，按〈Enter〉键；重复上述步骤，输入其他三项分录。

在最后一行的“科目名称”中参照输入或填入“100201”（银行存款——工行存款），按〈Enter〉键，系统将弹出“辅助项”对话框，设置“结算方式”为“同城特约委托收款”，单击“确定”按钮，返回“填制凭证”窗口，在“贷方金额”栏按〈=〉键由系统自动填充金额。

（3）保存凭证。单击“保存”按钮，弹出“现金流量录入修改”窗口，选择“项目名称”为“支付给职工以及为职工支付的现金”，单击“确定”“保存”按钮，如图3-24所示。

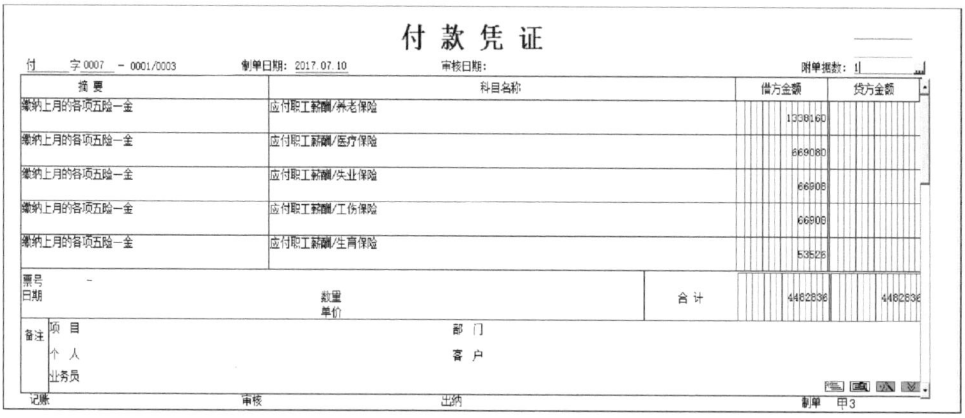

付款凭证

付 字0007 － 0001/0003　制单日期：2017.07.10　审核日期：　附单据数：1

摘要	科目名称	借方金额	贷方金额
缴纳上月的各项五险一金	应付职工薪酬/养老保险	1338160	
缴纳上月的各项五险一金	应付职工薪酬/医疗保险	669080	
缴纳上月的各项五险一金	应付职工薪酬/失业保险	66908	
缴纳上月的各项五险一金	应付职工薪酬/工伤保险	66908	
缴纳上月的各项五险一金	应付职工薪酬/生育保险	53526	
票号 － 日期	数量 单价　合计	4482836	4482836

备注　项目　部门
个人　客户
业务员

记账　审核　出纳　制单 甲3

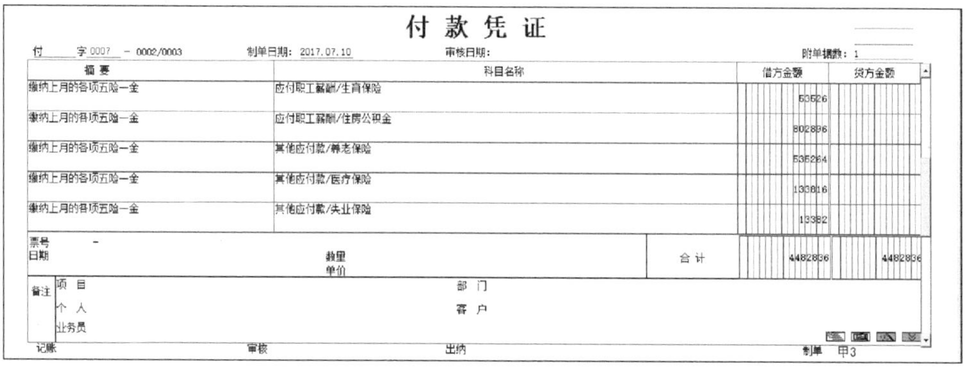

付款凭证

付 字0007 － 0002/0003　制单日期：2017.07.10　审核日期：　附单据数：1

摘要	科目名称	借方金额	贷方金额
缴纳上月的各项五险一金	应付职工薪酬/生育保险	53526	
缴纳上月的各项五险一金	应付职工薪酬/住房公积金	802896	
缴纳上月的各项五险一金	其他应付款/养老保险	535264	
缴纳上月的各项五险一金	其他应付款/医疗保险	133816	
缴纳上月的各项五险一金	其他应付款/失业保险	13382	
票号 － 日期	数量 单价　合计	4482836	4482836

备注　项目　部门
个人　客户
业务员

记账　审核　出纳　制单 甲3

付款凭证

付 字0007 － 0002/0003　制单日期：2017.07.10　审核日期：　附单据数：1

摘要	科目名称	借方金额	贷方金额
缴纳上月的各项五险一金	其他应付款/医疗保险	133816	
缴纳上月的各项五险一金	其他应付款/失业保险	13382	
缴纳上月的各项五险一金	其他应付款/住房公积金	802896	
缴纳上月的各项五险一金	银行存款/工行存款		4482836
票号 － 日期	数量 单价　合计	4482836	4482836

备注　项目　部门
个人　客户
业务员

记账　审核　出纳　制单 甲3

图3-24　缴纳五险一金付款凭证

3.3.1.8　差旅费

差旅费是单位中一项重要的经营性支出项目，包括因公出差期间所产生的交通费、住宿费和伙食补助等各项支出。差旅费业务是企业在营运过程中由于各部门员工出差等事宜产生的成本。

A　报销差旅费

【业务八】11 日，总经理报销差旅费。

总经理出差的差旅费报销单、领款单和增值税专用发票如图 3-25～图 3-27 所示。

差旅费报销单

部门：总经理办公室　　填报日期：2017年7月11日

姓名		甲1				出差事由				培训		出差日期			7月2日—7月7日	
起讫时间及地点						车船票		夜间乘车补助			出差补助费			住宿费金额	其他	
月	日	起	月	日	讫	类别	金额	时间	标准	金额	日数	标准	金额		摘要	金额
7	2		7	2		车票	400.00			200	5	5	250	2968.00		
7	7		7	7		车票	400.00									
合计							¥800.00			¥200.00			¥250.00	¥2968.00		
总计金额（大写）人民币贰仟玖佰陆拾捌元整								预支______元			核销¥4218.00			退补____元		

主管（略）　　记账　（略）　　审核　（略）　　制表（略）

图 3-25　差旅费报销单

领款单

2017年7月11日第13号

事由：报销差旅费											
人民币（大写）：肆仟贰佰壹拾捌元整				十	万	千	百	十	元	角	分
					¥	4	2	1	8	0	0
现金√　现金付讫											
主管：	略	财务负责人	略	收款人	甲1						

第三联：记账联

图 3-26　领款单

××市增值税专用发票　　№176420**

开票日期：2017年7月11日

购货单位	名　　称：山东××科技有限公司 纳税人识别号：*************** 地址、电话：山东省××市××区××路 ** 号****-******** 开户行及账号：中国工商银行××市××支行 ******************				密码区	略	
货物或应税劳务名称	规格型号	单位	数量	单价	金　额	税率	税额
住宿费					2800.00	6%	168.00
合　计					¥2800.00		¥168.00
价税合计	（大写）人民币贰仟玖佰陆拾捌元整					（小写）¥2968.00	
销货单位	名　　称：××酒店北京分公司 纳税人识别号：*************** 地址、电话：××市××区××路 ** 号 ****-******** 开户行及账号：中国工商银行××市××支行 ******************				备注	××酒店北京分公司 *************** 发票专用章	

收款人（略）　　复核（略）　　开票人　（略）　销货单位：（章）

第二联：发票联　购货方记账凭证

图 3-27　增值税专用发票

借：管理费用——差旅费　　4050

　　应交税费——应交增值税（进项税额）　　168

　　贷：库存现金　　4218

报销差旅费操作步骤如下：

（1）单击“业务工作”→“财务会计”→“总账”→“凭证”→“填制凭证”菜单项，系统打开“填制凭证”窗口。单击“增加”按钮，填制凭证。选择凭证类别，生成凭证号，选择凭证日期。

（2）填制报销差旅费的凭证。在第1行的“摘要”栏中输入“总经理报销差旅费”，在“科目名称”栏中参照输入或填入“660203”（管理费用——差旅费），“借方金额”为“4050”，然后按〈Enter〉键；在第2行的“科目名称”栏参照输入或填入“22210101”（应交税费——应交增值税——进项税额），“借方金额”为“168”，然后按〈Enter〉键；在第3行的“科目名称”栏中参照输入或填入“1001”（库存现金），在“贷方金额”栏按〈=〉键，由系统自动填入金额（4218）。

（3）“保存”凭证，弹出“现金流量录入修改”窗口，选择“项目名称”为“支付的其他与经营活动有关的现金”，单击“确定”“保存”按钮，如图3-28所示。

付款凭证

付 字 0009　　制单日期：2017.07.11　　审核日期：　　附单据数：3

摘要	科目名称	借方金额	贷方金额
总经理报销差旅费	管理费用/差旅费	405000	
总经理报销差旅费	应交税费/应交增值税/进项税额	16800	
总经理报销差旅费	库存现金		421800
票号 - 日期　数量 单价	合计	421800	421800

备注　项目　部门　个人　客户　业务员

记账　审核　出纳　制单 甲3

图3-28　报销差旅费的付款凭证

B　预借差旅费

【业务九】15日，销售部预借差旅费。

甲6出差前办理了借款，借款单如图3-29所示。

借款单

2017年07月15日

工作部门	销售部	职务	经理	姓名	甲6
借支金额	伍仟元整（¥5000.00）				
借款原因	开会			附证件	会议通知
核　批	同意借支		2017年7月15日		现金付讫

会计：略　出纳：略　制单：略

图3-29　借款单

借：其他应收款——个人往来（甲6）　　5000

　　贷：库存现金　　5000

预借差旅费操作步骤如下：

（1）单击“业务工作”→“财务会计”→“总账”→“凭证”→“填制凭证”菜单项，系统打开“填制凭证”窗口。单击“增加”按钮，填制凭证。

（2）填制预借差旅费的凭证。在第1行的“摘要”栏中输入“销售部预借差旅费”，“科目名称”栏中参照输入或填入“122101”（其他应收款——个人往来），按〈Enter〉键，在弹出的辅助项中输入部门“销售部”，个人“甲6”“借方金额”为“5000”，按〈Enter〉键；在第2行中“科目名称”栏参照输入或填入“1001”（库存现金），在“贷方金额”栏按〈=〉键系统可自动填充金额（5000），如图3-30所示。

（3）“保存”凭证，弹出“现金流量录入修改”窗口，选择“项目名称”为“支付的其他与经营活动有关的现金”，单击“确定”“保存”按钮，如图3-30所示。

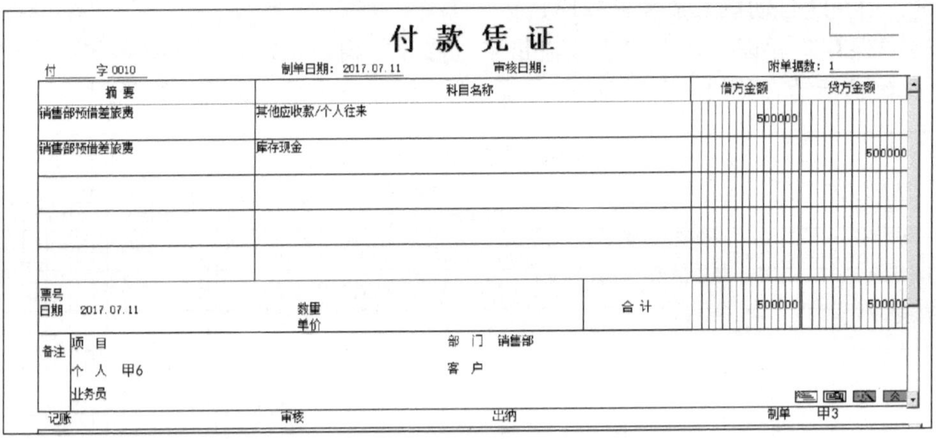

付 款 凭 证

付 字 0010　　制单日期：2017.07.11　　审核日期：　　附单据数：1

摘要	科目名称	借方金额	贷方金额
销售部预借差旅费	其他应收款/个人往来	500000	
销售部预借差旅费	库存现金		500000
票号 日期 2017.07.11	数量 单价 合计	500000	500000

备注　项目　　部门 销售部
个人 甲6　　客户
业务员

记账　审核　出纳　制单 甲3

图3-30　预借差旅费付款凭证

3.3.1.9　支付广告费

【业务十】15日，支付广告服务费（总账系统处理）。

支付广告费的工商银行进账单和增值税专用发票如图3-31和图3-32所示。

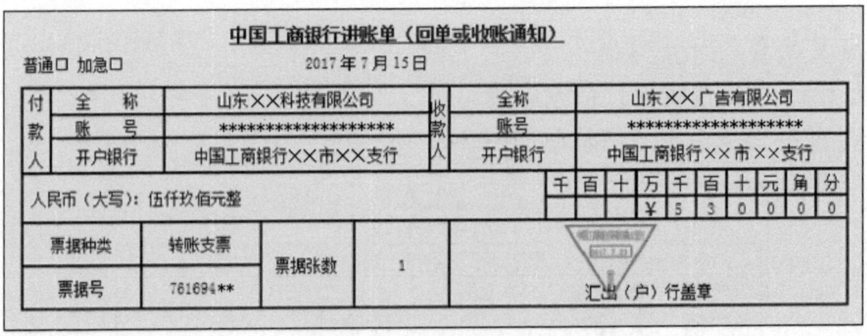

中国工商银行进账单（回单或收账通知）

普通□ 加急□　　2017年7月15日

付款人			收款人		
	全称	山东××科技有限公司		全称	山东××广告有限公司
	账号	******************		账号	******************
	开户银行	中国工商银行××市××支行		开户银行	中国工商银行××市××支行

人民币（大写）：伍仟玖佰元整

千	百	十	万	千	百	十	元	角	分
			¥	5	3	0	0	0	0

票据种类	转账支票	票据张数	1	
票据号	761694**			汇出（户）行盖章

图3-31　工商银行进账单

借：销售费用——广告费　　5000
　　应交税费——应交增值税（进项税额）　　300
　　贷：银行存款——工行存款　　5300

支付广告费操作步骤如下：

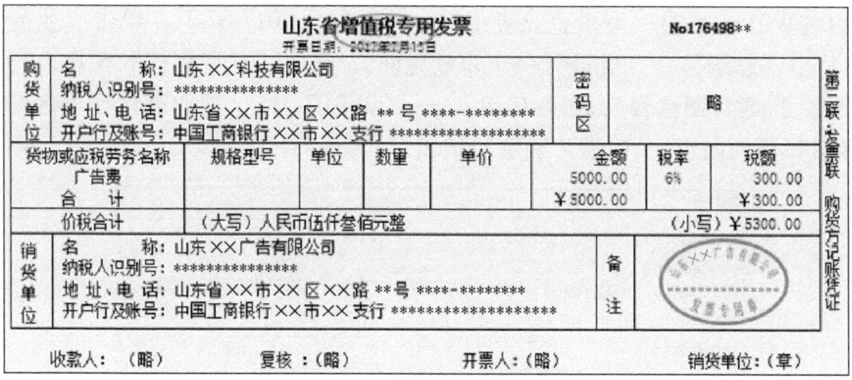

山东省增值税专用发票　No176498**

开票日期：2017年7月15日

购货单位	名　　称：山东××科技有限公司 纳税人识别号：*************** 地 址、电 话：山东省××市××区××路 ** 号 ****-******** 开户行及账号：中国工商银行××市××支行 *******************				密码区	略	
货物或应税劳务名称	规格型号	单位	数量	单价	金额	税率	税额
广告费					5000.00	6%	300.00
合　计					¥5000.00		¥300.00
价税合计	（大写）人民币伍仟叁佰元整						（小写）¥5300.00
销货单位	名　　称：山东××广告有限公司 纳税人识别号：*************** 地 址、电 话：山东省××市××区××路 **号 ****-******** 开户行及账号：中国工商银行××市××支行 *******************				备注		

收款人：（略）　复核：（略）　开票人：（略）　销货单位：（章）

第二联：发票联　购货方记账凭证

图 3-32　增值税专用发票

（1）单击“业务工作”→“财务会计”→“总账”→“凭证”→“填制凭证”菜单项，系统打开“填制凭证”窗口。单击“增加”按钮，填制凭证。

（2）填制支付广告费凭证。在第 1 行“摘要”栏参照输入或填入“支付广告服务费”，在“科目名称”栏参照输入或填入“660102”（销售费用——广告费），“借方金额”为“5000”，按〈Enter〉键；在第 2 行的“科目名称”栏参照输入或填入“22210101”（应交税费——应交增值税——进项税额），“借方金额”为“300”，按〈Enter〉键；在第 3 行的“科目名称”栏中参照输入或填入“100201”（银行存款——工行存款），按〈Enter〉键，系统将弹出“辅助项”对话框，设置“结算方式”为“转账支票”票号为“761694＊＊”，单击“确定”按钮，返回“填制凭证”窗口，在“贷方金额”栏按〈=〉键由系统自动填充金额。

（3）“保存”凭证，弹出“现金流量录入修改”窗口，选择“项目名称”为“支付的其他与经营活动有关的现金”，单击“确定”“保存”按钮，如图 3-33 所示。

付 款 凭 证

付　字 0011　制单日期：2017.07.15　审核日期：　附单据数：2

摘要	科目名称	借方金额	贷方金额
支付广告服务费	销售费用/广告费	500000	
支付广告服务费	应交税费/应交增值税/进项税额	30000	
支付广告服务费	银行存款/工行存款		530000
票号 - 日期　数量 单价	合 计	530000	530000

备注　项　目　部　门
个　人　客　户
业务员

记账　审核　出纳　制单　甲3

图 3-33　支付广告费付款凭证

3.3.2　实训 2　审核凭证

填制完凭证后，需要换操作员进行凭证的审核。

审核凭证操作步骤如下：

（1）以“W01（甲 2）”登录企业应用平台，日期为 2017-07-31，单击“业务工作”→“财务会计”→“总账”→“凭证”→“审核凭证”，进入“凭证审核”窗口，“凭证标志”选择“全部”，同时日期选择“2017-07-01”—“2017-07-31”，其他默认（不选择，意味着不对这些条件做任何限定），单击“确定”按钮，如图 3-34 所示。

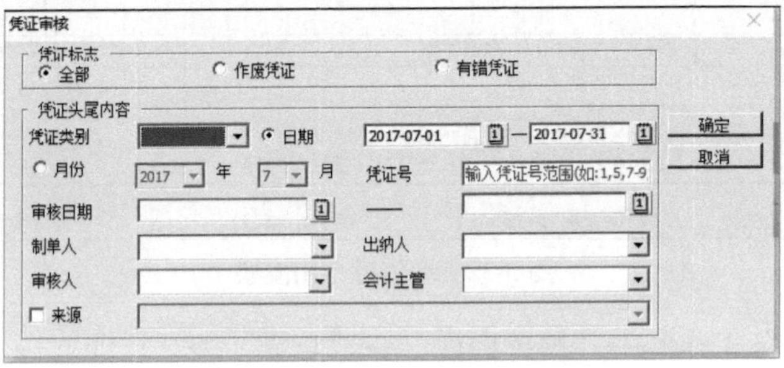

图 3-34　凭证审核范围选择窗口

（2）系统进入“凭证审核列表”窗口，如图 3-35 所示。

凭证共 11张　已审核 0 张　未审核 11 张　凭证号排序　制单日期排序

制单日期	凭证编号	摘要	借方金额合计	贷方金额合计	制单人	审核人	系统名	备注	审核日期	年度
2017-07-01	收 - 0001	发行公司债券	3,297,500.00	3,297,500.00	甲3					2017
2017-07-01	付 - 0001	提现备用	1,000.00	1,000.00	甲3					2017
2017-07-05	付 - 0002	购买办公用品	2,650.00	2,650.00	甲3					2017
2017-07-06	付 - 0003	购买股票作为交易性金融	111,113.00	111,113.00	甲3					2017
2017-07-06	付 - 0004	缴纳公司第二季度国税	141,695.00	141,695.00	甲3					2017
2017-07-06	付 - 0005	缴纳公司第二季度地税	6,941.40	6,941.40	甲3					2017
2017-07-08	付 - 0006	支付上月工资	66,908.00	66,908.00	甲3					2017
2017-07-10	付 - 0007	缴纳上月的各项五险一金	44,828.36	44,828.36	甲3					2017
2017-07-11	付 - 0008	总经理报销差旅费	4,216.00	4,216.00	甲3					2017
2017-07-15	付 - 0009	销售部预借差旅费	5,000.00	5,000.00	甲3					2017
2017-07-15	付 - 0010	支付广告服务费	5,300.00	5,300.00	甲3					2017

图 3-35　凭证审核界面

（3）会计主管审核。双击第一张凭证所在的行，进入该凭证的“审核凭证”窗口，单击“成批处理”按钮，选择“成批审核凭证”，如图 3-36 所示。

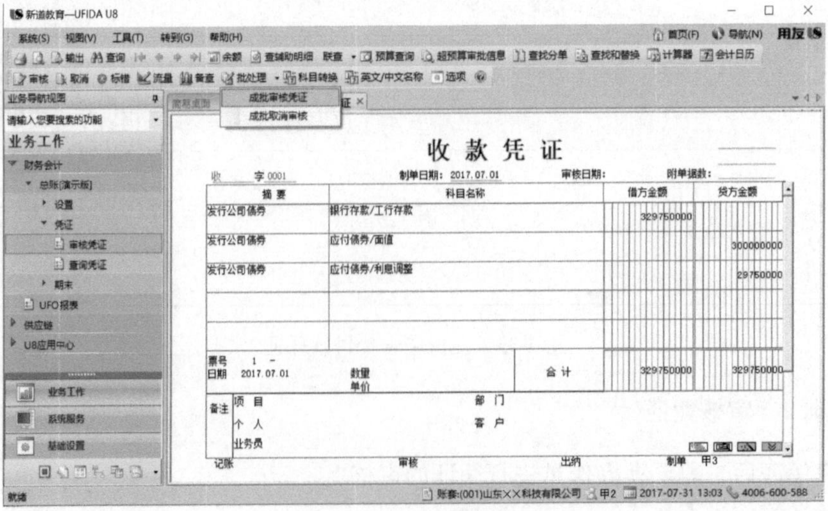

图 3-36　成批审核凭证

（4）系统出现凭证审核信息，如图 3-37 所示。

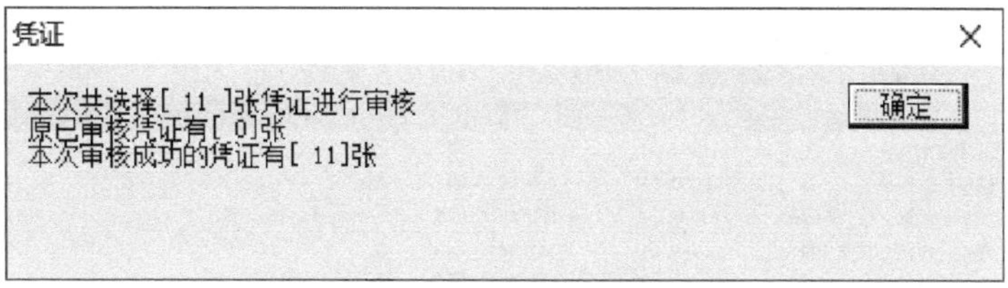

图 3-37　凭证审核情况统计

（5）再查看凭证或者凭证审核列表，凭证下方“审核”处显示“甲 2”的名字或者“审核人”变为“甲 2”。

（6）退出。单击“凭证审核列表”窗口右上角的“关闭”按钮，关闭并退出窗口。

注：

- 审核人除了要具有审核权外，还需要有对待审核凭证制单人所制凭证的审核权，这个权限可在“明细权限”中设置。
- 审核人和制单人不能是同一个人。
- 凭证一经审核，就不能被修改、删除，只有被取消审核签字后才可以进行修改或删除。
- 取消审核签字只能由审核人自己进行。
- 作废凭证不能被审核，也不能被标错。
- 已标错的凭证不能被审核，若想审核，需先单击“取消”按钮，取消标错后才能审核。

3.3.3　实训 3　出纳签字

出纳是按照有关规定和制度，办理本单位的现金收付、银行结算及有关账务，保管库存现金、有价证券、财务印章及有关票据等工作的总称。出纳签字，意味着现金类科目资金经过出纳处理，完成了资金的转移，因此，只会对“收”字号和“付”字号凭证进行出纳签字。

出纳签字操作步骤如下：

（1）以“W03（甲 4）”登录企业应用平台，日期为 2017-07-31，单击“业务工作”→“财务会计”→“总账”→“凭证”→“出纳签字”菜单项，进入“出纳签字”窗口，凭证标志选择“全部”凭证，同时日期选择“2017-07-01”—“2017-07-31”，如图 3-38 所示。

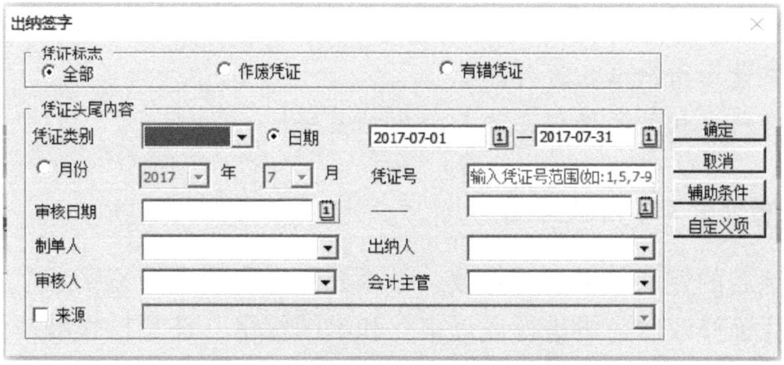

图 3-38　出纳签字范围选择界面

（2）单击“确定”按钮，系统进入“出纳签字列表”窗口，如图 3-39 所示。

凭证共 10张　已签字 0张　未签字 10张　◉ 凭证号排序　○ 制单日期排序

制单日期	凭证编号	摘要	借方金额合计	贷方金额合计	制单人	签字人	系统名	备注	审核日期	年度
2017-07-01	收 - 0001	发行公司债券	3,297,500.00	3,297,500.00	甲3				2017-07-31	2017
2017-07-01	付 - 0001	提现备用	1000.00	1000.00	甲3				2017-07-31	2017
2017-07-05	付 - 0002	购买办公用品	2650.00	2650.00	甲3				2017-07-31	2017
2017-07-06	付 - 0004	缴纳公司第二季度国税	141695.00	141695.00	甲3				2017-07-31	2017
2017-07-06	付 - 0005	缴纳公司第二季度地税	6941.40	6941.40	甲3				2017-07-31	2017
2017-07-08	付 - 0006	支付上月工资	66908.00	66908.00	甲3				2017-07-31	2017
2017-07-10	付 - 0007	缴纳上月的各项五险一金	44828.36	44828.36	甲3				2017-07-31	2017
2017-07-11	付 - 0008	总经理报销差旅费	4218.00	4218.00	甲3				2017-07-31	2017
2017-07-11	付 - 0009	销售部预借差旅费	5000.00	5000.00	甲3				2017-07-31	2017
2017-07-15	付 - 0010	支付广告服务费	5300.00	5300.00	甲3				2017-07-31	2017

图 3-39　出纳签字列表界面

（3）出纳签字。双击第一张凭证所在的行，进入凭证的“出纳签字”窗口，单击“成批处理”，选择“成批出纳签字”，即 10 张凭证全部被签字（业务四　购买股票、业务十一　计提债务利息不涉及现金，不用出纳签字）。系统提示出纳签字完成情况，如图 3-40所示。

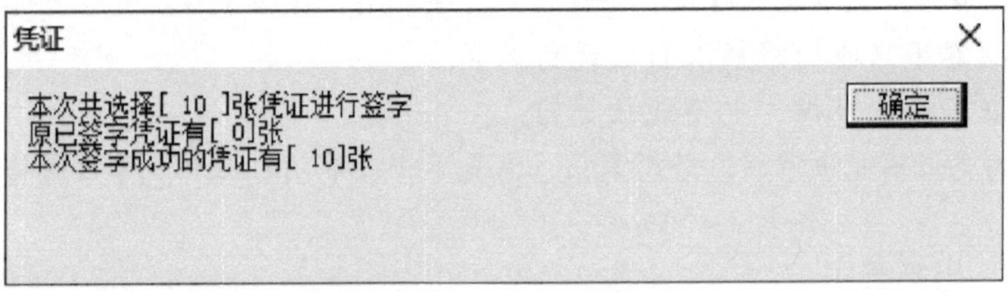

图 3-40　出纳签字结果统计

（4）再查看凭证或者出纳签字列表，凭证下方“出纳”处显示“甲 4”的名字或者“签字人”变为“甲 4”。

（5）退出。单击“出纳签字列表”窗口右上角的“关闭”按钮，关闭并退出窗口。

注：

● 企业可根据实际需要决定是否要对出纳凭证进行出纳签字管理，若不需要此功能，可在“选项”中取消“出纳凭证必须经由出纳签字”的设置。

● 凭证一经签字，就不能被修改、删除，只有被取消签字、审核后才可以进行修改或删除。

● 取消签字只能由出纳本人进行。

● 只有和现金科目相关的凭证，才需要出纳签字。

3.3.4　实训 4　修改第 2 号付款凭证

经过出纳签字后的凭证如果需要修改，必须先经过取消出纳签字、取消审核，才能够进行凭证修改。凭证修改后，再进行凭证审核和出纳签字（注意操作顺序）。

修改第 2 号付款凭证操作步骤如下：

（1）由操作员“W03 甲 4”执行“财务会计”→“总账”→“凭证出纳签字”命

令，打开“出纳签字”对话框。

（2）单击“凭证类别”栏的下三角按钮，选择“付款凭证”。

（3）单击“月份”选项，在“凭证号”栏输入“2”，如图 3-41 所示。

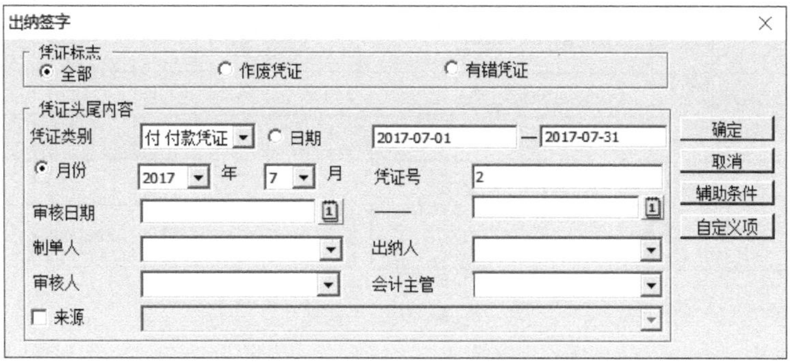

图 3-41　出纳签字范围选择界面

（4）单击“确定”按钮，进入“出纳签字列表”窗口。

（5）双击进入第 2 号付款凭证窗口，单击“取消”按钮，取消出纳签字，再单击“退出”按钮。

（6）重新注册，更换操作员为“W01 甲 2”。执行“凭证”→“凭证审核”命令，打开“凭证审核”对话框。

（7）同上操作，找到并进入第 2 号付款凭证窗口。单击“取消审核”按钮，取消审核签字，然后单击“退出”按钮。

（8）重新注册，更换操作员为“W02 甲 3”。执行“凭证”→“填制凭证”命令，进入“填制凭证”窗口。

（9）单击“上张”“下张”按钮，找到第 2 号付款凭证。在第 2 张付款凭证中，将借贷方金额分别改为“1000”“60”“1060”，单击“保存”按钮，修改现金流量录入，“保存”凭证，如图 3-42 和图 3-43 所示。

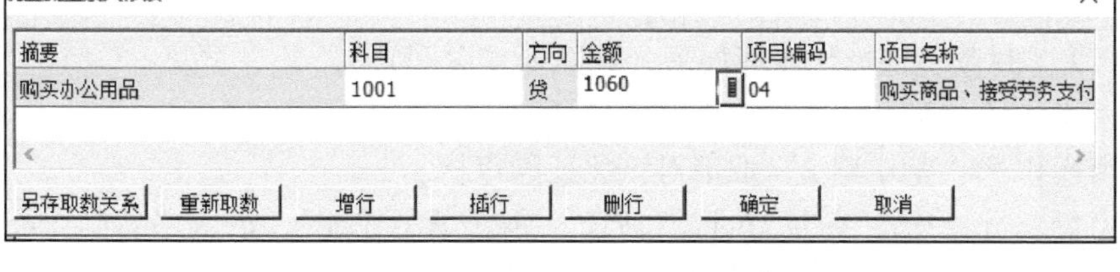

图 3-42　现金流量录入修改界面

（10）再更换操作员，由“W01 甲 2”对该付款凭证进行审核，由“W03 甲 4”对该付款凭证进行出纳签字。

注：

- 未审核的凭证可以直接修改，但是，凭证类别不能修改。
- 已进行出纳签字而未审核的凭证如果发现有错误，可以由原出纳签字的操作员在“出纳签字”功能中取消出纳签字后，再由原制单人在填制凭证功能中修改凭证。

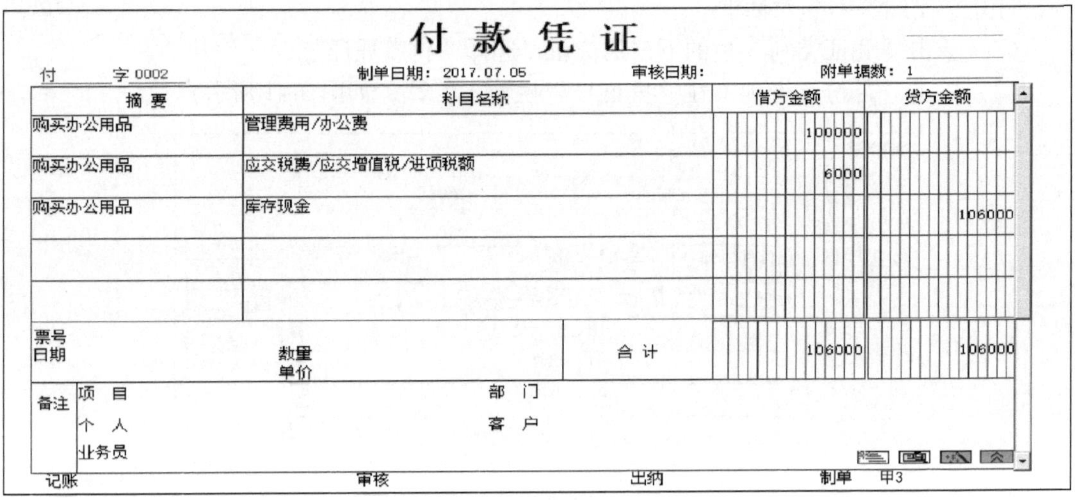

图 3-43 购买办公用品付款凭证

• 如果在总账系统的选项中选中“允许修改、作废他人填制的凭证”，则在填制凭证功能中可以由非原制单人修改或作废他人填制的凭证，被修改凭证的制单人将被修改为现在修改凭证的人。

• 如果在总账系统的选项中没有选中“允许修改、作废他人填制的凭证”，则只能由原制单人在填制凭证的功能中修改或作废凭证。

• 已审核的凭证如果发现有错误，应由原审核人在“审核凭证”功能中取消审核签字后，再由原制单人在填制凭证功能中修改凭证。

• 被修改的凭证应在保存后退出。

• 凭证的辅助项内容如果有错误，可以在单击含有错误辅助项的会计科目后，将鼠标移到错误的辅助项所在位置，当出现“笔头状光标”时双击此处，弹出“辅助项录入”窗口，直接修改辅助项的内容，或者按〈Ctrl+S〉键调出“辅助项录入”窗口后修改。

3.3.5 实训 5 删除第 1 号付款凭证

删除第 1 号付款凭证操作步骤如下（注意操作时间）：

（1）由操作员“W03 甲 4”取消对该凭证的出纳签字。

（2）由操作员“W01 甲 2”取消对该凭证的审核。

（3）由操作员“W02 甲 3”执行“凭证”→“填制凭证”，进入“填制凭证”窗口。

（4）单击“上张”“下张”按钮，找到第 1 张付款凭证。执行“作废/恢复”命令，将该张凭证打上“作废”标志，如图 3-44 所示。

（5）打开“填制凭证”窗口，执行工具栏中“整理凭证”命令，选择凭证期间“2017.07”，单击“确定”按钮，打开“作废凭证表”。

（6）双击“作废凭证按钮表”对话框中的“删除”栏。

（7）单击“确定”按钮，系统弹出“是否还需要整理凭证断号”信息提示框，并提供三种断号整理方式。选择“按凭证号重排”，单击“是”按钮，系统完成对凭证号的重新整理。

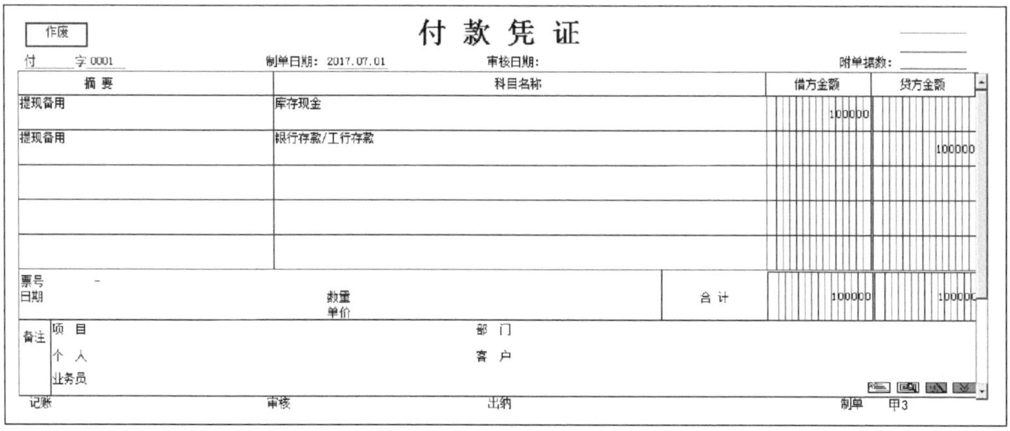

图 3-44　付款凭证作废凭证

注：

- 未审核的凭证可以直接删除，已审核或已进行出纳签字的凭证不能直接删除，必须在取消审核及取消出纳签字后再删除。
- 若要删除凭证，必须先进行“作废”操作，而后再进行凭证整理。如果在总账系统的选项中选中“自动填补凭证断号”及“系统编号”，那么在对作废凭证整理时，若选择不整理断号，则再填制凭证时可以由系统自动填补断号；否则，将会出现凭证断号。
- 对于作废凭证，可以单击“作废/恢复”按钮，取消“作废”标志。
- 作废凭证不能修改、不能审核，但应参与记账。
- 只能对未记账凭证进行凭证整理。
- 账簿查询时查不到作废凭证的数据。

3.3.6 实训 6 凭证记账

凭证记账操作步骤如下：

（1）以 W02（甲 2）登录企业应用平台，单击“业务工作”→“财务会计”→“总账”→“记账”菜单项，进入“记账”窗口，单击“全选”按钮，如图 3-45 所示。

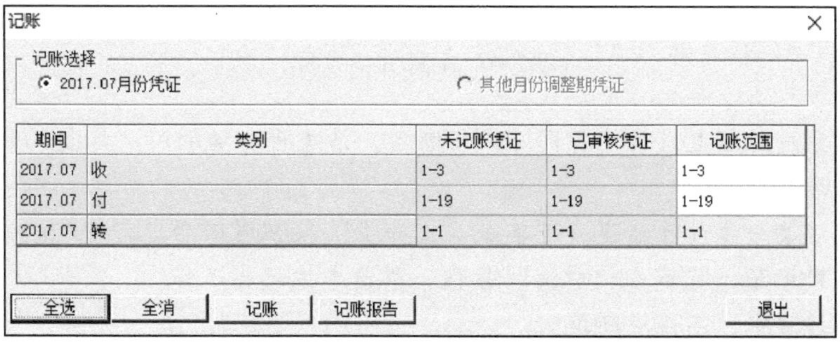

图 3-45　记账范围选择

（2）单击“记账”按钮，进入期初试算平衡表，单击“确定”按钮，开始进行记账，如图 3-46 所示。

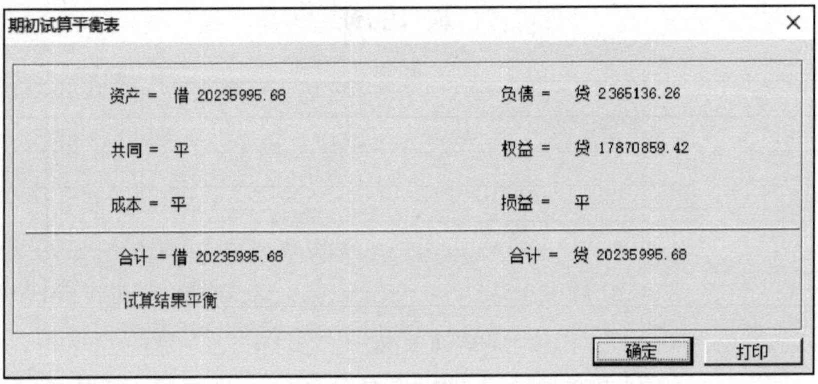

图 3-46 期初试算平衡计算表界面

（2）记账结束。弹出“记账完毕”窗口，单击“确定”按钮同时单击“退出”按钮，退出记账窗口，如图 3-47 所示。

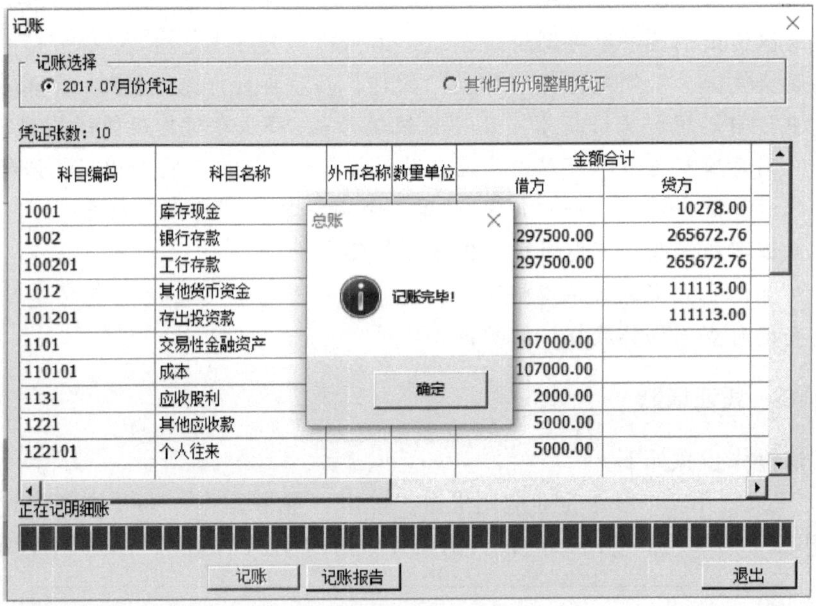

图 3-47 记账完毕界面

注：

- 记账过程一旦断电或其他原因造成中断后，系统将自动调用“恢复记账前状态”恢复数据，然后再重新记账。
- 如果发现某一步设置错误，可单击“上一步”按钮返回后进行修改。如果在设置过程中不想再继续记账，可单击“取消”按钮，取消本次记账工作。
- 在记账过程中，不得中断退出。
- 在第一次记账时，若期初余额试算不平衡，系统将不允许记账。
- 所选范围内的凭证如有不平衡凭证，系统将列出错误凭证，并重选记账范围。
- 所选范围内的凭证如有未审核凭证时，系统提示无可记账凭证。

3.3.7　实训 7　反记账

如果记账后发现有错误，可以进行反记账操作，恢复到记账前的某个状态。

只有反记账后，才能再取消凭证出纳签字、取消凭证审核。

反记账操作步骤如下：

（1）以“A01”账套主管身份登录企业管理平台。

（2）单击“业务工作”→“财务会计”→“总账”→“期末”→“对账”菜单项，出现“对账”窗口，如图 3-48 所示。

图 3-48　“对账”窗口

（3）快速连按两次〈Ctrl〉+〈H〉组合键，出现“恢复记账状态功能已被激活”对话框（该组合键是个开关，如果该功能已经被激活，再快速单击该组合键两次，会“隐藏”），如图 3-49 所示。

图 3-49　“恢复记账前状态功能已被激活”窗口

（4）单击“确定”“退出”按钮，这时候就会发现“财务会计”“总账”“凭证”菜单下多了“恢复记账前状态”按钮。

（5）单击“恢复记账前状态”按钮。出现图3-50所示的界面。选择适当的“恢复方式”。如果选择“选择凭证范围恢复记账”，则“恢复记账范围”被激活，通过输入凭证号的方式，实现精准凭证记账恢复。单击“确定”按钮，出现“输入”窗口，如图3-51所示。此时，需要输入操作员密码，单击“确定”按钮，即可实现想要的恢复记账的凭证。

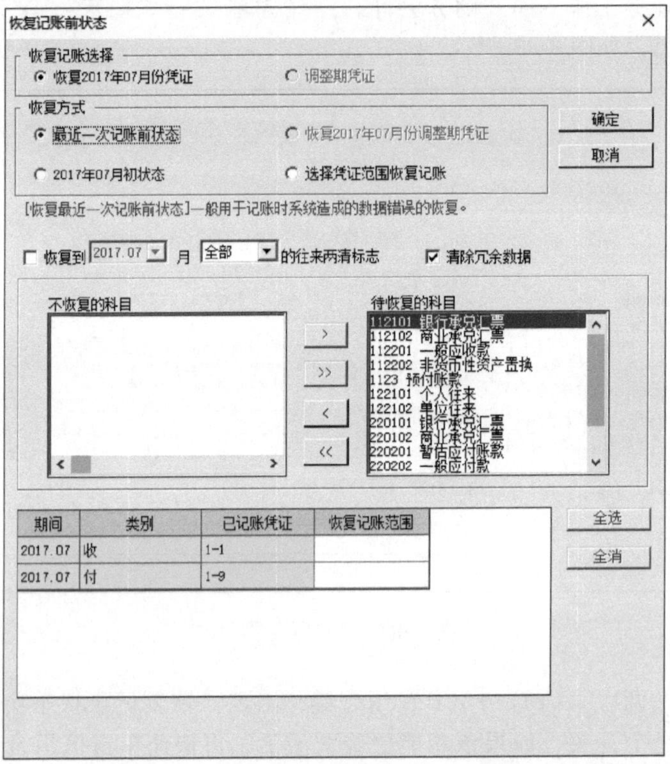

图3-50 “恢复记账前状态”范围选择

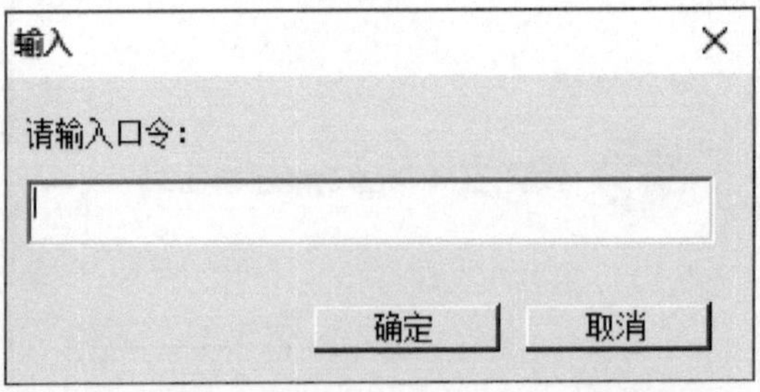

图3-51 “恢复记账前状态”口令输入

3.3.8 实训8 查询凭证

查询凭证操作步骤如下：

（1）执行“凭证”→“查询凭证”命令，打开“凭证查询”窗口，如图3-52所示。

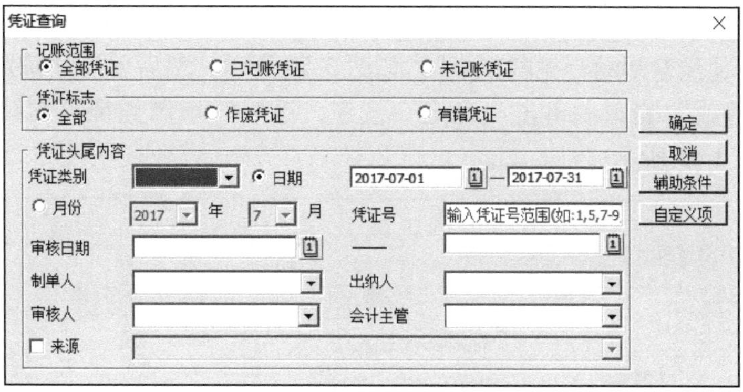

图 3-52　“凭证查询”范围选择

（2）选择“已记账凭证”（选择不同的“记账范围”“凭证标志”“凭证头尾内容”这三个部分之间是“与”的关系，即同时满足这三个关系，可以实现不同范围的凭证查询），单击“确定”按钮，进入“查询凭证列表”窗口。

（3）双击打开任何一个凭证，可以进行该凭证的查看。

（4）单击“退出”按钮。

注：

● 在“查询凭证”功能中既可以查询已记账凭证，也可以查询未记账凭证。而在填制凭证功能中只能查询到未记账凭证。

● 通过设置查询条件还可以查询“作废凭证”“有错凭证”、某制单人填制的凭证、其他子系统传递过来的凭证，以及一定日期区间、一定凭证号区间的记账凭证。

● 已记账凭证除了可以在查询凭证功能中查询之外，还可以在查询账簿资料时，以联查的方式查询。

● 在“凭证查询”对话框中，单击“辅助条件”按钮，可以设定更多的查询条件。

3.3.9　实训 9　冲销记账凭证

冲销记账凭证操作步骤如下：

（1）以“W02 甲 3”的身份执行“凭证”→“填制凭证”命令，进入“填制凭证”窗口。

（2）执行“冲销凭证”命令，打开“冲销凭证”对话框。

（3）单击“凭证类别”栏的下三角按钮，选择“付款凭证”，在“凭证号”栏录入“1”，如图 3-53 所示，然后单击“确定”按钮。

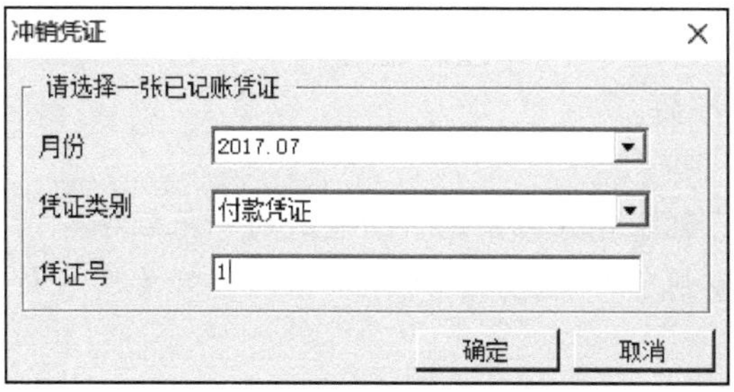

图 3-53　冲销凭证界面

(4) 单击“保存”按钮，在“现金流量录入修改”窗口，“项目编码”列表框中选择“支付的与其他经营活动有关的现金”，如图 3-54 所示，然后单击“确定”按钮，返回“现金流量录入修改”窗口。单击“确定”按钮，返回“填制凭证”窗口，再单击“保存”按钮，如图 3-55 所示。

图 3-54 现金流量录入项目编码参照输入

图 3-55 付款凭证冲销

(5) 单击“退出”按钮。

注：

● 冲销凭证是针对已记账凭证由系统自动生成的一张红字冲销凭证。

● 冲销凭证相当于填制了一张凭证，可以不保存，只要进入新的状态就由系统将冲销凭证自动保存。

● 已冲销凭证仍需审核、出纳签字后记账。

3.3.10 实训练习题

注：练习题是本书内容之一，忽略本部分内容将引起账务处理结果与本书后面部分不相符。

(1) 练习 1：

16 日，从工商提取现金 500 元（结算方式：以现金结算）

借：库存现金 500

　　贷：银行存款——工商银行 500

(2) 练习 2：

16 日，以现金支付招待费用 900 元（项目编码为 07）

借：管理费用——招待费 900

　　贷：库存现金 900

(3) 练习 3：

17 日，以工商银行存款 30000 元支付销售部广告费用（结算方式：以现金结算；项目编码为 07）

借：销售费用——广告费 30000

　　贷：银行存款——工行存款 30000

(4) 练习 4：

18 日，采购部甲 5 借差旅费 3000 元（项目编码为 07）

借：其他应收款——个人往来 3000

　　贷：库存现金 3000

(5) 练习 5：

19 日，向工商银行取得短期借款 30000 元（结算方式：电汇；项目编码为 18）

借：银行存款——工行存款 30000

　　贷：短期借款 30000

(6) 练习 6：

21 日，以现金支付购买包装箱货款 600 元（项目编码为 04）

借：周转材料 600

　　应交税费——应交增值税（进项税额） 102

　　贷：库存现金 702

(7) 练习 7：

21 日，从广东××公司购入材料 5000 元，用银行存款支付（结算方式：以现金结算；项目编码为 04）

借：原材料 5000

　　应交税费——应交增值税（进项税额） 850

　　贷：银行存款——工行存款 5850

(8) 练习 8：

21 日，以工行存款支付财务部办公费 500 元，请填写付款凭证（转账支票，票号：3356；项目编码为 07）

借：管理费用——办公费　500

　　贷：银行存款——工行存款　500

(9) 练习 9：

22 日，企业用银行存款向灾区捐款 10000 元（转账支票，票号：5580；项目编码为 07）

借：营业外支出——捐赠支出（公益性捐赠）　10000

　　贷：银行存款——工行存款　10000

(10) 练习 10：

22 日销售部购买办公用品，取得增值税专用发票（项目编码为 07）

借：管理费用——办公费　300

　　应交税费—应交增值税（进项税额）　51

　　贷：库存现金　351

(11) 练习 11：

30 日，收到银行利息（结算方式：电汇；项目编码为 03）

借：银行存款——工行存款　5691

　　贷：财务费用　5691

(12) 练习 12：

31 日，计提本月应付债券利息，实际利率为 4.93%（保留两位小数）

借：在建工程　147900

　　应付债券——利息调整　92100

　　贷：应付债券——应计利息　240000

(13) 练习 13：

对上述凭证进行审核。

(14) 练习 14：

对上述凭证进行出纳签字。

(15) 练习 15：

对实训凭证和实训练习题所有凭证进行记账处理后，结果如图 3-56 所示。

凭证共 23张　已审核 23 张　未审核 0 张　◉ 凭证号排序　○ 制单日期排序

制单日期	凭证编号	摘要	借方金额合计	贷方金额合计	制单人	审核人	系统名	备注	审核日期	年度
2017-07-01	收 - 0001	发行公司债券	3297500.00	3297500.00	甲3	甲2			2017-07-31	2017
2017-07-19	收 - 0002	向工商银行取得短期借款	30000.00	30000.00	甲3	甲2			2017-07-31	2017
2017-07-30	收 - 0003	收到银行利息	5691.00	5691.00	甲3	甲2			2017-07-31	2017
2017-07-05	付 - 0001	购买办公用品	1060.00	1060.00	甲3	甲2			2017-07-31	2017
2017-07-06	付 - 0002	购买股票作为交易性金融	111113.00	111113.00	甲3	甲2			2017-07-31	2017
2017-07-06	付 - 0003	缴纳公司第二季度国税	141695.00	141695.00	甲3	甲2			2017-07-31	2017
2017-07-06	付 - 0004	缴纳公司第二季度地税	6941.40	6941.40	甲3	甲2			2017-07-31	2017
2017-07-08	付 - 0005	支付上月工资	66908.00	66908.00	甲3	甲2			2017-07-31	2017
2017-07-10	付 - 0006	缴纳上月的各项五险一金	44828.36	44828.36	甲3	甲2			2017-07-31	2017
2017-07-11	付 - 0007	总经理报销差旅费	4218.00	4218.00	甲3	甲2			2017-07-31	2017
2017-07-11	付 - 0008	销售部预借差旅费	5000.00	5000.00	甲3	甲2			2017-07-31	2017
2017-07-15	付 - 0009	支付广告服务费	5300.00	5300.00	甲3	甲2			2017-07-31	2017
2017-07-15	付 - 0010	[冲销2017.07.05 付-00	-1060.00	-1060.00	甲3	甲2			2017-07-31	2017
2017-07-16	付 - 0011	提现备用	500.00	500.00	甲3	甲2			2017-07-31	2017
2017-07-16	付 - 0012	支付招待费用	900.00	900.00	甲3	甲2			2017-07-31	2017
2017-07-17	付 - 0013	支付销售部广告费用	30000.00	30000.00	甲3	甲2			2017-07-31	2017
2017-07-18	付 - 0014	甲5报差旅费	3000.00	3000.00	甲3	甲2			2017-07-31	2017
2017-07-18	付 - 0015	从广东××公司购入材料	5850.00	5850.00	甲3	甲2			2017-07-31	2017
2017-07-18	付 - 0016	购买包装箱	702.00	702.00	甲3	甲2			2017-07-31	2017
2017-07-21	付 - 0017	支付财务部办公费用	500.00	500.00	甲3	甲2			2017-07-31	2017
2017-07-22	付 - 0018	向灾区捐款	10000.00	10000.00	甲3	甲2			2017-07-31	2017
2017-07-22	付 - 0019	购买办公用纸	351.00	351.00	甲3	甲2			2017-07-31	2017
2017-07-31	转 - 0001	计提本月应付债券利息	240000.00	240000.00	甲3	甲2			2017-07-31	2017
		合计	4010997.76	4010997.76						

图 3-56　审核凭证列表

3.4 习题与参考答案

习　题

单选题

（1）（　　）模块与总账系统之间不存在凭证传递关系。

A. 薪资管理　　B. 应收管理　　C. 报表 UFO　　D. 固定资产管理

（2）关于总账系统记账凭证录入功能，下列说法不正确的是（　　）。

A. 当前新增分录完成后，按〈Enter〉键，系统可以将摘要自动复制到下一分录行

B. 凭证日期应随凭证号的递增而递增，并且大于等于业务日期

C. 对于定义了辅助核算的科目，应在输入每笔分录时，同时输入辅助核算的内容

D. 凭证金额合计栏由计算机自动计算借方科目和贷方科目的金额合计数并显示

（3）在总账系统中，已记账凭证的查询应通过（　　）界面进行。

A. 凭证/填制凭证　B. 凭证/查询凭证　C. 凭证/常用凭证　D. 账表/科目账

判断题

（1）凭证上的制单人由系统根据当前操作员自动填写。（　　）

（2）凭证上的摘要是对本凭证所反映的经济业务内容的说明，凭证上的每个分录行必须有摘要，且同一张凭证上的摘要应相同。（　　）

（3）在总账系统中，上月未记账，本月可以先记账，但若上月未结账，则本月不能记账。（　　）

简答题

（1）简述在总账系统中如何填制会计凭证。

（2）简述在总账系统中如何审核会计凭证。

（3）简述在总账系统中如何进行记账操作。

参 考 答 案

单选题

（1）C　（2）B　（3）B

判断题

（1）√　（2）×　（3）×

简答题

（1）填制凭证的操作方法与步骤主要包括：

1）以总账会计身份进入“总账系统”主界面，单击“填制凭证”功能图标，系统弹出“填制凭证”界面。

2）在“填制凭证”界面，单击“增加”按钮，在“凭证类别”栏参照选择凭证类别，确定后按〈Enter〉键，系统将自动生成凭证编号，并将光标定位在制单日期上。

3）在“制单日期”处，系统自动取进入总账系统时登录的日期为记账凭证填制的日期，在“附单据数”处输入原始单据张数，输完后按〈Enter〉键。

4）输入凭证的业务内容，每笔凭证业务分录内容由摘要、科目、发生金额组成，当凭证全部录入完毕后，单击“保存”按钮保存这张凭证。

（2）审核凭证的操作方法与步骤：

1）以总账会计身份进入“总账”主界面，单击“审核凭证”功能图标，系统弹出“凭证审核选择条件”界面。

2）在“凭证审核选择条件”界面，确定审核签字日期，单击“确认”按钮，系统弹出“凭证审核汇总”界面。

3）在“凭证审核汇总”选择界面，选择所要签字凭证类别，单击“确定”按钮，系统弹出“待审核汇总的会计凭证”界面。

4）在“待审核汇总的会计凭证”界面，审核人员在确认该张凭证正确后，单击“签字”按钮，系统自动将在审核处自动签上审核人姓名。若审核人员发现该凭证有错误，可按“标错”按钮，对凭证进行标错，以便制单人可以对其进行修改。

（3）记账操作的方法与步骤：

1）以总账会计身份，在总账系统单击“记账”功能图标，系统弹出记账向导1——“选择未记账凭证范围”界面。

2）在“选择未记账凭证范围”界面上，列出各期间的未记账凭证范围清单，并同时列出其中的空号与已审核凭证范围，单击“全选”按钮，再单击“下一步”按钮，系统弹出记账向导2——“记账报告”界面。

3）在“记账报告”界面，系统先对凭证进行合法性检查，核对无误后，单击“下一步”按钮，系统弹出记账向导3——“记账”界面，单击“记账”按钮，系统开始登录有关的总账和明细账；登记完毕，系统弹出“登账完毕”提示信息。

4）在记账过程中一旦断电或其他原因造成中断后，系统将自动调用“恢复记账前状态”恢复数据，然后再重新记账。

4 固定资产管理系统

4.1 固定资产管理系统概述

（1）固定资产管理系统的基本功能。固定资产管理系统是企业管理系统的一个重要组成部分，用于固定资产的核算和管理工作。用友 ERP-U8 管理软件中的固定资产管理系统可以处理资产购置、资产变动和计提折旧等日常业务，以及各种账表查询。资产变动包括原值变动、部门转移、使用状况变动、使用年限调整、折旧方法调整、资产类别调整等；计提折旧功能提供折旧公式的自定义，并按分配表自动生成记账凭证，同时输出一些同设备管理相关的报表与账簿。

（2）固定资产管理系统的目标。由于固定资产基础数庞大，造成增减变动等情况难以及时反映具体情况，所以固定资产管理系统从细化固定资产核算、加强固定资产管理出发，及时为固定资产管理提供详细、准确的资料，以促进企业提高固定资产的使用效率和保护企业的财产安全。

（3）固定资产管理系统与其他系统之间的关系。固定资产管理系统主要与账务、成本核算和会计报表系统存在数据传递关系。固定资产管理系统与账务系统的数据关系是：在固定资产管理系统中，根据转账数据文件自动生成的转账凭证需传送到财务系统进行账务处理。为了保证数据的一致性，在设置自动转账凭证模板或向账务系统传送数据时，需要检查凭证涉及的会计科目在账务系统中是否存在。

固定资产管理系统与成本核算系统的数据关系是：根据固定资产折旧文件分类统计、汇总折旧费用分配数据，并将该数据传送到成本核算系统供计算成本时使用。

会计报表管理系统也可以通过相应的取数函数，从固定资产管理系统中提取分析数据。

（4）固定资产系统业务流程。固定资产业务流程图如图 4-1 所示。

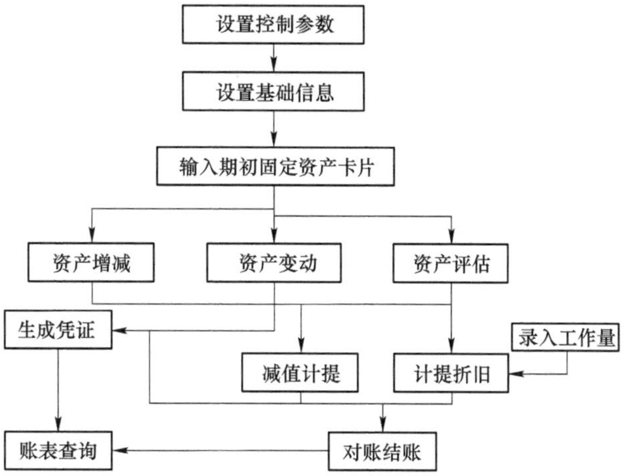

图 4-1　固定资产业务流程图

4.2 固定资产管理系统初始设置

4.2.1 基础数据设置

基础数据包括部门设置、部门对应折旧科目设置、资产类别设置、资产组设置、增减方式设置、使用情况以及折旧方法设置。

(1) 部门档案。部门档案用于设置固定资产所属部门的详细信息，该项设置一般在基础档案的部门档案中设置，由固定资产管理系统直接调用。

(2) 部门对应折旧科目设置。资产计提折旧后必须把折旧数据归入成本或费用项目，根据不同使用者的具体情况，可按部门归集，也可按类别归集。部门折旧科目的设置就是为部门选择一个折旧科目，以便在录入卡片时自动显示折旧科目。在生成部门折旧分配表中，每一部门内按折旧科目汇总，从而制作记账凭证。

(3) 资产类别设置。固定资产的种类繁多，规格不一，要强化固定资产管理，做好固定资产核算，必须科学地设置固定资产分类，为核算和统计管理提供依据。企业可根据自身的特点和管理要求，确定一个较为合理的资产分类方法。

(4) 资产组设置。资产组是企业可以认定的最小资产组合，区分的依据是可以产生独立的现金流入。资产组与固定资产类别不同，同一资产组中的资产可以分属不同的固定资产类别，计提减值准备时企业有时需要以资产组为单位进行计提。

(5) 增减方式设置。增减方式包括增加方式和减少方式两种。增加的方式主要有直接购入、投资者投入、捐赠、盘盈、在建工程转入、融资租入等。减少的方式主要有出售、盘亏、投资转出、捐赠转出、报废、毁损、融资租出、拆分减少等。其中，增减方式中的盘亏盘盈和损毁不能修改和删除。

(6) 使用状况。从固定资产使用和管理的角度，需要明确资产的使用状况，一方面可以正确地计算和计提折旧，另一方面便于统计固定资产的使用情况，提高资产的利用效率。系统预置的使用状况有使用中（在用、季节性停用、经营性出租、大修理停用）、未使用以及不需用。其中，系统第一级使用状况中的“使用中”“未使用”“不需用”不能增加、修改和删除。

(7) 折旧方法设置。折旧方法设置是系统自动计算折旧的基础。系统给出了常用的7种方法：不提折旧、平均年限法（一）、平均年限法（二）、工作量法、年数总和法、双倍余额递减法（一）、双倍余额递减法（二），并列出了它们的计算公式。这几种方法是系统设置的折旧方法，用户只能选用，不能删除和修改。如果这几种方法不能满足企业的需要，固定资产管理系统提供了定义功能，用户可以定义适合自身折旧情况的折旧方法的名称和计算公式。

4.2.2 固定资产卡片管理

固定资产卡片管理包括固定资产卡片项目设置、固定资产卡片样式设置和期初固定资产卡片录入。

(1) 固定资产卡片项目设置。固定资产卡片的输入通常采用设置输入文件的方式进行。固定资产卡片的格式中，不同的单位差异很大，即使是同一个单位，采用不同的核算、管理要求，卡片的项目也会有所不同。为了增加固定资产管理系统的通用性，一般都为用户留下足够的增减项目卡片的余地。

需要注意的是，固定资产卡片项目的设置涉及数据库结构的变化，一旦这一设置完成并输入数据，一般来说，就只允许增加项目而不允许修改和删除已有项目，以免发生数据丢失或混乱。

（2）固定资产卡片样式设置。卡片样式是指卡片的显示格式，包括格式、所包含的项目和项目的位置等。由于不同的企业使用的卡片样式可能不同，即使是同一企业的内部，对不同的资产也会由于管理的内容和侧重点不同而使用不同样式的卡片，因此固定资产管理系统提供卡片样式自定义功能。

（3）期初固定资产卡片录入。固定资产卡片录入既是初始设置的内容，也是系统日常业务输入的内容。原始卡片是指卡片所记录资产的开始使用日期的月份先于其录入系统的月份。在使用固定资产管理系统进行核算前，必须将原始卡片资料录入系统，保持历史资料的连续性，原始卡片的录入不限制必须在第一个期间结账前，任何时候都可以录入原始卡片。

4.3 固定资产管理系统日常业务处理

（1）固定资产增加。资产增加是指购进或通过其他方式增加企业资产。进行固定资产的增加处理时，只要将增加文件全部记录追加到固定资产卡片文件即可。

（2）固定资产减少。资产在使用过程中，总会由于各种原因，如损毁、报废、出售、盘亏等原因而退出企业，此时要做资产减少处理。若当前账套设置了计提折旧，在将该记录从固定资产卡片文件中删除前，必须在计提折旧后才可执行资产减少。

（3）固定资产变动。固定资产变动包括价值信息变更和非价值信息变更。

1）价值信息变更：包括固定资产原值变动，以及使用年限调整、折旧方法调整、净残值率调整、工作总量调整、累计折旧调整在内的折旧要素变更。

2）非价值信息变更：包括部门转移、使用状况调整和资产类别调整等。

资产变动要求输入相应的“变动单”来记录资产调整结果。固定资产管理系统的“变动单管理”功能，可以对系统制作的变动单进行查询、修改、制单、删除等处理。

（4）资产评估。随着市场经济的发展，企业在经营活动中，根据业务需要或国家要求需要对部分资产或全部资产进行评估和重估，其中，固定资产评估是资产评估的重要组成部分。资产评估功能提供可评估的资产内容，包括原值、累计折旧、净值、使用年限、工作总量、净残值率。

（5）资产盘点。企业要定期对固定资产进行清查，至少每年清查一次，清查通过盘点实现。固定资产管理系统的“资产盘点”功能是在对固定资产进行实地清查后，通过录入清查的实务数据与账面上记录的盘点单进行核对，并由系统自动生成盘点结果清单的过程。

（6）生成凭证。固定资产系统“生成凭证”功能是实现与总账管理系统之间的数据自动传输，这种传输是由固定资产管理系统通过记账凭证向总账管理系统传递有关数据，如资产增加、减少、报废、毁损、累计折旧调整，以及折旧分配等记账凭证。

（7）固定资产管理系统的输出。固定资产管理系统的输出主要是指卡片和账表的输出。卡片及账表的输出是固定资产管理系统处理成果的重要体现，凡核算管理相应的内容均应有相应的输出功能模块与之对应。

4.4　固定资产管理系统期末业务处理

（1）计提减值准备。企业应当在期末对固定资产逐项进行检查，如果由于市价持续下跌或技术陈旧等原因导致其可回收金额低于账面价值的，应当将可回收金额低于账面价值的差额作为固定资产减值准备，固定资产减值准备按单项资产计提。

（2）计提累计折旧。自动计提累计折旧是固定资产管理系统的主要功能之一。系统每期计提折旧一次，根据用户录入系统的资料自动计算每项资产的折旧，并自动生成折旧分配表，然后制作记账凭证，将本期的折旧费用自动登账。执行此功能后，系统将自动计提各个资产当期的折旧额，并将当期的折旧额自动累加到累计折旧项目。使用工作量法计提折旧时，每月计提折旧前，必须录入资产当期的工作量。

（3）对账。会计信息系统应保证固定资产管理系统管理的固定资产的价值和系统中固定资产科目的数值保持一致。而两个系统的资产价值是否相等，需要通过执行本系统提供的对账功能实现，对账操作不限制执行的时间，任何时候均可进行对账。固定资产管理系统在执行月末结账时自动对账一次，给出对账结果。

（4）月末结账。月末结账每月进行一次，结账后当期的数据不能修改。本期不结账，将不能处理下期的数据；结账前一定要进行数据备份，否则数据一旦丢失，将造成无法挽回的后果。12 月底结账时系统要求完成所有本年应生成的凭证业务。

4.5　实　　训

4.5.1　实训 1　固定资产启用

4.5.1.1　实验资料

按要求完成固定资产初始化设置如下：

（1）约定与说明：我同意。

（2）启用月份：2017.07。

（3）折旧信息：本账套计提折旧；折旧方法：平均年限法（二）；折旧汇总分配周期：1 个月，当（月初已计提月份=可使用月份-1）时，将剩余折旧全部提足。

（4）编码方式：资产类别编码方式：2；固定资产编码方式：自动编码。

（5）财务接口：与财务系统进行对账；固定资产对账科目：固定资产（1601）；累计折旧对账科目：累计折旧（1602）。

（6）参数设置：业务发生后立即制单；月末结账前一定要完成制单登账业务；固定资产默认入账科目：1601；累计折旧默认入账科目：1602；减值准备默认入账科目：1603；增值税进项税额默认入账科目：22210101；固定资产清理默认入账科目：1606。

4.5.1.2 操作步骤

A 初始化账套

（1）以账套主管“A01（甲1）”登录企业应用平台，单击“业务工作”→“财务会计”→“固定资产”菜单项，首次使用时，系统将提示“这是第一次打开账套，还未进行初始化，是否进行初始化”，单击“是”按钮，如图4-2所示。

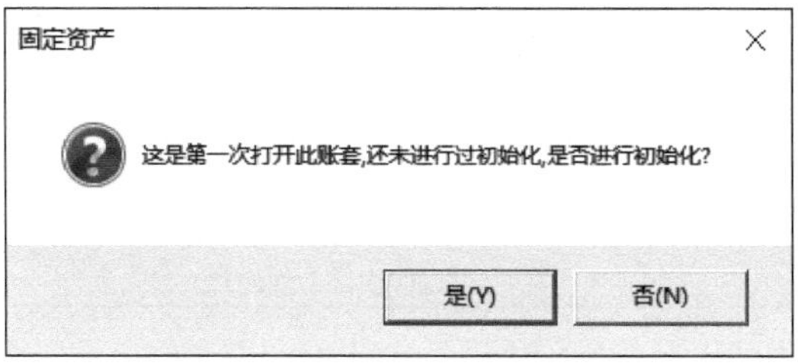

图4-2 固定资产初始化确认

（2）系统弹出“初始化账套向导”窗口，按照实验资料内容，逐步完成初始化向导参数设置，如图4-3~图4-8所示。

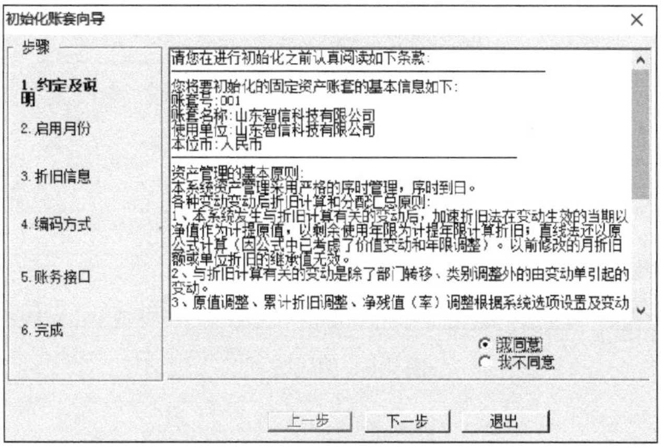

图4-3 约定与说明

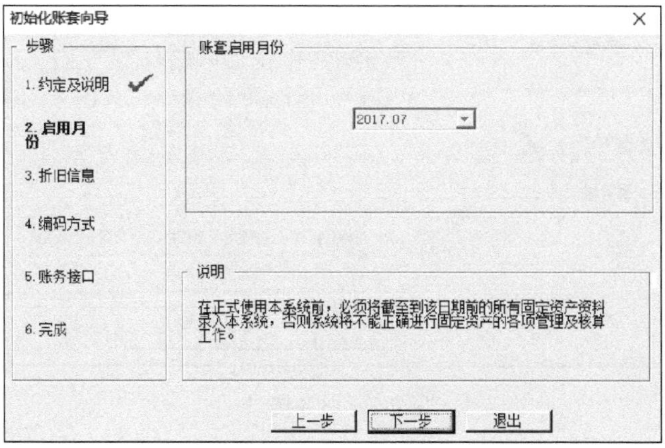

图4-4 启用月份

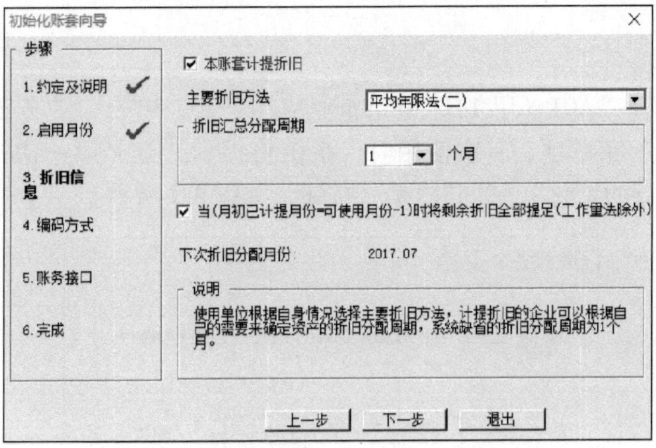

图 4-5 折旧信息

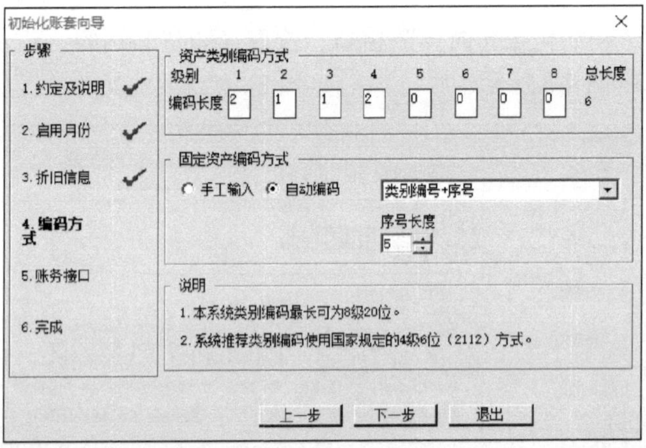

图 4-6 编码方式

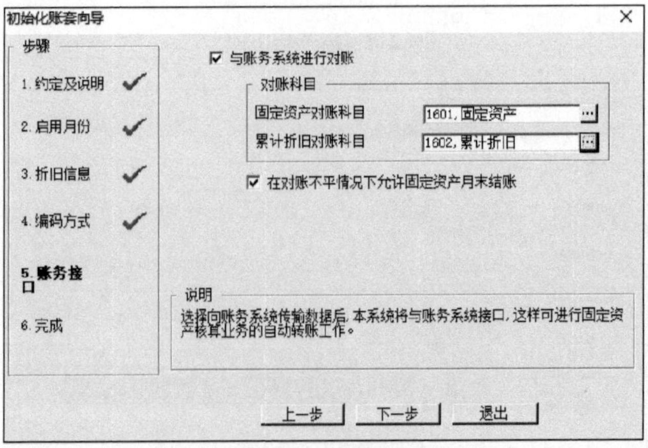

图 4-7 财务接口

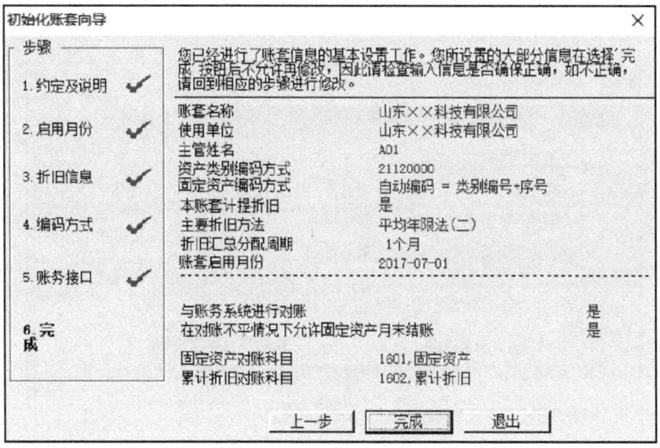

图 4-8 参数设置完成

（3）设置结束后，单击“完成”按钮，系统弹出“是否确定所设置的信息完全正确并保存对新账套的所有设置”提示。单击“是”按钮，系统初始化后弹出“已成功初始化本固定资产账套”提示，单击“确定”按钮，完成固定资产账套初始化。

B 选项设置

（1）单击“业务工作”→“财务会计”→“固定资产”→“设置”→“选项”菜单项，单击“编辑”按钮，在选项窗口的“折旧信息”选项中的“变动单生效原则”中勾选“原值增减变动当期生效”“净残值调整当期生效”“累计折旧调整当起生效”（默认是不勾选的），如图 4-9 所示；在“财务系统接口”的选项中输入图 4-10 所示的相应科目（默认科目为空）。

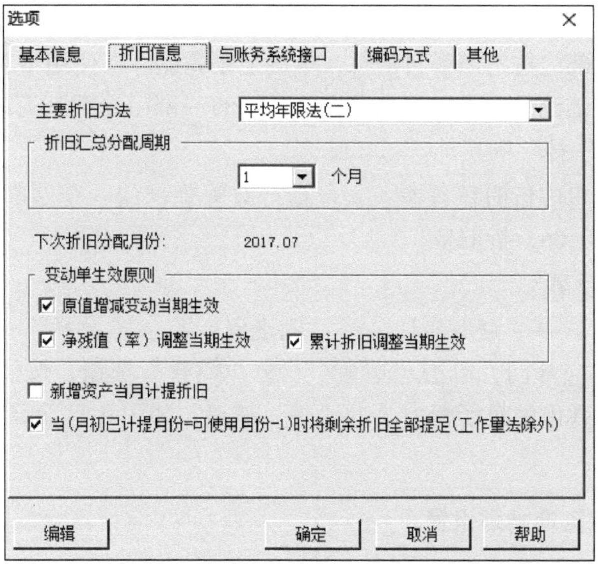

图 4-9 选项——折旧信息设置

（2）其他采用默认设置，单击“确定”按钮完成。

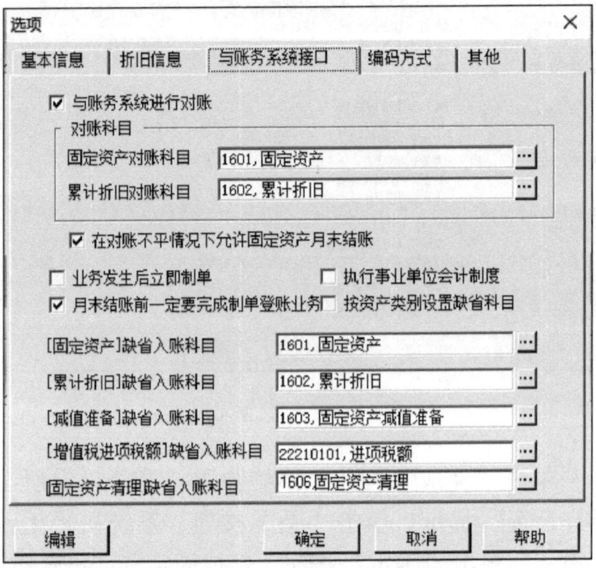

图 4-10 选项——与财务系统接口设置

4.5.2 实训 2 部门对应折旧科目设置

固定资产计提折旧后必须把折旧归入成本或费用，根据不同使用者的具体情况按部门或按类别归集。当按部门归集折旧费用时，某一部门所属的固定资产折旧费用将归集到一个比较固定的科目，所以部门对应折旧科目设置就是给部门选择一个折旧科目，录入卡片时，该科目自动显示在卡片中，不必一个一个地输入，可提高工作效率。然后，在生成部门折旧分配表时每一部门按折旧科目汇总，生成记账凭证。在使用本功能前，必须已建立好部门档案，可在基础设置中设置，也可在本系统的“部门档案”完成。

4.5.2.1 实验资料

按要求完成部门对应折旧科目输入，包括行政管理部门、仓储部、采购部：660205，折旧费；销售部：660106，折旧费。

4.5.2.2 操作步骤

单击“业务工作”→“财务会计”→“固定资产”→“设置”→“部门对应折旧科目”菜单项，选择相应部门，单击“修改”或“编辑”按钮，按照实验资料分别进行设置，设置完成后在弹出的对话框中单击“是”按钮，如图 4-11 和图 4-12 所示（图中深色栏是光标所在位置）。

4.5.3 实训 3 固定资产类别设置

固定资产种类繁多，要强化固定资产管理，做好固定资产核算，必须科学地设置固定资产分类，为核算和统计管理提供依据。企业可根据自身的特点和管理要求，确定一个较为合理的资产分类方法。

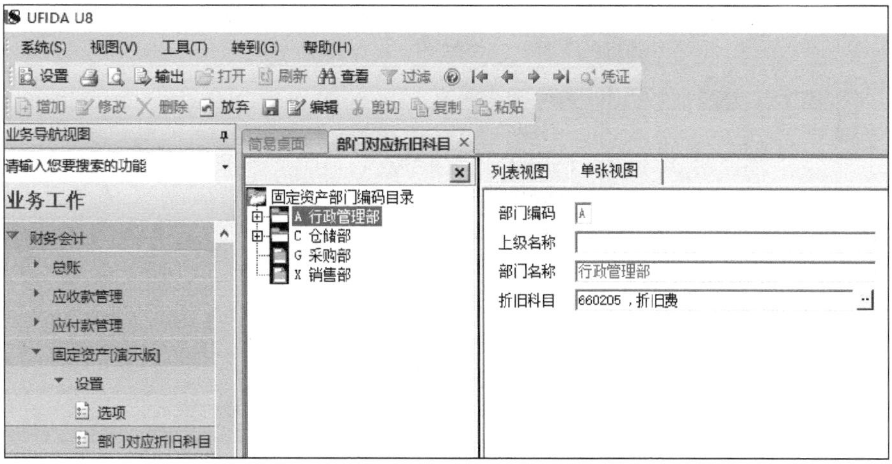

图 4-11 部门对应折旧科目“单张视图”界面

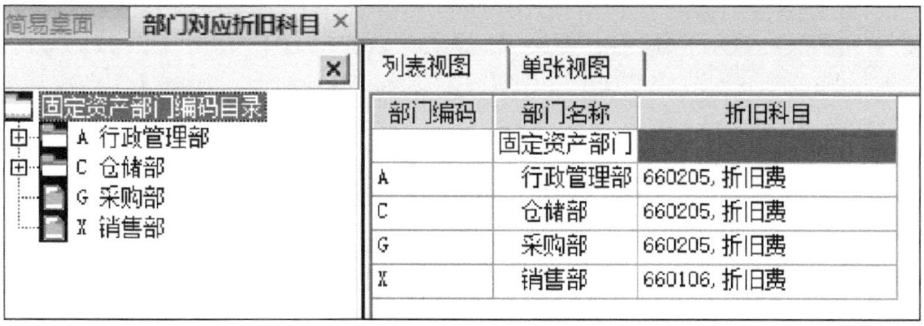

图 4-12 部门对应折旧科目“列表示图”界面

4.5.3.1 实验资料

输入表 4-1 中的固定资产类别。

表 4-1 固定资产类别

类别编码	类别名称	使用年限/月	净残值率/%	折旧方法	卡片样式
01	房屋及建筑物	360	10.00	平均年限法（二）	含税卡片样式
02	运输工具	96	4.00	平均年限法（二）	含税卡片样式
03	办公设备	36	1.00	平均年限法（二）	含税卡片样式

4.5.3.2 操作步骤

单击“业务工作”→“财务会计”→“固定资产”→“设置”→“资产类别”菜单项，单击“增加”按钮，按照实验资料分别进行输入，每输入完成一类后单击“保存”按钮，单张视图结果如图 4-13 所示，列表视图结果如图 4-14 所示。

4.5.4 实训 4 增减方式的对应入账科目设置

固定资产的增减方式包括增加方式和减少方式两类。

增加的方式主要有：直接购入、投资者投入、捐赠、盘盈、在建工程转入、融资租入。

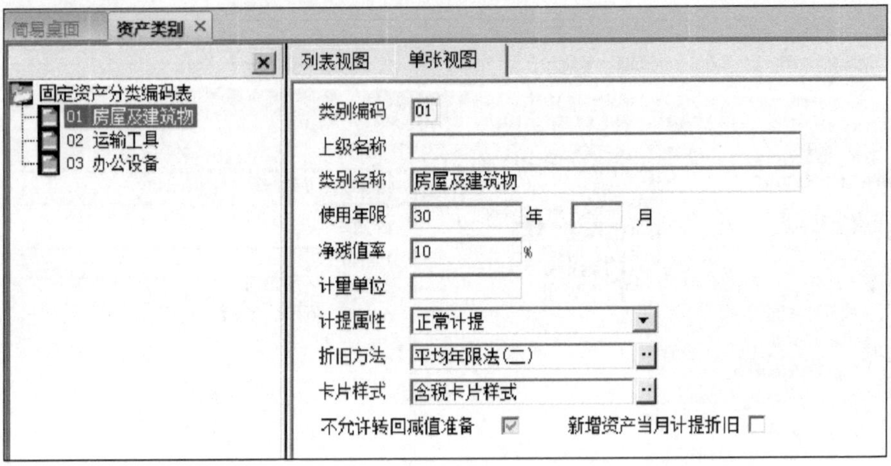

图 4-13 固定资产类别“单张视图”输入界面

图 4-14 固定资产类别列表查看界面

减少的方式主要有：出售、盘亏、投资转出、捐赠转出、报废、毁损、融资租出、拆分减少等。其中，增减方式中的“盘盈”“盘亏”“毁损”不能修改和删除。

4.5.4.1 实验资料

完成表 4-2 中的增减方式与对应入账科目输入。

表 4-2 增减方式

增加方式	对应入账科目	减少方式	对应入账科目
直接购入	1601，固定资产	出售	1606，固定资产清理
投资者投入	4001，实收资本	盘亏	190102，待处理非流动资产损益
捐赠	6301，营业外收入	投资转出	1606，固定资产清理
盘盈	6901，以前年度损益调整	捐赠转出	1606，固定资产清理
在建工程转入	1604，在建工程	报废	1606，固定资产清理
融资租入	2701，长期应付款	毁损	1606，固定资产清理
		融资租出	1531，长期应收款
		非货币性资产交换(新增)	1606，固定资产清理

4.5.4.2 操作步骤

（1）单击“业务工作”→“财务会计”→“固定资产”→“设置”→“增减方式”菜单项，单击“修改”或“删除”按钮，按照实验资料进行输入，输入完成后单击“保存”按钮，过程如图 4-15 和图 4-16 所示。

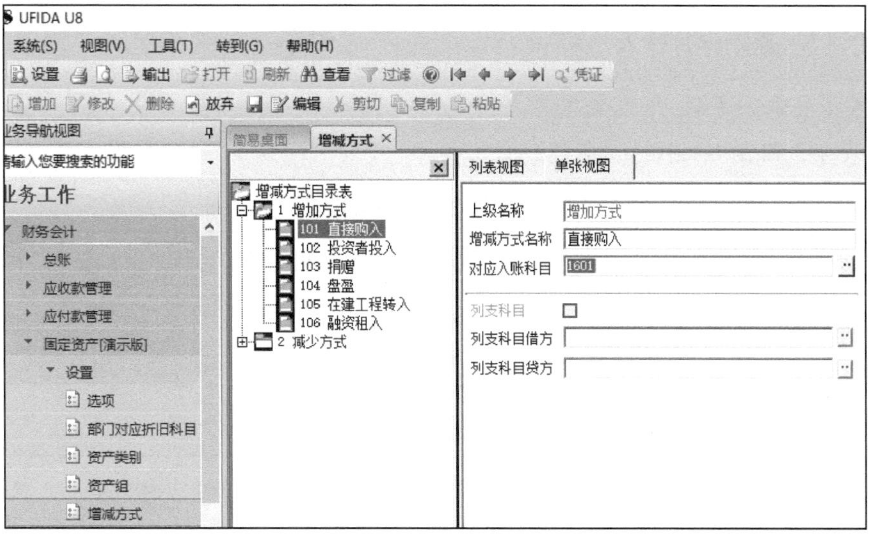

图 4-15　增减方式“单张视图”输入界面

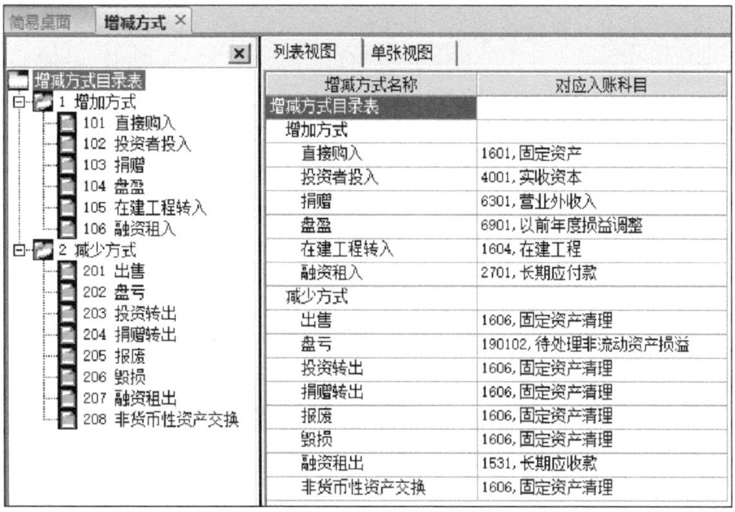

图 4-16　增减方式“列表视图”查看界面

注：

- 新增一种增减方式。如果系统提供的增减方式不能满足本企业的需要，可自定义增减方式。在增减方式目录表中选择要新增增减方式的目录，单击“增加”按钮，显示该类别“单张视图”；在编辑区输入增减方式名称和对应入账科目（此处，我们不录入，对应入账科目生成凭证时可手动输入科目）；若在选项中选中“执行事业单位会计制度”，还可对增加方式是否使用列支科目进行选择，如选中“列支科目”，还要再确定具体的借贷方科目。
- 修改一种增减方式。从增减方式目录中选中要修改的方式，单击“修改”按钮，修改该方式的名称、对应入账科目或列支科目，单击“保存”按钮，保存修改内容。
- 删除一种增减方式。从增减方式目录中选中要删除的方式，单击“删除”按钮即可。

4.5.5 实训5 原始卡片输入

4.5.5.1 实验资料

输入表4-3和表4-4中的固定资产原始卡片。

表4-3 固定资产原始卡片

卡片编号	固定资产编号	固定资产名称	开始使用日期	增加方式	原值	累计折旧	增值税	使用部门
00001	0200001	凯美瑞轿车	2015-02-03	直接购入	220000	61600	37400	销售部
折旧方法	工作单位		工作总量		累计工作量			
工作量法	小时		13200		3850			

表4-4 固定资产原始卡片

卡片编号	固定资产编号	固定资产名称	开始使用日期	增加方式	原值	累计折旧	增值税	使用部门
00002	0200002	捷达轿车	2016-05-16	直接购入	120000	15600	20400	销售部
00003	0100001	办公楼	2016-09-01	在建工程转入	3004550	67602.3		总经理办公室/人力资源部/财务部/资产管理部使用比例均为25%
00004	0200003	丰田轿车	2017-03-06	直接购入	310000	12400	52700	销售部
00005	0300001	联想电脑	2017-03-06	直接购入	10000	825	1700	总经理办公室
00006	0100002	仓库	2016-01-01	在建工程转入	2500000	106250	425000	仓管部

注：

- 凯美瑞汽车的折旧方法为"工作量法"，其他折旧方法为默认值，工作使用状况全部选择"在用"。
- 原始卡片即为系统启用之前已经购买和使用的固定资产卡片（表4-3的固定资产使用日期均在2017-07-01之前，这之后产生的固定资产卡片变化为固定资产的增加或减少）。

4.5.5.2 操作步骤

（1）如果预设的固定资产卡片项目不能满足，可以设置自定义项目，选择"业务工作"→"卡片"→"卡片项目"完成。

（2）单击"业务工作"→"财务会计"→"固定资产"→"卡片"→"录入原始卡片"菜单项，进入"固定资产类别档案"窗口，先选择资产类别，如图4-17所示。

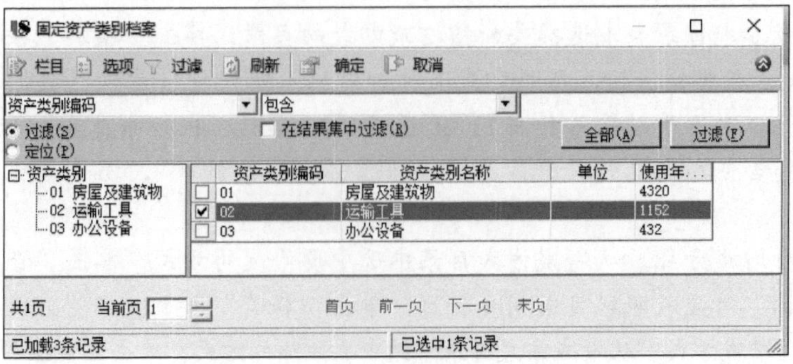

图4-17 固定资产类别档案选择

（3）选中后双击或单击“确定”按钮，按照实训资料进行选择输入或手工输入，如图 4-18 所示（固定资产 0003 多部门使用，按（4）步骤操作）。若要改变资产类别编码，要先取消已选中的资产类别，单击“全部”按钮，就会出现所有资产类别，再进行选择。

固定资产卡片

卡片编号	00001			日期	2017-07-31
固定资产编号	0200001	固定资产名称	凯美瑞轿车		
类别编号	02	类别名称	运输工具	资产组名称	
规格型号		使用部门	销售部		
增加方式	直接购入	存放地点			
使用状况	在用	使用年限(月)	96	折旧方法	工作量法
工作总量	13200	累计工作量	3850	工作量单位	小时
开始使用日期	2015-02-03	已计提月份	0	币种	人民币
原值	220000.00	净残值率	4%	净残值	8800.00
累计折旧	61600.00	单位折旧	16	本月计提折旧额	0.00
净值	158400.00	对应折旧科目	660106,折旧费	项目	
增值税	37400.00	价税合计	257400.00		
录入人	甲1			录入日期	2017-07-01

(a)

固定资产卡片

卡片编号	00002			日期	2017-07-01
固定资产编号	0200002	固定资产名称	捷达轿车		
类别编号	02	类别名称	运输工具	资产组名称	
规格型号		使用部门	销售部		
增加方式	直接购入	存放地点			
使用状况	在用	使用年限(月)	96	折旧方法	平均年限法(二)
开始使用日期	2016-05-16	已计提月份	13	币种	人民币
原值	120000.00	净残值率	4%	净残值	4800.00
累计折旧	15600.00	月折旧率	0.01	本月计提折旧额	1200.00
净值	104400.00	对应折旧科目	660106,折旧费	项目	
增值税	20400.00	价税合计	140400.00		
录入人	甲1			录入日期	2017-07-01

(b)

固定资产卡片

卡片编号	00003			日期	2017-07-01
固定资产编号	0100001	固定资产名称	办公楼		
类别编号	01	类别名称	房屋及建筑物	资产组名称	
规格型号		使用部门	总经理办公室/人力资源部/财务部/资产管理部		
增加方式	在建工程转入	存放地点			
使用状况	在用	使用年限(月)	360	折旧方法	平均年限法(二)
开始使用日期	2016-09-01	已计提月份	9	币种	人民币
原值	3004550.00	净残值率	10%	净残值	300455.00
累计折旧	67602.30	月折旧率	0.0025	本月计提折旧额	7511.38
净值	2936947.70	对应折旧科目	(660205,折旧费)	项目	
增值税	0.00	价税合计	3004550.00		
录入人	甲1			录入日期	2017-07-01

(c)

固定资产卡片

卡片编号	00004			日期	2017-07-01
固定资产编号	0200003	固定资产名称			丰田轿车
类别编号	02	类别名称	运输工具	资产组名称	
规格型号		使用部门			销售部
增加方式	直接购入	存放地点			
使用状况	在用	使用年限(月)	96	折旧方法	平均年限法(二)
开始使用日期	2017-03-06	已计提月份	3	币种	人民币
原值	310000.00	净残值率	4%	净残值	12400.00
累计折旧	12400.00	月折旧率	0.01	本月计提折旧额	3066.67
净值	297600.00	对应折旧科目	660106,折旧费	项目	
增值税	52700.00	价税合计	362700.00		
录入人	甲1			录入日期	2017-07-01

(d)

固定资产卡片

卡片编号	00005			日期	2017-07-01
固定资产编号	0300001	固定资产名称			联想电脑
类别编号	03	类别名称	办公设备	资产组名称	
规格型号		使用部门			总经理办公室
增加方式	直接购入	存放地点			
使用状况	在用	使用年限(月)	36	折旧方法	平均年限法(二)
开始使用日期	2017-03-06	已计提月份	3	币种	人民币
原值	10000.00	净残值率	1%	净残值	100.00
累计折旧	825.00	月折旧率	0.0275	本月计提折旧额	275.00
净值	9175.00	对应折旧科目	660205,折旧费	项目	
增值税	1700.00	价税合计	11700.00		
录入人	甲1			录入日期	2017-07-01

(e)

固定资产卡片

卡片编号	00006			日期	2017-07-01
固定资产编号	0100002	固定资产名称			仓库
类别编号	01	类别名称	房屋及建筑物	资产组名称	
规格型号		使用部门			仓管部
增加方式	在建工程转入	存放地点			
使用状况	在用	使用年限(月)	360	折旧方法	平均年限法(二)
开始使用日期	2016-01-01	已计提月份	17	币种	人民币
原值	2500000.00	净残值率	10%	净残值	250000.00
累计折旧	106250.00	月折旧率	0.0025	本月计提折旧额	6250.00
净值	2393750.00	对应折旧科目	660205,折旧费	项目	
增值税	425000.00	价税合计	2925000.00		
录入人	甲1			录入日期	2017-07-01

(f)

图 4-18 固定资产卡片

(a) 卡片编号 00001；(b) 卡片编号 00002；(c) 卡片编号 00003；
(d) 卡片编号 00004；(e) 卡片编号 00005；(f) 卡片编号 00006

（4）输入一张卡片后，单击“保存”按钮完成。逐一输入实训资料，在输入办公楼固定资产的资料时，对于使用多部门要选择“多部门使用”，单击“增加”按钮，然后分部门选择输入，如图 4-19 和图 4-20 所示。

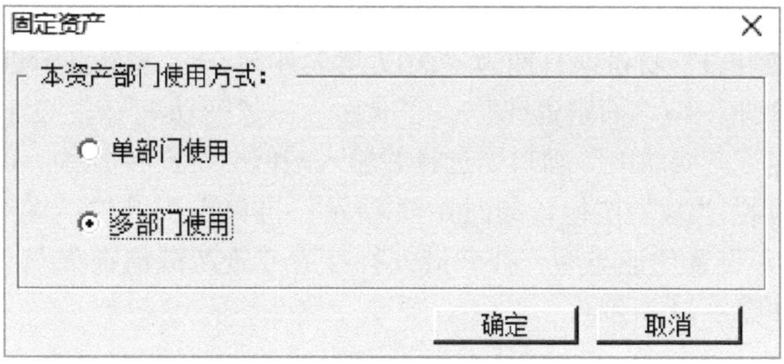

图 4-19 多部门使用方式选择

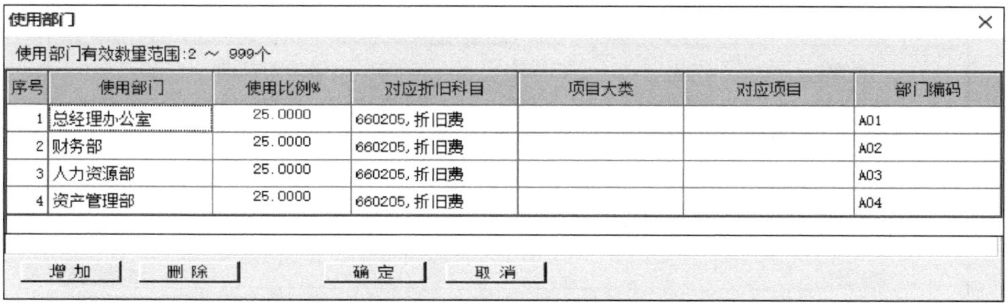

图 4-20 多部门使用按使用部门使用比例进行折旧费用分配

如果发现录入的固定资产卡片数据需要修改，选择“业务工作”→“财务会计”→“固定资产”→“卡片”→“卡片管理”进行修改。选择该功能后，进行查询条件筛选，根据需要设置条件，此处取消勾选“2017-7-1”（否则只能看到 2017 年 7 月以后录入的卡片），单击“确定”按钮进入“卡片管理”窗口，如图 4-21 所示。

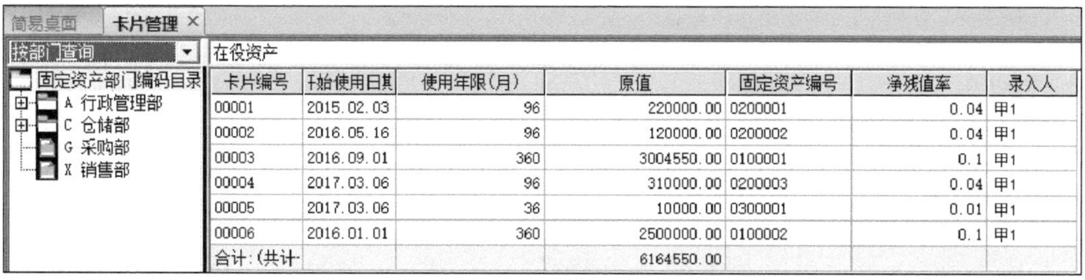

图 4-21 卡片管理

4.5.6 实训 6 计提减值准备

4.5.6.1 实验资料

31 日，对销售部已经发生减值迹象的丰田轿车计提减值准备。该轿车预计可收回金额为250000，预计剩余使用年限为6年。

借：资产减值损失　　47600

　　贷：固定资产减值准备　　47600

4.5.6.2　操作步骤

(1) 以“W02甲3”身份，日期为“2017年7月31日”重新注册进入，单击“业务工作”→“财务会计”→“固定资产”→“卡片”→“变动单”→“计提减值准备”菜单项，进入“固定资产变动单”窗口，选择并输入减值准备资料信息，如图4-22所示。

(2) 单击工具栏“保存”按钮，如图4-23所示，再单击工具栏“凭证”按钮，进入“填制凭证”窗口，设置凭证类型，补充借方科目为“资产减值损失”，输入后单击“保存”按钮，凭证如图4-24所示。

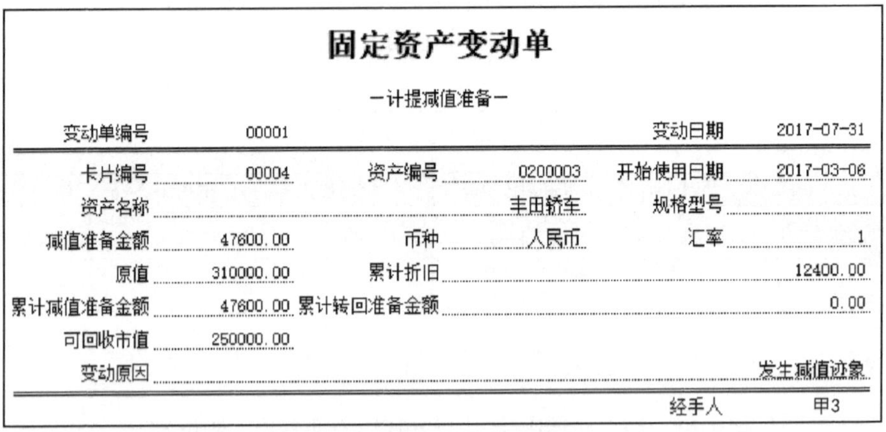

图4-22　计提固定资产减值准备

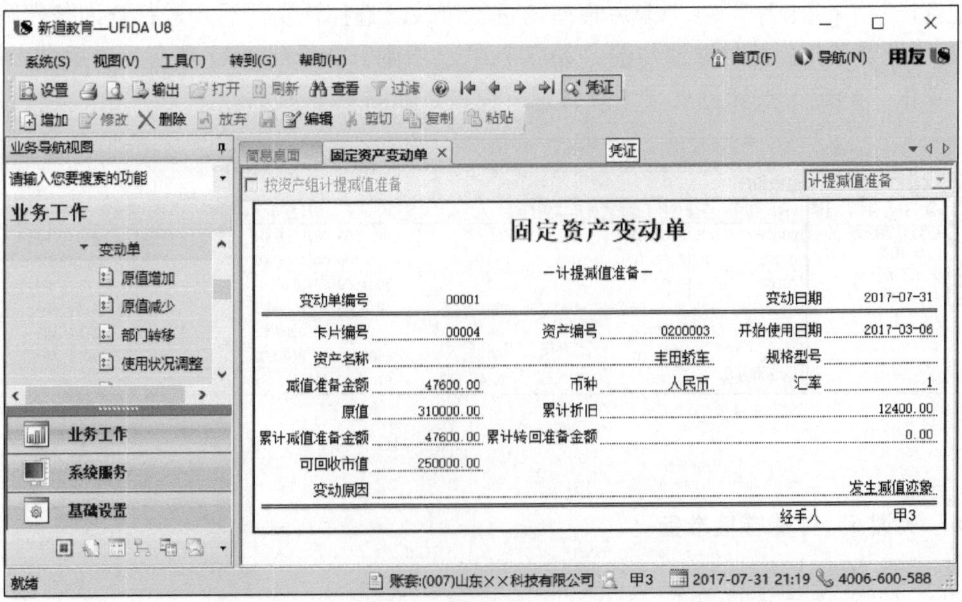

图4-23　固定资产变动单

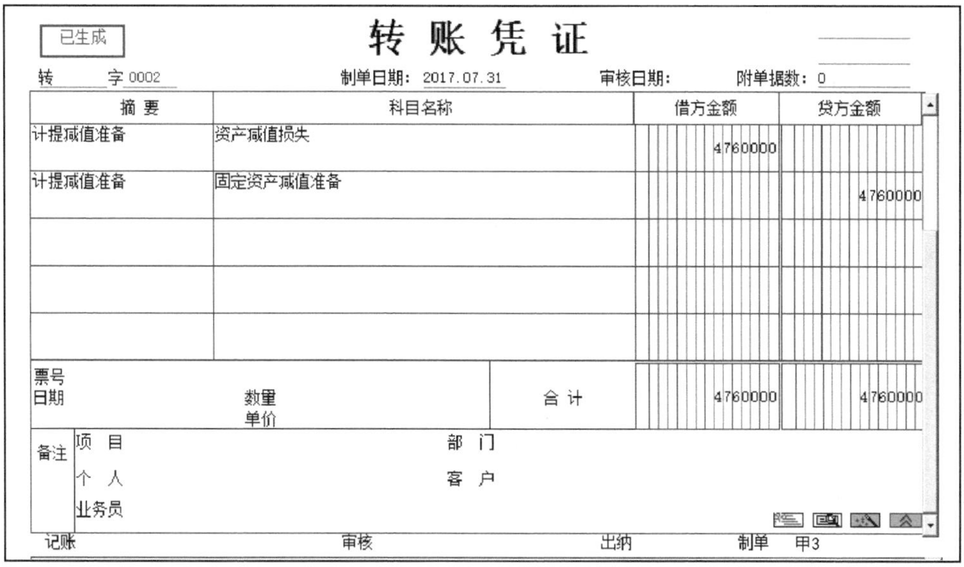
已生成

转 账 凭 证

转 字 0002　　制单日期：2017.07.31　　审核日期：　　附单据数：0

摘要	科目名称	借方金额	贷方金额
计提减值准备	资产减值损失	4760000	
计提减值准备	固定资产减值准备		4760000
票号 日期　数量 单价	合计	4760000	4760000

备注　项目　　部门
　　　个人　　客户
　　　业务员

记账　审核　出纳　制单 甲3

图 4-24　计提减值准备转账凭证

（3）调整丰田轿车剩余使用年限。单击“变动单”下的“使用年限调整”按钮，进入“固定资产变动单”→“使用年限调整”窗口，选择“卡片编码”“变动使用年限”处输入“72”（6 年），“变动原因”为“资产减值损失”，单击“保存”按钮，保存该变动单，如图 4-25 所示。

固定资产变动单

— 使用年限调整 —

变动单编号　00002　　变动日期　2017-07-31

卡片编号　00004　　资产编号　0200003　　开始使用日期　2017-03-06
资产名称　丰田轿车　　规格型号
变动前使用年限　96　　变动后使用年限　72
变动原因　发生减值迹象
经手人　甲3

图 4-25　使用年限调整

4.5.7　实训 7　资产变动

4.5.7.1　原值增加

7 月 31 日，用工行存款购买联想电脑内存，原值增加 500 元。

原值增加操作步骤如下：

（1）选择“固定资产”→“卡片”→“变动单”→“原值增加”菜单项，显示“固定资产变动单”→“原值增加”界面。

（2）输入卡片编号或资产编号，资产名称、开始使用日期、规格型号、变动的净残值率、变动前净残值、变动前原值自动列出。

（3）输入增加金额，参照选择币种，汇率自动显示，并且自动计算出变动的净残值、变动后原值、变动后净残值。

（4）如果系统默认计算的变动净残值率或变动净残值不正确，可手工修改其中的一个，另一个自动计算。

（5）输入变动原因。

（6）单击“保存”按钮，即完成该变动单操作。卡片上相应的项目（原值、净残值、净残值率）根据变动单而改变，如图 4-26 所示。

固定资产变动单

— 原值增加 —

变动单编号	00003			变动日期	2017-07-31
卡片编号	00005	资产编号	0300001	开始使用日期	2017-03-06
资产名称			电脑	规格型号	
增加金额	500.00	币种	人民币	汇率	1
变动的净残值率	1%	变动的净残值			5.00
变动前原值	10000.00	变动后原值			10500.00
变动前净残值	100.00	变动后净残值			105.00
变动原因					增加内存
				经手人	甲3

图 4-26　固定资产变动单录入

（7）单击“凭证”按钮，制作记账凭证，在“现金流量录入修改”窗口中的“项目编码”选择“13”，单击“确定”和“保存”按钮，结果如图 4-27 所示。

已生成

付 款 凭 证

付　字 0020　　制单日期：2017.07.31　　审核日期：　　附单据数：0

摘要	科目名称	借方金额	贷方金额
原值增加	固定资产	50000	
原值增加	银行存款/工行存款		50000
票号 - 日期	数量 单价 合计	50000	50000

备注　项　目　　部　门
　　　个　人　　客　户
　　　业务员

记账　审核　出纳　制单　甲3

图 4-27　原值增加凭证

4.5.7.2　原值减少

办公楼因评估减值，原值减少 30000 元。

原值减少操作步骤如下：

（1）选择“原值减少”菜单，屏幕显示“原值减少变动单”界面。

（2）输入卡片编号或资产编号，资产的名称、开始使用日期、规格型号、变动的净残值率、变动前净残值、变动前原值自动列出。

（3）输入减少金额，参照选择币种，汇率自动显示，并且自动计算出变动的净残值、变动后原值、变动后净残值，如图 4-27 所示。

（4）如果系统默认计算的变动净残值率或变动净残值不正确，可手工修改其中的一个，另一个自动计算。

（5）输入变动原因。单击“保存”按钮，即完成该变动单操作。卡片上相应的项目（原值、净残值、净残值率）根据变动单而改变，如图 4-28 所示。

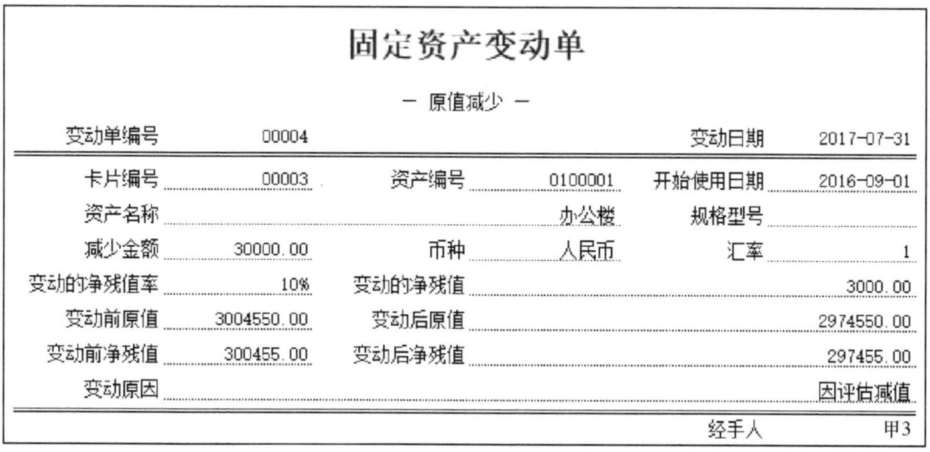

固定资产变动单

— 原值减少 —

变动单编号	00004			变动日期	2017-07-31
卡片编号	00003	资产编号	0100001	开始使用日期	2016-09-01
资产名称			办公楼	规格型号	
减少金额	30000.00	币种	人民币	汇率	1
变动的净残值率	10%	变动的净残值			3000.00
变动前原值	3004550.00	变动后原值			2974550.00
变动前净残值	300455.00	变动后净残值			297455.00
变动原因					因评估减值
				经手人	甲3

图 4-28　固定资产变动单

（6）单击“凭证”制作记账凭证，如图 4-29 所示。

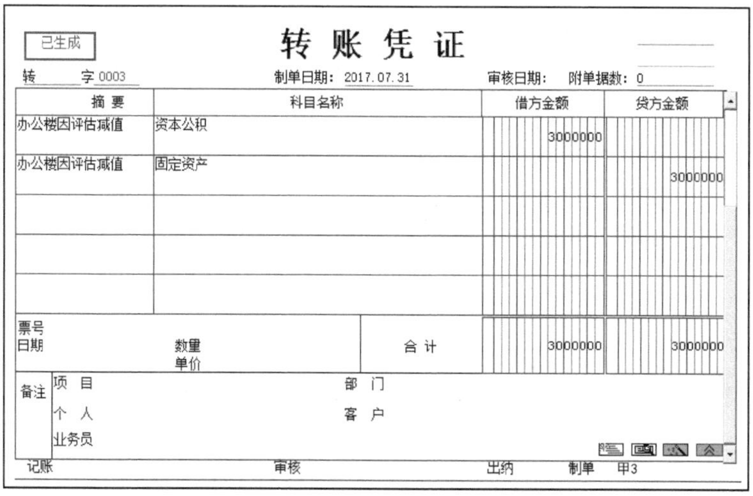

已生成

转 账 凭 证

转　字 0003　　制单日期：2017.07.31　　审核日期：　附单据数：0

摘 要	科目名称	借方金额	贷方金额
办公楼因评估减值	资本公积	3000000	
办公楼因评估减值	固定资产		3000000
票号 日期	数量 单价 合 计	3000000	3000000

备注　项 目　　部 门
　　　个 人　　客 户
　　　业务员

记账　　审核　　出纳　　制单　甲3

图 4-29　办公楼评估减值转账凭证

注：

- 当月录入的新增卡片不能执行本功能。

- 变动单不能修改，只有当月可删除重做，所以请仔细检查后再保存。
- 必须保证变动前的净值大于等于变动后的净残值。
- 若“本变动单当期生效”选项被选中，则该变动单在本月计提折旧时生效；反之，则该变动单在下月计提折旧时生效。

4.5.8 实训 8 工作量录入

录入凯美瑞轿车本月工作量为 137.5 小时。

当账套内的资产有使用工作量法计提折旧的时候，每月计提折旧前必须录入资产当月的工作量，本功能提供当月工作量的录入和以前期间工作量信息的查看。

工作量录入操作步骤如下：

（1）选择“固定资产”→“处理”→“工作量输入”菜单项，则会显示所有当月需要计提折旧，并且折旧方法是工作量折旧法的所有资产的工作量信息，如图 4-30 所示。

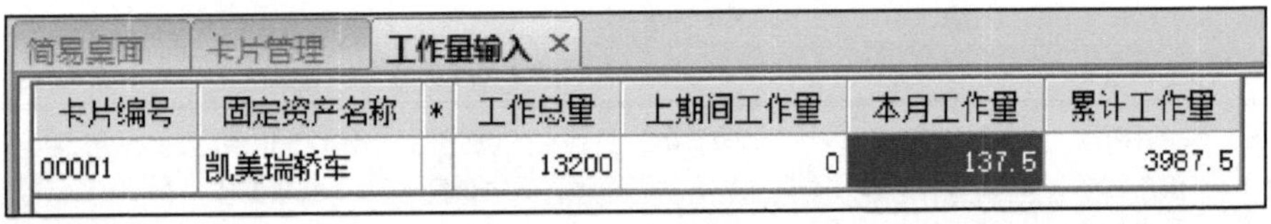

图 4-30 工作量输入

（2）如果本月是最新的未结账的月份，该表可编辑，请输入本月工作量。当某些资产的本月工作量与上月相同时，选中该区域，单击“继承上月工作量”，选中区域的资产的本月工作量自动录入。累计工作量显示的是截至本次工作量输入后的资产的累计工作量。

（3）单击“保存”按钮，即完成工作量输入工作。

4.5.9 实训 9 计提当月折旧

31 日，计提本月折旧（固定资产折旧计提表略）。

计提当月折旧操作步骤如下：

（1）单击“业务工作”→“财务会计”→“固定资产”→“处理”→“计提本月折旧”菜单项，系统弹出工作量输入提示，如图 4-31 所示，我们输入完工作量，单击“是”按钮；系统弹出“是否要查看折旧清单?”信息提示框，单击“是”按钮，如图 4-32 所示；系统提示“本操作将计提本月折旧，并花费一定时间，是否继续?”，单击“是”按钮，系统打开“折旧清单”窗口，如图 4-33 和图 4-34 所示。

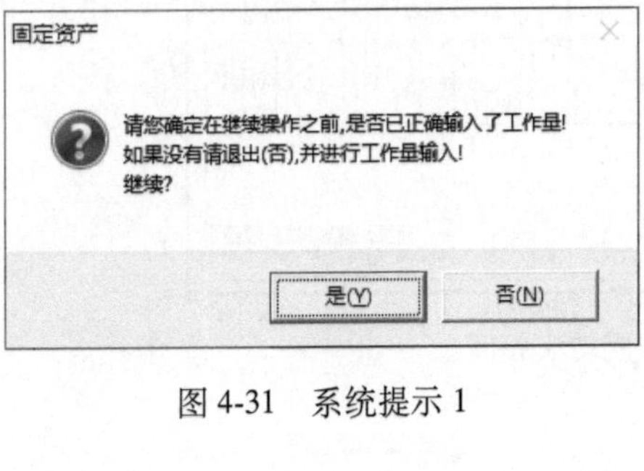

图 4-31 系统提示 1

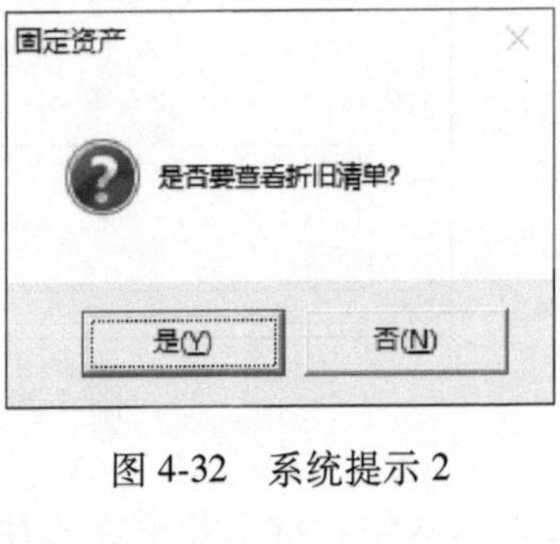

图 4-32 系统提示 2

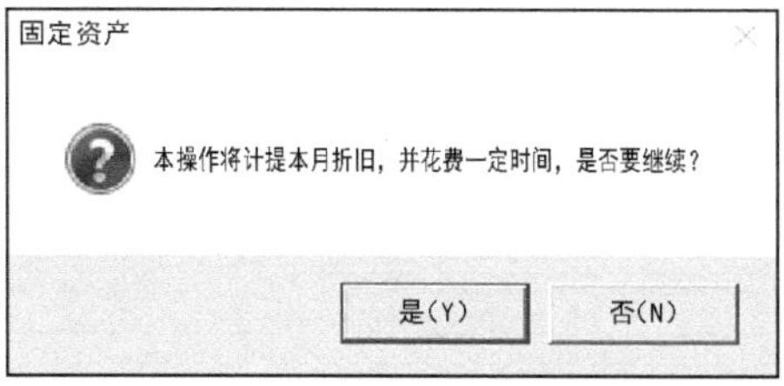

图 4-33　系统提示 3

卡片编号	资产编号	资产名称	计提原值	本月计提折旧额	累计折旧	本年计提折旧	减值准备	净值	净残值	折旧率	单位折旧	本月工作量	累计工作量	规格型号
00001	0200001	凯美瑞轿车	220000.00	2200.00	63800.00	2200.00	0.00	200.00	8800.00	0.0000	16.0000	137.500	3987.500	
00002	0200002	捷达轿车	120000.00	1200.00	16800.00	1200.00	0.00	200.00	4800.00	0.0100		0.000	0.000	
00003	0100001	办公楼	974550.00	7434.45	75036.75	7434.45	0.00	513.25	7455.00	0.0025		0.000	0.000	
00004	0200003	丰田轿车	310000.00	4133.33	16533.33	4133.33	47600.00	866.67	2400.00	0.0133		0.000	0.000	
00005	0300001	联想电脑	10500.00	290.00	1115.00	290.00	0.00	385.00	105.00	0.0275		0.000	0.000	
00006	0100002	仓库	500000.00	6250.00	112500.00	6250.00	0.00	500.00	0000.00	0.0025		0.000	0.000	
合计			135050.00	21507.78	285785.08	21507.78	47600.00	664.92	3560.00			137.500	3987.500	

图 4-34　折旧清单

（2）打开“折旧分配表”窗口。单击“折旧清单”窗口中的“退出”按钮，系统提示计提折旧完成，单击信息提示框中的“确定”按钮，系统打开“折旧分配表”窗口，结果如图 4-35 所示。

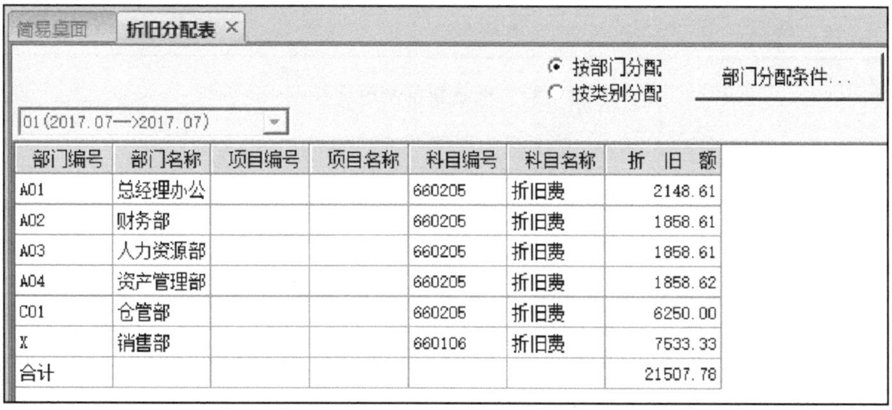

部门编号	部门名称	项目编号	项目名称	科目编号	科目名称	折　旧　额
A01	总经理办公			660205	折旧费	2148.61
A02	财务部			660205	折旧费	1858.61
A03	人力资源部			660205	折旧费	1858.61
A04	资产管理部			660205	折旧费	1858.62
C01	仓管部			660205	折旧费	6250.00
X	销售部			660106	折旧费	7533.33
合计						21507.78

图 4-35　折旧分配表

（3）退出。单击“折旧分配表”窗口中的“关闭”按钮，关闭并退出该窗口。

（4）折旧制单有以下两种方法。

方法一（批量制单）：单击“业务工作”→“财务会计”→“固定资产”→“处理”→“批量制单”菜单项，系统弹出“查询条件选择——批量制单”对话框，如图 4-36 所示，单击“确定”按钮。系统退出该对话框并打开“批量制单”窗口，双击要选择的单据所对应的“选择”栏，“选择”栏变为“Y”（即上一步骤完成的折旧计提），如图 4-37 所示。然后切换到“制单设置”窗口，如图 4-38 所示。补充对应的会计科目等信息，单击工具栏中的“凭证”按钮，系统打开“填制凭证”窗口，然后单击工具栏中的“保存”按钮，保存该凭证，如图 4-39 所示。

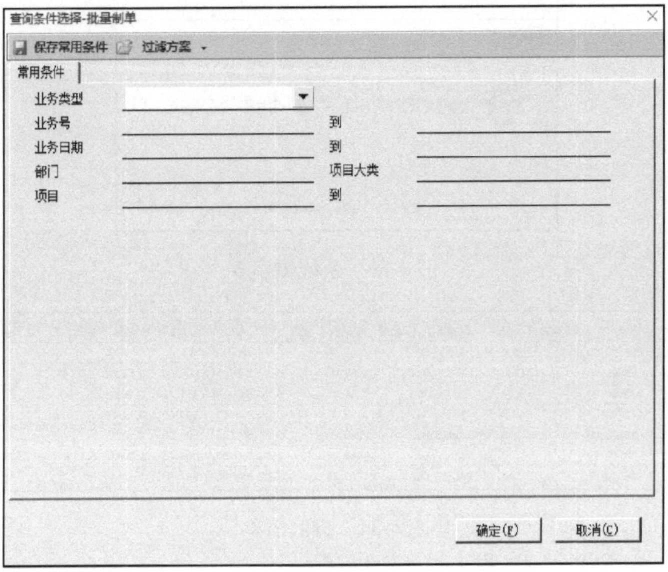

图 4-36　批量制单条件选择

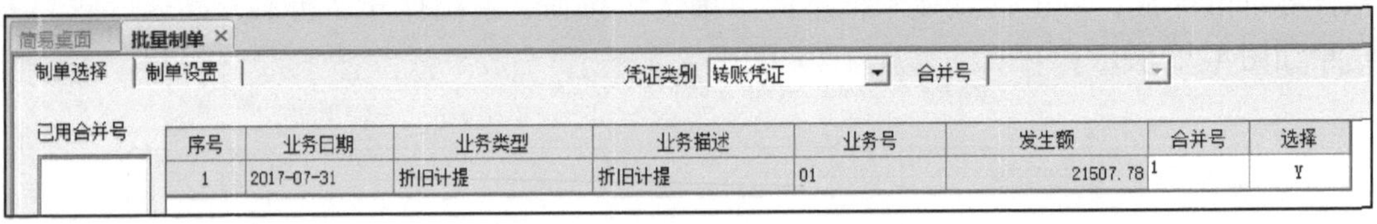

序号	业务日期	业务类型	业务描述	业务号	发生额	合并号	选择
1	2017-07-31	折旧计提	折旧计提	01	21507.78	1	Y

图 4-37　批量制单制单选择

序号	业务日期	业务类型	业务描述	业务号	方向	发生额	科目
1	2017-07-31	折旧计提	折旧计提	01	借	2148.61	660205　折旧费
2	2017-07-31	折旧计提	折旧计提	01	借	1858.61	660205　折旧费
3	2017-07-31	折旧计提	折旧计提	01	借	1858.61	660205　折旧费
4	2017-07-31	折旧计提	折旧计提	01	借	1858.62	660205　折旧费
5	2017-07-31	折旧计提	折旧计提	01	借	6250.00	660205　折旧费
6	2017-07-31	折旧计提	折旧计提	01	借	7533.33	660106　折旧费
7	2017-07-31	折旧计提	折旧计提	01	贷	21507.78	1602　累计折旧

图 4-38　批量制单制单设置

方法二：单击“折旧分配表”上方的“凭证”生成相应的凭证，单击“保存”按钮，保存该凭证。

4.5.10　实训 10　盘亏固定资产

盘亏固定资产属于固定资产减少业务，因为本账套设置了计提折旧，所以需要在计提折旧后才能执行资产减少。

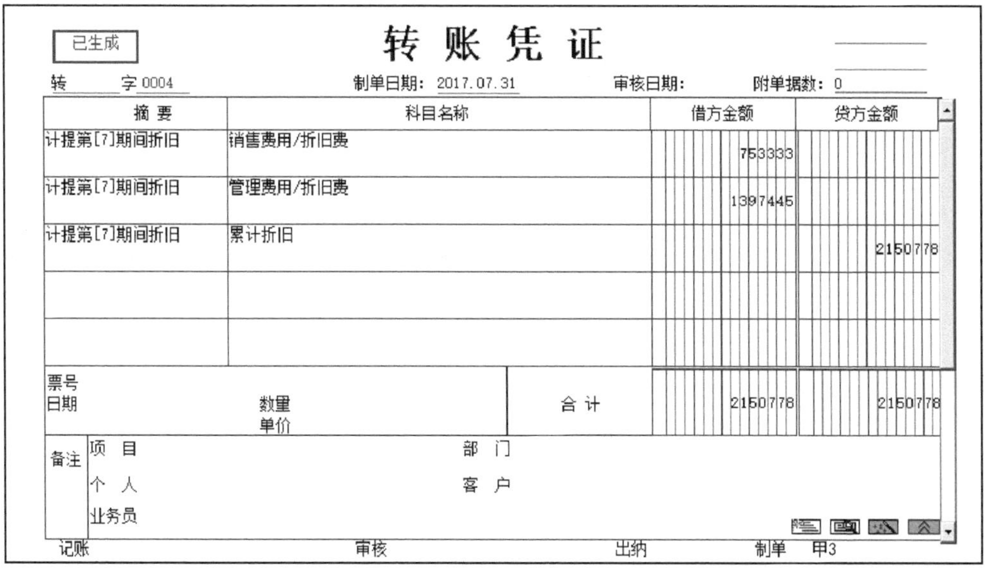
已生成

转账凭证

转 字 0004 制单日期：2017.07.31 审核日期： 附单据数：0

摘要	科目名称	借方金额	贷方金额
计提第[7]期间折旧	销售费用/折旧费	753333	
计提第[7]期间折旧	管理费用/折旧费	1397445	
计提第[7]期间折旧	累计折旧		2150778
票号 日期 数量 单价	合计	2150778	2150778

备注 项目 部门

个人 客户

业务员

记账 审核 出纳 制单 甲3

图 4-39 折旧计提转账凭证

31 日，盘亏固定资产联想电脑一个（批量制单）。

借贷数据由系统自动生成。

借：待处理财产损溢——待处理非流动资产损溢

　　累计折旧

　　贷：固定资产

4.5.10.1 固定资产减少操作步骤

（1）单击“业务工作”→“财务会计”→“固定资产”→“卡片”→“资产减少”菜单项，系统打开“资产减少”窗口。

（2）编辑“资产减少”单的表头。在“资产减少”窗口中，首先录入或参照输入其表头的“卡片编号”为“00005”（联想电脑），然后单击其右上角的“增加”按钮，使其表体增加一条记录。

（3）编辑“资产减少”单的表体。在表体，参照输入“减少方式”为“盘亏”，如图 4-40 所示。

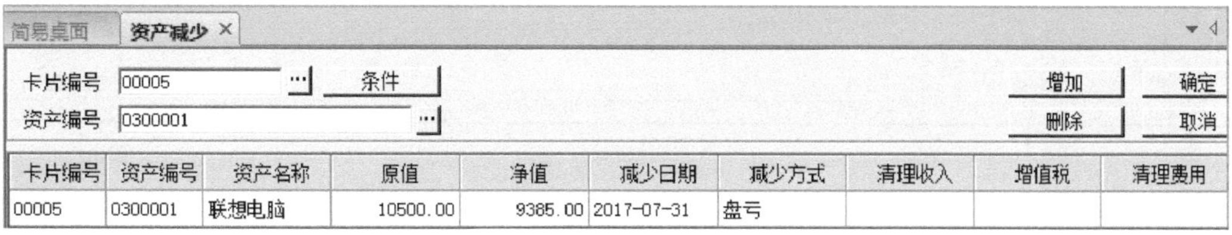

卡片编号	资产编号	资产名称	原值	净值	减少日期	减少方式	清理收入	增值税	清理费用
00005	0300001	联想电脑	10500.00	9385.00	2017-07-31	盘亏			

图 4-40 资产减少

（4）保存与退出。单击“资产减少”窗口中的“确定”按钮，系统提示“所选卡片已经减少成功”，单击“确定”按钮退出。

4.5.10.2 固定资产制单操作步骤

（1）打开“批量制单”窗口。在“固定资产”子系统中，依次单击“处理”→“批量制单”菜单项，系统弹出“查询条件选择——批量制单”对话框，单击“确定”按钮，系统打开“批量制单”窗口。

（2）选择需要制单的业务。在“制单选择”选项卡中，双击其“业务类型”为“资产减少”所在行的“选择”栏，使其出现“Y”字样，表明选中了要制单的业务。

（3）科目设置。在“制单设置”选项下，确认或编辑第1行科目为“1602”（累计折旧），第2行科目为“190102”（待处理财产损溢——待处理非流动资产损溢），第3行科目为“1601”（固定资产），结果如图4-41所示。

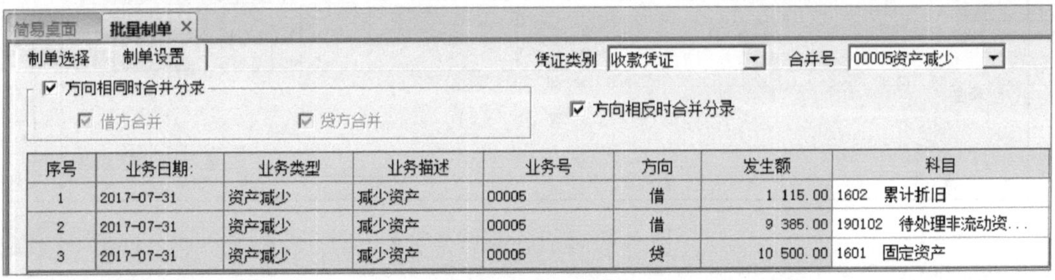

序号	业务日期	业务类型	业务描述	业务号	方向	发生额	科目
1	2017-07-31	资产减少	减少资产	00005	借	1 115.00	1602 累计折旧
2	2017-07-31	资产减少	减少资产	00005	借	9 385.00	190102 待处理非流动资...
3	2017-07-31	资产减少	减少资产	00005	贷	10 500.00	1601 固定资产

图4-41 制单设置

（3）生成与编辑凭证。单击工具栏中的“凭证”按钮，系统生成凭证并打开“填制凭证”窗口，单击“保存”按钮，保存凭证，结果如图4-42所示。

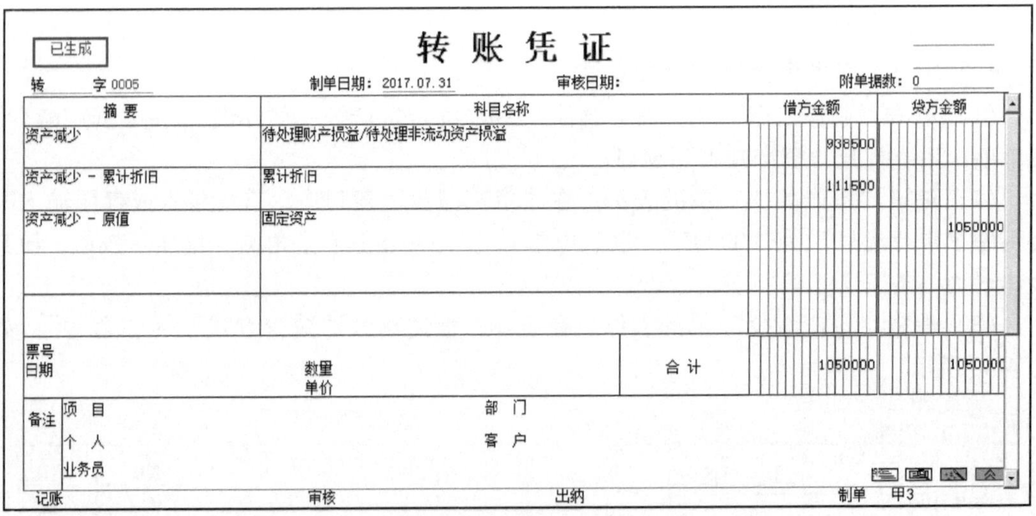

图4-42 盘亏转账凭证

4.5.11 实训11 资产盘亏处理

31日，固定资产盘亏处理，计入营业外支出（待处理财产损溢转营业外支出）。

借：营业外支出

　　贷：待处理财产损溢——待处理非流动资产损溢

借贷数据由系统自动生成。

资产盘亏处理操作步骤如下：

（1）单击“业务工作”→“财务会计”→“总账”→“填制凭证”菜单项，系统打开“填制凭证”窗口。

（2）增加凭证。单击“增加”按钮，系统打开一张空白的转账凭证，编辑“摘要”为“盘亏计入营业外支出”，第一笔分录的科目为“190102”（待处理财产损溢-待处理非流动资产损溢），然后单击工具栏中的“余额”按钮，系统弹出“最新余额一览表”对话框，结果如图 4-43 所示。

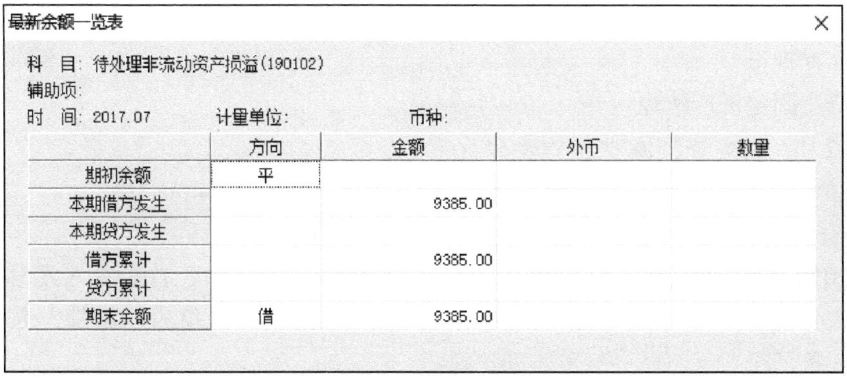

图 4-43　余额一览表

（3）关闭“最新余额一览表”，退出该对话框，在第一笔分录的“贷方余额”录入“9385”，再按，〈Enter〉键，并设置第二笔分录的科目为“671102”（营业外支出），在其“借方余额”栏按〈=〉键，最后单击工具栏中的“保存”按钮，系统提示保存成功，单击提示框中“确定”按钮，系统返回“填制凭证”窗口，如图 4-44 所示。

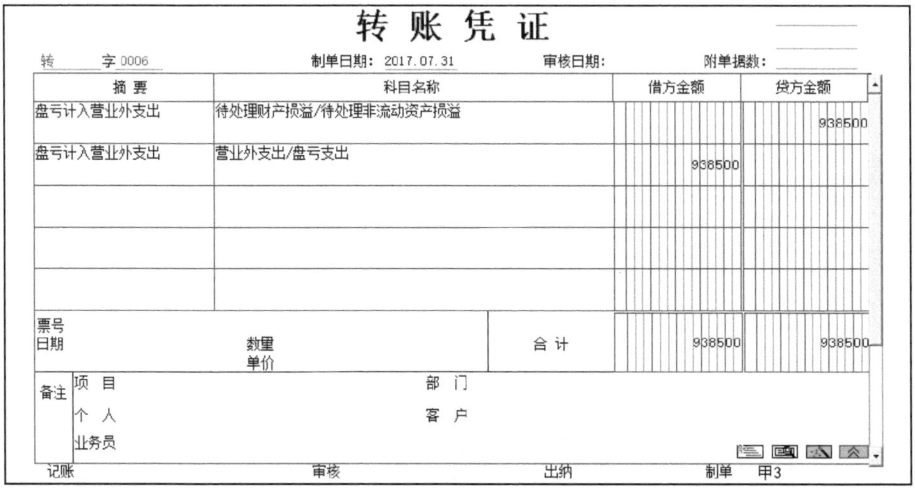

图 4-44　盘亏计入营业外支出转账凭证

4.5.12　实训 12　资产报废处理

7 月 31 日，0200001 凯美瑞轿车由于事故报废进行清理，清理费用 2000 元，残值 8800 元，均以现金收支。在固定资产的凭证模块中自动生成：

借：累计折旧　　63800
　　固定资产清理　　156200
　　贷：固定资产　　2200000

以下两笔凭证在总账系统中手动输入付款凭证：

借：固定资产清理　　2000
　　贷：库存现金　　2000

借：库存现金　　8800
　　贷：固定资产清理　　8800

4.5.12.1　固定资产减少操作步骤

（1）单击“业务工作”→“财务会计”→“固定资产”→“卡片”→“资产减少”菜单项，系统打开“资产减少”窗口。

（2）编辑“资产减少”单的表头。在“资产减少”窗口中，首先录入或参照输入其表头的“卡片编号”为 00001（凯美瑞轿车），然后单击其右上角的“增加”按钮，使其表体增加一条记录。

（3）编辑“资产减少”单的表体。在表体中，参照输入“减少方式”为“报废”，清理收入为“8800”；清理费用为“2000”，类似图 4-40。

（4）保存与退出。单击“资产减少”窗口中的“确定”按钮，系统提示“所选卡片已经减少成功”，单击“确定”按钮退出。

4.5.12.2　固定资产制单操作步骤

（1）单击“业务工作”→“财务会计”→“固定资产”→“处理”→“批量制单”菜单项，进入“查询条件选择——批量制单”窗口，单击“确定”按钮。进入“批量制单”窗口，在“制单选择”选项中，合并号输入“2”（与第一次输入合并号不同即可），所在行的“选择”栏，使其出现“Y”字样，表明选中了要制单的业务，如图 4-45 所示。

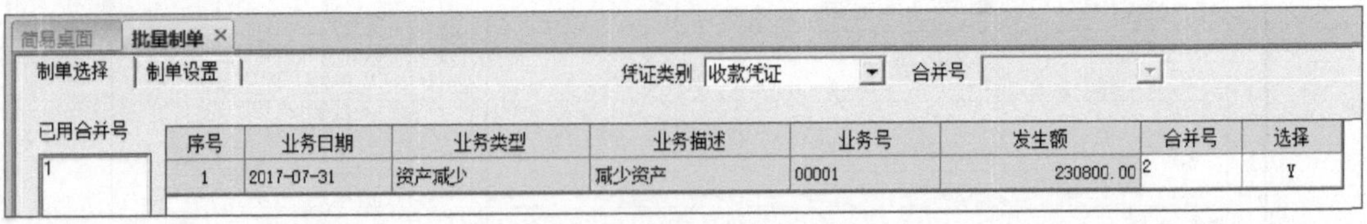

图 4-45　批量制单选择

（2）单击“制单设置”选项中按钮，如图 4-46 所示，单击“凭证”按钮。

（3）进入填制凭证界面后，改凭证类别为“转账凭证”，通过“删分”等操作修改当前凭证，单击“保存”按钮，生成凭证结果如图 4-47 所示。

（4）单击“业务工作”→“财务会计”→“总账”→“填制凭证”菜单项，系统打

序号	业务日期:	业务类型	业务描述	业务号	方向	发生额	科目
1	2017-07-31	资产减少	减少资产	00001	借	63800.00	1602 累计折旧
2	2017-07-31	资产减少	减少资产	00001	借	156200.00	1606 固定资产清理
3	2017-07-31	资产减少	减少资产	00001	贷	220000.00	1601 固定资产
4	2017-07-31	资产减少	减少资产	00001	借	8800.00	1001 库存现金
5	2017-07-31	资产减少	减少资产	00001	贷	8800.00	1606 固定资产清理
6	2017-07-31	资产减少	减少资产	00001	借	2000.00	1606 固定资产清理
7	2017-07-31	资产减少	减少资产	00001	贷	2000.00	1001 库存现金

图 4-46 批量制单

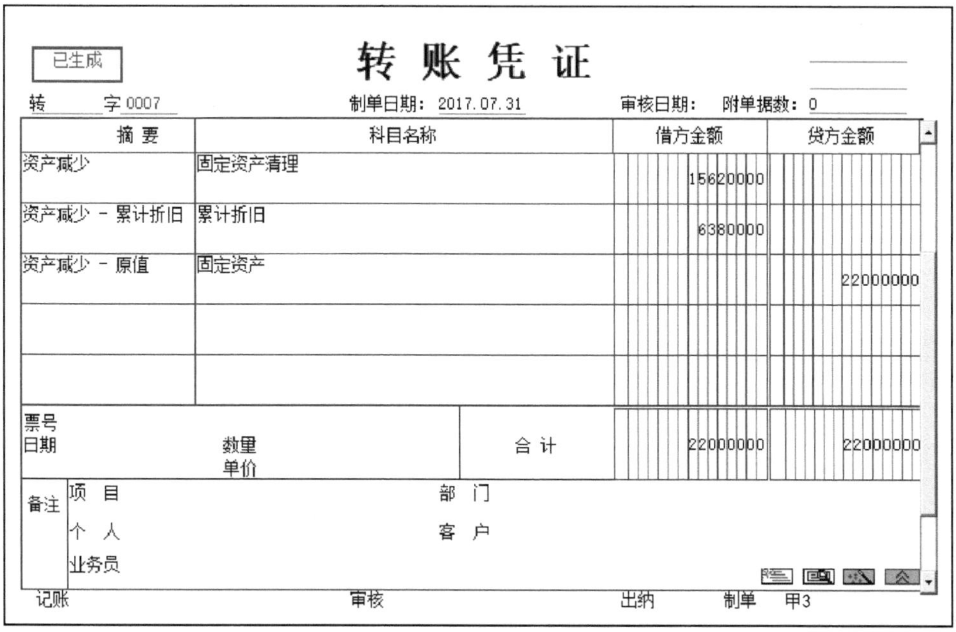

摘要	科目名称	借方金额	贷方金额
资产减少	固定资产清理	15620000	
资产减少 - 累计折旧	累计折旧	6380000	
资产减少 - 原值	固定资产		22000000
票号 日期 数量 单价	合 计	22000000	22000000

图 4-47 资产减少转账凭证

开“填制凭证”窗口。

（5）增加凭证。单击“增加”按钮，系统打开一张空白的转账凭证，编辑“摘要”为“固定资产因报废清理”，手动输入后两张凭证，单击工具栏中的“保存”按钮，保存凭证，如图 4-48 和图 4-49 所示。

注：数据来源于图 4-46，只因凭证类别不同，一个转账凭证，一个付款凭证，一个收款凭证，所以需分别制单。

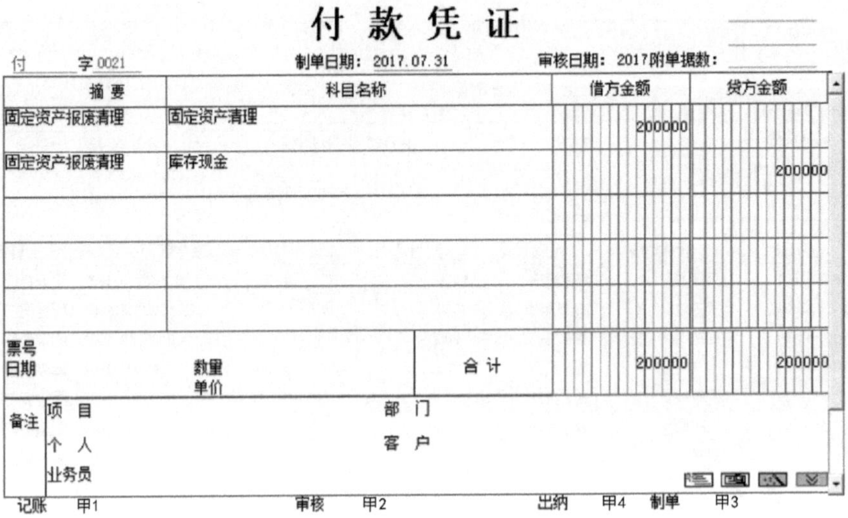

付 款 凭 证

付　　字 0021　　制单日期：2017.07.31　　审核日期：2017 附单据数：

摘要	科目名称	借方金额	贷方金额
固定资产报废清理	固定资产清理	200000	
固定资产报废清理	库存现金		200000
票号 日期	数量 单价　　合 计	200000	200000

备注　项目　　部门
　　　个人　　客户
　　　业务员

记账　甲1　　审核　甲2　　出纳　甲4　　制单　甲3

图 4-48　固定资产报废清理费用付款凭证

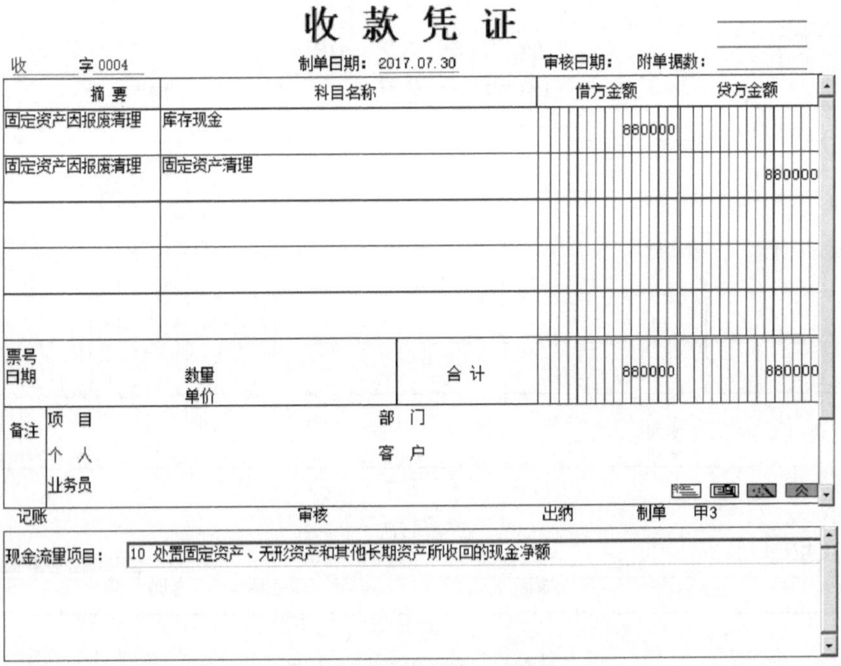

收 款 凭 证

收　　字 0004　　制单日期：2017.07.30　　审核日期：　附单据数：

摘要	科目名称	借方金额	贷方金额
固定资产因报废清理	库存现金	880000	
固定资产因报废清理	固定资产清理		880000
票号 日期	数量 单价　　合 计	880000	880000

备注　项目　　部门
　　　个人　　客户
　　　业务员

记账　　审核　　出纳　　制单　甲3

现金流量项目：10 处置固定资产、无形资产和其他长期资产所收回的现金净额

图 4-49　固定资产清理残值收款凭证

注：第一张为转账凭证，第二张为付款凭证，第三张为收款凭证，项目编码为“10”。

4.5.13　实训 13　固定资产对账与月末结账

4.5.13.1　对账

(1) 单击“固定资产”→“处理”→“对账”显示对账结果不平衡，如图 4-50 所示；造成这一现象的原因是：固定资产系统产生的凭证没有进行凭证的审核、出纳签字和

记账操作。

（2）以 W01 身份、日期为“2017-07-31”进入总账系统，单击“总账”→“凭证”→“审核凭证”进行凭证审核；再以 W03 身份、日期为“2017-07-31”进入总账系统，单击“总账”→“出纳”→“出纳签字”进行出纳签字；最后以 A01 身份、日期为“2017-07-31”进入总账系统，单击“总账”→“凭证”→“记账”进行凭证记账。完成以上操作后，再次单击“固定资产”→“处理”→“对账”，显示结果平衡，如图 4-51 所示。

图 4-50　与财务对账结果

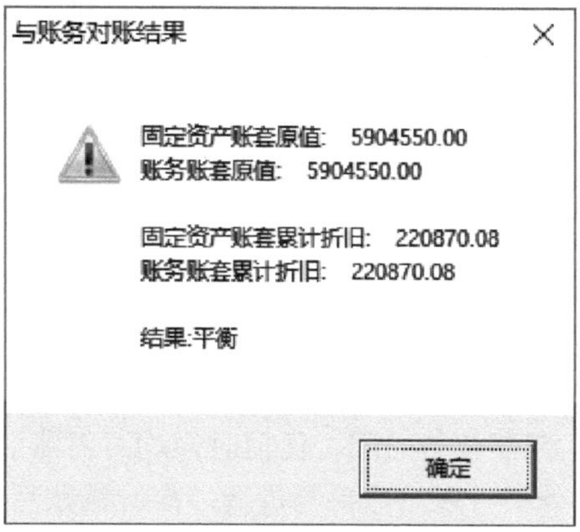

图 4-51　（记账后）与财务对账结果

4.5.13.2　月末结账

单击“固定资产”→“处理”→“月末结账”，打开图 4-52 所示的窗口；单击“开始结账”按钮，如图 4-53 所示，显示结果平衡。

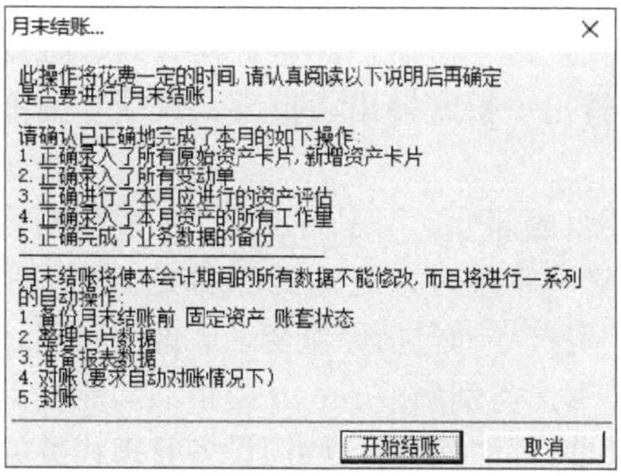

图 4-52　月末结账

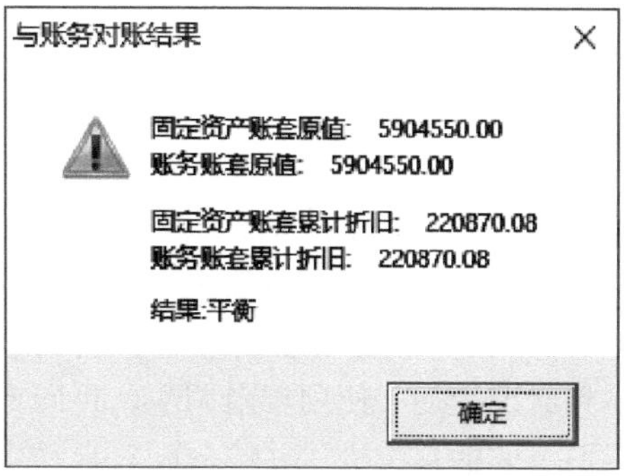

图 4-53　月末对账

4.6　习题与参考答案

习　题

上机操作题

把本章实训 1~13 重新做一遍。

判断题

(1) 使用工作量法计提折旧时，每月计提折旧前必须录入资产当月的工作量。 ( )

(2) 固定资产系统的对账功能，只有在执行月末结账时才能实现。 ( )

(3) 月末结账每月进行一次，结账后当期的数据可以修改。 ( )

简答题

(1) 固定资产如何计提减值准备?

(2) 固定资产管理系统日常业务处理主要包括哪些部分?

(3) 固定资产的增减方式包括哪几种?

(4) 固定资产管理系统的功能是什么?

参 考 答 案

判断题

(1) √

(2) × 固定资产管理系统的对账功能，在执行月末结账时自动对账一次。但对账时间不限制执行时间，任何时候均可对账。

(3) × 月末结账每月进行一次，结账后当期的数据不能修改。

简答题

(1) 企业应当在期末对固定资产逐项进行检查，如果由于市价持续下跌或技术陈旧等原因导致其可回收金额低于账面价值的，应当将可回收金额低于账面价值的差额作为固定资产减值准备，固定资产减值准备按单项资产计提。

(2) 包括固定资产增加、固定资产减少、固定资产变动、资产评估、资产盘点、生成凭证、固定资产管理系统的输出。

(3) 增加的方式主要有：直接购入、投资者投入、捐赠、盘盈、在建工程转入、融资租入。减少的方式主要有：出售、盘亏、投资转出、捐赠转出、报废、毁损、融资租出、拆分减少等。

(4) 固定资产管理系统是企业管理系统的一个重要组成部分，用于固定资产的核算和管理工作。用友 ERP-U8 管理软件中的固定资产管理系统可以处理资产购置、资产变动和计提折旧等日常业务，以及各种账表查询。资产变动包括原值变动、部门转移、使用状况变动、使用年限调整、折旧方法调整、资产类别调整等；计提折旧功能提供折旧公式的自定义，并按分配表自动生成记账凭证，同时输出一些同设备管理相关的报表与账簿。

5 薪资管理系统

5.1 薪资管理系统概述

5.1.1 薪资管理系统基本功能

薪资管理核算涉及企业的每位员工，原始数据繁杂，工资项目众多，手工进行工资核算时，需要占用财务人员大量的时间与精力，容易出错。采用薪资管理系统进行工资核算可以有效提高工资核算的准确性和及时性，为成本核算提供可靠的数据来源。

薪资管理系统的核算和管理任务主要包括以下内容：

（1）根据企业各部门提供的职工劳动的数量、质量及考勤情况，及时、准确地输入与职工工资有关的原始数据并计算职工的工资，包括职工应发工资、个人所得税和各种代扣款并编制工资单。

（2）根据职工的工作部门和工作性质，汇总分配工资费用和计提职工福利、劳动保险费等，并生成相应的记账凭证。

（3）根据管理的需要提供有关的工资统计分析数据。

5.1.2 薪资管理系统目标

薪资管理系统的目标是以职工个人的薪资原始数据为基础，计算应发工资、扣款小计和实发工资等，编制工资结算单；按部门和人员类别进行汇总，进行个人所得税计算；提供多种方式的查询、打印薪资发放表、各种汇总表及个人工资条；进行工资费用分配与计提，并实现自动转账处理。

5.1.3 薪资管理系统与其他系统之间关系

薪资管理系统与其他系统之间的关系如图 5-1 所示。薪资管理系统与系统管理共享基

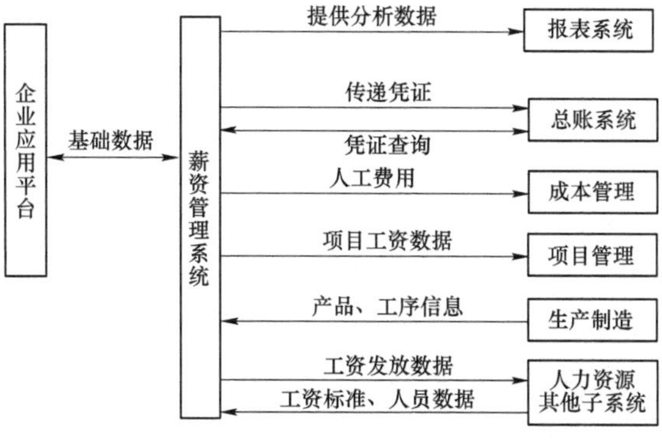

图 5-1　薪资管理系统与其他系统之间的关系

础数据。薪资管理系统主要与账务和成本核算系统存在数据传递关系。

薪资管理系统与账务处理关系的数据关系是：在薪资管理系统中，根据转账数据文件自动生成的财务凭证需传送到账务处理系统进行账务处理。为了保证数据的一致性，在设置自动转账凭证模板或向账务系统传送数据时，需要检查凭证涉及的会计科目在账务系统是否存在。

薪资管理系统与成本核算系统的数据关系是：将工资费用分配数据传送到成本核算系统供计算成本时使用。

5.2　薪资管理系统初始设置

本节对案例企业的薪资信息进行设置与编辑，包括薪资管理系统的参数设置、工资类别与工资项目设置、在职人员工资项目和公式定义、工资的代发银行设置、代扣税设置，以及期初工资数据的录入。

5.2.1　初始化建账

5.2.1.1　实验要求

参数设置：工资类别个数：单个；

核算币种：人民币 RMB；不选择“是否核算计件工资”；

扣税设置：勾选从工资中代扣个人所得税。

5.2.1.2　初始化建账操作步骤

（1）以“A01 甲 1”进入“企业应用平台”，日期为“2017-07-01”。单击“业务工作”→“人力资源”→“薪资管理”菜单项，系统弹出“建立工资套”对话框的“1. 参数设置”。

（2）系统默认选择本工资套所处理的工资类别个数为“单个”，币别“人民币”；单击“下一步”按钮，进入“2. 扣税设置”，选中“是否从工资中代扣个人所得税”复选框。

（3）单击“下一步”按钮，进入“3. 扣零设置”，本案例中不设置“扣零设置”。

（4）单击“下一步”按钮，进入“4. 人员编码”，系统提示“本系统要求对员工进行统一编码，人员编码与公共平台的人员编码保持一致”。

（5）单击“完成”按钮，完成工资账套的建立，如图 5-2 所示。

注：

● 工资类别个数：若单位按周或一个月发多次工资，或者是单位中有多种不同类型（部门）的人员，工资发放项目不尽相同，计算公式也不相同，但需要统一工资核算管理，应选择“多个”工资类别；如果单位中所有人员的工资统一管理，而人员的工资项目、工资计算规则全部相同，则选择“单个”工资类别。

● 扣零处理：系统在计算工资时将依据所选择的扣零类型将零头扣下，并在积累成整时补上（随着网上银行代发功能的普及，现在不用设置此功能了）。

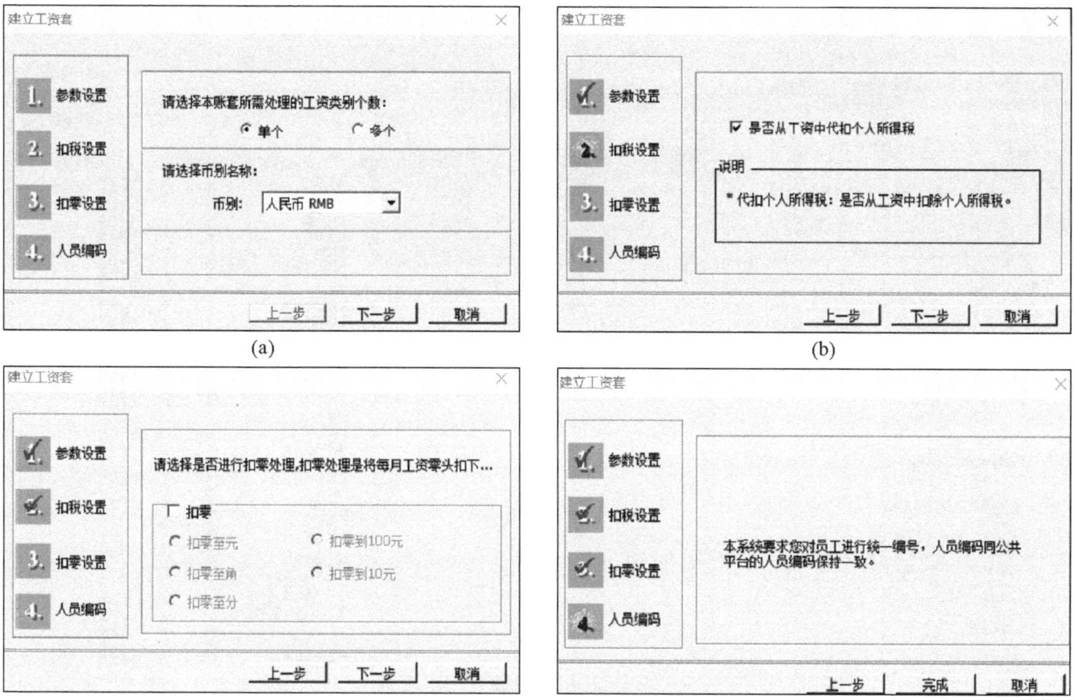

(a) (b) (c) (d)

图 5-2　薪资管理系统初始化建账

（a）工资类别设置；（b）扣税设置；（c）扣零设置；（d）人员编码设置

5.2.2　工资类别主管设置

为了使用薪资管理的工资管理，需要给财务部会计甲 3（W02）分配“工资类别主管”权限。

工资类别主管设置操作步骤如下：

（1）以“A01 甲 1”进入“企业应用平台”，单击“系统服务”→“权限”→“数据权限分配”菜单项，系统打开“权限浏览”窗口（一级菜单是“系统服务”，不是“业务工作”）。

（2）单击工具栏中的“修改”按钮，然后在左窗格“用户”中选中“甲 3”，在右窗格上的“业务对象”下拉列表中选择“工资权限”，最后勾选“工资类别主管”复选框；单击工具栏中的“保存”按钮，保存该权限分配结果，允许甲 3 操作薪资模块，如图 5-3 所示。

（3）关闭“权限浏览”窗口。

（4）重新注册企业应用平台，以上设置便可生效。

5.2.3　代扣设置

税率设置：附加费用 2800。

代扣设置操作步骤如下：

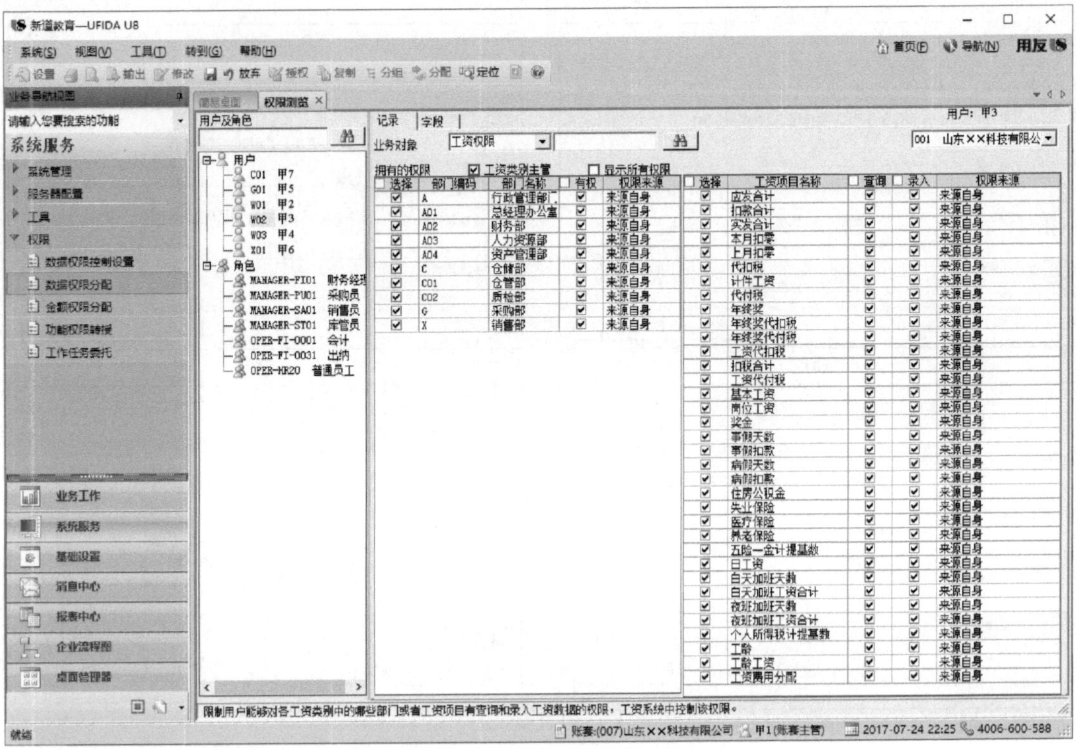

图 5-3 指定工资类别主管

以“W02 甲 3”进入“企业应用平台”，单击“业务工作”→“人力资源”→“薪资管理”→“设置”→“选项”打开选项框，单击进入“扣税设置”窗口，单击“编辑”“税率设置”按钮，修改“附加费用”为“2800”，如图 5-4 所示。

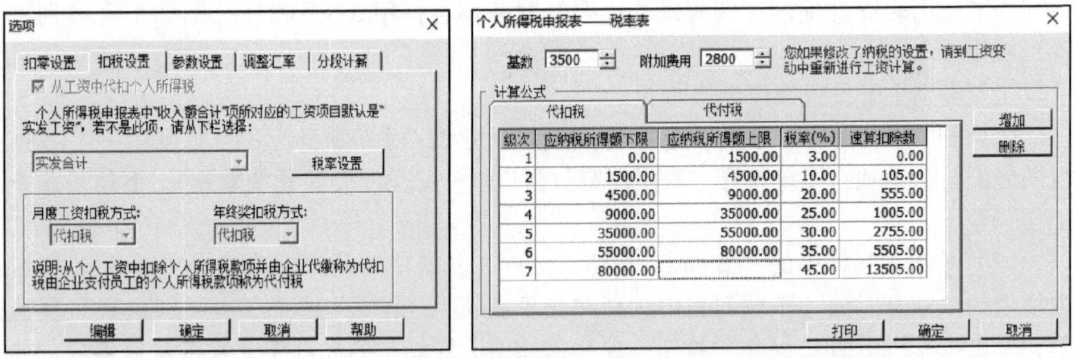

(a) (b)

图 5-4 “扣税设置”选项卡与税率表

（a）选项卡；（b）税率表

5.2.4 人员档案设置

人员档案信息用于管理工资发放人员的姓名、职工编号、所在部门、人员类别等信息，需要把发工资人员名单从基础设置的基础档案中的人员档案信息拷贝过来。

人员档案设置操作步骤如下：

（1）单击“业务工作”→“人力资源”→“薪资管理”→“设置”→“人员档案”菜单项，系统打开“人员档案”窗口（此时人员档案为空）。

（2）打开“人员批量增加”对话框，单击工具栏中的“批增”按钮，系统打开“人员批量增加”对话框。

（3）批量增加。单击对话框中的“查询”按钮，以查询出全部人员，然后单击“全选”按钮，如图5-5所示。

图5-5 人员批量增加

（4）单击“确定”按钮，系统返回“人员档案”窗口，列出了所有在基础档案中已有的人员信息，如图5-6所示。

图5-6 人员档案

（5）退出。单击“人员档案”窗口中的“关闭”按钮，关闭“人员档案”窗口。

5.2.5 工资项目设置

5.2.5.1 工资项目设置内容要求

工资项目见表5-1。

表5-1 工资项目

项目名称	长度	小数位数	增减项
基本工资	8	2	增项
岗位工资	8	2	增项
奖金	8	2	增项
事假天数	8	2	其他
事假扣款	8	2	减项
病假天数	8	2	其他
病假扣款	8	2	减项
住房公积金	8	2	减项
失业保险	8	2	减项
医疗保险	8	2	减项
养老保险	8	2	减项
五险一金计提基数	8	2	其他
日工资	8	2	其他
白天加班天数	8	2	其他
白天加班工资合计	8	2	增项
夜班加班天数	8	2	其他
夜班加班工资合计	8	2	增项
个人所得税计提基数	8	2	其他
工龄	8	2	其他
工龄工资	8	2	增项
工资费用分配	8	2	其他

5.2.5.2 操作步骤

（1）单击“业务工作”→“人力资源”→“薪资管理”→“设置”→“工资项目设置”菜单项，系统打开“工资项目设置”对话框。

（2）增加工资项。单击“增加”按钮，可直接输入工资项目或在“名称参照”中选择工资项目名称，并设置新建工资项目的类型、长度、小数位数和工资增减项，依次增加。

（3）调整工资项的排列顺序。单击选中“基本工资”所在行，再单击“上移”按钮，将“基本工资”移动到工资项目栏的第1行，并以此方法移动其他的工资项目到对应的位置，结果如图5-7所示（工资项目顺序：基本工资-岗位工资-工龄-工龄工资-日工资-病假天数-病假扣款-事假天数-事假扣款-白天加班天数-白天加班工资合计-夜班加班天数-夜班加班工资合计-奖金-工资费用分配-五险一金计提数-养老保险-住房公积金-医疗保险-失业保险-应发合计-个人所得税计提基数-代扣税-扣款合计-实发合计-扣税合计-年终奖-年终奖代扣税-工资代扣税）。

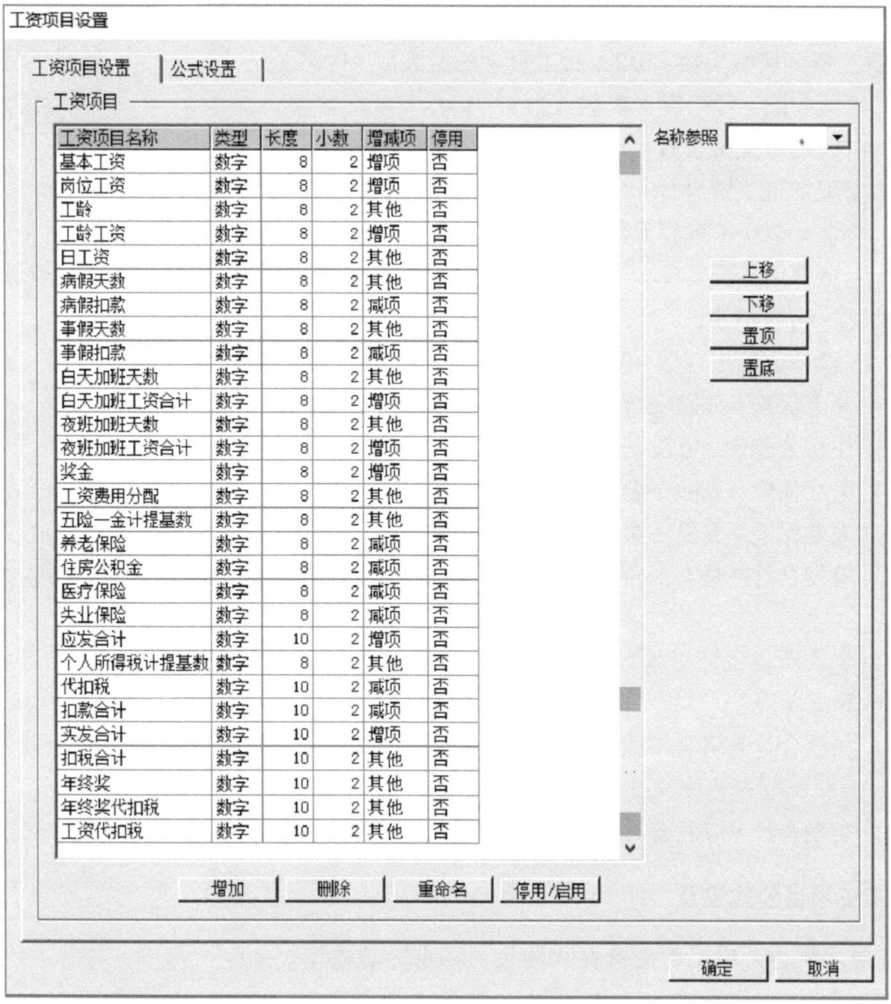

工资项目名称	类型	长度	小数	增减项	停用
基本工资	数字	8	2	增项	否
岗位工资	数字	8	2	增项	否
工龄	数字	8	2	其他	否
工龄工资	数字	8	2	增项	否
日工资	数字	8	2	其他	否
病假天数	数字	8	2	其他	否
病假扣款	数字	8	2	减项	否
事假天数	数字	8	2	其他	否
事假扣款	数字	8	2	减项	否
白天加班天数	数字	8	2	其他	否
白天加班工资合计	数字	8	2	增项	否
夜班加班天数	数字	8	2	其他	否
夜班加班工资合计	数字	8	2	增项	否
奖金	数字	8	2	增项	否
工资费用分配	数字	8	2	其他	否
五险一金计提基数	数字	8	2	其他	否
养老保险	数字	8	2	减项	否
住房公积金	数字	8	2	减项	否
医疗保险	数字	8	2	减项	否
失业保险	数字	8	2	减项	否
应发合计	数字	10	2	增项	否
个人所得税计提基数	数字	8	2	其他	否
代扣税	数字	10	2	减项	否
扣款合计	数字	10	2	减项	否
实发合计	数字	10	2	增项	否
扣税合计	数字	10	2	其他	否
年终奖	数字	10	2	其他	否
年终奖代扣税	数字	10	2	其他	否
工资代扣税	数字	10	2	其他	否

图 5-7　增加工资项目

（4）完成并退出。单击“工资项目设置”对话框中的“确定”按钮，完成工资项目的设置。

注：应仔细核对工资项目名称顺序、各名称的类型以及增减项选择

● 项目名称必须唯一，工资项目一经使用，数据类型不允许修改。

● 增项直接计入应发合计，减项直接计入扣款合计。若工资项目类型为字符型，则小数位不可用，增减项为其他。

● 系统默认：应发合计=增项之和；扣款合计=减项之和；实发合计=应发合计-扣款合计。

5.2.5.3 工资项目公式设置要求

本案例企业工资项目的公式包括（按照以下顺序依次设置）：

（1）工龄工资=工龄＊50；

（2）日工资=（基本工资+岗位工资+工龄工资）/21.75；

（3）病假扣款=iff（工龄>=10，日工资＊病假天数＊0.1，iff（工龄>=5 and 工龄<10，日工资＊病假天数＊0.2，日工资＊病假天数＊0.3））；

（4）事假扣款=日工资＊事假天数；

（5）白天加班工资合计=日工资＊白天加班天数；

（6）夜班加班工资合计=夜班加班天数＊50；

（7）奖金= 200-（事假天数+病假天数）＊20；

（8）工资费用分配=基本工资+岗位工资+奖金+白天加班工资合计+夜班加班工资合计-事假扣款-病假扣款；

（9）五险一金计提基数=基本工资+岗位工资；

（10）养老保险=五险一金计提基数＊0.08；

（11）住房公积金=五险一金计提基数＊0.12；

（12）医疗保险=五险一金计提基数＊0.02；

（13）失业保险=五险一金计提基数＊0.002；

（14）应发合计=基本工资+岗位工资+工龄工资+白天加班工资合计+夜班加班工资合计+奖金；

（15）个人所得税计提基数=应发合计-事假扣款-病假扣款-住房公积金-失业保险-医疗保险-养老保险；

（16）扣款合计=病假扣款+事假扣款+养老保险+住房公积金+医疗保险+失业保险+代扣税；

（17）实发合计=应发合计-扣款合计。

5.2.6 工资项目公式设置

注：所有的公式输入都应该在“英文、半角”状态下。

5.2.6.1 工龄工资设置过程

（1）单击“业务工作”→“人力资源”→“薪资管理”→“设置”→“工资项目设置”菜单项，系统打开“工资项目设置”对话框，打开“公式设置”选项卡。

（2）增加公式项。单击“增加”按钮，并从左上角的“工资项目”列表中选择“工龄工资”。

（3）编辑公式。先单击“工龄工资定义”区域，然后从中下部的“工资项目”列表中选择“工龄”，再单击选中运算符区域的“＊”，最后再输入“50”。

（4）单击“公式确认”按钮，完成“工龄工资”的公式定义，如图5-8所示。

注：若系统无提示，表示公式输入正确；若出现系统提示，应按照错误提示进行公式修改，直至正确为止。

5.2.6.2 日工资设置过程

（1）单击“公式设置”的“增加”按钮，以左上角“工资项目”列表中选择“日工资”，并从“公式输入参照”中选择“（”。

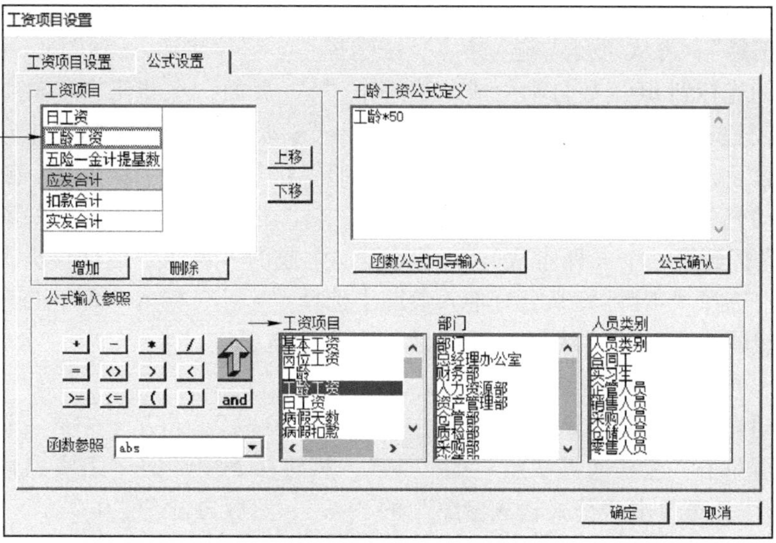

图 5-8　工龄工资公式定义

（2）从下中部“工资项目”列表中选择“基本工资”，从“公式输入参照”单击选中“+”，然后从下中部的“工资项目”列表中选择“岗位工资”，再单击选中“公式输入参照”区域的“+”，然后从下中部的“工资项目”列表中选择“工龄工资”，从“公式输入参照”中选择“）”，再单击选中运算符区域的“/”，最后再输入“21.75”。

（3）单击“公式确认”按钮，完成“日工资”的公式定义，如图 5-9 所示。

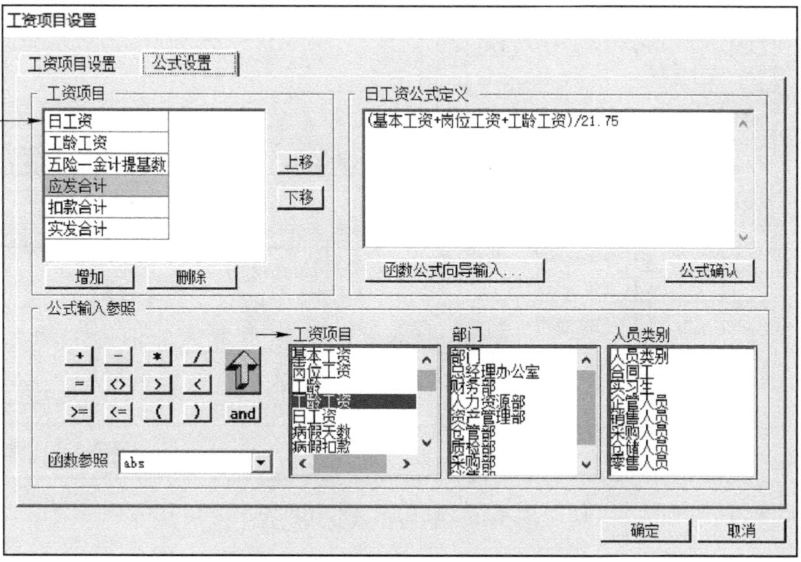

图 5-9　日工资公式定义

5.2.6.3　病假扣款工资设置

（1）单击“公式设置”的“增加”按钮，并从“函数参照”中下拉选择“iff”。病假扣款公式定义变为“iff（,,）”。

（2）在“病假扣款公式定义”栏，将光标移动到“iff（”之后，从“工资项目”列表中选择“工龄”，再从“公式输入参照”中选择“>=”，再输入“10”。

（3）挪动光标到iff函数自动生成的第一个“,”后面，从“工资项目”中选择“日工资”，再单击选中“公式输入参照”区域的“*”；然后从下中部的“工资项目”列表中选择“病假天数”，再单击选中“公式输入参照”区域的“*”，然后再输入“0.1”。

（4）挪动光标到iff函数自动生成的第二个“,”后面，从“函数参照”中选择“iff”。挪动光标到第二个（即本次）iff函数自动生成的“iff（”后面，从下中部“工资项目”列表中选择“工龄”，从公式输入参照中选择“>=”，输入“5”，再单击选“公式输入参照”区域的“and”，从“工资项目”列表中选择“工龄”，从“公式输入参照”中选择“<”，再输入“10”。

（5）挪动光标到第二个iff函数自动生成的第一个“,”，再从下中部工资项目中选择“日工资”，再单击“公式输入参照”的“*”，然后从下中部的“工资项目”列表中选择“病假天数”，再单击“公式输入参照”的“*”，然后再输入“0.2”。

（6）挪动光标到第二个iff函数自动生成的第二个“,”后，从下中部工资项目中选择“日工资”，再单击“公式输入参照”的“*”；然后从下中部的“工资项目”列表中选择“病假天数”，再单击选中运算符区域的“*”，最后再输入“0.3”。

（7）单击“公式确认”按钮，完成“病假扣款”的公式定义，如图5-10所示。

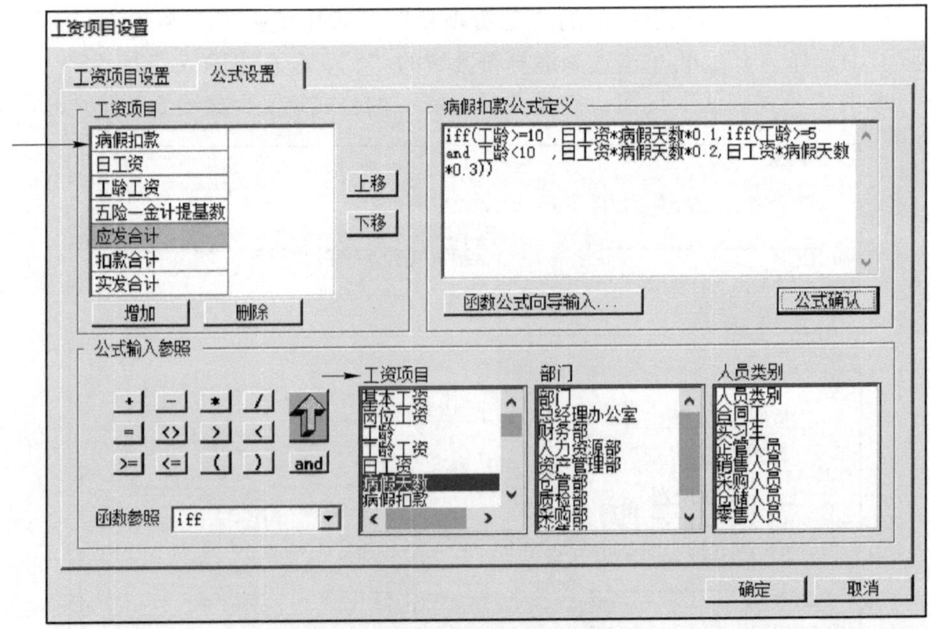

图5-10　病假扣款公式设置

注：选择iff函数后，选择“函数公式向导输入”，在它的指引下，你会发现输入更轻松自在。

5.2.6.4 其他公式输入操作

（1）参照上面的操作，必须完成“项目公式设置要求”的其他公式设置。

（2）完成并退出。单击“工资项目设置”对话框中的“确定”按钮，完成设置，退出对话框。

注：

• 公式输入顺序会影响计算结果。公式输入顺序为：工龄工资、日工资、病假扣款、事假扣款、白天加班工资合计、夜班加班工资合计、奖金、工资费用分配、五险一金计提数、养老保险、住房公积金、医疗保险、失业保险、应发合计、个人所得税计提基数、扣款合计、实发合计。

• 不能删除已输入数据或已设置计算公式的工资项目。

• 利用“公式输入参照”“函数参照”“函数公式向导输入”“工资项目”选择输入可以提高输入的准确性。当然，也可以直接手工输入公式，但是容易出错。

5.2.7 期初数据录入

本案例企业在职人员的期初工资数据，见表5-2。

表5-2 期初工资数据

姓名	基础工资	岗位工资	工龄
甲1	5400	1800	10
甲2	5200	1600	8
甲3	4800	1200	7
甲4	4000	1000	4
甲8	4200	1200	6
甲10	3000	600	1
甲7	3500	800	1
甲5	3800	800	3
甲6	4500	1200	5
甲9	4000	1000	4

该部分内容有以下两种输入方式。

5.2.7.1 输入方式1设置操作

（1）打开“人员档案”列表窗口。在“企业应用平台”的“业务工作”选项中，依次单击“人力资源”→“薪资管理”→“设置”→“人员档案”菜单项，进入“人员档案”列表窗口。

（2）编辑一个员工的工资数据。双击“甲1”所在行，系统打开“人员档案明细”对话框，并显示甲1的详细档案，如图5-11所示。

（3）单击“数据档案”按钮，打开“工资数据录入——页编辑”对话框，然后在“基本工资”编辑栏录入“5400”，“岗位工资”栏录入“1800”，“工龄”栏录入“10”，“日工资”数据系统自动给出，结果如图5-12所示。

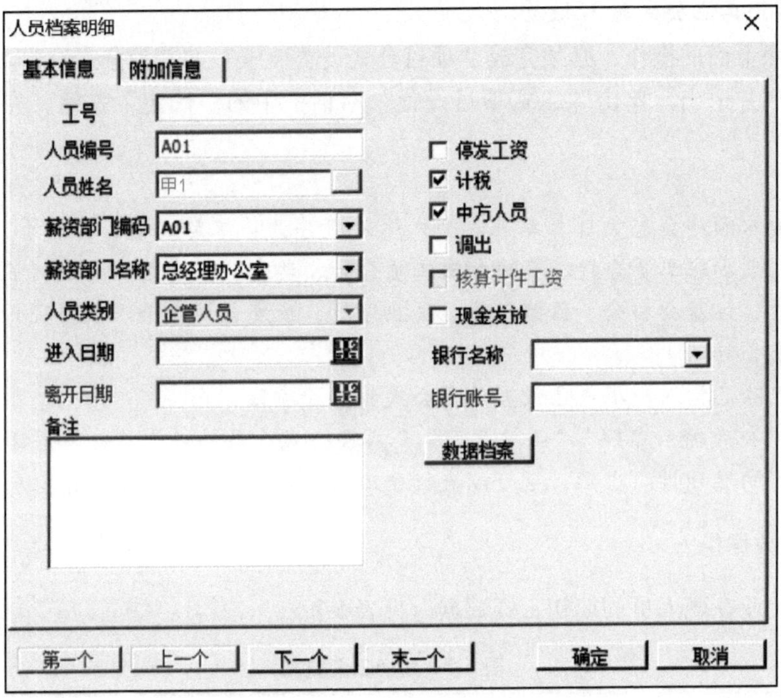

图 5-11　人员档案明细

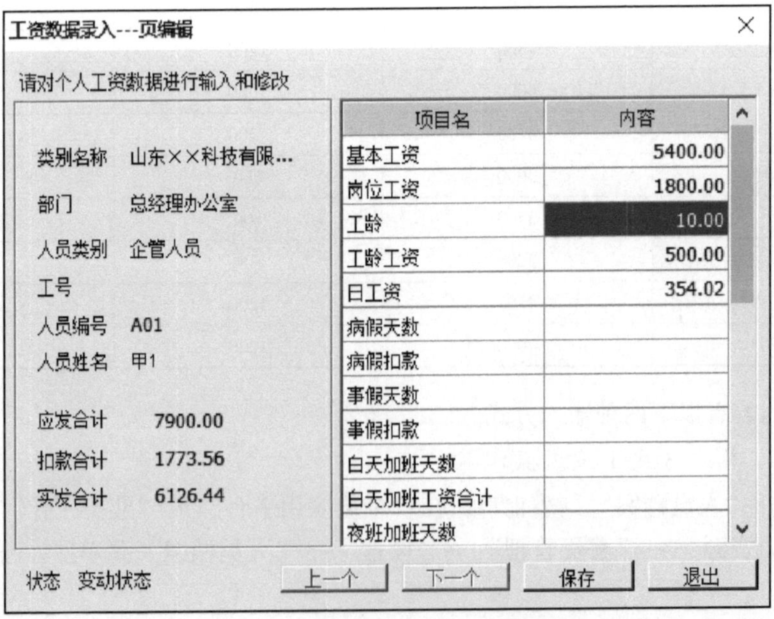

图 5-12　工资数据录入——页编辑界面

（4）保存。单击“保存”按钮，返回“人员档案明细”对话框，然后单击“确定”按钮，系统提示“写入该人员档案信息吗?”，单击“确定”按钮，返回“人员档案明细”对话框，系统自动显示下一个员工的详细档案。

（5）编辑其他员工的工资数据。重复步骤（2）和（4），将表5-2中所有的期初工资数据录入并保存。单击“上一个”按钮可以进行修改。

（6）退出。单击“取消”按钮，退出“人员档案明细”对话框。

（7）查看输入数据。在“企业应用平台”的“业务工作”选项中，依次单击“人力资源”→“薪资管理”→“业务处理”→“工资变动”菜单项，进入“工资变动”列表窗口，如图5-13所示。

选择	工号	人员编号	姓名	部门	人员类别	基本工资	岗位工资	工龄	工龄工资	日工资	病
		A01	甲1	总经理办公室	企管人员	5400.00	1800.00	10.00	500.00	354.02	
		B01	甲2	财务部	企管人员	5200.00	1600.00	8.00	400.00	331.03	
		B02	甲3	财务部	企管人员	4800.00	1200.00	7.00	350.00	291.95	
		B03	甲4	财务部	企管人员	4000.00	1000.00	4.00	200.00	239.08	
		A03	甲8	人力资源部	企管人员	4200.00	1200.00	6.00	300.00	262.07	
		A04	甲10	资产管理部	企管人员	3000.00	600.00	1.00	50.00	167.82	
		C01	甲7	仓管部	仓储人员	3500.00	800.00	1.00	50.00	200.00	
		G01	甲5	采购部	采购人员	3800.00	800.00	3.00	150.00	218.39	
		X01	甲6	销售部	销售人员	4500.00	1200.00	5.00	250.00	273.56	
		X02	甲9	销售部	销售人员	4000.00	1000.00	4.00	200.00	239.08	
合计						42400.00	11200.00	49.00	2450.00	2577.00	

图5-13　工资数据

5.2.7.2　输入方式2设置步骤

（1）打开“薪资管理”→“业务处理”→“工资变动”对话框，进入“工资变动”列表窗口。

（2）按照所给信息，直接输入数据（工资项目可通过拖动实现排序），如图5-14所示。

选择	人员编号	姓名	部门	人员类别	基本工资	岗位工资	工龄
	A01	甲1	总经理办公室	企管人员	5400.00	1800.00	10.00
	B01	甲2	财务部	企管人员	5200.00	1600.00	8.00
	B02	甲3	财务部	企管人员	4800.00	1200.00	7.00
	B03	甲4	财务部	企管人员	4000.00	1000.00	4.00
	A03	甲8	人力资源部	企管人员	4200.00	1200.00	6.00
	A04	甲10	资产管理部	企管人员	3000.00	600.00	1.00
	C01	甲7	仓管部	仓储人员	3500.00	800.00	1.00
	G01	甲5	采购部	采购人员	3800.00	800.00	3.00
	X01	甲6	销售部	销售人员	4500.00	1200.00	5.00
	X02	甲9	销售部	零售人员	4000.00	1000.00	4.00
合计					42400.00	11200.00	49.00

图5-14　工资基本数据录入

（3）单击工具栏“计算”按钮，出现图 5-15 所示的结果，完成期初数据录入。

工资变动

过滤器 所有项目 定位器

选择	人员编号	姓名	部门	人员类别	基本工资	岗位工资	工龄	工龄工资	日工资	病假天数	病假扣款	事假天数	事假扣款	白天加班天数	夜班加班天数	奖金	工资费用分配
	A01	甲1	总经理办	企管人员	5400.00	1800.00	10.00	500.00	354.02							200.00	7400.00
	B01	甲2	财务部	企管人员	5200.00	1600.00	8.00	400.00	331.03							200.00	7000.00
	B02	甲3	财务部	企管人员	4800.00	1200.00	7.00	350.00	291.95							200.00	6200.00
	B03	甲4	财务部	企管人员	4000.00	1000.00	4.00	200.00	239.08							200.00	5200.00
	A03	甲8	人力资源	企管人员	4200.00	1200.00	6.00	300.00	262.07							200.00	5600.00
	A04	甲10	资产管理	企管人员	3000.00	600.00	1.00	50.00	167.82							200.00	3800.00
	C01	甲7	仓管部	仓储人员	3500.00	800.00	1.00	50.00	200.00							200.00	4500.00
	G01	甲5	采购部	采购人员	3800.00	800.00	3.00	150.00	218.39							200.00	4800.00
	X01	甲6	销售部	销售人员	4500.00	1200.00	5.00	250.00	273.56							200.00	5900.00
	X02	甲9	销售部	零售人员	4000.00	1000.00	4.00	200.00	239.08							200.00	5200.00
合计					42400.00	11200.00	49.00	2450.00	2577.00							2000.00	55600.00

图 5-15　工资基本数据录入后计算变动

5.3　薪资管理系统业务处理操作

经过上述一系列初始化工作之后，便可转入日常应用阶段。这个阶段的主要工作包括人员的调离处理、部分工资附加信息的变更、职工工资款项数据录入、工资分钱清单、扣缴个人所得税、生成银行代发工资数据、工资表以及工资统计分析报表的查询和打印等。其中，人员调离处理和部分工资附加信息的变更可通过“人员档案”设置模块进行（调用其中的修改功能即可），这里不做介绍。

业务一：31 日，计算本月应付工资、代扣个人所得税和三险一金。

5.3.1　工资数据变动及计算

5.3.1.1　职工出勤表

职工出勤表见表 5-3。

表 5-3　职工出勤表

部门	职务	姓名	白班加班天数	夜班加班天数	事假天数	病假天数
总经理办公室	财务总监	甲 1	1	3		
财务部	财务总监	甲 2	3		1	
	会计	甲 3	3			2
	出纳	甲 4	5		3	1
人力资源部	部门经理	甲 8	3	2	1	
资产管理部	资产部部长	甲 10	4	3	3	
仓管部	库管员	甲 7	2	2		1
采购部	采购员	甲 5	3		2	
销售部	销售员	甲 6	4	2		1
	零售员	用 9	3	2		1

5.3.1.2　工资数据变动与计算工资操作步骤

（1）打开“工资变动”窗口。在“薪资管理”子系统中，依次单击“业务处理”→

“工资变动”菜单项，系统打开“工资变动”窗口。

（2）依据表5-3的职工出勤表，录入员工“白班加班天数”“夜班加班天数”“事假天数”“病假天数”，如图5-16所示。

简易桌面 | 工资变动

工资变动

过滤器：所有项目　　定位器

选择	人员编号	姓名	部门	人员类别	日工资	白天加班天数	夜班加班天数	事假天数	病假天数
	A01	甲1	总经理办公室	企管人员	354.02	1.00	3.00		
	B01	甲2	财务部	企管人员	331.03	3.00		1.00	
	B02	甲3	财务部	企管人员	291.95	3.00			2.00
	B03	甲4	财务部	企管人员	239.08	5.00		3.00	1.00
	A03	甲8	人力资源部	企管人员	262.07	3.00	2.00	1.00	
	A04	甲10	资产管理部	企管人员	167.82	4.00	3.00	3.00	
	C01	甲7	仓管部	仓储人员	200.00	2.00	2.00		1.00
	G01	甲5	采购部	采购人员	218.39	3.00		2.00	
	X01	甲6	销售部	销售人员	273.56	4.00	2.00		1.00
	X02	甲9	销售部	零售人员	239.08	3.00	2.00		1.00
合计					2577.00	31.00	14.00	10.00	6.00

图5-16 出勤工资计算

（3）计算工资。分别单击工具栏中的“全选”“计算”和“汇总”按钮，完成全部工资项内容的计算与汇总，结果如图5-17所示。

简易桌面 | 工资变动

工资变动

过滤器　　定位器

选择	人员编号	姓名	部门	人员类别	基本工资	岗位工资	奖金	工资费用分配	应发合计	扣款合计	实发合计	工资代扣税
	A01	甲1	总经理办公室	企管人员	5400.00	1800.00	200.00	7904.02	8404.02	1823.96	6580.06	225.56
	B01	甲2	财务部	企管人员	5200.00	1600.00	180.00	7642.06	8373.09	2038.88	6334.21	198.25
	B02	甲3	财务部	企管人员	4800.00	1200.00	160.00	6919.07	7385.85	1587.49	5798.36	138.71
	B03	甲4	财务部	企管人员	4000.00	1000.00	120.00	5526.44	6515.40	1932.45	4582.95	33.49
	A03	甲8	人力资源部	企管人员	4200.00	1200.00	180.00	6204.14	6766.21	1536.40	5229.81	75.53
	A04	甲10	资产管理部	企管人员	3000.00	600.00	140.00	4057.82	4611.28	1302.66	3308.62	
	C01	甲7	仓管部	仓储人员	3500.00	800.00	180.00	4920.00	5030.00	1030.06	3999.94	15.46
	G01	甲5	采购部	采购人员	3800.00	800.00	160.00	4978.39	5565.17	1476.20	4088.97	18.22
	X01	甲6	销售部	销售人员	4500.00	1200.00	180.00	7019.53	7324.24	1465.52	5858.72	145.41
	X02	甲9	销售部	零售人员	4000.00	1000.00	180.00	5925.52	6197.24	1228.27	4968.97	46.55
合计					42400.00	1200.00	1680.00	61096.99	66172.50	15421.89	50750.61	897.18

图5-17 工资变动结果

（4）退出。单击“工资变动”窗口右上角的“关闭”按钮，关闭并退出该窗口。

注：

- 第一次使用工资系统必须将所有人员的基本工资数据录入系统。工资数据可以在录入人员档案时直接录入，需要计算的内容再在此功能中进行计算；也可以在工资变动功能中录入，当工资数据发生变动时应在此录入。
- 如果工资数据的变化具有规律性，可以使用“替换”功能进行成批数据替换。
- 在修改了某些数据、重新设置了计算公式、进行了数据替换或在个人所得税中执行了自动扣税等操作后，必须调用“计算”和“汇总”功能对个人工资数据重新计算，以保证数据正确。

- 如果对工资数据只进行了“计算”的操作，而未进行“汇总”操作，则退出时系统提示“数据发生变动后尚未进行汇总，是否进行汇总?”，如果需要汇总则单击“是”按钮；否则，单击“否”按钮即可。

5.3.2 工资分摊设置与计提工资总额

（1）打开“工资分摊”对话框。在“企业应用平台”的“业务工作”选项中，依次单击“人力资源”→“薪资管理”→“业务处理”→“工资分摊”菜单项，系统打开“工资分摊”对话框。

（2）工资总额分摊计提比例设置。在“工资分摊”对话框中，单击“工资分摊设置”按钮，系统打开“分摊类型设置”对话框，再单击对话框中的“增加”按钮，系统打开“分摊计提比例设置”对话框，在“计提类型名称”栏录入“工资费用分配”，此处“分摊计提比例”为100%，如图5-18所示。

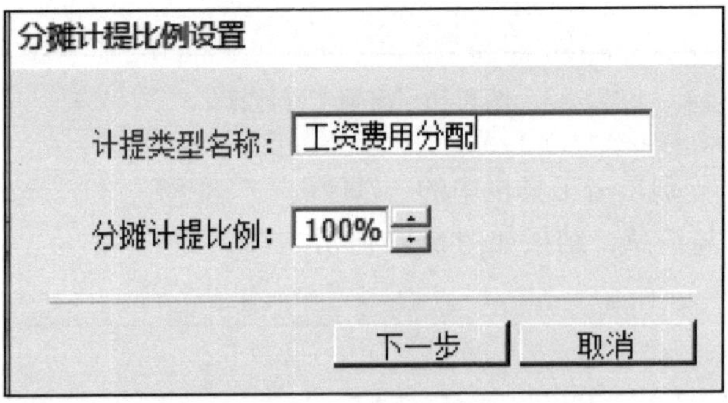

图5-18 分摊计提比例设置

（3）工资总额分摊构成设置。单击“下一步”按钮，系统打开“分摊构成设置”对话框，在该对话框中逐一选择输入“部门名称”“人员类别”“工资项目（应发合计）”“借方科目”“贷方科目”，如图5-19所示（销售部人员借方科目与其他部门不同，要注意）。

部门名称	人员类别	工资项目	借方科目	借方项目大类	借方项目	贷方科目	贷方项目大类
总经理办公室,财务部,人力...	企管人员	应发合计	660201			221101	
销售部	销售人员	应发合计	660104			221101	
采购部	采购人员	应发合计	660201			221101	
仓管部	仓储人员	应发合计	660201			221101	

图5-19 分摊构成设置

（4）退出。单击“分摊构成设置”对话框中的“完成”按钮，系统返回“分摊类型设置”对话框，单击其“返回”按钮，返回“工资分摊”对话框。

（5）本月职工工资分摊选择。在“工资分摊”对话框中，选中“计提费用类型”选项区的“工资费用分配”复选框，并且选中所有核算部门，勾选“明细到工资项目”和“按项目核算”复选框，如图5-20（a）所示。

（6）单击“确定”按钮，完成本月职工工资的分配归集工作，系统打开“工资分摊明细”窗口，在其中显示“工资费用分配一览表”，如图5-20（b）所示。

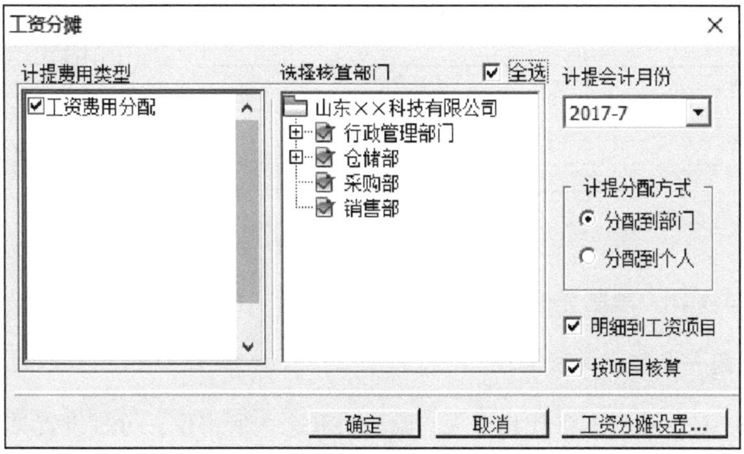

(a)

简易桌面　工资分摊明细

工资费用分配一览表

合并科目相同、辅助项相同的分录

类型 工资费用分配

计提会计月份 7月

部门名称	人员类别	应发合计						
		分配金额	借方科目	借方项目大类	借方项目	贷方科目	贷方项目大类	贷方项目
总经理办公室	企管人员	8404.02	660201			221101		
财务部		22274.34	660201			221101		
人力资源部		6766.21	660201			221101		
资产管理部		4611.28	660201			221101		
仓管部	仓储人员	5030.00	660201			221101		
采购部	采购人员	5565.17	660201			221101		
销售部	销售人员	7324.24	660104			221101		

(b)

图5-20　工资分摊选择和明细

（a）工资分摊选择；（b）一览表

（7）工资分配制单。在“工资分摊明细”窗口中，选中“合并科目相同、辅助项相同的分录”，再单击工具栏中的“制单”按钮，系统打开“填制凭证”窗口，选择凭证分类为“转账凭证”，单击工具栏中的“保存”按钮，结果如图5-21所示。

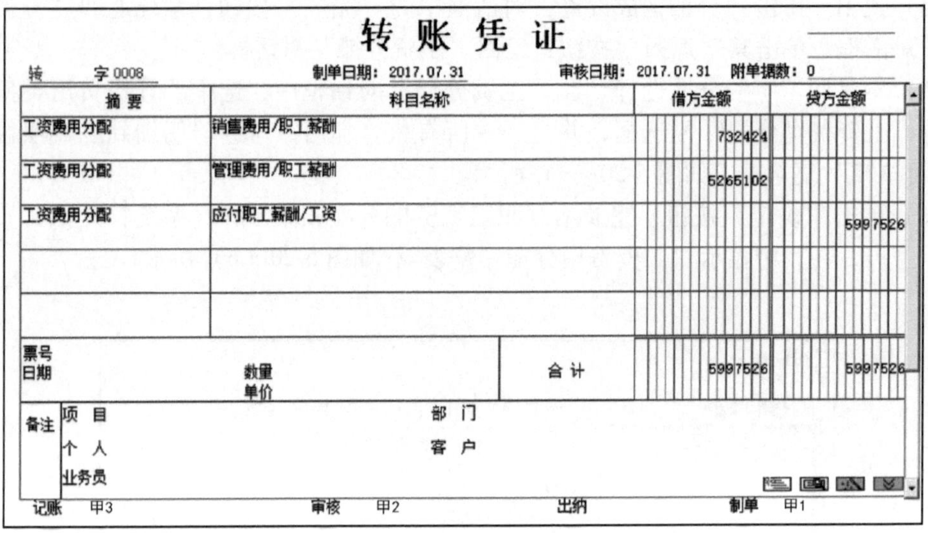

转 账 凭 证

转　字 0008　　制单日期：2017.07.31　　审核日期：2017.07.31　　附单据数：0

摘要	科目名称	借方金额	贷方金额
工资费用分配	销售费用/职工薪酬	732424	
工资费用分配	管理费用/职工薪酬	5265102	
工资费用分配	应付职工薪酬/工资		5997526
票号 日期	数量 单价 合计	5997526	5997526

备注　项　目　　部　门
　　　个　人　　客　户
　　　业务员

记账　甲3　　审核　甲2　　出纳　　制单　甲1

图 5-21　工资费用分摊凭证

（8）退出。关闭“填制凭证”和“工资分摊明细”窗口。

5.3.3　代扣三险一金和个人所得税

业务二：31 日，计算本月代扣个人三险一金和个人所得税。分推设置见表 5-4。

表 5-4　分摊设置

代扣项目	计提比例	借方科目	贷方科目	工资项目
个人承担养老保险	8%	221101	224102	应发合计
个人承担医疗保险	2%	221101	224103	应发合计
个人承担失业保险	0.2%	221101	224104	应发合计
个人承担住房公积金	12%	221101	224101	应发合计

5.3.3.1　计提个人三险一金

（1）打开“工资分摊”对话框。在“企业应用平台”的“业务工作”选项中，依次单击“人力资源”→“薪资管理”→“业务处理”→“工资分摊”菜单项，系统打开“工资分摊”对话框。

（2）在“工资分摊”对话框中，单击“工资分摊设置”按钮，系统打开“分摊类型设置”对话框。

（3）个人承担养老保险的计提比例设置。在“分摊类型设置”对话框中，单击“增加”按钮，系统打开“分摊计提比例设置”对话框，在“计提类型名称”栏录入“个人承担养老保险”，此处“分摊计提比例”为 8%。

（4）个人承担养老保险的分摊构成设置。单击“下一步”按钮，系统打开“分摊构成设置”对话框，在该对话框中，逐一编辑“部门名称”“人员类别”“工资项目（应发合计）”“借方科目”“贷方科目”，如图 5-22 所示。

（5）单击“完成”按钮，保存该分摊构成设置，系统返回“分摊类型设置”对话框。

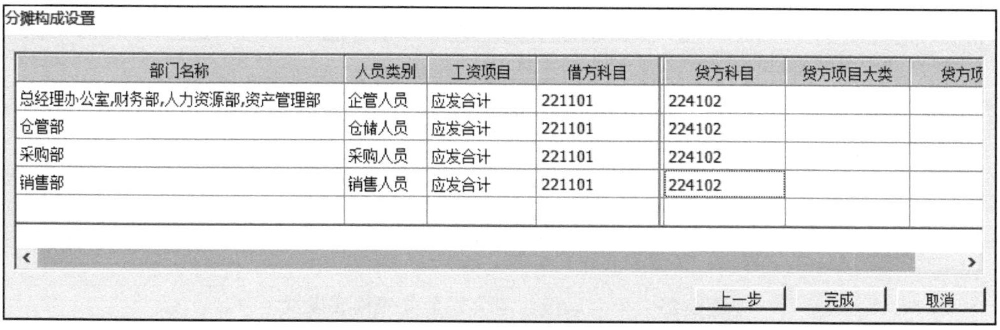

分摊构成设置

部门名称	人员类别	工资项目	借方科目	贷方科目	贷方项目大类	贷方项
总经理办公室,财务部,人力资源部,资产管理部	企管人员	应发合计	221101	224102		
仓管部	仓储人员	应发合计	221101	224102		
采购部	采购人员	应发合计	221101	224102		
销售部	销售人员	应发合计	221101	224102		

上一步 完成 取消

图 5-22 个人承担养老保险分摊构成设置

（6）重复步骤（3）~（5），分别按照2%、0.2%、12%的分摊比例完成“个人承担医疗保险”（见图 5-23）、“个人承担失业保险”（见图 5-24）、“个人承担住房公积金”（见图 5-25）分摊设置。

分摊构成设置

部门名称	人员类别	工资项目	借方科目	借方项目大类	借方项目	贷方科目	贷方项目大类
总经理办公室,...	企管人员	应发合计	221101			224103	
采购部	采购人员	应发合计	221101			224103	
仓管部	仓储人员	应发合计	221101			224103	
销售部	销售人员	应发合计	221101			224103	

上一步 完成 取消

图 5-23 个人承担医疗保险分摊构成设置

分摊构成设置

部门名称	人员类别	工资项目	借方科目	借方项目大类	借方项目	贷方科目	贷方项目大类
总经理办公室,...	企管人员	应发合计	221101			224104	
销售部	销售人员	应发合计	221101			224104	
采购部	采购人员	应发合计	221101			224104	
仓管部	仓储人员	应发合计	221101			224104	

上一步 完成 取消

图 5-24 个人承担失业保险分摊构成设置

（7）参考 5.3.2 的（5）~（7）操作，完成“个人承担养老保险”“个人承担医疗保险”“个人承担住房公积金”“个人承担失业保险”的“分摊选择”和“制单”如图 5-26~图 5-29 所示。

5.3.3.2 代扣个人所得税

（1）打开“个人所得税申报模板”对话框。在薪资管理子系统中，依次单击“业务处理”→“扣缴所得税”菜单项，系统打开“个人所得税申报模板”对话框。

分摊构成设置

部门名称	人员类别	工资项目	借方科目	借方项目大类	借方项目	贷方科目	贷方项目大类
总经理办公室,财务部,人力…	企管人员	应发合计	221101			224101	
销售部	销售人员	应发合计	221101			224101	
采购部	采购人员	应发合计	221101			224101	
仓管部	仓储人员	应发合计	221101			224101	

上一步　完成　取消

图 5-25　个人承担住房公积金分摊构成设置

简易桌面　工资分摊明细 ×

个人承担养老保险一览表

☐ 合并科目相同、辅助项相同的分录

类型 个人承担养老保险　　计提会计月份 7月

应发合计

计提基数	计提比例	计提金额	借方科目	借方项目大类	借方项目	贷方科目	贷方项目大类
8404.02	8.00%	672.32	221101			224102	
22274.34	8.00%	1781.95	221101			224102	
6766.21	8.00%	541.30	221101			224102	
4611.28	8.00%	368.90	221101			224102	
5030.00	8.00%	402.40	221101			224102	
5565.17	8.00%	445.21	221101			224102	
7324.24	8.00%	585.94	221101			224102	

(a)

转 账 凭 证

转 字 0009　　制单日期：2017.07.31　　审核日期：2017.07.31　　附单据数：0

摘 要	科目名称	借方金额	贷方金额
个人承担养老保险	应付职工薪酬/工资	479802	
个人承担养老保险	其他应付款/养老保险		479802
票号 日期	数量 单价 合 计	479802	479802

备注　项 目　　部 门
　　　个 人　　客 户
　　　业务员

记账 甲3　　审核 甲2　　出纳　　制单 甲1

(b)

图 5-26　个人承担养老保险

(a) 一览表；(b) 制单

简易桌面 工资分摊明细

个人承担医疗保险一览表

☑ 合并科目相同、辅助项相同的分录

类型 个人承担医疗保险

计提会计月份 7月

部门名称	人员类别	应发合计				
		计提基数	计提比例	计提金额	借方科目	借方项目大类
总经理办公室	企管人员	8404.02	2.00%	168.08	221101	
财务部		22274.34	2.00%	445.49	221101	
人力资源部		6766.21	2.00%	135.32	221101	
资产管理部		4611.28	2.00%	92.23	221101	
仓管部	仓储人员	5030.00	2.00%	100.60	221101	
采购部	采购人员	5565.17	2.00%	111.30	221101	
销售部	销售人员	7324.24	2.00%	146.48	221101	

(a)

转 账 凭 证

已生成

转 字 0010　　制单日期：2017.07.31　　审核日期：　　附单据数：0

摘 要	科目名称	借方金额	贷方金额
个人承担医疗保险	应付职工薪酬/工资	119950	
个人承担医疗保险	其他应付款/医疗保险		119950
票号 日期	数量 单价 合 计	119950	119950

备注　项 目　　部 门

个 人　　客 户

业务员

记账　　审核　　出纳　　制单 甲1

图 5-27 个人承担医疗保险

（a）一览表；（b）制单

个人承担住房公积金一览表

☐ 合并科目相同、辅助项相同的分录

类型 个人承担住房公积金

计提会计月份 7月

部门名称	人员类别	应发合计						
		计提基数	计提比例	计提金额	借方科目	借方项目大类	借方项目	贷方科目
总经理办公室	企管人员	8404.02	12.00%	1008.48	221101			224101
财务部		22274.34	12.00%	2672.92	221101			224101
人力资源部		6766.21	12.00%	811.95	221101			224101
资产管理部		4611.28	12.00%	553.35	221101			224101
仓管部	仓储人员	5030.00	12.00%	603.60	221101			224101
采购部	采购人员	5565.17	12.00%	667.82	221101			224101
销售部	销售人员	7324.24	12.00%	878.91	221101			224101

(a)

转 账 凭 证

转 字 0011　　制单日期：2017.07.31　　审核日期：2017.07.31　　附单据数：0

摘要	科目名称	借方金额	贷方金额
个人承担住房公积金	应付职工薪酬/工资	719703	
个人承担住房公积金	其他应付款/住房公积金		719703
票号 日期	数量 单价 合计	719703	719703

备注　项目　　部门
　　　个人　　客户
　　　业务员

记账 甲3　　审核 甲2　　出纳　　制单 甲1

(b)

图 5-28　个人承担住房公积金

（a）一览表；（b）制单

个人承担失业保险一览表

☑ 合并科目相同、辅助项相同的分录

类型 个人承担失业保险　　计提会计月份 7月

部门名称	人员类别	应发合计						
		计提基数	计提比例	计提金额	借方科目	借方项目大类	借方项目	贷方科目
总经理办公室	企管人员	8404.02	0.20%	16.81	221101			224104
财务部		22274.34	0.20%	44.55	221101			224104
人力资源部		6766.21	0.20%	13.53	221101			224104
资产管理部		4611.28	0.20%	9.22	221101			224104
仓管部	仓储人员	5030.00	0.20%	10.06	221101			224104
采购部	采购人员	5565.17	0.20%	11.13	221101			224104
销售部	销售人员	7324.24	0.20%	14.65	221101			224104

(a)

转 账 凭 证

转 字 0012　　制单日期：2017.07.31　　审核日期：2017.07.31　　附单据数：0

摘要	科目名称	借方金额	贷方金额
个人承担失业保险	应付职工薪酬/工资	11995	
个人承担失业保险	其他应付款/失业保险		11995
票号 日期	数量 单价 合计	11995	11995

备注　项目　　部门
　　　个人　　客户
　　　业务员

记账 甲3　　审核 甲2　　出纳　　制单 甲1

(b)

图 5-29　个人承担失业保险

（a）一览表；（b）制单

（2）个人所得税申报。在“请选择所在地区名”中选择“新建”按钮，在弹出的“新增地区”窗口中输入“山东”，单击“确定”按钮，如图5-30（a）所示。

（3）先在“报表类型”选择“扣缴个人所得税报表”或“报表名称”选项选中“系统扣缴个人所得税报表”，然后单击“新建”按钮，在弹出的“新增个人所得税报表”对话框中“请选择所在地区名称”选择为“山东”，“请输入报表名称”为“个人所得税扣缴申报表”，如图5-30所示。

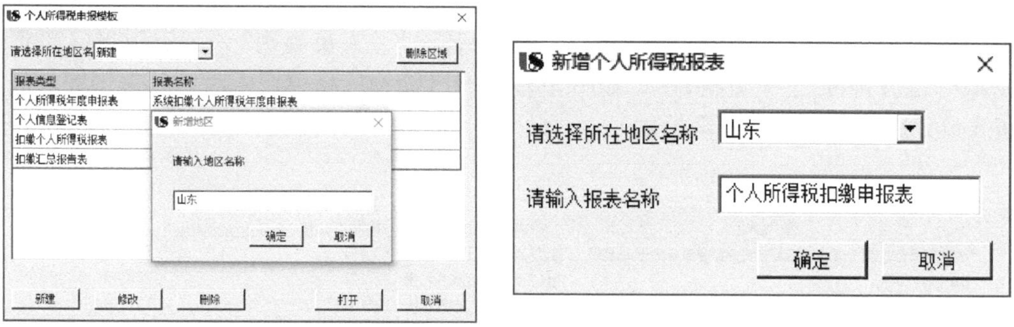

(a)　　(b)

图5-30　个人所得税申报

（a）模板；（b）报表

（4）单击“确定”按钮，返回“个人所得税申报模板”对话框，在“请选择所在地区名”中选择“山东”同时选中“个人所得税扣缴申报表”，单击“打开”按钮，系统打开“所得税申报”对话框，全部选择默认值，单击“确定”按钮，显示“个人所得税扣缴申报表”，如图5-31所示。

姓名	证件号码	所得项目	所属期间...	所属期间...	收入额	减费用额	应纳税所...	税率	速算扣除数	应纳税额	已扣缴税款
甲1		工资	20170101	20171231			3305.62	10	105.00	225.56	225.56
甲8		工资	20170101	20171231			1805.34	10	105.00	75.53	75.53
甲10		工资	20170101	20171231			0.00	0	0.00	0.00	0.00
甲2		工资	20170101	20171231			3032.46	10	105.00	198.25	198.25
甲3		工资	20170101	20171231			2437.07	10	105.00	138.71	138.71
甲4		工资	20170101	20171231			1116.44	3	0.00	33.49	33.49
甲7		工资	20170101	20171231			515.40	3	0.00	15.46	15.46
甲5		工资	20170101	20171231			607.19	3	0.00	18.22	18.22
甲6		工资	20170101	20171231			2504.13	10	105.00	145.41	145.41
甲9		工资	20170101	20171231			1515.52	10	105.00	46.55	46.55
合计							16839.17		630.00	897.18	897.18

图5-31　个人所得税扣缴申报表

（5）打开“工资分摊”对话框。在“企业应用平台”的“业务工作”选项中，依次单击“人力资源”→“薪资管理”→“业务处理”→“工资分摊”菜单项，系统打开

“工资分摊”对话框（操作步骤与前面完全类似，不再一一截图）。

（6）在“工资分摊”对话框中，单击“工资分摊设置”按钮，系统打开“分摊类型设置”对话框。

（7）代扣个人所得税的计提比例设置。在“分摊类型设置”对话框中，单击“增加”按钮，系统打开“分摊计提比例设置”对话框，在“计提类型名称”栏录入“代扣个人所得税”，此处“分摊计提比例”为100%。

（8）代扣个人所得税的分摊构成设置。单击“下一步”按钮，系统打开“分摊构成设置”对话框，在该对话框中，逐一编辑“部门名称”“人员类别”“工资项目（工资代扣税）”“借方科目”“贷方科目”，如图5-32所示（注：应将销售人员区分为销售人员和零售人员分别输入，如图5-32所示）。

分摊构成设置

部门名称	人员类别	工资项目	借方科目	借方项目大类	借方项目	贷方科目
总经理办公室,财务部,人力资源部,资产管理部,采购部,销售部	企管人员	工资代扣税	221101			222104
销售部	销售人员	工资代扣税	221101			222104
采购部	采购人员	工资代扣税	221101			222104
仓管部	仓储人员	工资代扣税	221101			222104
销售部	零售人员	工资代扣税	221101			222104

上一步　完成　取消

图5-32　个人所得税分摊构成设置

（9）单击“完成”按钮，保存该分摊构成设置，系统返回“分摊类型设置”对话框。

（10）查阅个人所得税。在“工资分摊”对话框中，仅选中“代扣个人所得税”，并选中所有核算部门，确认勾选“明细到工资项目”和“按项目核算”，单击“确定”按钮以完成计提工作，系统打开“工资分摊明细”窗口，显示“代扣个人所得税一览表”，如图5-33所示。

简易桌面　工资分摊明细

代扣个人所得税一览表

☐ 合并科目相同、辅助项相同的分录

类型 代扣个人所得税　　计提会计月份 7月

部门名称	人员类别	人员姓名	工资代扣税				
			分配金额	借方科目	借方项目大类	借方项目	贷方科目
总经理办公室	企管人员	甲1	225.56	221101			222104
财务部		甲2	198.25	221101			222104
		甲3	138.71	221101			222104
		甲4	33.49	221101			222104
人力资源部		甲8	75.53	221101			222104
仓管部	仓储人员	甲7	15.46	221101			222104
采购部	采购人员	甲5	18.22	221101			222104
销售部	销售人员	甲6	145.41	221101			222104
	零售人员	甲9	46.55	221101			222104

图5-33　代扣个人所得税一览表

（11）代扣个人所得税的分摊制单。在“工资分摊明细”窗口中，选中“合并科目相同、辅助项相同的分录”，再单击工具栏中的“制单”按钮，系统打开“填制凭证”窗口，选择凭证分类为“转账凭证”，单击“保存”按钮，保存该凭证，如图 5-34所示。

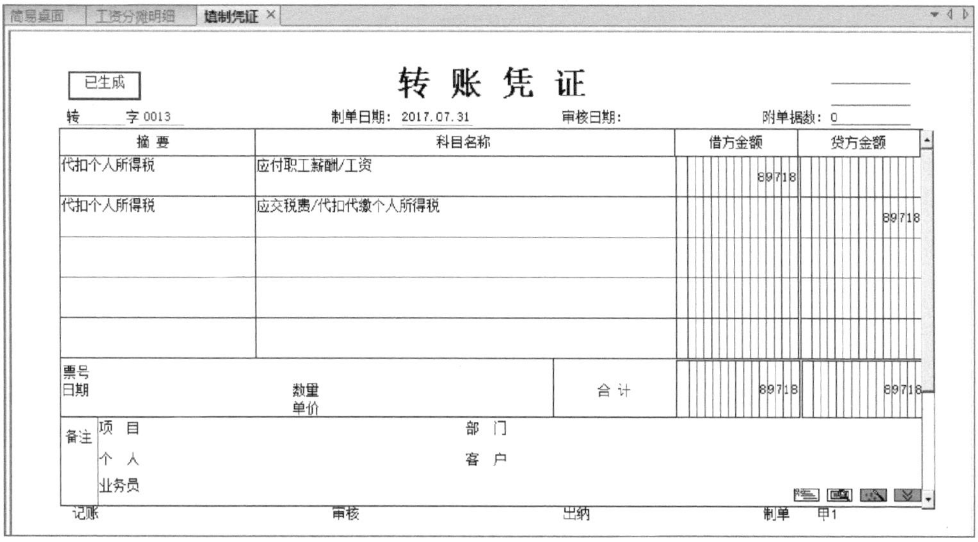

图 5-34 代扣个人所得税转账凭证

（12）退出。关闭“填制凭证”和“工资分摊明细”窗口。

5.3.4 工资分摊相关业务处理

业务三：31 日，按规定计提本月应交的“五险一金”、工会经费及职工教育费经费（合并科目相同、辅助项相同的分录）。分别按 20%、10%、1%、1%、0.8%、12%、2.5%、2%计提公司承担的养老保险、医疗保险、失业保险、工伤保险、生育保险、住房公积金以及职工教育经费和工会经费。

5.3.4.1 设置工资分摊类型

（1）打开“工资分摊”对话框。在“企业应用平台”的“业务工作”选项中，依次单击“人力资源”→“薪资管理”→“业务处理”→“工资分摊”菜单项，系统打开“工资分摊”对话框。

（2）在“工资分摊”对话框中，单击“工资分摊设置”按钮，系统打开“分摊类型设置”对话框。

（3）公司承担养老保险的计提比例设置。在“分摊类型设置”对话框中，单击“增加”按钮，系统打开“分摊计提比例设置”对话框，在“计提类型名称”栏录入“公司承担养老保险”，此处“分摊计提比例”为 20%。

（4）公司承担养老保险的分摊构成设置。单击“下一步”按钮，系统打开“分摊构成设置”对话框，在该对话框中，逐一编辑“部门名称”“人员类别”“工资项目（五险一金计提基数）”“借方科目”“贷方科目”，如图 5-35 所示（注意销售部人员借方科目）。

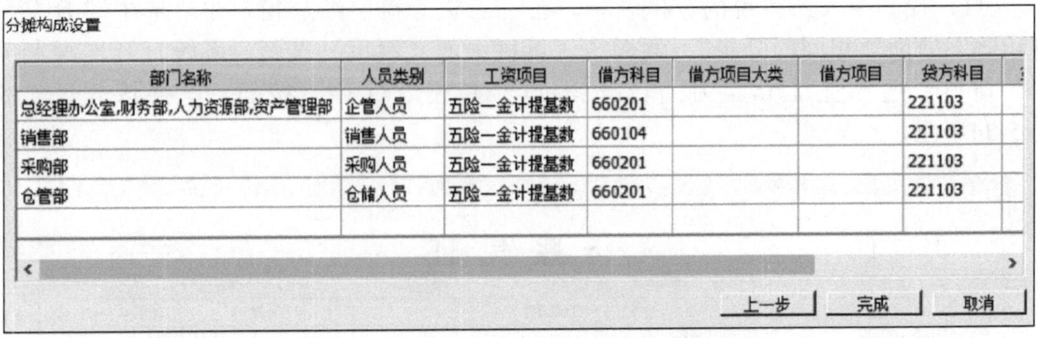
分摊构成设置

部门名称	人员类别	工资项目	借方科目	借方项目大类	借方项目	贷方科目
总经理办公室,财务部,人力资源部,资产管理部	企管人员	五险一金计提基数	660201			221103
销售部	销售人员	五险一金计提基数	660104			221103
采购部	采购人员	五险一金计提基数	660201			221103
仓管部	仓储人员	五险一金计提基数	660201			221103

图 5-35　公司承担养老保险分摊构成设置

（5）单击“完成”按钮，保存该分摊构成设置，系统返回“分摊类型设置”对话框。

（6）重复步骤（3）~（5），分别按照 10%、1%、1%、0.8%、12%、2.5%、2%的分摊比例完成公司承担的医疗保险、失业保险、工伤保险、生育保险、住房公积金以及职工教育经费和工会经费分摊设置，其中职工教育经费与工会经费的“工资项目”为“应发合计”。

（7）退出。单击“分摊构成设置”对话框中的“完成”按钮，系统返回“分摊类型设置”对话框，单击其“返回”按钮，返回“工资分摊”对话框，如图 5-36 所示。

分摊构成设置

部门名称	人员类别	工资项目	借方科目	借方项目大类	借方项目	贷方科目	贷方项目
总经理办公室,财务部,人力资源部,资产管理部	企管人员	应发合计	660201			221107	
销售部	销售人员	应发合计	660104			221107	
采购部	采购人员	应发合计	660201			221107	
仓管部	仓储人员	应发合计	660201			221107	

图 5-36　职工教育经费分摊构成设置

5.3.4.2　计提与批量制单

（1）计提公司承担的养老保险、医疗保险、失业保险、工伤保险、生育保险、住房公积金以及职工教育经费和工会经费。在“工资分摊”对话框中，选中“公司承担养老保险”“公司承担医疗保险”“公司承担失业保险”“公司承担工伤保险”“公司承担生育保险”“公司承担住房公积金”以及“职工教育经费”和“工会经费”，并选中所有核算部门，确认勾选“明细到工资项目”和“按项目核算”，单击“确定”按钮以完成计提工作，系统打开“工资分摊明细”窗口，显示“计提公司承担养老保险一览表”。

（2）批量制单。在“工资分摊明细”窗口中，选中“合并科目相同、辅助相同的分录”，再单击工具栏中的“批制”按钮，系统打开“填制凭证”窗口，选择凭证分类为

“转账凭证”，单击“保存”或“成批保存”按钮，分别保存凭证，生成的“转-0014”到“转-0021”凭证列表如图 5-37 所示。

2017-07-31	转 - 0008	工资费用分配	59975.26	59975.26	甲1		薪资管理系统	
2017-07-31	转 - 0009	个人承担养老保险	4798.02	4798.02	甲1		薪资管理系统	
2017-07-31	转 - 0010	个人承担医疗保险	1199.50	1199.50	甲1		薪资管理系统	
2017-07-31	转 - 0011	个人承担住房公积金	7197.03	7197.03	甲1		薪资管理系统	
2017-07-31	转 - 0012	个人承担失业保险	119.95	119.95	甲1		薪资管理系统	
2017-07-31	转 - 0013	代扣个人所得税	897.16	897.16	甲1		薪资管理系统	
2017-07-31	转 - 0014	公司承担失业保险	486.00	486.00	甲1		薪资管理系统	
2017-07-31	转 - 0015	公司承担工伤保险	486.00	486.00	甲1		薪资管理系统	
2017-07-31	转 - 0016	公司承担生育保险	388.80	388.80	甲1		薪资管理系统	
2017-07-31	转 - 0017	公司承担养老保险	9720.00	9720.00	甲1		薪资管理系统	
2017-07-31	转 - 0018	公司承担医疗保险	4860.00	4860.00	甲1		薪资管理系统	
2017-07-31	转 - 0019	公司承担住房公积金	5832.00	5832.00	甲1		薪资管理系统	
2017-07-31	转 - 0020	计提工会经费	1199.50	1199.50	甲1		薪资管理系统	
2017-07-31	转 - 0021	计提职工教育经费	1499.39	1499.39	甲1		薪资管理系统	

图 5-37　薪资管理系统凭证生成结果

（3）退出。单击“填制凭证”和“工资分摊明细”窗口中的“关闭”按钮，退出窗口。

注：

- 所有与工资相关的费用及基金均需建立相应的分摊类型名称及分类比例。
- 不同部门、相同人员类别可以设置不同的分摊科目。
- 不同部门、相同人员类别在设置时，可以一次选择多个部门。
- 工资分摊应按分摊类型依次进行。
- 在进行工资分摊时，如果不选择“合并科目相同、辅助项相同的分录”，则在生成凭证时将每一条分录都对应一个贷方科目；如果单击“批制”按钮，可以一次将所有参与本次分摊的“分摊类型”所对应的凭证全部生成。

5.4 薪资管理账簿查询

用“W02（甲 3）”登录，其他用户被授予权限的也可以登录，进行账簿查询操作。账簿查询分为我的账表、工资表、工资分析表三大类，选择相应的报表则可进行查询。

在“企业应用平台”的“业务工作”选项中，依次单击“人力资源”→“薪资管理”→“统计分析”→“账表”→“我的账表”菜单项，打开结果如图 5-38 所示。

双击“部门工资汇总表”，选择相应部门，单击“确定”按钮，显示部门工资汇总表如图 5-39 所示。

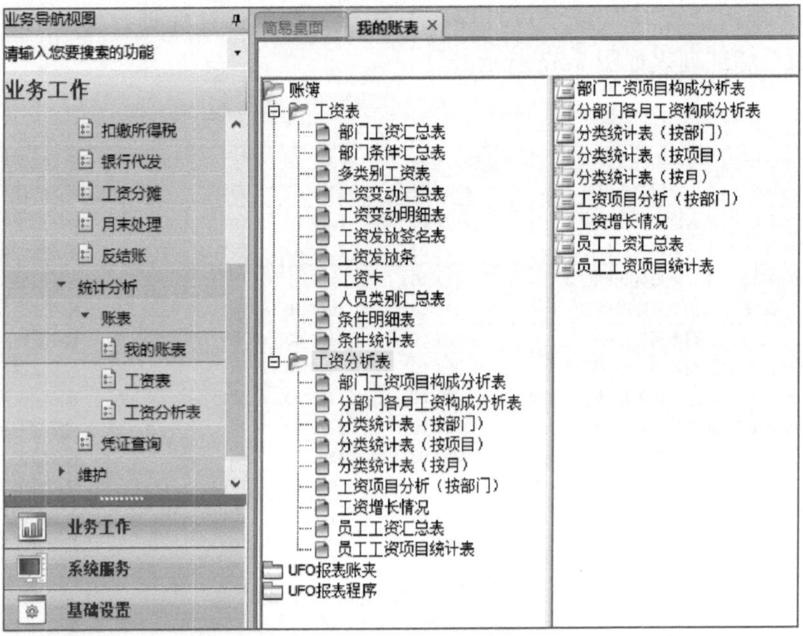

图 5-38　工资账表查询

部门工资汇总表

输出　设置　级次　退出

部门工资汇总表

2017 年 7 月

会计月份　七月

部门	人数	应发合计	扣款合计	实发合计	本月扣零	上月扣零	代扣税	计件工资	代付税	年终奖	工资代扣税	扣税合计	基本工资	岗位工资	奖金	事假天数	事假扣款	病假天数	病假扣款	住房公积金	失业保险	医疗保险	养老保险
行政管理部门	6	42055.85	10221.84	31834.01			671.54				671.54	671.54	26600.00	7400.00	980.00	8.00	1813.80	3.00	188.50	4080.00	68.00	680.00	2720.00
总经理办公室	1	8404.02	1823.96	6580.06			225.56				225.56	225.56	5400.00	1800.00	200.00					864.00	14.40	144.00	576.00
财务部	3	22274.34	5558.82	16715.52			370.45				370.45	370.45	14000.00	3800.00	460.00	4.00	1048.27	3.00	188.50	2136.00	35.60	356.00	1424.00
人力资源部	1	6766.21	1536.40	5229.81			75.53				75.53	75.53	4200.00	1200.00	180.00	1.00	262.07			648.00	10.80	108.00	432.00
资产管理部	1	4611.28	1302.66	3308.62									3000.00	600.00	140.00	3.00	503.46			432.00	7.20	72.00	288.00
仓储部	1	5030.00	1030.06	3999.94			15.46				15.46	15.46	3500.00	800.00	180.00			1.00	60.00	516.00	8.60	86.00	344.00
仓管部	1	5030.00	1030.06	3999.94			15.46				15.46	15.46	3500.00	800.00	180.00			1.00	60.00	516.00	8.60	86.00	344.00
质检部	0																						
采购部	1	5565.17	1476.20	4088.97			18.22				18.22	18.22	3800.00	800.00	160.00	2.00	436.78			552.00	9.20	92.00	368.00
销售部	2	13521.48	2693.79	10827.69			191.96				191.96	191.96	8500.00	2200.00	360.00			2.00	126.43	1284.00	21.40	214.00	856.00
合计	10	66172.50	15421.89	50750.61			897.18				897.18	897.18	42400.00	11200.00	1680.00	0.00	2250.58	6.00	374.93	6432.00	07.20	072.00	4288.00

制表　审核　复核：

图 5-39　部门工资汇总表

5.5　月末处理

实训 1　完成薪资管理系统已生成凭证的审核、出纳签字以及记账。

月末处理操作步骤：参照固定资产实训 4.5.13。

5.6　习题与参考答案

实训 2　公司数据变动及计算（见第 5 章“业务一”）

实训 3　代扣个人所得税及三险一金（见第 5 章“业务二”）

实训 4　工资分摊相关业务处理（见第 5 章“业务三”）

6 总账月末处理与其他模块月末结账

6.1 总账月末处理概述

（1）月末处理概述。总账的月末处理，一般有计算应交增值税及结转未缴增值税、计算并结转城市维护建设税及教育费附加、期间损益结转处理、计算并结转本月企业所得税、计算并结转法定盈余公积金、投资者利润以及所有凭证的出纳签字、会计主管签字与审核。

（2）月末转账。转账设置包括：自定义转账设置、对应结转设置、销售成本结转设置、商品售价（计划价）销售成本结转设置、汇兑损益结转设置、期间损益结转设置。

6.2 自定义转账定义及转账生成

6.2.1 自定义结转转账定义

计算本月应交增值税并结转本月未交增值税；计算本月应交的城建税、教育费附加及地方教育费附加。其中，城市维护建设税税率为7%，教育费附加与地方教育费附加的税率分别为3%与2%。

注：该账套本月没有预交增值税（即“已交增值税金”本月没有发生额），进项大于销项，借方余额为留抵税金，无须进行账务处理，借方余额留待下月继续抵扣，无须进行转出未交增值税与附加税。此处仅用于讲解结转增值税与附加税的步骤学习。

以W02（甲3）身份登录后，时间选择“2017-07-31”。单击“业常工作”→“财务会计”→“总账”→“期末”→“转账定义”→“自定义转账”菜单项，进入“自定义转账设置”界面。

6.2.1.1 结转未交增值税

（1）单击“增加”按钮，可定义一张转账凭证，编辑“转账序号”为“0001”，“转账说明”为“结转未交增值税”，并选择“凭证类别”为“转账凭证”。

（2）单击“确定”按钮，继续定义转账凭证分录信息。

（3）单击“增行”按钮，摘要输入“结转未交增值税”，选择“科目编码”为“22210106（转出未交增值税）”，“方向”为“借”；“金额公式”栏，单击“参照”按钮，打开“公式向导”对话框，选择“期末余额”函数“QM（）”，单击“下一步”按钮，继续定义公式，选择“科目”为“222101（应交增值税）”，其他项为默认，单击“完成”按钮，金额公式带回自定义转账设置窗口。

（4）单击“增行”按钮，确定分录的贷方信息。选择“科目编码”为“222102（未交增值税)”，“方向”为“贷”，单击“参照”按钮，打开“公式向导”对话框，选择“取对方科目计算结果”为金额公式“JG ()”，单击“下一步”按钮，其他用默认值，再点击“完成”按钮，金额公式带回自定义转账设置窗口，如图 6-1 所示。

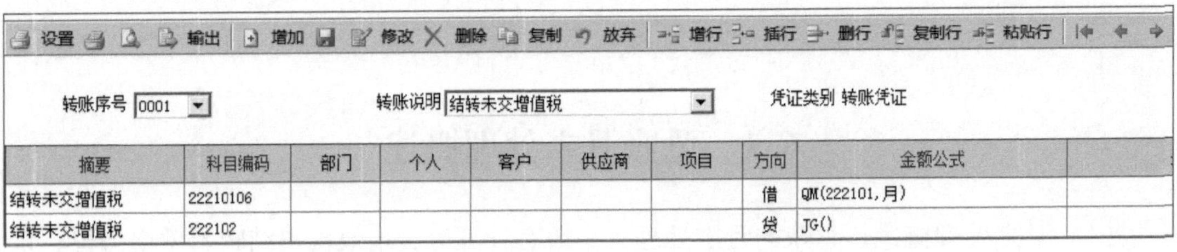

图 6-1　自定义转账设置——结转未交增值税

（5）单击“ ”按钮。

6.2.1.2　计提城市维护建设税

（1）在当前窗口，单击“增加”按钮，输入“转账序号”为“0002”，“转账说明”为“计提城市维护建设税”，并选择“凭证类别”为“转账凭证”。单击“确定”按钮，继续定义转账凭证分录信息。

（2）单击“增行”按钮，确定分录贷方信息。摘要输入“计提城市建设维护税”，选择“科目编码”为“6403（营业税金及附加）”，方向为“借”，单击“参照”按钮，打开“公式向导”对话框，选择“取对方科目计算结果”“JG ()”，单击“下一步”按钮，单击“完成”。

（3）单击“增行”按钮，选择“科目编码”为“222105（应交城市维护建设税）”，方向为“贷”；双击金额公式栏，单击“参照”按钮，打开“公式向导”对话框。选择“期末余额”函数“QM ()”，单击“下一步”按钮，返回“公式向导”窗口。

（4）在该窗口，勾选“☑ 继续输入公式”，并选择运算符为“◉ *(乘)”，单击“下一步”按钮，到“公式向导”对话框。

（5）公式名称选择“常数”，单击“下一步”按钮。在弹出的“公式向导”对话框中，在常数窗口输入“0.07”，单击“完成”按钮，如图 6-2 所示。

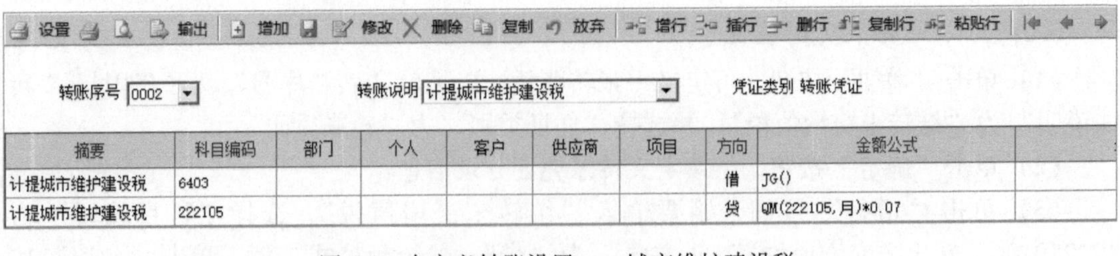

图 6-2　自定义转账设置——城市维护建设税

注：第（4）和第（5）步操作也可简化为：第（3）步完成后，单击“完成”按钮，最后将光标移至已经生成的金额公式“QM（222105，月）”末尾，输入“＊0.07”，按〈Enter〉键确认，如图 6-2 所示。

6.2.1.3 教育费附加及地方教育费附加

同理，教育费附加（＊0.03）及地方教育费附加（＊0.02）的自定义过程如6.2.1.2节步骤，结果如图6-3和图6-4所示。

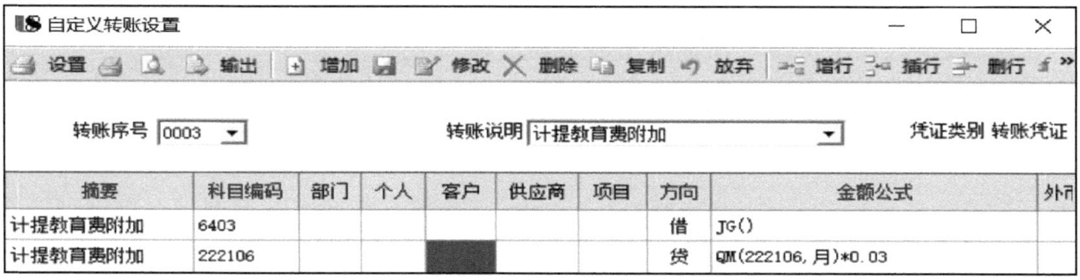

图6-3 自定义转账设置——计提教育费附加

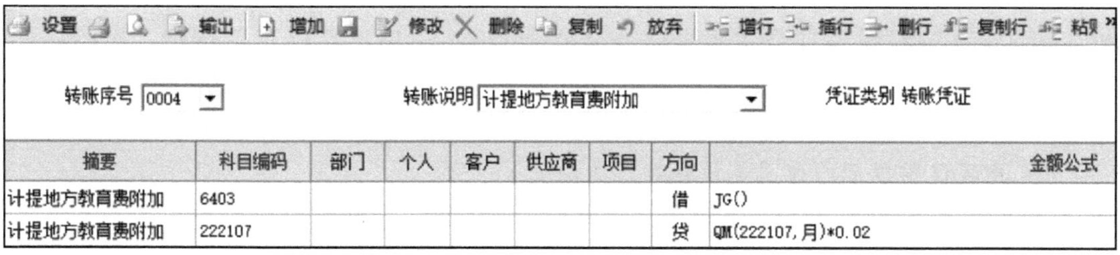

图6-4 自定义转账设置——计提地方教育费附加

6.2.2 自定义结转转账生成

（1）执行“业务工作”→“财务会计”→“总账”→“期末”→“转账生成”命令，如图6-5（a）所示。

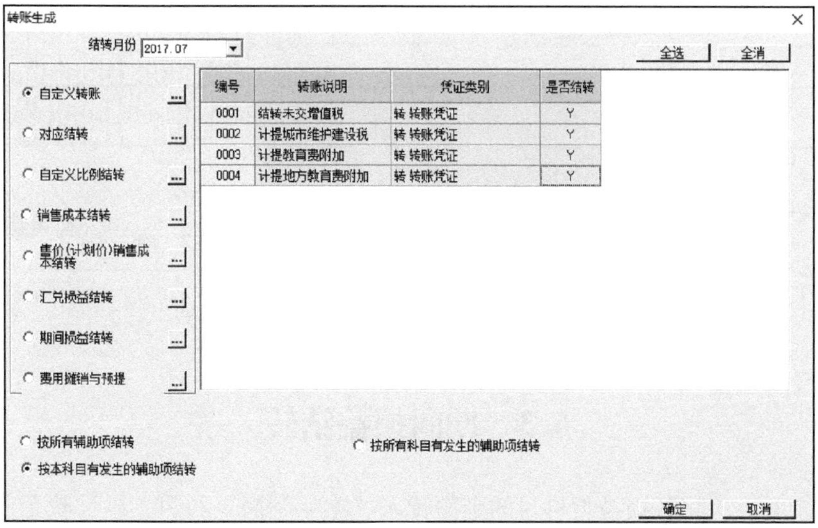

(a)

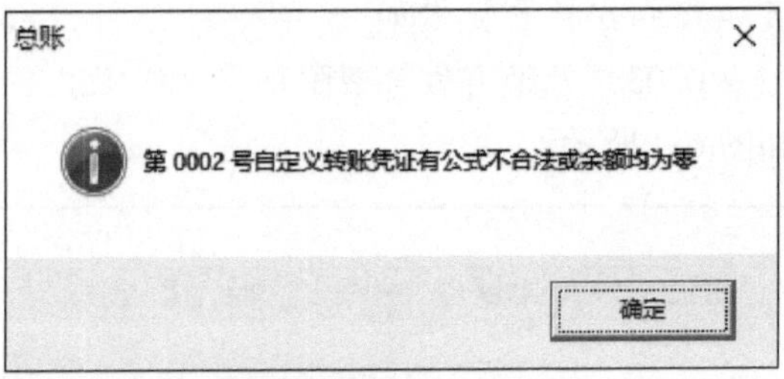

(b)

图 6-5　转账生成

（a）城市维护建设税；（b）系统提示

（2）选择“自定义转账”单选按钮，双击编号所在行“是否结转”栏，出现“Y”标记（或者单击“全选”按钮）。单击“确定”按钮，系统提示“第 0002 号自定义转账凭证有公式不合法或余额全为零”，如图 6-5（b）所示。单击“确定”按钮，提示“第 0003 号自定义转账凭证有公式不合法或余额全为零”，单击“确定”按钮，提示“第 0004 号自定义转账凭证有公式不合法或余额全为零”，单击“确定”按钮，单击“取消”按钮。

注：出现这些提示的原因是该科目在本期没有余额。

（3）单击“保存”按钮，凭证左上角显示“已生成”字样。

（4）以“A01 甲 1”对生成的凭证进行审核和记账，如图 6-6 所示。

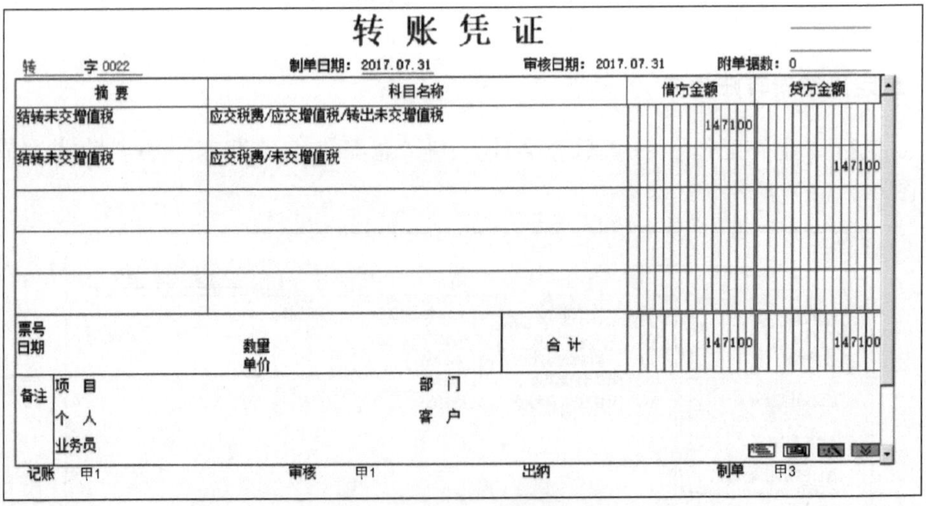

图 6-6　转账生成——结转未交增值税转账凭证

6.3　期间损益结转

会计期末时，应将各损益类科目的余额转入“本年利润”科目，以反映企业在一个会计期间内实现的利润或亏损总额。

收入类科目：主营业务收入、其他业务收入、投资收益、公允价值变动损益、营业外收入。

成本费用类科目：主营业务成本、税金及附加、其他业务成本、销售费用、管理费用、财务费用、营业外支出、企业所得税。

6.3.1 业务要求

31 日，进行期末损益类账户结转（按收入和支出分别生成记账）。

6.3.2 操作步骤

（1）以“W02(甲 3)”登录企业应用平台，时间选择“2017-07-31”。

（2）打开“期间损益结转设置”对话框。在“企业应用平台”的“业务工作”选项中，依次单击“财务会计”→“总账”→“期末”→“转账定义”→“期间损益”菜单项，系统打开“期间损益结转设置”对话框，如图 6-7 所示。

（3）设置本年利润科目。在“期间损益结转设置”对话框中，选择凭证类别为“转账凭证”，参照输入或直接输入“本年利润科目”为“4103（本年利润）”，然后在对话框中的列表区单击，结果如图 6-7 所示。

图 6-7 期间损益结转设置

（4）确定并退出。单击“期间损益结转设置”窗口中的“确定”按钮，确定设置并退出该窗口。

（5）打开“转账生成”对话框。在“总账”子系统中，依次单击“期末”→“转账生成”菜单项，打开“转账生成”对话框。

（6）设置收入结转项。在“转账生成”对话框中，先选中左侧的“期间损益结转”

单选项，再选择对话框上方的“类型”为“收入”，并单击“全选”按钮，使表体的所有记录行的“是否结转”栏出现“Y”字样，如图6-8所示。

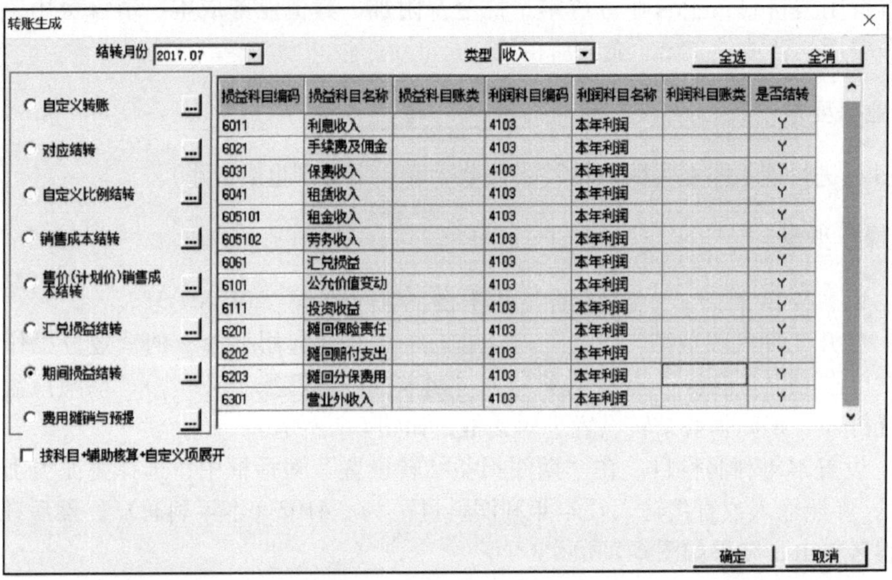

图6-8 转账生成——收入

（7）生成收入转账凭证。单击“转账生成”对话框中的“确定”按钮，系统弹出“转账”窗口，默认显示“期间损益结转”收入的记账凭证，显示图6-9（a）所示的凭证。

（8）修改并保存生成的收入转账凭证。这张凭证只有借方，没有贷方，且“投资收益”科目借方显示为“红字”金额，表示是负数，这样就把借方改到贷方，保存修改后的凭证，如图6-9（b）所示。

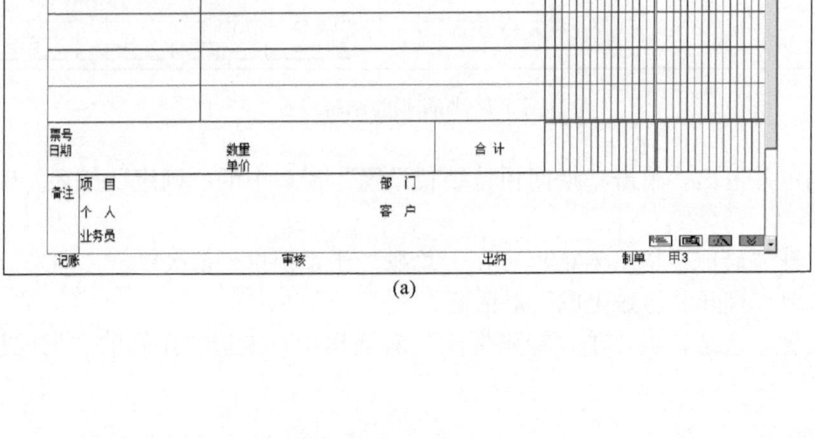

(a)

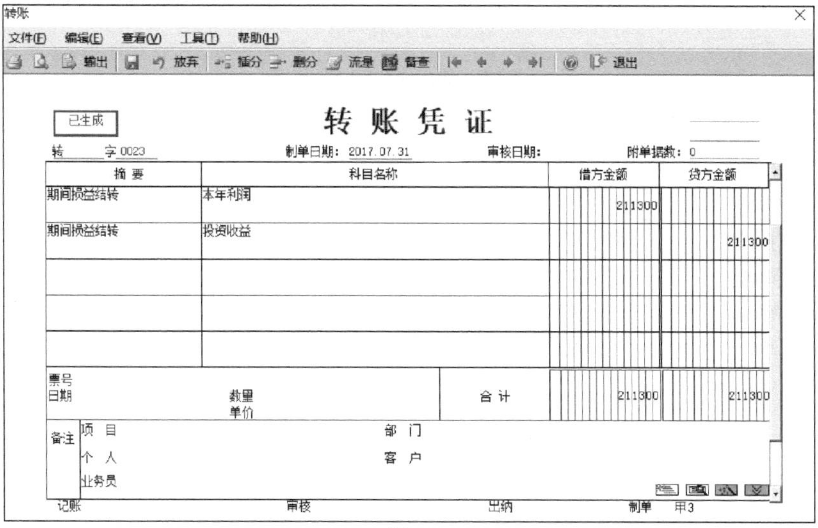

(b)

图 6-9　期间损益结转收入转账

（a）原始凭证；（b）正式凭证

（9）生成支出转账凭证（类似于收入期间损益结转收入凭证，不再详细截图）。单击“转账”窗口中的“退出”按钮，退出该窗口，返回“转账生成”对话框；此时选择对话框上方的“类型”为“支出”，并单击“全选”按钮，再单击“确定”按钮，系统弹出信息提示框，提示“有未记账凭证，是否继续结转?”，单击“是”按钮，系统弹出“转账”窗口，默认显示“期间损益结转”支出的原始记账凭证。

（10）修改和保存凭证。该凭证分录比较多，翻到该凭证的最后一页（0003/0003），如图 6-10（a）所示。发现该页凭证“财务费用”科目为红色，表示该值为负；同理，需要把该科目的借方金额改到贷方金额，单击“保存”按钮，保存该凭证，如图 6-10（b）所示。

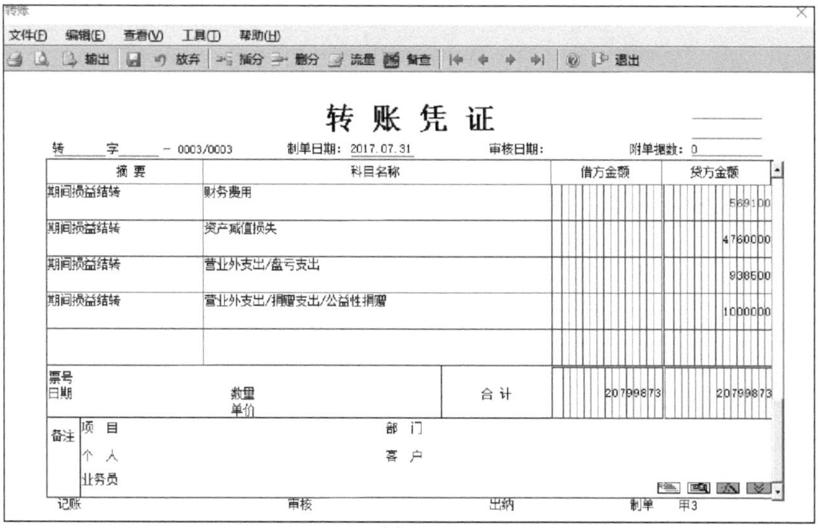

(a)

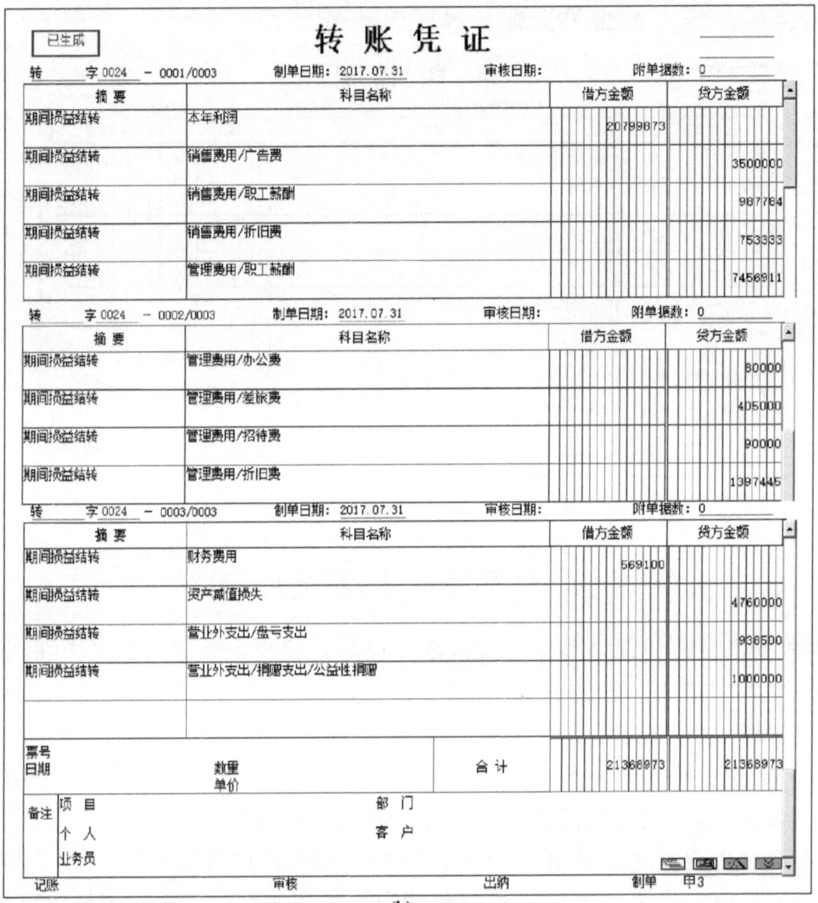
已生成

转 账 凭 证

转 字 0024 － 0001/0003 制单日期：2017.07.31 审核日期： 附单据数：0

摘要	科目名称	借方金额	贷方金额
期间损益结转	本年利润	20799873	
期间损益结转	销售费用/广告费		3500000
期间损益结转	销售费用/职工薪酬		987784
期间损益结转	销售费用/折旧费		753333
期间损益结转	管理费用/职工薪酬		7456911

转 字 0024 － 0002/0003 制单日期：2017.07.31 审核日期： 附单据数：0

摘要	科目名称	借方金额	贷方金额
期间损益结转	管理费用/办公费		80000
期间损益结转	管理费用/差旅费		405000
期间损益结转	管理费用/招待费		90000
期间损益结转	管理费用/折旧费		1397445

转 字 0024 － 0003/0003 制单日期：2017.07.31 审核日期： 附单据数：0

摘要	科目名称	借方金额	贷方金额
期间损益结转	财务费用	569100	
期间损益结转	资产减值损失		4760000
期间损益结转	营业外支出/盘亏支出		938500
期间损益结转	营业外支出/捐赠支出/公益性捐赠		1000000
票号 日期 数量 单价	合计	21368973	21368973

备注 项目 部门
个人 客户
业务员

记账 审核 出纳 制单 甲3

(b)

图 6-10 期间损益结转支出

(a) 原始凭证；(b) 正式凭证

(11) 退出。在“转账”窗口中，单击“退出”按钮退出该窗口；再单击“转账生成”对话框中的“取消”按钮。

(12) W01 甲 2 对刚生成的 2 笔凭证进行审核（此处凭证不涉及现金业务，无须出纳签字），然后 W02 甲 3 对凭证进行记账。

6.4 计提并结转本月企业所得税

根据会计制度，本公司企业所得税税率为 25%。

企业所得税的计算公式为“本月利润科目贷方发生额减去本月利润科目借方发生额，如果该差值为正，则按照该值的 25%计提企业所得税；如果该差值为负，则不计提企业所得税”。写成函数公式即“iff ((FS(4103,月,贷) -FS(4103,月,借)) >0, (FS(4103,月,贷)-FS(4103,月,借)) ＊0.25,0)”。

6.4.1 业务要求

31 日，计提并结转本月企业所得税。

6.4.2 计提企业所得税操作步骤

（1）打开“自定义转账设置”窗口。在“企业应用平台”的“业务工作”选项中，依次单击“财务会计”→“总账”→“期末”→“转账定义”→“自定义转账”菜单项，系统打开“自定义转账设置”窗口。

（2）进行“计提本月企业所得税”转账设置。在“自定义转账设置”窗口，单击工具栏中的“增加”按钮，系统弹出“转账目录”对话框，编辑“转账序号”为“0005”，“转账说明”为“计提本月企业所得税”，选择凭证类别为“转账凭证”，单击“确定”按钮，返回“自定义转账设置”窗口。

（3）转账公式的第 1 行设置。单击“增行”按钮，编辑其科目编码为“680101（当期所得税费用）”，方向为“借”，双击“金额公式”行，直接输入“iff((FS(4103,月,贷)-FS(4103,月,借))>0,(FS(4103,月,贷)-FS(4103,月,借))*0.25,0)”。

（4）转账公式第 2 行设置。单击“增行”按钮，编辑科目编码为“222103（应交所得税）”，方向为“贷”，“金额公式”为“JG()（取对方科目计算结果）”。

（5）保存。单击工具栏中的“保存”按钮，保存转账公式设置，如图 6-11 所示，然后退出。

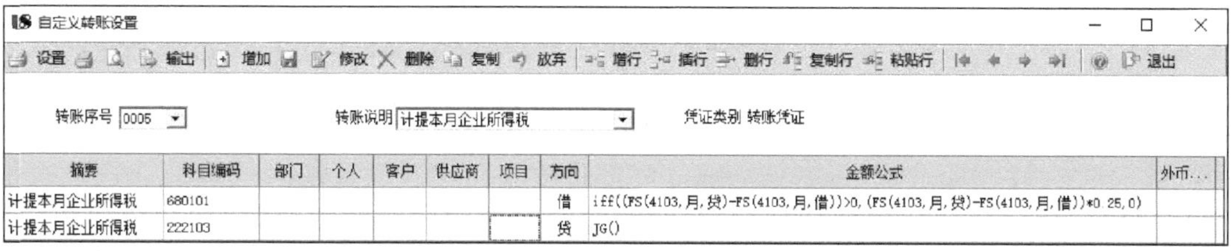

图 6-11 自定义转账设置——计提本月企业所得税

6.4.3 结转企业所得税操作步骤

（1）在“总账”系统，单击“期末”→“转账生成”菜单项，系统打开“转账生成”对话框。

（2）生成并保存转账凭证。双击编号为“0005”的记录所在行的“是否结转”栏，使其出现“Y”字样，单击“确定”按钮，系统弹出“总账”提示窗口，说明该转账凭证余额为零（主要是本月利润发生额为负），不需要结转，如图 6-12 所示。

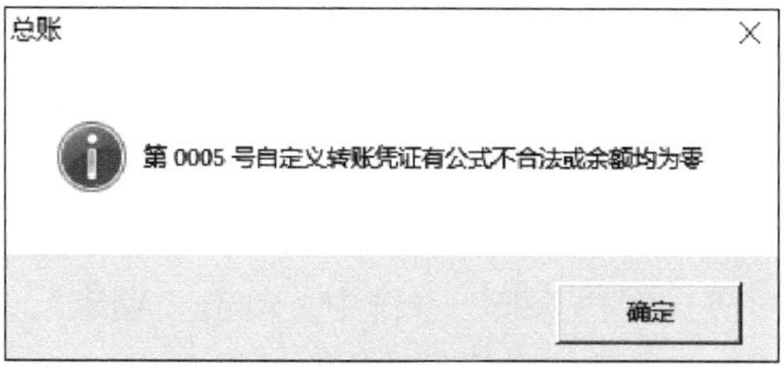

图 6-12 计提企业所得税凭证提示窗口

6.5　计提并结转法定盈余公积金与投资者利润

6.5.1　业务要求

31日，比照年末按全年税后利润的10%提取法定盈余公积、30%提取投资者利润，并结转利润分配科目中的各明细科目。

6.5.2　操作步骤

（1）以“W02甲3”登录，打开“自定义转账设置”窗口。在“企业应用平台”的“业务工作”选项中，依次单击“财务会计”→“总账”→“期末”→“转账定义”→“自定义转账”菜单项，系统打开“自定义转账设置”窗口。

（2）进行“计提法定盈余公积金”转账设置。在“自定义转账设置”窗口，单击工具栏中“增加”按钮，系统弹出“转账目录”对话框，编辑“转账序号”为“0006”，“转账说明”为“计提法定盈余公积金”，选择凭证类别为“转账凭证”，单击“确定”按钮，返回“自定义转账设置”窗口。

（3）转账公式的第1行设置。单击“增行”按钮，编辑其科目编码为“410401（提取法定盈余公积）”，方向为“借”，双击“金额公式”栏，直接输入公式“iff((FS(4103,月,贷)-FS(4103,月,借))>0,(FS(4103,月,贷)-FS(4103,月,借))*0.1,0)”。

（4）公式第2行设置。单击“增行”按钮，编辑科目编码为“410101”，方向为“贷”，“金额公式”为“JG（）（取对方科目计算结果）”。

（5）保存。单击工具栏中的“保存”按钮，保存转账公式设置，如图6-13所示。

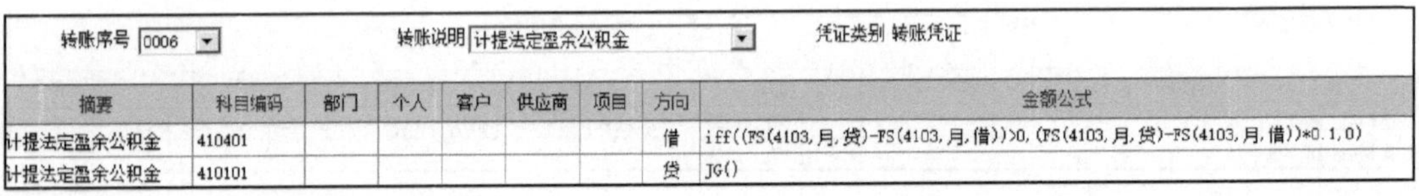
转账序号 0006　　转账说明 计提法定盈余公积金　　凭证类别 转账凭证

摘要	科目编码	部门	个人	客户	供应商	项目	方向	金额公式
计提法定盈余公积金	410401						借	iff((FS(4103,月,贷)-FS(4103,月,借))>0,(FS(4103,月,贷)-FS(4103,月,借))*0.1,0)
计提法定盈余公积金	410101						贷	JG()

图6-13　自定义转账设置——计提法定盈余公积

（6）重复上述（2）~（5）步骤，“计提投资者利润”序号为“0007”，如图6-14所示。

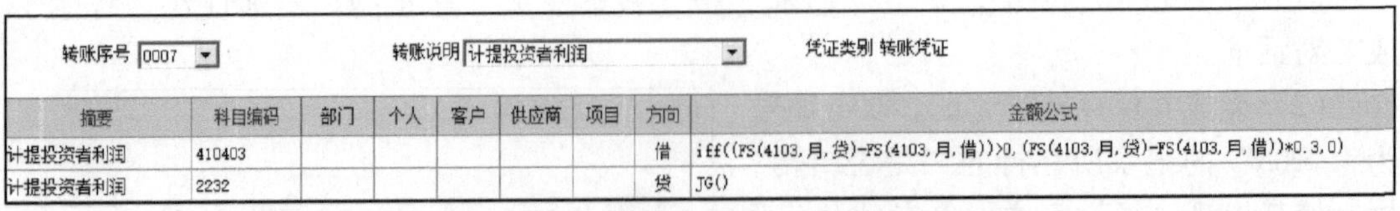
转账序号 0007　　转账说明 计提投资者利润　　凭证类别 转账凭证

摘要	科目编码	部门	个人	客户	供应商	项目	方向	金额公式
计提投资者利润	410403						借	iff((FS(4103,月,贷)-FS(4103,月,借))>0,(FS(4103,月,贷)-FS(4103,月,借))*0.3,0)
计提投资者利润	2232						贷	JG()

图6-14　自定义转账设置——计提投资者利润

（7）在“总账”系统中，单击“期末”→“转账生成”菜单项，打开“转账生成”对话框，选择“自定义结转”。

（8）生成并保存转账凭证。双击编号为“0006”“0007”的记录所在行的“是否结转”栏，使其出现“Y”字样，单击“确定”按钮，系统弹出“总账”提示窗口，如图 6-15和图 6-16 所示。

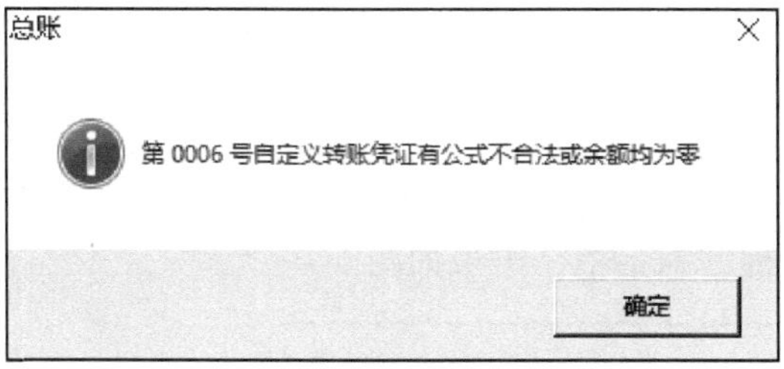

图 6-15　提取法定盈余公积金凭证提示

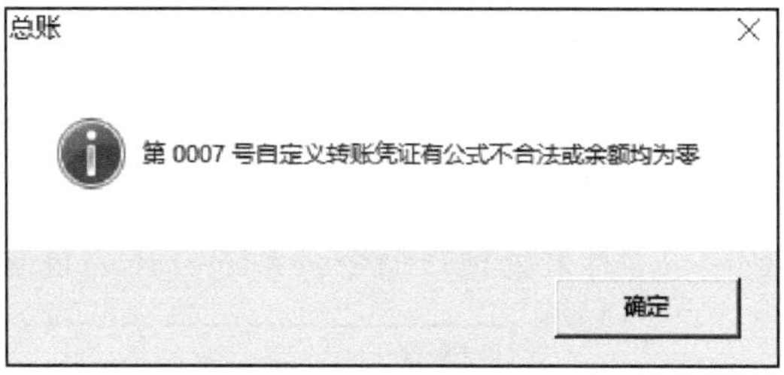

图 6-16　计提投资者利润凭证提示

（9）如果这几张有生成的凭证，以“A01 甲 1”登录系统，对该凭证进行审核和记账。

6.6　业务模块月末结账

6.6.1　固定资产系统月末结账

（1）以“W02 甲 3”身份登录企业应用平台，“操作日期”为“2017 年 7 月 31 日”。

（2）在“业务工作”选项卡中，依次执行“财务会计”→“固定资产”→“处理”→“月末结账”命令，系统打开“月末结账”对话框，结果如图 6-17 所示。

（3）结账。在“月末结账”对话框中，单击“开始结账”按钮，系统弹出“与账务对账结果”信息提示框，如图 6-18 所示。单击“确定”按钮，系统弹出“月末结账成功完成!”信息提示框。

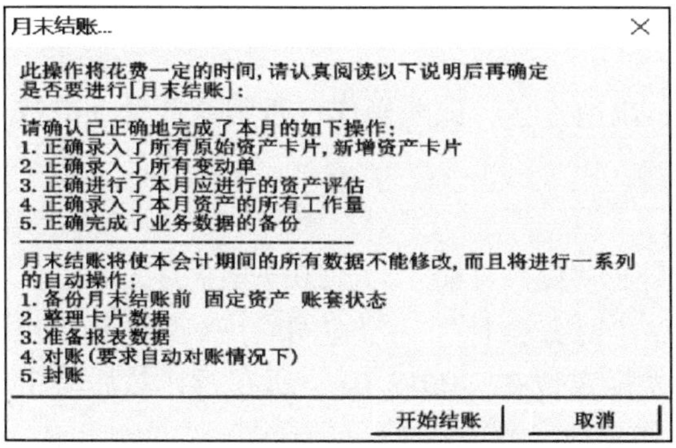

图 6-17　固定资产系统月末结账

图 6-18　固定资产与账务对账结果

（4）退出。单击提示框中的“确定”按钮，并在再次弹出的提示框中单击“确定”按钮，系统返回企业应用平台。

注：

● 固定资产系统结账前，需要对凭证进行审核、出纳签字、记账操作，否则会出现对账不平衡的结果。

● 如果初始化时“对账不平允许月末结账”没有选中，这时只要固定资产系统与总账系统出现偏差，导致对账不平，就不能结账。

6.6.2 薪资管理系统月末结账

（1）以“W02 甲 3”身份登录企业应用平台，“操作日期”为“2017 年 7 月 31 日”。

（2）在“业务工作”选项卡中，依次执行“人力资源”→“薪资管理”→“业务处理”→“月末处理”命令，系统打开“月末处理”对话框，结果如图 6-19 所示。

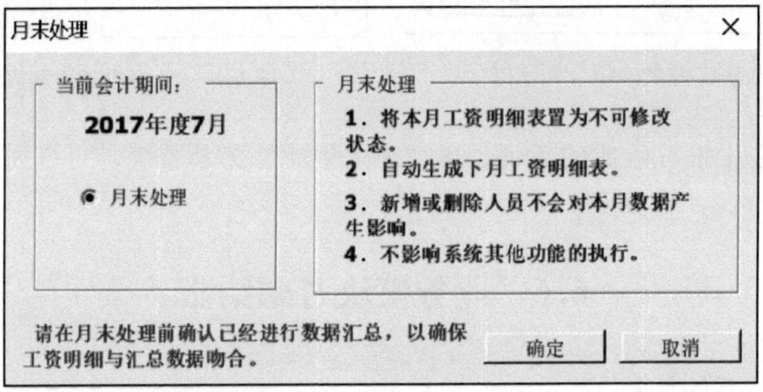

图 6-19 月末处理对话框

（3）结账。在“月末处理”对话框中，单击“确定”按钮，系统弹出“月末处理之后，本月工资将不许变动！继续月末处理吗?”信息提示框，单击“是”按钮，系统弹出“是否选择清零项?”提示框，单击“否”按钮，系统弹出“月末处理完毕!”信息提示框。

（4）退出。单击提示框中的“确定”按钮，完成薪资管理月末结账。

6.6.3 总账系统月末对账与结账

对账、结账前一定要对所有凭证进行审核、出纳签字、记账操作；否则这些凭证的数据并未实际进入正式数据库，会引起账表不平。

6.6.3.1 对账与试算平衡

（1）以“W02(甲 3)”身份登录企业应用平台，“操作日期”为“2017 年 7 月 31 日”。

（2）在“业务工作”选项卡中，依次执行“财务会计”→“总账”→“期末”→“对账”命令，系统打开“对账”对话框，将光标定位在“2017. 07”所在行，然后单击工具栏中的“选择”按钮，使其“是否对账”栏出现“Y”字样。

（3）对账。在“对账”对话框中，单击工具栏中的“对账”按钮，系统自动对账，对账月份的“对账结果”栏显示“正确”，结果如图 6-20 所示。

（4）试算。单击工具栏的“试算”按钮，系统弹出“2017. 07 试算平衡表”对话框，如图 6-21 所示。单击“确定”按钮，系统返回“对账”对话框。

（5）退出。单击“退出”按钮，系统退出“对账”对话框。

注：

● 若对账结果为账账不符，则对账月份的“对账结果”栏显示“错误”，单击工具栏

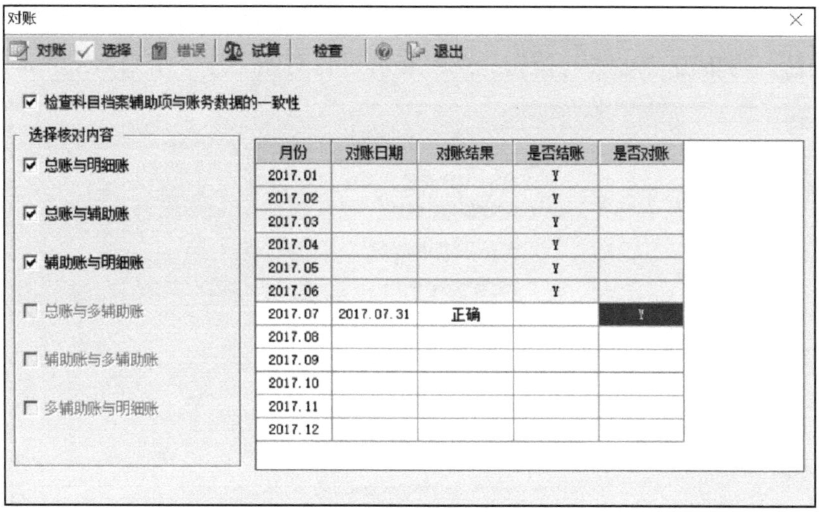

图 6-20　总账月末对账结果

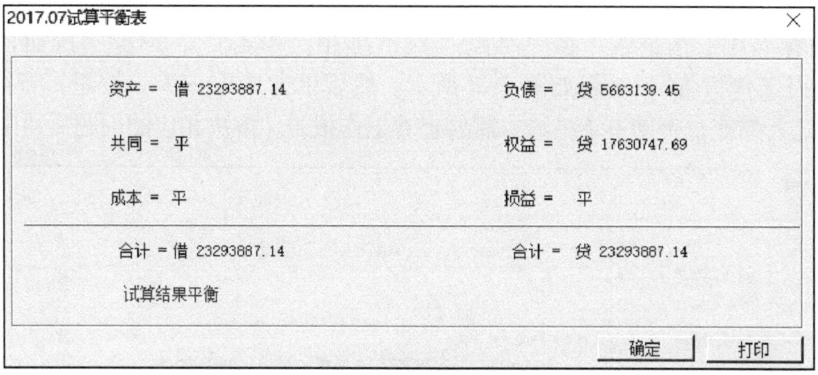

图 6-21　期末试算平衡表

中的“错误”按钮，可查看引起账账不符的原因。

● 如果需要恢复记账前状态，需要以“W02 甲 3”身份登录进行操作，具体操作如下（详见 3.3.7 节）：

1）在“业务工作”选项卡中，执行“财务会计”→“总账”→“期末”→“对账”命令，系统打开“对账”对话框。

2）在“对账”对话框，按下〈Ctrl〉+〈H〉按钮，弹出提示信息“恢复记账前状态已被激活”，单击“确定”按钮，返回到用友主界面。

3）依次执行“总账”→“凭证”→“恢复记账前状态”命令，然后在弹出“恢复记账前状态”对话框中，根据需要选择相应的恢复方式，单击“确定”按钮。

6.6.3.2　结账

（1）以“W02 甲 3”身份登录企业应用平台，“操作日期”为“2017 年 7 月 31 日”。

（2）在“业务工作”选项卡中，依次执行“财务会计”→“总账”→“期末”→“结账”命令，系统打开“结账”对话框。

（3）先对账。在“结账”对话框中，单击要结账的月份“2017.07”，然后单击“下一步”按钮，再单击“对账”按钮，系统自动进行对账工作，结果如图6-22所示。

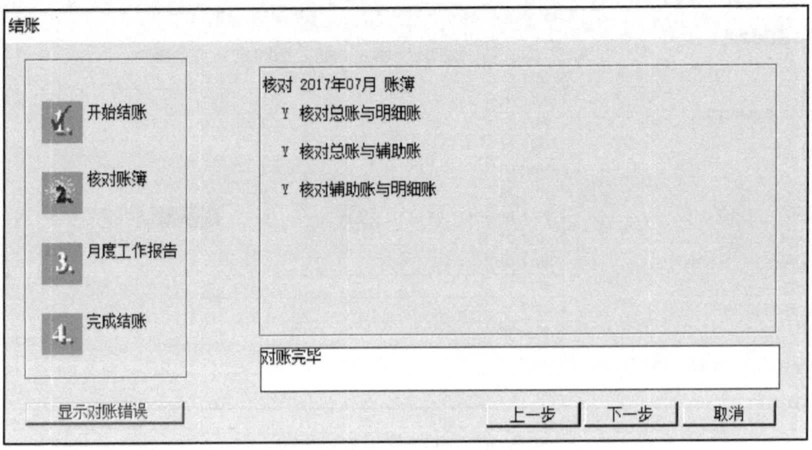

图6-22 总账核对账簿结果

（4）查看本月工作报告。在“结账”对话框中，单击“下一步”按钮，系统显示“2017年07月工作报告”，结果如图6-23所示。然后单击“下一步”按钮，若符合结账要求，系统将进行结账；否则不予结账，需要查看工作报告，解决相应的问题后再继续结账。

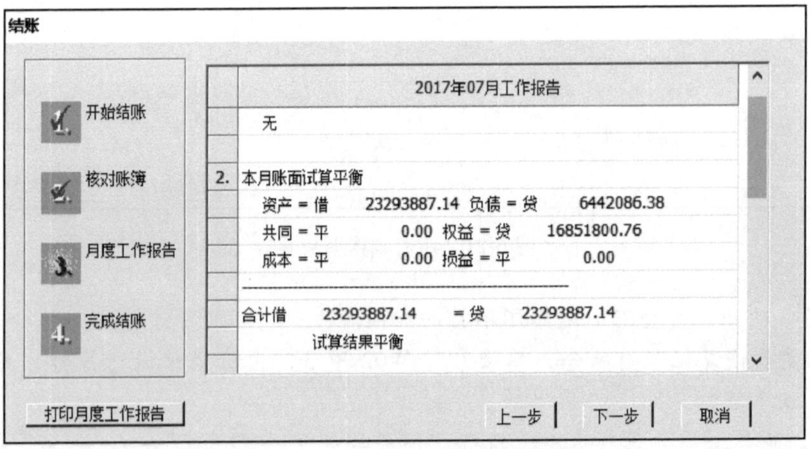

图6-23 2017年07月工作报告

注：如果系统开始已经启用购销存业务，即使没有进行任何操作，也需要按照“采购管理”“销售管理”“存货管理”“存货核算”“应付款管理”“应收款管理”的顺序分别结账，然后再进行总账系统结账。

（5）结账并退出。单击“结账”按钮，如图6-24所示，系统将返回企业应用平台。

注：

- 总账结账前，需要保证除总账以外已经启用的其他系统全部结账，否则总账系统无法完成结账操作。

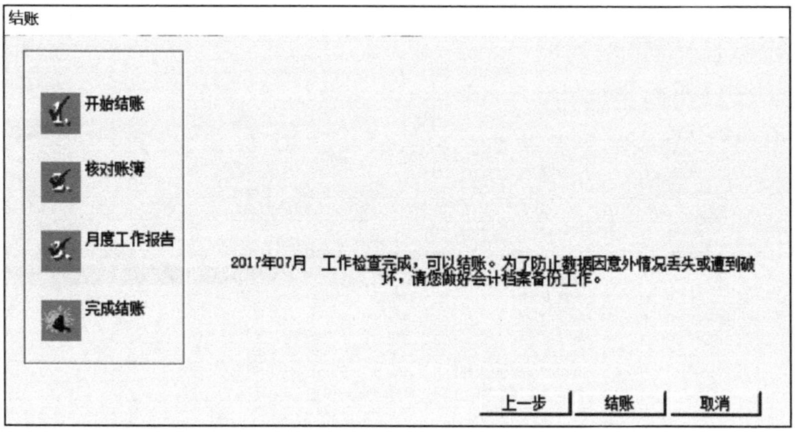

图 6-24 2017 年 07 月结账

- 总账结账后的月份不允许填制凭证。

6.6.3.3 反结账

结账后，如果需要反结账，需由账套主管进行，具体操作如下：

（1）在“业务工作”选项卡中，执行“财务会计”→“总账”→“期末”→“结账”命令，系统打开“结账”对话框。

（2）选择要取消结账的月份“2017.07”，按下〈Ctrl〉+〈Shift〉+〈F6〉组合键，系统弹出“确认口令”对话框，如图 6-25 所示；需要输入账套主管的口令（本账套口令为空），然后单击“确定”按钮，即可取消结账。

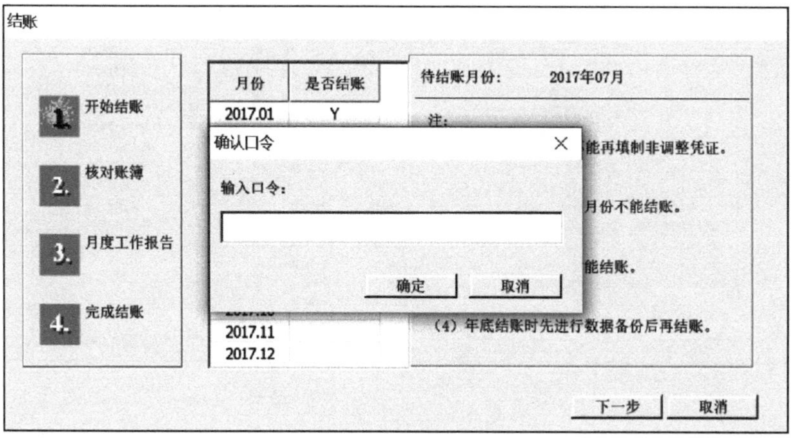

图 6-25 “反结账”窗口

6.7 结账后凭证汇总

为便于读者核对前面所有已做完凭证，同时也为了方便报表结果的一致，下面把前面所有已做凭证查询截图，后面报表的数据也是基于这些凭证的数据，如图 6-26 所示。

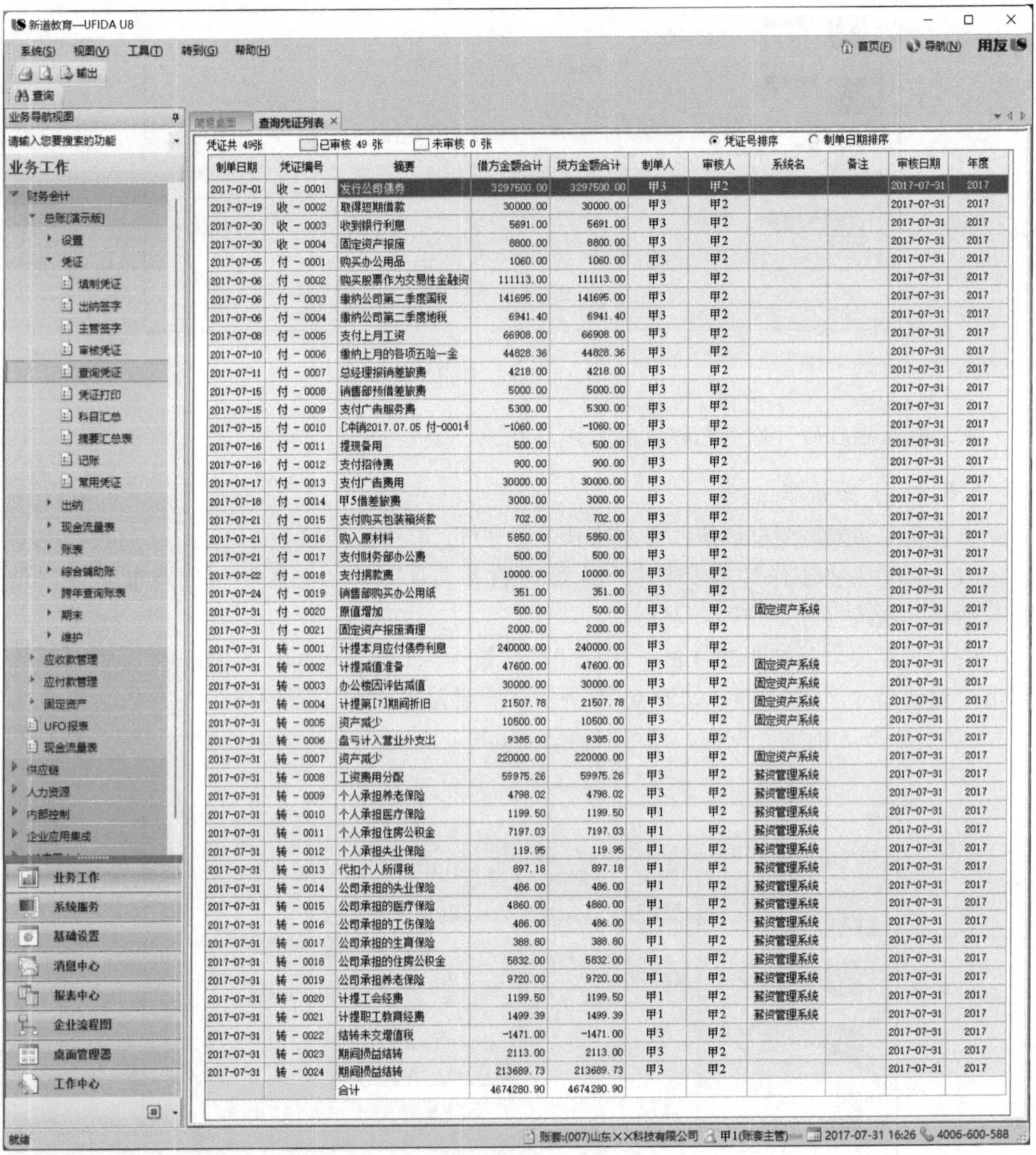

制单日期	凭证编号	摘要	借方金额合计	贷方金额合计	制单人	审核人	系统名	备注	审核日期	年度
2017-07-01	收 - 0001	发行公司债券	3297500.00	3297500.00	甲3	甲2			2017-07-31	2017
2017-07-19	收 - 0002	取得短期借款	30000.00	30000.00	甲3	甲2			2017-07-31	2017
2017-07-30	收 - 0003	收到银行利息	5691.00	5691.00	甲3	甲2			2017-07-31	2017
2017-07-30	收 - 0004	固定资产报废	8800.00	8800.00	甲3	甲2			2017-07-31	2017
2017-07-05	付 - 0001	购买办公用品	1060.00	1060.00	甲3	甲2			2017-07-31	2017
2017-07-06	付 - 0002	购买股票作为交易性金融资	111113.00	111113.00	甲3	甲2			2017-07-31	2017
2017-07-06	付 - 0003	缴纳公司第二季度国税	141695.00	141695.00	甲3	甲2			2017-07-31	2017
2017-07-06	付 - 0004	缴纳公司第二季度地税	6941.40	6941.40	甲3	甲2			2017-07-31	2017
2017-07-08	付 - 0005	支付上月工资	66908.00	66908.00	甲3	甲2			2017-07-31	2017
2017-07-10	付 - 0006	缴纳上月的各项五险一金	44828.36	44828.36	甲3	甲2			2017-07-31	2017
2017-07-11	付 - 0007	总经理报销差旅费	4218.00	4218.00	甲3	甲2			2017-07-31	2017
2017-07-15	付 - 0008	销售部预借差旅费	5000.00	5000.00	甲3	甲2			2017-07-31	2017
2017-07-15	付 - 0009	支付广告服务费	5300.00	5300.00	甲3	甲2			2017-07-31	2017
2017-07-15	付 - 0010	[冲销2017.07.05 付-0001	-1060.00	-1060.00	甲3	甲2			2017-07-31	2017
2017-07-16	付 - 0011	提现备用	500.00	500.00	甲3	甲2			2017-07-31	2017
2017-07-16	付 - 0012	支付招待费	900.00	900.00	甲3	甲2			2017-07-31	2017
2017-07-17	付 - 0013	支付广告费用	30000.00	30000.00	甲3	甲2			2017-07-31	2017
2017-07-18	付 - 0014	甲5借差旅费	3000.00	3000.00	甲3	甲2			2017-07-31	2017
2017-07-21	付 - 0015	支付购买包装箱货款	702.00	702.00	甲3	甲2			2017-07-31	2017
2017-07-21	付 - 0016	购入原材料	5850.00	5850.00	甲3	甲2			2017-07-31	2017
2017-07-21	付 - 0017	支付财务部办公费	500.00	500.00	甲3	甲2			2017-07-31	2017
2017-07-22	付 - 0018	支付捐款费	10000.00	10000.00	甲3	甲2			2017-07-31	2017
2017-07-24	付 - 0019	销售部购买办公用纸	351.00	351.00	甲3	甲2			2017-07-31	2017
2017-07-31	付 - 0020	原值增加	500.00	500.00	甲3	甲2	固定资产系统		2017-07-31	2017
2017-07-31	付 - 0021	固定资产报废清理	2000.00	2000.00	甲3	甲2			2017-07-31	2017
2017-07-31	转 - 0001	计提本月应付债券利息	240000.00	240000.00	甲3	甲2			2017-07-31	2017
2017-07-31	转 - 0002	计提减值准备	47600.00	47600.00	甲3	甲2	固定资产系统		2017-07-31	2017
2017-07-31	转 - 0003	办公楼因评估减值	30000.00	30000.00	甲3	甲2	固定资产系统		2017-07-31	2017
2017-07-31	转 - 0004	计提第[7]期间折旧	21507.78	21507.78	甲3	甲2	固定资产系统		2017-07-31	2017
2017-07-31	转 - 0005	资产减少	10500.00	10500.00	甲3	甲2	固定资产系统		2017-07-31	2017
2017-07-31	转 - 0006	盘亏计入营业外支出	9385.00	9385.00	甲3	甲2			2017-07-31	2017
2017-07-31	转 - 0007	资产减少	220000.00	220000.00	甲3	甲2	固定资产系统		2017-07-31	2017
2017-07-31	转 - 0008	工资费用分配	59975.26	59975.26	甲3	甲2	薪资管理系统		2017-07-31	2017
2017-07-31	转 - 0009	个人承担养老保险	4798.02	4798.02	甲3	甲2	薪资管理系统		2017-07-31	2017
2017-07-31	转 - 0010	个人承担医疗保险	1199.50	1199.50	甲1	甲2	薪资管理系统		2017-07-31	2017
2017-07-31	转 - 0011	个人承担住房公积金	7197.03	7197.03	甲1	甲2	薪资管理系统		2017-07-31	2017
2017-07-31	转 - 0012	个人承担失业保险	119.95	119.95	甲1	甲2	薪资管理系统		2017-07-31	2017
2017-07-31	转 - 0013	代扣个人所得税	897.18	897.18	甲1	甲2	薪资管理系统		2017-07-31	2017
2017-07-31	转 - 0014	公司承担的失业保险	486.00	486.00	甲1	甲2	薪资管理系统		2017-07-31	2017
2017-07-31	转 - 0015	公司承担的医疗保险	4860.00	4860.00	甲1	甲2	薪资管理系统		2017-07-31	2017
2017-07-31	转 - 0016	公司承担的工伤保险	486.00	486.00	甲1	甲2	薪资管理系统		2017-07-31	2017
2017-07-31	转 - 0017	公司承担的生育保险	388.80	388.80	甲1	甲2	薪资管理系统		2017-07-31	2017
2017-07-31	转 - 0018	公司承担的住房公积金	5832.00	5832.00	甲1	甲2	薪资管理系统		2017-07-31	2017
2017-07-31	转 - 0019	公司承担养老保险	9720.00	9720.00	甲1	甲2	薪资管理系统		2017-07-31	2017
2017-07-31	转 - 0020	计提工会经费	1199.50	1199.50	甲1	甲2	薪资管理系统		2017-07-31	2017
2017-07-31	转 - 0021	计提职工教育经费	1499.39	1499.39	甲1	甲2	薪资管理系统		2017-07-31	2017
2017-07-31	转 - 0022	结转未交增值税	-1471.00	-1471.00	甲3	甲2			2017-07-31	2017
2017-07-31	转 - 0023	期间损益结转	2113.00	2113.00	甲3	甲2			2017-07-31	2017
2017-07-31	转 - 0024	期间损益结转	213689.73	213689.73	甲3	甲2			2017-07-31	2017
		合计	4674280.90	4674280.90						

图 6-26 凭证汇总表

6.8 习 题

(1) 按照 6.2 节要求，完成转账序号 0001、0002、0003、0004 的定义，然后分别对他们进行结转（只生成凭证 0022）。

(2) 按照 6.3 节要求，分别生成凭证 0023、0024。

（3）按照 6.4 和 6.5 节要求，设置完成转账序号 0005、0006、0007 定义，并回答为什么在本账套的数据中，这些自定义凭证不能实际生成凭证。

（4）完成本账套的期末结账。

（5）完成结账后的凭证汇总，并和图 6-26 进行对比，有不一致的地方请分析错误原因，直到一致为止。

7 UFO 报表系统

7.1 UFO 报表系统概述

会计报表是以货币为计量单位，总括反映企业、行政和事业等单位在某一时点的资产状况以及一定时期内财务状况和经营成果的报告。

编制会计报表是每个会计人员期末最重要的工作之一，从一定意义上说，也是一个会计期间工作完成的标志。编制会计报表是会计核算的一项专门方法，它将日常核算中繁多分散的会计资料，按统一的会计制度要求来规定其格式和编制方法，并把这些加以归类、整理、汇总，形成一套指标体系，从而全面地反映企业的经营成果。

UFO 报表系统是会计信息系统中一个独立的子系统，为企业内部各管理部门及外部相关部门提供了综合反映企业一定时期财务状况、经营成果和现金流量的会计信息。

UFO 报表系统是真正的三维立体表，它提供了丰富的实用功能，完全实现了三维立体表的四维处理能力。利用 UFO 报表系统除了能够编制各种对外和内部报表外，还能实现对报表进行审核、汇总，进而生成各种分析图，按预定格式输出各种会计报表。

7.1.1 UFO 报表系统的基本功能

（1）提供各行业报表模板（包括现金流量表）。UFO 报表系统可以提供 21 个行业的标准财务报表模板，包括最新的“现金流量表”，可轻松生成复杂报表。此外，还提供自定义模板的新功能，使用户可以根据本单位的实际需要定制模板。

（2）文件管理功能。UFO 报表系统提供了各类文件管理功能，并且能够进行不同文件格式的转换，包括文本文件、MDB 文件、EXCEL 文件、LOTUS 1-2-3 文件等。UFO 报表系统支持多个窗口同时显示和处理，可同时打开的文件和图形窗口多达 40 个；并提供了标准财务数据的“导入”和“导出”功能，可以和其他流行财务软件交换数据。

（3）格式管理功能。UFO 报表系统提供了丰富的格式设计功能，如设计组合单元、画表格线（包括斜线）、调整行高列宽、设置字体和颜色、设置显示比例等，用户通过此项功能可制作各种要求的报表。

（4）数据处理功能。UFO 以固定的格式管理大量不同的表页，能将多达 99999 张具有相同格式的报表资料统一在一个报表文件中管理，并且在每张表页之间建立有机的联系。UFO 报表系统提供了排序、审核、舍位平衡、汇总功能；绝对单元公式和相对单元公式，可以方便、迅速地定义计算公式，形成种类丰富的函数。

7.1.2 UFO 报表系统的目标

UFO 报表系统的目标是根据账务处理系统、会计信息系统中的其他子系统、UFO 报表系统内部，以及其他系统中的数据来源，针对各类会计报表使用者对报表编制与分析的需要，依据相关的会计制度和会计法规，及时、准确、完整地向使用者提供会计信息。

7.1.3 UFO 报表系统与其他系统之间的关系

UFO 报表系统主要是从其他系统中提取编制报表所需的数据。总账、工资、固定资产、应收、应付、财务分析、采购、库存、存货核算和销售子系统均可向报表子系统传递数据，以生成财务部门所需的各种会计报表。

报表编制工作在计算机上完成，根据计算机编制报表的工作内容，会计报表软件的工作流程可分为报表名称登记、报表格式及数据处理公式设置、报表编制和报表输出四步。

7.2 UFO 报表系统业务处理

报表编制工作由“甲 2”完成，所以以下操作均以“W01 甲 2”身份登录企业应用平台，“操作日期”为“2017 年 7 月 31 日”。

7.2.1 编制资产负债表

资产负债表是反映企业在某一特定日期（如月末、季末、年末）全部资产、负债和所有者权益情况的会计报表，是企业经营活动的静态体现，根据“资金运用=资金来源”的会计恒等式，分为“资产”和“负债及股东权益”两大板块；依照一定的分类标准和一定的次序，将某一特定日期的资产、负债、所有者权益的具体项目予以适当的排列编制而成。

业务要求：31 日，财务部门生成公司 2017 年 7 月资产负债表。

7.2.1.1 调用并调整“资产负债表”报表模板操作步骤

（1）在“业务工作”选项卡中，依次执行“财务会计”→“UFO 报表”命令，打开“UFO 报表”窗口，然后单击菜单栏中的“文件”→“新建”选项，新建一个报表，报表默认名为“report1”。

（2）调用报表模板。单击菜单栏中的“格式”→“报表模板”选项，系统打开“报表模板”对话框，然后选择“所在的行业”为“2007 年新会计制度科目”此处“财务报表”选择“资产负债表”，如图 7-1 所示。再单击“确定”按钮，系统弹出“模板将覆盖本表格格式！是否继续?”信息提示框，单击“确定”按钮，系统打开“资产负债表”模板。

（3）删除“编制单位:”。在“report1”窗口中，选中 A3 单元格，按〈Delete〉键将“编制单位:”删除。

（4）设置关键字。选中 A3 单元格，单击菜单栏中的“数据”→“关键字”→“设置”选项，打开“设置关键字”对话框，结果如图 7-2 所示。系统默认选中“单位名称”，单击“确定”按钮，完成设置。

（5）保存报表模板。单击菜单栏中的“文件”→“保存”选项，系统弹出“另存为”对话框，选择保存的位置，修改文件名为“资产负债表”，然后单击“另存为”按钮，结果如图 7-3 所示。

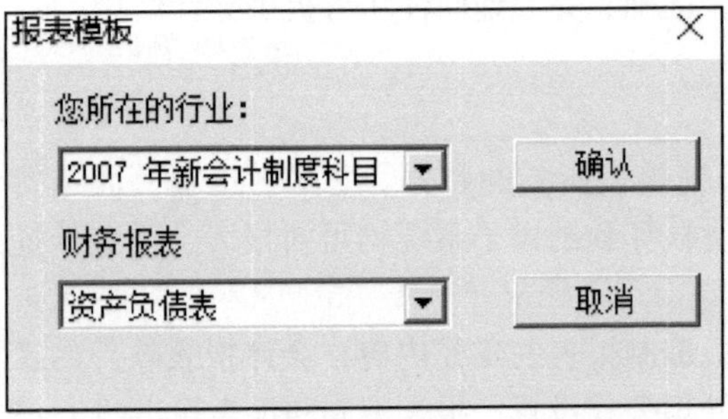

图 7-1　报表模板中会计制度与报表选择

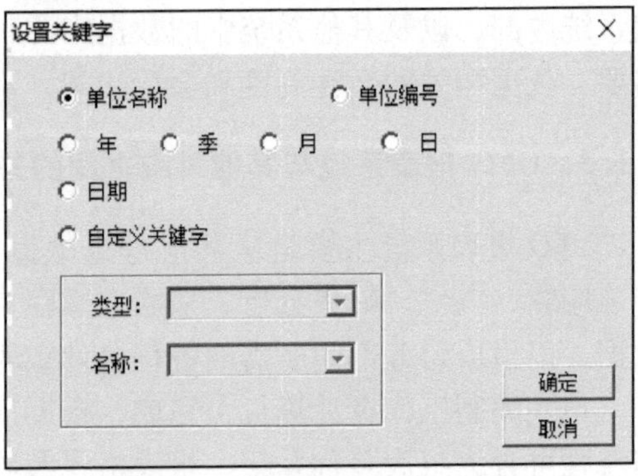

图 7-2　“设置关键字”对话框

资产负债表

会企01表

单位名称：xxxxxxxxxxxxxxxxxxxxxxxxxxxxxxx xxxx 年　xx 月　xx 日　单位:元

资　产	行次	期末余额	年初余额	负债和所有者权益（或股东权益）	行次	期末余额	年初余额
流动资产：				流动负债：			
货币资金	1	公式单元	公式单元	短期借款	32	公式单元	公式单元
交易性金融资产	2	公式单元	公式单元	交易性金融负债	33	公式单元	公式单元
应收票据	3	公式单元	公式单元	应付票据	34	公式单元	公式单元
应收账款	4	公式单元	公式单元	应付账款	35	公式单元	公式单元
预付款项	5	公式单元	公式单元	预收款项	36	公式单元	公式单元
应收利息	6	公式单元	公式单元	应付职工薪酬	37	公式单元	公式单元
应收股利	7	公式单元	公式单元	应交税费	38	公式单元	公式单元
其他应收款	8	公式单元	公式单元	应付利息	39	公式单元	公式单元
存货	9	公式单元	公式单元	应付股利	40	公式单元	公式单元
一年内到期的非流动资产	10			其他应付款	41	公式单元	公式单元
其他流动资产	11			一年内到期的非流动负债	42		
流动资产合计	12	公式单元	公式单元	其他流动负债	43		
非流动资产：				流动负债合计	44	公式单元	公式单元
可供出售金融资产	13	公式单元	公式单元	非流动负债：			
持有至到期投资	14	公式单元	公式单元	长期借款	45	公式单元	公式单元
长期应收款	15	公式单元	公式单元	应付债券	46	公式单元	公式单元
长期股权投资	16	公式单元	公式单元	长期应付款	47	公式单元	公式单元
投资性房地产	17	公式单元	公式单元	专项应付款	48	公式单元	公式单元
固定资产	18	公式单元	公式单元	预计负债	49	公式单元	公式单元
在建工程	19	公式单元	公式单元	递延所得税负债	50	公式单元	公式单元
工程物资	20	公式单元	公式单元	其他非流动负债	51		
固定资产清理	21	公式单元	公式单元	非流动负债合计	52	公式单元	公式单元
生产性生物资产	22	公式单元	公式单元	负债合计	53	公式单元	公式单元
油气资产	23	公式单元	公式单元	所有者权益（或股东权益）：			
无形资产	24	公式单元	公式单元	实收资本（或股本）	54	公式单元	公式单元
开发支出	25	公式单元	公式单元	资本公积	55	公式单元	公式单元
商誉	26	公式单元	公式单元	减：库存股	56	公式单元	公式单元
长期待摊费用	27	公式单元	公式单元	盈余公积	57	公式单元	公式单元
递延所得税资产	28	公式单元	公式单元	未分配利润	58	公式单元	公式单元
其他非流动资产	29			所有者权益（或股东权益）合计	59	公式单元	公式单元
非流动资产合计	30	公式单元	公式单元				
资产总计	31	公式单元	公式单元	债和所有者权益(或股东权益)总	60	公式单元	公式单元

图 7-3　“资产负债表”模板

注：报表格式设置完后切记要及时保存，以便以后随时调用。如果没有保存就退出系统，系统会提示“是否保存报表?”信息，以防止操作失误，“.rep”为用友报表文件专用扩展名。

7.2.1.2 报表函数简介

用友软件函数详见用友软件帮助中的“业务函数帮助”。现以报表中最常用的期初函数为例进行说明。

A 符号约定

:: = 表示导出，就是“即”或“是”含义，如〈科目编码〉:: =〈字符串〉。

〈 〉 表示语法单位，如:〈科目编码〉。

[ ] 表示可缺省，如:[〈账套号〉]、[〈年度〉]。

| 表示可选择，如：期初 | QC。

* 表示参数数目可以从 0 到多个。

斜体字 表示关键字，来源于用友电子报表，详见“期间与关键字”。

正体字 表示用户可直接输入的字符串，一般是函数名称、左右括号和逗号。

B 函数说明

总账—期初额函数，财务函数：QC、sQC、wQC/期初额函数。

C 函数格式

期初额函数〉:: =〈期初额函数名〉(〈科目编码〉,〈会计期间〉,[〈方向〉],[〈账套号〉],[〈会计年度〉],[〈编码 1〉],[〈编码 2〉],[截止日期] ,[〈是否包含未记账〉],[〈编码 1 汇总〉],[〈编码 2 汇总〉],[〈是否包含调整期 默认 Y 包含〉])

D 分项含义

〈期初额函数名〉:: =期初|QC|数量期初|sQC|外币期初|wQC

〈科目编码〉:: =〈字符串〉

〈会计期间〉:: =〈整数〉|全年|季|月|日期

〈方向〉:: =〈字符串〉

〈账套号〉:: =〈字符串〉

〈会计年度〉:: =〈整数〉|年

〈编码 1〉:: =〈字符串〉

〈编码 2〉:: =〈字符串〉

〈截止日期〉:: =〈字符串〉

〈是否包含未记账〉:: =〈字符串〉

〈编码 1 汇总〉:: =〈字符串〉

〈编码 2 汇总〉:: =〈字符串〉

〈是否包含调整期 默认 Y 包含〉:: =〈字符串〉

E 格式说明

函数分为以下三种方式。

(1) 金额式：函数名为“期初”或“QC”;

（2）数量式：函数名为“数量期初”或“sQC”；

（3）外币式：函数名为“外币期初”或“wQC”。

F 参数说明

（1）合法的〈方向〉为“借”“贷”“j”“d”，缺省为“”。

（2）〈编码 1〉与〈编码 2〉与科目编码的辅助核算账类有关，见帮助中“总账—附录一”。

（3）有关账套号、年度及关键字约定：

1）账套号：001~999，缺省时由应用环境中设置的账套号决定；

2）会计年度：1980~2099，缺省时由应用环境中设置的时间决定。

3）用友电子报表中的关键字包括：年、季、月、日、日期、单位名称、单位编号。其中，后面两个与此处讨论无关。在 8. x 版本中，可自定义关键字，旬、周等可由用户自行定义。

4）当用户未设但又使用关键字时，约定以相应的当前机器时间来替代。

（4）〈截止日期〉可以是某一日期或“天”。若为某个具体日期则计算该日期的余额；若为“天”则计算当前系统日期的余额。

（5）〈是否包含未记账凭证〉的合法的值为“是”“否”“Y”“N”“y”“n”，缺省时由用户在应用环境中设置的值决定。

（6）〈编码汇总〉合法的值为“t”“T”，缺省时由用户在应用环境中设置的值决定。

G 返回值

数值型。

H 范例

某企业 1998 年 1 月 001 套账总账的一部分见表 7-1。

表 7-1 某企业 1998 年 1 月 001 套账总账的一部分

科目编码	辅助项	余额方向	年（月）初余额
1009		借方	7000. 00
100901		借方	6000. 00
100902		贷方	1000. 00
100903		借方	2000. 00
200301	财务部（01）	贷方	2000. 00
200301	行政部（02）	贷方	3000. 00
200301	业务部（03）	借方	1000. 00

例如：

（1）函数：QC（"1009"，全年，，"001"，1998）

含义：返回 001 套账"1009"科目 1998 年初余额 7000。

（2）函数：QC（"1009"，全年，"借"，"001"，1998）

含义：返回 001 套账"1009"科目的下级科目中 1998 年借方年初余额的合计 8000。

（3）函数：QC（"1009"，全年，"借"）

含义：若当前表页关键字值为：年 = 1998，月 = 1，缺省账套号为"001"，返回 001 套账"1009"科目的下级科目中 1998 年借方年初余额的合计 8000。

（4）QC（"200301"，全年，，"001"）

含义：若当前表页关键字值为：年=1998，月=1，缺省账套号为"001"，返回001套账"200301"科目1998年年初余额4000。

（5）QC（"200301"，全年，，"001"，1998，"01"）

含义：返回001套账"200301"科目1998年财务部的年初余额2000。

（6）QC（"200301"，1，，，，"01"）

含义：若当前表页关键字值为：年=1998，缺省账套号为"001"，返回001套账"200301"科目1998年1月份财务部的月初余额2000.00。

7.2.1.3 修改报表公式

在生成资产负债表前，需要根据本企业会计科目设置，修改报表默认公式。

本企业有受托代销业务，企业设置"受托代销商品"和"受托代销商品款"两个会计科目。受托代销商品不是企业的存货，属于"在库不作为存货"。但是，委托方、受托方都作入存货账，作存货管理。在编制资产负债表时，受托代销商品作为存货的增项，代销商品款作为存货的减项，同时增减相同金额，对存货金额的影响为零，这是很特殊的处理方法。

根据现行会计准则，"待处理财产损溢"科目年终无余额，不必在资产负债表中列示。编制月度报表或季度报表时该项目如有余额，根据余额方向，如果是借方余额，在其他流动资产或其他非流动资产列示；如果是贷方余额，在其他流动负债或其他非流动负债列示。

所得税费用，转入本年利润，再转入利润分配，在资产负债表里的未分配利润项目里反映，冲减当期的未分配利润，减少所有者权益。

根据本企业期末余额，需要修改存货、未分配利润及其他非流动资产三个项目的公式。

（1）修改"存货"的"期初余额"取数公式（即把公式中的"全年"改为"月"，因为账套的期初数据不含全年数据）。

在"资产负债表"窗口中，选中"存货"的"年初余额"栏，单击菜单栏中的"数据"→"编辑公式"→"单元公式"选项（直接双击该公式单元也可以），系统打开"定义公式"对话框，修改公式为（注意：公式内的符号均为半角符号）：

QC（"1401"，月,,，年,,）+QC（"1402"，月,,，年,,）+QC（"1403"，月,,，年,,）+QC（"1404"，月,,，年,,）+QC（"1405"，月,,，年,,）+QC（"1406"，月,,，年,,）-QC（"1407"，月,,，年,,）+QC（"1408"，月,,，年,,）+QC（"1411"，月,,，年,,）+QC（"1421"，月,,，年,,）+QC（"1431"，月,,，年,,）-QC（"2314"，月,,，年,,）-QC（"1471"，月,,，年,,），结果如图7-4所示，然后单击"确定"按钮。

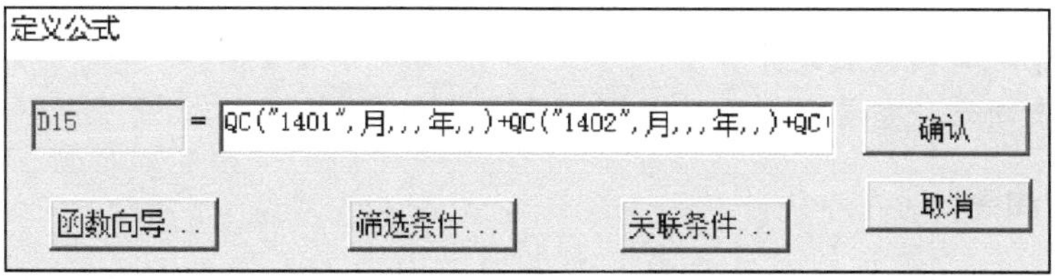

图7-4 "定义公式"对话框

（2）修改“应收票据”的“年初余额”，修改公式为：QC（"1121"，月,,，年,,）。

（3）重复（1）的操作，修改存货、未分配利润，两项“期末余额”的公式。

1）存货的期末余额公式为：QM（"1401"，月,,，年,,）+QM（"1402"，月,,，年,,）+QM（"1403"，月,,，年,,）+QM（"1404"，月,,，年,,）+QM（"1405"，月,,，年,,）+QM（"1406"，月,,，年,,）-QM（"1407"，月,,，年,,）+QM（"1408"，月,,，年,,）+QM（"1411"，月,,，年,,）+QM（"1421"，月,,，年,,）+QM（"1431"，月,,，年,,）-QM（"2314"，月,,，年,,）-QM（"1471"，月,,，年,,）。

2）未分配利润的公式为：QM（"4103"，月,,，年,,）+QM（"4104"，月,,，年,,）- QM（"6801"，月,,，年,,）。

（4）保存。单击工具栏中的“保存”按钮，完成报表模板保存。

7.2.1.4　生成资产负债表数据并保存

（1）切换状态。在“资产负债表”窗口中，单击最左下角的“格式”按钮，系统弹出“是否确定全表重算?”信息提示框，单击“否”按钮，报表切换为“数据”状态。

（2）录入关键字。单击菜单栏中的“数据”→“关键字”→“录入”选项，系统打开“关键字录入”对话框，输入“单位名称”为“山东××科技有限公司”，修改“年”为“2017”，修改“月”为“7”，“日”为“31”日，结果如图 7-5 所示。

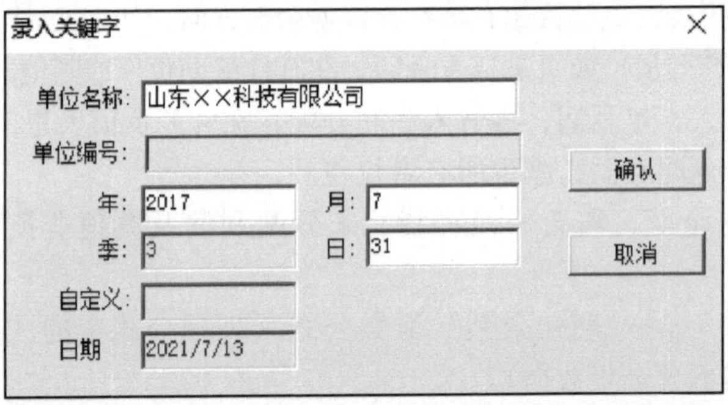

图 7-5 “录入关键字”对话框

（3）计算。单击“确认”按钮，系统弹出“是否重算第 1 页?”信息提示框，单击“是”按钮，系统根据公式自动计算 7 月数据。

（4）保存。单击工具栏中的“保存”按钮，保存生成的资产负债表，结果如图 7-6 所示。

（5）退出。单击菜单栏中的“文件”→“退出”选项，系统弹出“确认退出 UFO 系统?”提示框，单击“确认”按钮，系统退出该窗口。

注：计算完成后需检查会计恒等式“资产=负债+所有者权益”是否成立，如果不成立，可以对照余额表，查看哪个项目出错，再检查公式。

7.2.2　编制利润表

利润表是反映企业在一定会计期间的经营成果的财务报表。由于它反映的是某一期间的情况，所以又被称为动态报表。有时，利润表也称为损益表、收益表。

资产负债表

会企01表

单位名称：山东××科技有限公司　　2017 年　　7 月　　31 日　　单位：元

资　产	行次	期末余额	年初余额	负债和所有者权益（或股东权益）	行次	期末余额	年初余额
流动资产：				流动负债：			
货币资金	1	15548507.22	12646322.98	短期借款	32	30000.00	
交易性金融资产	2	107000.00		交易性金融负债	33		
应收票据	3	200000.00	200000.00	应付票据	34		
应收账款	4			应付账款	35	98000.00	98000.00
预付款项	5			预收款项	36		
应收利息	6			应付职工薪酬	37	76998.77	103646.28
应收股利	7	2000.00		应交税费	38	-573.82	148636.40
其他应收款	8	12900.00	4900.00	应付利息	39		
存货	9	1490100.00	1484500.00	应付股利	40		
一年内到期的非流动资产	10			其他应付款	41	13314.50	14853.58
其他流动资产	11			一年内到期的非流动负债	42		
流动资产合计	12	17360507.22	14335722.98	其他流动负债	43		
非流动资产：				流动负债合计	44	217739.45	365136.26
可供出售金融资产	13			非流动负债：			
持有至到期投资	14			长期借款	45	2000000.00	2000000.00
长期应收款	15			应付债券	46	3445400.00	
长期股权投资	16			长期应付款	47		
投资性房地产	17			专项应付款	48		
固定资产	18	5636079.92	5900272.70	预计负债	49		
在建工程	19	147900.00		递延所得税负债	50		
工程物资	20			其他非流动负债	51		
固定资产清理	21	149400.00		非流动负债合计	52	5445400.00	2000000.00
生产性生物资产	22			负债合计	53	5663139.45	2365136.26
油气资产	23			所有者权益（或股东权益）：			
无形资产	24			实收资本（或股本）	54	8812929.20	8812929.20
开发支出	25			资本公积	55	487000.00	517000.00
商誉	26			减：库存股	56		
长期待摊费用	27			盈余公积	57	253197.00	253197.00
递延所得税资产	28			未分配利润	58	8077621.49	8287733.22
其他非流动资产	29			所有者权益（或股东权益）合计	59	17630747.69	17870859.42
非流动资产合计	30	5933379.92	5900272.70				
资产总计	31	23293887.14	20235995.68	债和所有者权益（或股东权益）总	60	23293887.14	20235995.68

图 7-6　7 月份资产负债表

当前国际上常用的利润表格式有单步式和多步式两种。单步式是将当期收入总额相加，然后将所有费用总额相加，一次计算出当期收益的方式，其特点是所提供的信息都是原始数据，便于理解；多步式是将各种利润分多步计算求得净利润的方式，便于使用人对企业经营情况和盈利能力进行比较和分析。

业务要求：31 日，财务部门生成公司 2017 年 7 月利润表。

7.2.2.1　调用并调整“利润表”报表模板

调用并调整“利润表”报表模板的操作步骤类似于“资产负债表”。

（1）在“业务工作”选项卡中，依次执行“财务会计”→“UFO 报表”命令，打开

“UFO 报表”窗口，然后单击菜单栏中的“文件”→“新建”选项，新建一个报表，报表默认名为“report1”。

（2）调用报表模板。单击菜单栏中的“格式”→“报表模板”选项，系统打开“报表模板”对话框，然后选择“所在的行业”为“2007 年新会计制度科目”、此处“财务报表”选择“利润表”，再单击“确定”按钮。系统弹出“模板将覆盖本表格格式！是否继续?”信息提示框，单击“确定”按钮，系统打开“利润表”模板。

（3）删除“编制单位：”。在“report1”窗口中，选中 A3 单元格，按〈Delete〉键将“编制单位：”删除。

（4）设置关键字。选中 A3 单元格，单击菜单栏中的“数据”→“关键字”→“设置”选项，打开“设置关键字”对话框，系统默认选中“单位名称”，单击“确定”按钮，完成设置。

（5）保存报表模板。单击菜单栏中的“文件”→“保存”选项，系统弹出“另存为”对话框，选择保存的位置，修改文件名为“利润表”，然后单击“另存为”按钮，结果如图 7-7 所示。

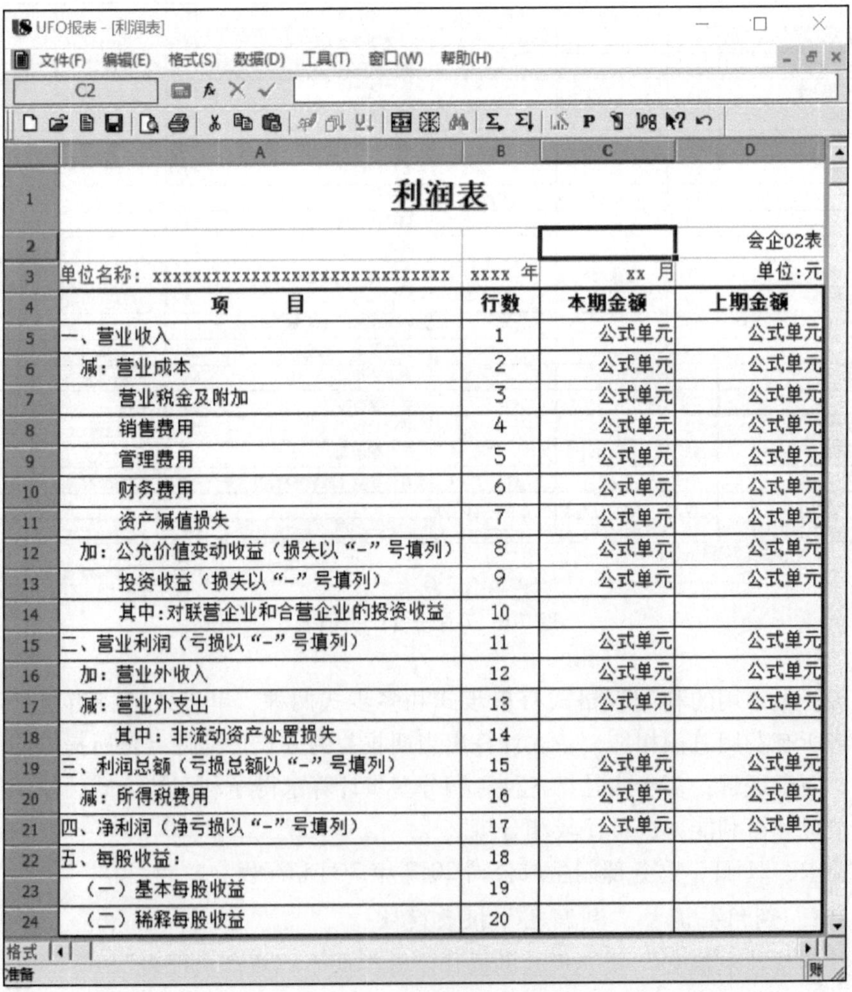

	A	B	C	D
1	利润表			
2				会企02表
3	单位名称：xxxxxxxxxxxxxxxxxxxxxxxxxxxxxxxx	xxxx 年	xx 月	单位:元
4	项　　目	行数	本期金额	上期金额
5	一、营业收入	1	公式单元	公式单元
6	减：营业成本	2	公式单元	公式单元
7	营业税金及附加	3	公式单元	公式单元
8	销售费用	4	公式单元	公式单元
9	管理费用	5	公式单元	公式单元
10	财务费用	6	公式单元	公式单元
11	资产减值损失	7	公式单元	公式单元
12	加：公允价值变动收益（损失以“-”号填列）	8	公式单元	公式单元
13	投资收益（损失以“-”号填列）	9	公式单元	公式单元
14	其中：对联营企业和合营企业的投资收益	10		
15	二、营业利润（亏损以“-”号填列）	11	公式单元	公式单元
16	加：营业外收入	12	公式单元	公式单元
17	减：营业外支出	13	公式单元	公式单元
18	其中：非流动资产处置损失	14		
19	三、利润总额（亏损总额以“-”号填列）	15	公式单元	公式单元
20	减：所得税费用	16	公式单元	公式单元
21	四、净利润（净亏损以“-”号填列）	17	公式单元	公式单元
22	五、每股收益：	18		
23	（一）基本每股收益	19		
24	（二）稀释每股收益	20		

图 7-7 “利润表”模板

7.2.2.2 修改报表公式

在生成利润表前，需要根据本企业会计科目设置，修改报表默认公式。

投资收益科目借贷方向是借方表示减少，贷方表示增加，本企业投资收益本期为借方发生额，表示投资收益减少。UFO 报表“投资收益”的公式是取值借方发生额，表示增加，所以这里应当修改公式为：-fs（6111，月，"借",，年）。

财务费用与投资收益相反，借方表示增加，贷方表示减少，本期为贷方发生额，所以应修改公式为：-fs（6603，月，"贷",，年）。

具体操作如下：

（1）修改“投资收益”的“本期金额”取数公式。在“利润表”窗口中，选中“投资收益”的“本期金额”栏，单击菜单栏中的“数字”→“编辑公式”→“单元公式”选项，系统打开“定义公式”对话框，修改公式为：-fs（6111，月，"借",，年），单击“确定”按钮。

（2）重复（1）的操作，修改“财务费用”的“本期金额”的公式。修改公式为：-fs（6603，月，"贷",，年）。

（3）保存。单击工具栏中的“保存”按钮，完成报表模板保存。

7.2.2.3 生成利润表数据并保存

（1）切换状态。在“利润表”窗口中，单击左下角的“格式”按钮，系统弹出“是否确定全表重算?”信息提示框，单击“否”按钮，报表切换为“数据”状态。

（2）录入关键字。单击菜单栏中的“数据”→“关键字”→“录入”选项，系统打开“关键字录入”对话框，输入“单位名称”为“山东××科技有限公司”，修改“年”为“2017”，修改“月”为“7”。

（3）计算。单击“确定”按钮，系统弹出“是否重算第 1 页?”信息提示框，单击“是”按钮，系统根据公式自动计算 7 月数据。

（4）保存。单击工具栏中的“保存”按钮，保存生成的利润表，如图 7-8 所示。

（5）退出。单击菜单栏中的“文件”→“退出”选项，系统弹出“确认退出 UFO 系统?”提示框，单击“确认”按钮，系统退出该窗口。

注：

- 可以通过利润表和资产负债表的勾稽关系，验证利润表的正确性。资产负债表所有者权益部分“未分配利润”期末数等于年初未分配利润与利润表的净利润之和。
- 如图 7-6 资产负债表中所有者权益部分“未分配利润”期末数为 8077621.49，年初未分配利润为 8287733.22，图 7-8 利润表的净利润为 - 210111.73，8077621.49 = 8287733.22-210111.73，满足勾稽关系。

7.2.3 编制现金流量表

现金流量表是财务报表的三个基本报告之一，所表达的是在一个固定期间（通常是每月或每季）内，一家机构的现金（包含银行存款）的增减变动情形。

现金流量表的出现，主要是反映出资产负债表中各个项目对现金流量的影响，并根据其用途划分为经营、投资及融资三个活动分类。现金流量表可用于分析一家机构在短期内

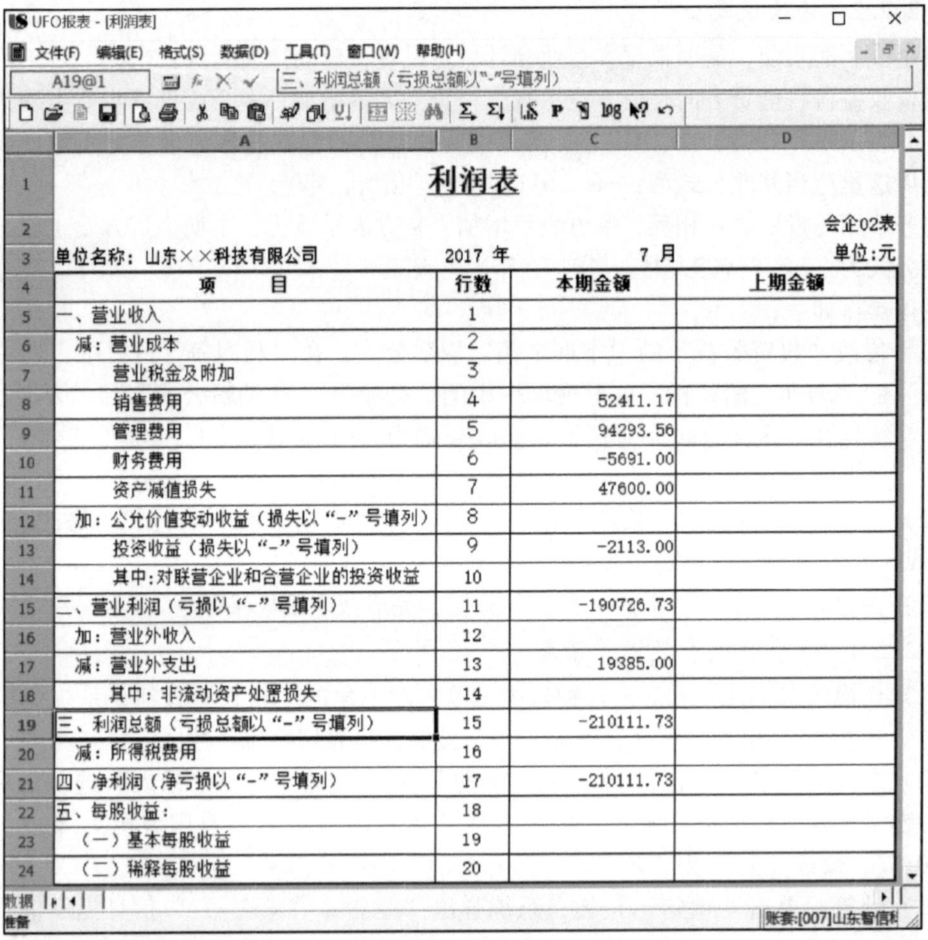

利润表

会企02表

单位名称：山东××科技有限公司	2017 年	7 月	单位:元
项目	行数	本期金额	上期金额
一、营业收入	1		
减：营业成本	2		
营业税金及附加	3		
销售费用	4	52411.17	
管理费用	5	94293.56	
财务费用	6	-5691.00	
资产减值损失	7	47600.00	
加：公允价值变动收益（损失以"-"号填列）	8		
投资收益（损失以"-"号填列）	9	-2113.00	
其中：对联营企业和合营企业的投资收益	10		
二、营业利润（亏损以"-"号填列）	11	-190726.73	
加：营业外收入	12		
减：营业外支出	13	19385.00	
其中：非流动资产处置损失	14		
三、利润总额（亏损总额以"-"号填列）	15	-210111.73	
减：所得税费用	16		
四、净利润（净亏损以"-"号填列）	17	-210111.73	
五、每股收益：	18		
（一）基本每股收益	19		
（二）稀释每股收益	20		

图 7-8 利润表

有没有足够现金去应付开销。

利用 UFO 报表模板编制现金流量表，需要在总账系统完成相关基础设置，首次使用财务软件的用户应在建账初期完成；具体是指设置指定科目（现金流量科目），具体操作在基础设置中完成（详见 2.5.4 及 3.3.1）。

业务要求：31 日，财务部门生成公司 2017 年 7 月现金流量表。

7.2.3.1 调用并调整"现金流量表"报表模板

（1）在"业务工作"选项卡中，依次执行"财务会计"→"UFO 报表"命令，打开"UFO 报表"窗口，然后单击菜单栏中的"文件"→"新建"选项，新建一个报表，报表默认名为"report1"。

（2）调用报表模板。单击菜单栏中的"格式"→"报表模板"选项，系统打开"报表模板"对话框，然后选择"所在的行业"为"2007 年新会计制度科目"，此处"财务报表"选择"现金流量表"，再单击"确定"按钮。系统弹出"模板将覆盖本表格格式！是否继续？"信息提示框，单击"确定"按钮，系统打开"现金流量表"模板。

（3）删除"编制单位："。在"report1"窗口中，选中"A3"单元格，按〈Delete〉

键将“编制单位:”删除。

(4) 设置关键字。单击菜单栏中的“数据”→“关键字”→“设置”选项，打开“设置关键字”对话框，系统默认选中“单位名称”，单击“确定”按钮，完成设置。

(5) 保存报表模板。单击菜单栏中的“文件”→“保存”选项，系统弹出“另存为”对话框，选择保存的位置，修改文件名为“现金流量表”，然后单击“另存为”按钮，结果如图 7-9 所示。

图 7-9 “现金流量表”模板（部分）

7.2.3.2 定义报表公式

在“现金流量表”模板中，除了每一分类的流入小计、流出小计及产生的净流量已经预置公式外，其他项目没有预置公式。需要设置的公式见表 7-2（根据所设现金流量项目目录的具体情况，可对公式作增减调整）。

表 7-2 现金流量表项目公式

项目	本期金额公式
销售商品、提供劳务收到的现金	XJLL（,,"借","01",,,,全年）-XJLL（,,"贷","01",,,,全年）
收到的税费返还	XJLL（,,"借","02",,,,全年）-XJLL（,,"贷","02",,,,全年）
收到其他与经营活动有关的现金	XJLL（,,"借","03",,,,全年）-XJLL（,,"贷","03",,,,全年）
购买商品、接受劳务支付的现金	**XJLL（,,"贷","04",,,,全年）-XJLL（,,"借","04",,,,全年）**
支付给职工以及为职工支付的现金	**XJLL（,,"贷","05",,,,全年）-XJLL（,,"借","05",,,,全年）**
支付的各项税费	**XJLL（,,"贷","06",,,,全年）-XJLL（,,"借","06",,,,全年）**

续表 7-2

项目	本期金额公式
支付其他与经营活动有关的现金	**XJLL（,, "贷", "07",,,, 全年）-XJLL（,, "借", "07",,,, 全年）**
收回投资收到的现金	XJLL（,, "借", "08",,,, 全年）-XJLL（,, "贷", "08",,,, 全年）
取得投资收益收到的现金	XJLL（,, "借", "09",,,, 全年）-XJLL（,, "贷", "09",,,, 全年）
处置固定资产、无形资产和其他长期资产收回的现金净额	XJLL（,, "借", "10",,,, 全年）-XJLL（,, "贷", "10",,,, 全年）
处置子公司及其他营业单位收到的现金净额	XJLL（,, "借", "11",,,, 全年）-XJLL（,, "贷", "11",,,, 全年）
收到其他与投资活动有关的现金	XJLL（,, "借", "12",,,, 全年）-XJLL（,, "贷", "12",,,, 全年）
购建固定资产、无形资产和其他长期资产支付的现金	**XJLL（,, "贷", "13",,,, 全年）-XJLL（,, "借", "13",,,, 全年）**
投资支付的现金	**XJLL（,, "贷", "14",,,, 全年）-XJLL（,, "借", "14",,,, 全年）**
取得子公司及其他营业单位支付的现金净额	**XJLL（,, "贷", "15",,,, 全年）-XJLL（,, "借", "15",,,, 全年）**
支付其他与投资活动有关的现金	**XJLL（,, "贷", "16",,,, 全年）-XJLL（,, "借", "16",,,, 全年）**
吸收投资收到的现金	XJLL（,, "借", "17",,,, 全年）-XJLL（,, "贷", "17",,,, 全年）
取得借款收到的现金	XJLL（,, "借", "18",,,, 全年）-XJLL（,, "贷", "18",,,, 全年）
收到其他与筹资活动有关的现金	XJLL（,, "借", "19",,,, 全年）-XJLL（,, "贷", "19",,,, 全年）
偿还债务支付的现金	**XJLL（,, "贷", "20",,,, 全年）-XJLL（,, "借", "20",,,, 全年）**
分配股利、利润或偿付利息支付的现金	**XJLL（,, "贷", "21",,,, 全年）-XJLL（,, "借", "21",,,, 全年）**
支付其他与筹资活动有关的现金	**XJLL（,, "贷", "22",,,, 全年）-XJLL（,, "借", "22",,,, 全年）**
汇率变动对现金及现金等价物的影响	XJLL（,, "借", "23",,,, 全年）-XJLL（,, "贷", "23",,,, 全年）
期初现金及现金等价物余额	QC（"1001", 全年, "借",,,,,,,,, "n"）+QC（"1002", 全年, "借",,,,,,,,, "n"）+QC（"1012", 全年, "借",,,,,,,,, "n"）

注：不同项目被减数借贷不同

（1）定义“销售商品、提供劳务收到的现金”的“本期金额”取数公式（只有在左下角为“格式”的情况下，才能进行公式编辑）。在“现金流量表”窗口中，首先选中“销售商品、提供劳务收到的现金”的“本期金额”单元格，然后单击菜单栏中的“数据”→“编辑公式”→“单元公式”选项（或者先选定栏，然后单击上方工具栏“ ”按钮），系统打开“定义公式”对话框，修改公式为：XJLL（,, "借", "01",,,, 全年）-XJLL（,, "贷", "01",,,, 全年），如图 7-10 所示。最后单击“确定”按钮。

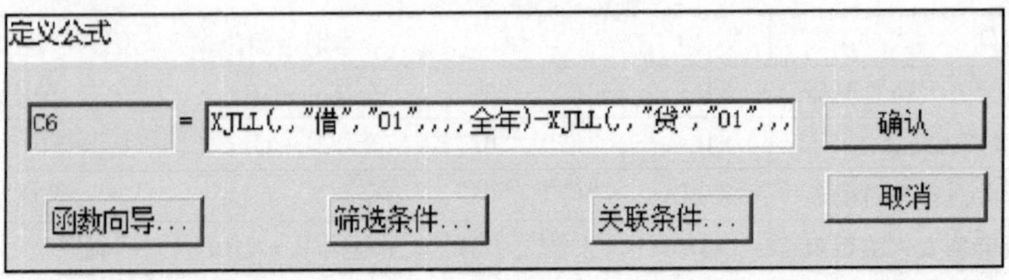

图 7-10 定义“销售商品、提供劳务收到的现金”的“本期金额”取数公式

（2）重复（1）的操作，按照表7-2中的公式，定义现金流量表项目“02～23”公式，特别注意不同项目被减数借贷不同，为引起注意，用斜体字表示“贷”减“借”。

（3）定义“C41”“期初现金及现金等价物余额”取数公式。先选中“C41”单元格，然后单击上方工具栏“ ”按钮，出现“定义公式”窗口，单击“函数向导”，出现“函数向导”窗口，“函数分类”选择“用友财务函数”，“函数名”选择“期初（QC）”，如图7-11所示，单击“下一步”按钮。

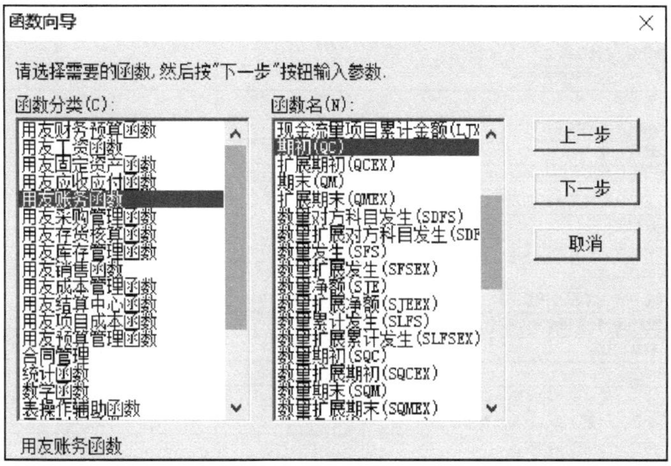

图7-11 定义报表单元格函数向导

（4）保存“期初现金及现金等价物余额”取数公式。在返回的“用友财务函数”窗口，单击“参照”按钮，出现“财务函数”窗口，选择输入科目为“1001”，不勾选“包含调整期凭证”，如图7-12所示，单击“确定”按钮，返回“用友财务函数”窗口，单击“确定”按钮，返回“定义公式”窗口。然后拷贝该生成公式，将鼠标挪到该公式最后，输入“+”，复制拷贝的公式，再输入“+”，再复制拷贝的公式，把后面复制的两部分的公式科目分别改为“1002”“1012”，即输入完整的公式为“QC（"1001"，全年，"借",,,,,,,,, "n")+QC（"1002"，全年，"借",,,,,,,,, "n"）+ QC（"1012"，全年，"借",,,,,,,,, "n"）”。单击“确认”按钮。

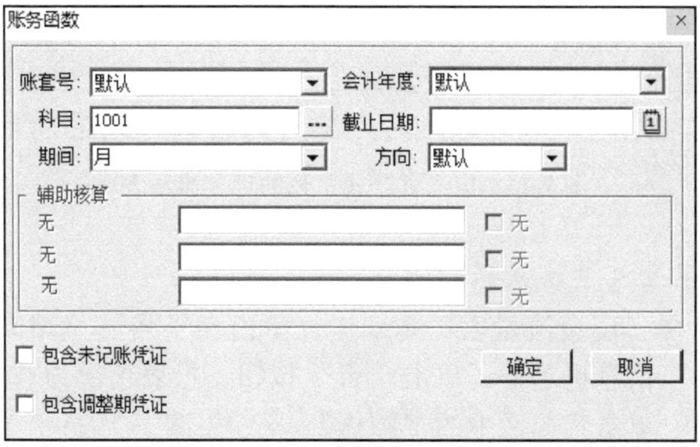

图7-12 财务函数定义

（5）保存报表。单击工具栏中的“保存”按钮，完成报表模板保存，如图 7-13 所示。

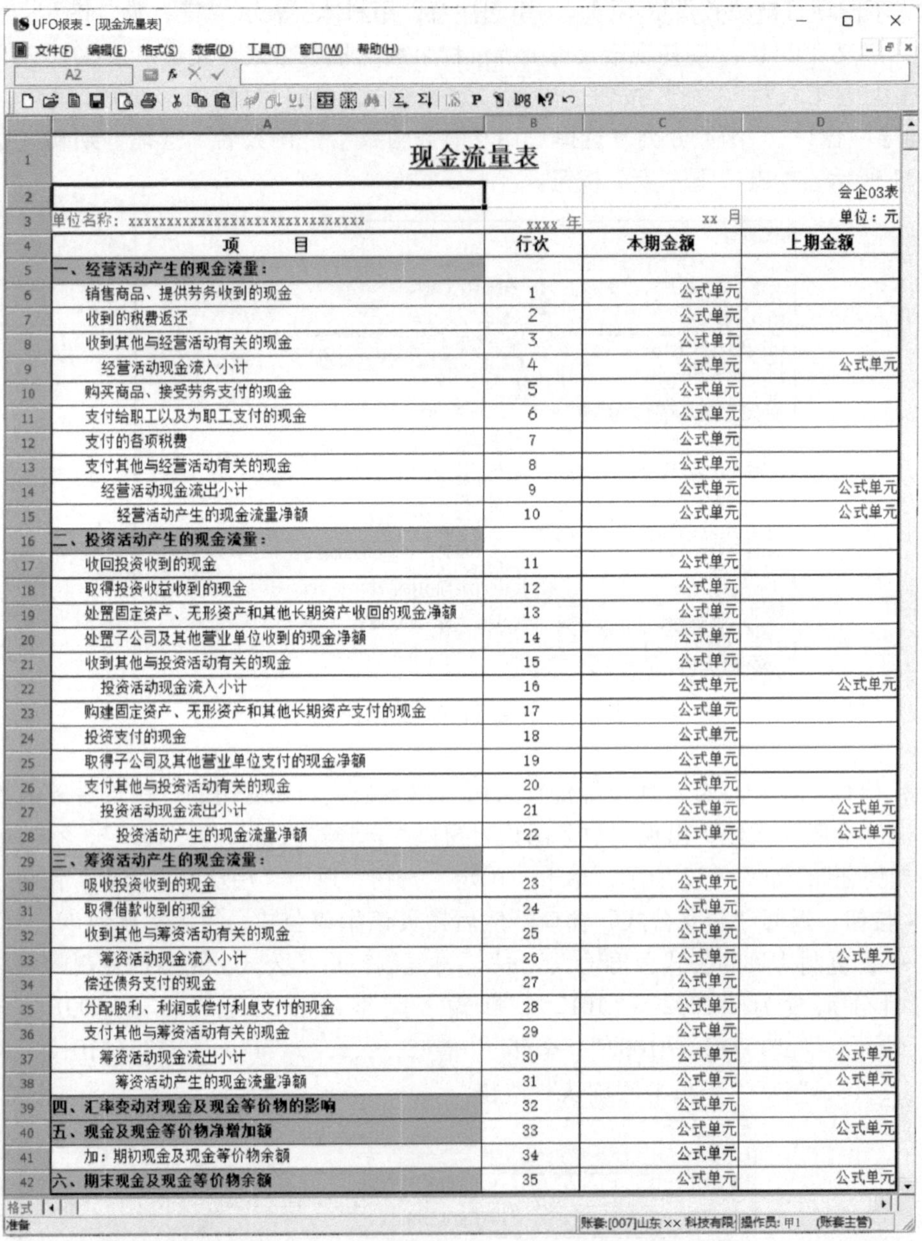

现金流量表

			会企03表
单位名称：xxxxxxxxxxxxxxxxxxxxxxxxxxxxxxxxx	xxxx 年	xx 月	单位：元
项　　目	行次	本期金额	上期金额
一、经营活动产生的现金流量：			
销售商品、提供劳务收到的现金	1	公式单元	
收到的税费返还	2	公式单元	
收到其他与经营活动有关的现金	3	公式单元	
经营活动现金流入小计	4	公式单元	公式单元
购买商品、接受劳务支付的现金	5	公式单元	
支付给职工以及为职工支付的现金	6	公式单元	
支付的各项税费	7	公式单元	
支付其他与经营活动有关的现金	8	公式单元	
经营活动现金流出小计	9	公式单元	公式单元
经营活动产生的现金流量净额	10	公式单元	公式单元
二、投资活动产生的现金流量：			
收回投资收到的现金	11	公式单元	
取得投资收益收到的现金	12	公式单元	
处置固定资产、无形资产和其他长期资产收回的现金净额	13	公式单元	
处置子公司及其他营业单位收到的现金净额	14	公式单元	
收到其他与投资活动有关的现金	15	公式单元	
投资活动现金流入小计	16	公式单元	公式单元
购建固定资产、无形资产和其他长期资产支付的现金	17	公式单元	
投资支付的现金	18	公式单元	
取得子公司及其他营业单位支付的现金净额	19	公式单元	
支付其他与投资活动有关的现金	20	公式单元	
投资活动现金流出小计	21	公式单元	公式单元
投资活动产生的现金流量净额	22	公式单元	公式单元
三、筹资活动产生的现金流量：			
吸收投资收到的现金	23	公式单元	
取得借款收到的现金	24	公式单元	
收到其他与筹资活动有关的现金	25	公式单元	
筹资活动现金流入小计	26	公式单元	公式单元
偿还债务支付的现金	27	公式单元	
分配股利、利润或偿付利息支付的现金	28	公式单元	
支付其他与筹资活动有关的现金	29	公式单元	
筹资活动现金流出小计	30	公式单元	公式单元
筹资活动产生的现金流量净额	31	公式单元	公式单元
四、汇率变动对现金及现金等价物的影响	32	公式单元	
五、现金及现金等价物净增加额	33	公式单元	公式单元
加：期初现金及现金等价物余额	34	公式单元	
六、期末现金及现金等价物余额	35	公式单元	公式单元

图 7-13　定义好公式单元的现金流量表

7.2.3.3　生成现金流量表数据并保存

（1）切换状态。在“现金流量表”窗口中，单击左下角的“格式”按钮，系统弹出“是否确定全表重算?”信息提示框，单击“否”按钮，报表切换为“数据”状态。

（2）录入关键字。单击菜单栏中的“数据”→“关键字”→“录入”选项，系统打开“关键字录入”对话框，输入“单位名称”为“山东××科技有限公司”，修改“年”为“2017”，修改“月”为“7”。

（3）计算。单击“确定”按钮，系统弹出“是否重算第 1 页?”信息提示框，单击“是”按钮，系统根据公式自动计算 7 月数据。

（4）保存。单击工具栏中的“保存”按钮，保存生成的现金流量表，结果如图 7-14 所示。

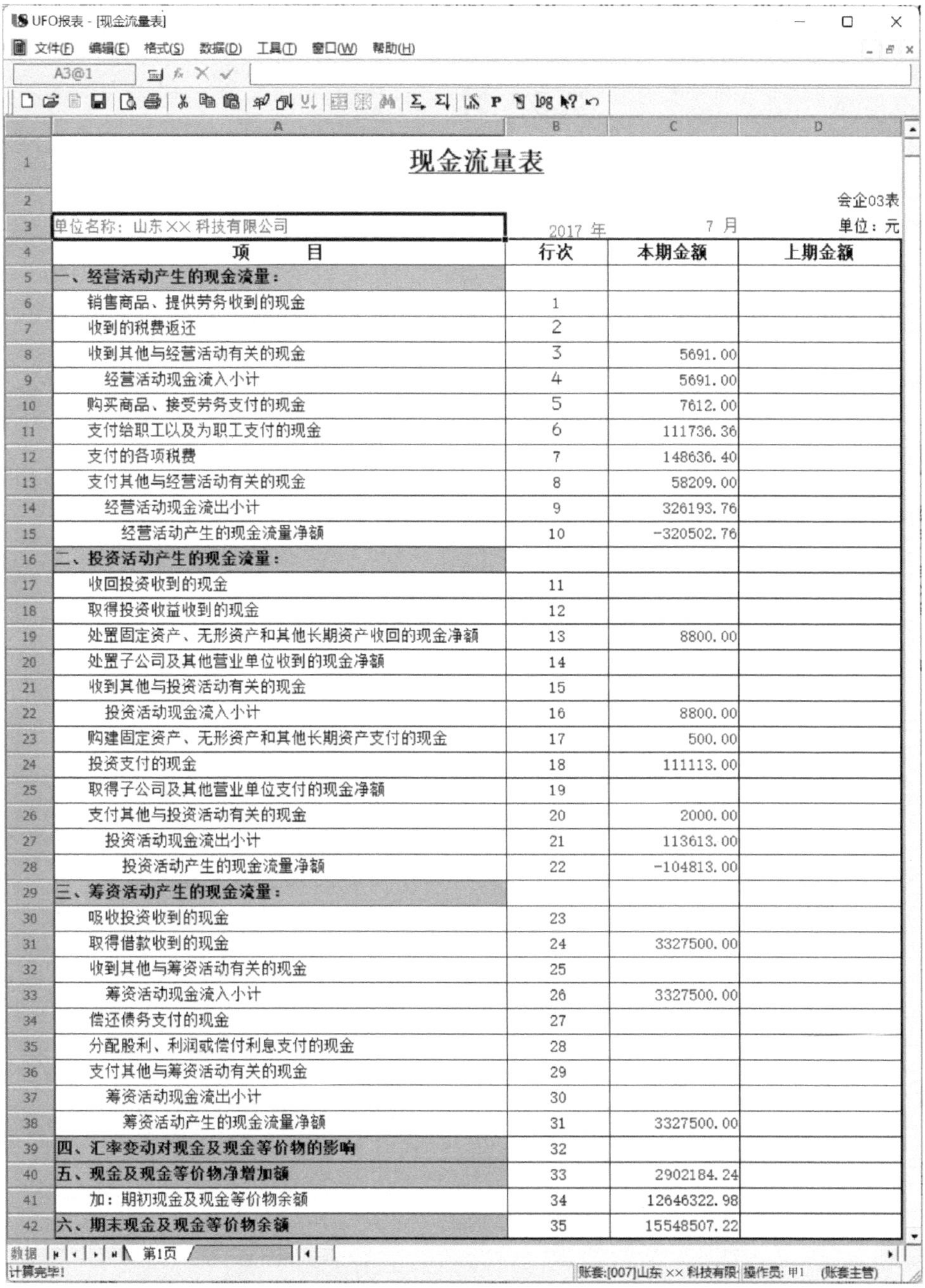

现金流量表

会企03表

单位名称：山东××科技有限公司　　2017 年　　7 月　　单位：元

项　　目	行次	本期金额	上期金额
一、经营活动产生的现金流量：			
销售商品、提供劳务收到的现金	1		
收到的税费返还	2		
收到其他与经营活动有关的现金	3	5691.00	
经营活动现金流入小计	4	5691.00	
购买商品、接受劳务支付的现金	5	7612.00	
支付给职工以及为职工支付的现金	6	111736.36	
支付的各项税费	7	148636.40	
支付其他与经营活动有关的现金	8	58209.00	
经营活动现金流出小计	9	326193.76	
经营活动产生的现金流量净额	10	-320502.76	
二、投资活动产生的现金流量：			
收回投资收到的现金	11		
取得投资收益收到的现金	12		
处置固定资产、无形资产和其他长期资产收回的现金净额	13	8800.00	
处置子公司及其他营业单位收到的现金净额	14		
收到其他与投资活动有关的现金	15		
投资活动现金流入小计	16	8800.00	
购建固定资产、无形资产和其他长期资产支付的现金	17	500.00	
投资支付的现金	18	111113.00	
取得子公司及其他营业单位支付的现金净额	19		
支付其他与投资活动有关的现金	20	2000.00	
投资活动现金流出小计	21	113613.00	
投资活动产生的现金流量净额	22	-104813.00	
三、筹资活动产生的现金流量：			
吸收投资收到的现金	23		
取得借款收到的现金	24	3327500.00	
收到其他与筹资活动有关的现金	25		
筹资活动现金流入小计	26	3327500.00	
偿还债务支付的现金	27		
分配股利、利润或偿付利息支付的现金	28		
支付其他与筹资活动有关的现金	29		
筹资活动现金流出小计	30		
筹资活动产生的现金流量净额	31	3327500.00	
四、汇率变动对现金及现金等价物的影响	32		
五、现金及现金等价物净增加额	33	2902184.24	
加：期初现金及现金等价物余额	34	12646322.98	
六、期末现金及现金等价物余额	35	15548507.22	

图 7-14　7 月份现金流量表

（5）退出。单击菜单栏中的“文件”→“退出”选项，系统弹出“确认退出 UFO 系统?”提示框，单击“确认”按钮，系统退出该窗口。

注：可以通过报表之间的勾稽关系，检查现金流量表的正确性。如现金流量表中的“期末现金及现金等价物余额”=资产负债表中“货币资金”的“期末余额”。

图 7-14 的 7 月份现金流量表中“期末现金及现金等价物余额”为 15548507.22，图 7-6 的 7 月资产负债表中“货币资金”的“期末余额”为 15548507.22，满足勾稽关系。

7.3 习　题

（1）按照书中描述步骤生成资产负债表。
（2）按照书中描述步骤生成利润表。
（3）按照书中描述步骤生成现金流量表。
（4）如果报表数据和书中实例不一致，尝试找到原因并尽力解决问题。

8 供应链管理系统基础设置

8.1 供应链管理系统概述

用友软件供应链管理系统是一个通用系统，其中包含面向不同企业对象的解决方案。而不同企业所属行业不同，管理模式不同，业务处理也有一定差异。那么，如何将通用系统与企业特色相结合，构造适合于企业管理特点的供应链管理系统呢？一般来说，企业应该经过大量的调研，对本行业、本企业的生产经营特点进行具体深入的分析，并结合供应链管理系统所提供的管理功能，来确定企业个性化应用方案。

供应链管理系统的建账工作是在系统管理中完成的。系统管理的主要功能是对用友ERP-U8 管理系统的各个产品进行统一的操作管理和数据维护，包括以下内容：

（1）账套管理。账套是指一组相互关联的数据，每一个企业（或每一个独立核算部门）的数据在系统内部都体现为一个账套。账套管理包括账套的建立、修改、引入和输出等。

（2）年度账管理。在用友 ERP-U8 管理系统中，每个账套里都存放有企业不同年度的数据，称为年度账。年度账管理包括年度账的建立、引入、输出和结转上年数据，清空年度数据等。

（3）操作员及其权限的集中管理。为了保证系统数据的安全与保密，系统管理提供了操作员及其权限的集中管理功能。通过对系统操作分工和权限的管理，一方面可以避免与业务无关的人员进入系统；另一方面可以对系统所包含的各个子系统的操作进行协调，以保证各负其责。操作员及其权限的管理主要包括设置用户、定义角色及设置用户功能权限。

一个账套可以由多个子系统组成，这些子系统共享公用的基础信息。在启用新账套时，应根据企业的实际情况和业务要求，先手工整理出一份基础资料，而后将这些资料按照系统的要求录入到系统中，以便完成系统的初始建账工作。基础设置的内容较多，主要包括部门档案、职员档案、客户分类、客户档案、供应商分类及供应商档案等。

供应链管理系统主要包括以下模块：采购管理、销售管理、库存管理、存货核算。在企业的日常工作中，采购供应部门、仓库、销售部门、财务部门等都涉及购销存业务及核算的处理，各个部门的管理内容是不同的，工作间的延续性是通过单据在不同部门间的传递来完成的。计算机环境下的业务处理流程与手工环境下的业务处理流程肯定存在差异，如果缺乏对供应链管理系统业务流程的了解，那么就无法实现部门间的协调配合，就会影响系统的效率。供应链管理系统业务处理流程如图 8-1 所示。

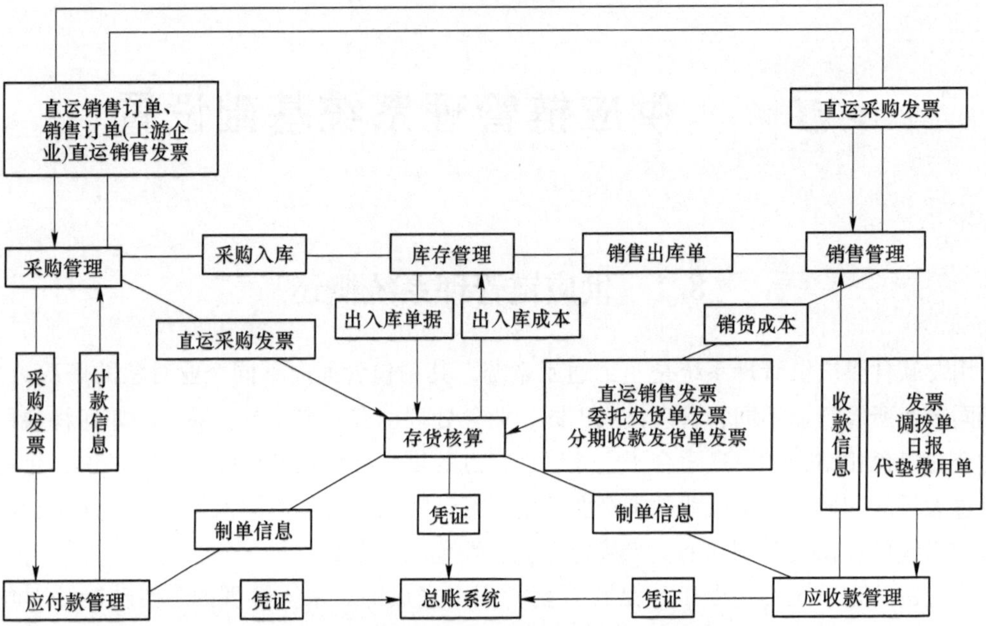

图 8-1　供应链管理系统业务处理流程

8.2　供应链管理系统初始设置

供应链管理系统初始化是在第二章系统管理与设置基础之上，针对供应链的初始设置。

8.2.1　采购管理系统初始设置

8.2.1.1　采购管理系统参数设置

采购系统的选项设置，将对采购管理的所有操作员和客户端操作生效，因此要慎重设置或修改。本案例企业的采购管理系统选项，除系统默认设置之外，还需要根据业务要求做参数设置。表 8-1 是本案例企业的采购管理系统参数设置。

表 8-1　采购管理系统参数设置

业务及权限控制	勾选“普通业务必有订单”
	勾选“启用受托代销”

采购管理系统参数设置操作过程如下：

（1）以“A01 甲 1”进入企业应用平台（供应链各模块初始化设置操作未特殊说明时操作员均为 A01），在“业务工作”选项卡中，依次执行“供应链”→“采购管理”→“设置”→“采购选项”命令，或者依次执行“基础设置”→“业务参数”→“供应链”→“采购管理”命令，打开“采购系统选项设置”对话框。

（2）设置“业务及权限控制”。除默认选项外，在“业务及权限控制”选项卡中勾选

“业务选项”中的“普通业务必有订单”复选框，如图 8-2 所示。

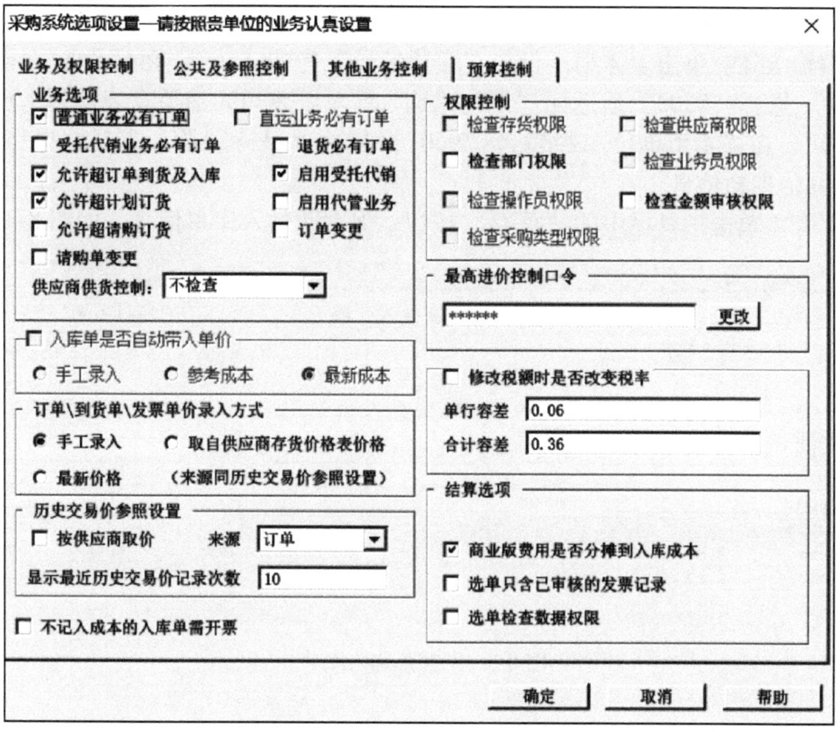

图 8-2　业务及权限控制设置

（3）退出。单击“确定”按钮，保存系统参数设置，退出“采购系统选项设置”对话框。

8.2.1.2　采购管理系统期初数据录入

为了保证企业采购业务的连续性，在启用采购管理系统后，首先应该录入系统启用之前的各类期初数据。采购管理系统期初数据有两类：一类是货到票未到即暂估入库业务，对于这类业务应调用期初采购入库单录入；另一类是票到货未到即在途物资，对于这类业务应调用期初采购发票录入功能录入。本案例为货到票未到的暂估入库业务。

期初数据见表 8-2。

表 8-2　采购管理系统期初数据

入库日期	订单号	供货单位	仓库	存货编码	数量	暂估单价	入库类别
2017-06-30	CG0010	珠海××	金士顿	0303	50	960	采购入库
2017-06-30	CG0010	珠海××	金士顿	0304	50	1000	采购入库

期初数据录入操作过程如下：

（1）在“业务工作”选项卡中，依次执行“供应链”→“采购管理”→“采购入库”→“采购入库单”命令，进入“期初采购入库单”窗口。

（2）增加并编辑表头。单击工具栏中的“增加”按钮，修改表头“入库日期”为“2017-6-30”，修订“订单号”为“CG0010”修改“仓库”选择输入为“金士顿固态硬盘库”，修改“供货单位”为“珠海××”，修改“业务员”为“，甲 5”，修改“入库类别”为“采购入库”，其他项保持默认。

（3）编辑表体。单击表体第 1 行的“存货编码”栏的“…”，在打开的“采购存货档案”窗口中，选择“0303”后返回“期初采购入库单”窗口，然后在表体第 1 行“数量”栏输入“50”、在“本币单价”栏输入“960”，其他项保持默认。重复此操作录入存货“0304”的其他期初信息。

（4）保存。单击工具栏中的“保存”按钮，保存暂估入库单信息，如图 8-3 所示。

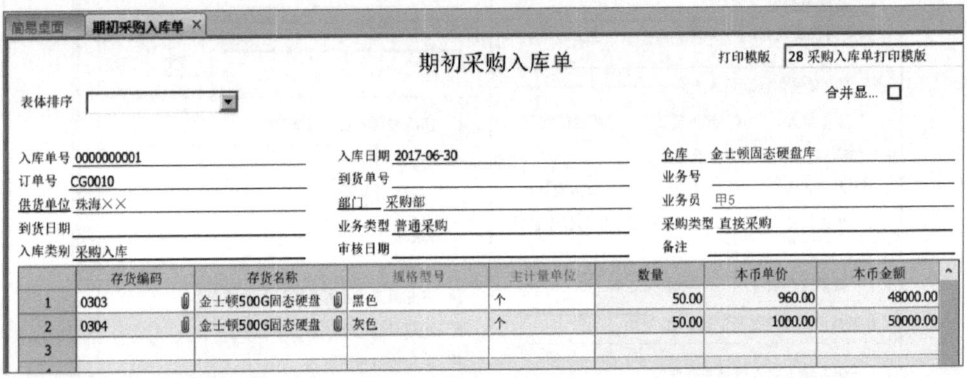

图 8-3 期初采购入库单

（5）退出。退出该窗口。

◇ **知识拓展**

票到货未到的业务处理：

• 在“业务工作”选项卡中，依次执行“供应链”→“采购管理”→“采购发票”→“专用采购发票”命令，打开“期初专用发票”窗口。

• 在“期初专用发票”窗口，单击“增加”按钮，新增一张采购专用发票。

• 单击工具栏中的“生单”→“采购订单”菜单项，系统打开“拷贝并执行”窗口，双击对应订单行的“选择”栏，选中该订单后单击工具栏中的按钮 OK 确定，系统返回“期初专用发票”窗口，并带入订单信息。

• 编辑表头的“发票号”“开票日期”，其他项保持默认。

• 单击工具栏中的“保存”按钮，保存该发票。

注：期初采购订单信息已经录入。

8.2.1.3 采购管理系统期初记账

期初记账是将采购期初数据记入有关采购账，用户在初次使用采购管理系统时，应输入期初数据。期初记账后，期初数据不能增加、修改，除非取消期初记账。账簿都应有期初数据，用户在初次使用采购系统时，应输入期初数据，以保证其数据的连贯性。

输入期初数据的参数设置操作过程如下：

（1）在“业务工作”选项卡中，依次执行“供应链”→“采购管理”→“设置”→“采购期初记账”命令，系统弹出“期初记账”对话框，如图 8-4 所示。

（2）单击“记账”按钮，系统弹出“期初记账完毕！”信息提示对话框，如图 8-5 所示。

（3）单击“确定”按钮，系统返回采购管理系统。

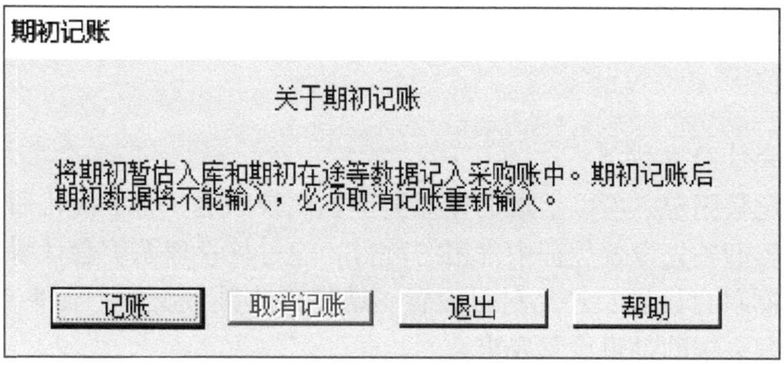

图 8-4 采购管理期初记账

图 8-5 采购管理期初记账完毕

注：用户在第一次使用采购管理系统时，应该输入期初数据，进行记账；若没有期初数据，不允许取消期初记账。

8.2.1.4 采购管理系统单据设置

本企业除默认单据格式及编号设置，还需要修改“采购专用发票”“采购订单”“采购运费发票”编号规则为“完全手工编号”，以便适应企业的业务环境，增加处理的灵活性。

单据参数设置操作过程如下：

（1）在“基础设置”主业务（一级菜单为“基础设置”）中，依次执行“单据设置”→“单据编号设置”命令，打开“单据编号设置”窗口，选择“单据编号”选项卡。

（2）在左侧树形结构中，依次单击“采购管理”→“采购专用发票”选项，单击“”按钮。

（3）勾选“完全手工编号”复选框，如图 8-6 所示，然后单击“保存”按钮。

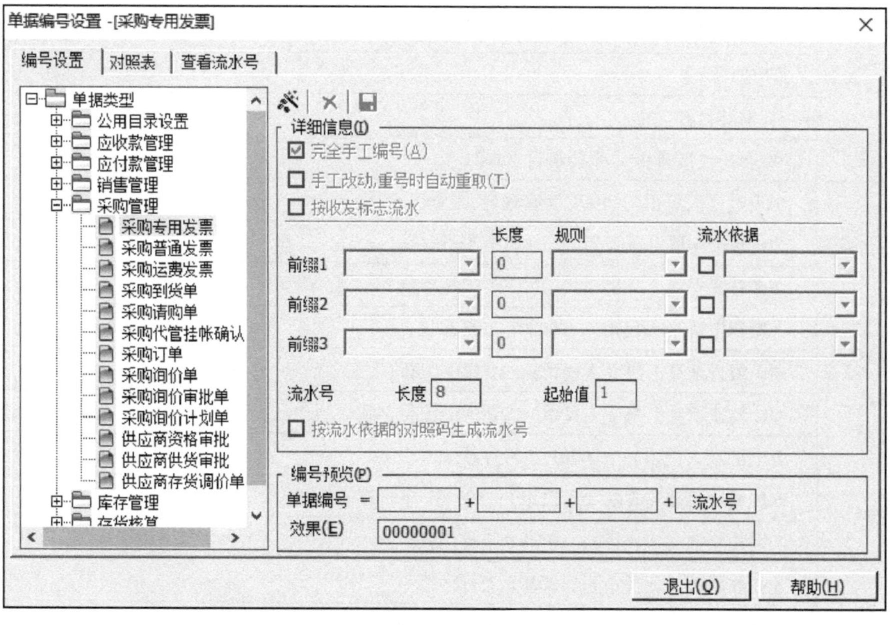

图 8-6 采购专用发票“单据编号设置”对话框

（4）重复上述操作，修改“采购订单”“采购运费发票”编号规则（截图略去）。

8.2.2 应付款管理系统初始设置

8.2.2.1 应付款管理系统会计科目设置

应付款管理系统的业务类型比较固定，所以生成的凭证类型也比较固定。为了简化后续操作，需要在核算前根据业务类型预先设置凭证中常用的科目。应付款管理系统会计科目设置包括：基本科目设置、控制科目设置、产品科目设置、结算方式科目设置。表 8-3 列示的是本案例企业的应付款管理系统的科目设置要求。

表 8-3 应付款管理系统科目设置

科目类别	设置方式
基础科目设置	应付科目（人民币）：220202 一般应付账款
	预付科目（人民币）：1123 预付科目
	商业承兑科目（人民币）：220102 商业承兑汇票
	银行承兑科目（人民币）：220101 银行承兑汇票
	票据利息科目（人民币）：6603 财务费用
	税金科目（人民币）：22210101 应交增值税-进项税额
	现金折扣科目（人民币）：6603 财务费用
产品科目设置	01 东芝移动硬盘　采购科目：1402 在途物资；税金科目：22210101 进项税额
	02 三星固态硬盘　采购科目：1402 在途物资；税金科目：22210101 进项税额
	03 金士顿固态硬盘 采购科目：1402 在途物资；税金科目：22210101 进项税额
	04 索尼移动硬盘　采购科目：1402 在途物资；税金科目：22210101 进项税额
	05 爱国者移动硬盘 采购科目：1402 在途物资；税金科目：22210101 进项税额
	06 固定资产　采购科目：1601 固定资产；税金科目：22210101 进项税额
	07 应税劳务
	08 周转材料
	09 受托代销商品　采购科目：1431
结算方式科目设置	1 现金（人民币）；1001 库存现金
	201 现金支票（人民币）；100201 工行存款
	202 转账支票（人民币）；100201 工行存款
	3 银行汇票（人民币）；100201 工行存款
	401 银行承兑汇票（人民币）；100201 工行存款
	402 商业承兑汇票（人民币）；100201 工行存款
	5 电汇（人民币）；100201 工行存款
	6 同城特约委托收款（人民币）；100201 工行存款
	7 委托收款（人民币）；100201 工行存款
	8 托收承付（人民币）；100201 工行存款
	9 其他（人民币）；100201 工行存款

应付款管理系统科目设置操作过程如下：

（1）在“业务工作”选项卡中，依次执行“财务会计”→“应付款管理”→“设置”→“初始设置”命令，系统打开“初始设置”窗口。

（2）基本科目设置。选中“基本科目设置”，单击工具栏中的“增加”按钮，依次参照表 8-3 所给信息录入基本科目信息，如图 8-7 所示。

图 8-7　基本科目设置

（3）产品科目设置。选中“产品科目设置”，参照表 8-3 依次输入各产品的采购科目和产品采购税金科目，如图 8-8 所示。

图 8-8　产品科目设置

（4）结算方式科目设置。选中“结算方式科目设置”，单击工具栏中的“增加”按钮，依次参照表 8-3 所给信息设置应付款管理系统结算方式科目，如图 8-9 所示。

注：

● 基础科目设置中的应付和预付科目须在会计科目档案中被指定为应付系统的受控科目。

● 结算科目不能是已经在科目档案中的指定为应收系统或应付系统的受控科目，且必须是最末级科目。

图 8-9 应付款系统结算方式科目设置

8.2.2.2 应付款管理系统参数设置

在使用应付管理系统之前，应先对其账套参数进行设置，使得系统按照设定的选项进行相关的处理。本案例企业的应付款管理系统选项，除系统默认设置之外，还需要根据业务要求做如下参数设置。表 8-4 是本案例企业的应付款管理系统参数设置。

表 8-4 应付款管理系统参数

常规	勾选“自动计算现金折扣”
凭证	“受控科目制单方式”选择“明细到单据”
权限与预警	不勾选“控制操作员权限”
核销设置	勾选“收付款单审核后核销”

应付款管理系统参数设置操作过程如下：

（1）在“业务工作”选项卡中，依次执行“应付款管理”→“设置”→“选项”命令，或者依次执行“基础设置”→“业务参数”→“财务会计”→“应付款管理”命令，打开应付系统的“账套参数设置”对话框。

（2）常规参数设置。在“常规”选项卡中，单击“编辑”按钮，勾选“自动计算现金折扣”，其他设置保持系统默认，如图 8-10（a）所示。

（3）凭证参数设置。在“凭证”选项卡中，在“受控科目制单方式”选择“明细到单据”，其他设置保持系统默认，如图 8-10（b）所示。

（4）权限与预警参数设置。在“权限与预警”选项卡中，不勾选“控制操作员权限”，其他设置保持系统默认，如图 8-11（a）所示。

（5）核销参数设置。在“核销设置”选项卡中，勾选“收付款单审核后核销”，其他设置保持系统默认，如图 8-11（b）所示。

（6）退出。单击“确定”按钮，保存系统参数设置，退出“账套参数设置”对话框。

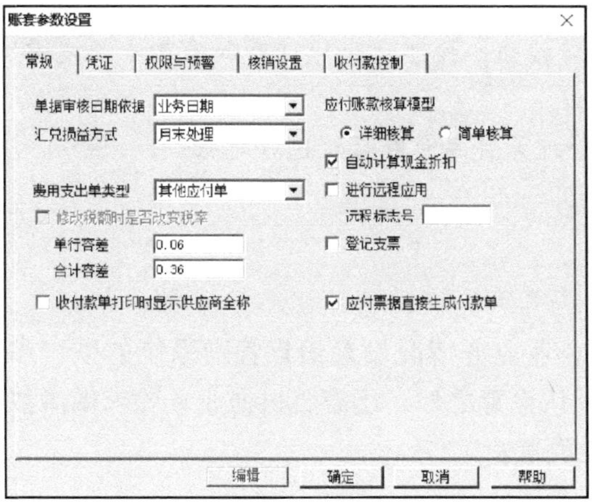

(a)

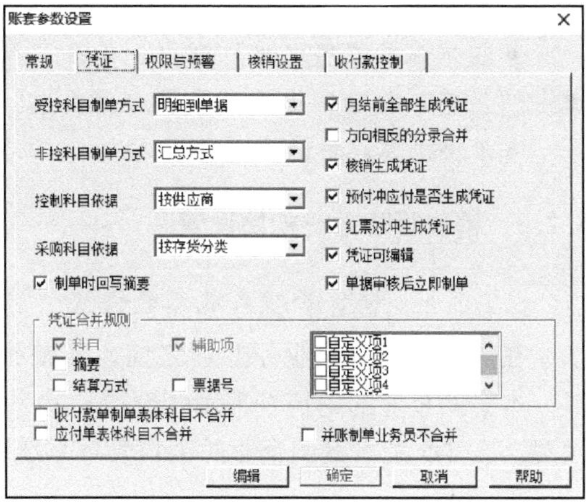

(b)

图 8-10 应付款管理系统“常规”和“凭证”选项的参数设置

（a）常规参数；（b）凭证参数

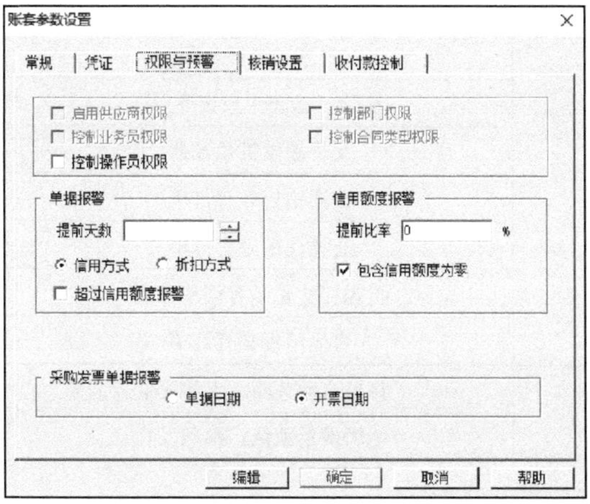

(a)

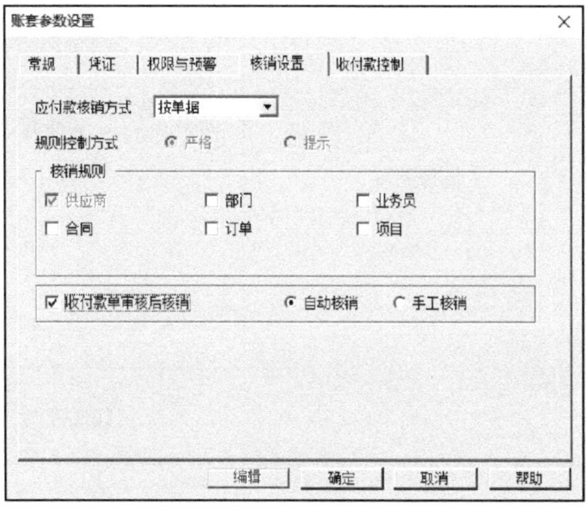

(b)

图 8-11 应付款管理系统“权限与预警”和“核销设置”选项的参数设置

（a）极限与预警参数；（b）核销参数

◇ 知识拓展

应付款管理系统期初余额录入与对账

期初的采购发票，不仅要在采购管理系统中录入期初采购发票，而且要在应付款管理系统中进行期初应付款的发票录入，并与总账进行对账。

操作过程如下：

● 在“业务工作”选项卡中，依次执行“应付款管理—设置—期初余额”命令，打开“期初余额—查询”对话框，单击“确定”按钮，进入“期初余额明细表”窗口。

● 单击工具栏上的“增加”按钮，打开“单据类别”对话框，选择“单据名称”为“采购发票”，选择“单据类型”为“采购专用发票”，单击“确定”按钮，打开“采购专用发票”窗口。

• 在“采购专用发票”窗口，单击“增加”按钮，按照原始凭证增加采购专用发票，单击“保存”按钮，退出“采购专用发票”窗口。

• 单击工具栏中的“对账”按钮，应付款管理系统与总账系统进行对账。

8.2.3 销售管理系统初始设置

8.2.3.1 销售管理系统参数设置

在进行销售日常业务处理之前，需要根据企业业务情况设置销售管理系统的系统参数。本案例企业的销售管理系统选项，除系统默认设置之外，还需要根据业务要求做参数设置。表 8-5 是本案例企业的销售管理系统参数设置。

表 8-5 销售管理系统参数设置

系统	选项卡	参数设置
销售系统	业务控制	有零售日报业务
		有委托代销业务
		有分期收款业务
		有直运销售业务
		取消“销售生成出库单”
		允许超发货量开票
		普通销售必有订单
		委托代销必有订单
		折扣存货受必有订单控制
		直运销售必有订单
	其他控制	订单自动关闭：出库完成
		新增发票默认：参照发货

销售管理系统参数设置操作过程如下：

（1）在“业务工作”选项卡中，依次执行“供应链”→“销售管理”→“设置”→“销售选项”命令，进入“销售选项”设置窗口，按照实训资料中所给的销售业务参数依次执行设置。或者在“基础设置”选项卡中依次执行“业务参数”→“供应链”→“销售管理”命令，进入“销售选项”设置页面。

（2）设置业务控制的参数。在“业务控制”选项卡中，勾选“有零售日报业务”“有委托代销业务”“有分期收款业务”“有直运销售业务”“允许超发货量开票”“普通销售必有订单”“委托代销必有订单”“折扣存货受必有订单控制”和“直运销售必有订单”，并取消勾选“销售生成出库单”，其他选项按系统默认设置，如图 8-12 所示。

（3）设置其他控制的参数。在“其他控制”选项卡中，在“订单自动关闭”列表框中选择“出库完成”，在“新增发票默认”列表框中选中“参照发货”，其他选项按系统默认设置，结果如图 8-13 所示。

（4）退出。单击“确定”按钮，保存系统参数设置，退出“销售选项”对话框。

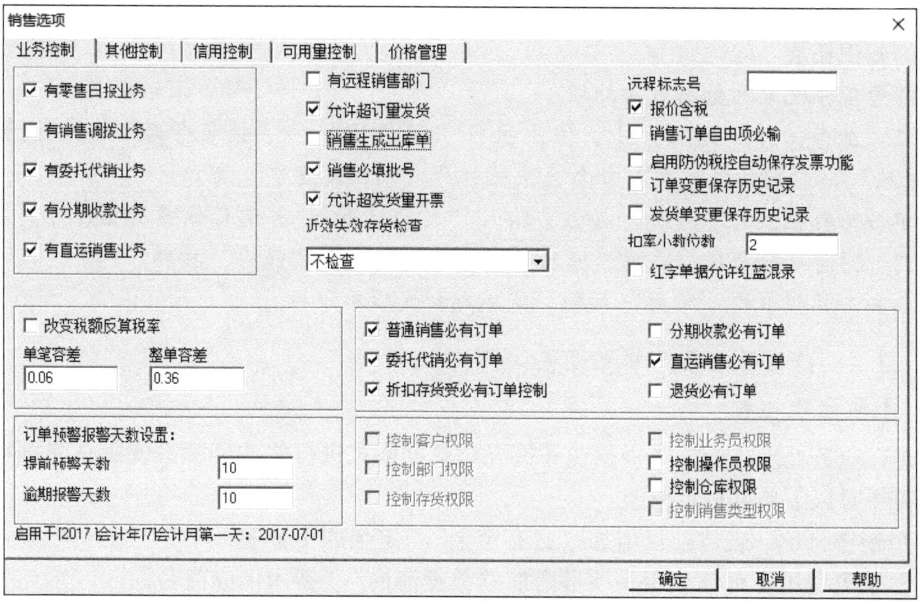

图 8-12 业务控制设置

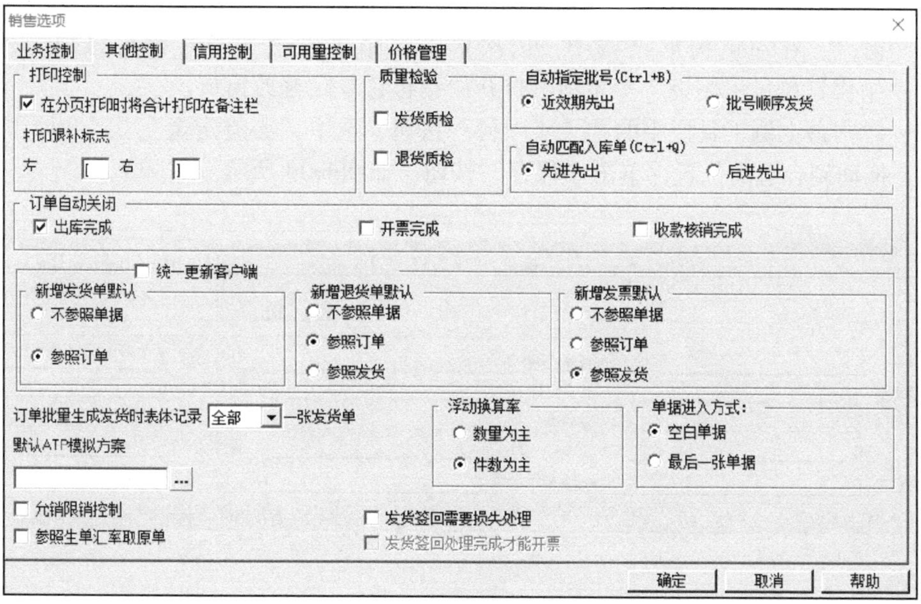

图 8-13 其他控制设置

8.2.3.2 销售管理系统期初数据录入

为了保证企业销售业务的连续性，在启用销售管理系统后，首先应该录入系统启用之前的各类销售期初数据。销售系统期初数据是指销售系统启用之前已经发货、出库但未开具发票的存货，如果企业有委托代销业务，则已经发生但未完全结算的存货也需要在期初数据中录入。

注：本企业销售管理无期初数据，无须进行相关处理。

◇ **知识拓展**

销售管理系统期初数据录入处理：

• 在“业务工作”选项卡中，依次执行“供应链”→“销售管理”→“设置”→“期初录入”→“期初发货单”命令，系统打开“期初发货单”窗口。

• 单击工具栏上的“增加”按钮，输入“发货日期”，并选择销售类型、客户名称及销售部门。同时选择仓库、存货，输入数量、单价，单击“保存”按钮。

• 单击工具栏中的“审核”按钮，完成期初发货单审核。

8.2.3.3 销售管理系统单据设置

A 单据格式设置

在进行业务处理之前需要根据业务情况对单据格式进行修改，除系统默认单据格式之外，还需要对以下单据进行修改。

(1) 销售订单：表体项目增加“必有定金”“定金原币金额”。

(2) 销售费用支出单：表头项目增加“单据流向”“费用供应商名称”。

(3) 委托代销结算单：表头项目增加“发票号”。

订单格式参数设置操作过程如下：

(1) 单击“基础设置”→“单据设置”→“单据格式设置”菜单项，进入“单据格式设置”窗口，在左侧树形结构中，依次单击“销售管理”→“销售订单”→“显示”→“销售订单显示模板”菜单项，打开“销售订单”修改窗口。

(2) 单击最上侧工具栏中的“表头项目”按钮，选中“必有定金”“定金原币金额”复选框，拖动到合适的位置，单击“保存”按钮，如图 8-14 所示。

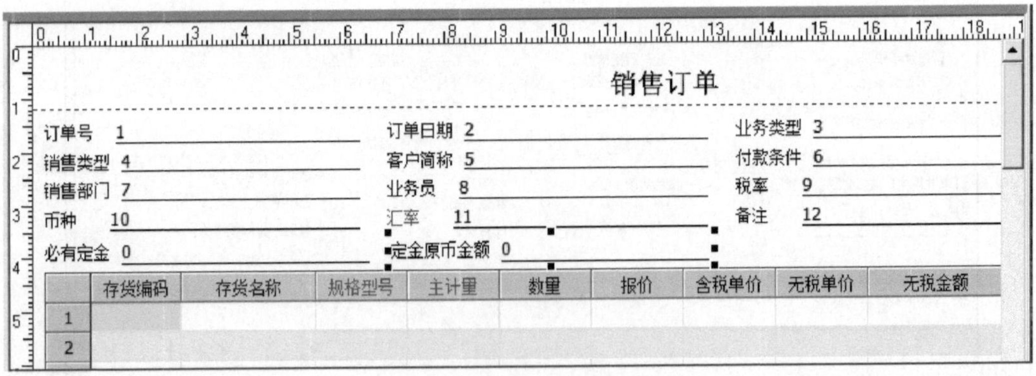

图 8-14 “销售订单”格式设置

(3) 增加“销售费用支出单”表头项目。单击工具栏中的“表头项目”按钮，选中“单据流向”“费用供应商名称”复选框，拖动到合适的位置，单击“保存”按钮，如图 8-15 所示。

(4) 同理，增加“委托代销结算单”表头项目。单击工具栏中的“表头项目”按钮，选中“发票号”复选框，拖动到合适的位置，单击“保存”按钮，如图 8-16 所示。

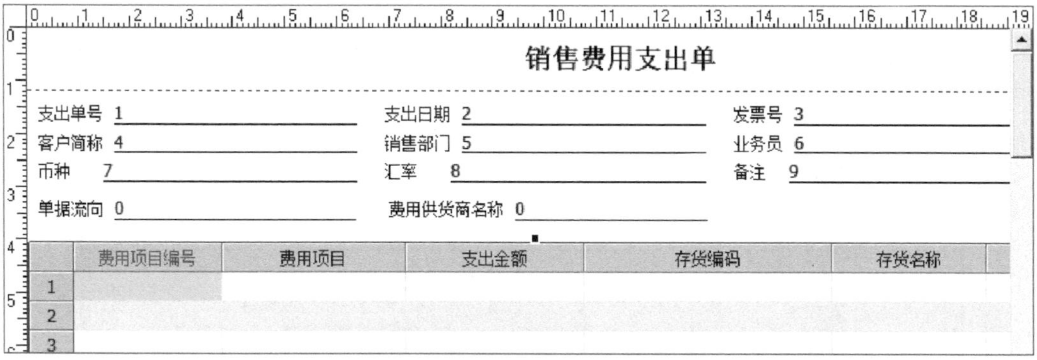

图 8-15 “销售费用支出单”格式设置

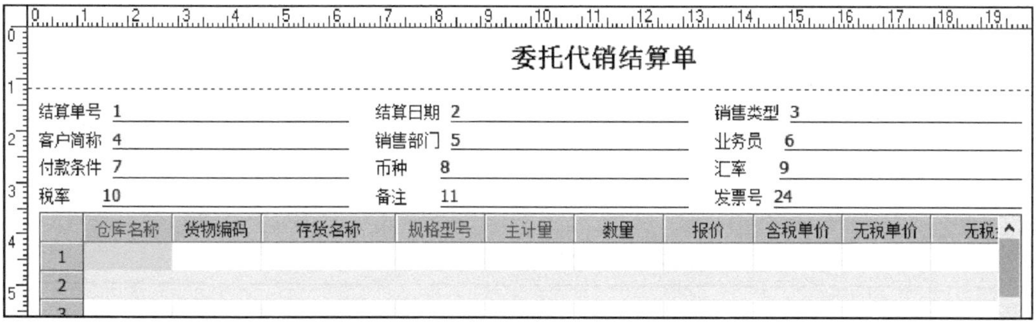

图 8-16 “委托代销结算单”格式设置

B 单据编号设置

本企业除默认单据格式及编号设置外，还需要修改“销售专用发票”编号规则为“完全手工编号”，修改“销售支出”“销售订单”编号规则为“手工改动，重号时自动重取”，以便适应企业的业务环境。

单据编号参数设置操作过程如下：

（1）在“基础设置”选项卡中，依次执行“基础档案”→“单据设置”→“单据编号设置”，打开“单据编号设置”窗口，选择“单据编号”选项卡。

（2）在左侧树形结构中，依次单击“销售管理”→“销售专用发票”选项，单击“”按钮。

（3）勾选“完全手工编码”复选框，如图 8-17 所示，然后单击“保存”按钮。

（4）重复上述操作，修改“销售支出”“销售订单”编号规则。

8.2.4 应收款管理系统初始设置

8.2.4.1 应收款管理系统参数设置

在运行应收款管理系统之前，应先设置运行所需要的账套参数，以适应本企业的业务处理要求。本案例企业的应收款管理系统选项，除系统默认设置之外，还需要根据业务要求做参数设置。表 8-6 是本案例企业的应收款管理系统参数设置。

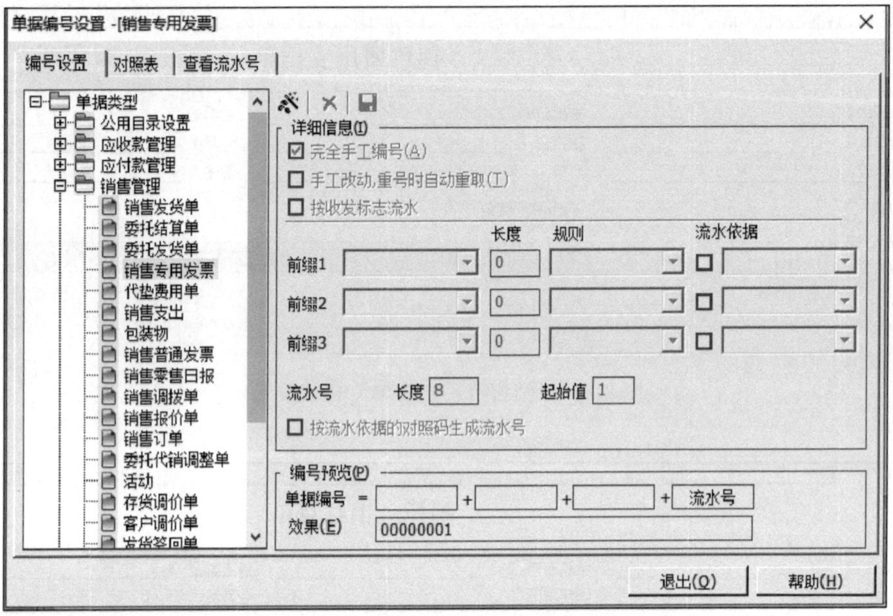

图 8-17 “销售专用发票”编号设置

表 8-6　应收款管理系统参数设置

常规	坏账处理方式：应收余额百分比法
	勾选“自动计算现金折扣”
权限与预警	不勾选“控制操作员权限”

应收款管理系统参数设置操作过程如下：

（1）在“业务工作”选项卡中，依次执行“财务会计”→“应收款管理”→“设置”→“选项”命令，或者依次执行“基础设置”→“业务参数”→“财务会计”→“应收款管理”命令，打开“账套参数设置”对话框。

（2）单击“编辑”按钮，使其为可编辑状态。

（3）常规参数设置。除默认选项外，在“常规”选项卡中，选择“坏账处理方式”为“应收余额百分比法”，勾选“自动计算现金折扣”，其他选项保持系统默认，如图 8-18 所示。

（4）权限与预警参数设置。在“权限与预警”选项卡中，不勾选“控制操作员权限”，其他设置保持系统默认，如图 8-19 所示。

（5）退出。单击“确定”按钮，保存系统参数设置，并关闭“账套参数设置”对话框。

8.2.4.2　应收款管理系统会计科目设置

应收款管理系统的业务类型比较固定，所以生成的凭证类型也比较固定（参照应付款管理系统初始化操作，此处不截图）。为了简化后续操作，需要在核算前根据业务类型预先设置凭证中常用的科目。应收款管理系统会计科目设置包括：基本科目设置、控制科目设置、产品科目设置、结算方式科目设置。表 8-7 是本案例企业的应收款管理系统的科目设置要求。

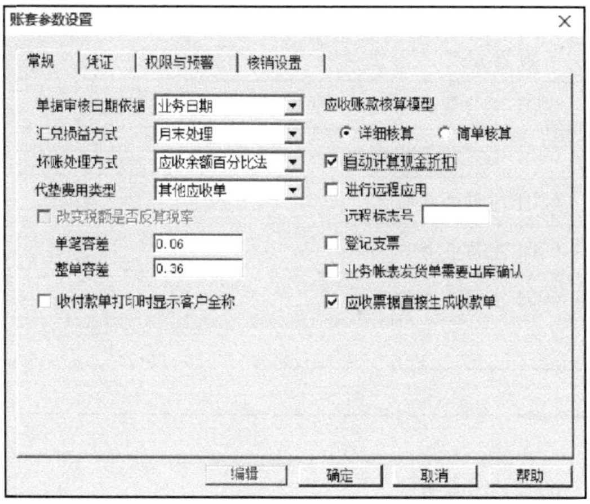

图 8-18 应收款管理“常规”选项设置

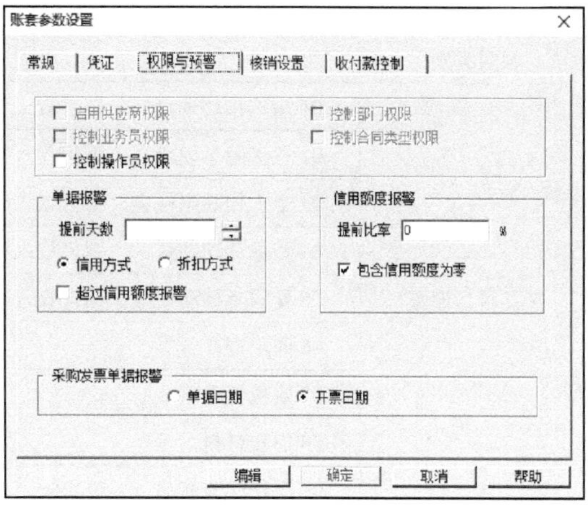

图 8-19 应收款管理“权限与预警”选项参数设置

表 8-7 应收款管理系统科目设置

科目类别	设置方式
基本科目设置	应收科目（人民币）：112201 一般应收款
	预收科目（人民币）：220302 预收款项
	销售收入科目（人民币）：6001 主营业务收入
	销售退回科目（人民币）：6001 主营业务收入
	商业承兑科目（人民币）：112102 商业承兑汇票
	银行承兑科目（人民币）：112101 一般应收款
	票据利息科目（人民币）：6603 财务费用
	坏账入账科目（人民币）：6701 资产减值损失
	现金折扣科目（人民币）：6603 财务费用
	税金科目（人民币）：22210103
	票据费用科目（人民币）：6603 财务费用
控制科目设置	0101××科技 应收科目：112201 应收账款/一般应收款
	0102 深圳×× 应收科目：112201 应收账款/一般应收款 预收科目：220302 预收账款/预收款项
	0103××科技
	0104××科技 应收科目：112201 应收账款/一般应收款
	0105××科技 应收科目：112201 应收账款/一般应收款
	0106××科技 应收科目：112201 应收账款/一般应收款
	0107 湖南×× 应收科目：112201 应收账款/一般应收款
	0108××科技 应收科目：112201 应收账款/一般应收款
	0109××科技 应收科目：112201 应收账款/一般应收款
	0110××科技 应收科目：112201 应收账款/一般应收款
	0111××科技

续表 8-7

科目类别	设置方式
产品科目设置	01 东芝移动硬盘　销售收入科目：6001 主营业务收入
	02 三星固态硬盘　销售收入科目：6001 主营业务收入
	03 金士顿固态硬盘　销售收入科目：6001 主营业务收入
	04 索尼移动硬盘　销售收入科目：6001 主营业务收入
	05 爱国者移动硬盘　销售收入科目：6001 主营业务收入
	06 固定资产
	07 应税劳务
	08 周转材料
	09 受托代销商品　销售收入科目：6001 主营业务收入
结算方式科目设置	1 现金（人民币）：1001 现金
	201 现金支票（人民币）：100201 工行存款
	202 转账支票（人民币）：100201 工行存款
	3 银行汇票（人民币）：100201 工行存款
	401 银行承兑汇票（人民币）：100201 工行存款
	402 商业承兑汇票（人民币）：100201 工行存款
	5 电汇（人民币）：100201 工行存款
	6 同城特约委托收款（人民币）：100201 工行存款
	7 委托收款（人民币）：100201 工行存款
	8 托收承付（人民币）：100201 工行存款
	9 其他（人民币）：100201 工行存款

应收款管理系统会计科目参数设置操作过程如下：

(1) 在“业务工作”选项卡中，依次执行“财务会计”→“应收款管理”→“设置”→“初始设置”命令，系统打开“初始设置”窗口。

(2) 基本科目设置。选中“基本科目设置”，再单击工具栏中的“增加”按钮，依次参照表 8-7 所给信息录入基本科目信息。

(3) 控制科目设置。选中“控制科目设置”，参照表 8-7 的信息依次输入各公司应收科目和预收科目。

(4) 产品科目设置。选中“产品科目设置”，参照表 8-7 的信息依次输入各产品销售收入科目。

(5) 结算方式科目设置。选中“结算方式科目设置”，单击工具栏中的“增加”按钮，依次参照表 8-7 所给信息设置应收款管理系统结算方式科目。

(6) 退出。单击“初始设置”窗口右上角的“关闭”按钮，退出“初始设置”窗口。

8.2.4.3 坏账准备设置

坏账准备是指企业的应收款项计提的备抵账户。坏账准备设置是指设置计提坏账准备比例和坏账准备的期初余额，其作用是应收款管理系统根据企业的应收账款进行计提坏账准备。

企业期末不包含应收票据的应收款项进行计提坏账准备，其基本方法包括：应收余额百分比法、销售收入百分比法、账龄分析法、直接转销法等。

本案例计提坏账准备的方法为应收余额百分比法。表8-8是本企业坏账准备设置参数。

表8-8 坏账准备参数

控制参数	参数设置
提取比例	0.5%
坏账准备期初余额	0
坏账准备科目	1231（坏账准备）
对方科目	6701（资产减值损失）

坏账准备参数设置操作过程如下：

（1）在“业务工作”选项卡中，依次执行“财务会计”→“应收款管理”→“设置”→“初始设置”命令，系统打开“初始设置”窗口。

（2）坏账准备设置。单击“坏账准备设置”，然后依据表8-8中的信息填写，最后单击“确定”按钮，完成坏账准备参数设置。

（3）退出。单击“初始设置”窗口右上角的“关闭”按钮，退出“初始设置”窗口，如图8-20所示。

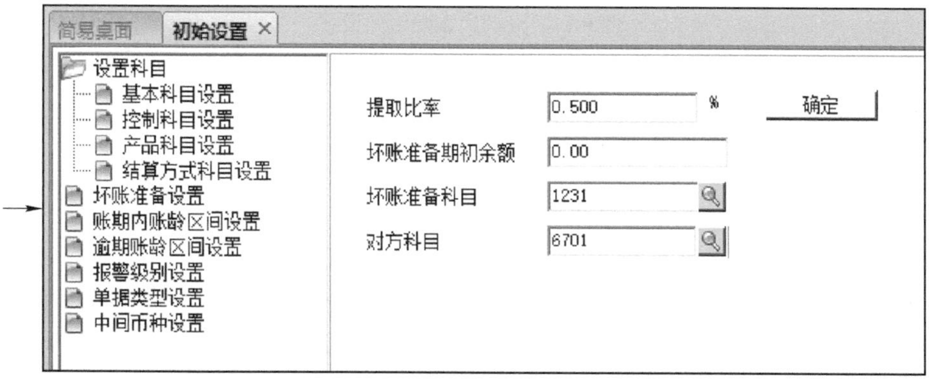

图8-20 坏账准备参数设置

8.2.4.4 账期内账龄区间设置

账龄区间设置是指企业定义账期应收账款或收款时间间隔的功能，企业根据自己定义的账款时间间隔，进行账期内应收账款或收款的账龄查询和账龄分析，可以清楚地了解一定时间内所发生的应收款以及收款情况。表8-9是本案例企业应收账款的账龄区间。

表8-9 应收账款账龄区间

序号	起止天数	总天数
01	0~30	30
02	31~60	60
03	61~90	90
04	91~120	120
05	121以上	

应收账款账龄区间参数设置操作过程如下：

(1) 在“业务工作”选项卡中，依次执行“财务会计”→“应收款管理”→“设置”→“初始设置”命令，系统打开“初始设置”窗口。

(2) 账龄区间设置。单击“账期内账龄区间设置”按钮，然后依据表 8-9 中的信息，在“总天数”栏依次填入相应天数（“起止天数”自动生成），完成应收款管理系统账龄区间设置。

(3) 退出。单击“初始设置”窗口右上角的“关闭”按钮后，退出“初始设置”窗口，如图 8-21 所示。

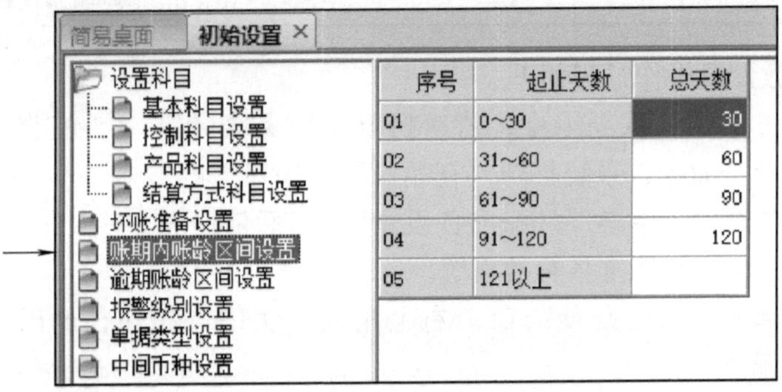

图 8-21 账期内账龄区间设置

◇ **知识拓展**

应收款管理系统期初余额录入与对账

为了保证数据的连续性与完整性，在正式启用账套前将所有业务数据录入系统中，作为期初数据。期初数据只有在开账后的第一年可以录入，开账后第一个会计月结账后不再允许新增、修改或删除期初数据，但可以对期初数据进行审核和弃审。应收款系统应与总账管理系统根据受控科目进行一一对账，若期初对账后差额为零，则对账成功。

操作过程如下：

- 在“业务工作”选项卡中，依次执行“应收款管理”→“设置”→“期初余额”命令，打开“期初余额—查询”对话框，单击“确认”按钮，进入“期初余额明细表”窗口。
- 单击工具栏上的“增加”按钮，打开“单据类别”对话框，选择“单据名称”为“销售发票”，选择“单据类型”为“销售专用发票”，单击“确定”按钮，系统打开“销售专用发票”窗口。
- 在“销售专用发票”窗口，单击“增加”按钮，按照原始凭证增加销售专用发票，单击“保存”按钮，退出“销售专用发票”窗口。
- 单击工具栏中的“对账”，应付款管理系统与总账系统进行对账。

8.2.5 库存管理系统初始设置

8.2.5.1 库存管理系统参数设置

本案例企业的库存管理系统选项，除系统默认设置之外，还需要根据业务要求做参数设置。表 8-10 是本案例企业的库存管理系统参数设置。

表 8-10 库存管理系统参数设置

系统	选项卡	参数设置
库存管理	通用设置	有无委托代销业务
		采购入库审核时改现存量
		销售出库审核时改现存量
		其他出入库审核时改现存量
		取消“审核时检查货位”
	专用设置	允许超采购到货单入库
		自动带出单价的单据：其他入库单、其他出库单

库存管理系统参数设置操作过程如下：

（1）在“业务工作”选项卡中，依次执行“供应链”→“库存管理”→“初始设置”→“选项”命令，或者依次执行“基础设置”→“业务参数”→“供应链”→“库存管理”命令，打开“库存选项设置”对话框。

（2）“设置通用”设置。除默认选项外，在“通用设置”选项卡中，勾选“业务设置”区中的“有无委托代销业务”，勾选“修改现存量点”区中的“采购入库审核时改现存量”“销售出库审核时改现存量”“其他出入库审核时改现存量”复选框，取消勾选“业务校验”区中的“审核时检查货位”复选框，如图 8-22 所示。

图 8-22 库存管理“通用设置”选项参数设置

（3）“专用设置”设置。除默认选项外，在“专用设置”选项卡中，勾选“业务开关”区中的“允许超采购到货单入库”复选框，在“自动带出单价的单据”选项中勾选“其他入库单”和“其他出库单”，如图 8-23 所示。

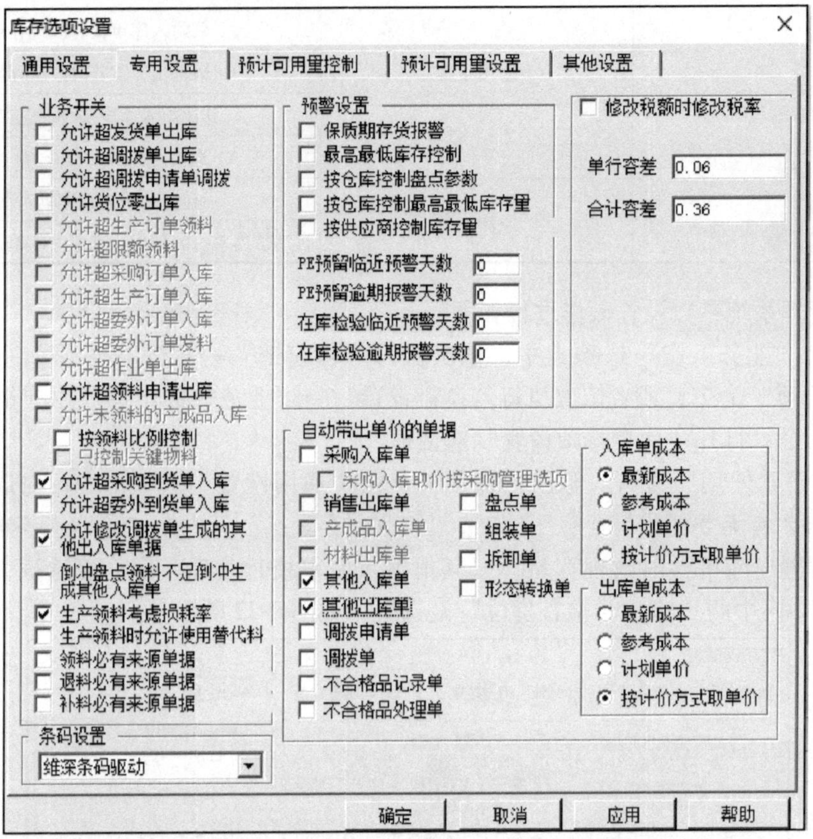

图 8-23　库存管理“专用设置”选项参数设置

（4）退出。单击“确定”按钮，保存系统参数设置，关闭“库存选项设置”对话框。

8.2.5.2　库存管理系统期初数据录入

初次使用库存管理系统时，应先输入全部期初存货数据。库存管理的期初数据，只有在启用系统的第一年或重新初始化的年度可以录入。重新初始化时，可将上年度 12 月份的库存结存结转到下年度的期初余额中。启用第一年或重新初始化年度的第一个会计月结账后，不允许再新增、修改或删除期初数据，同时也不可以审核和弃审。期初数据包括仓库的期初库存数据，期初未处理的不合格品结存量。表 8-11 是本案例企业的库存期初数据。

库存管理系统期初数据录入操作过程如下：

（1）在“业务工作”选项卡中，依次执行“供应链”→“库存管理”→“初始设置”→“期初结存”命令，打开“库存期初数据录入”窗口。

（2）选择仓库。选择“仓库”为“东芝移动硬盘库”之后，单击工具栏中的“修改”按钮，使“库存期初”处于编辑状态。

表 8-11　库存期初数据

仓库名称	存货名称	规格型号	数量	单价
东芝移动硬盘库	东芝 1T 移动硬盘	黑色	50	300
	东芝 1T 移动硬盘	灰色	150	350
	东芝 2T 移动硬盘	黑色	50	460
	东芝 2T 移动硬盘	灰色	200	480
三星固态硬盘库	三星 250G 固态硬盘	黑色	50	650
	三星 250G 固态硬盘	灰色	300	700
	三星 500G 固态硬盘	黑色	200	850
	三星 500G 固态硬盘	灰色	50	950
金士顿固态硬盘库	金士顿 250G 固态硬盘	黑色	150	600
	金士顿 250G 固态硬盘	灰色	200	620
	金士顿 500G 固态硬盘	黑色	50	950
	金士顿 500G 固态硬盘	灰色	50	1000
索尼移动硬盘库	索尼 1T 移动硬盘	黑色	350	450
	索尼 1T 移动硬盘	灰色	50	480
	索尼 2T 移动硬盘	黑色	150	790
	索尼 2T 移动硬盘	灰色	50	800
爱国者移动硬盘库	爱国者 500G 移动硬盘	黑色	20	360
	爱国者 500G 移动硬盘	灰色	20	390
	爱国者 1T 移动硬盘	黑色	300	480
	爱国者 1T 移动硬盘	灰色	50	500
周转材料	包装物		500	10

（3）录入第一条初始数据。参照表 8-11 的信息，在表体参照生成“存货编码”为“0101”（东芝 1T 移动硬盘），录入“数量”为“50”，此处“单价”为“300”，而“金额”自动生成，其他期初数据按上述步骤录入，如图 8-24 所示。

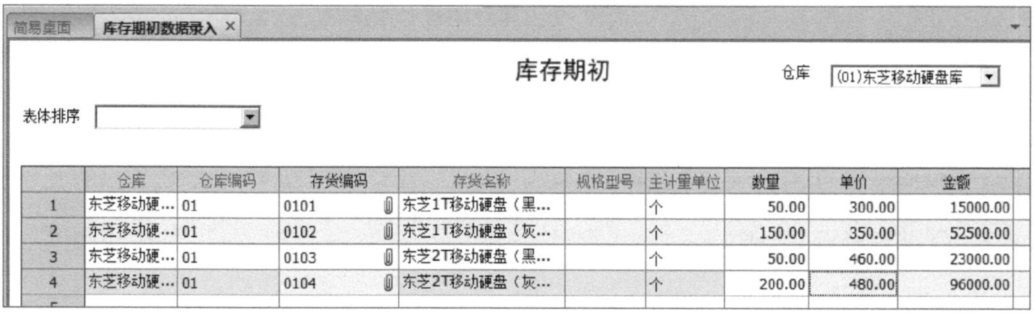

(a)

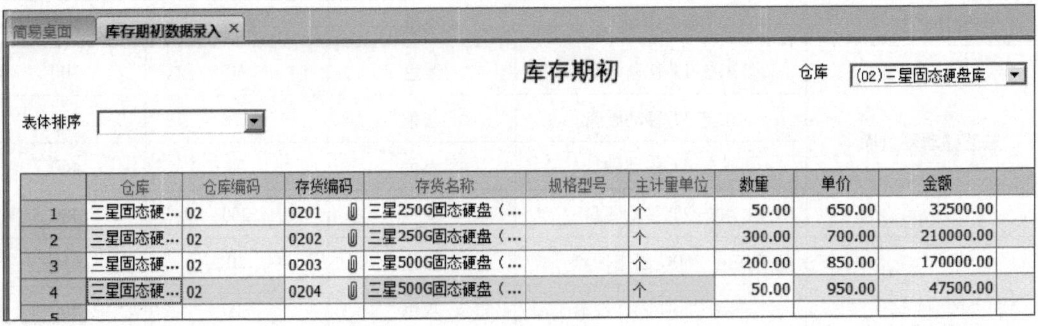

	仓库	仓库编码	存货编码	存货名称	规格型号	主计量单位	数量	单价	金额
1	三星固态硬…	02	0201	三星250G固态硬盘（…		个	50.00	650.00	32500.00
2	三星固态硬…	02	0202	三星250G固态硬盘（…		个	300.00	700.00	210000.00
3	三星固态硬…	02	0203	三星500G固态硬盘（…		个	200.00	850.00	170000.00
4	三星固态硬…	02	0204	三星500G固态硬盘（…		个	50.00	950.00	47500.00

(b)

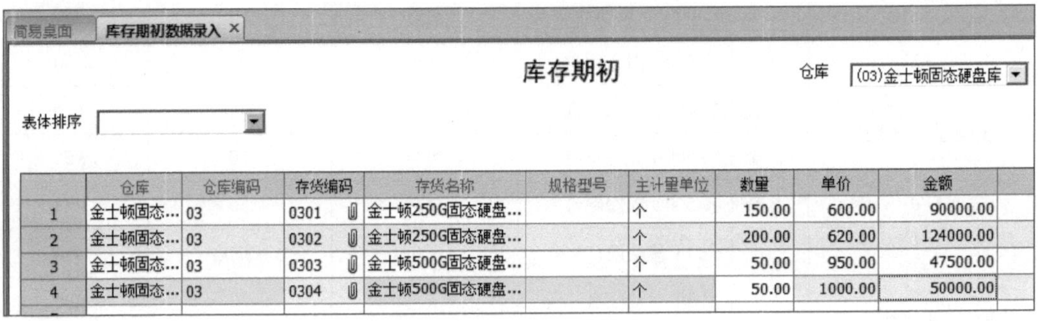

	仓库	仓库编码	存货编码	存货名称	规格型号	主计量单位	数量	单价	金额
1	金士顿固态…	03	0301	金士顿250G固态硬盘…		个	150.00	600.00	90000.00
2	金士顿固态…	03	0302	金士顿250G固态硬盘…		个	200.00	620.00	124000.00
3	金士顿固态…	03	0303	金士顿500G固态硬盘…		个	50.00	950.00	47500.00
4	金士顿固态…	03	0304	金士顿500G固态硬盘…		个	50.00	1000.00	50000.00

(c)

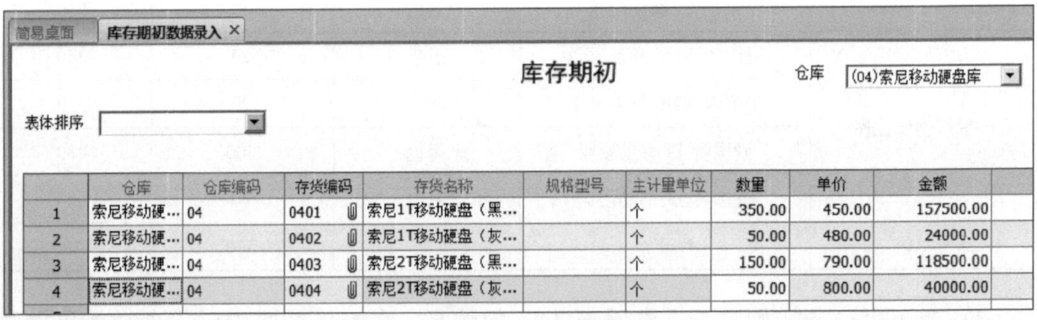

	仓库	仓库编码	存货编码	存货名称	规格型号	主计量单位	数量	单价	金额
1	索尼移动硬…	04	0401	索尼1T移动硬盘（黑…		个	350.00	450.00	157500.00
2	索尼移动硬…	04	0402	索尼1T移动硬盘（灰…		个	50.00	480.00	24000.00
3	索尼移动硬…	04	0403	索尼2T移动硬盘（黑…		个	150.00	790.00	118500.00
4	索尼移动硬…	04	0404	索尼2T移动硬盘（灰…		个	50.00	800.00	40000.00

(d)

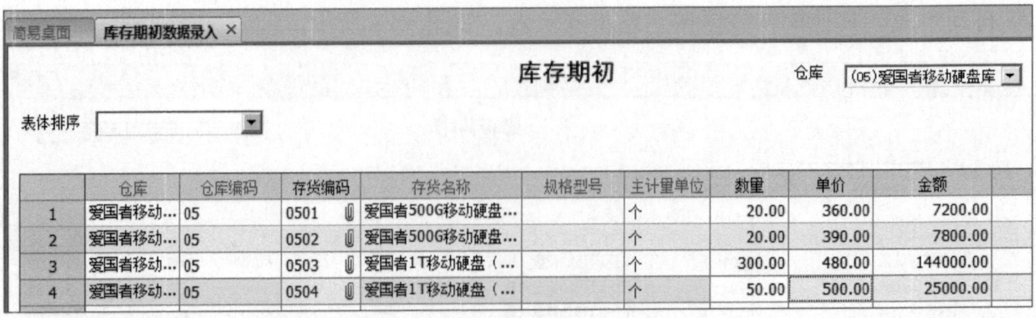

	仓库	仓库编码	存货编码	存货名称	规格型号	主计量单位	数量	单价	金额
1	爱国者移动…	05	0501	爱国者500G移动硬盘…		个	20.00	360.00	7200.00
2	爱国者移动…	05	0502	爱国者500G移动硬盘…		个	20.00	390.00	7800.00
3	爱国者移动…	05	0503	爱国者1T移动硬盘（…		个	300.00	480.00	144000.00
4	爱国者移动…	05	0504	爱国者1T移动硬盘（…		个	50.00	500.00	25000.00

(e)

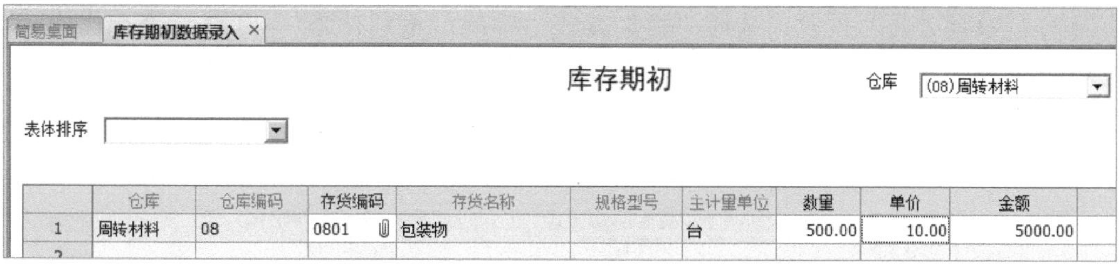

(f)

图 8-24 库存管理系统的期初数据

(a) 东芝移动硬盘库；(b) 三星固态硬盘库；(c) 金士顿固态硬盘库；
(d) 索尼移动硬盘库；(e) 爱国者移动硬盘库；(f) 周转材料

(4) 保存和批审。单击“保存”按钮，保存录入的期初存货信息，再单击“批审”按钮，系统弹出“批量审核完成”对话框，单击“确定”按钮，完成期初数据审核。

注意：此处一定要批审！否则应付单据审核查不到相关数据！

(5) 其他仓库重复上述步骤，完成库存期初数据的录入、保存及审核。

注意：每个仓库的库存期初数据录入完成后都要进行批审！

(6) 退出。单击“库存期初数据录入”窗口中的“关闭”按钮，退出并返回“企业应用平台”。

注：

- 库存期初结存数据必须按照仓库分别录入，每个仓库对应一张期初数据录入单。录入完毕后需要进行审核。
- 期初结存数据的审核实际是期初记账的过程，表明该仓库期初数据录入完毕。
- 审核和批审的区别，“审核”仅针对当前仓库中一条存货信息进行审核；“批审”针对当前仓库所有存货信息进行审核。
- 审核后的期初数据不能修改或删除，需要弃审后才能进行修改或删除。
- 库存期初结存数据录入时，若默认存货在库存管理系统的计量单位不是主计量单位，则需要录入该存货的单价和金额，由系统计算该存货的数量。

8.2.6 存货核算系统初始设置

8.2.6.1 存货核算系统参数设置

本案例企业的存货核算系统选项，除系统默认设置之外，还需要根据业务要求做参数设置。表 8-12 是本案例企业的存货核算系统参数设置。

表 8-12 存货核算系统参数设置

核算方式	暂估方式“单到补差”
	委托代销成本核算方式“按发出商品核算”

存货核算系统的参数设置操作过程如下：

(1) 在“业务工作”选项卡中，依次执行“供应链”→“存货核算”→“初始设置”→“选项”→“选项录入”命令，打开“选项录入”对话框。

（2）“核算方式”设置。选择“暂估方式”中的“单到补差”，选择“委托代销成本核算方式”为“按发出商品核算”，其他选项按系统默认设置，如图 8-25 所示。

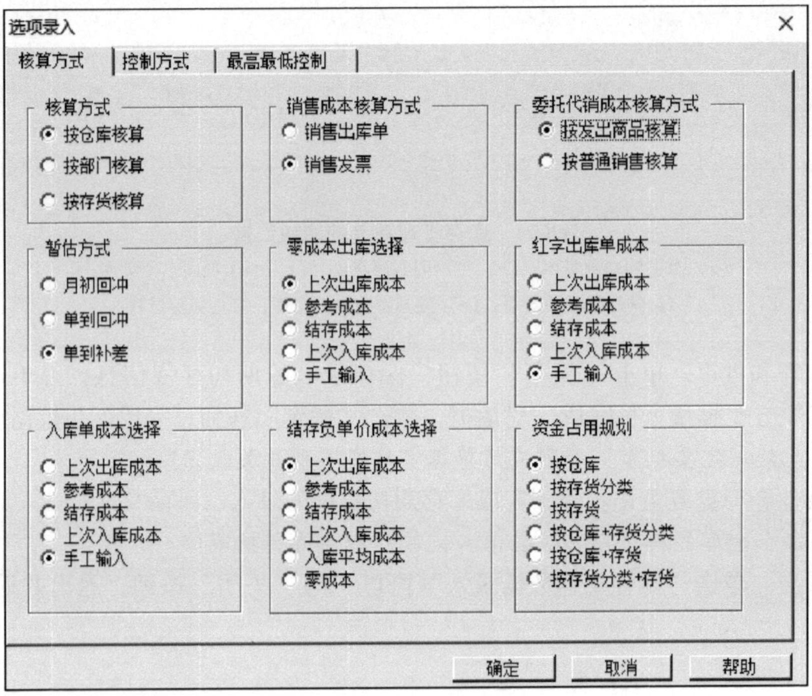

图 8-25　存货核算系统“核算方式”参数设置

（3）退出。单击“确定”按钮，保存系统参数设置，关闭“选项录入”对话框。

8.2.6.2　存货核算系统期初数据录入与对账

初次使用存货核算系统时，应录入全部末级存货的期初数据，从而保证数据的连续性。存货期初数据一般与库存管理系统的期初数相对应，可以直接录入。当库存管理系统已经录入期初数据时，则存货核算的期初数可以通过“取数”功能直接获取期初数据。同时，当存货核算录入期初数据时，库存管理也可以通过“取数”功能，获得存货期初数据。

存货核算系统系统提供了对账的功能，来判断库存管理和存货核算两个系统期初数据是否一致。

期初数据录入完成，单击“期初记账”，系统把期初差异分配到期初单据上，并把期初单据的数据计入存货总账、存货明细账、差异账、委托代销（分期收款）发出商品明细账等账簿。存货核算必须进行期初记账，否则无法进行日常业务核算。期初记账后，用户才能进行日常业务处理、账簿查询、统计分析等操作。

存货核算系统期初数据录入与对账操作过程如下：

（1）在“业务工作”中，依次执行“供应链”→“存货核算”→“初始设置”→“期初数据”→“期初余额”命令，系统打开“期初余额”窗口。

（2）存货期初数据可以单击“增加”按钮直接录入；也可以从库存管理系统中“取数”。因为库存管理系统已经录入了期初数据，则这里选择“取数”操作。

（3）取数。在“仓库”下拉列表中选择“01　东芝移动硬盘库”，然后单击“取数”按钮，则系统自动读取仓库存货并显示在“期初余额”窗口中，如图 8-26 所示。

图 8-26　存货期初数据录入

（4）从其他仓库取数。重复步骤（3）依次对其他仓库进行“取数”操作，完成存货核算系统期初数据的录入。

（5）对账。单击工具栏中的“对账”按钮，系统弹出“库存与存货期初对账查询条件”对话框，此处已经默认选择了所有仓库，直接单击“确定”按钮，系统弹出“对账成功”信息提示框，单击“确定”按钮，系统完成期初对账

（6）记账。单击工具栏中的“记账”按钮，系统弹出“期初记账成功”信息提示框，如图 8-27 所示，然后单击“确定”按钮，系统完成存货期初记账。

（7）退出。单击“退出”按钮，退出当前窗口返回企业应用平台。

图 8-27　存货核算期初记账成功

注：

● 存货核算系统进行“取数”操作，只要有期初余额的仓库都要进行此操作，确保全部期初数据录入完毕。

● 期初数据录入完毕后，必须进行“记账”操作，否则无法进行日常业务核算。未记账时，允许进行单据录入和账表查询。

● 未进行记账可以修改存货的计价方式、核算方式，以及存货的期初数据，但记账后不能进行修改。

8.2.6.3　存货科目设置

存货核算系统的存货科目核算功能是设置系统中生成凭证所需要的各种科目，包括存货科目、差异科目、分期收款发出商品科目、委托代销科目、直运科目。

根据不同的仓库和存货类型设置存货的科目，如：材料库，存货科目设置为“原材料”；产成品库，存货科目设置为“库存商品”；分期收款发出商品科目设置为“发出商品”。

用户在制单之前应先在系统中将存货科目设置正确、完整，否则后续系统生成凭证时

无法自动带出对应科目。表 8-13 是本案例企业的存货科目。

表 8-13 存货科目

仓库编码	仓库名称	存货科目编码	分期收款发出商品科目编码	委托代销发出商品科目编码	直运科目编码
01	东芝移动硬盘库	1405 库存商品	1406 发出商品	1406 发出商品	1402 在途物资
02	三星固态硬盘库	1405 库存商品	1406 发出商品	1406 发出商品	1402 在途物资
03	金士顿固态硬盘库	1405 库存商品	1406 发出商品	1406 发出商品	1402 在途物资
04	索尼移动硬盘库	1405 库存商品	1406 发出商品	1406 发出商品	1402 在途物资
05	爱国者移动硬盘库	1405 库存商品	1406 发出商品	1406 发出商品	1402 在途物资
07	赠品库	1405 库存商品			
09	受托代销商品库	1431 受托代销商品			

存货核算系统科目设置操作过程如下：

（1）在“业务工作”中，依次执行“供应链”→“存货核算”→“科目设置”→“存货科目”命令，打开“存货科目”窗口。

（2）录入存货科目。单击“增加”按钮，参照表 8-13 中的信息，依次填入“仓库编码”“存货科目编码”“分期收款发出商品编码”等，然后单击“保存”按钮，完成设置，如图 8-28 所示。

仓库编码	仓库名称	存货科目编码	存货科目名称	分期收款发...	分期收款发出...	委托代销发...	委托代销发...	直运科目编码	直运科目名称
01	东芝移动硬盘库	1405	库存商品	1406	发出商品	1406	发出商品	1402	在途物资
02	三星固态硬盘库	1405	库存商品	1406	发出商品	1406	发出商品	1402	在途物资
03	金士顿固态硬...	1405	库存商品	1406	发出商品	1406	发出商品	1402	在途物资
04	索尼移动硬盘库	1405	库存商品	1406	发出商品	1406	发出商品	1402	在途物资
05	爱国者移动硬...	1405	库存商品	1406	发出商品	1406	发出商品	1402	在途物资
07	赠品库	1405	库存商品						
09	受托代销商品库	1431	受托代销商品						

图 8-28 存货科目设置

（3）退出。单击“退出”按钮，退出“存货科目”窗口。

8.2.6.4 对方科目设置

存货核算系统中的对方科目核算功能用于设置存货核算系统中生成凭证所需要的存货对方科目，即收发类别所对应的会计科目。因此，用户在制单之前应先在系统中将对方科目设置正确、完整，否则在存货核算系统生成凭证时无法自动带出对应科目。表 8-14 是本案例企业的对方科目。

表 8-14 对方科目

收发类别编码	收发类别名称	对方科目编码	暂估科目编码
11	采购入库	1402 在途物资	220201 暂估应付账款
12	盘盈入库	190101 待处理流动资产损溢	

续表 8-14

收发类别编码	收发类别名称	对方科目编码	暂估科目编码
13	受托代销入库	2314 受托代销商品款	
21	销售出库	6401 主营业务成本	
22	盘亏出库	190101 待处理流动资产损溢	
23	受托代销出库	2314 受托代销商品款	
25	委托代销出库	6401 主营业务成本	
27	捐赠出库	67110302 公益性捐赠	

存货核算系统中的对方科目设置操作过程如下：

（1）在“业务工作”中，依次执行“供应链”→“存货核算”→“初始设置”→“科目设置”→“对方科目”命令，打开“对方科目”窗口。

（2）录入对方科目。单击“增加”按钮，按照表 8-14 的信息依次填入“收发类别编码”“对方科目编码”“暂估科目编码”，然后单击“保存”按钮，完成设置，如图 8-29 所示。

收发类别编码	收发类别名称	对方科目编码	对方科目名称	暂估科目编码	暂估科目名称
11	采购入库	1402	在途物资	220201	暂估应付账款
12	盘盈入库	190101	待处理流动资产损溢		
13	受托代销入库	2314	受托代销商品款		
21	销售出库	6401	主营业务成本		
22	盘亏出库	190101	待处理流动资产损溢		
23	受托代销出库	2314	受托代销商品款		
25	委托代销出库	6401	主营业务成本		
27	捐赠出库	67110302	公益性捐赠		

图 8-29 对方科目设置

（3）“插行”按钮实现插行输入，“删除”按钮进行删除该行操作。

（4）退出。单击“退出”按钮，退出“对方科目”窗口。

8.2.6.5 跌价准备设置

跌价准备设置，其目的是设置跌价准备科目以及计提费用科目，以便用户在计提存货跌价准备制单时，自动带出对应科目，简化后续操作。表 8-15 是本案例企业的跌价准备设置。

表 8-15　存货跌价准备科目

存货分类编码	存货分类名称	跌价准备科目	计提费用科目
01	东芝移动硬盘	1471 存货跌价准备	6701 资产减值损失
02	三星固态硬盘	1471 存货跌价准备	6701 资产减值损失
03	金士顿固态硬盘	1471 存货跌价准备	6701 资产减值损失
04	索尼移动硬盘	1471 存货跌价准备	6701 资产减值损失
05	爱国者移动硬盘	1471 存货跌价准备	6701 资产减值损失

跌价准备设置操作过程如下：

（1）在“业务工作”中，依次执行“供应链”→“存货核算”→“跌价准备”→“跌价准备设置”命令，打开“跌价准备设置”窗口。

（2）录入跌价准备相关信息。单击“增加”按钮，按照表 8-15 中的信息依次填入“存货分类编码”“存货分类名称”“跌价准备科目编码”“计提费用科目编码”，然后单击“保存”按钮，完成设置，如图 8-30 所示。

图 8-30　跌价准备设置

（3）退出。单击“退出”按钮，系统退出“跌价准备设置”窗口。

8.2.6.6　跌价准备期初设置

在处理存货跌价准备之前必须录入期初数据，保证数据的连贯性，否则无法进行本期的跌价处理。表 8-16 为本企业跌价准备期初余额。

表 8-16　跌价准备期初余额

单据日期	存货编码	存货名称	规格	跌价余额
2017 年 6 月 30 日	0303	金士顿 500G 固态硬盘	黑色	1218.00
2017 年 6 月 30 日	0304	金士顿 500G 固态硬盘	灰色	1282.00

跌价准备期初余额设置操作过程如下：

（1）在“业务工作”中，依次执行“供应链”→“存货核算”→“跌价准备”→“跌价准备期初”，打开“跌价准备期初单”窗口。

（2）填制跌价准备的期初单。在“跌价准备期初单”窗口中，单击工具栏中的“增加”按钮，参照“跌价准备期初余额”，分别录入“单据日期”“存货编码”“跌价余额”，然后“科目编码”为“1471 存货跌价准备”。

（3）保存并审核。单击工具栏中的“保存”按钮，再单击“审核”按钮，系统提示“该单据审核成功”，单击“确定”按钮，完成审核，如图 8-31 所示。

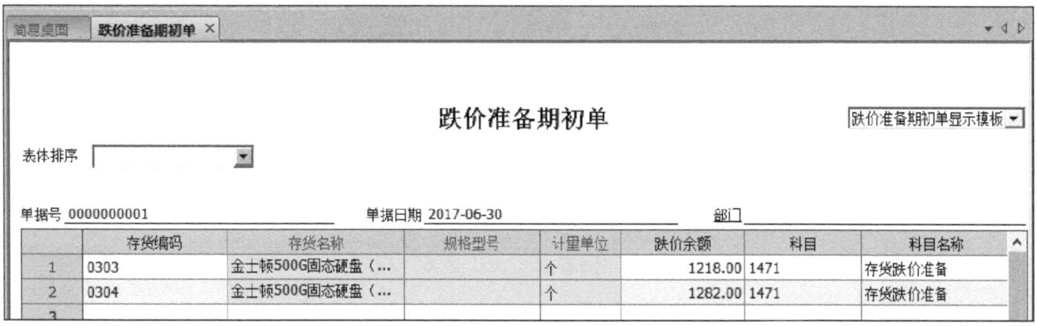

图 8-31 跌价准备期初单

（4）退出。单击“关闭”按钮，系统退出“跌价准备期初单”窗口。

8.3 供应链管理系统用户权限

用户权限已在 2.4.3 讲过，现在把供应链几个用户的权限列出来供参考。存货核算由财务部“W02 甲 3”进行操作，权限在 2.4.3 已经截图。采购部、销售部、仓管部人员权限示例如图 8-32～图 8-34 所示。

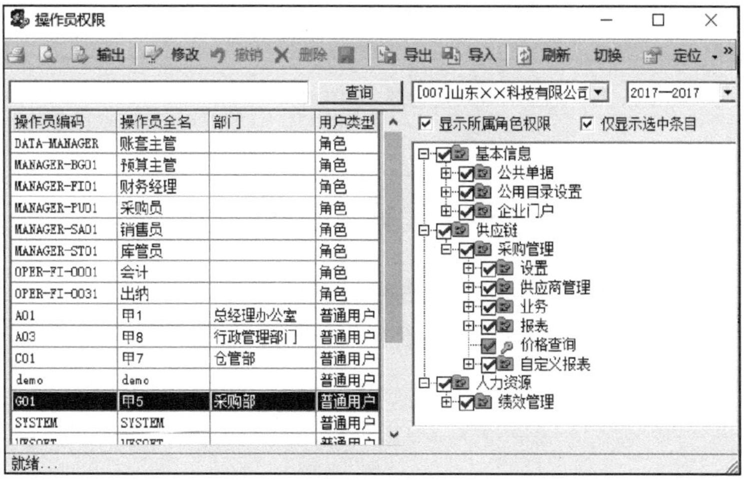

图 8-32 采购部“G01 甲 5”权限

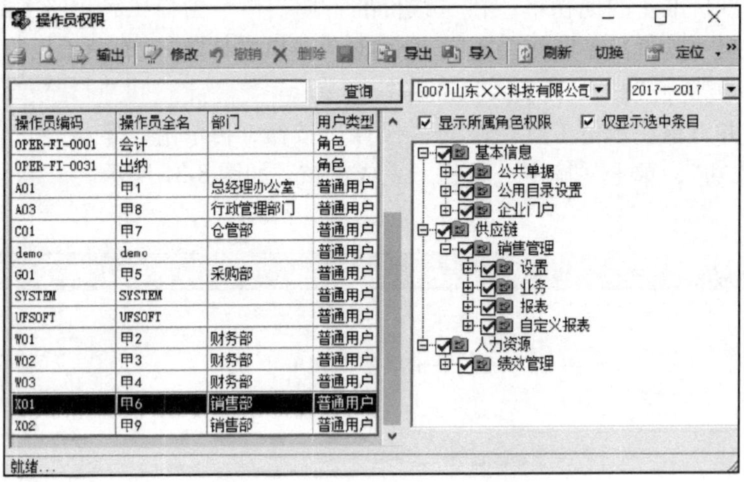

图 8-33 销售部“X01 甲 6”权限

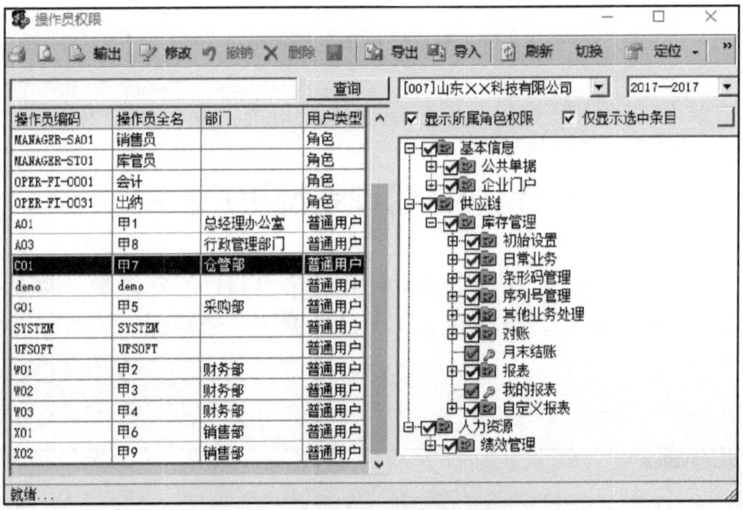

图 8-34 仓管部“C01 甲 7”权限

8.4 习 题

(1) 按照 8.2 节描述，完成供应链管理系统的基础设置。

(2) 按照 8.3 节描述，完成供应链管理系统的用户权限设置。

9 采购与应付款管理系统

采购与应付款管理系统，是指能够实现各种单据的快速传递、实现财务与业务的整合，以及数据共享、实现资金流与业务流的双轨并行，能提高工作效率，规范企业管理的一种系统。采购管理系统与应付款管理系统紧密结合，可实现业务财务的一体化，实现对企业物流资金流的全面全过程管理。

9.1 采购与应付款管理系统概述

9.1.1 采购与应付款管理系统的基本功能

采购与应付款管理系统的基本功能是进行采购管理和采购核算。

采购管理系统的主要功能是在下达采购计划后进行采购管理。采购管理是通过采购请购、采购订货、采购检验入库、采购退货、采购发票管理、采购结算、供应商档案管理、价格及供货信息管理等功能，从而实现对采购过程和应付账结算进行全过程跟踪管理和控制。采购管理系统可以提供各种采购明细表、增值税抵扣明细表、各种统计表及采购账簿供用户查询，同时提供采购成本分析、供应商价格对比分析、采购类型结构分析、采购资金比重分析、采购费用分析、采购货龄综合分析。

应付款管理系统主要用于管理和核算因采购业务而产生的预付账款及应付账款，包括应付单据处理（录入、审核），付款单据处理（录入、审核），核销处理，转账，汇兑损益，制单等日常业务处理，及单据查询、账表管理、其他处理等功能。根据对供应商往来款项核算和管理的程度不同，系统提供了两种应用方案：详细核算与简单核算。本章着重介绍详细核算的相关处理方法。

（1）详细核算：在应付款管理系统中，可接受采购系统传递的发票，并生成凭证，记录应付账款的发生；对采购系统中已办理现结的业务进行现结单据制单；对应付单据和付款单据进行核销处理；对非采购形成的应付款项的发生及清偿进行处理；对应付项目的处理过程生成凭证，并向总账系统进行传递；提供各种查询及分析。应付款项进行详细管理时，与总账系统、采购系统、应收系统、财务分析、UFO、网上银行、存货核算系统等有接口。详细核算适用于采购业务、应付款核算与管理业务比较复杂，或者需要追踪每一笔业务的应付款、付款等情况，或者需要将应付款核算到产品一级的企业。

（2）简单核算：在总账系统核算应付账款。应付款管理系统的主要功能是，接收采购系统的发票，对发票进行审核、制单处理，着重于对供应商的往来款项进行查询和分析。简单核算主要与总账、采购管理系统有接口，适用于采购业务以及应付账款业务不十分复杂，或者现购业务很多的企业。

9.1.2 采购与应付款管理系统的目标

采购与应付款管理系统的主要目标包括：

（1）及时准确地完成采购订货管理，反映和监督采购申请、采购订单的制订、审核和执行情况。

（2）完成采购的日常业务处理，包括采购入库、采购退货、发票管理、采购结算等日常处理工作。

（3）完成应付账款的核算与管理，包括进行应付账款业务的日常核算，全面反映企业赊购形成的债务状况，从而及时还款，降低信用成本；及时反映和监督采购业务中的支出和应付情况，确定合理的中、长期还款计划；及时记录并反映供应商的情况，在保证准时、足量得到供货的同时降低采购成本。

（4）实现其他有关业务的管理，进行供应商管理、价格及供货信息管理、物料对应管理、质量检验管理等工作。

（5）完成采购分析、采购统计工作；打印输出各种需要的台账、报表，将各种信息按照需求传递到其他业务过程。

（6）建立数据传输通道，实现采购管理系统与应付账款系统之间，及其与库存管理系统、存货核算系统、账务处理系统、应收账款系统等的数据共享。

9.1.3 采购与应付款管理系统和其他系统之间的关系

采购管理系统既可以单独使用，也可以与用友管理系统的库存管理、存货核算、销售管理、应付款管理集成使用，采购管理系统与其他管理系统的主要关系如下：

（1）采购管理系统可参照（上游企业的）销售管理系统的销售订单生成采购订单。

（2）采购系统中录入的采购订单、采购到货单传递至库存管理系统中生成采购入库单，并将入库情况反映给采购系统。采购管理系统可以根据库存管理系统的采购入库单生成采购发票，并根据库存管理系统的采购入库单进行采购结算。

（3）采购发票在采购管理系统中录入后，在应付款管理系统中审核登记应付明细账，进行制单生成凭证。应付款管理系统进行付款并核销相应单据后回写付款核销信息。

（4）采购结算单在存货核算系统中进行制单生成凭证，存货核算系统为采购管理系统提供采购成本。经过采购系统结算的入库单传递至存货核算系统中登记存货明细账，对没有结算的入库单存货核算系统进行暂估处理。

（5）应付款管理系统中采购发票记账、应付款核销等业务生成的记账凭证传递到总账系统，在总账系统中可以进行查询、审核及记账操作。

采购管理系统与其他系统的数据关系如图 9-1 所示。

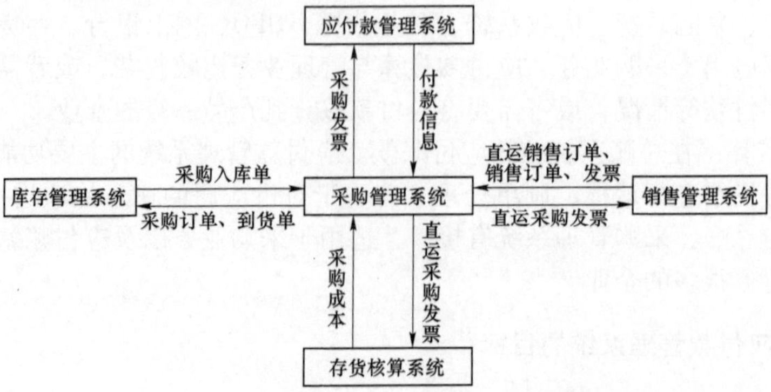

图 9-1 采购管理系统与其他系统的数据关系

9.2　采购与应付款管理系统业务处理

采购管理系统提供的日常业务处理内容主要包括：请购、采购订单、采购到货、采购入库、采购开票以及采购结算。

应付款管理系统提供的日常业务处理内容主要包括：应付单据处理、付款单据处理、核销处理、票据管理、转账处理以及制单处理。

9.2.1　采购管理日常业务处理概述

9.2.1.1　普通采购业务处理

普通采购业务是指所有正常的采购业务，适合于一般工商业企业的采购业务，提供对采购请购、采购订货、采购入库、采购发票、采购成本核算、采购付款全过程的管理。普通采购业务流程如图 9-2 所示。

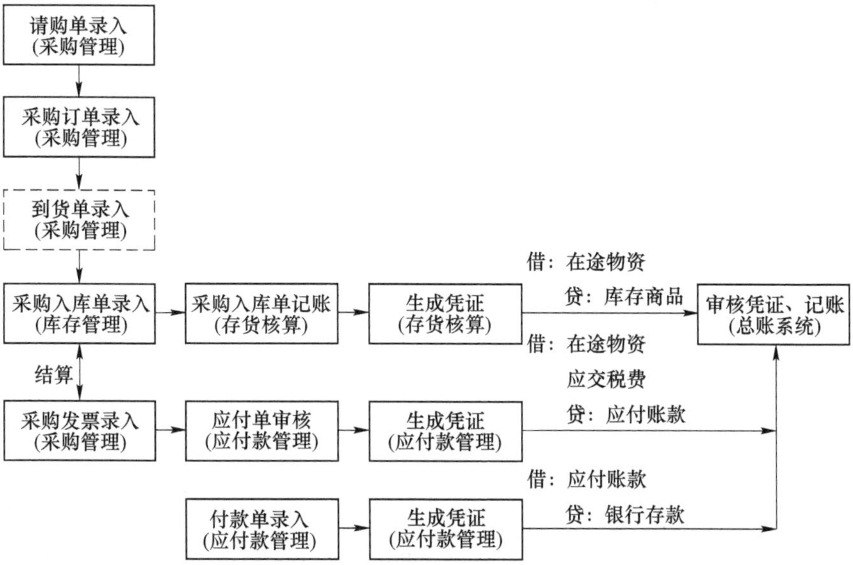

图 9-2　普通采购业务处理流程

（1）请购。采购请购是指企业内部各部门向采购部门提出采购申请，或采购部门汇总企业内部采购需求列出采购清单。请购是采购业务的起点，可以依据审核后的采购请购单生成采购订单，在采购业务处理流程中，请购环节可以省略，用户可以根据业务实际需要选择是否需要录入采购请购单。

（2）采购订货。采购订货是指企业与供应商签订采购合同或采购协议，确定要货需求。供应商根据采购订单组织货源，企业依据采购订单进行验收。在采购业务处理流程中，订货环节也是可选的。

（3）到货处理。采购到货是采购订货和采购入库的中间环节，一般由采购业务员根据供方通知或送货单填写，确认对方所送货物、数量、价格等信息，以到货单的形式传递到仓库作为保管员收货的依据。在采购业务流程中，到货处理可选也可不选。

（4）入库处理。采购入库是指将供应商提供的物料检验确定合格后，放入指定仓库的业务。当采购管理系统与库存管理系统集成使用时，入库业务在库存管理系统中进行处理；否则，入库业务在采购管理系统中进行处理。在采购业务处理流程中，入库处理是必需的。采购入库单既可以直接填制，也可以复制采购订单或采购到货单生成。

（5）采购发票。采购发票是供应商开出的销售货物的凭证，系统根据采购发票确定采购成本，并据此登记应付账款。采购发票按业务性质分为蓝字发票和红字发票；按发票类型分为增值税专用发票、普通发票和运费发票。采购发票既可以直接填制，也可以由采购订单、采购入库单或其他的采购发票复制生成。

（6）采购结算。采购结算也称为采购报账。在手工业务中，采购业务员拿着经主管领导审批过的采购发票和仓库确认的入库单到财务部门，由财务人员确定采购成本。在本系统中采购结算是针对采购入库单，根据发票确定其采购成本。采购结算的结果是生成采购结算单。采购结算分为自动结算和手工结算两种方式。

9.2.1.2　采购入库业务分类

采购入库按货物和发票到达的先后，可以将采购入库业务划分为：单货同行、货到票未到（暂估入库）、票到货未到（在途存货）三种类型，不同的业务类型相应的处理方式不同。

A　单货同行的采购业务

单货同行的采购业务即发票随货物到达。当货物及发票同时到达企业时，首先检验发票与货物是否一致。如果一致，则填写采购入库单和采购发票，及时进行采购结算。如果不一致，并可以区分损耗原因，报有关部门批准后做有损耗的采购结算。单货同行的采购业务流程如图 9-3 所示。

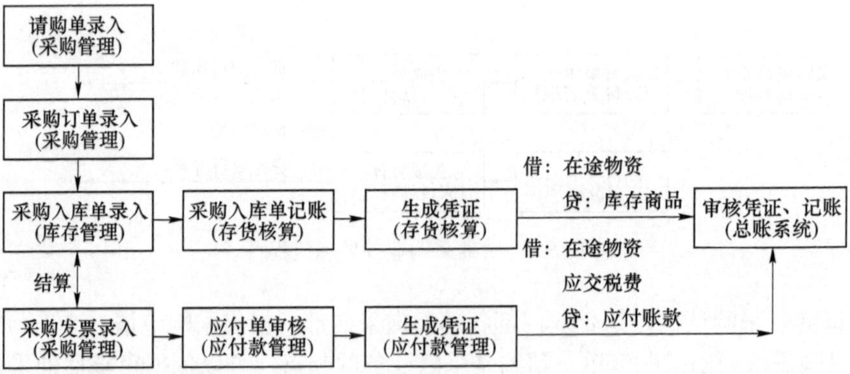

图 9-3　单货同行的采购业务处理流程

B　货到票未到（暂估入库）

货到票未到即存货暂估，是指本月外购存货已经入库，但采购发票尚未收到，不能确定存货的实际采购成本。月末时为了正确核算企业的库存成本，需要将这部分存货暂估入账，即按照预估价格进行记账处理，形成暂估凭证，后续按照选择的暂估处理方式进行冲回或者补差处理。

用友软件 U8 提供了三种暂估方式：月初回冲、单到回冲、单到补差。

（1）月初回冲：下月初，存货核算系统自动生成与“暂估入库单”完全相同的“红字回冲单”，并自动计入存货明细，冲回存货明细账中的暂估入库单；在存货核算系统中对“红字回冲单”制单，系统生成红字凭证，回冲上月的暂估凭证；收到采购发票后，录入采购发票，对采购入库单和采购发票作采购结算。结算完毕后，进入存货核算系统，单击“暂估处理”功能，进行暂估处理后，系统根据发票自动生成一张“蓝字回冲单”，其金额为发票上的报销金额。同时登记存货明细账，使库存增加。对“蓝字回冲单”制单，生成采购入库凭证。月初回冲业务处理流程如图 9-4 所示。

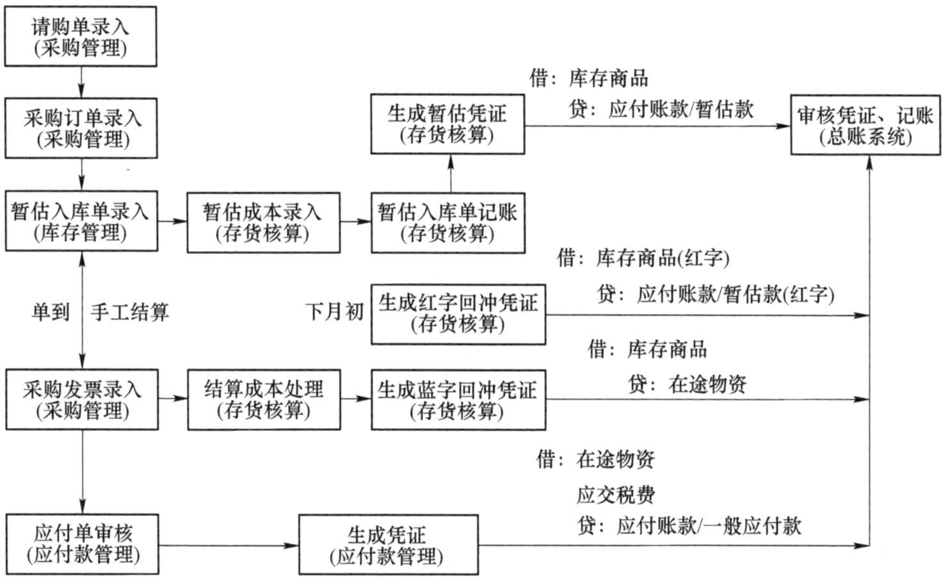

图 9-4 月初回冲业务处理流程

（2）单到回冲：下月初不作处理，采购发票收到结算时，先将原来的暂估入库单全部冲回，即生成红字回冲单，再按结算价形成最终的反映实际成本的采购入库单，即报销的蓝字回冲单。在存货核算系统中生成凭证，传递到总账。单到回冲业务处理流程如图 9-5 所示。

（3）单到补差：下月初不作处理，采购发票收到后，在采购管理系统中录入并进行采购结算；再到存货核算系统中进行“暂估处理”。如果报销金额与暂估金额的差额不为零，则产生入库调整单，一张采购入库单生成一张调整单，用户确定后，自动记入存货明细账；如果差额为零，则不生成调整单；最后对“调整单”制单，生成凭证，传递到总账。单到补差业务流程如图 9-6 所示。

C 票到货未到（在途存货）

当先收到了供货单位的发票，而没有收到供货单位的货物，可以对发票进行压单处理，待货物到达后，再一并输入计算机做报账结算处理。但如果需要实时统计在途货物的情况，就必须将发票输入计算机，待货物到达后，再填制入库单并做采购结算。

9.2.1.3 采购退货业务处理

采购退货是入库后的退货业务，退货业务分为三种情况：结算前全额退货、结算前部

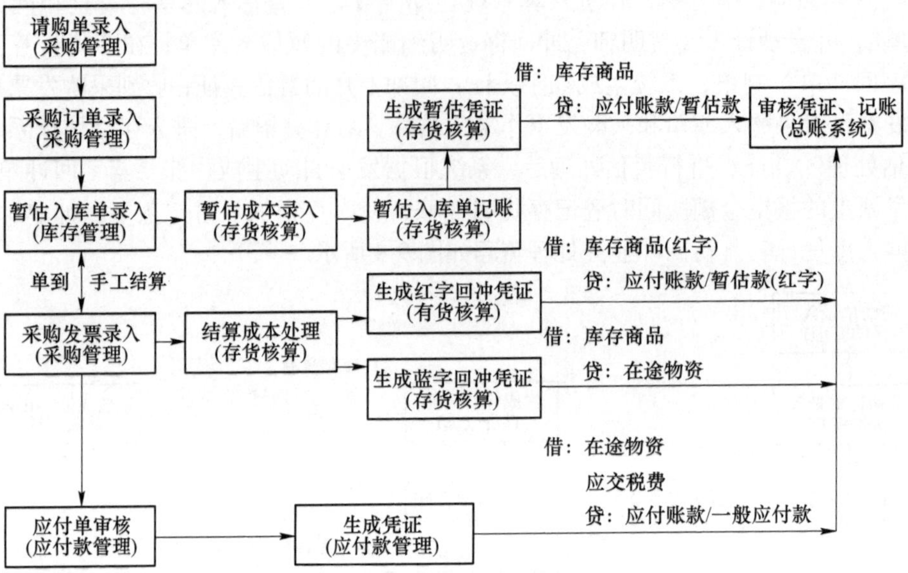

图 9-5　单到回冲业务处理流程

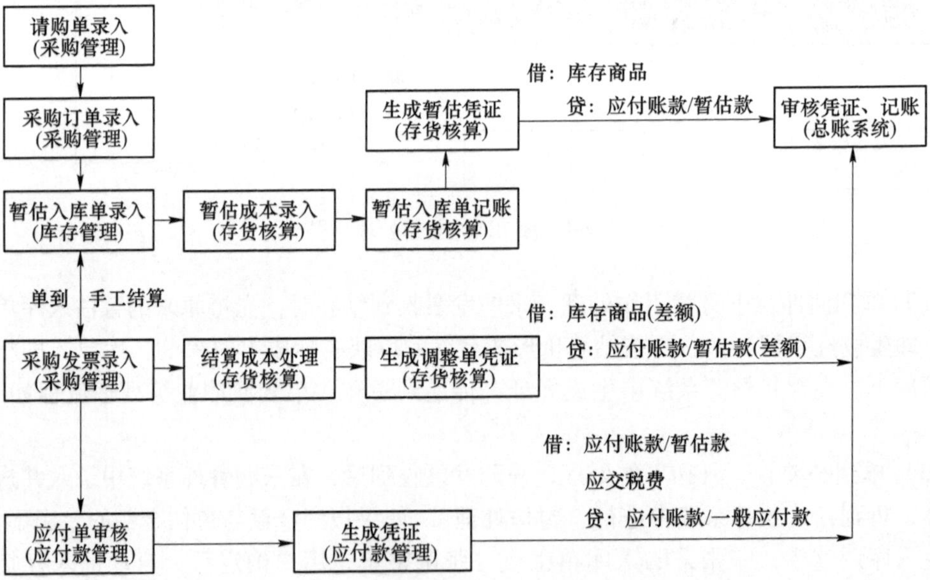

图 9-6　单到补差业务处理流程

分退货和结算后退货。

（1）结算前全额退货，即已录入采购入库单，但是未进行采购结算，并且全额退货。其业务基本流程为：首先填制一张全额数量的退货单，根据退货单生成一张全额数量的红字采购入库单，再把这张红字采购入库单与原入库单进行结算，冲抵原入库单数据。结算前全额退货业务处理流程如图 9-7 所示。

（2）结算前部分退货，即已录入采购入库单但未进行采购结算，并且部分退货。其业

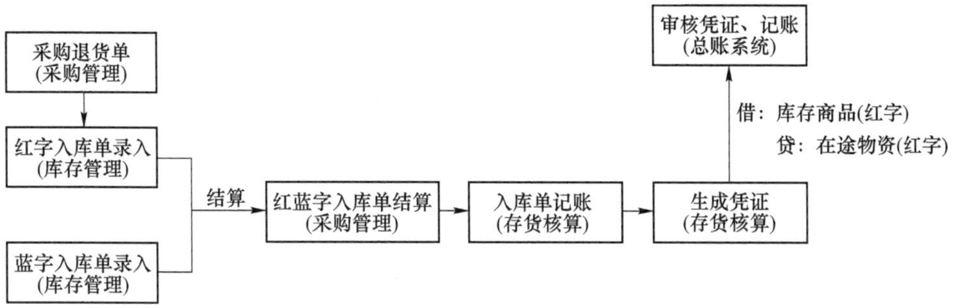

图 9-7　结算前全额退货业务处理流程

务基本流程为：首先填制一张部分数量的退货单，根据退货单生成一张部分数量的红字采购入库单，再填制一张采购发票，其中发票上的数量=原入库单数量-红字入库单数量，最后把这张红字入库单与原入库单、采购发票进行结算，冲抵原入库单数据。结算后部分退货业务处理流程如图 9-8 所示。

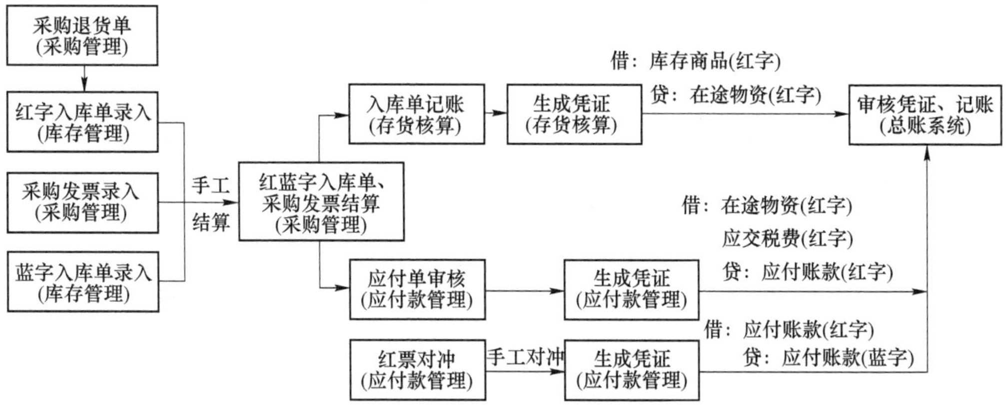

图 9-8　结算前部分退货业务处理流程

（3）结算后退货，即已录入采购入库单、采购发票，并且已经进行了采购结算。其业务基本流程为：首先填制一张退货单，根据退货单生成一张红字采购入库单，再填制一张红字发票，然后把这张红字采购入库单与红字发票进行结算，冲抵原入库单数据。结算后退货业务处理流程如图 9-9 所示。

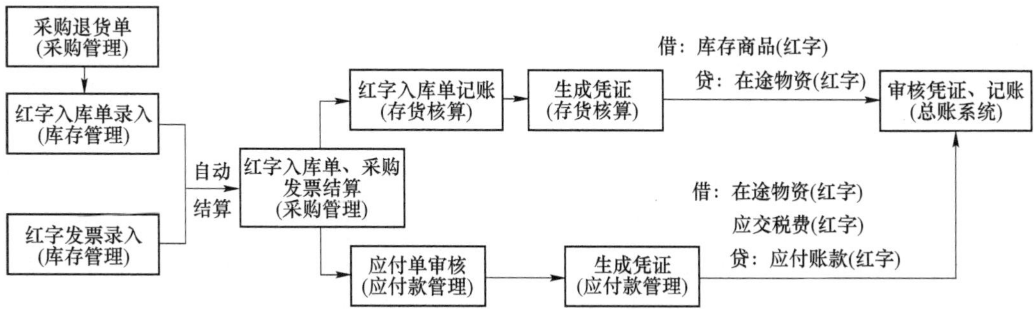

图 9-9　结算后退货业务处理流程

注：当收到供货单位开具的红字（负数）发票，可分以下情况进行结算：

①货物未入库的红字发票结算：没有对应的入库单，采用手工结算，不选入库单，直接选择原蓝字发票和红字发票进行结算。

②货物已退货的红字发票结算：在取得供货单位的退货发票后进行结算。如果退货单与退货发票一致，可以自动结算，否则采用手工结算。

9.2.1.4 采购现付业务处理

现付业务是指在采购业务发生时，立即付款开具发票的业务，处理流程如图 9-10 所示。

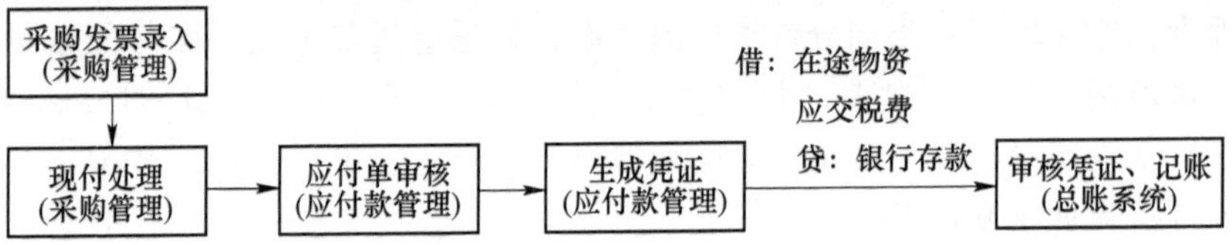

图 9-10 现付业务处理流程

9.2.1.5 受托代销业务处理

受托代销是指企业接受其他单位委托代为销售商品业务。受托方与委托方应先签订合同或协议，确定委托代销的商品种类、数量、价格、代销方式、代销手续费标准和结算办法等，明确双方的经济利益和经济责任。

受托代销通常有两种方式：一种是视同买断方式；一种是收取手续费方式。

（1）视同买断方式是指由委托方和受托方签订协议，委托方按协议价收取所代销的货款，实际售价可由受托方自定，实际售价与协议价之间的差额归受托方所有的销售方式。在这种销售方式下，受托方将代销商品加价出售，与委托方按协议价结算，不再另外收取手续费。

（2）收取手续费方式是指受托方根据所代销的商品数量向委托方收取手续费的销售方式。受托方严格按照委托方规定的价格销售商品，只收取手续费。代销商品发出后，所有权不发生转移，受托方将代销商品销售后按照已售出商品的数量、金额向供货方结算，未售出的部分商品的所有权仍属委托方。

受托代销业务处理适用于有受托代销业务的商业企业。受托代销业务必须设置“受托代销商品”和“受托代销商品款”两个会计科目。收到代销商品时，按照合同价格借记“受托代销商品”，贷记“受托代销商品款”。这里以收取手续费方式为例进行介绍，在这种方式下受托代销业务处理流程可以分为三个阶段，包括收到受托代销商品、销售代销商品、受托代销结算。

第一阶段，收到受托代销商品。该环节的重要任务就是当受托方与委托方签订代销合同并收到代销商品时，受托方应当按照合同约定的价格确认代销商品成本。需要填制并审核采购订单、采购到货单、采购入库单，并进行采购入库单的记账与制单。需要注意的是，采购订单的业务类型和采购类型必须选择“受托代销”项目。受托代销业务第一阶段处理流程如图 9-11 所示。

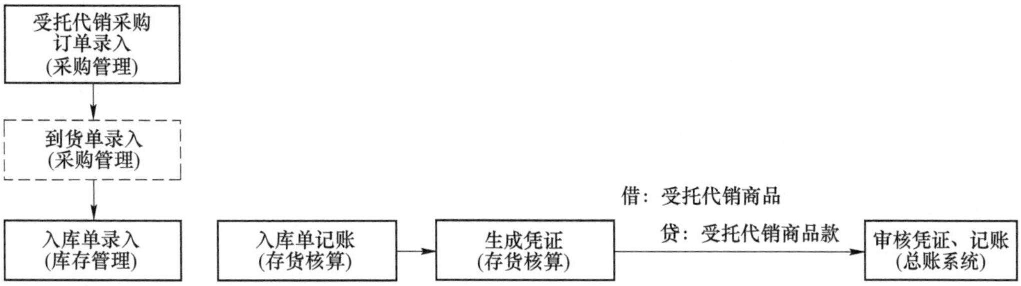

图 9-11 受托代销业务第一阶段处理流程

第二阶段，销售代销商品。在收取手续费方式下受托方销售代销商品时，销售价格为代销合同约定的价格，既不确认收入，也不结转成本，此阶段在销售管理系统完成。受托代销业务第二阶段处理流程如图 9-12 所示。

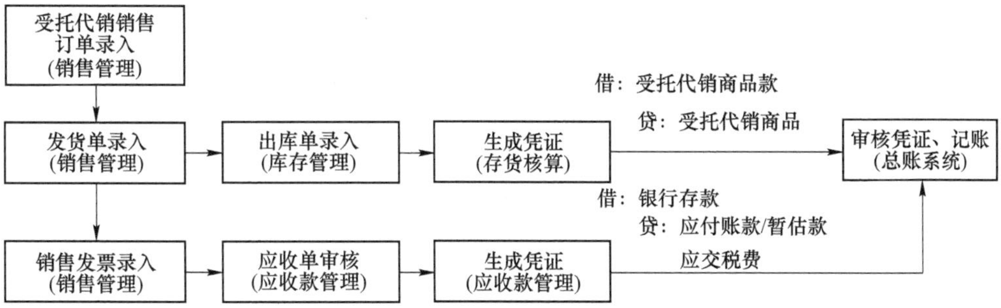

图 9-12 受托代销业务第二阶段处理流程

第三阶段，受托代销结算。该项业务操作实际上遵循的是暂估成本结算流程，但是由于货物单价已经确定，无须生成红、蓝字回冲单。受托代销业务第三阶段处理流程如图 9-13 所示。

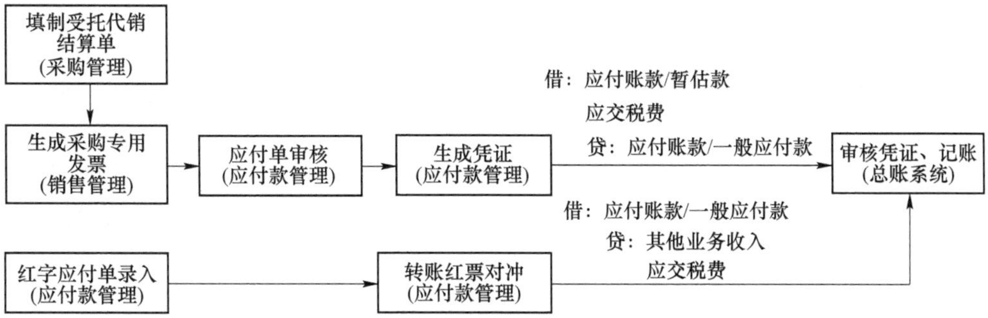

图 9-13 受托代销业务第三阶段处理流程

9.2.2 应付款管理日常业务处理概述

9.2.2.1 单据处理

（1）应付单据处理。应付单据处理即对应付单据进行记账，并在单据上填写审核日期、审核人的过程。企业的应付款来源包括采购发票和其他应付单。已经审核的应付单据不允许修改及删除，弃审之后才能进行修改、删除等操作。如果应付款管理系统与采购管理系统同时使用，采购发票必须在采购管理系统中填制，并在审核后自动传递给应付款管理系统，应付款管理系统中只需要录入未计入采购货款和税款的其他应付单据数。

(2) 付款单据处理。付款单据处理即付款申请的审核，在单据上填入审核日期、审核人的过程。已经审核的付款单据不允许修改及删除，弃审之后才能进行修改、删除等操作。付款单据处理有确认付款、对单据输入的正确与否进行审查、计入应付明细账三个含义。

9.2.2.2 核销处理

单据核销主要用于建立付款与应付款的核销记录，加强往来款项的管理，同时核销日期也是账龄分析的重要依据。应付账款的核销是指确定付款单与原始的采购发票、应付单之间的对应关系的操作。核销需要指明每一次付款是支付哪笔采购业务的款项，明确核销关系后可以进行精确的账龄分析，以便更好地管理应付账款。

9.2.2.3 票据管理

票据管理用来管理企业因采购商品、接受劳务等而开出的商业汇票，包括银行承兑汇票和商业承兑汇票。

9.2.2.4 转账处理

(1) 应付冲应付。应付冲应付是指将供应商、部门、业务员、项目及合同等的应付账款转到另一家客户中去。通过该功能将应付款业务在供应商、部门、业务员、项目及合同之间进行转入、转出，实现应付业务的调整，解决应付款业务在不同供应商、部门、业务员、项目及合同间入错户或者合并户问题。

(2) 预付冲应付。预付冲应付用于处理应付供应商款项与预付供应商款项进行对冲的业务。填制转账凭证，同时减少该供应商的预付账款和应付账款账面余额，抵减企业债务。

(3) 应付冲应收。应付冲应收是指用某供应商的应付款，冲抵某客户的应收款项。

(4) 红票对冲。红票对冲是指用于某供应商的红字发票与其蓝字发票进行冲抵。

9.2.2.5 制单处理

制单处理功能是指应付款管理系统中的制单处理，即生成凭证。生成凭证的同时将凭证传递至总账系统记账。系统在各个业务处理的过程中都提供了实时制单的功能，常见的生成凭证有以下几种类型。

(1) 应付单制单。应付单制单是系统依据采购发票制单生成凭证。系统生成如下凭证。

借：在途物资

  应交税费——应交增值税（进项税额）

  贷：应付账款——A 客户

(2) 付款单制单。付款单制单是指当采购发票与对应的付款单核销完成后，在此假设为全额核销，系统便生成如下凭证。

借：应付账款

贷：银行存款

（3）应付冲应付制单。当发现供应商之间进行合并或者发现已审核的采购发票或其他应付单据中供应商错误；或某个部门撤销了，要将该部门下的应收款转入另一个部门等，系统便生成如下凭证。

借：应付账款——A 客户（转出）

贷：应付账款——B 客户（转入）

（4）预付冲应付制单。当在应付款核销时，使用了预付账款对冲，系统便生成如下凭证。

借：应付账款

贷：预付账款

（5）应付冲应收制单。当存在既是供应商又是客户的情况时，即对同一个公司既有债务又有债权，或存在企业欠供应商 A 公司的钱，客户 B 公司又欠本公司的钱，系统便生成如下凭证。

借：应付账款——A 公司

贷：应收账款——A 公司

借：应付账款——A 公司

贷：应收账款——B 公司

（6）红票对冲制单。当同一个供应商，同时存在蓝字发票和红字发票，财务人员需要将红蓝字发票进行冲销，并调整应收账款。此时，系统便可生成同方向一正一负凭证如下：

贷：应付账款（红字）

贷：应付账款（蓝字）

9.3 习 题

（1）采购与应付款管理系统的目标有哪些?

（2）参照图 9-1，描述采购与应付款管理系统和其他系统之间的关系。

（3）描述用友 U8 提供的三种暂估方式业务处理流程。

10 销售与应收款管理系统

销售管理系统属于供应链的一部分，应收款管理系统属于财务系统的一个子系统，两者可以各自独立运行，完成各自功能。由于两者有着紧密的联系，作为一个整体结合运用可以提供更完整、全面的企业物流业务管理和财务管理信息，实现对企业销售活动的物流和资金流的全面管理和核算。

10.1 销售与应收款管理系统概述

10.1.1 销售与应收款管理系统的基本功能

销售管理系统的基本功能是进行销售管理的基础设置、销售业务处理、销售账表的查询分析，销售业务处理包括报价、订货、发货、开票等业务；系统支持普通销售、委托代销、分期收款、直运、零售、销售调拨等多种类型的销售业务；可以进行现结业务、代垫费用、销售支出的业务处理；可以制定销售计划，对价格和信用进行实时监控。

应收款管理系统的基本功能是对企业与客户之间发生的往来款项进行核算与管理。以销售发票、费用单、其他应收单等单据为依据，记录销售业务及其他业务所形成的往来款项，处理应收款的收回、坏账、转账等情况，及时、准确地提供客户的往来账款余额资料。应收款管理系统还提供各种分析报表，如账龄分析表、周转分析、欠款分析、坏账分析、回款情况分析等，通过各种分析报表，便于企业合理地进行资金调配，提高资金的利用效率。根据对客户往来款项核算和管理的程度不同，系统提供了两种应用方案：详细核算和简单核算。

（1）详细核算模式：应收款管理系统可记录由于商品交易和非商品交易所形成的所有应收项目；处理应收项目的收款及转账情况；对应收票据进行记录和管理；随应收项目的处理过程生成凭证，并向总账系统进行传递；对外币业务及汇兑损益进行处理；提供各种查询及分析。详细核算模式适用于销售业务、收款核算与管理业务比较复杂，需要追踪每一笔业务的应收款、收款等情况，或需要将应收款核算到产品一级的企业应收款项进行详细核算时，与总账系统、销售管理系统、应付款管理系统、网上银行财务分析、UFO 等系统有接口。

（2）简单核算模式：应收款管理系统只是连接总账与业务系统的一座桥梁，只接收从销售系统传递的发票，进行制单处理后传递给总账；不能对该票进行其他的处理，也不能对往来明细进行实时查询、分析适用于销售业务以及比较简单的应收账款业务，或者现结业务很多的企业应收款项进行简单核算时，与总账系统、销售管理系统有接口。

10.1.2 销售与应收款管理系统的目标

（1）进行市场预测，及时、准确地编制销售计划，反映和监督销售合同的运行情况。

（2）完成销售的日常业务处理，包括销售报价和销售订货、销售出库、销售发货、销售退货、发票处理、结算等日常处理工作。

（3）完成应收账款的核算和管理，包括完成应收账款业务的日常核算，全面反映企业各项债权的实时状况，便于及时催款；及时反映和监督各项赊销业务的货款收回情况，以尽量减少坏账损失，并对可能的坏账数额进行估计；按照企业既定的计提方法计提坏账处理，及时处理确实无法收回的款项以及已确认并已转销为坏账损失后又收回的款项；及时记录客户资料，对客户的欠款情况、资信程度等进行动态跟踪管理，及时评价各客户的偿债能力和信用，确定信用政策，准确完成账龄分析。

（4）实现其他有关业务的管理，包括客户管理、价格管理、订单管理、信用管理、折扣管理和物料对应管理。

（5）能够完成有关销售分析、统计工作，打印输出各种需要的台账、报表，通过网络等将各种信息按照需求传递到其他系统。

（6）建立数据传输通道，实现销售管理系统与应收账款系统之间及其与库存系统、总账系统、应付账款系统、存货核算系统等的数据共享。

10.1.3 销售与应收款管理系统和其他系统之间的关系

销售管理系统既可以单独使用，也可以与用友管理系统的库存管理、存货核算、采购管理、应收款管理集成使用，销售管理系统与其他管理系统的主要关系如下：

（1）销售系统的发货单、销售发票或委托代销发货单新增后传递给库存管理系统，并由库存管理系统据此填制销售出库单，冲减库存系统的货物现存量。同时，从库存管理系统获得最新的可供销售的存货现存量。

（2）销售发票、销售调拨单、零售日报、代垫费用单在应收款管理系统中审核登记应收明细账，并进行制单生成凭证；应收款管理系统进行收款并核销相应应收单据后回写收款核销信息。

（3）向存货核算系统传递销售出库单、销售结算单凭证，销售结算成本自动记录到存货的成本账中。同时，从存货核算系统获得存货的销售成本。

（4）采购管理系统录入的采购发票与应收款管理系统进行应付冲应收的核算。

（5）应付账款系统录入的采购发票、其他应付单与应收款管理系统进行转账处理，完成应收冲应付的核算。

（6）应收款管理系统按销售发票生成往来款凭证，对发票进行收款结算处理，并把凭证数据传递总账系统。

（7）向财务分析系统提供各种分析数据。

采购管理系统与其他系统的数据关系如图 10-1 所示。

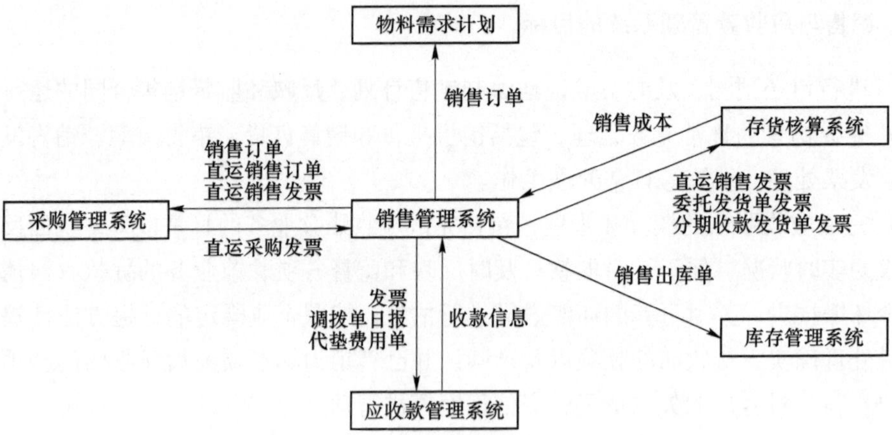

图 10-1 销售管理系统与其他系统的数据关系

10.2 销售与应收款管理业务处理

销售管理系统提供的日常业务处理内容主要包括：提供销售报价、销售订货、销售发货、销售开票、销售出库、结转销售成本、销售收款结算。

应收款管理系统提供的日常业务处理内容主要包括：应收单据处理、收款单据处理、核销处理、票据管理、转账处理、坏账处理以及制单处理。

10.2.1 销售管理日常业务处理概述

10.2.1.1 普通销售业务处理

普通销售业务模式适用于大多数企业的日常销售业务，它与其他系统一起，提供销售报价、销售订货、销售发货、销售开票、销售出库、结转销售成本、销售收款结算全过程的处理。用户也可以根据企业的实际业务应用，结合本系统对销售流程进行灵活配置。

A 销售报价

销售报价是指企业向客户提供货品名称、规格、价格、结算方式等信息，双方达成协议后，销售报价单就可以转为有效力的销售合同或销售订单。企业可以针对不同客户、不同存货、不同批量提出不同的报价和折扣率。在销售业务处理流程中，销售报价环节可省略。

B 销售订货

销售订货处理是指企业与客户签订销售合同，在系统中体现为销售订单。若客户经常采购某产品，或客户是我们的经销商，则销售部门无须经过报价环节即可输入销售订单。如果前面已有对客户的报价，也可以参照报价单生成销售订单。在销售业务处理流程中，订货环节也是可选的。

注：已审核未关闭的销售订单可以参照生成销售发货单或销售发票。

C 销售发货

当客户订单交货期来临时，相关人员应根据订单进行发货。销售发货是企业依据与客户签订的销售合同或销售订单，将货物发往客户的行为，是销售业务的中间阶段。除了根据销售订单发货外，销售管理系统也有直接发货的功能，无须事先录入销售订单即随时可以将产品发给客户。在销售业务处理流程中，销售发货处理是必需的。

（1）先发货后开票模式中，发货单由销售部门根据销售订单填制或手工输入，客户通过发货单取得货物所有权；发货单审核后，可以生成销售发票和销售出库单。

（2）开票直接发货模式中，发货单由销售发票自动生成，发货单只做浏览，不能进行修改、删除、弃审等操作，但可以关闭和打开；销售出库单根据自动生成的发货单生成。

D 销售开票

销售开票是指在销售过程中企业给客户开具销售发票及其所附清单的过程，它是销售收入确认、销售成本计算、应交销售税金确认和应收账款确认的依据，是销售业务的必要环节。

销售发票既可以直接填制，也可以参照销售订单或销售发货单生成。参照发货单开票时，多张发货单可以汇总开票，一张发货单也可拆单生成多张销售发票。

E 销售出库

销售出库是销售业务处理的必要环节，在库存管理系统中用于存货出库数量核算，在存货核算系统中用于存货出库成本核算（如果存货核算销售成本的核算选择依据销售出库单）。

根据参数设置的不同，销售出库单可在销售系统中生成，也可以在库存管理系统中生成。如果由销售管理系统生成出库单，即由销售系统在发货单、销售发票、零售日报、销售调拨单审核/复核完成后，自动生成销售出库单并传递到库存管理和存货核算系统，此时只能一次销售全部出库，库存管理系统不能修改出库数量；而由库存管理系统生成销售出库单，可实现一次销售分次出库，库存管理系统中可以修改本次出库数量。

F 出库成本确认

销售出库（开票）之后，要进行出库成本的确认。对于先进先出、后进先出、移动平均、个别计价这四种计价方式的存货，在存货核算系统进行单据记账时进行出库成本核算；而对于全月平均、计划价/售价法计价的存货，在期末处理时进行出库成本核算。

G 应收账款确认及收款处理

及时进行应收账款确认及收款处理是财务核算工作的基本要求，由应收款管理系统完成。应收款管理系统主要完成对经营业务转入的应收款项的处理，提供各项应收款的相关信息，以明确应收账款款项来源，有效掌握收款核销情况，提供适时的催款依据，提高资金周转率。

普通销售业务根据“发货”→“开票”的实际业务流程不同，按照发货和开票的时间先后，可以分为两种业务模式：先发货后开票模式和开票直接发货模式。系统在处理两种业务模式时的流程不同，但允许两种流程并存。系统判断两种流程的本质区别是先录入发货单还是先录入发票。

（1）先发货后开票模式，即先录入发货单。此模式下，销售管理系统根据销售订单生成发货单，再根据发货单在销售管理系统中生成发票，并在库存管理系统中生成出库单，进而结转成本和收入。先发货后开票模式业务处理流程如图 10-2 所示。

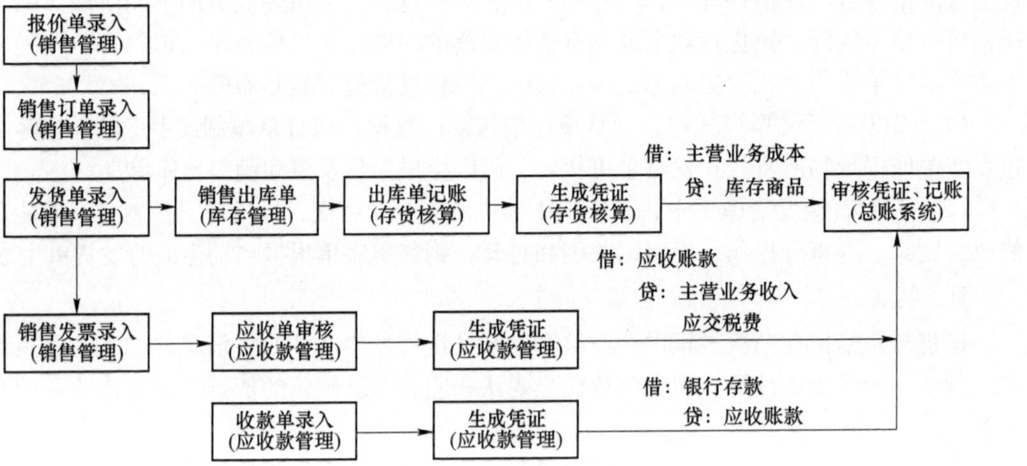

图 10-2 先发货后开票模式业务处理流程

（2）开票直接发货模式，即先录入发票。此模式下，销售管理系统根据销售订单生成发票，发票复核时在销售管理系统中自动生成发货单，并在库存管理系统中自动生成出库单，进而结转成本和收入。开票直接发货模式业务处理流程如图 10-3 所示。

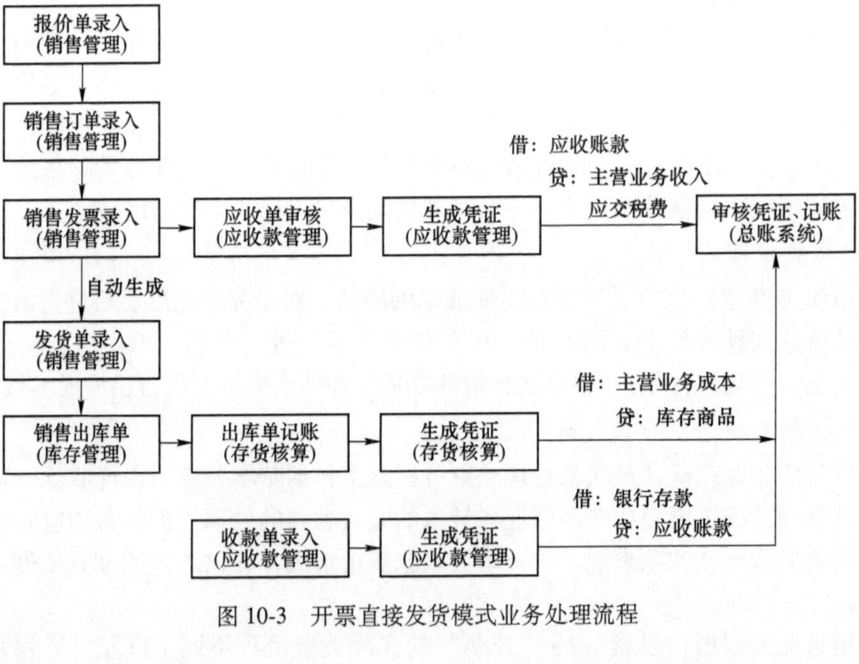

图 10-3 开票直接发货模式业务处理流程

10.2.1.2 销售退货业务处理

销售退货是指客户因质量、品种、数量不符合规定等要求，而将已购货物退回。销售退货业务与正常销售业务的流程基本一致，具体来说销售退货分为三种情况：开票前全部退货、开票前部分退货、开票后退货。

A 开票前全部退货

如果需要退货的货物没有出库，只需要删除发货单即可；而货物已经出库，则需要填制销售退货单和一张全额数量的红字销售出库单。开票前全部退货业务处理流程如图 10-4 所示。

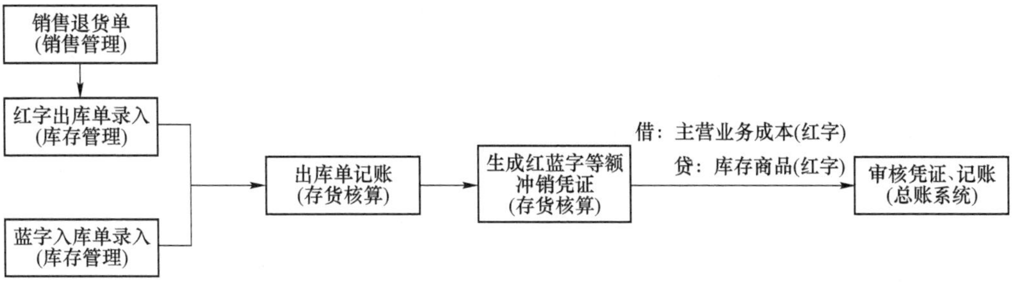

图 10-4　开票前全部退货业务处理流程

B　开票前部分退货

开票前部分退货业务需要判断货物是否出库。货物未出库发生的开票前部分退货，仅需要修改发货单数额，根据新的发货单生成出库单即可；当货物已经出库发生的开票前部分退货，应以退货数额填制退货单，并生成一张对应的红字销售出库单。同时，根据发货单和退货单生成销售发票，销售发票上的结果为发货单和退货单的差额。开票前部分退货业务处理流程如图 10-5 所示。

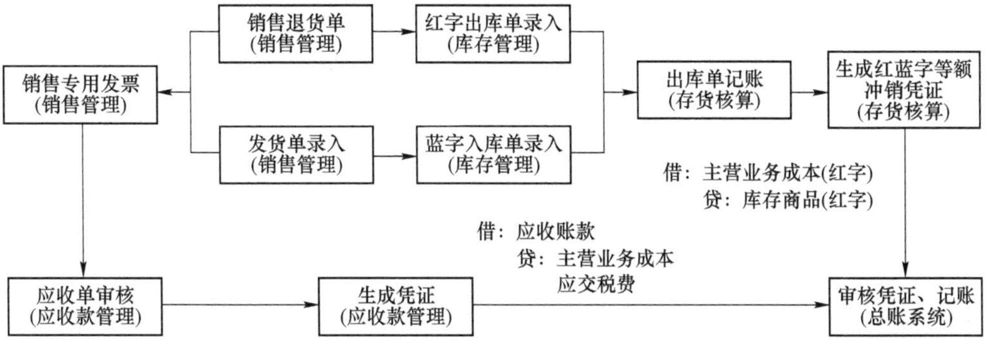

图 10-5　开票前部分退货业务处理流程

C　开票后退货

在开出发票后发生的退货业务，不论是发生部分退货还是全部退货，处理流程一致。开票后退货具体分为两种：先退货后开票和开票直接退货。

（1）先退货后开票。此时货物已经全部出库，则需要填制一张退货单，再填制一张相应的红字销售专用发票。然后，根据退货单生成一张红字销售出库单，在存货核算系统记账并在应收款管理系统中将红字销售发票记账。先退货后开票业务处理流程如图 10-6 所示。

（2）开票直接退货。开票直接退货业务与先退货后开票处理方法的区别是先填制红字销售专用发票，发票复核后自动生成退货单，其余与先退货后开票一致。开票直接退货业务处理流程如图 10-7 所示。

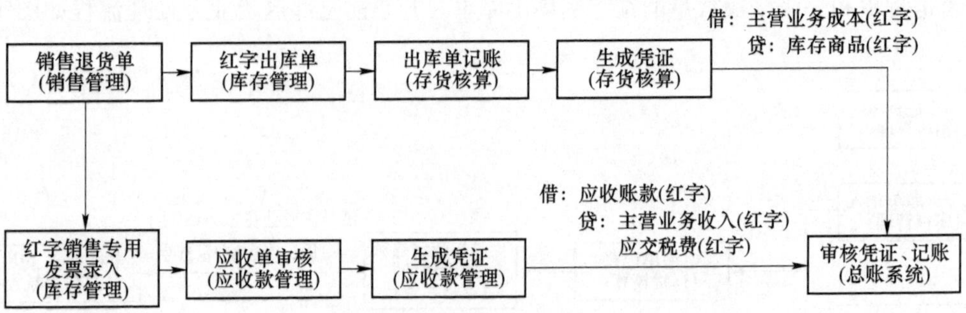

图 10-6 开票后退货（先退货后开票）业务处理流程

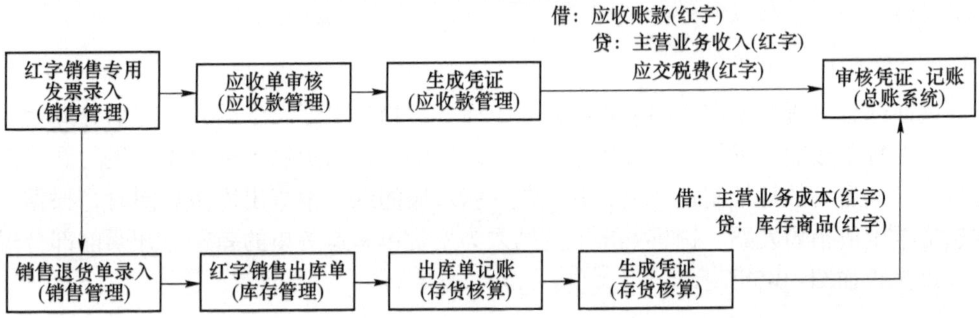

图 10-7 开票后退货（开票直接退货）业务处理流程

10.2.1.3 现结业务处理

现结业务是指在销售货物的同时向客户收取货币资金的行为。在销售发票、销售调拨单和零售日报等销售结算单据中可以直接处理现结业务并结算，现结业务必须在销售专用发票复核之前操作。一张销售单据可以全部现结，也可以部分现结。处理流程如图 10-8 所示。

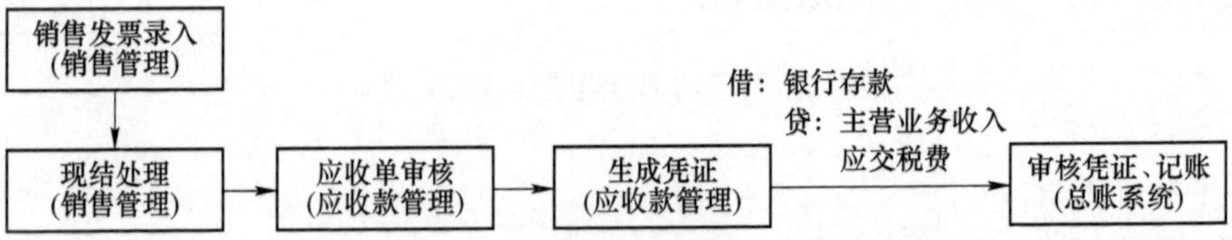

图 10-8 现结业务处理流程

10.2.1.4 直运业务处理

直运业务是指产品无须入库即可完成的购销业务，由供应商直接将商品发给企业的客户，不经过企业仓库的销售。客户向本公司订购商品，双方签订销售合同；本公司向供应商采购客户所需的商品，与供应商签订采购合同，由供应商直接将商品发给企业的客户。直运业务包括直运销售业务和直运采购业务两类，采用该方式销售商品，没有实物的出入库，有利于加速商品流转。结算时，由购销双方分别与企业结算，企业赚取购销间差价，通过“直运销售发票”和“直运采购发票”进行结算。因直运业务没有经过本公司的仓库，在供应链环节中不产生“出库单”和“入库单”，所以不通过“库存商品”科目核算。

需要注意的是，直运业务在订单非必有业务模式下，可分为两种情况：一种是直运销售必有订单，该业务模式下必须由销售和采购订单生成销售和采购发票；另一种是没有销售订单，直运采购发票和销售发票可以相互参照。直运业务可分为以下三个阶段。

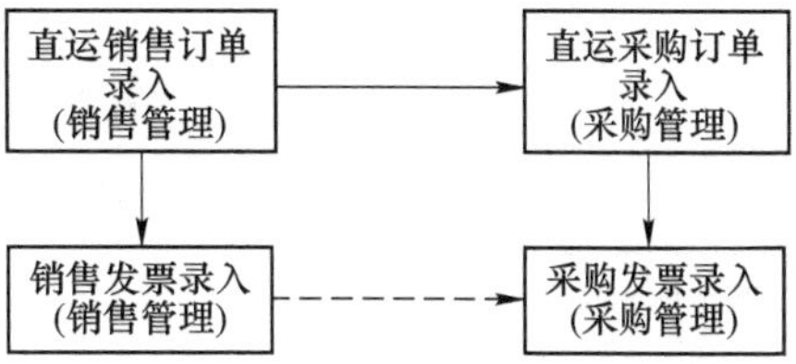

图 10-9 直运业务第一阶段处理流程

第一阶段，直运业务合同签订及发票开具。直运业务第一阶段处理流程如图 10-9 所示。

第二阶段，货物由第三方运抵，确定应收客户款项及应付第三方账款。直运业务第二阶段处理流程如图 10-10 所示。

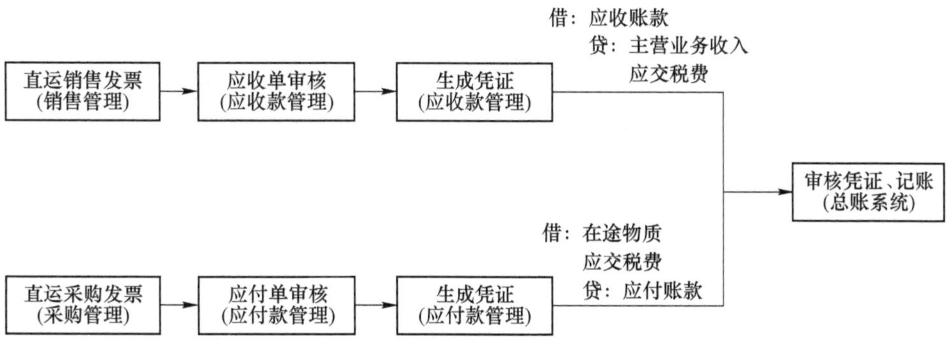

图 10-10 直运业务第二阶段处理流程

第三阶段，结转成本。直运业务第三阶段处理流程如图 10-11 所示。

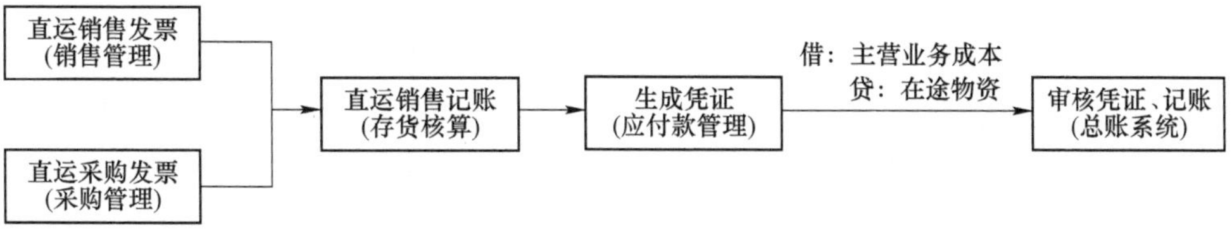

图 10-11 直运业务第三阶段处理流程

10.2.1.5 分期收款业务处理

分期收款销售是指商品已经售出，但货款分期收回的一种销售方式。在确认收入的同时配比性的结转成本。分期收款销售业务只能先发货后开票，不可以开票直接发货。该业务的订货、发货、出库、开票等处理与普通销售业务相同，只是在填制单据时“业务类型”应选择“分期收款”。分期收款业务可以分为两个阶段：分期收款发货和分期收款结算。

第一阶段，分期收款发货。分期收款业务第一阶段业务处理流程如图 10-12 所示。

第二阶段，分期收款结算。分期收款业务第二阶段业务处理流程如图 10-13 所示。

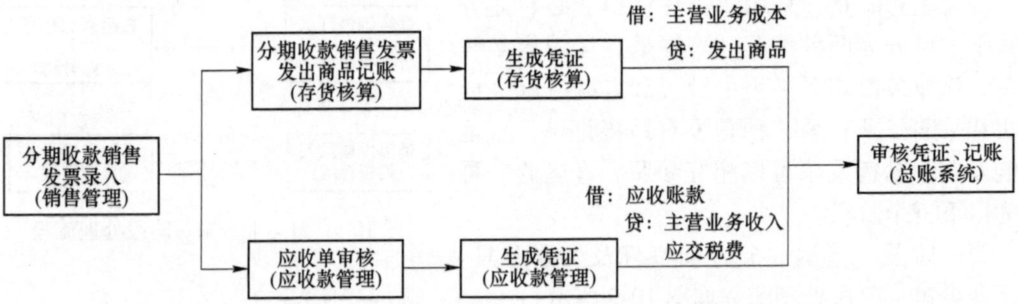

图 10-12 分期收款业务第一阶段业务处理流程

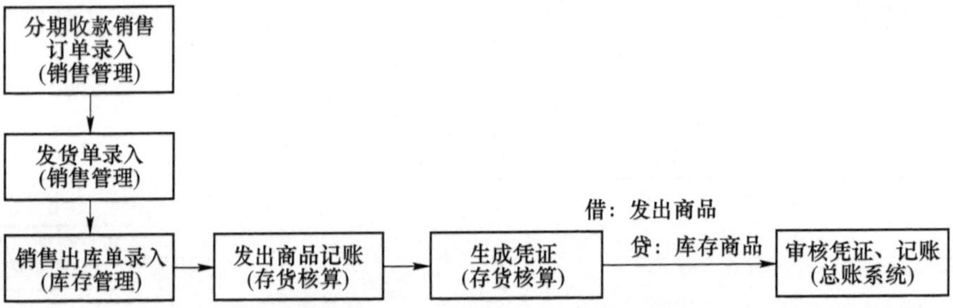

图 10-13 分期收款业务第二阶段业务处理流程

10.2.1.6 委托代销业务处理

委托代销业务是指企业将商品委托他人进行销售，但商品所有权仍归本企业的销售方式。委托代销的特点是受托方只是一个代理商，委托方发出商品后，所有权并未转移给受托方，因此商品所有权上的风险和报酬仍在委托方。所以，只有委托代销商品销售后，受托方与企业进行结算，并开具正式的销售发票，形成销售收入，此时商品所有权转移。委托代销业务可以分为两个阶段：委托代销发货和委托代销结算。

第一阶段，委托代销发货。委托代销第一阶段与分期收款第一阶段类似，不同之处在于销售订单“业务类型”的选择。委托代销业务第一阶段业务处理流程如图 10-14 所示。

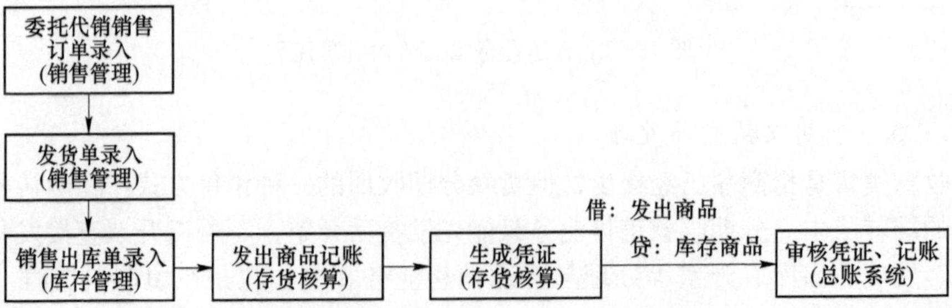

图 10-14 委托代销业务第一阶段处理流程

第二阶段，委托代销结算。委托代销业务第二阶段业务处理流程如图 10-15 所示。

10.2.1.7 捐赠业务处理

税法上捐赠业务视同销售，但会计上，企业将自产、委托加工或外购存货对外捐赠，

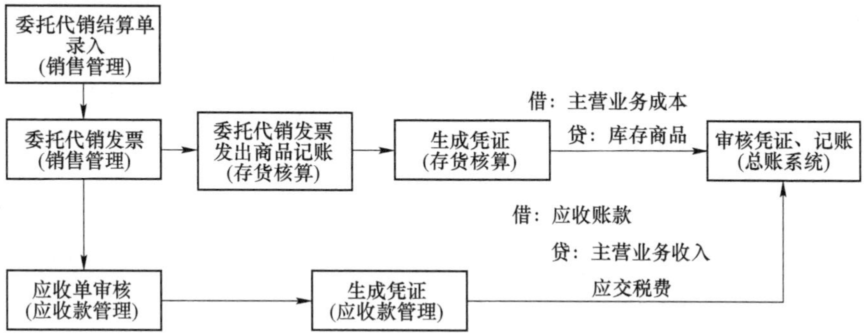

图 10-15 委托代销业务第二阶段处理流程

不确认收入。对外捐赠，虽然产品离开了企业，已将所有权上的主要风险和报酬转移，但并没有经济利益的流入，不符合《企业会计准则第 14 号——收入》中销售收入确认条件的 5 个条件，所以会计上不确认收入。

对外捐赠业务是企业非日常或非固定产生的经济利益的流出，该支出不分公益性捐赠与非公益性捐赠，会计上统一在“营业外支出”科目进行核算。对于公益性捐赠，不超过年度利润额 12%的部分，准许税前扣除，而非公益性捐赠以及超过标准的部分，税法不允许税前抵扣，但这点与会计上是否确认收入无关。

捐赠视同销售是需要在会计处理上按市场价值计算确认销项税，在会计处理上并没有确认收入，也就是减少的商品是按购入价或成本价核算的，只是销项税是按市场价算出的。捐赠业务处理流程如图 10-16 所示。

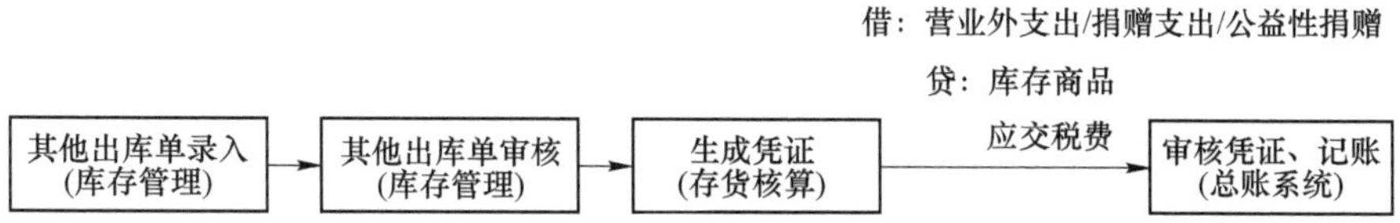

图 10-16 捐赠业务处理流程

10.2.1.8 零售日报处理

零售业务是一种特殊的销售业务种类，是处理商业企业将商品销售给零售客户的销售业务。零售日报不是原始的销售单据，而是零售业务数据的日汇总，这种业务常见于商场、超市等零售企业。零售日报可以用来处理企业比较零散客户的销售，对于这部分客户，企业可以用一个公共客户代替，如零散客户，然后将零散客户的销售凭单先按日汇总，再录入零售日报进行管理。零售日报业务处理流程如图 10-17 所示。

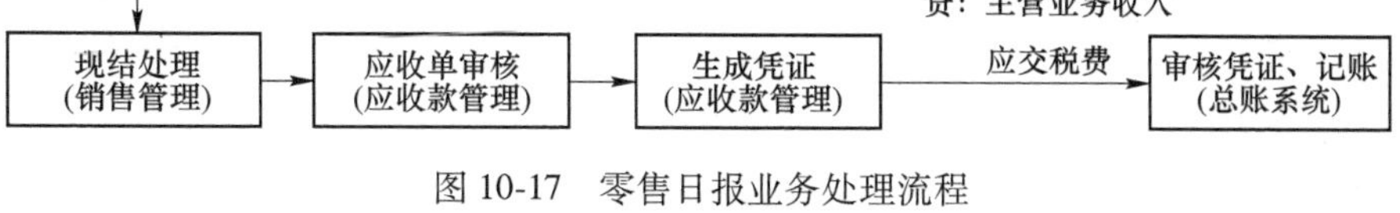

图 10-17 零售日报业务处理流程

10.2.1.9 代垫费用业务处理

代垫费用是指在销售业务中，随货物销售而发生的暂时代垫费用（如运杂费、保险费等），将来需要向对方单位收取的费用项目。代垫费用实际上形成了对客户的应收款，代垫费用由应收款管理系统来处理，销售系统仅对代垫费用的发生进行登记。代垫费用业务处理流程如图 10-18 所示。

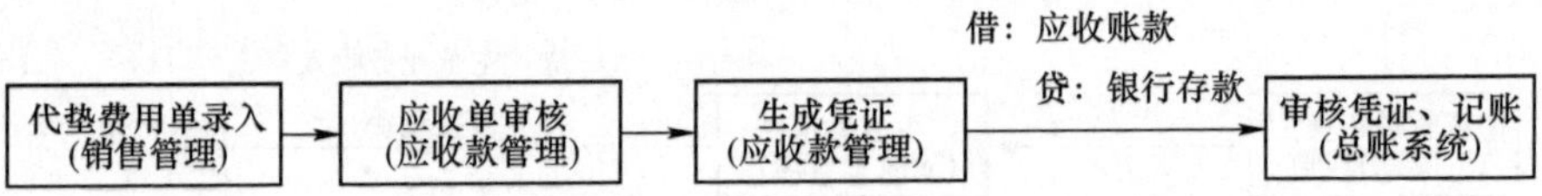

图 10-18 代垫费用业务处理流程

10.2.2 应收款管理日常业务处理概述

10.2.2.1 单据处理

（1）应收单据处理。应收单据处理即对应收单据进行记账，并在单据上填入审核日期、审核人的过程。已经审核的应付单据不允许修改及删除，弃审之后才能进行修改、删除等操作。企业应收款来源于销售发票和其他应收单。如果应收款管理系统和销售管理系统同时使用，则销售发票必须在销售管理系统中录入，并在审核后自动传递给应收款管理系统，在应收款管理系统中只需要录入未计入销售货款和税款的其他应收单据，如代垫款项、运输装卸费、违约金等。

（2）收款单据处理。收款单据处理主要是对结算单据进行管理，包括收款单的录入、审核。应收款管理系统的收款单用来记录企业所收到的客户款项，款项性质包括应收款、预收款、其他费用等。收款单据处理有三个含义：确认收款、对单据输入的正确与否进行检查、记入应收明细账。

10.2.2.2 核销处理

应收账款的核销是指确定收款单和原始销售发票、应收单之间对应关系的操作。核销需要指明每一次收款是哪笔销售业务的款项，明确核销关系后可以进行精确的账龄分析，以便更好地管理应收账款。应收账款核销包括两种方式：按单据和按产品。

（1）按单据核销：是指系统将按单据进行结算。该模式下用户需要将收款单与应收单进行关联，并且可以查询每笔应收单的结款情况，以及每笔收款单的结算情况。

（2）按产品核算：是指系统将按产品进行结算。该模式下用户需要将收款单与应收单中的产品一一进行对应，并可以查询每种产品的应收、收款情况，以及每笔收款单的结算情况。

10.2.2.3 票据管理

票据管理用来管理企业因销售商品、提供劳务等而收到的商业汇票，包括银行承兑汇票和商业承兑汇票。

10.2.2.4 转账处理

（1）应收冲应收。应收冲应收是指将某客户、部门、业务员、项目及合同的应收账款，冲抵另一客户等的应收账款；解决应收款业务在不同客户、部门、业务员、项目及合同间入错户和合并户等问题。

（2）预收冲应收。预收冲应收是指企业将应收客户款项与预收客户款项进行冲抵，填制转账凭证，同时减少应收账款和预收账款的账面余额。

（3）应收冲应付。应收冲应付是指用客户的应收账款来冲抵供应商的应付账款。通过该功能，可以将应收账款在客户与供应商之间进行转入、转出，实现应收业务的调整，解决应收债权与应付债务的冲抵。

（4）红票对冲。红票对冲是指用于某客户的红字发票与其蓝字发票进行冲抵。对应收票据的处理主要是对应收票据进行新增、修改、删除及收款、退票、背书、贴现等操作。

10.2.2.5　坏账处理

（1）坏账准备计提：设置计提方法、科目。用友系统提供计提坏账的方法包括：销售收入百分比法、应收账款余额百分比法和账龄分析法。系统在初次计提时，如果没有预先设置，则需要在初始设置中进行设置，设置计提方法及坏账科目。应收账款的余额默认本会计年度的最后一天所有未结算完的发票和应收单余额之和减去预收账款。使用账龄分析法的各区间余额由系统生成，也可以根据实际情况进行修改。销售总额默认本会计年度发票总额，也可以根据实际情况进行修改。需要注意的是，在同一会计期间不能重复计提坏账准备。

（2）坏账发生：选定坏账单据、查找业务单据。坏账发生时，要先选择客户，然后系统会自动列出该客户的所有发票，然后从中挑选发生坏账的发票即可。

（3）坏账收回：填制收款单。当发生的坏账又重新收回时，可以通过坏账收回来处理。在进行坏账收回时，首先要选择客户，然后输入收回金额，再选择相应的收款单即可。需要注意的是，收款单金额一定要与收回金额相等。

10.2.2.6　制单处理

制单处理功能是指应收款管理系统中的制单处理，即生成凭证，同时将凭证传递至总账系统记账。系统在各个业务处理的过程中都提供了实时制单的功能。

（1）应收单制单。应收单制单是系统依据销售发票制单生成凭证，系统生成如下凭证。

借：应收账款——A 客户
　　贷：主营业务收入
　　　　应交税费——应交增值税（进项税额）

（2）收款单制单。收款单制单是指当销售发票与对应的收款单核销完成后，系统生成如下凭证。

借：银行存款
　　贷：应收账款

（3）应收冲应收制单。当发现客户之间进行合并或者发现已审核的销售发票或其他应收单据中客户错误；或某个部门撤销了，要将该部门下的应收款转入另一个部门等，系统便生成如下凭证。

借：应收账款——A 客户（转入）
　　贷：应收账款——B 客户（转出）

（4）预收冲应收制单。当在应收款核销时，使用了预收账款抵扣，系统便生成如下凭证。

借：预收账款

　　贷：应收账款

（5）应收冲应付制单。当存在既是客户又是供应商的情况时，即对同一个公司既有债务又有债权，或存在企业欠供应商 A 公司的钱，客户 B 公司又欠本公司的钱，系统便生成如下凭证。

借：应付账款——A 公司

　　贷：应收账款——A 公司

借：应付账款——A 公司

　　贷：应收账款——B 公司

（6）红票对冲制单。当同一个客户同时存在蓝字发票和红字发票时，财务人员需要将红蓝字发票进行冲销，调整应收账款。此时，系统便生成同方向一正一负凭证如下：

借：应收账款（红字）

借：应收账款（蓝字）

10.3　习　　题

（1）销售与应收款管理系统的目标有哪些？

（2）请描述普通销售业务处理流程。

（3）请分别描述开票前全部退货、开票前部分退货、开票后退货处理流程。

（4）请简单描述应收款管理日常业务处理步骤。

11 库存管理与存货核算系统

存货是保证企业生产经营过程顺利进行的必要条件。为了保障生产经营过程连续不断地进行，企业要不断地购入、耗用或销售存货。存货是企业的一项重要的流动资产，其价值在企业流动资产中占有很大的比重。存货管理是采购管理和生产管理、销售管理的一个中间环节。采购的完成使存货增加，销售的完成使存货减少，同时供、产、销都要考虑存货的库存，因而存货管理与供、产、销紧密相连，存货管理系统与采购管理系统、销售管理系统集成使用、信息共享，构成“供应链”信息系统。存货管理主要从物流和资金流两个方面对存货加以管理与核算，用友 ERP-U8 中分别称为库存管理系统和存货核算系统。

11.1 库存管理与存货核算系统概述

11.1.1 库存管理与存货核算系统的基本功能

（1）库存管理系统：主要从实物方面对存货的入库、出库和结余加以反映和监督。该系统能够满足采购入库、销售出库、产成品入库、材料出库、其他出入库、盘点管理等业务需要，提供仓库货位管理、批次管理、保质期管理、出库跟踪、入库管理、可用量管理等全面的业务应用；可进行各种统计分析，输出存货收发存的汇总情况。库存管理系统可以单独使用，也可以与采购管理、销售管理、物料需求计划、存货核算、质量管理、GSP 质量管理等系统集成使用，发挥更加强大的应用功能。

（2）存货核算系统：是从资金的角度管理存货的出入库业务，主要用于核算企业的入库成本、出库成本、结余成本；反映和监督存货的收发、领退和保管情况；反映和监督存货资金的占用情况，动态反映存货资金的增减变动情况，提供存货资金周转和占用分析；在保证生产经营的前提下，降低库存量，减少资金积压，加速资金周转。该系统可处理各种类型的出入库业务；提供六种计价方式，满足不同存货管理的需要，可以进行出入库成本调整、提取存货跌价准备，处理各种异常业务；可自动按照所选的存货计价方式计算出库成本并记账；提供按部门、按仓库、按存货等多种口径统计和查询，提供存货资金的占用分析及周转分析，可灵活输出各类报表。

11.1.2 库存管理与存货核算系统的目标

（1）完成存货的日常业务处理，包括出库、入库业务处理等，及时反映存货的出库、入库和结存情况。

（2）完成有关存货的其他业务处理，库存管理还应提供批次、存货、库存盘点、质量检验、赠品及续仓等管理。实现仓库信息的全面管理，达到对库存业务物流和成本的有效控制和跟踪。

（3）完成存货的核算，包括存货出入库核算、存货出入库凭证处理、库存余额对账和调整等，反映和监督存货的收发、领退、保管情况和存货资金的占用情况，提高企业资金的使用率。

（4）完成库存分析和统计工作，输出各种需要的台账、报表和存货核算的各类账表，通过网络将各种信息传递到其他子系统。

11.1.3 库存管理与存货核算系统和其他系统之间的关系

库存管理业务是供应链的重要信息中心。每个业务单据之间，业务单据与业务基础资料和管理资料之间形成严密的信息网，不断传递和接受其他系统的各种信息。库存管理与存货核算和其他业务流程之间的关系说明如下：

（1）库存管理系统可参照采购管理系统的采购订单、采购到货单生成采购入库单，库存管理系统将入库情况反馈到采购管理系统。采购管理系统向库存管理系统提供预计入库量。

（2）库存管理系统可参照销售管理系统的销售订单、销售发货单生成销售出库单，库存管理系统将入库情况反馈到销售管理系统。销售管理系统向库存管理系统提供预计出库量。同时，销售出库单也可在销售管理系统中自动生成传递至库存管理系统，在库存管理系统中进行审核。

（3）库存管理系统为存货核算系统提供各种出入库单据，所有出入库单均由库存管理系统填制；存货核算系统只能填写出入库单的单价、金额（不能修改数量），并可对出入库单进行记账操作，核算出入库的成本。

（4）存货核算系统可对采购管理系统生成的采购入库单记账，对采购暂估入库单进行暂估报销处理，对库存管理系统生成的各种出入库单据记账核算；企业发生的正常销售业务的销售成本可以在存货核算系统中根据所选的计价方法自动计算；企业发生分期收款业务和委托代销业务时，存货核算系统可以对销售管理系统生成的发货单和发票记账并确认成本。

（5）在存货核算系统中，进行了出入库成本记账的单据可以生成一系列的物流凭证传入总账管理系统，实现财务和业务的一体化。

库存管理系统与其他系统的数据关系如图 11-1 所示。

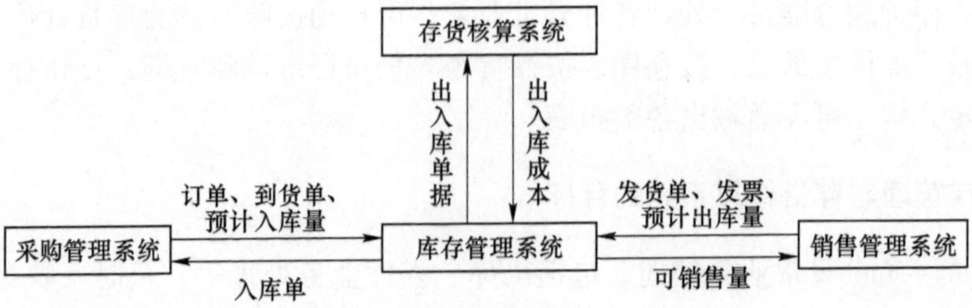

图 11-1 库存管理系统与其他系统的数据关系

11.2　库存管理与存货核算系统业务处理

库存管理和存货核算的初始设置与其他子系统一样，是为用户处理存货管理业务提供一个适宜的运行环境，并在经济业务发生某些变化时对已有的设置进行相应的修改。在实际业务中，企业一般将采购管理、销售管理、库存管理及存货核算系统联合使用，统称为供应链模块。

11.2.1　库存管理日常业务处理概述

11.2.1.1　入库业务处理

入库业务有三种类型，包括采购入库业务、产成品入库业务、其他入库业务。

（1）采购入库，是指采购业务员将采购回来的存货交到仓库时，仓库保管员对其所购商品实际到货情况进行质量、数量验收以及确定的过程。采购入库单的审核相当于仓库保管员对采购的实际到货情况进行质量、数量的检验和验收，采购入库单在第 9 章已做详细讲解，在此不再赘述。

（2）产成品入库，是指工业企业对原材料及半成品进行一系列加工后，形成的可销售商品，然后验收入库的过程。产成品入库单是管理工业企业的产成品入库的单据。产成品一般在入库时是无法确定产品的总成本和单位成本的，因此，在填制产成品入库单时，一般只有数量，没有单价和金额。产成品入库单业务处理流程如图 11-2 所示。

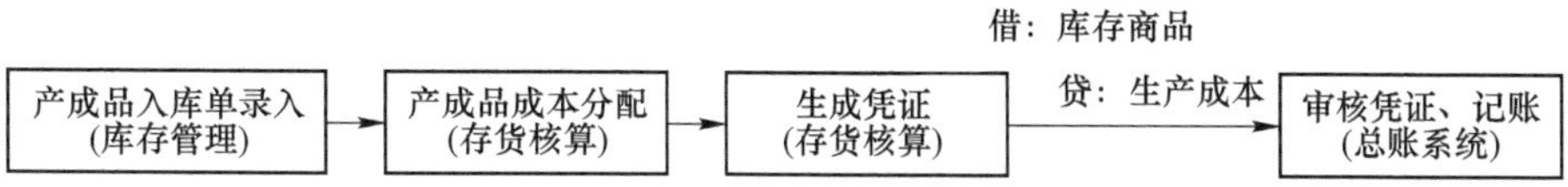

图 11-2　产成品入库业务处理流程

注：仅有工业企业才有产成品入库，本案例企业为商业企业不涉及此业务处理。

（3）其他入库，是指除了采购入库、产成品入库之外的其他入库业务，如调拨入库、盘盈入库、组装拆卸入库、形态转换入库等业务。调拨入库、盘盈入库、组装拆卸入库、形态转换入库等业务可以自动形成相应的其他入库单，除此之外的其他入库单由用户填制。

11.2.1.2　出库业务处理

出库业务有三种类型，包括销售出库业务、材料出库业务、其他出库业务。

（1）销售出库，是指企业销售货物引起的产品出库过程。销售出库业务在第 10 章已做详细讲解，此处不再赘述。

（2）材料出库，是指工业企业领用材料的过程。材料出库单是工业企业领用材料时所填制的出库单据，材料出库单也是进行日常业务处理和记账的主要原始单据之一。只有工业企业才有材料出库单，商业企业没有此单据。材料出库业务处理流程如图 11-3 所示。

（3）其他出库，是指除销售出库、材料出库之外的其他出库业务，如调拨出库、盘亏出库、组装拆卸出库、形态转换出库、维修等业务。调拨出库、盘亏出库、组装拆卸出

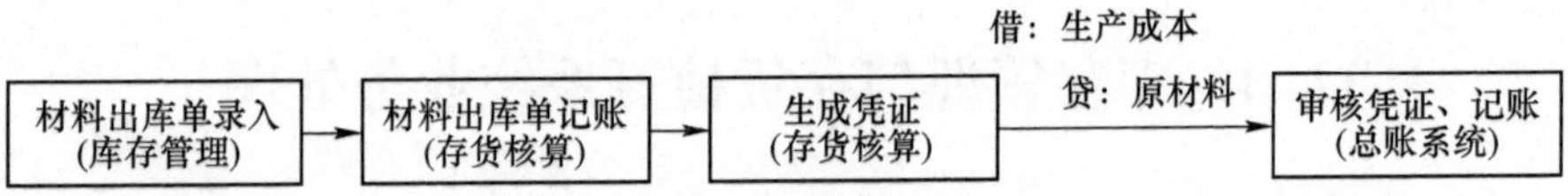

图 11-3 材料出库业务处理流程

库、形态转换出库等业务可以自动形成相应的其他出库单，除此之外的其他出库单由用户填制。

11.2.1.3 调拨业务处理

库存管理系统中提供了调拨单用于处理仓库之间存货的转库业务或部门之间的存货调拨业务。如果调拨单上的转出部门和转入部门不同，就表示是部门之间的调拨业务。如果转出部门和转入部门相同，但转出仓库和转入仓库不同，就表示是仓库之间的转库业务。库存调拨业务处理流程如图 11-4 所示。

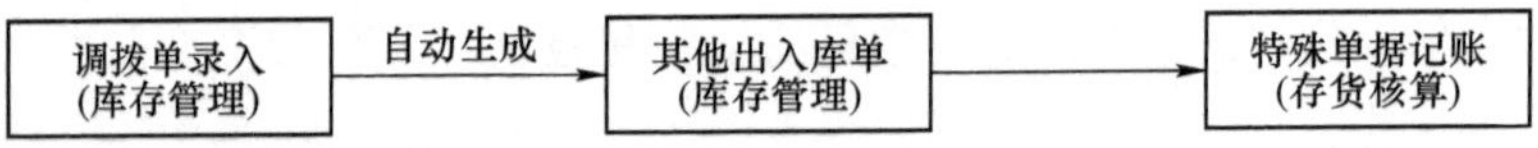

图 11-4 调拨业务处理流程

11.2.1.4 盘点业务处理

库存管理系统中提供了盘点单用来定期对仓库中的存货进行盘点。存货盘点报告表，是证明企业存货盘盈、盘亏和毁损，据以调整存货实存数的书面凭证，经企业领导批准后，即可作为原始凭证入账。系统提供两种盘点方法：按仓库盘点，按批次盘点，还可对各仓库或批次中的全部或部分存货进行盘点，盘盈、盘亏的结果可自动生成出入库单。盘点业务处理流程如图 11-5 所示。

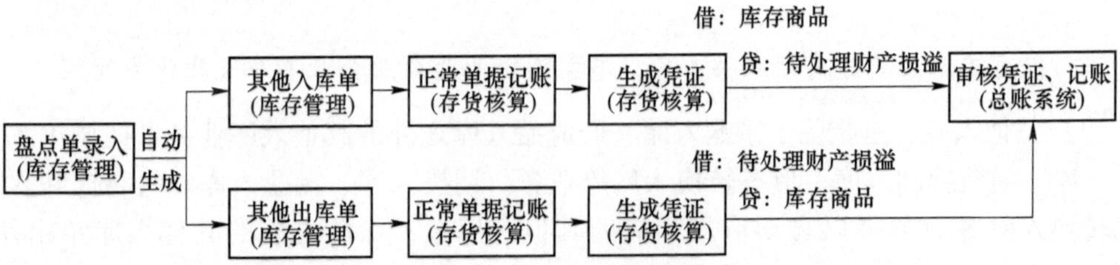

图 11-5 盘点业务处理流程

11.2.1.5 组装与拆卸业务处理

组装与拆卸业务说明：有些企业中的某些存货既可单独出售，又可以与其他存货组装一起销售。例如：计算机销售公司即可将显示器、主机、键盘等组装成计算机销售，这时就需要对计算机进行组装；如果企业库存中只存有组装好的计算机，但客户只需要买显示器，此时就需要将计算机进行拆卸，然后将显示器卖给客户。

组装是指将多个散件组装成一个配套件的过程。组装单相当于两张单据，一个是散件出库单，一个是配套件入库单。配套件和散件之间是一对多的关系，两者之间的关系在产品结构中设置。用户在组装之前应先进行产品结构定义，否则无法进行组装。

拆卸业务是指将一个配套件拆卸成多个散件的过程。拆卸单相当于两张单据，一个是配套件出库单、一个是散件入库单。配套件和散件之间是一对多的关系，两者之间的关系在产品结构中设置。用户在拆卸之前应先进行产品结构定义，否则无法进行拆卸。

组装与拆卸业务处理：在库存管理系统中对组装单和拆卸单生成其他出入库单并进行审核，在存货核算系统中对其他出入库单记账。需要注意的是，组装与拆卸业务一般不涉及账务处理，因此，对组装与拆卸业务生成的其他出入库单暂不进行制单。组装与拆卸业务处理流程如图 11-6 所示。

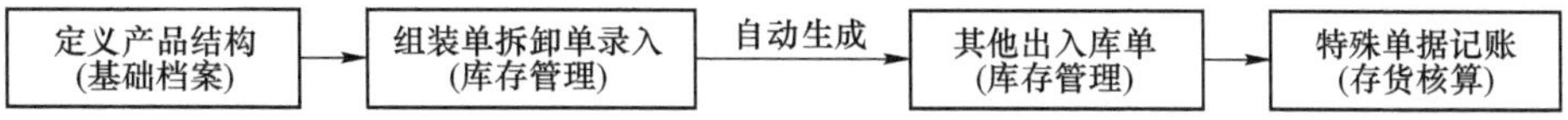

图 11-6　组装与拆卸业务处理流程

11.2.1.6　形态转换业务处理

形态转换业务是处理某种存货在存储过程中，由于环境或本身原因，使其形态发生变化，由一种形态转换为另一种形态，从而引起存货规格和成本的变化。例如，烟叶经过环境变化转为烟丝；煤块由于风吹、雨淋，天长日久变成了煤渣；活鱼由于缺氧变成了死鱼等。因此，库管员需要根据存货的实际状况填制形态转换单，报请主管部门批准后进行调账处理。

形态转换业务处理：在库存管理中录入形态转换单并审核，形态转换单审核后自动生成其他出入库单，然后在存货核算系统中对其他出入库单记账。其流程如图 11-7 所示。

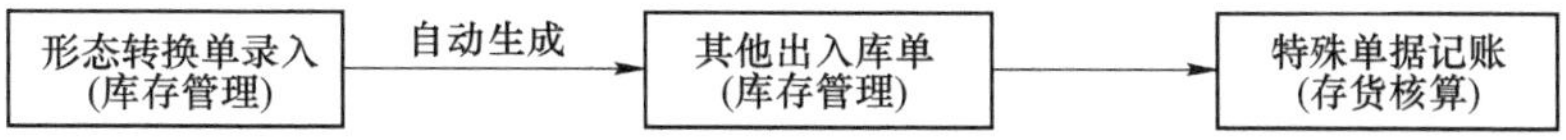

图 11-7　形态转换业务处理

11.2.2　存货核算日常业务处理概述

存货核算系统的处理基本通过业务核算和财务核算处理来完成。

11.2.2.1　业务核算处理

业务核算处理主要完成对单据进行出入库成本核算、暂估成本和结算成本的处理、产成品的分配。业务核算按功能分为单据记账、暂估业务处理、产成品成分的分配、恢复记账。业务核算中的记账功能用于将各种单据登记入存货明细账和差异明细账，如果企业类型为“商业”，则还应包括受托代销商品明细账和受托代销商品差价账。

具体来说，存货核算系统处理的业务核算类型主要包括：采购业务成本核算、销售业务核算、其他业务核算。

（1）采购业务成本核算：包括普通采购业务、受托代销业务等。

（2）销售业务核算：包括普通销售业务、分期收款发出商品核算、委托代销发出商品核算、直运业务核算等。

（3）其他业务核算：包括材料出库业务、产成品入库业务核算、调拨业务核算、组装与拆卸业务核算、形态转换业务核算、盘点业务、假退料业务核算。

由于上述业务在第 9 章与第 10 章已详细论述，在此仅就还未涉及的调整业务和假退料业务进行介绍，其余不再赘述。

A 调整业务处理

出入库单据记账后，发现单据金额错误。如果是录入错误，通常采用修改方式进行调整；但如果遇到由于暂估入库后发生零出库业务等原因所造成的出库成本不准确，或库存数量为零而仍有库存金额的情况，就需要利用调整单据进行调整。

调整单据包括入库调整单和出库调整单。它们都只针对当月存货的出入库成本进行调整，并且只调整存货的金额，不调整存货的数量。出入库调整单保存即记账，因此已保存的单据不可修改和删除。调整业务处理流程如图 11-8 所示。

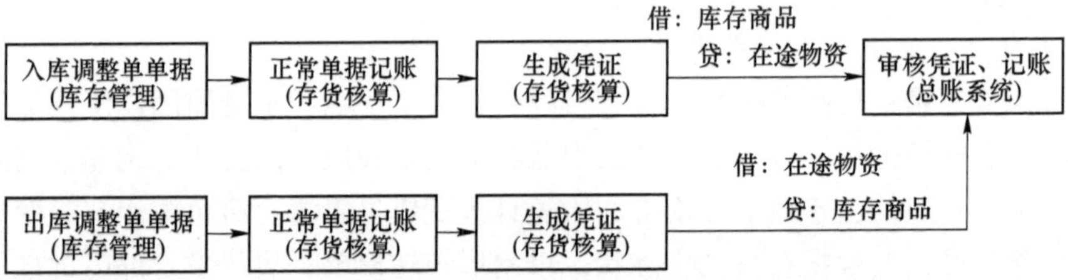

图 11-8 调整业务处理流程

B 假退料业务处理

假退料是指车间已领用的材料，在月末尚未用完，下月还需要继续耗用，则无须办理退料业务，只制作假退料单进行成本核算。月末结账时，根据当月已记账的假退料单自动生成假退料单的回冲单。假退料业务处理流程如图 11-9 所示。

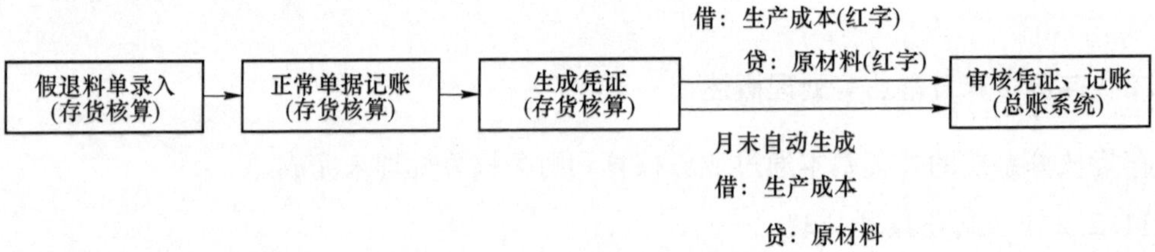

图 11-9 假退料业务处理流程

11.2.2.2 财务核算处理

财务核算处理主要完成各类经济业务核算记账凭证的生成。在财务核算中生成的记账凭证自动传递到总账系统进行审核、记账，实现业务和财务的一体化。

存货系统的财务核算处理，可以根据不同类型的出入库单据，形成不同的记账凭证。

(1) 根据材料采购入库单，系统可生成如下凭证。

借：原材料

　　贷：材料采购

(2) 根据产成品入库单，系统可生成如下凭证。

借：库存商品

　　贷：生产成本

（3）根据销售出库单，系统可生成如下凭证。

借：主营业务成本

　　贷：库存商品

11.3 习　　题

（1）描述入库业务处理的三种类型。

（2）描述出库业务处理的三种类型。

（3）分别说明存货核算系统的业务核算和财务核算各自的目标。

12 供应链管理系统综合业务实训（存货核算系统结合在具体业务中）

本章业务实训按照业务发生的时间排序。

本章数据以第 2 章初始化为基础，加上第 8 章初始设置数据，即不含第 3 章、第 4 章、第 5 章、第 6 章数据，但是由于有采购固定资产业务，所以要完成固定资产的初始化。如果读者所练习的账套数据包含第 3 章到第 6 章数据，操作过程和本章做法完全一致，只不过凭证编号、固定资产编号会有所不同，编号会在前面几章的基础上自动累加。

12.1 采购实训 1 暂估采购业务（收到发票）

本公司的暂估业务采用单到补差的方式进行暂估处理。单到补差处理导图如图 12-1 所示。

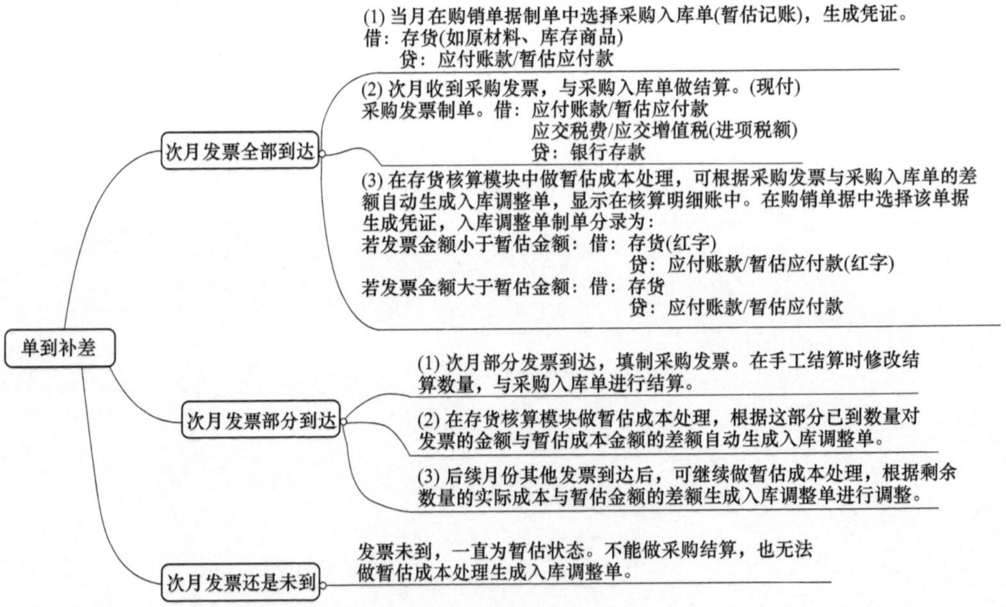

图 12-1 单到补差处理导图

注：本企业采购入库存货对方科目全部使用“在途物资”科目；暂估业务使用“应付账款”→“暂估应付款”科目核算，不使用“在途物资”科目核算。

12.1.1 业务描述与操作过程概述

7 月 1 日，收到上月已入库商品的发票一张，并支付货款（不合并制单），相关原始凭证如图 12-2 和图 12-3 所示。

广东省增值税专用发票　No 637997**

开票日期：2017年7月1日

购货单位	名　　称：山东××科技有限公司 纳税人识别号：*************** 地 址、电 话：山东省××市××区××路 *** 号 ****-******** 开户行及账号：中国工商银行××市××支行 ******************				密码区	略	
货物或应税劳务名称	规格型号	单位	数量	单价	金　额	税率	税额
金士顿 500G 固态硬盘	黑色	个	50	950.00	47500.00	17%	8075.00
金士顿 500G 固态硬盘	灰色	个	50	1010.00	50500.00	17%	8585.00
合　计					¥98000.00		¥16660.00
价税合计	（大写）人民币壹拾壹万肆仟陆佰陆拾元整　（小写）¥114660.00						
销货单位	名　　称：珠海××科技有限公司 纳税人识别号：*************** 地 址、电 话：珠海市××区××路 ** 号 ****-******** 开户行及账号：中国工商银行××××支行 ******************				备注	××鑫治科技有限公司 *************** 发票专用章	

收款人（略）　复核（略）　开票人（略）　销货单位：（章）

第二联：发票联　购货方记账凭证

图 12-2　采购专用发票

中国工商银行进账单（回单或收账通知）

普通□ 加急□　2017年7月1日

付款人	全　称	山东××科技有限公司	收款人	全称	珠海××科技有限公司
	账　号	******************		账号	******************
	开户银行	中国工商银行××市××支行		开户银行	中国工商银行××××支行
人民币（大写）：壹拾壹万肆仟陆佰陆拾元整					千 百 十 万 千 百 十 元 角 分 ¥ 1 1 4 6 6 0 0 0
票据种类	转账支票	票据张数	1		中国工商银行××市××支行 2017.7.1 转讫
票据号	637904**				汇出（户）行盖章

图 12-3　银行进账单

暂估采购业务（收到发票）操作过程如下：

（1）2017 年 7 月 1 日，以“G01 甲 5”身份登录“企业应用平台”，在“采购系统”中，参照“期初采购入库单”生成采购“专用发票”（现付）并结算。

（2）2017 年 7 月 1 日，以“W02 甲 3”身份登录，在“应付款管理”系统中，审核采购专用发票并制单。

（3）2017 年 7 月 1 日，以“W02 甲 3”身份登录，在“存货核算”系统中，进行存货暂估处理；同时根据“入库调整单”生成凭证。

12.1.2　操作过程

12.1.2.1　生成采购发票并现付

（1）以“G01 甲 5”身份登录“企业应用平台”，“操作日期”为“2017 年 7 月 1 日”。

（2）在“业务工作”选项卡中，依次执行“供应链”→“采购管理”→“采购发票”→“专用采购发票”命令，进入“专用发票”窗口。

（3）参照入库单生成采购专用发票。单击工具栏的“增加 ▾”按钮，再单击“生单”→“入库单”按钮，打开“查询条件选项”→“采购入库单列表过滤”对话框，单击“确定”按钮，系统打开“拷贝并执行”窗口，并在窗口中，双击要选择的入库单（即期初采购入库单）对应的“选择”栏，选中该单据，如图 12-4 所示，再单击“OK 确定”按钮，系统返回“专用发票”窗口。

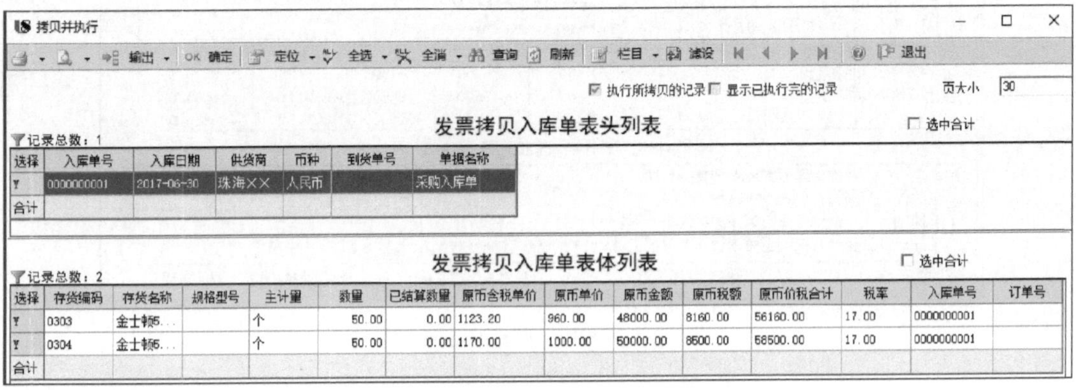

图 12-4 发票拷贝入库单表头列表

（4）编辑并保存采购专用发票。在“专用发票”窗口，输入发票号“637997 ** ”，将存货编码为 0303 和 0304 的原币单价修改为 950.00、1010.00，其他选项保持默认。单击工具栏中的“ ”按钮。

（5）采购现付。单击工具栏的“现付”按钮，系统打开“采购现付”对话框，在对话框表体部分，“结算方式”选择“转账支票”，“原币金额”输入“114660.00”，“票据号”输入“637904 ** ”，如图 12-5 所示。最后单击“确定”按钮，此时窗口左上方出现“已现付”字样，表明完成现付操作。

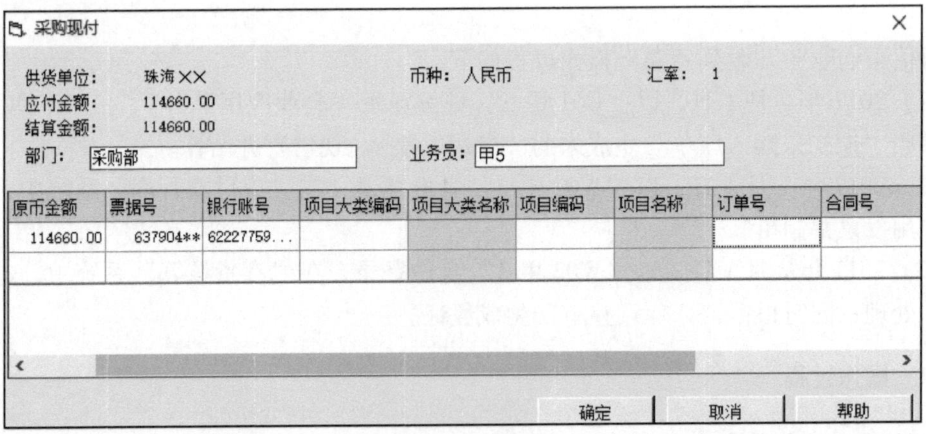

图 12-5 采购现付

（6）采购发票结算。在“专用发票”窗口，单击工具栏中的“结算”按钮，此时窗口左上方出现“已结算”字样，表明该发票已经完成采购结算，如图 12-6 所示。

（7）退出。退出“专用发票”窗口（单击窗口的“×”即可，“关闭”按钮指的是关闭订单）。

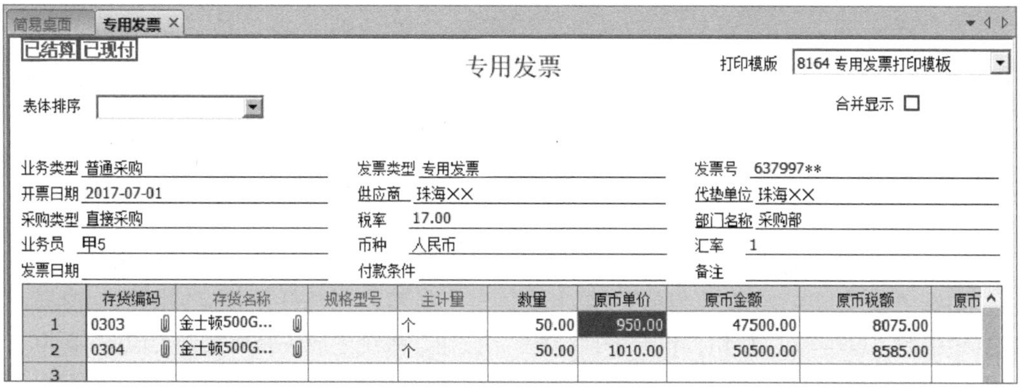

图 12-6 采购专用发票

12.1.2.2 审核专用发票并制单

（1）以“W02 甲 3”身份登录“企业应用平台”，“操作日期”为“2017 年 7 月 1 日”。

（2）在“业务工作”选项卡中，依次执行“财务会计”→“应付款管理”→“应付单据处理”→“应付单据审核”命令，打开“应付单查询条件”对话框，勾选“包含已现结发票”，如图 12-7 所示。单击“确定”按钮，系统打开“单据处理”窗口，如图 12-8 所示。

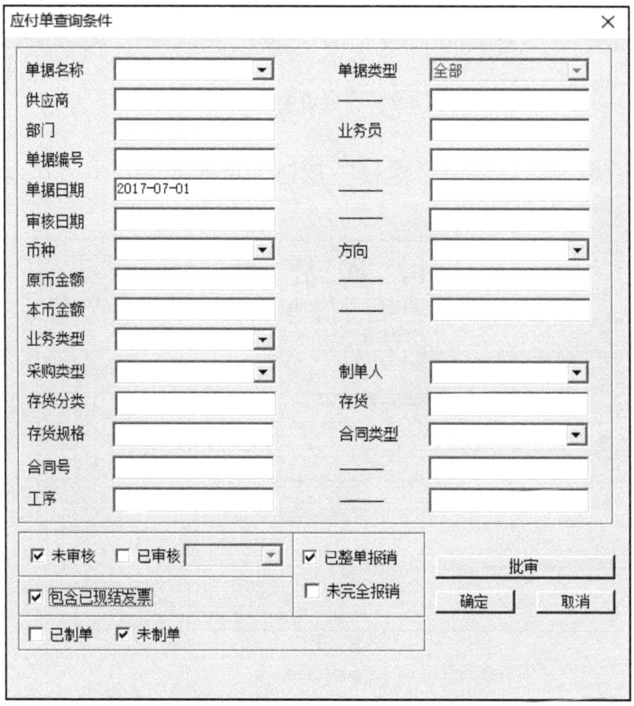

图 12-7 “应付单查询条件”对话框

（3）审核发票。双击要处理单据对应的“选择”栏，选中该单据，再单击工具栏中的“审核”按钮，系统提示单据审核成功，单击“确定”按钮。

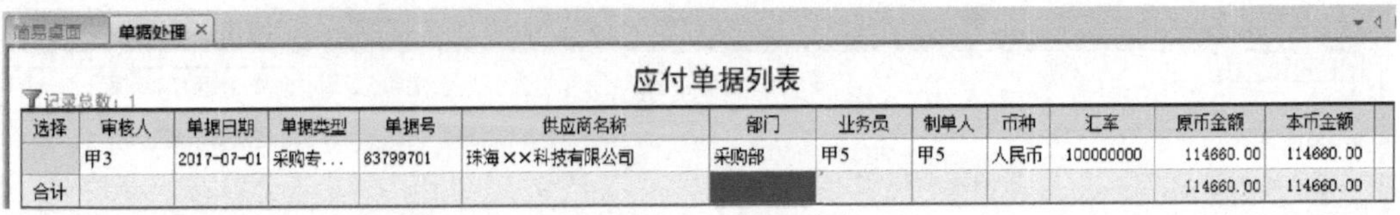
简易桌面 单据处理

应付单据列表

记录总数：1

选择	审核人	单据日期	单据类型	单据号	供应商名称	部门	业务员	制单人	币种	汇率	原币金额	本币金额
	甲3	2017-07-01	采购专...	63799701	珠海××科技有限公司	采购部	甲5	甲5	人民币	100000000	114660.00	114660.00
合计											114660.00	114660.00

图 12-8　应付单据列表

（4）制单处理。在“应付款管理”系统中，双击“制单处理”，系统打开“制单查询”对话框，勾选“发票制单”“现结制单”，单击“确定”按钮，系统打开“应付制单”窗口，单击工具栏中的“ALL 全选”按钮，再单击“制单”按钮，系统生成一张凭证，类似图 12-10。

（5）修改凭证信息。凭证类别为“付”字号凭证。将凭证第一行的“在途物资”改为“应付账款——暂估应付款（220201）”，修改的同时系统打开“辅助项”对话框，将供应商选择“珠海××科技有限公司”，单击“确定”按钮。然后单击工具栏“流量”按钮，系统打开“现金流量录入修改”对话框，“项目编码”选择“04”，如图 12-9 所示，再单击“确定”按钮。

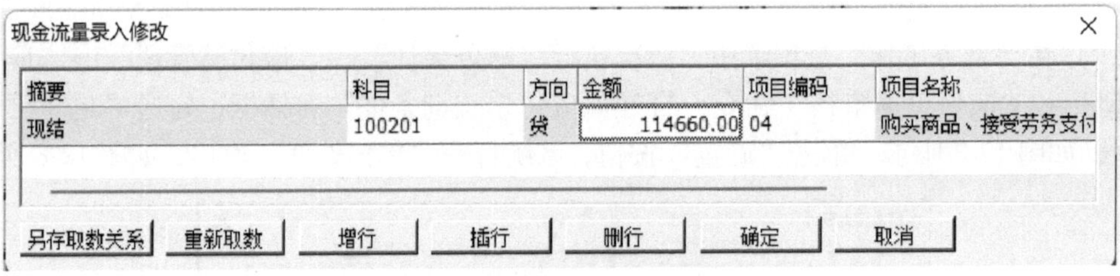
现金流量录入修改

摘要	科目	方向	金额	项目编码	项目名称
现结	100201	贷	114660.00	04	购买商品、接受劳务支付

图 12-9　现金流量录入修改

（6）保存，最后单击工具栏中“保存”按钮，记账凭证左上方出现“已生成”字样，如图 12-10 所示。

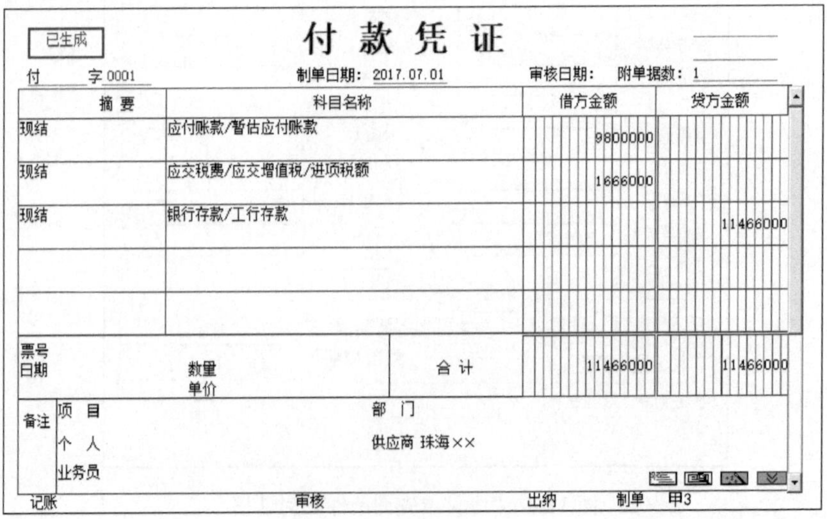
已生成

付 款 凭 证

付 字 0001　制单日期：2017.07.01　审核日期：　附单据数：1

摘要	科目名称	借方金额	贷方金额
现结	应付账款/暂估应付账款	9800000	
现结	应交税费/应交增值税/进项税额	1666000	
现结	银行存款/工行存款		11466000
票号 日期	数量 单价 合计	11466000	11466000

备注　项目　部门

个人　供应商 珠海××

业务员

记账　审核　出纳　制单 甲3

图 12-10　采购发票制单

注：子系统生成的凭证不能在总账系统中删除，只能在对应子系统删除。

（7）退出。退出当前窗口。

12.1.2.3 暂估成本处理

（1）以“W02 甲3”身份登录，注册日期为“2017-07-01”。

（2）在“业务工作”选项卡中，依次执行“供应链”→“存货核算”→“业务核算”→“结算成本处理”命令，系统打开“暂估处理查询”对话框，勾选“03 金士顿固态硬盘库”，单击“确认”按钮，进入“结算成本处理”窗口。单击工具栏中的“全选”按钮，“结算成本处理”窗口如图12-11所示。

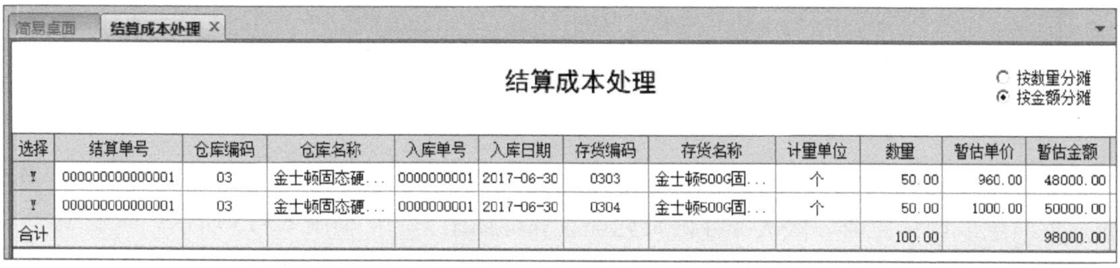

选择	结算单号	仓库编码	仓库名称	入库单号	入库日期	存货编码	存货名称	计量单位	数量	暂估单价	暂估金额
Y	000000000000001	03	金士顿固态硬...	0000000001	2017-06-30	0303	金士顿500G固...	个	50.00	960.00	48000.00
Y	000000000000001	03	金士顿固态硬...	0000000001	2017-06-30	0304	金士顿500G固...	个	50.00	1000.00	50000.00
合计									100.00		98000.00

图12-11 结算成本处理

（3）暂估处理。在“结算成本处理”窗口中，选中相应的期初采购入库单，再单击工具栏中的“暂估”按钮，系统弹出“暂估处理完成”信息提示框，单击“确认”按钮，完成暂估处理。

（4）退出。退出“结算成本处理”窗口。

注：取消暂估处理，在存货核算系统中，单击“业务核算”→“恢复记账”菜单项，系统打开“查询条件选择”对话框，单击“确定”按钮，选择要恢复的单据，单击“恢复”按钮即可。

12.1.2.4 入库调整单生成凭证

（1）以“W02 甲3”身份登录，日期为“2017-07-01”。

（2）在“存货核算”系统中，依次执行“财务核算”→“生成凭证”命令，系统打开“生成凭证”窗口。

（3）打开“选择单据”窗口。单击上侧工具栏中的“选择”按钮，系统打开“查询条件”对话框，在系统弹出的“查询条件”窗口中，仅勾选“（20）入库调整单”复选框，再单击“确定”按钮，系统打开“选择单据”窗口，如图12-12所示。

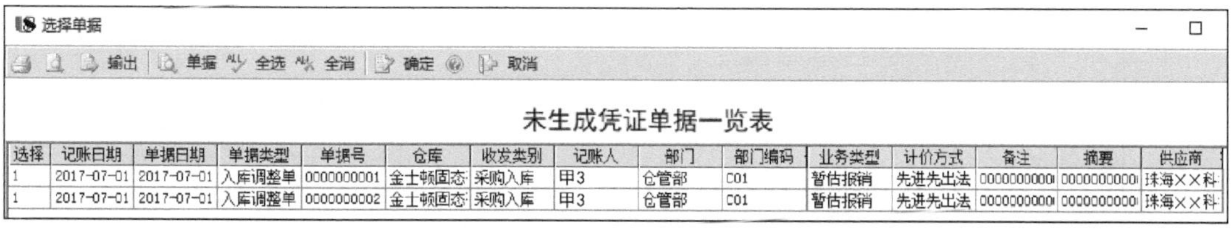

选择	记账日期	单据日期	单据类型	单据号	仓库	收发类别	记账人	部门	部门编码	业务类型	计价方式	备注	摘要	供应商
1	2017-07-01	2017-07-01	入库调整单	0000000001	金士顿固态	采购入库	甲3	仓管部	C01	暂估报销	先进先出法	0000000000	0000000000	珠海××科
1	2017-07-01	2017-07-01	入库调整单	0000000002	金士顿固态	采购入库	甲3	仓管部	C01	暂估报销	先进先出法	0000000000	0000000000	珠海××科

图12-12 “选择单据”窗口

（4）在“选择单据”窗口中，选中本笔业务暂估处理时系统自动生成的入库调整单（即选择栏均输入“1”），然后单击“确定”按钮，系统返回“生成凭证”窗口。

（5）修改科目编码。在“生成凭证”窗口中，将科目“在途物资（1402）”修改为“应付账款——暂估应付款（220201）”，如图 12-13 所示。

简易桌面 生成凭证

凭证类别 转 转账凭证

选择	单据类型	单据号	摘要	科目类型	科目编码	科目名称	借方金额	贷方金额	借方数量	贷方数量	科目方向	存货编码	存货名称
1	入库调整单	0000000001	000000...	存货	1405	库存商品	-500.00				1	0303	金士顿...
				对方	220201	暂估应...		-500.00			2	0303	金士顿...
		0000000002		存货	1405	库存商品	500.00				1	0304	金士顿...
				对方	220201	暂估应...		500.00			2	0304	金士顿...
合计							0.00	0.00					

图 12-13 “生成凭证”窗口

（6）生成入库调整单凭证。在“生成凭证”窗口中，单击工具栏中的“生成”按钮，此时生成两张凭证，依次保存两张凭证，凭证如图 12-14 和图 12-15 所示。

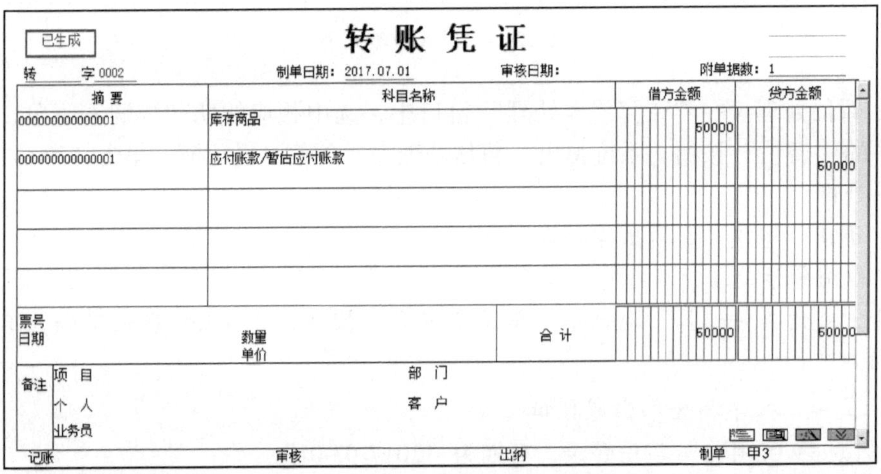

已生成

转账凭证

转 字 0002 制单日期：2017.07.01 审核日期： 附单据数：1

摘要	科目名称	借方金额	贷方金额
000000000000001	库存商品	50000	
000000000000001	应付账款/暂估应付账款		50000
票号 日期	数量 单价 合计	50000	50000

备注 项目 部门
个人 客户
业务员

记账 审核 出纳 制单 甲3

图 12-14 发票金额大于暂估金额制单

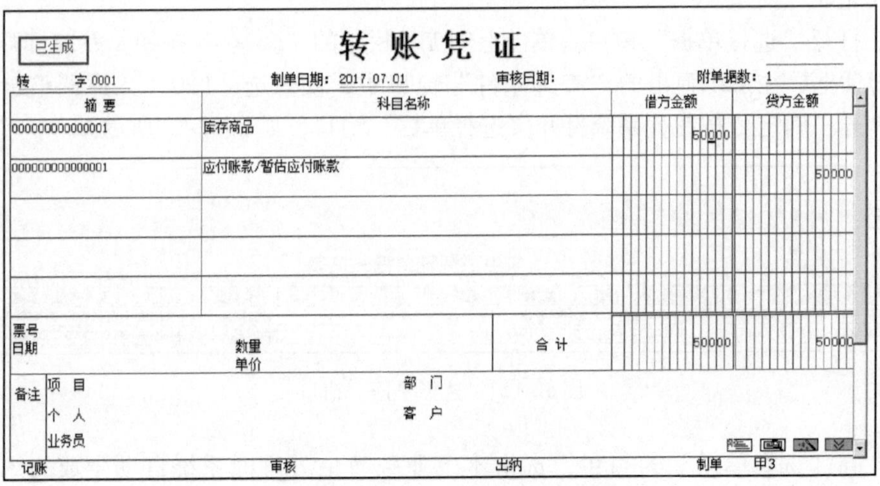

已生成

转账凭证

转 字 0001 制单日期：2017.07.01 审核日期： 附单据数：1

摘要	科目名称	借方金额	贷方金额
000000000000001	库存商品	50000	
000000000000001	应付账款/暂估应付账款		50000
票号 日期	数量 单价 合计	50000	50000

备注 项目 部门
个人 客户
业务员

记账 审核 出纳 制单 甲3

图 12-15 发票金额小于暂估金额制单

（7）退出。退出当前窗口。

12.2　采购实训2　普通采购业务（包含现金折扣）

现金折扣的核算方法有三种：总价法、净价法及备抵法。我国新企业会计准则要求采用总价法，即在销售商品时以发票价格同时记录应收账款和销售收入，不考虑现金折扣；收到货款时的差额在“财务费用”中反映。

12.2.1　业务描述与操作过程概述

7月4日，与广州××科技有限公司签订采购合同，当日收到对方发来的全部商品及增值税发票，货物均已办理入库。购销合同如图12-16所示，增值税发票略（发票号：179142＊＊）。

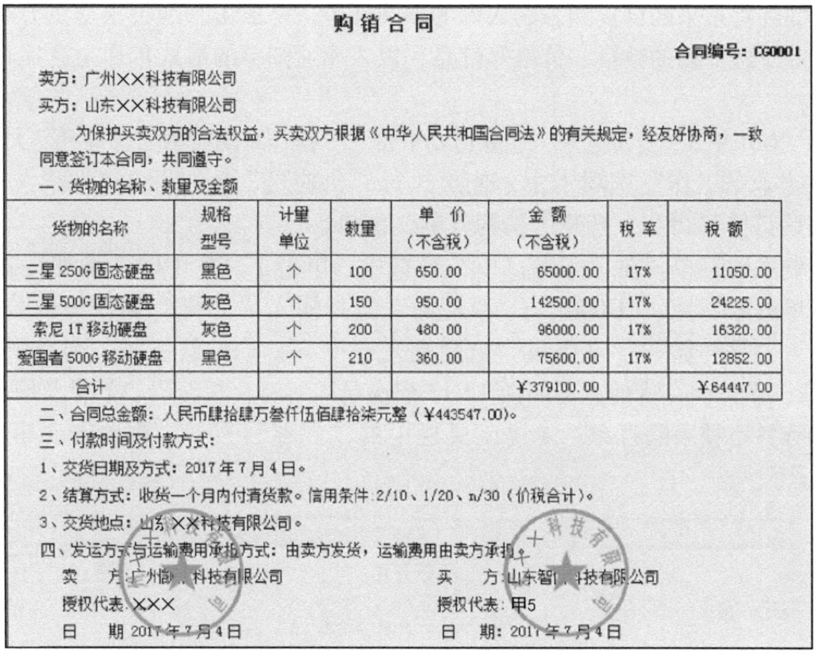

购销合同

合同编号：CG0001

卖方：广州××科技有限公司

买方：山东××科技有限公司

为保护买卖双方的合法权益，买卖双方根据《中华人民共和国合同法》的有关规定，经友好协商，一致同意签订本合同，共同遵守。

一、货物的名称、数量及金额

货物的名称	规格型号	计量单位	数量	单价（不含税）	金额（不含税）	税率	税额
三星250G固态硬盘	黑色	个	100	650.00	65000.00	17%	11050.00
三星500G固态硬盘	灰色	个	150	950.00	142500.00	17%	24225.00
索尼1T移动硬盘	灰色	个	200	480.00	96000.00	17%	16320.00
爱国者500G移动硬盘	黑色	个	210	360.00	75600.00	17%	12852.00
合计					￥379100.00		￥64447.00

二、合同总金额：人民币肆拾肆万叁仟伍佰肆拾柒元整（￥443547.00）。

三、付款时间及付款方式：

1、交货日期及方式：2017年7月4日。

2、结算方式：收货一个月内付清货款。信用条件 2/10、1/20、n/30（价税合计）。

3、交货地点：山东××科技有限公司。

四、发运方式与运输费用承担方式：由卖方发货，运输费用由卖方承担。

卖　方：广州信[illegible]科技有限公司　　买　方：山东智[illegible]科技有限公司

授权代表：×××　　授权代表：甲5

日　期：2017年7月4日　　日　期：2017年7月4日

图12-16　购销合同

7月5日，支付广州××科技有限公司货款。收到货款434676.06元（电汇付款凭证略，票据号：562507＊＊）。

操作过程：本笔业务是有现金折扣的付款业务，需要通过“选择付款”进行付款单的填制和应付核销，然后制单。“选择付款”功能，可以一次对多个供应商、多笔款项进行付款与核销的业务处理，而且付款单不需要审核和核销。

（1）2017年7月4日，以“G01甲5”身份登录，在“采购管理”系统中，填制“采购订单”并审核。根据“采购订单”生成“到货单”并审核。

（2）2017年7月4日，以“C01甲7”身份登录，在“库存管理”系统中，参照“到货单”生成“采购入库单”。

（3）2017年7月4日，以“G01甲5”身份登录，在“采购管理”系统中，参照“入库单”生成“采购专用发票”并结算。

（4）2017年7月4日，以“W02甲3”身份登录，在“应付款管理”系统中，审核发票并制单；在“存货核算”系统中，单击正常单据记账并生成凭证。

（5）2017年7月5日，以“W03甲4”身份登录，在“应付款管理”系统中，执行选择付款处理。

（6）2017年7月5日，以“W02甲3”身份登录，在“应付款管理”系统中，核销付款单并制单。

12.2.2 操作过程

12.2.2.1 填制采购订单并审核

采购订单可以直接录入，也可以参照请购单生成，本业务无请购单，直接录入采购订单即可。采购到货是采购订货和采购入库的中间环节，一般由采购员根据供方或送货单填写，确认对方所送货物的数量、价格等信息，以入库通知单的形式传递至仓库作为库管员收货的依据。

（1）以“G01甲5”身份登录“企业应用平台”，“操作日期”为“2017年7月4日”。

（2）在“业务工作”选项卡中，依次执行“供应链”→“采购管理”→“采购订货”→“采购订单”命令，打开“采购订单”窗口。

（3）填制采购订单。在“采购订单”窗口中，单击工具栏中的“增加”按钮，修改表头的“订单编号”为“CG0001”，“供应商”选择输入“广州××科技有限公司”、“部门”选择输入“采购部”、“业务员”选择输入“甲5”、“付款条件”选择输入“2/10，1/20，n/30”，表体内存货信息参照图12-17依次录入所有存货编码、数量及原币单价。

（4）保存并审核采购订单。单击工具栏中的“保存”按钮，再单击“审核”按钮，如图12-17所示。

简易桌面 采购订单

采购订单

打印模版 8174 采购订单打印模板

表体排序

合并显示 □

业务类型 普通采购　　订单日期 2017-07-04　　订单编号 CG0001

采购类型 直接采购　　供应商 广州××　　部门 采购部

业务员 甲5　　税率 17.00　　付款条件 2/10,1/20,n/30

币种 人民币　　汇率 1　　备注

	存货编码	存货名称	规格型号	主计量	数量	原币含税单价	原币单价	原币金额	原币税额
1	0201	三星250G固态硬盘（黑色）		个	100.00	760.50	650.00	65000.00	11050.00
2	0204	三星500G固态硬盘（灰色）		个	150.00	1111.50	950.00	142500.00	24225.00
3	0402	索尼1T移动硬盘（灰色）		个	200.00	561.60	480.00	96000.00	16320.00
4	0501	爱国者500G移动硬盘（黑色）		个	210.00	421.20	360.00	75600.00	12852.00

图12-17 采购订单

（5）退出。退出“采购订单”窗口。

注：

- 在填制采购订单时，单击鼠标右键可以查看存货现存量。

- 已审核但未关闭的采购订单，可以参照生成采购到货单、采购入库单、采购发票。
- 如果需要查询采购订单，可以查看“采购订单列表”。

12.2.2.2 生成到货单并审核

（1）以“G01 甲5”身份登录“企业应用平台”，“操作日期”为“2017年7月4日”。

（2）在“业务工作”选项卡中，依次执行“供应链”→“采购管理”→“采购到货”→“到货单”命令，系统打开“到货单”窗口，单击工具栏中的“增加”按钮，单击“生单”→“采购订单”按钮，打开“查询条件选择”→“采购订单列表过滤”对话框，然后单击“确定”按钮，系统进入“拷贝并执行”窗口。

（3）拷贝信息。在“拷贝并执行”窗口中，双击订单号为“CG0001”单据所对应的“选择”栏，选中该订单，如图12-18所示，然后单击工具栏中的“OK 确定”按钮，系统返回“到货单”窗口。

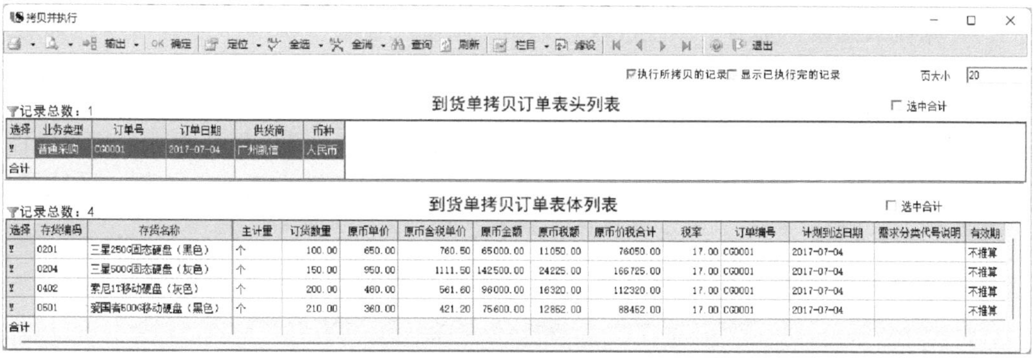

图12-18 到货单拷贝订单

（4）保存并审核到货单。到货单无须修改，相关信息已经有默认值，直接单击工具栏中的“保存”按钮，最后单击“审核”按钮，如图12-19所示。

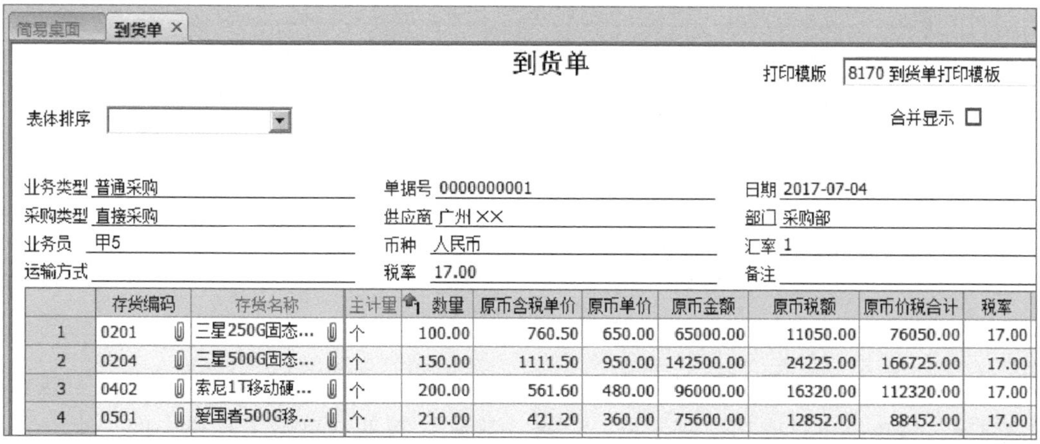

图12-19 到货单

（5）退出。退出“到货单”窗口。

注：

- 采购到货单可以手工录入，也可以拷贝采购订单生成。
- 如果采购到货单与采购订单信息有差别，可以直接据实录入到货单信息；或者对采购订单生成的到货单进行修改，再单击“保存”按钮，保存修改后的到货单。
- 没有生成下游单据的采购到货单可以直接删除。已经生成下游单据的采购到货单不能直接删除，需要删除下游单据后，才能删除采购到货单。

12.2.2.3 生成采购入库单并审核

当采购管理系统与库存管理系统集成使用时，采购入库单需要在库存管理系统中录入。如采购管理系统不与库存管理系统集成使用，则采购入库单直接在采购管理系统中进行处理。

（1）以“C01 甲 7”身份登录“企业应用平台”，“操作日期”为“2017 年 7 月 4 日”。

（2）在“业务工作”选项卡中，依次执行“供应链”→“库存管理”→“入库业务”→“采购入库单”命令，系统进入“采购入库单”窗口，单击“生单”→“采购到货单（批量）”，系统打开“查询条件选择”→“采购到货单列表”对话框，再单击“确定”按钮，进入“到货单生单列表”窗口。

（3）拷贝信息。在“到货单生单列表”窗口中，双击要选择的到货单对应的“选择”栏，并补充仓库信息，如图 12-20 所示；再单击工具栏中的“OK 确定”按钮，系统弹出“生单成功”提示框，单击“确定”按钮，系统返回“采购入库单”窗口。

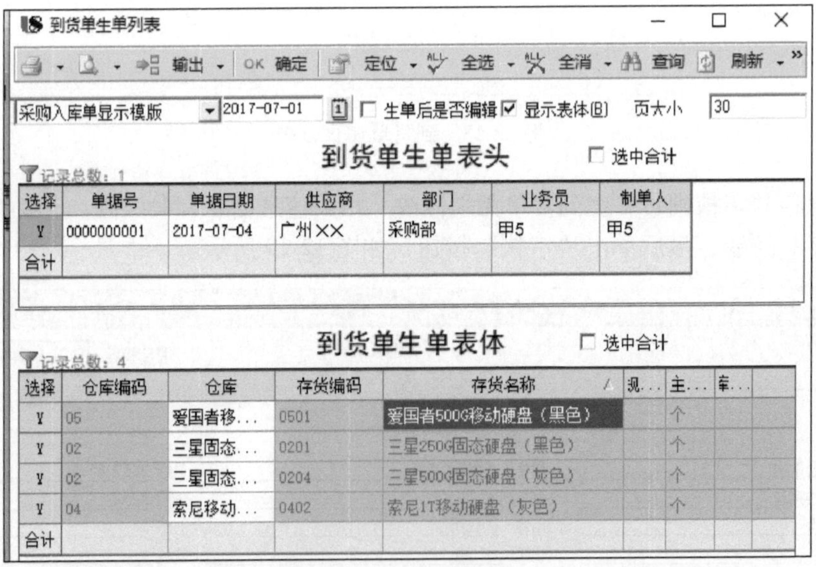

图 12-20 到货单生单列表

（4）审核采购入库单。在“采购入库单”窗口中，单击工具栏中的“审核”按钮，系统弹出“该单据审核成功”提示框，单击“确定”按钮。单击工具栏中的“上一个”按钮，依次审核其他单据，如图 12-21 所示。

（5）退出。退出“采购入库单”窗口。

(a)

(b)

(c)

图 12-21 采购入库单

（a）三星固态硬盘库；（b）索尼移动硬盘库；（c）爱国者移动硬盘库

注：

- 采购管理系统可以查看库存管理系统中录入或生成的采购入库单，但不可以修改或删除。
- 如果采购管理系统参数设置了“普通业务必有订单”，则采购入库单不能手工输入只能参照生单。
- 根据上游单据拷贝生成下游单据后，上游单据无法直接修改、弃审。只有删除下游单据后，上游单据才能执行“弃审”操作，弃审后才能修改。

12.2.2.4 生成采购发票并结算

（1）以“G01 甲 5”身份登录“企业应用平台”，“操作日期”为“2017 年 7 月 4 日”。

（2）在“业务工作”选项卡中，依次执行“供应链”→“采购管理”→“采购发票”→“专用采购发票”命令，系统打开“专用发票”窗口。

（3）参照入库单生成采购专用发票。在“专用发票”窗口，单击工具栏中的“增加”按钮，单击“生单”→“入库单”选项，系统打开“查询条件选择”→“采购入库单列表过滤”对话框，单击“确定”按钮，进入“拷贝并执行”窗口。

（4）拷贝信息。在“拷贝并执行”窗口中，双击要选择的采购入库单对应的“选择”栏或单击工具栏中的“全选”按钮，然后单击“OK 确定”按钮，系统返回“专用发票”窗口。

（5）保存发票。在“专用发票”窗口中，输入发票号“179142 ** ”，其他项为默认，然后单击工具栏中的“保存”按钮，如图 12-22 所示。

图 12-22 采购专用发票

（6）采购结算。直接在“专用发票”窗口中，单击工具栏中的“结算”按钮，完成采购结算。除此之外用友系统提供了两种采购结算方法，自动结算和手工结算，在此采用自动结算，手工结算在后续业务进行阐述。

自动结算是由系统自动将符合条件的采购入库单记录和采购发票记录进行结算。系统按照三种结算模式进行自动结算：入库单和发票结算、红蓝入库单结算、红蓝发票结算。

1）在采购系统中，依次执行“采购结算”→“自动结算”命令，系统打开“查询条件选择”→“采购自动结算”对话框，选择“入库单和发票”结算模式，如图 12-23 所示。

2）完成采购结算。单击“确定”按钮，系统弹出结算成功提示框，如图 12-24 所示。

注：

- 采购发票可以手工录入，也可以根据采购订单、采购入库单参照生成。如果采购管理系统参数设置了“普通采购必有订单”，则不能手工录入，只能参照生单。

● 在录入专用采购发票之前，必须先在基础档案中录入开户银行相关信息，否则无法录入专用采购发票，只能录入普通采购发票。

● 如果需要删除已经结算的发票或采购入库单，可以在“结算单列表”中进行删除，删除之后才可以执行修改、删除等操作。

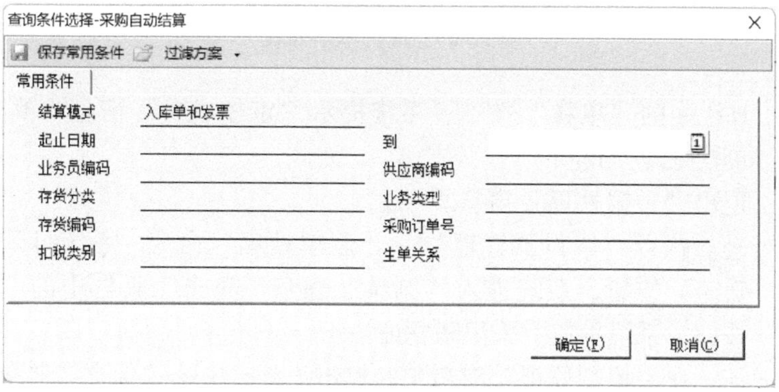

图 12-23 采购自动结算

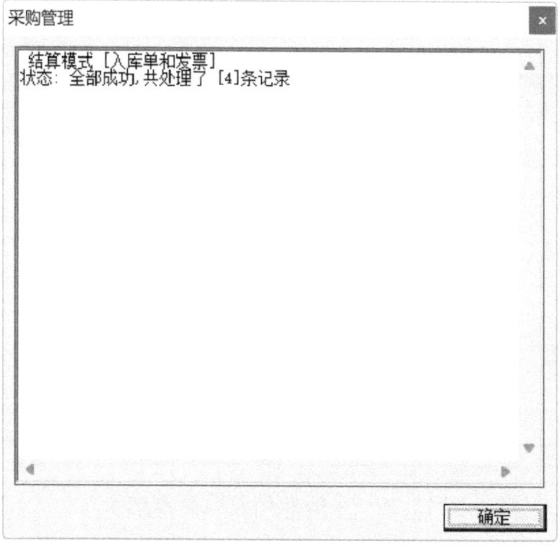

图 12-24 结算成功信息

12.2.2.5 审核专用发票并制单

采购结算后的发票会自动传递至应付款管理系统，需要在应付款管理系统中审核后进行制单处理，形成应付账款并传递给总账系统。

（1）以“W02 甲3”身份登录“企业应用平台”，“操作日期”为“2017年7月4日”。

（2）在“业务工作”选项卡中，依次执行“财务会计”→“应付款管理”→“应付单据处理”→“应付单据审核”命令，系统打开“应付单条件查询”对话框，单击“确定”按钮，系统进入“单据处理”窗口，如图12-25所示。

（3）审核发票。在“单据处理”窗口中，双击要选择的采购专用发票对应的“选择”

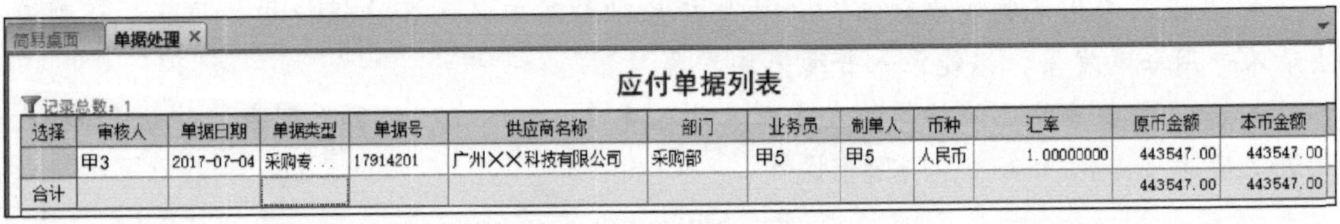

简易桌面 单据处理

应付单据列表

记录总数：1

选择	审核人	单据日期	单据类型	单据号	供应商名称	部门	业务员	制单人	币种	汇率	原币金额	本币金额
	甲3	2017-07-04	采购专...	17914201	广州××科技有限公司	采购部	甲5	甲5	人民币	1.00000000	443547.00	443547.00
合计											443547.00	443547.00

图 12-25　应付单据列表

栏，然后单击工具栏中的“审核”按钮，系统提示“审核成功”信息，单击“确定”按钮，系统返回“单据处理”窗口。

（4）退出。退出“单据处理”窗口。

（5）制单处理。执行“应付款管理”→“制单处理”命令，系统打开“制单查询”对话框，单击“确定”按钮，系统进入“制单”窗口。单击工具栏中的“全选”按钮，再单击“制单”按钮，系统生成一张记账凭证。

（6）保存凭证。在“填制凭证”窗口中，单击工具栏中的“保存”按钮，如图 12-26 所示。

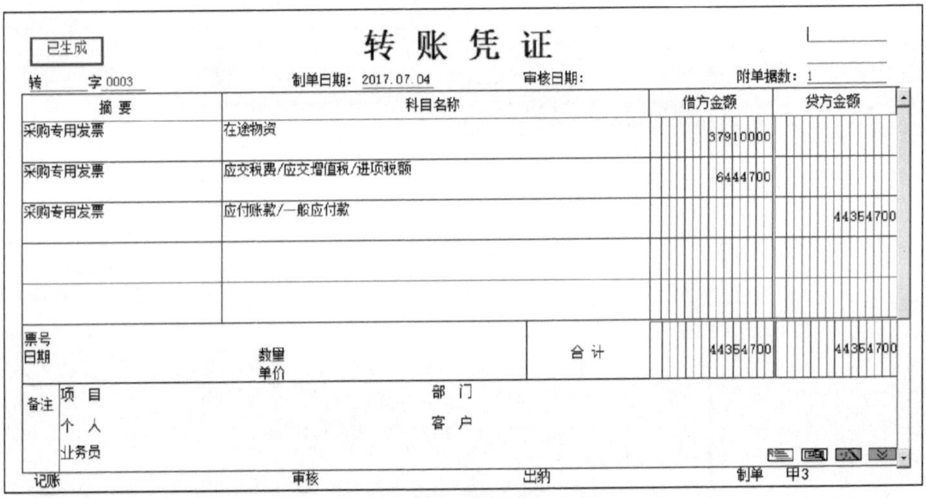

已生成

转 账 凭 证

转 字 0003　制单日期：2017.07.04　审核日期：　附单据数：1

摘要	科目名称	借方金额	贷方金额
采购专用发票	在途物资	37910000	
采购专用发票	应交税费/应交增值税/进项税额	6444700	
采购专用发票	应付账款/一般应付款		44354700
票号 日期　数量 单价	合计	44354700	44354700

备注　项目　部门

个人　客户

业务员

记账　审核　出纳　制单 甲3

图 12-26　采购专用发票制单结果

（7）退出。退出当前窗口。

12.2.2.6　正常单据记账并生成凭证

采购成本核算在存货核算系统中进行。存货核算系统记账后，才能确认采购商品的采购成本。

（1）以“W02 甲 3”身份登录“企业应用平台”，“操作日期”为“2017 年 7 月 4 日”。

（2）在“业务工作”选项卡中，依次执行“供应链”→“存货核算”→“业务核算”→“正常单据记账”命令，系统打开“查询条件”对话框，单击“确定”按钮，系统进入“未记账单据一览表”窗口。

（3）记账。在“未记账单据一览表”窗口中，单击工具栏中的“全选”按钮，如

图 12-27所示；再单击“记账”按钮，系统弹出“记账成功”信息提示框，单击“确定”按钮，完成记账操作。

简易桌面 未记账单据一览表

正常单据记账列表

记录总数：4

选择	日期	单据号	存货编码	存货名称	单据类型	仓库名称	收发类别	数量	单价	金额
Y	2017-07-04	0000000002	0201	三星250G固态硬盘（黑色）	采购入库单	三星固态硬盘库	采购入库	100.00	650.00	65000.00
Y	2017-07-04	0000000002	0204	三星500G固态硬盘（灰色）	采购入库单	三星固态硬盘库	采购入库	150.00	950.00	142500.00
Y	2017-07-04	0000000003	0402	索尼1T移动硬盘（灰色）	采购入库单	索尼移动硬盘库	采购入库	200.00	480.00	96000.00
Y	2017-07-04	0000000004	0501	爱国者500G移动硬盘（黑色）	采购入库单	爱国者移动硬盘库	采购入库	210.00	360.00	75600.00
小计								660.00		379100.00

图 12-27 正常单据记账列表

（4）退出。退出“未记账单据一览表”窗口。

（5）在“存货核算”系统中，执行“财务核算”→“生成凭证”命令，系统进入“生成凭证”窗口，单击工具栏中的“选择”按钮，打开“查询条件”对话框，仅勾选“（01）采购入库单（报销记账）”复选框，再单击“确定”按钮，系统进入“选择单据”窗口，如图 12-28 所示。

选择单据

输出 单据 全选 全消 确定 取消

未生成凭证单据一览表

选择	记账日期	单据日期	单据类型	单据号	仓库	收发类别	记账人	部门	部门编码	业务类型	计价方式	摘要	供应商
1	2017-07-04	2017-07-04	采购入库单	0000000002	三星固态硬:	采购入库	甲3	采购部	G	普通采购	先进先出法	采购入库单	广州××科:
1	2017-07-04	2017-07-04	采购入库单	0000000003	索尼移动硬:	采购入库	甲3	采购部	G	普通采购	先进先出法	采购入库单	广州××科:
1	2017-07-04	2017-07-04	采购入库单	0000000004	爱国者移动:	采购入库	甲3	采购部	G	普通采购	先进先出法	采购入库单	广州××科:

图 12-28 选择单据窗口

（6）生成凭证。在“选择单据”窗口，选中本业务生成的采购入库单，再单击“确定”按钮，系统返回“生成凭证”窗口，然后单击工具栏中的“合成”按钮，生成一张凭证。

（7）保存凭证。在“填制凭证”窗口中，单击工具栏中的“保存”按钮，如图 12-29 所示。

（8）退出。退出当前窗口。

12.2.2.7 选择付款处理（现金折扣处理）

（1）以“W03 甲 4”身份登录“企业应用平台”，“操作日期”为“2017 年 7 月 5 日”。

（2）在“业务工作”一级菜单中，依次执行“财务会计”→“应付款管理”→“选择付款”命令，系统打开“选择付款”→“条件”对话框，供应商选择“广州××科技有限公司”，再单击“确定”按钮，系统进入“选择付款”→“单据”窗口。

（3）在“选择付款列表”中的“本次折扣”栏中输入“8870.94”、“付款金额”栏中输入“434676.06”，如图 12-30 所示。

（4）在“选择付款”→“单据”窗口中，单击工具栏中的“确定”按钮，系统打开“选择付款”→“付款单”对话框，选择“结算方式”为“电汇”，票据号为“562507 **”，

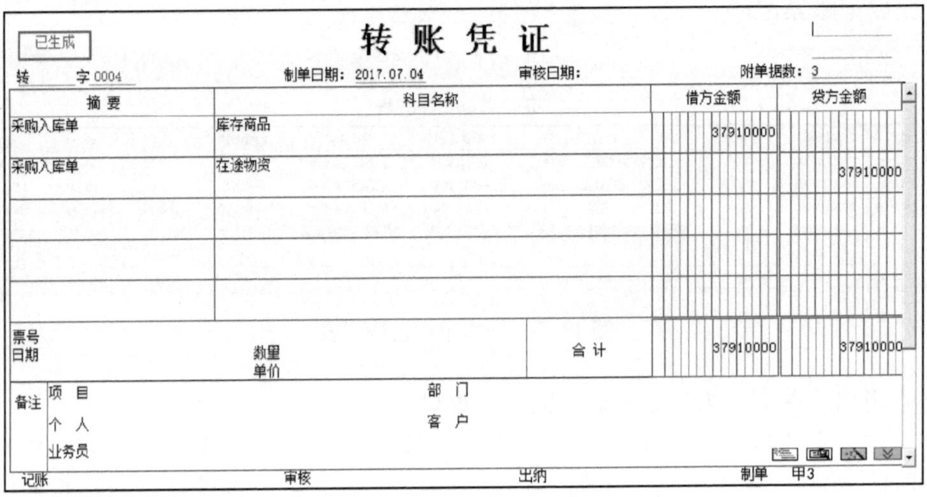

图 12-29 存货入库记账凭证

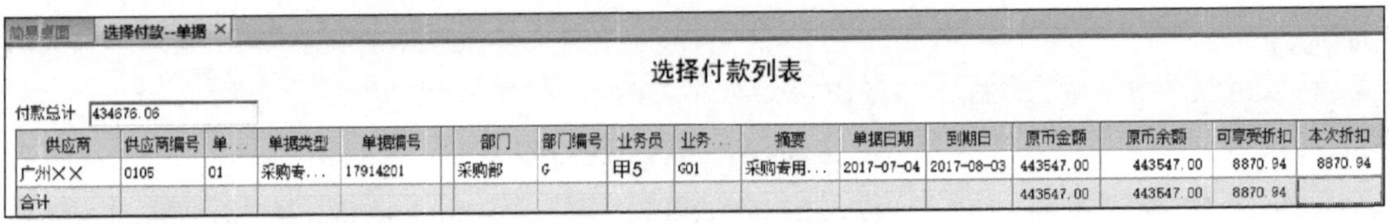

供应商	供应商编号	单...	单据类型	单据编号	部门	部门编号	业务员	业务...	摘要	单据日期	到期日	原币金额	原币余额	可享受折扣	本次折扣
广州××	0105	01	采购专...	17914201	采购部	G	甲5	G01	采购专用...	2017-07-04	2017-08-03	443547.00	443547.00	8870.94	8870.94
合计												443547.00	443547.00	8870.94	

图 12-30 选择付款列表

然后单击“确定”按钮。

（5）退出。退出“选择付款”→“单据”窗口。

注：选择付款的付款单，不需要审核和核销，系统自动完成核销处理。

12.2.2.8 付款单核销处理

支付货款是采购的最后一环，可以货到立即支付也可以根据采购合同定期支付。付款后要及时核销应付账款，以便于精准的账龄分析。

（1）以“W02 甲 3”身份登录“企业应用平台”，“操作日期”为“2017 年 7 月 5 日”。

（2）在“业务工作”选项卡中，依次执行“财务会计”→“应付款管理”→“制单处理”命令，系统打开“制单查询”对话框，在对话框中勾选“收付款单制单”“核销制单”，然后单击“确定”按钮，系统打开“制单”窗口。

（3）生成凭证。在“制单”窗口中，单击工具栏中的“全选”按钮，再单击“合并”按钮，然后单击“制单”按钮，系统生成一张付款凭证。

（4）保存凭证。在“填制凭证”窗口，单击工具栏中的“流量”按钮，系统打开“现金流量录入修改”对话框，“项目编码”选择“04”，然后单击“确定”按钮，最后单击工具栏中的“保存”按钮，如图 12-31 所示。

（5）退出。单击“退出”按钮，系统退出当前窗口。

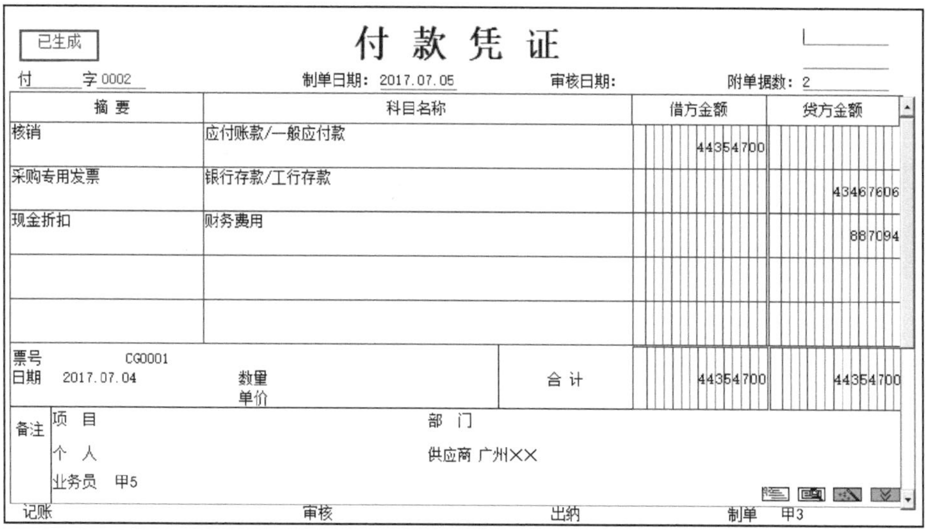

已生成

付款凭证

付 字 0002 制单日期：2017.07.05 审核日期： 附单据数：2

摘要	科目名称	借方金额	贷方金额
核销	应付账款/一般应付款	44354700	
采购专用发票	银行存款/工行存款		43467606
现金折扣	财务费用		887094
票号 CG0001 日期 2017.07.04 数量 单价	合计	44354700	44354700

备注 项 目 部 门

个 人 供应商 广州××

业务员 甲5

记账 审核 出纳 制单 甲3

图 12-31 付款凭证

12.3 库存实训 1 调拨业务

12.3.1 业务描述与操作过程概述

7 月 5 日，将 30 个东芝 1T 移动硬盘黑色调入赠品仓库。

操作过程概述：

（1）2017 年 7 月 5 日，以“C01 甲 7”身份登录，在“库存管理”系统中，填制“调拨申请单”并生成“调拨单”，然后审核调拨出、入库单。

（2）2017 年 7 月 5 日，以“W02 甲 3”身份登录，在“存货核算”系统中，进行特殊单据记账。

12.3.2 操作过程

12.3.2.1 填制调拨申请单并生成调拨单

（1）以“C01 甲 7”身份登录“企业应用平台”，“操作日期”为“2017 年 7 月 5 日”。

（2）在“业务工作”选项卡中，依次执行“供应链”→“库存管理”→“调拨业务”→“调拨申请单”命令，系统进入“调拨申请单”窗口。

（3）编辑表头。在“调拨申请单”窗口中，单击左上侧工具栏中的“增加”按钮，编辑表头信息，“转出部门”和“转入部门”均为“仓管部”、“转出仓库”为“东芝移动硬盘库”、“转入仓库”为“赠品库”、“入库类别”为“调拨入库”、“出库类别”为“调拨出库”。

（4）编辑表体。在表体第 1 行“存货编码”栏输入“0101”，在“数量”栏输入“30”，在“金额”栏输入“300”，然后单击工具栏中的“保存”按钮，再单击“批复”按钮，完成批复。单击“保存”按钮，最后单击“审核”按钮，系统弹出“该单据审核成功”信息提示框，单击“确定”按钮，完成审核操作，如图 12-32 所示。

图 12-32 调拨申请单

（5）退出。单击“调拨申请单”窗口右上角的“退出”按钮，退出该窗口。

（6）单击“库存管理”→“调拨业务”→“调拨单”命令，系统进入“调拨单”窗口，单击工具栏中的“增加”按钮，再单击“生单”→“调拨申请单”，系统打开“查询条件选择”→“调拨申请单生单列表”对话框，单击“确定”按钮，系统打开“调拨申请单生单列表”窗口。

（7）拷贝信息。在“调拨申请单生单列表”窗口中，双击要选择的调拨单所对应的“选择”栏，再单击“OK 确定”按钮，系统返回“调拨单”界面。最后单击工具栏中的“保存”按钮，再单击“审核”按钮，系统提示“该单据审核成功”，单击“确定”按钮，完成审核，如图 12-33 所示。

图 12-33 调拨单

（8）退出。单击“调拨单”窗口右上角的“退出”按钮，退出该窗口。

注：调拨单审核后自动生成其他出库单（调拨出库单）、其他入库单（调拨入库单）。

12.3.2.2 审核调拨出、入库单

（1）以“C01 甲 7”身份登录“企业应用平台”，“操作日期”为“2017 年 7 月 5 日”。

（2）在“业务工作”选项卡中，依次执行“供应链”→“库存管理”→“出库业务”→“其他出库单”命令，系统打开“其他出库单”窗口。

（3）审核其他出库单。在“其他出库单”窗口中，单击工具栏中的“末张”按钮，查阅相应的其他出库单，然后单击工具栏中的“审核”按钮，系统提示“该单据审核成功”信息，单击“确定”按钮，完成审核，如图 12-34 所示。

（4）单击“供应链”→“库存管理”→“入库业务”→“其他入库单”命令，系统打开“其他入库单”窗口。单击工具栏中的“末张”按钮，查阅相应的其他入库单，然

图 12-34 其他出库单

后单击工具栏中的“审核”按钮，系统弹出提示框“该单据审核成功”信息，单击“确定”按钮，完成审核，如图 12-35 所示。

图 12-35 其他入库单

（5）退出。单击“其他出库单”和“其他入库单”窗口右上角的“退出”按钮，退出当前窗口。

12.3.2.3 执行特殊单据记账

（1）以“W02 甲 3”身份登录“企业应用平台”，“操作日期”为“2017 年 7 月 5 日”。

（2）在“业务工作”选项卡中，依次执行“供应链”→“存货核算”→“业务核算”→“特殊单据记账”命令，系统打开“特殊单据记账条件”对话框，选择单据类型为“调拨单”，此处出库单金额应该来自存货核算，建议勾选“特殊单据记账条件”对话框最下面的“出库单上系统已填写的金额记账时重新计算”复选框，然后单击“确定”按钮，如图 12-36 所示。

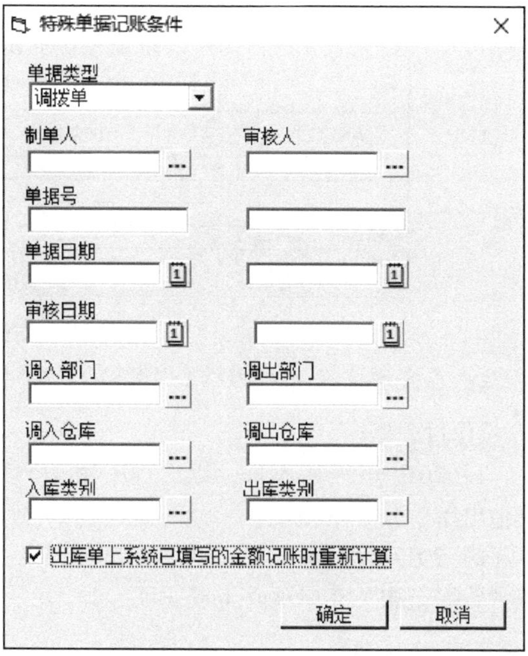

图 12-36 特殊单据记账条件

（3）系统打开“未记账单据一览表”窗口。

（4）记账。在“未记账单据一览表”窗口中，单击工具栏中的“全选”按钮，如图 12-37 所示；然后单击“记账”按钮，系统弹出“记账成功”信息提示框，单击“确定”按钮，完成调拨单记账。

简易桌面 | 未记账单据一览表 ×

特殊单据记账

记录总数：1

选择	单据号	单据日期	转入仓库	转出仓库	转入部门	转出部门	经手人	审核人	制单人
Y	0000000001	2017-07-05	赠品库	东芝移动硬盘库	仓管部	仓管部		甲7	甲7
小计									

图 12-37　特殊单据记账

（5）退出。单击“未记账单据一览表”窗口右上角的“关闭”按钮，退出该窗口。

注：在“库存商品”科目不分明细的情况下，库存调拨业务不会涉及账务处理，因此，对库存调拨业务生成的其他出入库单暂不进行制单。

12.4　销售实训 1　对外捐赠业务（公益性捐赠）

12.4.1　业务描述与操作过程概述

7 月 5 日，为了响应政府关爱孤儿的号召，本公司通过中国红十字会向当地公益性单位捐赠东芝 1T 移动硬盘（黑色）30 个，成本总价 9000 元，售价（含税）14391 元。原始单据如图 12-38 所示。

××市公益事业捐赠统一票据

捐赠人：山东××科技有限公司　　2017 年 7 月 5 日

NO 0000082**

捐赠项目	实物（外币）种类	数量	千	百	十	万	千	百	十	元	角	分
慈善捐赠	东芝1T移动硬盘（黑色）	30			¥	1	4	3	9	1	0	0
金额合计（小写）					¥	1	4	3	9	1	0	0
金额合计（大写）	仟 佰零拾壹万肆仟叁佰玖拾壹元零角零分											

接收单位（盖章）：　　复核人：　　开票人：

第二联：收据

图 12-38　捐赠统一票据

注：应交增值税＝14391/(1+17%)＊17%＝2091。

操作过程概述：

（1）2017 年 7 月 5 日，以“C01 甲 7”身份登录，在“库存管理”系统中，填制“其他出库单”并审核。

（2）2017 年 7 月 5 日，以“W02 甲 3”身份登录，在“存货核算”系统中，单击“正常单据记账”菜单项并生成凭证。

12.4.2　操作过程

12.4.2.1　填制其他出库单并审核

（1）以“C01 甲 7”身份登录“企业应用平台”，“操作日期”为“2017 年 7 月 5 日”。

（2）在“业务工作”选项卡中，依次执行“供应链”→“库存管理”→“出库业务”→“其他出库单”命令，系统进入“其他出库单”窗口。

（3）填制其他出库单。单击工具栏“增加”按钮，选择输入“仓库”为“赠品库”、“出库类别”为“捐赠出库”、“部门”为“仓管部”，编辑表体第一行，在“存货编码”栏输入“0101”、“数量”栏输入“30”，然后单击工具栏中的“保存”按钮，再单击“审核”按钮，系统弹出“该张单据审核成功”信息提示框，单击“确定”按钮，如图12-39所示。

图 12-39　其他出库单

（4）退出。退出“其他出库单”窗口。

12.4.2.2　结转捐赠成本并制单

（1）以“W02 甲 3”身份登录“企业应用平台”，“操作日期”为“2017 年 7 月 5 日”。

（2）在“业务工作”选项卡中，依次执行“供应链”→“存货核算”→“业务核算”→“正常单据记账”命令，系统打开“查询条件选项”对话框，单击“确定”按钮，进入“未记账单据一览表”窗口。

（3）记账。在“未记账单据一览表”窗口中，单击工具栏中的“全选”按钮，如图12-40所示；再单击“记账”按钮，系统弹出“记账成功”信息提示框，单击“确定”按钮，完成记账操作。

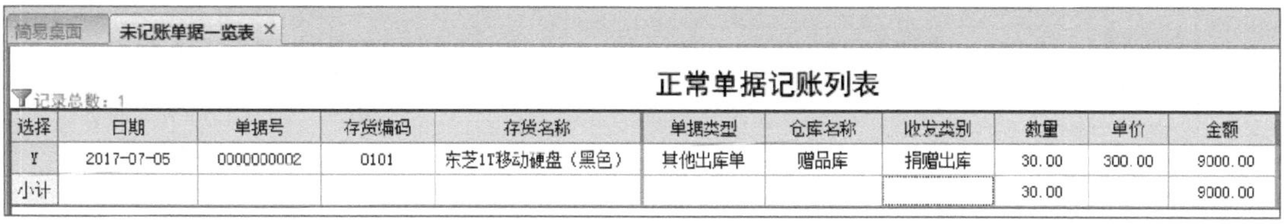

图 12-40　正常单据记账列表

（4）单击“存货核算”→“财务核算”→“生成凭证”菜单项，系统进入“生成凭证”窗口，单击工具栏中的“选择”按钮，打开“查询条件”对话框，仅勾选“（09）其他出库单”复选框、“仓库”选择“07”，如图12-41所示；再单击“确定”按钮，系统进入“选择单据”窗口。

（5）选择单据。在“选择单据”窗口中，选中本业务生成的其他出库单，再单击

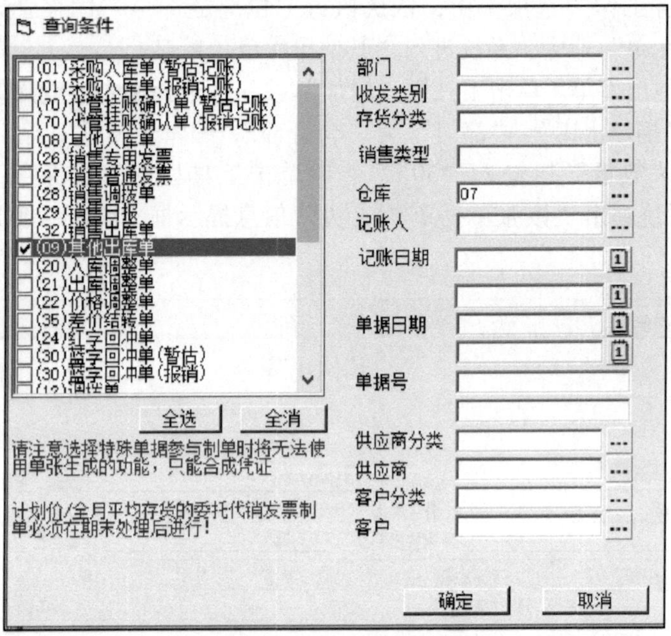

图 12-41 “查询条件”窗口

“确定”按钮，系统返回“生成凭证”窗口。单击工具栏中的“生成”按钮，系统生成一张转账凭证。

（6）保存凭证。修改凭证信息，第一行“营业外支出/捐赠支出/公益性捐赠”借方金额为“11091.00”、第三行插入一条分录“应交税费/应交增值税/销项税额（22210103）”，贷方金额为“2091.00”，最后单击工具栏中的“保存”按钮，如图 12-42 所示。

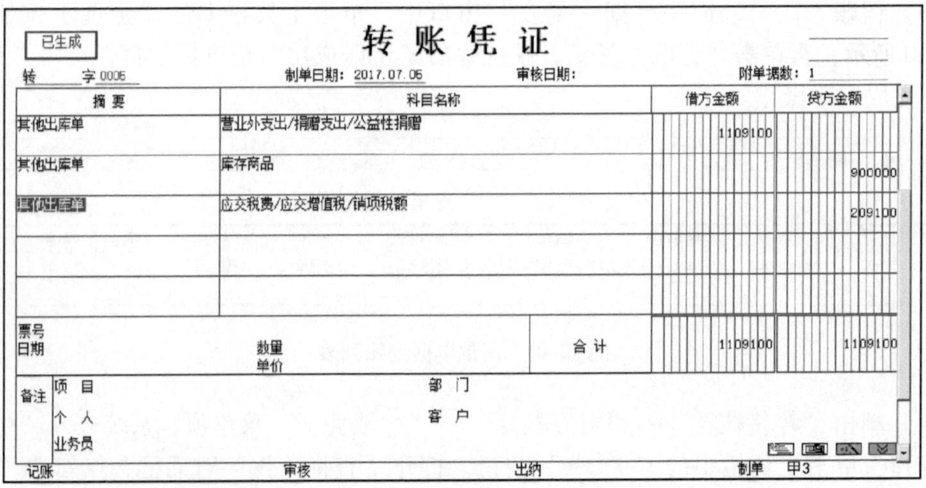

图 12-42 捐赠出库凭证

（7）退出。退出当前窗口。

12.5　销售实训 2　销售现结业务

12.5.1　业务描述与操作过程概述

现结方式的销售，即开票当天收到款项，此时在制单专用发票环境，单击“现结”按钮，即可完成对该张发票的收款结算。

7 月 10 日，与湖北××科技有限公司签订销售合同。当日，我公司发出全部货物并开具增值税发票，并于当日收到湖北××科技有限公司支付的货款。

相关原始凭证如图 12-43～图 12-45 所示。

购销合同

合同编号：XS0001

卖方：山东××科技有限公司

买方：湖北××科技有限公司

为保护买卖双方的合法权益，根据《中华人民共和国合同法》的有关规定，买卖双方经友好协商，一致同意签订本合同，并共同遵守合同内容。

一、货物的名称、数量及金额

货物的名称	规格型号	计量单位	数量	单价（不含税）	金额（不含税）	税率	税额
爱国者 1T 移动硬盘	黑色	个	250	610.00	152500.00	17%	25925.00
东芝 2T 移动硬盘	灰色	个	100	480.00	48000.00	17%	8160.00
索尼 1T 移动硬盘	黑色	个	300	580.00	174000.00	17%	29580.00
合　计					￥374500.00		￥63665.00

二、合同总金额：人民币肆拾叁万捌仟壹佰陆拾伍元整（￥438165.00）。

三、付款时间及付款方式：买方于签订合同当日向卖方支付货款。

四、时间与地点：交货时间为 2017 年 7 月 10 日，交货地点：湖北××科技有限公司

五、发运方式与运输费用承担方式：由卖方发货，运输费用由买方承担。

卖　　方：山东××科技有限公司　　　　买　　方：湖北××科技有限公司

授权代表：甲6　　　　授权代表：×××

日　　期：2017 年 7 月 10 日　　　　日　　期：2017 年 7 月 10 日

图 12-43　购销合同

山东省增值税专用发票　　No172340**

开票日期：2017 年 7 月 10 日

购货单位：
名　　称：湖北××科技有限公司
纳税人识别号：***************
地 址、电 话：××市××市××路 ** 号***—********
开户行及账号：中国工商银行××支行 ******************

密码区：略

货物或应税劳务名称	规格型号	单位	数量	单价	金　额	税率	税额
爱国者 1T 移动硬盘	黑色	个	250	610.00	152500.00	17%	25925.00
东芝 2T 移动硬盘	灰色	个	100	480.00	48000.00	17%	8160.00
索尼 1T 移动硬盘	黑色	个	300	580.00	174000.00	17%	29580.00
合　计					￥374500.00		￥63665.00

价税合计　（大写）人民币肆拾叁万捌仟壹佰陆拾伍元整　　（小写）￥438165.00

销货单位：
名　　称：山东××科技有限公司
纳税人识别号：***************
地 址、电 话：山东省××市××区××路 ** 号 ***—********
开户行及账号：中国工商银行××市××支行******************

备注：（印章）山东××科技有限公司 *************** 发票专用章

收款人（略）　　复核（略）　　开票人（略）　　销货单位：（章）

第一联：记账联　销货方记账凭证

图 12-44　增值税专用发票

操作过程概述：

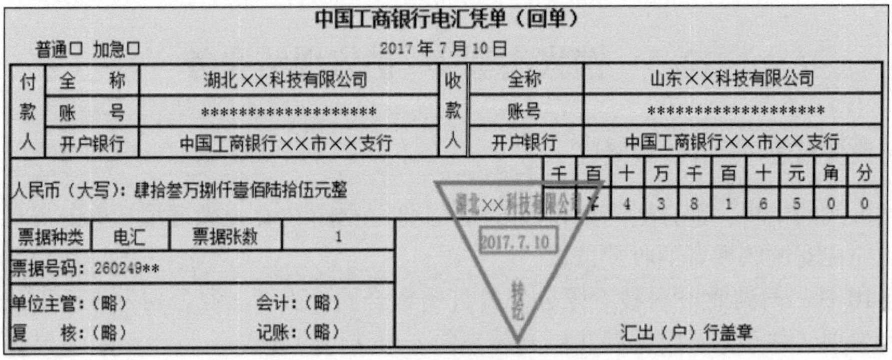

中国工商银行电汇凭单（回单）

普通□ 加急□ 2017年7月10日

付款人	全称	湖北××科技有限公司	收款人	全称	山东××科技有限公司
	账号	******************		账号	******************
	开户银行	中国工商银行××市××支行		开户银行	中国工商银行××市××支行

人民币（大写）：肆拾叁万捌仟壹佰陆拾伍元整

千	百	十	万	千	百	十	元	角	分
	¥	4	3	8	1	6	5	0	0

票据种类：电汇 票据张数：1

票据号码：260249**

单位主管：（略） 会计：（略）

复 核：（略） 记账：（略）

湖北××科技有限公司 2017.7.10 转讫

汇出（户）行盖章

图 12-45 电汇凭单

（1）2017年7月10日，以“X01 甲 6”身份登录，在“销售管理”系统中，填制“销售订单”并审核。

（2）2017年7月10日，以“X01 甲 6”身份登录，在“销售管理”系统中，参照“销售订单”生成“发货单”并审核。

（3）2017年7月10日，以“C01 甲 7”身份登录，在“库存管理”系统中，批量生成“销售出库单”并审核。

（4）2017年7月10日，以“X01 甲 6”身份登录，在“销售管理”系统中，参照“发货单”生成“销售专用发票”，现结并复核。

（5）2017年7月10日，以“W02 甲 3”身份登录，在“应收款管理”系统中，审核发票并制单。

（6）2017年7月10日，以“W02 甲 3”身份登录，在“存货核算”系统中，执行正常单据记账并生成凭证。

12.5.2 操作过程

12.5.2.1 填制销售订单并审核

（1）以“X01 甲 6”身份登录“企业应用平台”，“操作日期”为“2017年7月10日”。

（2）在“业务工作”选项卡中，依次执行“供应链”→“销售管理”→“销售订货”→“销售订单”命令，系统打开“销售订单”窗口。

（3）填制销售订单。单击工具栏中的“增加”按钮，选择输入表头信息，“订单号”为“XS0001”、“销售类型”为“直接销售”、“客户简称”为“××科技”、“销售部门”为“销售部”、“业务员”为“甲 6”，“税率”为“17%”，编辑表体信息，参照购销合同依次录入所有商品的“存货编码”“数量”及“无税单价”。

（4）保存并审核销售。单击工具栏中的“保存”按钮，最后单击“审核”按钮，完成订单审核，如图 12-46 所示。

（5）退出。退出“销售订单”窗口。

注：

- 销售订单可以手工输入，也可以参照报价单生成，无报价单时直接录入。
- 已经审核且没有生成下游单据的销售订单可以直接修改，无须弃审。在“订单列

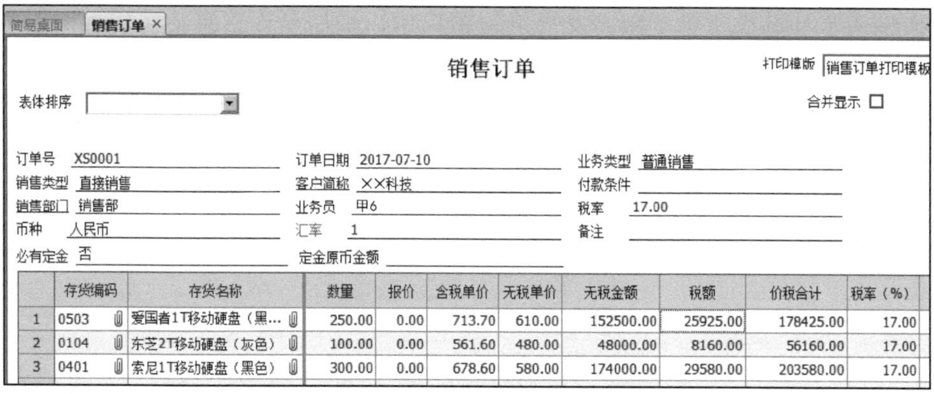

图 12-46 销售订单

表”中，打开该销售订单，单击“变更”按钮，便可以修改。

● 没有生成下游单据的销售订单可以直接弃审、修改、删除等。已经生成下游单据的销售订单不能直接删除，需要删除下游单据后才能弃审，弃审后可以执行修改、删除等操作。

12.5.2.2 生成发货单并审核

（1）以“X01 甲 6”身份登录“企业应用平台”，“操作日期”为“2017 年 7 月 10 日”。

（2）在“业务工作”选项卡中，依次执行“供应链”→“销售管理”→“销售发货”→“发货单”命令，系统打开“发货单”窗口，然后单击工具栏中的“增加”按钮，系统弹出“查询条件选择-参照订单”对话框，再单击“确定”按钮，系统打开“参照生单”窗口。

（3）生成发货单。在“参照生单”窗口中，双击订单号为“XS0001”所对应的“选择”栏，选中该订单，如图 12-47 所示；单击“OK 确定”按钮，系统返回“发货单”窗口。

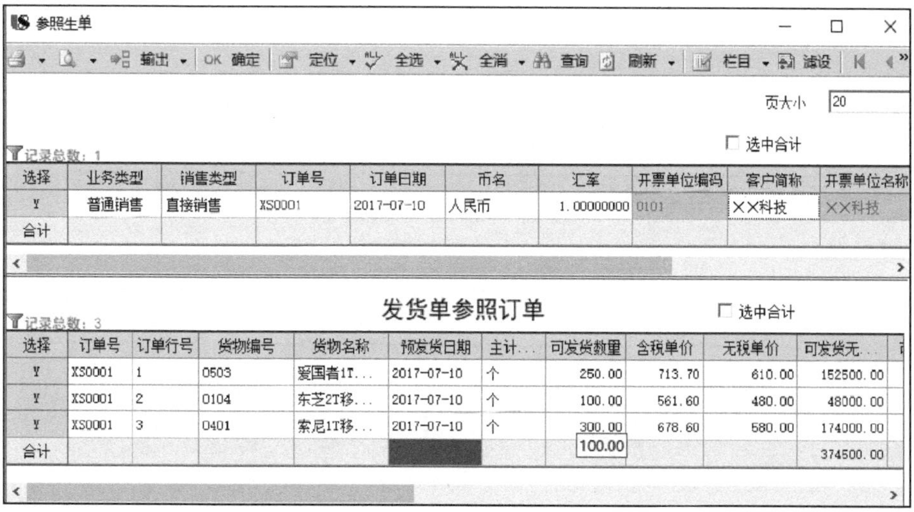

图 12-47 发货单参照生单

（4）保存并审核发货单。在“发货单”窗口中，添加仓库信息，然后单击工具栏中的“保存”按钮，再单击“审核”按钮，如图12-48所示。

图12-48 发货单

注：销售发货单可以参照销售订单生成，也可以直接录入。但是，销售管理系统业务参数如果设置了“普通销售必有订单”，则只能参照生单。

12.5.2.3 生成销售出库单并审核

（1）以“C01 甲7”身份登录“企业应用平台”，“操作日期”为“2017年7月10日”。

（2）在“业务工作”选项卡中，依次执行“供应链”→“库存管理”→“出库业务”→“销售出库单”命令，系统打开“销售出库单”窗口，单击“生单”→“销售生单（批量）”，系统打开“查询条件选择-销售发货单列表”对话框，再单击“确定”按钮，系统进入“销售生单”窗口。

（3）生成销售出库单。在“销售生单”窗口中，双击发货单号为“0000000001”所对应的“选择”栏，选中该单据，如图12-49所示；然后单击工具栏中的“OK确定”按钮，系统弹出“生单成功！”提示框，单击“确定”按钮，返回“销售出库单”窗口。

图12-49 销售生单

（4）审核销售出库单。在“销售出库单”中，单击工具栏中的“审核”按钮，系统弹出“该张单据审核成功”信息提示框，单击“确定”按钮，完成审核操作。然后单击“上一张”按钮，审核另外两张“销售出库单”，如图12-50所示。

(a)

(b)

(c)

图12-50　销售出库单

（a）东芝移动硬盘库；（b）索尼移动硬盘库；（c）爱国者移动硬盘库

（5）退出。单击窗口“关闭”按钮，系统退出“销售出库单”窗口。

注：

● 销售系统业务参数如果设置了“销售生成出库单”，则系统直接根据销售发货单自动生成销售出库单，传递至库存管理系统。系统自动生成的销售出库单不能修改。

● 库存管理中生成的销售出库单，可在销售管理系统的账表查询中，通过联查单据查询到该张单据。

12.5.2.4　生成销售专用发票、现结并复核

（1）以“X01 甲 6”身份登录“企业应用平台”，“操作日期”为“2017 年 7 月 10 日”。

（2）在“业务工作”选项卡中，依次执行“供应链”→“销售管理”→“销售开票”→“销售专用发票”命令，系统打开“销售专用发票”窗口，单击“增加”按钮，系统弹出“查询条件选择-发票参照发货单”对话框，然后单击“确定”按钮，系统打开“参照生单”窗口。

（3）生成销售专用发票。在“参照生单”窗口中，双击发货单号为“0000000001”最左侧的“选择”单元格，选中该发货单，如图 12-51 所示；然后单击工具栏中的“OK 确定”按钮，系统返回“销售专用发票”窗口。

图 12-51　发票参照发货单

（4）保存发票。在“销售专用发票”窗口中，填写发票号为“172340 * *”，其他项保持默认，单击工具栏中的“保存”按钮（类似图 12-53，没有“现结”二字）。

（5）现结并复核。在“销售专用发票”窗口中，再单击“现结”按钮，系统打开“现结”窗口，“结算方式”选择“5-电汇”、“原币金额”输入“438165.00”、“票据号”输入“260249 **”，“项目大类编码”输入“98”，“项目编码”输入“01”，如图 12-52 所示；然后单击“确定”按钮，再单击工具栏中的“复核”按钮，如图 12-53 所示。

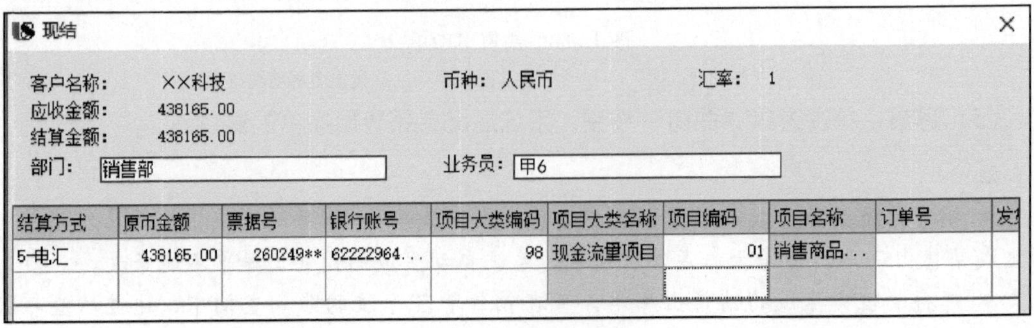

图 12-52　现结窗口

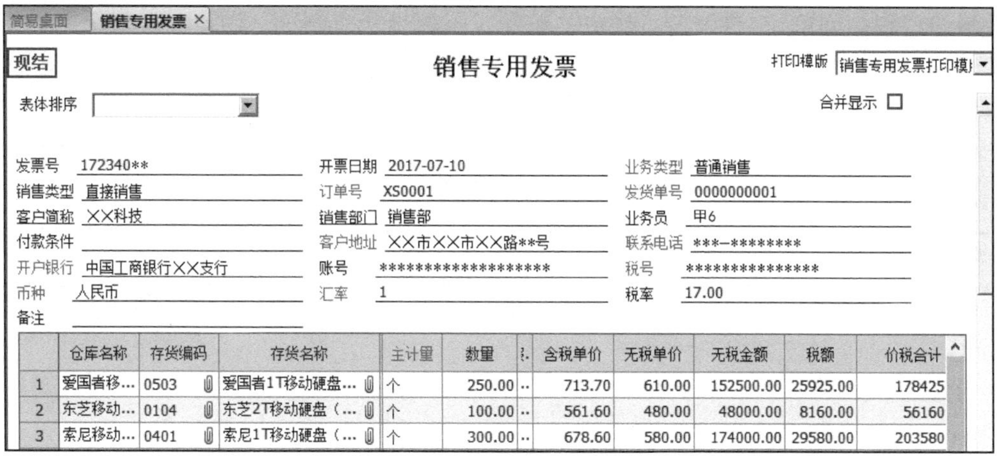

图 12-53 销售专用发票

（6）退出。退出“销售专用发票”窗口。

注：

● 销售专用发票可以参照发货单生成，也可以直接录入。如果销售管理系统业务参数设置了“普通销售必有订单”，则只能参照生单，不能手工录入。

● 开具销售专用发票之前，必须在基础档案中录入开户银行相关信息，否则只能开具普通发票。

● 已经现结或复核发票不能直接修改或删除。如果需要修改或删除，需要先单击“弃结”和“弃复”。

12.5.2.5 审核专用发票并制单

（1）以“W02 甲 3”身份登录“企业应用平台”，“操作日期”为“2017 年 7 月 10 日”。

（2）在“业务工作”选项卡中，依次执行“财务会计”→“应收款管理”→“应收单据处理”→“应收单据审核”命令，系统打开“应收单查询条件”对话框，勾选“包含已现结发票”，再单击“确定”按钮，系统打开“单据处理”窗口。

（3）审核发票。在“单据处理”窗口中，双击选择单据号为“172340 **”的单据对应的“选择”栏，选中该单据，单击工具栏中的“审核”按钮，系统提示“单据审核成功”，单击“确定”按钮，如图 12-54 所示。

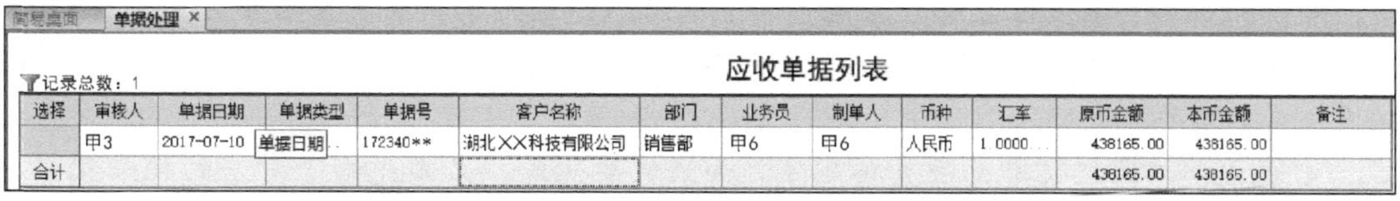

图 12-54 应收单据列表

（4）退出。退出“单据处理”窗口。

（5）在“应收款管理”系统中，双击“制单处理”，系统打开“制单查询”对话框，然后勾选“现结制单”，再单击“确定”按钮，系统打开“制单”窗口。单击工具栏中的“全选”按钮，再单击“制单”按钮，系统生成一张收款凭证。

（6）保存凭证。在“填制凭证”窗口中，单击工具栏中的“流量”按钮，系统打开“现金流量录入修改”对话框，录入“项目编码”为“01”，如图 12-55 所示；然后单击“确定”按钮，最后单击工具栏中的“保存”按钮，如图 12-56 所示。

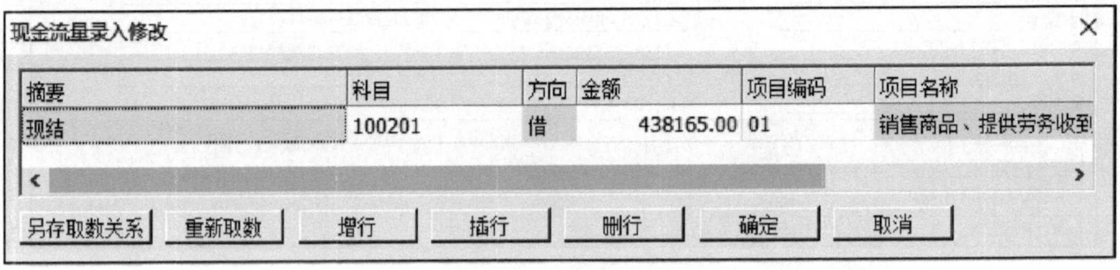

图 12-55　现金流量录入修改

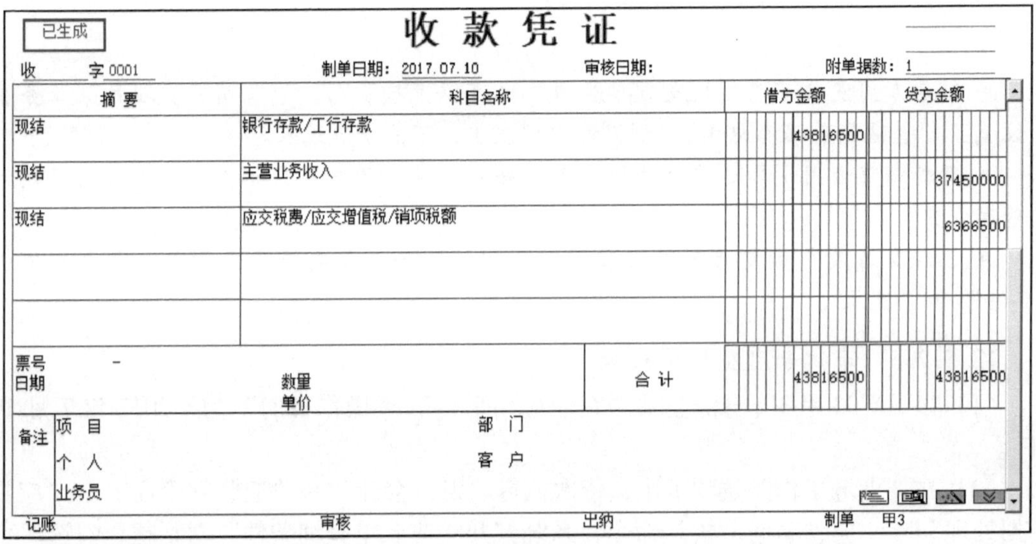

图 12-56　销售专用发票制单结果

（7）退出。退出当前窗口。

注：

● 应收单据可在应收款管理系统直接手工录入，也可由销售发票自动生成。当销售管理系统和应收款管理系统集成使用时，销售发票复核后自动生成应收单传递至应收款管理系统，无须手工录入。

● 已经制单的应收单无法直接删除。如果需要删除，必须先删除对应的记账凭证，然后在“应收单审核”窗口中进行弃审，才能删除。

12.5.2.6　正常单据记账并生成凭证

（1）以“W02 甲 3”身份登录“企业应用平台”，“操作日期”为“2017 年 7 月 10 日”。

（2）在“业务工作”选项卡中，执行“供应链”→“存货核算”→“业务核算”→“正常单据记账”命令，系统打开“查询条件选择”窗口，再单击“确定”按钮，系统打开“未记账单据一览表”窗口。

（3）记账。在“未记账单据一览表”窗口中，单击工具栏中的“全选”按钮，如图12-57所示。单击“记账”按钮，系统弹出“记账成功”信息提示框，单击“确定”按钮，完成记账。

简易桌面 | 未记账单据一览表 ×

正常单据记账列表

记录总数：3

选择	日期	单据号	存货编码	存货名称	单据类型	仓库名称	收发类别	数量
Y	2017-07-10	172340**	0104	东芝2T移动硬盘（灰色）	专用发票	东芝移动硬盘库	销售出库	100.00
Y	2017-07-10	172340**	0503	爱国者1T移动硬盘（黑色）	专用发票	爱国者移动硬...	销售出库	250.00
Y	2017-07-10	172340**	0401	索尼1T移动硬盘（黑色）	专用发票	索尼移动硬盘库	销售出库	300.00
小计								650.00

图 12-57 正常单据记账列表

（4）退出。退出“未记账单据一览表”窗口。

（5）在“存货核算”系统中，依次执行“财务核算”→“生成凭证”命令，系统打开“生成凭证”窗口，单击工具栏中的“选择”按钮，打开“查询条件”对话框，仅勾选“（26）销售专用发票”复选框，单击“确定”按钮，进入“选择单据”窗口。

（6）生成凭证。在“选择单据”窗口中，选中本业务生成的销售发票，再单击“确定”按钮，系统返回“生成凭证”窗口，如图12-58所示。单击工具栏中的“合成”按钮，系统生成一张转账凭证。

简易桌面 | 生成凭证 ×

凭证类别 转 转账凭证

选择	单据类型	单据号	摘要	科目类型	科目编码	科目名称	借方金额	贷方金额	借方数量	贷方数量	科目...	存货编码	存货名称
1	专用发票	17234059	专用发票	对方	6401	主营业...	48000.00		100.00		1	0104	东芝2T移动硬盘（灰色）
				存货	1405	库存商品		48000.00		100.00	2	0104	东芝2T移动硬盘（灰色）
				对方	6401	主营业...	12000...		250.00		1	0503	爱国者1T移动硬盘（黑色）
				存货	1405	库存商品		12000...		250.00	2	0503	爱国者1T移动硬盘（黑色）
				对方	6401	主营业...	13500...		300.00		1	0401	索尼1T移动硬盘（黑色）
				存货	1405	库存商品		13500...		300.00	2	0401	索尼1T移动硬盘（黑色）
合计							30300...	30300...					

图 12-58 生成凭证窗口

（7）保存凭证。在“填制凭证”窗口中，单击工具栏中的“保存”按钮，完成凭证保存，如图12-59所示。

（8）退出。退出当前窗口。

注：

- 正常单据记账后，可以通过存货核算系统中的“恢复记账”操作，取消记账。
- 存货采用先进先出法、移动加权平均等核算方法，可以随时结转成本。如果存货采用月末一次加权平均法，则只能在月末计算存货单位成本，同时结转销售成本。

已生成

转 账 凭 证

转 字 0006 制单日期：2017.07.10 审核日期： 附单据数：1

摘 要	科目名称	借方金额	贷方金额
专用发票	主营业务成本	30300000	
专用发票	库存商品		30300000
票号 日期	数量 单价 合 计	30300000	30300000

备注 项 目 部 门
个 人 客 户
业务员

记账 审核 出纳 制单 甲3

图 12-59 结转销售成本转账凭证

12.6 销售实训 3 普通销售业务（包含定金）

12.6.1 业务描述与操作过程概述

7 月 13 日，与××××科技有限公司签订销售合同，当日收到××××科技有限公司支付的定金 51292.80 元。购销合同如图 12-60 所示（公章略），银行进账单略（转账支票，票据号：638207 ** ）。

操作过程概述：

（1）2017 年 7 月 13 日，以“X01 甲 6”身份登录，在“销售管理”系统中，填制“销售订单”。

（2）2017 年 7 月 13 日，以“W03 甲 4”身份登录，在“应收款管理”系统中，进行“收款单据录入”。

（3）2017 年 7 月 13 日，以“W02 甲 3”身份登录，在“应收款管理”系统中，审核“收款单”并制单。

（4）2017 年 7 月 13 日，以“X01 甲 6”身份登录，在“销售管理”系统中，审核“销售订单”。

12.6.2 操作过程

12.6.2.1 填制销售订单

（1）以“X01 甲 6”身份登录“企业应用平台”，“操作日期”为“2017 年 7 月 13 日”。

（2）在“业务工作”选项卡中，依次执行“供应链”→“销售管理”→“销售订货”→“销售订单”命令，系统打开“销售订单”窗口。

（3）填制销售订单。在“销售订单”窗口中，单击工具栏中的“增加”按钮，编辑表头，“订单编号”为“XS0002”、“销售类型”为“直接销售”、“客户简称”为“××科

购销合同

合同编号：XS0002

卖方：山东××科技有限公司

买方：××××科技有限公司

为保护买卖双方的合法权益，买卖双方根据《中华人民共和国合同法》的有关规定，经友好协商，一致同 意签订本合同，共同遵守

一、货物的名称、数量及金额

货物的名称	规格型号	计量单位	数量	单价（不含税）	金额（不含税）	税率	税额
三星500G固态硬盘	黑色	个	50	1000.00	50000.00	17%	8500.00
东芝2T移动硬盘	灰色	个	80	630.00	50400.00		8568.00
索尼2T移动硬盘	黑色	个	120	990.00	118800.00		20196.00
合计					¥219,200.00		¥37,264.00

二、合同总金额：人民币贰拾伍万陆千肆佰陆拾肆元整（￥256464.00）

三、付款时间及付款方式：

签订合同当日，买方向卖方以转账支票方式支付定金，即：人民币伍万壹仟贰佰玖拾贰元捌分（￥51292.80）

交货并验收后，买方向卖方开出转账支票结算剩余货款，即：贰拾万伍仟壹佰柒拾壹元贰分（￥205171.20）

四、交货时间与地点：交货时间为2017年7月18日，交货地点为××××科技有限公司

五、发运方式与运输费用承担方式：由卖方发货，运输费用由买方承担。

六、违约责任：若买房违约，定金不返还，若卖方违约，返还定金并支付双倍违约金。

卖　方：山东××科技有限公司　　买　方：××××科技有限公司

授权代表：甲6　　授权代表：×××

日　期：2017年07月13日　　日　期：2017年07月13日

图 12-60　购销合同

技”、“销售部门”为“销售部”、“业务员”为“甲6”。这里需要注意的是，“必有定金”为“是”、“定金原币金额”为“51292.80”。参照购销合同编辑表体，依次录入所有商品的“存货编码”“数量”及“无税单价”。

（4）保存。单击工具栏中的“保存”按钮，如图12-61所示。

简易桌面　销售订单 ×

销售订单

打印模版 销售订单打印模板

表体排序　　合并显示 □

订单号 XS0002　订单日期 2017-07-13　业务类型 普通销售

销售类型 直接销售　客户简称 ××科技　付款条件

销售部门 销售部　业务员 甲6　税率 17.00

币种 人民币　汇率 1　备注

必有定金 是　定金原币金额 51292.80

	存货编码	存货名称	数量	报价	含税单价	无税单价	无税金额	税额	价税合计
1	0403	索尼2T移动硬盘（黑色）	120.00	0.00	1158.30	990.00	118800.00	20196.00	138996.00
2	0104	东芝2T移动硬盘（灰色）	80.00	0.00	737.10	630.00	50400.00	8568.00	58968.00
3	0203	三星500G固态硬盘（黑色）	50.00	0.00	1170.00	1000.00	50000.00	8500.00	58500.00

图 12-61　销售订单

（5）退出。退出“销售订单”窗口。

注：由于还未录入定金收款单，所以此处无法完成审核。

12.6.2.2 填制收到款单

（1）以“W03 甲 4”身份登录“企业应用平台”，“操作日期”为“2017 年 7 月 13 日”。

（2）在“业务工作”选项卡中，依次执行“财务会计”→“应收款管理”→“收款单据处理”→“收款单据录入”命令，系统进入“收款单”窗口，单击工具栏中的“增加”按钮的下拉按钮，单击“销售定金”，系统打开“查询条件选择-参照订单”对话框，然后单击“确定”按钮，系统打开“拷贝并执行”窗口。

（3）拷贝信息。在“拷贝并执行”窗口，双击订单号“XS0002”单据所对应的“选择”栏，选中该订单，如图 12-62 所示。单击工具栏中的“OK 确定”按钮，系统返回“收款单”窗口。

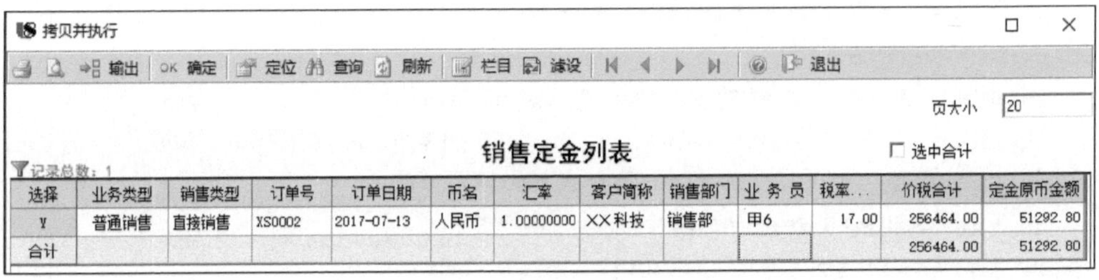

图 12-62 销售定金列表

（4）保存收款单。在“收款单”窗口中，在表头中选择输入“结算方式”为“转账支票”，“票据号”输入“638207 **”，在表体填写“科目”为“预收账款——定金（220301）”，单击工具栏中的“保存”按钮，如图 12-63 所示。

图 12-63 收款单

（5）退出。退出“收款单”窗口。

注：此处的收款单通过销售定金生成（通过工具栏“增加”按钮的下拉菜单选择“销售定金”实现，不能直接单击“增加”按钮）。

12.6.2.3 审核收款单并制单

（1）以“W02 甲 3”身份登录“企业应用平台”，“操作日期”为“2017 年 7 月 13 日”。

（2）在“业务工作”选项卡中，依次执行“财务会计”→“应收款管理”→“收款单据处理”→“收款单据审核”命令，系统打开“收款单据查询条件”对话框，然后单击“确定”按钮，进入“收付款单列表”窗口，如图12-64所示。

简易桌面 | 收付款单列表

收付款单列表

记录总数：1

选择	审核人	单据日期	单据类型	单据编号	客户名称	部门	业务员	结算方式	票据号	币种	原币金额	本币金额
	甲3	2017-07-13	收款单	0000000002	××××科技有限公司	销售部	甲6	转账支票	6382...	人民币	51292.80	51292.80
合计											51292.80	51292.80

图12-64 收付款单列表

（3）审核收款单。在“收付款单列表”窗口，双击单据最左侧的“选择”单元格，选中该单据，单击“审核”按钮，系统弹出“审核成功”提示，单击“确定”按钮，完成审核。

（4）在“应收款管理”系统中，单击“制单处理”，系统打开“制单查询”对话框，勾选“收付款单制单”，再单击“确定”按钮，系统进入“制单”窗口。

（5）生成凭证。在“制单”窗口中，单击工具栏中的“全选”按钮，再单击“制单”按钮，系统生成收款凭证。

（6）保存凭证。单击工具栏中的“流量”按钮，系统弹出“现金流量录入修改”对话框，录入“项目编码”为“03”，然后单击“确定”按钮，再单击工具栏中的“保存”按钮，如图12-65所示。

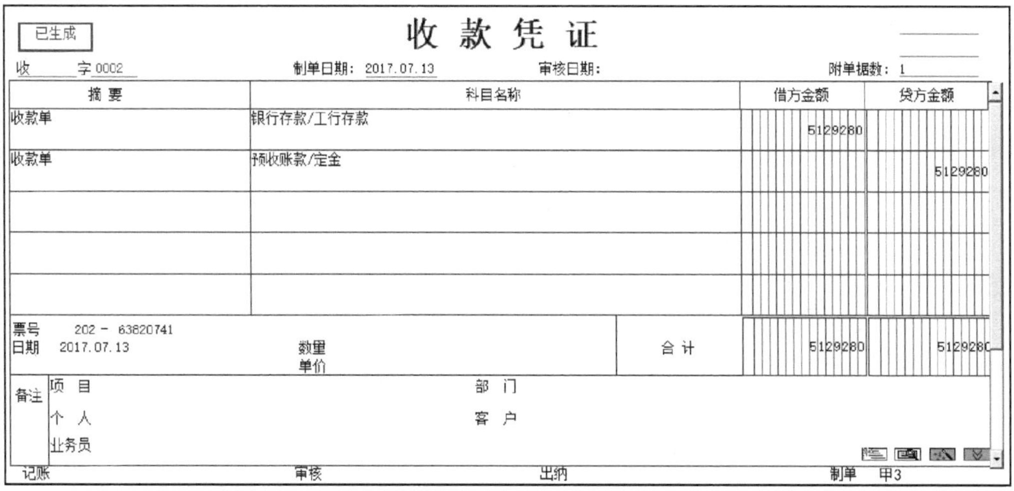

图12-65 收款单制单结果

（7）退出。退出当前窗口。

12.6.2.4 审核销售订单

（1）以“X01 甲6”身份登录“企业应用平台”，“操作日期”为“2017年7月13日”。

（2）在“业务工作”选项卡中，依次执行“供应链”→“销售管理”→“销售订货”→“销售订单”命令，系统打开“销售订单”窗口。

（3）审核销售订单。在“销售订单”窗口中，单击“上一个”按钮，调出本业务的销售订单，然后单击工具栏中的“审核”按钮，完成订单审核。

（4）退出。退出“销售订单”窗口。

12.7 采购实训3 采购固定资产

若之前未启用固定资产模块，需参照第4章“实训1 启用固定资产模块”，并增加资产类别！

12.7.1 业务描述与操作过程概述

7月13日，根据业务需要，采购部向公司请购一辆××货车（需求日期7月16日）。

7月16日，根据审核后的请购单，向山东××汽车有限公司采购××货车一辆，当日收到对方发来的商品及增值税发票，货物已办理入库，本公司于当日支付货款，相关原始凭证如图12-66~图12-70所示。

请购单

请购部门：采购部

供应商：山东××汽车有限公司

请购货物的名称、数量及金额

货物的名称	规格型号	计量单位	数量	单价（不含税）	金额（不含税）	税率	税额
××货车		辆	1	150000.00	150000.00	17%	22500.00

请购人员：甲5　　　　审核人：甲5

图 12-66 请购单

购销合同

合同编号：GC001

卖方：山东××汽车有限公司

买方：山东××科技有限公司

为保护买卖双方的合法权益，根据《中华人民共和国合同法》的有关规定，买卖双方经友好协商，一致同意签订本合同，并共同遵守合同约定。

一、货物的名称、数量及金额

货物的名称	规格型号	计量单位	数量	单价（不含税）	金额（不含税）	税率	税额
江铃货车	LG16B	辆	1	150000.00	150000.00	17%	25500.00
合计					￥150000.00		￥25500.00

二、合同总金额：人民币壹拾柒万伍仟伍佰元整（￥175500.00）。

三、付款时间及付款方式：买方于签订合同当日向卖方支付购货款：人民币壹拾柒万伍仟伍佰元整（￥175500.00）；卖方于签订合同当日发出商品。付款结算方式：电汇。

四、交货地点：山东××科技有限公司。

五、发运方式与运输费用承担方式：由卖方发货，运输费用由卖方承担。

卖方：山东××汽车有限公司　　　　买方：山东××科技有限公司

授权代表：×××　　　　授权代表：甲5

日期：2017年7月16日　　　　日期：2017年7月16日

图 12-67 购销合同

山东省增值税专用发票 No178913**

开票日期：2017年7月16日

购货单位	名　　称：山东××科技有限公司 纳税人识别号：*************** 地址、电话：山东省××市××区××路 ** 号 ****—******** 开户行及账号：中国工商银行××市××支行 ******************				密码区	略		
货物或应税劳务名称	规格型号	单位	数量	单价	金额	税率	税额	
××货车	LG16B	辆	1	150000.00	150000.00	17%	25500.00	
合　计					¥150000.00		¥25500.00	
价税合计	（大写）人民币壹拾柒万伍仟伍佰元整					（小写）¥175500.00		
销货单位	名　　称：山东××汽车有限公司 纳税人识别号：*************** 地址、电话：××市××区××路 ** 号 ****—******** 开户行及账号：中国工商银行××市××支行 ******************				备注	山东××汽车有限公司 ****************		

第二联：发票联 购货方记账凭证

图 12-68 采购专用发票

中国工商银行电汇凭证（收账通知） 第 9 号票据号：126950**

日期：2017年7月16日

收款人	山东××汽车有限公司			汇款人	山东××科技有限公司
账号或住址	******************			账号或住址	******************
兑付地点	山东省××市	兑付行	××市××支行	汇款用途	固定资产款项
汇款金额	人民币（大写）	伍仟贰佰陆拾伍元整			千 百 十 万 千 百 十 元 角 分 ¥ 1 7 5 5 0 0 0 0

图 12-69 电汇凭证（公章略）

固定资产验收交接单

固定资产类别：运输工具

固定资产项目名称	××货车	型号及规格	LG16B	建设单位	山东××汽车有限公司	取得来源	直接购入
原值	150000.00	其中安装费		预计净残值率	4%		
建造日期		验收日期	2017.7.16	开始使用日期	2017.7.16	预计使用年限	5
年折旧额		年折旧率		月折旧额		月折旧率	
投入日期	2017.7.16	投入时已使用年限		尚能使用年限		投入时已提折旧额	
验收意见	符合规定质量标准，验收合格。 负责人：甲5 2017年7月16日						
移交单位	采购部	接受单位负责人			甲5	移交人	
接管单位	采购部	接管单位负责人			甲5	移交人	

图 12-70 固定资产验收交接单（公章略）

操作过程概述：

（1）2017年7月13日，以“G01 甲5”身份登录，在“采购管理”系统中，填制“请购单”并审核。

（2）2017年7月16日，以“G01 甲5”身份登录，在“采购管理”系统中，根据“请购单”生成“采购订单”并审核。

（3）2017年7月16日，以“G01 甲5”身份登录，在“采购管理”系统中，根据“采购订单”生成“到货单”并审核。

（4）2017 年 7 月 16 日，以“C01 甲 7”身份登录，在“库存管理”系统中，参照“到货单”生成“入库单”并审核。

（5）2017 年 7 月 16 日，以“G01 甲 5”身份登录，在“采购管理”系统中，参照“入库单”生成“采购专用发票”并进行现付、结算处理。

（6）2017 年 7 月 16 日，以“W02 甲 3”身份登录，在“应付款管理”系统中，审核专用发票并制单。

（7）2017 年 7 月 16 日，以“W02 甲 3”身份登录，在“固定资产”系统中，完成采购资产处理。

12.7.2 操作过程

12.7.2.1 填制请购单并审核

（1）以“G01 甲 5”身份登录“企业应用平台”，“操作日期”为“2017 年 7 月 13 日”。

（2）在“业务工作”选项卡中，依次执行“供应链”→“采购管理”→“请购”→“请购单”命令，系统打开“采购请购单”窗口。

（3）填制请购单。在“采购请购单”窗口中，单击工具栏中的“增加”按钮，选择“显示模板”为“131079”，编辑表头，选择输入“业务类型”为“固定资产”，“请购部门”为“采购部”、“请购人员”为“甲 5”、“采购类型”为“直接采购”，编辑表体信息，“存货编码”为“0601”、“数量”为“1”、“本币单价”为“150000.00”、“需求日期”为“2017-07-16”、“供应商”为“山东××汽车有限公司”，如图 12-71 所示。

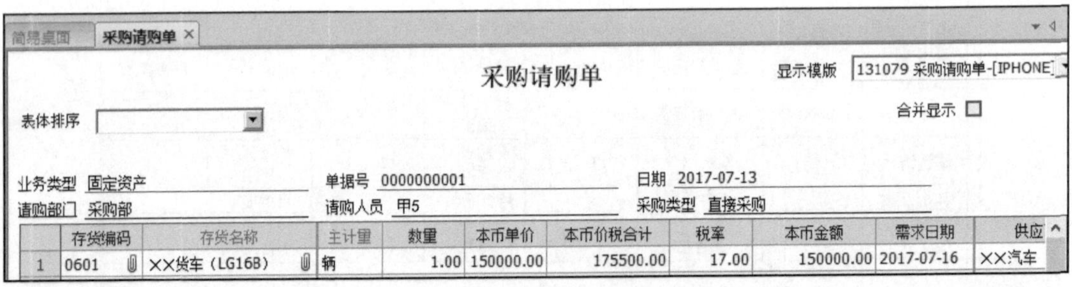

图 12-71 采购请购单

（4）保存并审核请购单。单击工具栏中的“保存”按钮，再单击“审核”按钮，完成“采购请购单”审核。

（5）退出。退出“采购请购单”窗口。

12.7.2.2 生成采购订单并审核

（1）以“G01 甲 5”身份登录“企业应用平台”，“操作日期”为“2017 年 7 月 16 日”。

（2）在“业务工作”选项卡中，依次执行“供应链”→“采购管理”→“采购订货”→“采购订单”命令，系统打开“采购订单”窗口，然后单击工具栏中的“增加”按钮，将表体中“业务类型”选择输入为“固定资产”，再单击“生单”→“请购单”，系统打开“查询条件选择-采购请购单列表过滤”对话框，再单击“确定”按钮，系统打开“拷贝并执行”窗口。

（3）拷贝信息。在“拷贝并执行”窗口中，双击要选择的请购单所对应的“选择”栏，如图12-72所示；再单击“OK确定”按钮，系统返回“采购订单”窗口。

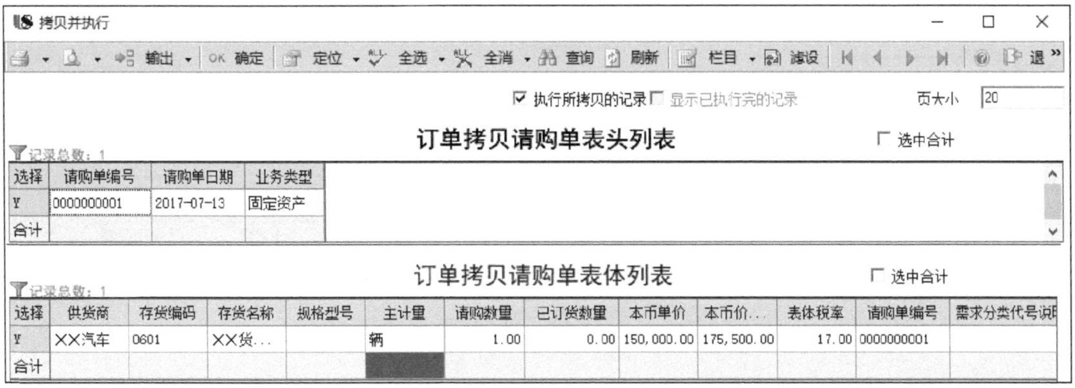

图12-72 订单拷贝请购单

（4）保存并审核采购订单。在“采购订单”窗口，录入“订单编号”为“GC0001”，“部门”为“采购部”，“业务员”为“甲5”，然后单击工具栏中的“保存”按钮，再单击“审核”按钮，如图12-73所示。

图12-73 采购订单

（5）退出。退出“采购订单”窗口。

12.7.2.3 生成到货单并审核

（1）以“G01 甲5”身份登录“企业应用平台”，“操作日期”为“2017年7月16日”。

（2）在“业务工作”选项卡中，依次执行“供应链”→“采购管理”→“采购到货”→“到货单”命令，系统打开“到货单”窗口，单击工具栏中的“增加”按钮，将表体中的“业务类型”选择输入为“固定资产”，再单击“生单”→“采购订单”，系统打开“查询条件选择-采购订单列表过滤”对话框，再单击“确定”按钮，系统打开“拷贝并执行”窗口。

（3）拷贝信息。在“拷贝并执行”窗口中，双击订单号为“GC0001”所对应的“选择”栏，再单击“OK 确定”按钮，系统返回“到货单”窗口。

（4）保存并审核到货单。在“到货单”窗口中，单击工具栏中的“保存”按钮，再单击“审核”按钮，如图 12-74 所示。

图 12-74　到货单

（5）退出。退出“到货单”窗口。

12.7.2.4　生成采购入库单并审核

（1）以“C01 甲 7”身份登录“企业应用平台”，“操作日期”为“2017 年 7 月 16 日”。

（2）在“业务工作”选项卡中，依次执行“供应链”→“库存管理”→“入库业务”→“采购入库单”命令，系统打开“采购入库单”窗口，在窗口中，单击“生单”→“采购到货单（蓝字）”，系统打开“查询条件选择-采购到货单列表”对话框，然后单击“确定”按钮，系统打开“到货单生单列表”窗口。

（3）生成采购入库单。在“到货单生单列表”窗口中，双击单据号为“0000000002”所对应的“选择”栏，再单击“OK 确定”按钮，系统返回“采购入库单”窗口。

（4）保存并审核采购入库单。在“采购入库单”窗口中，编辑“仓库”为“固定资产库”，单击工具栏中的“保存”按钮，再单击“审核”按钮，系统弹出“该单据审核成功!”信息提示框，单击“确定”按钮，如图 12-75 所示。

图 12-75　采购入库单

（5）退出。退出“采购入库单”窗口。

12.7.2.5 生成采购发票、现付并结算

（1）以“G01 甲5”身份登录“企业应用平台”，“操作日期”为“2017年7月16日”。

（2）在“业务工作”选项卡中，依次执行“供应链”→“采购管理”→“采购发票”→“专用采购发票”命令，系统打开“专用发票”窗口，然后单击工具栏中的“增加”按钮，将表头中的“业务类型”改为“固定资产”，再单击“生单”→“入库单”，系统打开“查询条件选择-采购入库单列表过滤”对话框，再单击“确定”按钮，系统打开“拷贝并执行”窗口。

（3）拷贝信息。在“拷贝并执行”窗口中，双击要选择的“入库单”对应的“选择”栏，然后单击“OK确定”按钮，系统返回“专用发票”窗口。

（4）保存发票。在“专用发票”窗口中，编辑表头“发票号”为“178913＊＊”，其他项保持默认，然后单击工具栏中的“保存”按钮（参见图12-77）。

（5）采购现付。单击工具栏中的“现付”按钮，系统打开“采购现付”窗口，“结算方式”选择“电汇”、“原币金额”为“175500.00”、“票据号”为“126950＊＊”、如图12-76所示；单击“确定”按钮，系统返回“专用发票”窗口。

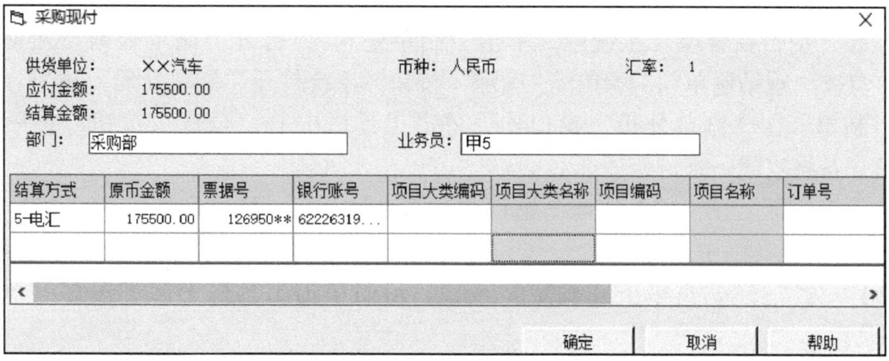

图12-76 采购现付

（6）采购结算。在“专用发票”窗口中，单击工具栏中的“结算”按钮，完成发票结算，如图12-77所示。

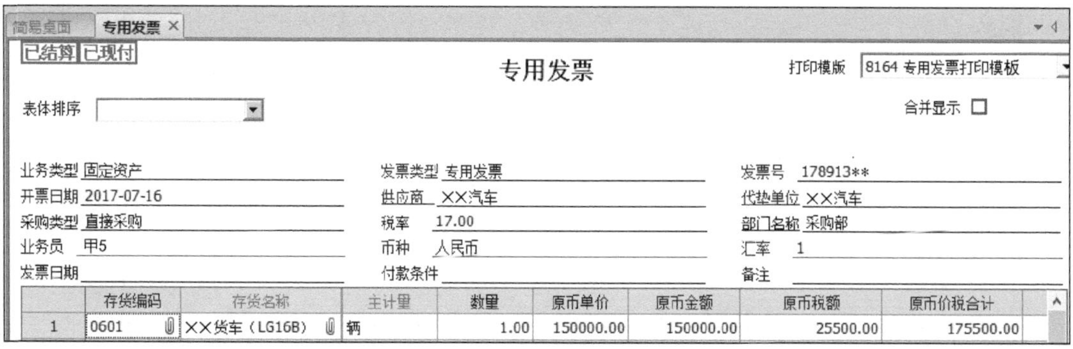

图12-77 采购专用发票

（7）退出。退出“专用发票”窗口。

12.7.2.6 审核专用发票并制单

（1）以“W02 甲 3”身份登录“企业应用平台”，“操作日期”为“2017 年 7 月 16 日”。

（2）在“业务工作”选项卡中，依次执行“财务会计”→“应付款管理”→“应付单据处理”→“应付单据审核”命令，系统打开“应付单查询条件”对话框，在对话框中勾选“包含已现结发票”，再单击“确定”按钮，系统打开“单据处理”窗口。

（3）审核发票。在“单据处理”窗口中，单击工具栏中的“全选”按钮，再单击“审核”按钮，系统提示“单据审核成功”，单击“确定”按钮，如图 12-78 所示。

简易桌面 单据处理

应付单据列表

记录总数：1

选择	审核人	单据日期	单据类型	单据号	供应商名称	部门	业务员	制单人	币种	汇率	原币金额	本币金额
	甲3	2017-07-16	采购专...	17891334	山东××汽车有限公司	采购部	甲5	甲5	人民币	1.00000000	175,500.00	175,500.00
合计											175,500.00	175,500.00

图 12-78 应付单据列表

（4）退出。退出“单据处理”窗口。

（5）在“应付款管理”系统中，单击“制单处理”，打开“制单查询”对话框，在对话框中勾选“现结制单”，再单击“确定”按钮，系统打开“制单处理”窗口。

（6）制单。在“制单处理”窗口中，单击工具栏中的“全选”按钮，再单击“制单”按钮，系统生成一张付账凭证。

（7）保存凭证。在“填制凭证”窗口中，修改第一行“科目名称”为“1601 固定资产”，然后单击工具栏中的“流量”按钮，系统弹出“现金流量录入修改”窗口，录入“项目编码”为“13”，再单击“确定”按钮，最后单击工具栏中的“保存”按钮，如图 12-79 所示。

已生成

付款凭证

付 字 0003　　制单日期：2017.07.16　　审核日期：　　附单据数：1

摘要	科目名称	借方金额	贷方金额
现结	固定资产	15000000	
现结	应交税费/应交增值税/进项税额	2550000	
现结	银行存款/工行存款		17550000
票号 日期	数量 单价 合计	17550000	17550000

备注　项 目　　部 门
　　　个 人　　客 户
　　　业务员

记账　审核　出纳　制单 甲3

图 12-79 采购固定资产专用发票制单结果

(8) 退出。退出当前窗口。

12.7.2.7　采购资产处理

(1) 以“W02 甲 3”身份登录“企业应用平台”，“操作日期”为“2017 年 7 月 16 日”。

(2) 在“业务工作”选项卡中，依次执行“财务会计”→“固定资产”→“卡片”→“采购资产”命令，系统打开“采购资产”窗口，然后双击订单号为“GC0001”最左侧的“选择”单元格，选中该订单，如图 12-80 所示；再单击“增加”按钮，系统打开“采购资产分配设置”对话框。

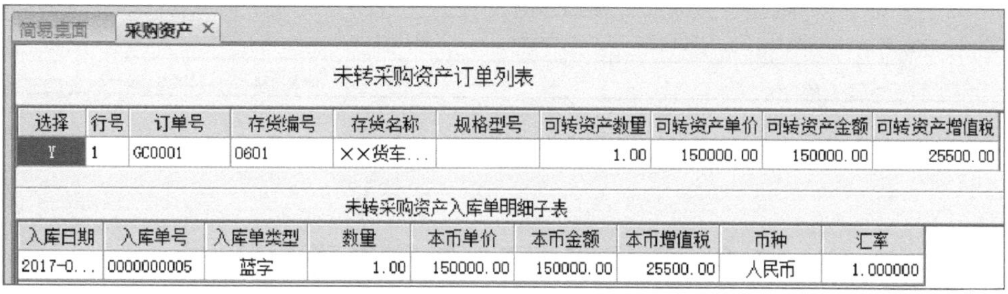

图 12-80　采购资产窗口

(3) 在“采购资产分配设置”对话框中，选择输入“类别编号”为“02 (运输工具)”，“使用部门”为“采购部”，修改“按存货数量生成卡片”为“是”，“使用状况”为“在用”，如图 12-81 所示。单击工具栏中的“保存”按钮，系统打开“固定资产卡片”窗口。

图 12-81　采购资产分配设置

(4) 保存资产卡片。在“固定资产卡片”窗口中，输入“固定资产编号”为“0200001”，如图 12-82 所示，然后核对固定资产相关信息，确认无误后，单击工具栏中的“保存”按钮，系统弹出“数据保存成功”信息提示框，单击“确定”按钮，系统提示生成一张卡片，再单击“确定”按钮，完成卡片保存。

(5) 退出。退出当前窗口。

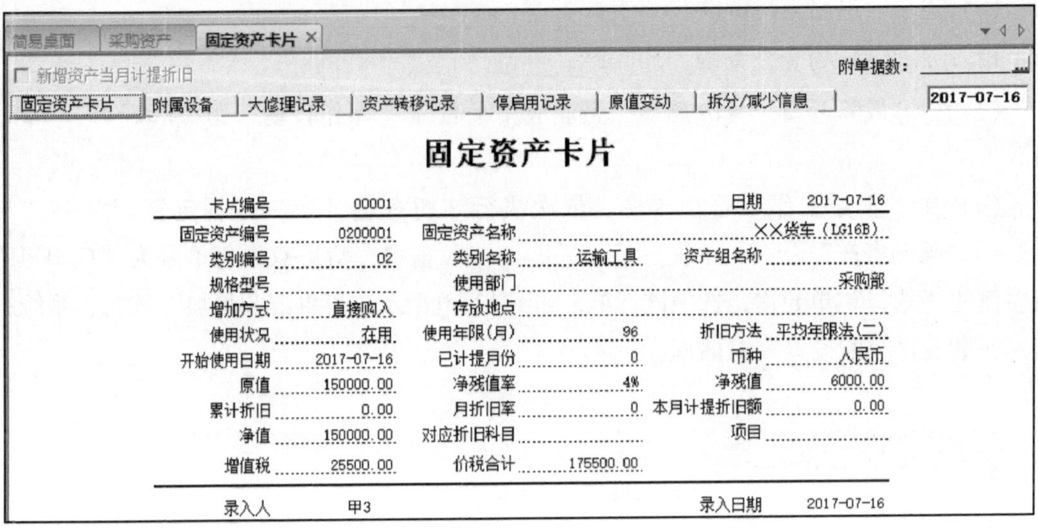

图 12-82 固定资产卡片

12.8 销售实训 4 销售退货业务

12.8.1 业务描述与操作过程概述

7 月 16 日，湖北××科技有限公司因商品质量问题退回东芝 2T 移动优盘（灰色）10 个（合同编号：XS0001），当日开具红字销售专用发票，票号：321726 * *，同时办理退款手续，开具转账支票（金额：5616.00；票据号：226352 * *）。

注：该业务属于开票后退货中的先退货后开票业务模式。

操作过程概述：

（1）2017 年 7 月 16 日，以“X01 甲 6”身份登录，在“销售管理”系统中，参照“销售订单”生成“退货单”并审核。

（2）2017 年 7 月 16 日，以“C01 甲 7”身份登录，在“库存管理”系统中，参照“退货单”生成“（负数）销售出库单”。

（3）2017 年 7 月 16 日，以“X01 甲 6”身份登录，在“销售管理”系统中，参照“退货单”生成“红字销售专用发票”、现结并复核。

（4）2017 年 7 月 16 日，以“W02 甲 3”身份登录，在“应收款管理”系统中，审核发票并制单。

（5）2017 年 7 月 16 日，以“W02 甲 3”身份登录，在“存货核算”系统中，单击“正常单据记账”菜单项并生成凭证。

12.8.2 操作过程

12.8.2.1 生成退货单并审核

（1）以“X01 甲 6”身份登录“企业应用平台”，“操作日期”为“2017 年 7 月 16 日”。

（2）在“业务工作”选项卡中，依次执行“供应链”→“销售管理”→“销售发货”→“退货单”命令，系统打开“退货单”窗口。单击工具栏中的“增加”按钮，系统弹出“查询条件选项-参照订单”对话框，然后单击“确定”按钮，打开“参照生单”窗口。

（3）生成退货单。在“参照生单”窗口中，双击选择订单号为“XS0001”号的销售订单对应的“选择”栏，然后在“发货单参照订单”中仅选择货物编号为“0104”的那行（双击其他货物编号的“选择”，取消“Y”），如图12-83所示，再单击“OK确定”按钮，系统生成一张“退货单”。

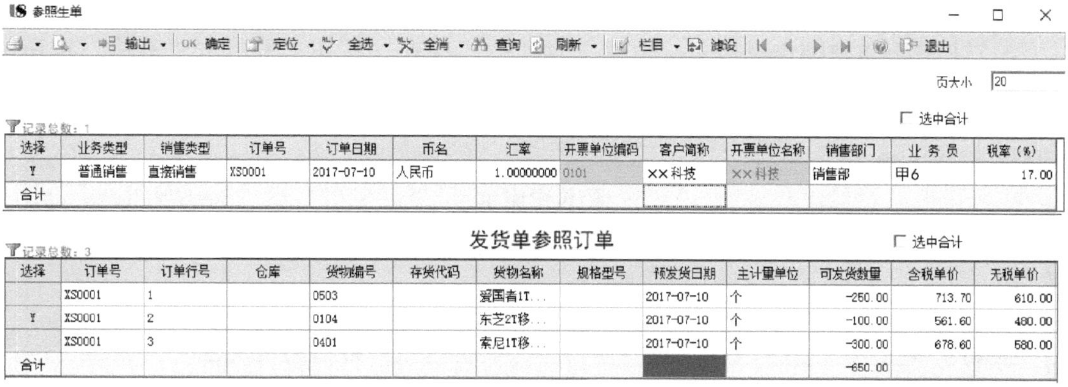

选择	业务类型	销售类型	订单号	订单日期	币名	汇率	开票单位编码	客户简称	开票单位名称	销售部门	业务员	税率（%）
Y	普通销售	直接销售	XS0001	2017-07-10	人民币	1.00000000	0101	××科技	××科技	销售部	甲6	17.00
合计												

选择	订单号	订单行号	仓库	货物编号	存货代码	货物名称	规格型号	预发货日期	主计量单位	可发货数量	含税单价	无税单价
	XS0001	1		0503		爱国者1T...		2017-07-10	个	-250.00	713.70	610.00
Y	XS0001	2		0104		东芝2T移...		2017-07-10	个	-100.00	561.60	480.00
	XS0001	3		0401		索尼1T移...		2017-07-10	个	-300.00	678.60	580.00
合计										-650.00		

图12-83 参照生单

（4）保存并审核退货单。在“退货单”窗口中，录入“仓库名称”，并修改表体“数量”栏为“-10”，然后单击工具栏中的“保存”按钮，再单击“审核”按钮，如图12-84所示。

	仓库名称	货物编码	存货名称	数量	含税单价	无税单价	无税金额	税额	价税合计
1	东芝移动硬盘库	0104	东芝2T移动硬盘（灰色）	-10.00	561.60	480.00	-4800.00	-816.00	-5616.00

图12-84 退货单

（5）退出。退出“退货单”窗口。

注：

- 退货单可以直接手工录入，也可以参照销售订单生成。如果销售管理系统参数设置了“普通销售必有订单”，则退货单只能参照生单。
- 退货单上的存货数量为负数。

12.8.2.2 生成销售出库单并审核

（1）以“C01 甲 7”身份登录“企业应用平台”，“操作日期”为“2017 年 7 月 16 日”。

（2）在“业务工作”选项卡中，依次执行“供应链”→“库存管理”→“出库业务”→“销售出库单”命令，系统打开“销售出库单”窗口，单击“生单”→“销售生单”，系统打开“查询条件选择-销售发货单列表”对话框，然后单击“确定”按钮，进入“销售生单”窗口。

（3）生成销售出库单。双击要处理单据对应的“选择”栏，再单击工具栏中的“OK 确定”按钮，系统返回“销售出库单”窗口。

（4）保存并审核销售出库单。单击工具栏中“保存”按钮，再单击“审核”按钮，系统提示“该单据审核成功”，单击“确定”按钮，如图 12-85 所示。

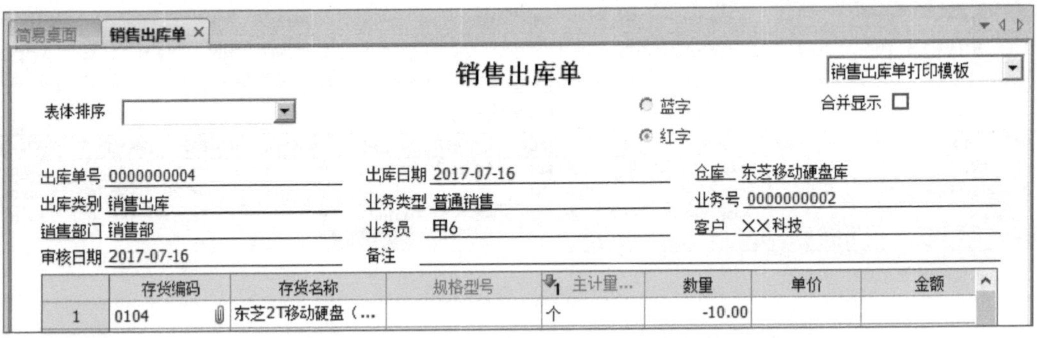

图 12-85　销售出库单

（5）退出。退出“销售出库单”窗口。

12.8.2.3 生成红字专用销售发票、现结并复核

（1）以“X01 甲 6”身份登录“企业应用平台”，“操作日期”为“2017 年 7 月 16 日”。

（2）在“业务工作”选项卡中，依次执行“供应链”→“销售管理”→“销售开票”→“红字专用销售发票”命令，系统打开“销售专用发票（红字）”窗口，单击工具栏中的“增加”按钮，系统打开“查询条件选择-发票参照发货单”对话框，修改“发货单类型”为“红字记录”，如图 12-86 所示。再单击“确定”按钮，系统打开“参照生单”窗口。

（3）生成红字销售专用发票。在“参照生单”窗口中，双击要处理单据对应的“选择”栏，再单击工具栏中的“OK 确定”按钮，系统返回“销售专用发票（红字）”窗口。

（4）保存发票。在“销售专用发票（红字）”窗口，修改发票表头项目“发票号”为“321726＊＊”，其他项保持默认，单击工具栏中的“保存”按钮（类似图 12-88）。

（5）现结并复核。单击工具栏中的“现结”按钮，系统打开“现结”对话框，填写相应信息，“结算方式”为“转账支票”、“原币金额”为“-5616”、“票据号”为“226352＊＊”，如图 12-87 所示；单击“确定”按钮，再单击“复核”按钮，如图 12-88 所示。

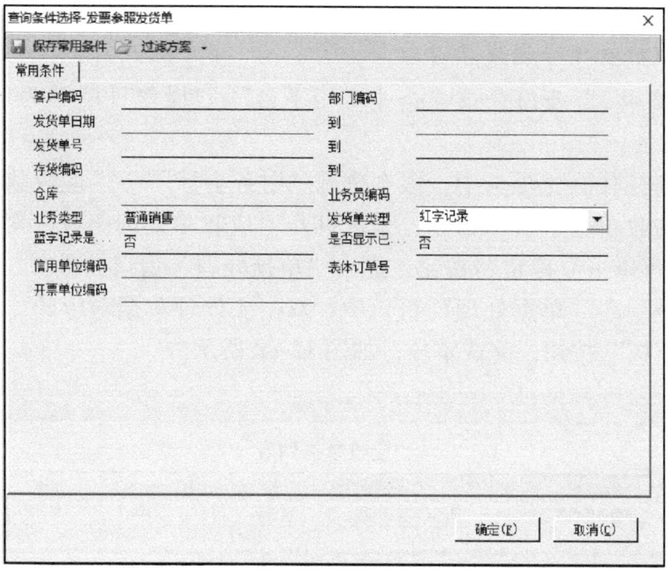

图 12-86 “查询条件选择-发票参照发货单”窗口

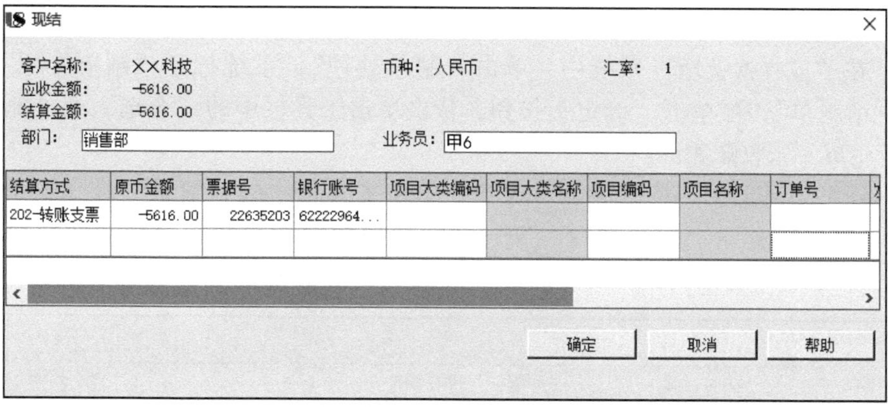

图 12-87 “现结”窗口

图 12-88 红字销售专用发票

（6）退出。退出“销售专用发票（红字）”窗口。

12.8.2.4　审核红字专用发票并制单

（1）以“W02 甲 3”身份登录“企业应用平台”，“操作日期”为“2017 年 7 月 16 日”。

（2）在“业务工作”选项卡中，依次执行“财务会计”→“应收款管理”→“应收单据处理”→“应收单据审核”命令，系统打开“应收单查询条件”对话框，勾选“包含已现结发票”，再单击“确定”按钮，进入“单据处理”窗口。

（3）审核发票。在“单据处理”窗口中，双击要处理单据对应的“选择”栏，再单击工具栏中的“审核”按钮，完成审核，如图 12-89 所示。

选择	审核人	单据日期	单据类型	单据号	客户名称	部门	业务员	制单人	币种	汇率	原币金额
	甲3	2017-07-16	销售专用发票	321726**	湖北××科技有限公司	销售部	甲6	甲6	人民币	1.00000000	-5,616.00
合计											-5,616.00

图 12-89　应收单据列表

（4）退出。退出“单据处理”窗口。

（5）在“应收款管理”系统中，单击“制单处理”，系统打开“制单处理”窗口，勾选“现结制单”，再单击“确定”按钮，依次单击工具栏中的“全选”及“制单”按钮，系统生成一张收账凭证。

（6）保存凭证。在“填制凭证”窗口，单击工具栏中的“流量”按钮，系统打开“现金流量录入修改”对话框，录入“项目编码”为“01”，如图 12-90 所示；然后单击“确定”按钮，再单击工具栏中的“保存”按钮，如图 12-91 所示。

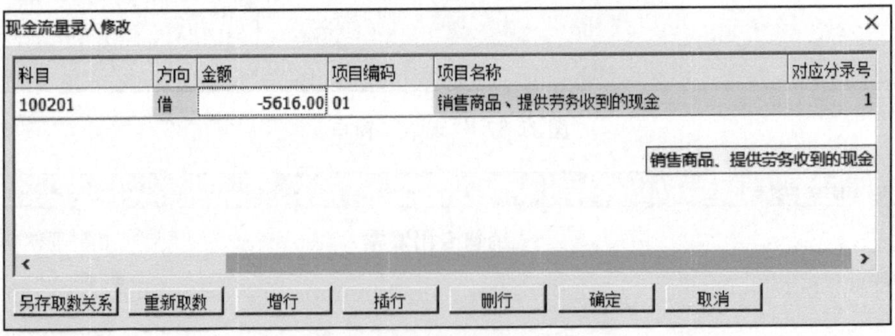

图 12-90　现金流量录入修改

（7）退出。退出当前窗口。

12.8.2.5　正常单据记账并生成凭证

（1）以“W02 甲 3”身份登录“企业应用平台”，“操作日期”为“2017 年 7 月 16 日”。

（2）在“业务工作”选项卡中，依次执行“供应链”→“存货核算”→“业务核算”→“正常单据记账”命令，系统打开“查询条件选择”对话框，再单击“确定”按钮，系统打开“未记账单据一览表”窗口。

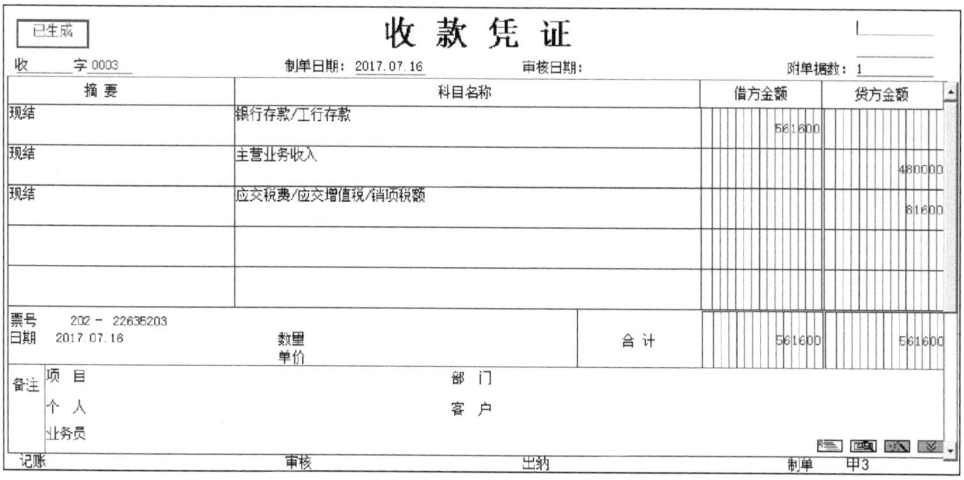

图 12-91　红字销售专用发票制单结果（金额为红字）

（3）记账。在“未记账单据一览表”窗口中，单击工具栏中的“全选”，再单击“记账”按钮，打开“未记账单据一览表”→“手工输入单价列表”窗口，录入“东芝2T移动硬盘”的“单价”为“480.00”，如图12-92所示；再单击“确定”按钮，系统弹出提示框“记账成功！”，单击“确定”按钮，完成记账。

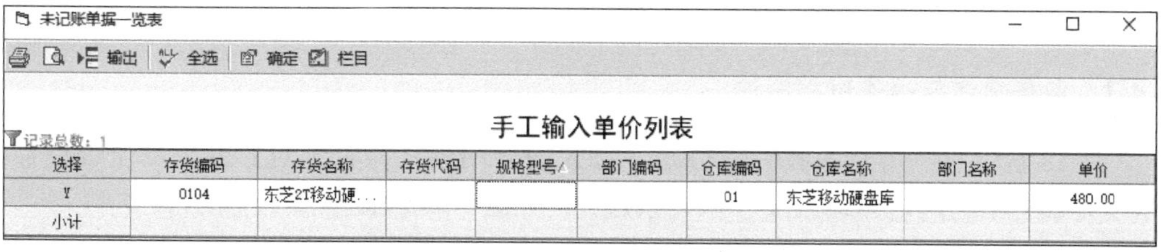

图 12-92　手工输入单价列表

（4）退出。退出“未记账单据一览表”窗口。

（5）在“存货核算”系统中，依次执行“财务核算”→“生成凭证”命令，系统打开“生成凭证”窗口，单击工具栏中的“选择”按钮，弹出“查询条件”对话框，勾选“(26)销售专用发票”，单击“确定”按钮，进入“选择单据”窗口。

（6）生成凭证。在“选择单据”窗口中，选中本业务生成的销售发票，再单击“确定”按钮，系统打开“生成凭证”窗口，如图12-93所示；然后单击工具栏中的“生成”按钮，系统生成一张凭证。

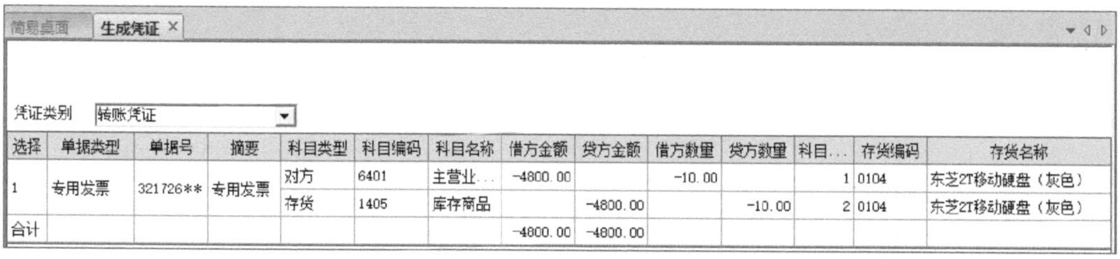

图 12-93　“生成凭证”窗口

（7）保存凭证。在“填制凭证”窗口中，单击工具栏中的“保存”按钮，如图 12-94 所示。

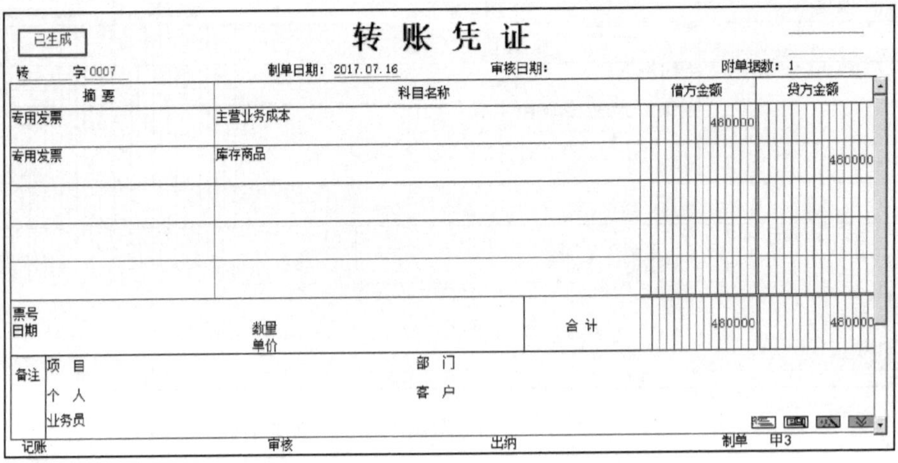

图 12-94 红字出库凭证（金额为红字）

（8）退出。退出当前窗口。

12.9 采购实训 4 普通采购业务

12.9.1 业务描述与操作过程概述

7 月 18 日，与广州××科技有限公司签订采购合同当日，收到对方发来的全部商品及增值税发票，货物均已办理入库，相关原始凭证如图 12-95 和图 12-96 所示。

操作过程概述：

（1）2017 年 7 月 18 日，以“G01 甲 5”身份登录，在“采购管理”系统中，填制“采购订单”并审核。

（2）2017 年 7 月 18 日，以“G01 甲 5”身份登录，在“采购管理”系统中，“采购订单”生成“到货单”并审核。

（3）2017 年 7 月 18 日，以“C01 甲 7”身份登录，在“库存管理”系统中，参照“到货单”生成“采购入库单”并审核。

（4）2017 年 7 月 18 日，以“G01 甲 5”身份登录，在“采购管理”系统中，参照“入库单”生成“采购专用发票”并结算。

（5）2017 年 7 月 18 日，以“W02 甲 3”身份登录，在“应付款管理”系统中，审核发票并制单；

（6）2017 年 7 月 18 日，以“W02 甲 3”身份登录，在“存货核算”系统中，执行正常单据记账并生成凭证。

12.9.2 操作过程

12.9.2.1 填制采购订单并审核

（1）以“G01 甲 5”身份登录“企业应用平台”，“操作日期”为“2017 年 7 月 18 日”。

购销合同

合同编号：CG0002

卖方：广州××科技有限公司

买方：山东××科技有限公司

为保护买卖双方的合法权益，根据《中华人民共和国合同法》的有关规定，买卖双方经友好协商，一致同意签订本合同，并共同遵守合同约定。

一、货物的名称、数量及金额

货物的名称	规格型号	计量单位	数量	单价（不含税）	金额（不含税）	税率	税额
东芝 1T 移动硬盘	黑色	个	300	300.00	90000.00	17%	15300.00
索尼 2T 移动硬盘	灰色	个	80	800.00	64000.00	17%	10880.00
东芝 2T 移动硬盘	黑色	个	260	460.00	119600.00	17%	20332.00
爱国者 1T 移动硬盘	灰色	个	130	500.00	65000.00	17%	11050.00
合 计					￥338600.00		￥57562.00

二、合同总金额：人民币叁拾玖万陆仟壹佰陆拾贰元整（￥396162.00）。

三、付款时间及付款方式：买方于签订合同当日向卖方支付全部货款；卖方于签订合同当日发出商品。

付款结算方式：电汇。

四、交货地点：山东××科技有限公司。

五、发运方式与运输费用承担方式：由卖方发货，运输费用由卖方承担。

卖 方：广州××科技有限公司　　买 方：山东××科技有限公司

授权代表：×××　　授权代表：甲5

日 期：2017年7月18日　　日 期：2017年7月18日

图 12-95 购销合同

广东省增值税专用发票　　No 360967**

开票日期：2017年7月18日

第二联：发票联 购货方记账凭证

购货单位	
名称	山东××科技有限公司
纳税人识别号	***************
地址、电话	山东省××市××区××路**号 ****-********
开户行及账号	中国工商银行济南市燕山支行 ********************
密码区	略

货物或应税劳务名称	规格型号	单位	数量	单价	金额	税率	税额
东芝 1T 移动硬盘	黑色	个	300	300.00	90000.00	17%	15300.00
索尼 2T 移动硬盘	灰色	个	80	800.00	64000.00	17%	10880.00
东芝 2T 移动硬盘	黑色	个	260	460.00	119600.00	17%	20332.00
爱国者 1T 移动硬盘	灰色	个	130	500.00	65000.00	17%	11050.00
合 计					￥338600.00		￥57562.00
价税合计	（大写）人民币叁拾玖万陆仟壹佰陆拾贰元整（小写）￥396162.00						

销货单位	
名称	广州××科技有限公司
纳税人识别号	***************
地址、电话	广州市××区××路**号 ****-********
开户行及账号	中国工商银行广州市××支行 ********************
备注	广州××科技有限公司 *************** 发票专用章

收款人：（略）　复核：（略）　开票人：（略）　销货单位：（章）

图 12-96 采购专用发票

（2）在“业务工作”选项卡中，依次执行“供应链”→“采购管理”→“采购订货”→“采购订单”命令，打开“采购订单”窗口。

（3）填制采购订单。在“采购订单”窗口中，单击工具栏中“增加”按钮，修改表头“订单编号”为“CG0002”、选择输入“供应商”为“广州××科技有限公司”、“部门”为“采购部”、“业务员”为“甲5”、表体内存货信息参照购销合同依次录入所有存货编码、数量及原币单价。

（4）保存并审核采购订单。在“采购订单”窗口中，单击工具栏中的“保存”按钮，再单击“审核”按钮，如图 12-97 所示。

（5）退出。退出“采购订单”窗口。

	存货编码	存货名称	主计量	数量	原币含税单价	原币单价	原币金额	原币税额	原币价税合计
1	0101	东芝1T移动硬盘（黑色）	个	300.00	351.00	300.00	90000.00	15300.00	105300.00
2	0103	东芝2T移动硬盘（黑色）	个	260.00	538.20	460.00	119600.00	20332.00	139932.00
3	0404	索尼2T移动硬盘（灰色）	个	80.00	936.00	800.00	64000.00	10880.00	74880.00
4	0504	爱国者1T移动硬盘（灰色）	个	130.00	585.00	500.00	65000.00	11050.00	76050.00

图 12-97 采购订单

12.9.2.2 生成到货单并审核

（1）以“G01 甲 5”身份登录“企业应用平台”，“操作日期”为“2017 年 7 月 18 日”。

（2）在“业务工作”选项卡中，依次执行“供应链”→“采购管理”→“采购到货”→“到货单”命令，系统打开“到货单”窗口，单击“增加”按钮，单击“生单”→“采购订单”命令，打开“查询条件选择-采购订单列表过滤”对话框，再单击“确定”按钮，系统进入“拷贝并执行”窗口。

（3）拷贝信息。在“拷贝并执行”窗口中，双击订单号为“CG0002”对应的“选择”栏，选中该订单，然后单击工具栏中的“OK 确定”按钮，系统返回“到货单”窗口。

（4）保存并审核到货单。在“到货单”窗口中，单击工具栏中的“保存”按钮，最后单击“审核”按钮，如图 12-98 所示。

	存货编码	存货名称	主计量	数量	原币含税单价	原币单价	原币金额
1	0101	东芝1T移动硬盘（黑色）	个	300.00	351.00	300.00	90000.00
2	0103	东芝2T移动硬盘（黑色）	个	260.00	538.20	460.00	119600.00
3	0404	索尼2T移动硬盘（灰色）	个	80.00	936.00	800.00	64000.00
4	0504	爱国者1T移动硬盘（灰色）	个	130.00	585.00	500.00	65000.00

图 12-98 到货单

（5）退出。退出“到货单”窗口

12.9.2.3　生成采购入库单并审核

（1）以“C01 甲 7”身份登录“企业应用平台”，“操作日期”为“2017 年 7 月 18 日”。

（2）在“业务工作”选项卡中，依次执行“供应链”→“库存管理”→“入库业务”→“采购入库单”命令，系统进入“采购入库单”窗口，依次执行“生单”→“采购到货单（批量）”命令，系统打开“查询条件选择-采购到货单列表”对话框，再单击“确定”按钮，进入“到货单生单列表”窗口。

（3）生成采购入库单。在“到货单生单列表”窗口中，双击要选择的到货单对应的“选择”栏，补充仓库信息，如图 12-99 所示；然后单击工具栏中的“OK 确定”按钮，系统弹出“生单成功”信息提示框，单击“确定”按钮，系统返回“采购入库单”窗口。

（4）在“采购入库单”窗口中，单击工具栏中的“审核”按钮，系统弹出提示“该单据审核成功”，单击“确定”按钮，再单击工具栏中的“上一个”按钮，审核其他单据，如图 12-100 所示。

图 12-99　到货单生单列表

(a)

(b)

(c)

图 12-100 采购入库单

（a）0000000006；（b）0000000007；（c）0000000008

（5）退出。退出“采购入库单”窗口。

12.9.2.4 生成采购发票并结算

（1）以“G01 甲 5”身份登录“企业应用平台”，“操作日期”为“2017 年 7 月 18 日”。

（2）在“业务工作”选项卡中，依次执行“供应链”→“采购管理”→“采购发票”→“专用采购发票”命令，系统打开“专用发票”窗口，单击工具栏中的“增加”按钮，再单击“生单”→“入库单”命令，系统打开“查询条件选择-采购入库单列表过滤”对话框，单击“确定”按钮，进入“拷贝并执行”窗口。

（3）拷贝信息。在“拷贝并执行”窗口中，双击要选择的采购入库单对应的“选择”栏，再单击“OK 确定”按钮，如图 12-101 所示；然后，系统返回“专用发票”窗口。

选择	入库单号	入库日期	供货商	币种	到货单号	单据名称
Y	0000000006	2017-07-18	广州××	人民币	0000000003	采购入库单
Y	0000000007	2017-07-18	广州××	人民币	0000000003	采购入库单
Y	0000000008	2017-07-18	广州××	人民币	0000000003	采购入库单
合计						

选择	存货编码	存货名称	主计量	数量	已结算数量	原币含税单价	原币单价	原币金额	原币税额	原币价税合计	税率	入库单号	订单号
Y	0101	东芝1T移动硬盘（黑色）	个	300.00	0.00	351.00	300.00	90000.00	15300.00	105300.00	17.00	0000000006	CG0002
Y	0103	东芝2T移动硬盘（黑色）	个	260.00	0.00	538.20	460.00	119600.00	20332.00	139932.00	17.00	0000000006	CG0002
Y	0404	索尼2T移动硬盘（灰色）	个	80.00	0.00	936.00	800.00	64000.00	10880.00	74880.00	17.00	0000000007	CG0002
Y	0504	爱国者1T移动硬盘（灰色）	个	130.00	0.00	585.00	500.00	65000.00	11050.00	76050.00	17.00	0000000008	CG0002
合计													

图 12-101 发票拷贝入库单列表

（4）编辑并保存采购发票。在“专用发票”窗口中，输入发票号“360967＊＊”，其他项为默认，然后单击工具栏中的“保存”按钮（类似图12-102）。

（5）采购发票结算。在“专用发票”窗口，单击工具栏中的“结算”按钮，此时窗口左上方出现“已结算”字样，表明该发票已经完成采购结算，如图12-102所示。

简易桌面　专用发票

已结算　　专用发票　　打印模版 8164 专用发票打印模板

表体排序　　合并显示

业务类型	普通采购	发票类型	专用发票	发票号	36096714
开票日期	2017-07-18	供应商	广州XX	代垫单位	广州XX
采购类型	直接采购	税率	17.00	部门名称	采购部
业务员	甲5	币种	人民币	汇率	1
发票日期		付款条件		备注	

	存货编码	存货名称	主计量	数量	原币单价	原币金额	原币税额	原币价税合计
1	0101	东芝1T移动硬...	个	300.00	300.00	90000.00	15300.00	105300.00
2	0103	东芝2T移动硬...	个	260.00	460.00	119600.00	20332.00	139932.00
3	0404	索尼2T移动硬...	个	80.00	800.00	64000.00	10880.00	74880.00
4	0504	爱国者1T移动...	个	130.00	500.00	65000.00	11050.00	76050.00

图12-102　采购专用发票

（6）退出。退出“专用发票”窗口。

12.9.2.5　审核专用发票并制单

（1）以“W02甲3”身份登录“企业应用平台”，“操作日期”为“2017年7月18日”。

（2）在“业务工作”选项卡中，依次执行“财务会计”→“应付款管理”→“应付单据处理”→“应付单据审核”命令，系统打开“应付单条件查询”对话框，然后单击“确定”按钮，系统进入“单据处理”窗口。

（3）审核发票。在“单据处理”窗口中，双击要选择的采购专用发票对应的“选择”栏，然后单击工具栏中的“审核”按钮，系统提示“单据审核成功”，单击“确定”按钮，完成发票审核，如图12-103所示。

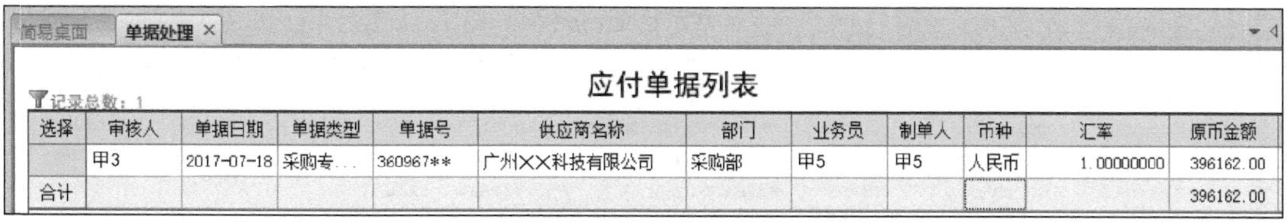
简易桌面　单据处理

应付单据列表

记录总数：1

选择	审核人	单据日期	单据类型	单据号	供应商名称	部门	业务员	制单人	币种	汇率	原币金额
	甲3	2017-07-18	采购专...	360967**	广州XX科技有限公司	采购部	甲5	甲5	人民币	1.00000000	396162.00
合计											396162.00

图12-103　应付单据列表

（4）退出。退出“单据处理”窗口。

（5）在“应付款管理”系统中，单击“制单处理”，打开“制单查询”对话框，再单击“确定”按钮，系统打开“制单”窗口。

（6）制单。在“制单”窗口中，单击工具栏中的“全选”按钮，再单击“制单”按钮，系统生成一张转账凭证。

（7）保存凭证。在“填制凭证”窗口中，修改凭证类别等相关信息，单击工具栏中的“保存”按钮，如图 12-104 所示。

转账凭证

已生成

转 字 0008　　制单日期：2017.07.18　　审核日期：　　附单据数：1

摘要	科目名称	借方金额	贷方金额
采购专用发票	在途物资	33860000	
采购专用发票	应交税费/应交增值税/进项税额	5756200	
采购专用发票	应付账款/一般应付款		39616200
票号 日期	数量 单价 合计	39616200	39616200

备注　项目　　部门
　　　个人　　客户
　　　业务员

记账　　审核　　出纳　　制单 甲3

图 12-104　采购专用发票制单结果

（8）退出。退出当前窗口。

12.9.2.6　正常单据记账并生成凭证

（1）以“W02 甲 3”身份登录“企业应用平台”，“操作日期”为“2017 年 7 月 18 日”。

（2）在“业务工作”选项卡中，依次执行“供应链”→“存货核算”→“业务核算”→“正常单据记账”命令，系统打开“查询条件选项”对话框，单击“确定”按钮，进入“未记账单据一览表”窗口。

（3）记账。在“未记账单据一览表”窗口中，单击工具栏中的“全选”按钮，如图 12-105所示，再单击“记账”按钮，系统弹出“记账成功”信息提示框，单击“确定”按钮，完成记账操作。

简易桌面　未记账单据一览表

正常单据记账列表

记录总数：4

选择	日期	单据号	存货编码	存货名称	单据类型	仓库名称	收发类别	数量
Y	2017-07-18	0000000006	0101	东芝1T移动硬盘（黑色）	采购入库单	东芝移动硬盘库	采购入库	300.00
Y	2017-07-18	0000000006	0103	东芝2T移动硬盘（黑色）	采购入库单	东芝移动硬盘库	采购入库	260.00
Y	2017-07-18	0000000007	0404	索尼2T移动硬盘（灰色）	采购入库单	索尼移动硬盘库	采购入库	80.00
Y	2017-07-18	0000000008	0504	爱国者1T移动硬盘（灰色）	采购入库单	爱国者移动硬...	采购入库	130.00
小计								770.00

图 12-105　正常单据记账列表

（4）退出。退出“未记账单据一览表”窗口。

（5）在“存货核算”系统中，执行“财务核算”→“生成凭证”命令，系统进入“生成凭证”窗口，单击工具栏中的“选择”按钮，打开“查询条件”对话框，仅勾选“（01）采购入库单（报销记账）”复选框，再单击“确定”按钮，系统进入“选择单据”

窗口。

（6）生成凭证。在“选择单据”窗口中，选中本业务生成的采购入库单，如图12-106所示；再单击“确定”按钮，系统返回“生成凭证”窗口，选择凭证类别，然后单击工具栏中的“合成”按钮，系统生成转账凭证。

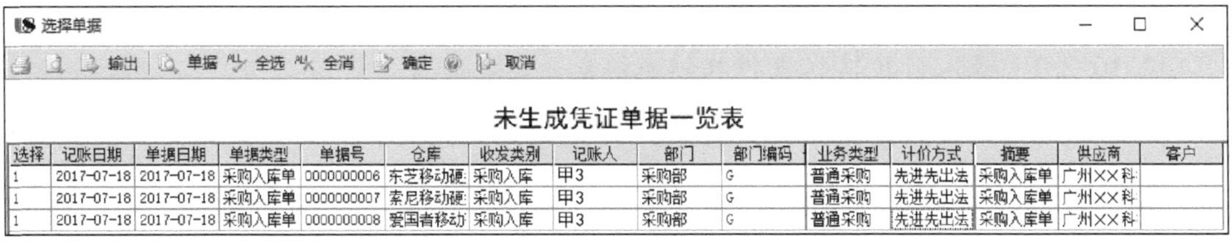

图 12-106　未生成凭证单据一览表

（7）保存凭证。在“填制凭证”窗口中，单击工具栏中的“保存”按钮，如图12-107所示。

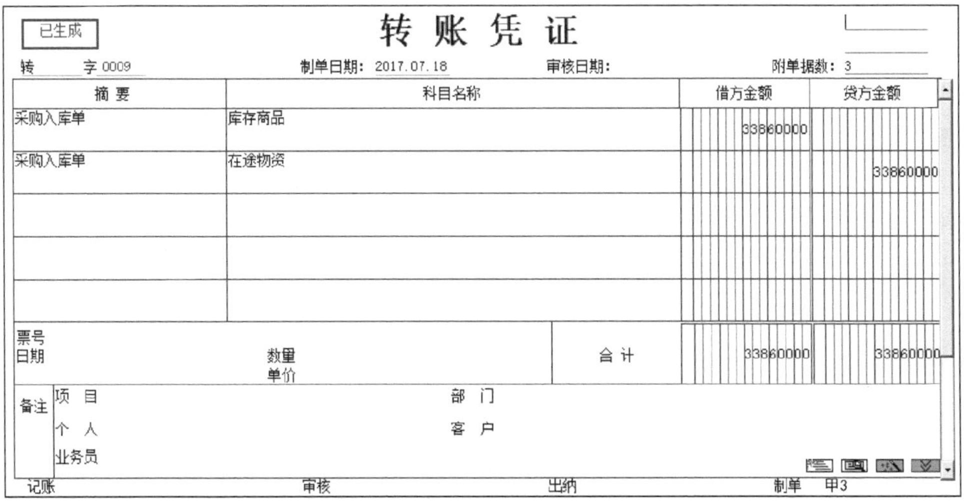

图 12-107　存货入库记账凭证

（8）退出。退出当前窗口。

12.10　销售实训5　销售违约业务

12.10.1　业务描述与操作过程概述

7月18日，由于卖方（本公司）违约，无法按照合同正常发货，造成XS0002合同违约。中国工商银行电汇凭单（回单）票据号：976063＊＊（支付双倍违约金并返还定金总金额为153878.40元，其中双倍违约金为102585.60元、定金为51292.80元）。

注：此处在“应收款系统处理”，所以要将“收款单”切换为“付款单”。

操作过程概述：

（1）2017 年 7 月 18 日，以“W02 甲 3”身份登录，在“应收款管理”系统中，录入“付款单”。

（2）2017 年 7 月 18 日，以“W02 甲 3”身份登录，在“应收款管理”系统中，审核“付款单”并制单。

12.10.2　操作过程

12.10.2.1　录入付款单（支付双倍违约金并返还定金）

（1）以“W02 甲 3”身份登录“企业应用平台”，“操作日期”为“2017 年 7 月 18 日”。

（2）在“业务工作”选项卡中，依次执行“财务会计”→“应收款管理”→“收款单据处理”→“收款单据录入”命令，系统打开“收付款单录入”窗口，单击最上面工具栏中的“切换”按钮，系统切换为“付款单”。

（3）填制付款单。在“收付款单录入”窗口中，单击工具栏中的“增加”按钮，然后在“付款单”表体项目中选择输入相应信息，“客户”为“××××科技”，“结算方式”为“电汇”，“金额”为“153878.40”，“票据号”为“976063＊＊”，“部门”为“销售部”，“业务员”为“甲 6”，然后单击表体第一行，并修改“款项类型”为“其他费用”，“科目”为“营业外支出——违约支出（671105）”，并修改“金额”为“102585.60”，单击表体第二行，修改“款项类型”为“其他费用”，“科目”为“预收账款——定金（220301）”。

（4）保存付款单。单击工具栏中的“保存”按钮，如图 12-108 所示。

	款项类型	客户	科目	金额	本币金额	部门	业务员
1	其他费用	××科技	671105	102585.60	102585.60	销售部	甲6
2	其他费用	××科技	220301	51292.80	51292.80	销售部	甲6

图 12-108　付款单

（5）退出。退出“收付款单录入”窗口。

12.10.2.2　审核付款单并制单（支付双倍违约金并返还定金）

（1）以“W02 甲 3”身份登录“企业应用平台”，“操作日期”为“2017 年 7 月 18 日”。

（2）在“业务工作”选项卡中，依次执行“财务会计”→“应收款管理”→“收款单据处理”→“收款单据审核”命令，打开“收款单查询条件”对话框，单击“确定”按钮，进入“收付款单列表”窗口。

（3）审核付款单。在“收付款单列表”窗口中，单击工具栏中的“全选”按钮，再单击“审核”按钮，系统提示“单据审核成功”，单击“确定”按钮，完成审核，如图 12-109所示。

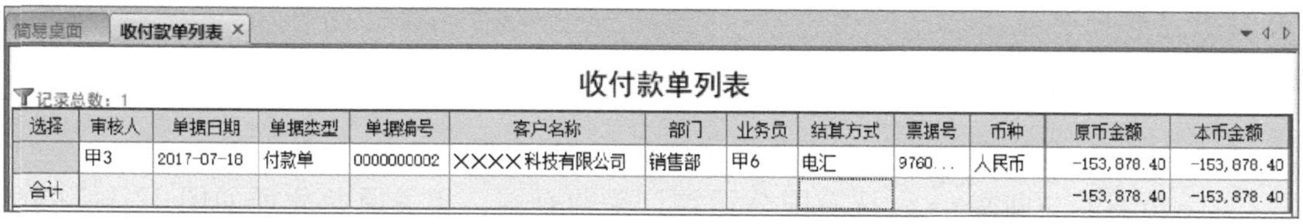
简易桌面 收付款单列表

收付款单列表

记录总数：1

选择	审核人	单据日期	单据类型	单据编号	客户名称	部门	业务员	结算方式	票据号	币种	原币金额	本币金额
	甲3	2017-07-18	付款单	0000000002	XXXX科技有限公司	销售部	甲6	电汇	9760...	人民币	-153,878.40	-153,878.40
合计											-153,878.40	-153,878.40

图 12-109 收付款单列表

（4）退出。退出“收付款单列表”窗口。

（5）在“应收款管理”系统中，单击“制单处理”，系统打开“制单查询”对话框，勾选“收付款单制单”，然后单击“确定”按钮，进入“制单”窗口。

（6）制单。在“制单”窗口中，单击工具栏中的“全选”按钮，再单击“制单”按钮，系统生成一张收款凭证。

（7）保存凭证。在“填制凭证”窗口中，修改第二、三行科目的“贷方红字金额”为“借方蓝字金额”，单击工具栏中的“流量”按钮，系统弹出“现金流量录入修改”窗口，录入“项目编码”为“01”，如图 12-110 所示；再单击“确定”按钮，最后单击工具栏中的“保存”按钮，如图 12-111 所示。

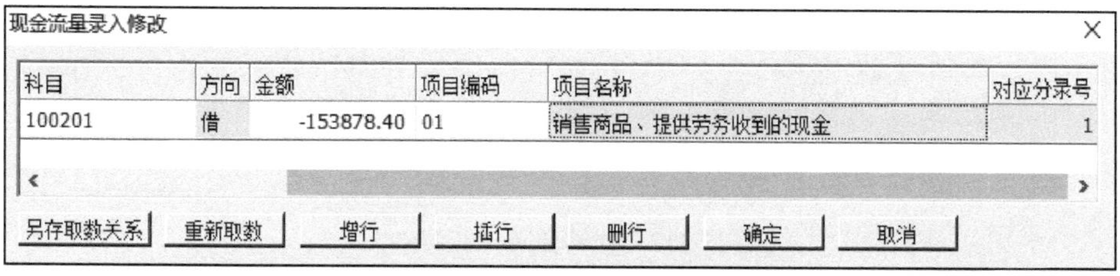
现金流量录入修改

科目	方向	金额	项目编码	项目名称	对应分录号
100201	借	-153878.40	01	销售商品、提供劳务收到的现金	1

图 12-110 现金流量录入修改

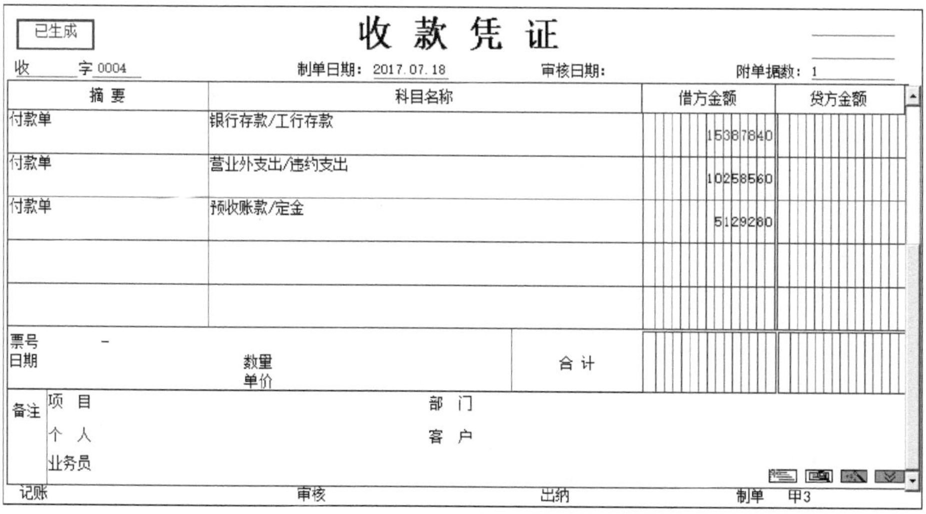
已生成

收款凭证

收 字 0004 制单日期：2017.07.18 审核日期： 附单据数：1

摘要	科目名称	借方金额	贷方金额
付款单	银行存款/工行存款	15387840	
付款单	营业外支出/违约支出	10258560	
付款单	预收账款/定金	5129280	

票号 -
日期
数量
单价
合计

备注 项目 部门
个人 客户
业务员

记账 审核 出纳 制单 甲3

图 12-111 支付违约金并返还定金的记账凭证

（8）退出。退出当前窗口。

12.11　销售实训 6　直运业务

12.11.1　业务描述与操作过程概述

7 月 18 日，与江西××科技有限公司签订直运销售合同。

7 月 20 日，与湖南××科技有限公司签订采购合同，相关原始凭证如图 12-112 ~ 图 12-115所示。

购销合同

合同编号：XS0003

卖方：山东××科技有限公司
买方：江西××科技有限公司
为保护买卖双方的合法权益，根据《中华人民共和国合同法》的有关规定，买卖双方经友好协商，一致同意签订本合同，并共同遵守合同内容。
一、货物的名称、数量及金额

货物的名称	规格型号	计量单位	数　量	单　价（不含税）	金　额（不含税）	税 率	税额
三星 250G 固态硬盘	灰色	个	200	890.00	178000.00	17%	30260.00
金士顿 250G 固态硬盘	黑色	个	100	780.00	78000.00	17%	13260.00
金士顿 250G 固态硬盘	灰色	个	150	800.00	120000.00	17%	20400.00
合　计					￥376000.00		￥63920.00

二、合同总金额：人民币肆拾叁万玖仟玖佰贰拾元整（￥439920.00）。
三、付款时间及付款方式：8 月 10 日之前以转账支票的形式支付货款
四、时间与地点：交货时间为 2017 年 7 月 20 日，交货地点：江西××科技有限公司
五、发运方式与运输费用承担方式：由卖方发货，运输费用由买方承担，卖方代垫。

卖　　方：山东××科技有限公司　　　　买　　方：江西××科技有限公司
授权代表：甲6　　　　授权代表：×××
日　　期：2017 年 7 月 18 日　　　　日　　期：2017 年 7 月 18 日

图 12-112　购销合同（江西××）

购销合同

合同编号：CG0003

卖方：湖南××科技有限公司
买方：山东××科技有限公司
为保护双方的合法权益，根据《中华人民共和国合同法》的有关规定，经友好协商，一致同意签订本合同，共同遵守。
一、货物的名称、数量及金额

货物的名称	规格型号	计量单位	数量	单　价（不含税）	金　额（不含税）	税率	税额
三星 250G 固态硬盘	灰色	个	200	700.00	140000.00	17%	23800.00
金士顿 250G 固态硬盘	黑色	个	100	600.00	60000.00	17%	10200.00
金士顿 250G 固态硬盘	灰色	个	150	620.00	93000.00	17%	15810.00
合　计					￥293000.00		￥49810.00

二、合同总金额：人民币叁拾肆万贰仟捌佰壹拾元整（￥342810.00）。
三、付款时间及付款方式：买方收货并验收合格后于 20 日向卖方支付货款。
四、时间与地点：交货时间为 2017 年 7 月 20 日　交货地点：湖南××科技有限公司
五、发运方式与运输费用承担方式：由卖方发货，运输费用由买方承担。

卖 方：湖南××科技有限公司　　　　买 方：山东××科技有限公司
授权代表：刘远　　　　授权代表：
日　　期：2017 年 7 月 20 日　　　　日　　期：2017 年 7 月 20 日

图 12-113　购销合同（湖南××）

操作过程概述：

（1）2017年7月18日，以“X01甲6”身份登录，在“销售管理”系统中，填制（直运销售）销售订单并审核。

（2）2017年7月20日，以“X01甲6”身份登录，在“销售管理”系统中，参照“（直运销售）销售订单”生成“销售专用发票”并复核。

（3）2017年7月20日，以“G01甲5”身份登录，在“采购管理”系统中，参照“（直运销售）销售订单”生成“（直运采购）采购订单”并审核。

（4）2017年7月20日，以“G01甲5”身份登录，在“采购管理”系统中，参照“（直运采购）采购订单”生成“采购专用发票”。

（5）2017年7月20日，以“W02甲3”身份登录，在“应收款管理”系统中，审核专用发票并制单。

（6）2017年7月20日，以“W02甲3”身份登录，在“应付款管理”系统中，审核专用发票并制单。

（7）2017年7月20日，以“W02甲3”身份登录，在“存货核算”系统中，进行直运销售记账并生成凭证。

注：记账的先后顺序，必须先对采购记账，才能对销售记账。

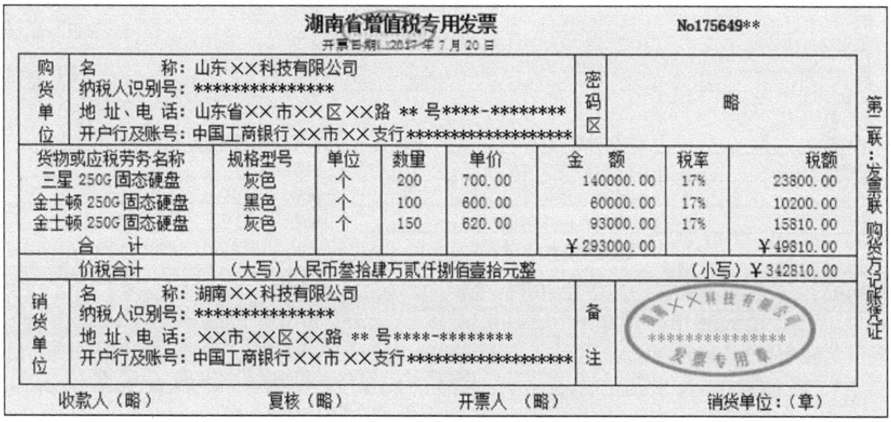

湖南省增值税专用发票 No175649**

开票日期：2017年7月20日

购货单位
名　称：山东××科技有限公司
纳税人识别号：***************
地址、电话：山东省××市××区××路**号****-********
开户行及账号：中国工商银行××市××支行******************

密码区：略

货物或应税劳务名称	规格型号	单位	数量	单价	金额	税率	税额
三星250G固态硬盘	灰色	个	200	700.00	140000.00	17%	23800.00
金士顿250G固态硬盘	黑色	个	100	600.00	60000.00	17%	10200.00
金士顿250G固态硬盘	灰色	个	150	620.00	93000.00	17%	15810.00
合计					¥293000.00		¥49810.00
价税合计	（大写）人民币叁拾肆万贰仟捌佰壹拾元整						（小写）¥342810.00

销货单位
名　称：湖南××科技有限公司
纳税人识别号：***************
地址、电话：××市××区××路**号****-********
开户行及账号：中国工商银行××市××支行******************

备注

收款人（略）　复核（略）　开票人（略）　销货单位：（章）

第二联：发票联 购货方记账凭证

图12-114　销售专用发票

12.11.2 操作过程

12.11.2.1 填制直运销售订单并审核

（1）以“X01甲6”身份登录“企业应用平台”，“操作日期”为“2017年7月18日”。

（2）在“业务工作”选项卡中，依次执行“供应链”→“销售管理”→“销售订货”→“销售订单”命令，系统打开“销售订单”窗口。

（3）填制直运销售订单。在“销售订单”窗口中，单击工具栏中的“增加”按钮，然后编辑表头信息，“订单编号”为“XS0003”、“业务类型”为“直运销售”、“销售类型”为“直接销售”、“客户简称”为“××科技”、“销售部门”为“销售部”、“业务员”

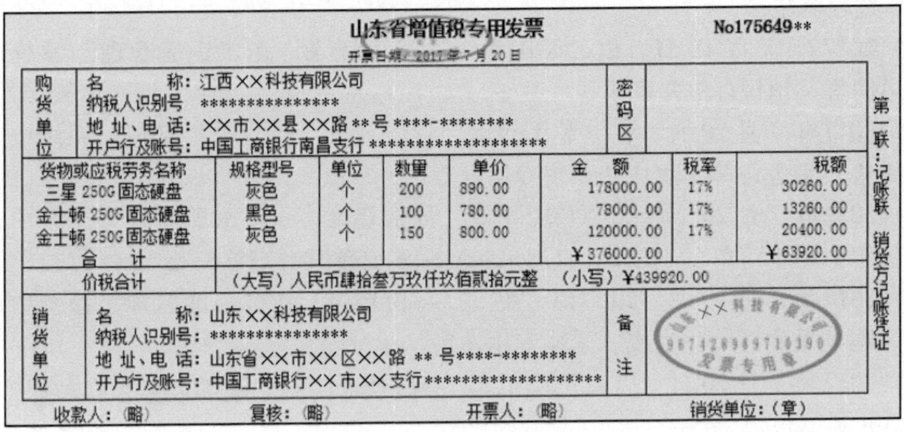
山东省增值税专用发票　No175649**

开票日期：2017 年 7 月 20 日

购货单位	名　　称：江西××科技有限公司 纳税人识别号　*************** 地 址、电 话：××市××县××路**号****-******** 开户行及账号：中国工商银行南昌支行*******************	密码区		

货物或应税劳务名称	规格型号	单位	数量	单价	金　额	税率	税额
三星 250G 固态硬盘	灰色	个	200	890.00	178000.00	17%	30260.00
金士顿 250G 固态硬盘	黑色	个	100	780.00	78000.00	17%	13260.00
金士顿 250G 固态硬盘	灰色	个	150	800.00	120000.00	17%	20400.00
合　计					¥376000.00		¥63920.00
价税合计	（大写）人民币肆拾叁万玖仟玖佰贰拾元整　（小写）¥439920.00						

销货单位	名　　称：山东××科技有限公司 纳税人识别号：*************** 地 址、电 话：山东省××市××区××路 ** 号****-******** 开户行及账号：中国工商银行××市××支行*******************	备注	

收款人：（略）　复核：（略）　开票人：（略）　销货单位：（章）

第一联：记账联　销货方记账凭证

图 12-115　采购专用发票

为“甲 6”，编辑表体信息，参照图 12-112 录入所有商品的“存货编码”“数量”以及“无税单价”，如图 12-116 所示。

简易桌面　销售订单

销售订单

显示模板　销售订单显示模板

合并显示 □

表体排序

订单号	XS0003	订单日期	2017-07-18	业务类型	直运销售
销售类型	直接销售	客户简称	××科技	付款条件	
销售部门	销售部	业务员	甲6	税率	17.00
币种	人民币	汇率	1.00000000	备注	
必有定金	否	定金原币金额	0.00		

	存货编码	存货名称	主计量	数量	报价	含税单价	无税单价	无税金额	税额
1	0202	三星250G固态硬盘（灰色）	个	200.00	0.00	1041.30	890.00	178000.00	30260.00
2	0301	金士顿250G固态硬盘（黑色）	个	100.00	0.00	912.60	780.00	78000.00	13260.00
3	0302	金士顿250G固态硬盘（灰色）	个	150.00	0.00	936.00	800.00	120000.00	20400.00

图 12-116　直运销售订单

（4）保存并审核销售订单。在“销售订单”窗口中，单击工具栏中的“保存”按钮，再单击“审核”按钮，完成订单审核。

（5）退出。退出“销售订单”窗口。

12.11.2.2　生成直运销售专用发票并复核

（1）以“X01 甲 6”身份登录“企业应用平台”，“操作日期”为“2017 年 7 月 20 日”。

（2）在“业务工作”选项卡中，依次执行“供应链”→“销售管理”→“销售开票”→“销售专用发票”命令，系统打开“销售专用发票”窗口，单击“增加”按钮，系统弹出“查询条件选择”对话框，单击“取消”按钮，然后修改表头的“业务类型”为“直运销售”，再执行“生单”—“参照订单”命令，系统打开“查询条件选择-参照订单”对话框，单击“确定”按钮，系统打开“参照生单”窗口。

（3）生成销售专用发票。在“参照生单”窗口，双击订单号为“XS0003”所对应的“选择”栏，选中该订单，如图12-117所示；单击工具栏中的“OK确定”按钮，返回“销售专用发票”窗口。

选择	业务类型	销售类型	订单号	订单日期	币名	汇率	开票...	客户简称	开票...	销售部门	业务员	税率（%）
Y	直运销售	直接销售	XS0003	2017-07-18	人民币	1.00000000	0109	XX科技	XX...	销售部	甲6	17.00
合计												

选择	订单号	订单行号	货物编号	货物名称	预发货日期	主计量单位	可开票数量	含税单价	无税单价	可开票无...
Y	XS0003	1	0202	三星250G固态硬盘（灰色）	2017-07-18	个	200.00	1041.30	890.00	178000.00
Y	XS0003	2	0301	金士顿250G固态硬盘（黑色）	2017-07-18	个	100.00	912.60	780.00	78000.00
Y	XS0003	3	0302	金士顿250G固态硬盘（灰色）	2017-07-18	个	150.00	936.00	800.00	120000.00
合计							450.00			376000.00

图12-117 “参照订单”窗口

（4）保存并复核销售专用发票。在“销售专用发票”窗口中，补充“发票号”为“175649＊＊”，其他项保持默认，此处无须补充仓库信息（直运业务不经过企业仓库），然后单击工具栏中的“保存”按钮，再单击“复核”按钮，如图12-118所示。

	仓库名称	存货编码	存货名称	主计量	数量	含税单价	无税单价	无税金额
1		0202	三星250G固态硬盘（灰色）	个	200.00	1041.30	890.00	178000.00
2		0301	金士顿250G固态硬盘（黑色）	个	100.00	912.60	780.00	78000.00
3		0302	金士顿250G固态硬盘（灰色）	个	150.00	936.00	800.00	120000.00

图12-118 销售专用发票

（5）退出。退出“销售专用发票”窗口。

注：

- 直运销售专用发票不能录入仓库。
- 直运销售专用发票不能录入受托代销属性的存货。
- 一张直运销售发票可以对应多张直运采购发票，可以拆单、拆记录。

- 一张直运采购发票也可以对应多张直运销售发票，可以拆单、拆记录。

12.11.2.3　生成直运采购订单并审核

（1）以“G01 甲5”身份登录“企业应用平台”，“操作日期”为“2017年7月20日”。

（2）在“业务工作”选项卡中，依次执行“供应链”→“采购管理”→“采购订货”→“采购订单”命令，系统打开“采购订单”窗口，单击工具栏中的“增加”按钮，修改表头的“业务类型”为“直运采购”，再执行“生单”→“销售订单”命令，系统打开“查询条件选择-销售订单列表过滤”对话框，单击“确定”按钮，系统打开“拷贝并执行”窗口。

（3）拷贝信息。在“拷贝并执行”窗口中，双击选择销售订单号为“XS0003”的单据对应的“选择”栏，如图12-119所示；再单击“OK 确定”按钮，系统返回“采购订单”窗口。

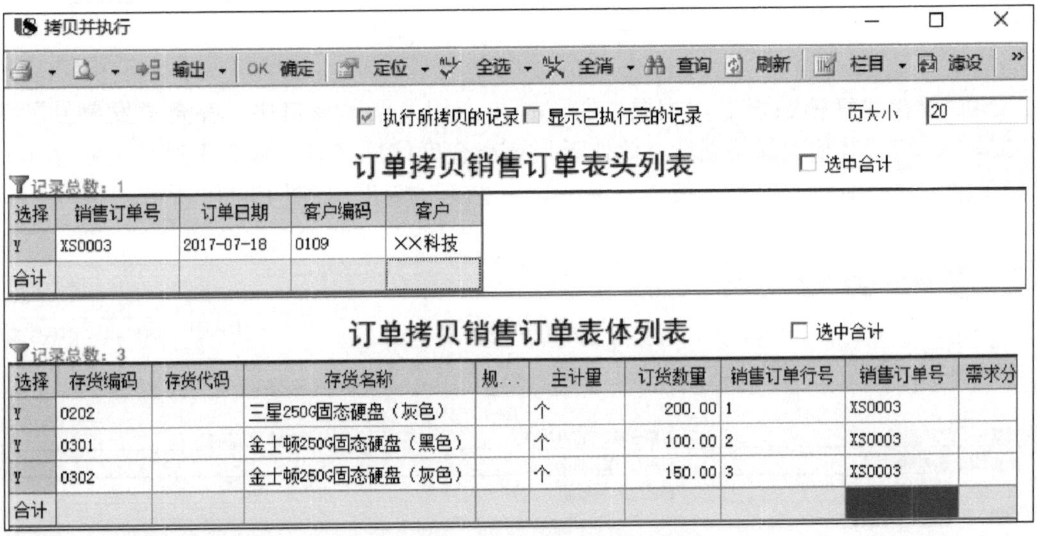

图12-119　订单拷贝销售订单表

（4）保存并审核采购订单。在“采购订单”窗口中，补充“订单编号”为“CG0003”、“供应商”为“湖南××科技有限公司”，修改“部门”为“采购部”、“业务员”为“甲5”，其他项保持默认。修改表体金额，在“原币单价”列依次输入“700.00、600.00、620.00”，然后单击工具栏中的“保存”按钮，再单击“审核”按钮，如图12-120所示。

（5）退出。退出“采购订单”窗口。

12.11.2.4　生成直运采购专用发票

（1）以“G01 甲5”身份登录“企业应用平台”，“操作日期”为“2017年7月20日”。

（2）在“业务工作”选项卡中，依次执行“供应链”→“采购管理”→“采购发票”→“专用采购发票”命令，系统打开“专用发票”窗口，单击工具栏中的“增加”按钮，选择修改表头的“业务类型”为“直运采购”，然后单击“生单”→“采购订单”命令，系统打开“查询条件选择-采购订单列表过滤”对话框，再单击“确定”按钮，系统打开“拷贝并执行”窗口。

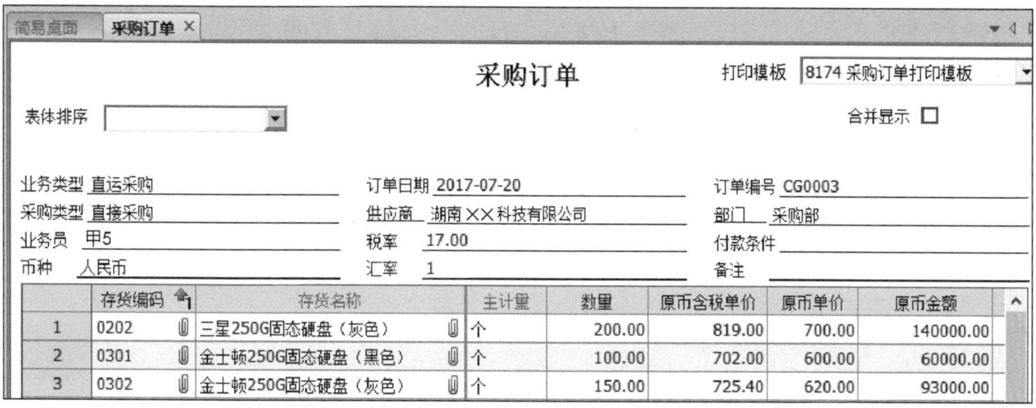

图 12-120 采购订单

（3）拷贝信息。在“拷贝并执行”窗口中，双击选择订单号为“CG0003”的单据对应的“选择”栏，如图 12-121 所示，再单击“OK 确定”按钮，系统返回“专用发票”窗口。

图 12-121 发票拷贝订单表

（4）保存采购专用发票。在“专用发票”窗口中，填写发票号为“175649＊＊”，其他项保持默认，然后单击工具栏中的“保存”按钮，如图 12-122 所示。

（5）退出。退出“专用发票”窗口。

12.11.2.5 审核直运销售发票并制单

（1）以“W02 甲 3”身份登录“企业应用平台”，“操作日期”为“2017 年 7 月 20 日”。

（2）在“业务工作”选项卡中，依次执行“财务会计”→“应收款管理”→“应收单据处理”→“应收单据审核”命令，系统打开“应收单查询条件”对话框，单击“确

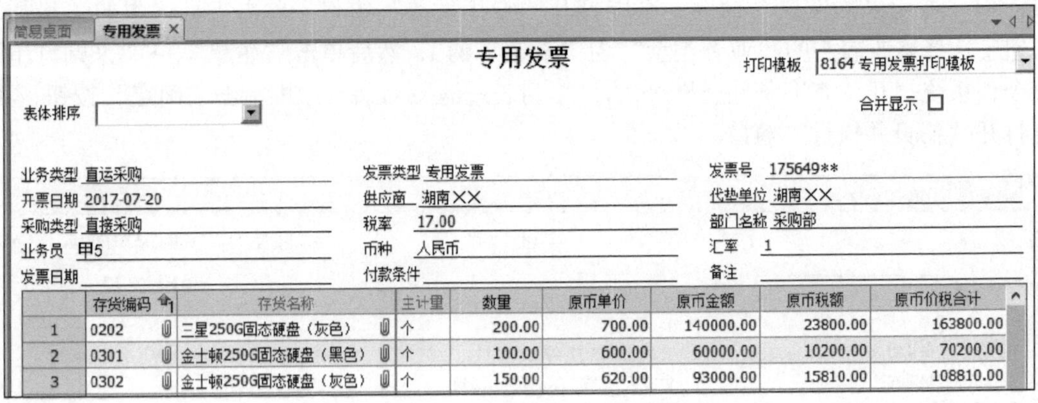

图 12-122 采购专用发票

定”按钮，打开“单据处理”窗口。

（3）审核发票。在“单据处理”窗口中，单击工具栏中的“全选”按钮，再单击“审核”按钮，系统提示“单据审核成功”，单击“确定”按钮，完成审核，如图 12-123 所示。

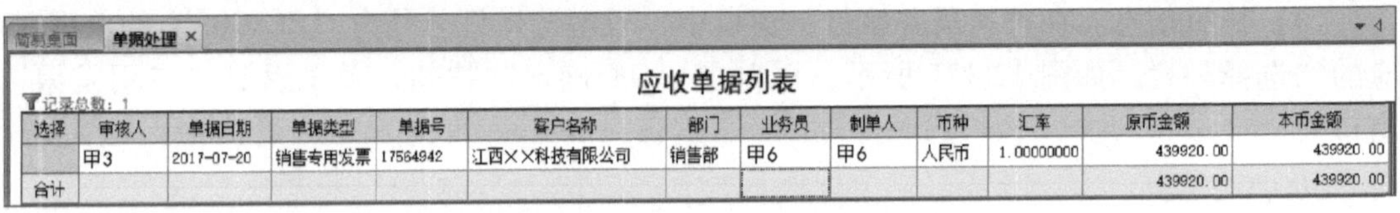

图 12-123 应收单据列表

（4）退出。退出“单据处理”窗口。

（5）在“应收款管理”系统中，单击“制单处理”命令，系统打开“制单查询”对话框，单击“确定”按钮，系统打开“制单”窗口。

（6）制单。在“制单”窗口中，单击工具栏中的“全选”按钮，再单击“制单”按钮，系统生成一张转账凭证。

（7）保存凭证。在“填制凭证”窗口中，单击工具栏中的“保存”按钮，如图12-124 所示。

（8）退出。退出当前窗口。

12.11.2.6 审核直运采购发票并制单

（1）以“W02 甲 3”身份登录“企业应用平台”，“操作日期”为“2017 年 7 月 20 日”。

（2）在“业务工作”选项卡中，依次执行“财务会计”→“应付款管理”→“应付单据处理”→“应付单据审核”命令，系统打开“应付单查询条件”对话框，单击“确定”按钮，打开“单据处理”窗口。

（3）审核发票。在“单据处理”窗口中，单击工具栏中的“全选”按钮，再单击“审核”按钮，系统提示“单据审核成功”，单击“确定”按钮，完成审核，如图 12-125 所示。

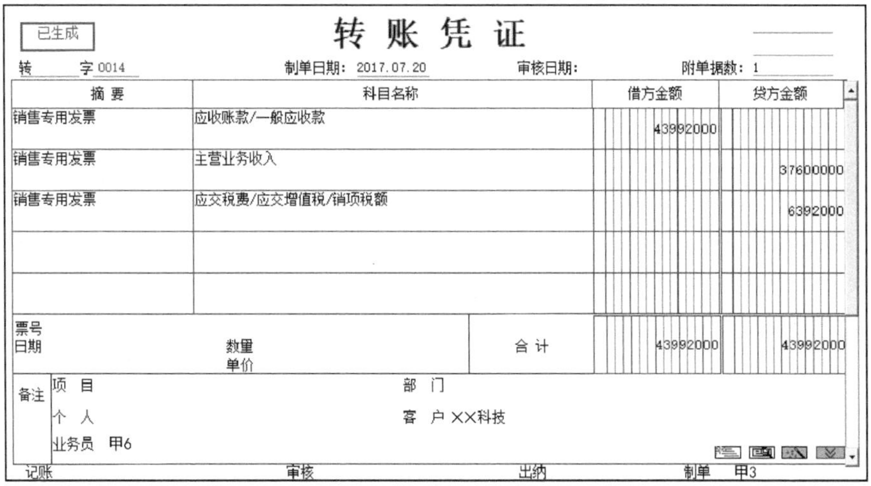

已生成

转 账 凭 证

转 字 0014 制单日期：2017.07.20 审核日期： 附单据数：1

摘 要	科目名称	借方金额	贷方金额
销售专用发票	应收账款/一般应收款	43992000	
销售专用发票	主营业务收入		37600000
销售专用发票	应交税费/应交增值税/销项税额		6392000
票号 日期 数量 单价	合 计	43992000	43992000

备注 项 目 部 门
个 人 客 户 XX科技
业务员 甲6

记账 审核 出纳 制单 甲3

图 12-124 采购专用发票制单结果

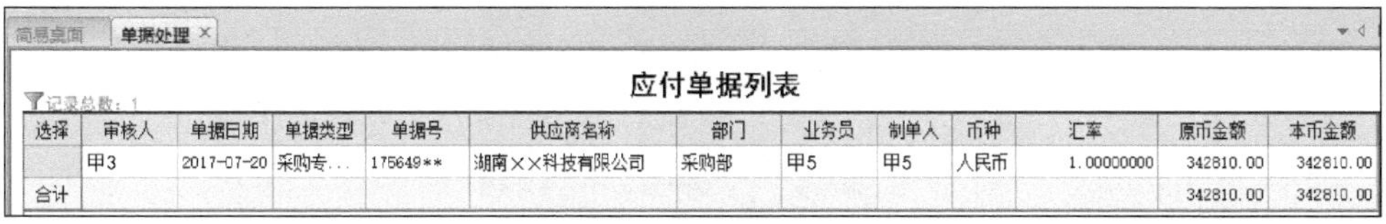

简易桌面 单据处理

应付单据列表

记录总数：1

选择	审核人	单据日期	单据类型	单据号	供应商名称	部门	业务员	制单人	币种	汇率	原币金额	本币金额
	甲3	2017-07-20	采购专...	175649**	湖南××科技有限公司	采购部	甲5	甲5	人民币	1.00000000	342810.00	342810.00
合计											342810.00	342810.00

图 12-125 应付单据列表

（4）退出。退出“单据处理”窗口。

（5）在“应付款管理”系统中，单击“制单处理”命令，系统打开“制单查询”对话框，单击“确定”按钮，系统打开“制单”窗口。

（6）制单。在“制单”窗口中，单击工具栏中的“全选”按钮，再单击“制单”按钮，系统生成一张转账凭证。

（7）保存凭证。在“填制凭证”窗口中，单击工具栏中的“保存”按钮，如图 12-126 所示。

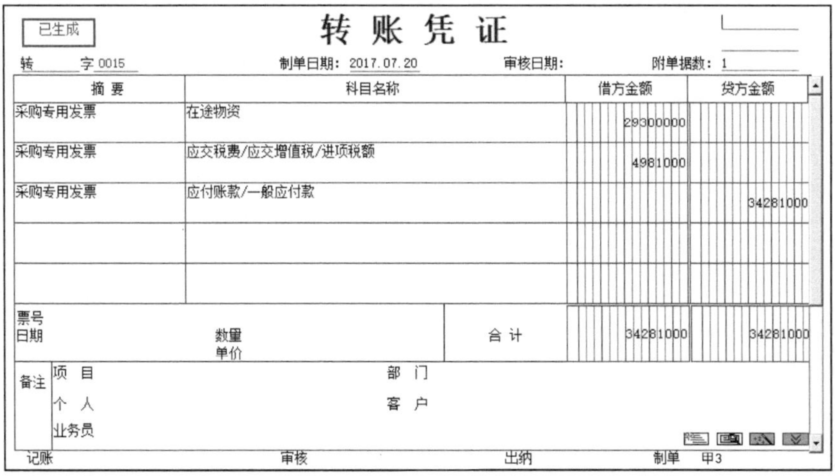

已生成

转 账 凭 证

转 字 0015 制单日期：2017.07.20 审核日期： 附单据数：1

摘 要	科目名称	借方金额	贷方金额
采购专用发票	在途物资	29300000	
采购专用发票	应交税费/应交增值税/进项税额	4981000	
采购专用发票	应付账款/一般应付款		34281000
票号 日期 数量 单价	合 计	34281000	34281000

备注 项 目 部 门
个 人 客 户
业务员

记账 审核 出纳 制单 甲3

图 12-126 销售专用发票制单结果

（8）退出。退出当前窗口。

12.11.2.7 直运销售记账并生成凭证

（1）以“W02 甲 3”身份登录“企业应用平台”，“操作日期”为“2017 年 7 月 20 日”。

（2）在“业务工作”选项卡中，依次执行“供应链”→“存货核算”→“业务核算”→“直运销售记账”命令，系统打开“直运采购发票核算查询条件”对话框，单击“确定”按钮，系统打开“未记账单据一览表”窗口。

（3）记账。在“未记账单据一览表”窗口中，单击工具栏中的“全选”按钮，如图 12-127 所示，再单击“记账”按钮，系统弹出“记账成功”信息提示框，单击“确定”按钮，完成记账操作。

简易桌面 | 制单 | 填制凭证 | 未记账单据一览表 ×

直运销售记账

记录总数：6

选择	日期	单据号	存货编码	存货名称	收发类别	单据类型	数量	单价	金额
Y	2017-07-20	175649**	0202	三星250G固态...	采购入库	采购发票	200.00	700.00	140000.00
Y	2017-07-20	175649**	0301	金士顿250G固...	采购入库	采购发票	100.00	600.00	60000.00
Y	2017-07-20	175649**	0302	金士顿250G固...	采购入库	采购发票	150.00	620.00	93000.00
Y	2017-07-20	175649**	0202	三星250G固态...	销售出库	专用发票	200.00		
Y	2017-07-20	175649**	0301	金士顿250G固...	销售出库	专用发票	100.00		
Y	2017-07-20	175649**	0302	金士顿250G固...	销售出库	专用发票	150.00		
小计							900.00		293000.00

图 12-127 直运销售记账

（4）退出。退出“未记账单据一览表”窗口。

（5）在“存货核算”系统中，单击“财务核算”→“生成凭证”命令，系统打开“生成凭证”窗口，单击工具栏中的“选择”按钮，打开“查询条件”对话框，仅勾选“（26）直运销售发票”复选框，再单击“确定”按钮，进入“选择单据”窗口，然后单击工具栏中的“全选”按钮，再单击“确定”按钮，系统返回“生成凭证”窗口。

（6）生成凭证。在“生成凭证”窗口中，补充存货“科目编码”为“1402（在途物资）”，如图 12-128 所示；然后单击工具栏中的“合成”按钮，系统生成一张转账凭证。

简易桌面 | 生成凭证 ×

凭证类别 收 收款凭证

选择	单据类型	单据号	摘要	科目类型	科目编码	科目名称	借方金额	贷方金额	借方数量	贷方数量	科目...	存货编码	存货名称
1	专用发票	175649**	专用发票	对方	6401	主营业...	14000...		200.00		1	0202	三星250G固态硬盘（灰色）
				存货	1402	在途物资		140000.00		200.00	2	0202	三星250G固态硬盘（灰色）
				对方	6401	主营业...	60000.00		100.00		1	0301	金士顿250G固态硬盘（黑色）
				存货	1402	在途物资		60000.00		100.00	2	0301	金士顿250G固态硬盘（黑色）
				对方	6401	主营业...	93000.00		150.00		1	0302	金士顿250G固态硬盘（灰色）
				存货	1402	在途物资		93000.00		150.00	2	0302	金士顿250G固态硬盘（灰色）
合计							29300...	293000.00					

图 12-128 “生成凭证”窗口

（7）保存凭证。在“填制凭证”窗口中，单击工具栏中的“保存”按钮，完成凭证保存，如图 12-129 所示。

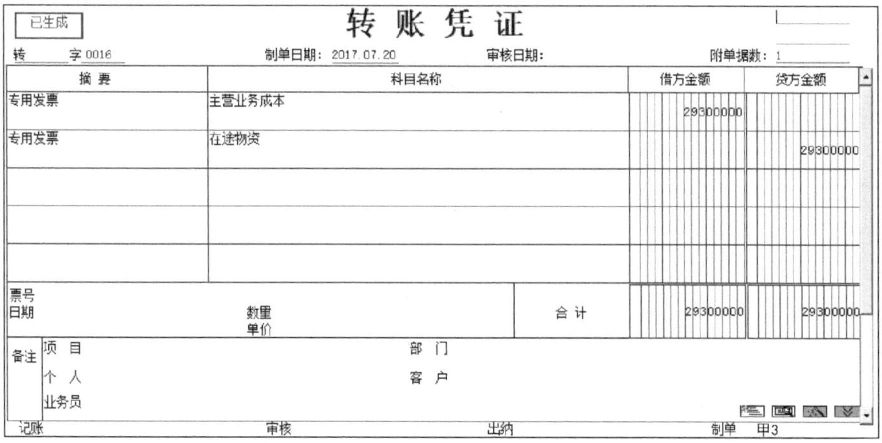

已生成

转账凭证

转　字 0016　　制单日期：2017.07.20　　审核日期：　　附单据数：1

摘要	科目名称	借方金额	贷方金额
专用发票	主营业务成本	29300000	
专用发票	在途物资		29300000
票号 日期	数量 单价　　合计	29300000	29300000

备注　项目　　部门
　　　个人　　客户
　　　业务员

记账　　审核　　出纳　　制单　甲3

图 12-129　结转销售成本记账凭证

（8）退出。退出当前窗口。

12.12　采购实训5　采购退货业务

12.12.1　业务描述与操作过程概述

7月19日，对合同编号为CG0002的货物进行抽查，发现有10个东芝1T移动硬盘（黑色）存在质量问题，经与售货方协商后即日办理退货，当日收到广州××公司开具的红字增值税专用发票（发票号：623150＊＊）及货款（电汇，金额：392652.00；票据号：126956＊＊）。

注：该业务属于退货业务中的结算后退货。

操作过程概述：

（1）2017年7月19日，以“G01甲5”身份登录，在“采购管理”系统中，参照“采购订单”生成“采购退货单”。

（2）2017年7月19日，以“C01甲7”身份登录，在“库存管理”系统中，参照“采购退货单”生成“红字采购入库单”并审核。

（3）2017年7月19日，以“G01甲5”身份登录，在“采购管理”系统中，参照“负数采购入库单”生成“红字采购专用发票”并结算。

（4）2017年7月19日，以“W02甲3”身份登录，在“应付款管理”系统中，审核发票并制单。

（5）2017年7月19日，以“W02甲3”身份登录，在“应付款管理”系统中，执行红票对冲及制单。

（6）2017年7月19日，以“W02甲3”身份登录，在“应付款管理”系统中，填制“付款单”。

（7）2017年7月19日，以“W02甲3”身份登录，在“应付款管理”系统中，审核“付款单”，核销并制单。

（8）2017 年 7 月 19 日，以“W02 甲 3”身份登录，在“存货核算”系统中，单击“正常单据记账”菜单项并生成凭证。

12.12.2 操作过程

12.12.2.1 生成采购退货单并审核

（1）以“G01 甲 5”身份登录“企业应用平台”，“操作日期”为“2017 年 7 月 19 日”。

（2）在“业务工作”选项卡中，依次执行“供应链”→“采购管理”→“采购到货”→“采购退货单”命令，系统进入“采购退货单”窗口，单击工具栏中的“增加”按钮，再单击“生单”→“采购订单”命令，系统打开“查询条件选择-采购订单列表过滤”对话框，再单击“确定”按钮，系统打开“拷贝并执行”窗口。

（3）拷贝信息。在“拷贝并执行”窗口中，双击订单号为“CG0002”的订单所对应的“选择”栏，然后在“到货单拷贝订单表体列表”中选中“存货编码”为“0101”的行，如图 12-130 所示。再单击工具栏中的“OK 确定”按钮，系统返回“采购退货单”窗口。

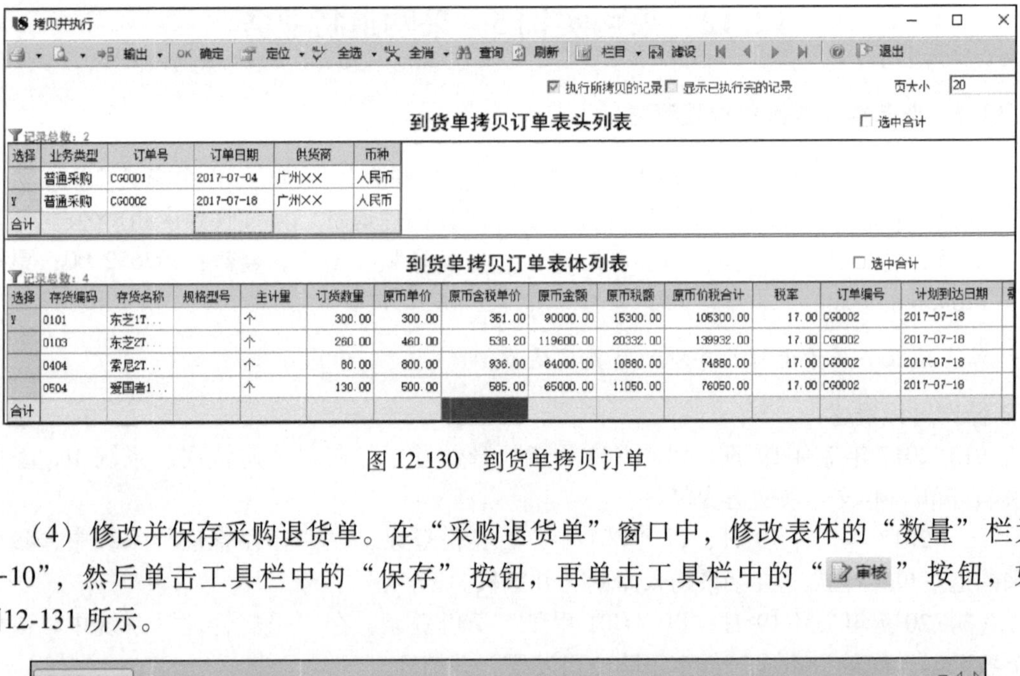

图 12-130 到货单拷贝订单

（4）修改并保存采购退货单。在“采购退货单”窗口中，修改表体的“数量”栏为“-10”，然后单击工具栏中的“保存”按钮，再单击工具栏中的“审核”按钮，如图12-131 所示。

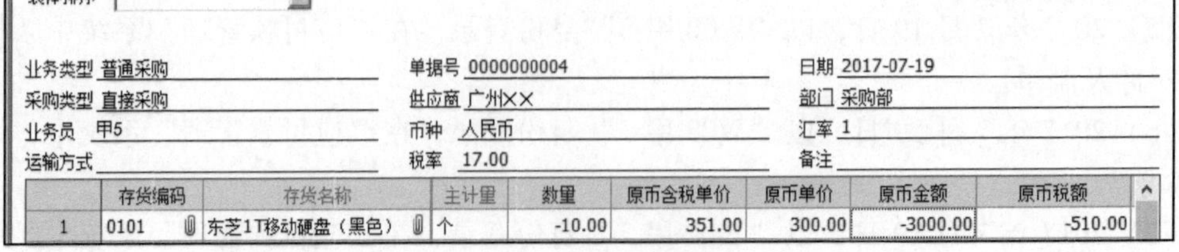

图 12-131 采购退货单

（5）退出。退出“采购退货单”窗口。

12.12.2.2 生成红字采购入库单并审核

（1）以“C01 甲 7”身份登录“企业应用平台”，“操作日期”为“2017 年 7 月 19 日”。

（2）在“业务工作”选项卡中，依次执行“供应链”→“库存管理”→“入库业务”→“采购入库单”命令，系统打开“采购入库单”窗口，依次执行“生单”→“采购到货单（红字）”命令，系统打开“查询条件选择-采购到货单列表”对话框，单击“确定”按钮，系统打开“到货单生单列表”窗口。

（3）生成红字采购入库单。在“到货单生单列表”窗口中，双击要选择的单据对应的“选择”栏，如图 12-132 所示；单击工具栏中的“确定”按钮，系统返回“采购入库单”窗口。

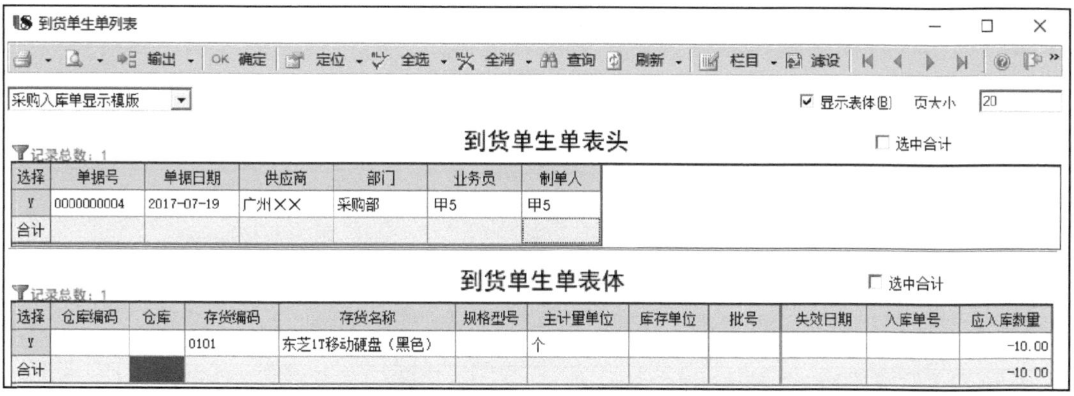

图 12-132 到货单生单列表

（4）保存并审核红字采购入库单。在“采购入库单”窗口中，编辑表头的“仓库”为“东芝移动硬盘库”，然后单击工具栏中的“保存”按钮，再单击“审核”按钮，系统弹出“该单据审核成功！”信息提示框，单击“确定”按钮，如图 12-133 所示。

图 12-133 采购入库单

12.12.2.3 生成红字专用采购发票并结算

（1）以“G01 甲 5”身份登录“企业应用平台”，“操作日期”为“2017 年 7 月 19

日”。

（2）在“业务工作”选项卡中，依次执行“供应链”→“采购管理”→“采购发票”→“红字专用采购发票”命令，系统打开“专用发票”窗口，单击工具栏中的“增加”按钮，再依次执行“生单”→“入库单”命令，系统打开“查询条件选择-采购入库单列表过滤”对话框，单击“确定”按钮，系统打开“拷贝并执行”窗口。

（3）拷贝信息。在“拷贝并执行”窗口中，双击要选择的入库单对应的“选择”栏，如图 12-134 所示。然后单击工具栏中的“OK 确定”按钮，系统返回“专用发票”窗口。

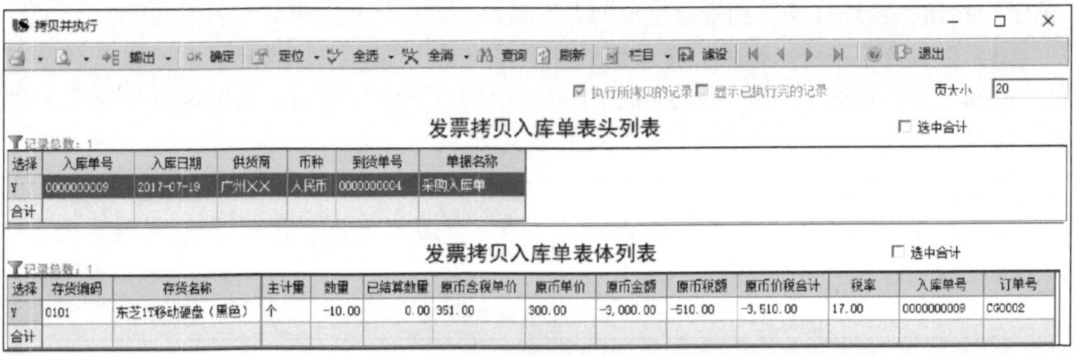

图 12-134 发票拷贝入库单

（4）在“专用发票”窗口中，修改表头的“发票号”为“623150 * *”，然后单击工具栏中的“保存”按钮，再单击“结算”按钮，完成结算，如图 12-135 所示。

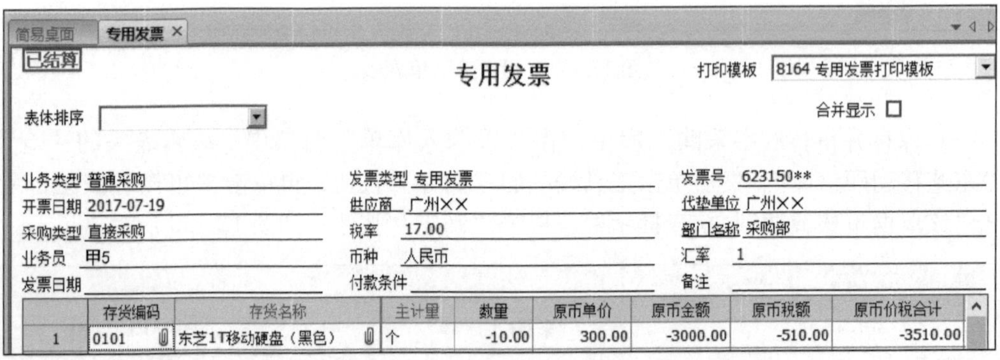

图 12-135 红字采购专用发票

（5）退出。退出“专用发票”窗口。

12.12.2.4 审核发票并制单

（1）以“W02 甲 3”身份登录“企业应用平台”，“操作日期”为“2017 年 7 月 19 日”。

（2）在“业务工作”选项卡中，依次执行“财务会计”→“应付款管理”→“应付单据处理”→“应付单据审核”命令，系统打开“应付单查询条件”对话框，单击“确定”按钮，打开“单据处理”窗口。

（3）审核发票。在“单据处理”窗口中，单击工具栏中的“全选”按钮，再单击

“审核”按钮，系统提示单据审核成功，单击“确定”按钮，完成审核，如图 12-136 所示。

简易桌面　单据处理 ×

应付单据列表

记录总数：1

选择	审核人	单据日期	单据类型	单据号	供应商名称	部门	业务员	制单人	币种	汇率	原币金额	本币金额
	甲3	2017-07-19	采购专...	62315028	广州××科技有限公司	采购部	甲5	甲5	人民币	1.00000000	-3,510.00	-3,510.00
合计											-3,510.00	-3,510.00

图 12-136　应付单据列表

（4）退出。退出“单据处理”窗口。

（5）在“应付款管理”系统中，单击“制单处理”命令，系统打开“制单查询”对话框，单击“确定”按钮，系统打开“制单”窗口。

（6）制单。在“制单”窗口中，单击工具栏中的“全选”按钮，再单击“制单”按钮，系统生成一张记账凭证。

（7）保存凭证。在“填制凭证”窗口中，单击工具栏中的“保存”按钮，如图12-137 所示。

已生成

转 账 凭 证

转　字 0010　　制单日期：2017.07.19　　审核日期：　　附单据数：1

摘要	科目名称	借方金额	贷方金额
采购专用发票	在途物资	300000	
采购专用发票	应交税费/应交增值税/进项税额	51000	
采购专用发票	应付账款/一般应付款		351000
票号 日期	数量 单价 合计	351000	351000

备注　项　目　　部　门
个　人　　客　户
业务员

记账　　审核　　出纳　　制单　甲3

图 12-137　红字采购发票制单结果

（8）退出。退出当前窗口。

12.12.2.5　红票对冲及制单

（1）以“W02 甲 3”身份登录“企业应用平台”，“操作日期”为“2017 年 7 月 19 日”。

（2）在“业务工作”选项卡中，依次执行“应付款管理”→“转账”→“红票对冲”→“手工对冲”命令，系统打开“红票对冲条件”对话框。

（3）红票对冲。在“红票对冲条件”对话框中，将“供应商”选为“0105 广州××科技有限公司”，再单击“确定”按钮，系统打开“红票对冲”窗口，在蓝字应付单（即在图 12-138 中下面的表中）的“对冲金额”中输入“3510.00”，如图 12-138 所示。再单击工具栏中的“保存”按钮，系统弹出“是否立即制单?”信息提示框，单击“是”按钮，生成一张转账凭证。

简易桌面　红票对冲 ×

单据日期	单据类型	单据编号	供应商	币种	原币金额	原币余额	对冲金额
2017-07-19	采购专...	623150**	广州××	人民币	3510.00	3510.00	3510.00
合计					3510.00	3510.00	3510.00

单据日期	单据类型	单据编号	供应商	币种	原币金额	原币余额	对冲金额
2017-07-18	采购专...	360967**	广州××	人民币	396162.00	396162.00	3510.00
合计					396162.00	396162.00	3510.00

图 12-138　“红票对冲”窗口

（4）保存凭证。在“填制凭证”窗口中，单击工具栏中的“保存”按钮，如图12-139 所示。

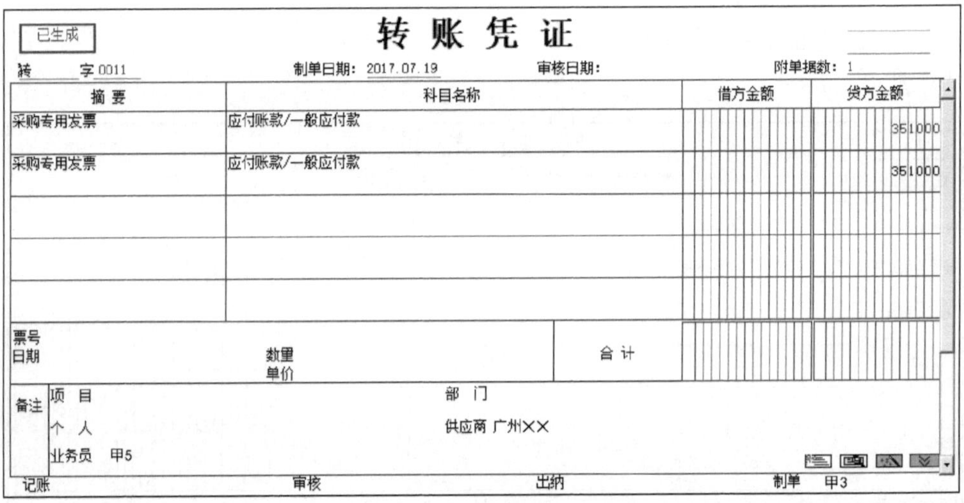
已生成

转 账 凭 证

转 字 0011　制单日期：2017.07.19　审核日期：　附单据数：1

摘要	科目名称	借方金额	贷方金额
采购专用发票	应付账款/一般应付款		351000
采购专用发票	应付账款/一般应付款		351000

票号
日期　数量
单价　合计

备注　项目　部门
个人　供应商 广州××
业务员 甲5

记账　审核　出纳　制单 甲3

图 12-139　红票对冲制单

（5）退出。退出当前窗口。

12.12.2.6　填制付款单

（1）以“W02 甲 3”身份登录“企业应用平台”，“操作日期”为“2017 年 7 月 19 日”。

（2）在“业务工作”选项卡中，依次执行“财务会计”→“应付款管理”→“付款单据处理”→“付款单据录入”命令，系统打开“付款单”窗口。

（3）填制付款单。在“付款单”窗口中，单击工具栏中的“增加”按钮，在表体中填入相关信息，“供应商”为“广州××科技有限公司”、“结算方式”为“电汇”、“金额”为“392652.00”、“票据号”为“126956＊＊”，然后单击工具栏中的“保存”按钮，如图 12-140 所示。

（4）退出。退出“付款单”窗口。

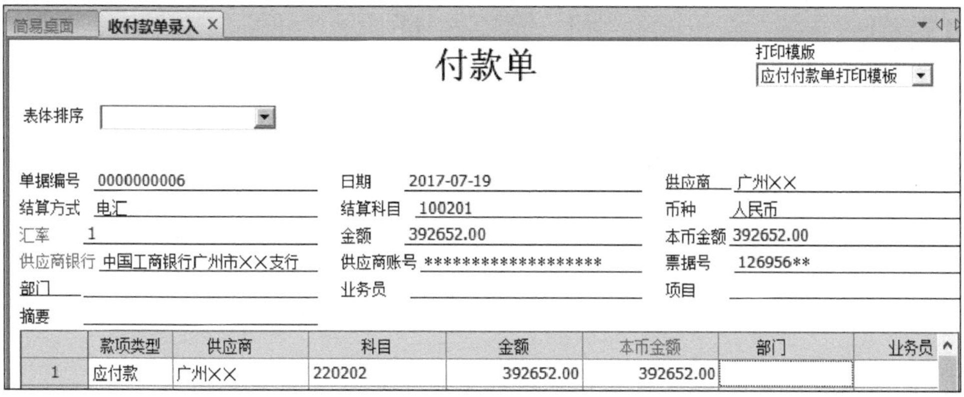

图 12-140 付款单

12.12.2.7 审核付款单、核销并制单

（1）以“W02 甲 3”身份登录“企业应用平台”，“操作日期”为“2017 年 7 月 19 日”。

（2）在“业务工作”选项卡中，依次执行“财务会计”→“应付款管理”→“付款单据处理”→“付款单据审核”，系统打开“付款单查询条件”对话框，单击“确定”按钮，打开“收付款单列表”窗口。

（3）审核付款单。在“收付款单列表”窗口中，双击要选择的付款单所对应的“选择”栏，再单击工具栏中的“审核”按钮，如图 12-141 所示。

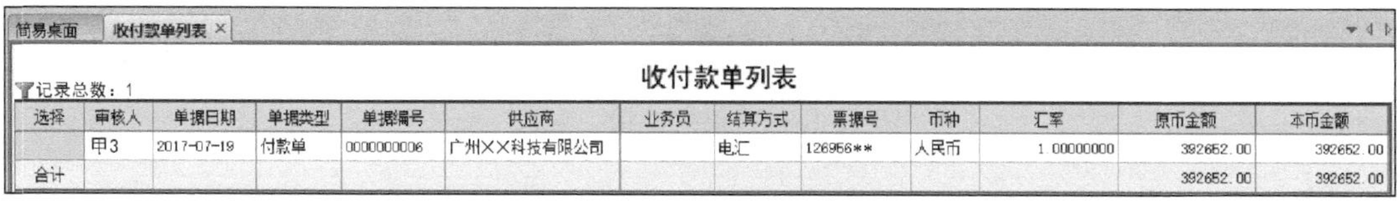

图 12-141 收付款单列表

（4）退出。退出“收付款单列表”窗口。

（5）制单。在“应付款管理”系统中，单击“制单处理”命令，系统打开“制单查询”对话框，勾选“收付款单制单”，再单击“确定”按钮，系统打开“制单”窗口，然后单击工具栏中的“全选”按钮，单击“制单”按钮，系统生成一张记账凭证。

（6）保存凭证。单击工具栏中的“流量”按钮，系统弹出“现金流量录入修改”对话框，录入“项目编码”为“04”，再单击“确定”按钮，最后单击工具栏中的“保存”按钮，如图 12-142 所示。

（7）退出。退出当前窗口。

（8）在“应付款管理”系统中，单击“核销处理”→“手工核销”，系统打开“核销条件”对话框，“供应商”选择“广州××科技有限公司”，再单击“确定”按钮，系统打开“单据核销”窗口。

（9）核销处理。在“单据核销”窗口中，采购专用发票对应的“本次结算”输入“392652.00”，如图 12-143 所示；然后单击工具栏中的“保存”按钮，完成核销处理。

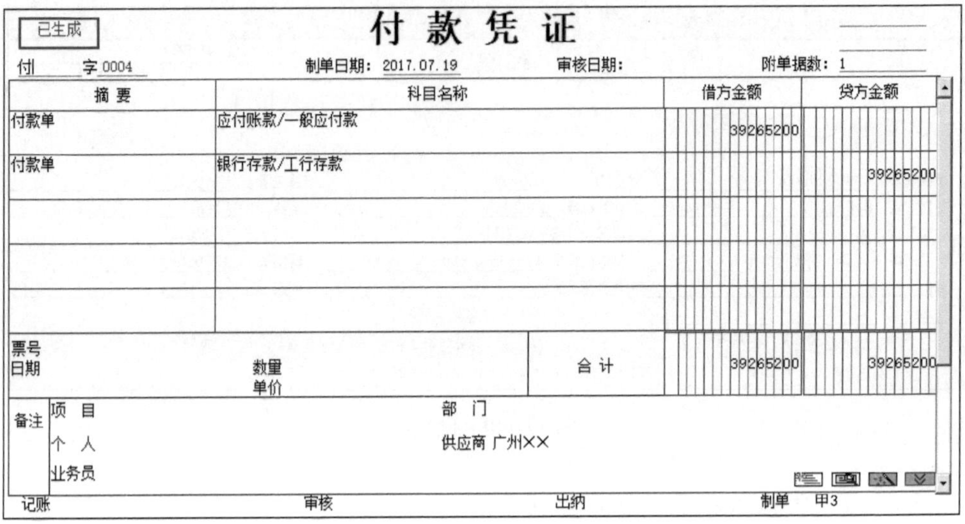
已生成

付款凭证

付 字 0004　制单日期：2017.07.19　审核日期：　附单据数：1

摘要	科目名称	借方金额	贷方金额
付款单	应付账款/一般应付款	39265200	
付款单	银行存款/工行存款		39265200
票号 日期	数量 单价　合计	39265200	39265200

备注　项　目　　部　门

个　人　　供应商 广州××

业务员

记账　审核　出纳　制单　甲3

图 12-142　付款单制单结果

简易桌面　制单　单据核销

单据日期	单据类型	单据编号	供应商	款项...	结算方式	币种	汇率	原币金额	原币余额	本次结算	订单号
2017-07-19	付款单	0000000006	广州××	应付款	电汇	人民币	1.00000000	392652.00	392652.00	392652.00	
合计								392652.00	392652.00	392652.00	

单据类型	单据编号	到期日	供应商	币种	原币金额	原币余额	可享受折扣	本次折扣	本次结算	订单号	凭证号
采购专...	360967**	2017-07-18	广州××	人民币	396162.00	392652.00	0.00	0.00	392652.00	CG0002	转-0008
					396162.00	392652.00	0.00		392652.00		

图 12-143 “单据核销”窗口

（10）退出。退出“单据核销”窗口。

注：

● 单据核销的作用是处理付款核销应付款，建立付款与应付款的核销记录，监督应付款及时核销，加强往来款项的管理。

● 根据付款金额的不同，核销分为三种情况。如果付款单的金额与应付单据的金额一致，付款单与应付单据完全核销。如果付款单的金额大于应付单据的金额，核销之后余款会形成预付款。如果付款单的金额小于应付单据的金额，核销为部分核销。

12.12.2.8　正常单据记账并生成凭证

（1）以“W02 甲 3”身份登录“企业应用平台”，“操作日期”为“2017 年 7 月 19 日”。

（2）在“业务工作”选项卡中，依次执行“供应链”→“存货核算”→“业务核算”→“正常单据记账”命令，系统打开“查询条件选项”对话框，单击“确定”，系统进入“未记账单据一览表”窗口。

（3）记账。在“未记账单据一览表”窗口，单击工具栏中的“全选”按钮，如图

12-144 所示，再单击“记账”按钮，系统弹出“记账成功”信息提示框，单击“确定”按钮，完成记账操作。

简易桌面 | 制单 | 单据核销 | 未记账单据一览表

正常单据记账列表

记录总数：1

选择	日期	单据号	存货编码	存货名称	单据类型	仓库名称	收发类别	数量	单价	金额
Y	2017-07-19	0000000009	0101	东芝1T移动硬盘（黑色）	采购入库单	东芝移动硬盘库	采购入库	-10.00	300.00	-3000.00
小计								-10.00		-3000.00

图 12-144　正常单据记账列表

（4）退出。退出“未记账单据一览表”窗口。

（5）在“存货核算”系统中，执行“财务核算”→“生成凭证”命令，系统进入“生成凭证”窗口，单击工具栏中的“选择”按钮，打开“查询条件”对话框，仅勾选“(01) 采购入库单（报销记账）”复选框，再单击“确定”按钮，系统进入“选择单据”窗口。

（6）生成凭证。在“选择单据”窗口中，选中本业务生成的采购入库单，如图 12-145 所示；再单击“确定”按钮，系统返回“生成凭证”窗口，然后单击工具栏中的“生成”按钮，系统生成一张转账凭证。

选择单据

输出 单据 全选 全消 确定 取消

未生成凭证单据一览表

选择	记账日期	单据日期	单据类型	单据号	仓库	收发类别	记账人	部门	部门编码	业务类型	计价方式	摘要	供应商
1	2017-07-19	2017-07-19	采购入库单	0000000009	东芝移动硬:	采购入库	甲3	采购部	G	普通采购	先进先出法	采购入库单	广州××科:

图 12-145　选择单据窗口

（7）保存凭证。在“填制凭证”窗口中，单击工具栏中的“保存”按钮，如图 12-146 所示。

已生成

转 账 凭 证

转 字 0012　　制单日期：2017.07.19　　审核日期：　　附单据数：1

摘要	科目名称	借方金额	贷方金额
采购入库单	库存商品	300000	
采购入库单	在途物资		300000
票号 日期	数量 单价 合计	300000	300000

备注　项目　　部门
　　　个人　　客户
　　　业务员

记账　　审核　　出纳　　制单 甲3

图 12-146　存货退货凭证（金额为红字）

（8）退出。退出当前窗口。

12.13 销售实训 7 分期收款业务

12.13.1 业务描述与操作过程概述

分期收款业务的订货、发货、出库、开票等处理与普通销售业务相同，只是在填制单据时“业务类型”应选择“分期收款”。分期收款业务开具发票时，结转销售成本。

7 月 19 日，与河北××科技有限公司签订分期收款销售合同。

7 月 20 日，收到河北××科技有限公司支付的货款。

上述业务相关凭证如图 12-147～图 12-149 所示。

购销合同

合同编号：XS0004

卖方：山东××科技有限公司

买方：河北××科技有限公司

为保护买卖双方的合法权益，双方根据《中华人民共和国合同法》的有关规定，买卖双方经友好协商，一致同意签订本合同，并共同遵守合同内容。

一、货物的名称、数量及金额

货物的名称	规格型号	计量单位	数量	单价（不含税）	金额（不含税）	税率	税额
东芝 1T 移动硬盘	黑色	个	260	420.00	109200.00	17%	18564.00
东芝 2T 移动硬盘	黑色	个	200	610.00	122000.00	17%	20740.00
索尼 1T 移动硬盘	灰色	个	50	590.00	29500.00	17%	5015.00
爱国者 500G 移动硬盘	黑色	个	180	480.00	86400.00	17%	14688.00
合计					￥347100.00		￥59007.00

二、合同总金额：人民币肆拾捌万贰仟零肆拾元整（￥406107.00）。

三、收款时间：买方分期向卖方支付货款（从本月起于每月 29 日支付货款，分两期支付，每次支付金额不得低于合同总金额的百分之三十，逾期未付，视为买方违约）。

四、至付清所有合同款项前，卖方按买方未付款项与合同总价款的比例保留对合同标的物的所有权。

五、发货时间：卖方于签订合同当日发出全部商品；发运方式：买方自提。

卖　　方：山东××科技有限公司　　买　　方：河北××科技有限公司

授权代表：甲6　　授权代表：×××

日　　期：2017 年 7 月 19 日　　日　　期：2017 年 7 月 19 日

图 12-147　购销合同

山东省增值税专用发票　　No 397093**

开票日期：2017 年 7 月 20 日

购货单位	名　　称：河北××科技有限公司 纳税人识别号：*************** 地 址、电 话：邯郸市××区××路 ** 号****—******** 开户行及账号：中国工商银行××支行*******************				密码区	略	
货物或应税劳务名称	规格型号	单位	数量	单价	金额	税率	税额
东芝 1T 移动硬盘	黑色	个	260	420.00	109200.00	17%	18564.00
东芝 2T 移动硬盘	黑色	个	200	610.00	122000.00	17%	20740.00
合　计					￥231200.00		￥39304.00
价税合计	（大写）人民币贰拾柒万零伍佰零肆元整　（小写）￥270504.00						
销货单位	名　　称：山东××科技有限公司 纳税人识别号：*************** 地 址、电 话：山东省××市××区燕山路 ** 号****—******** 开户行及账号：中国工商银行××市××支行******************				备注	山东××科技有限公司 *************** 发票专用章	

收款人（略）　　复核（略）　　开票人（略）　销货单位：（章）

第一联：记账联 销货方记账凭证

图 12-148　销售专用增值税发票

中国工商银行进账单（回单或收账通知）

普通□ 加急□ 2017年7月20日

付款人	全称	河北××科技有限公司	收款人	全称	山东××科技有限公司
	账号	******************		账号	******************
	开户银行	中国工商银行××支行		开户银行	中国工商银行××市××支行

人民币（大写）：贰拾柒万零伍佰零肆元整	千	百	十	万	千	百	十	元	角	分
		¥	2	7	0	5	0	4	0	0

票据种类	转账支票	票据张数	1	汇出（户）行盖章
票据号	367410 **			

图12-149 银行进账单

操作过程概述：

（1）2017年7月19日，以“X01甲6”身份登录，在“销售管理”系统中，填制“（分期销售）销售订单”并审核。

（2）2017年7月19日，以“X01甲6”身份登录，在“销售管理”系统中，参照“（分期销售）销售订单”生成“发货单”并审核。

（3）2017年7月19日，以“C01甲7”身份登录，在“库存管理”系统中，参照“发货单”生成“销售出库单”并审核。

（4）2017年7月19日，以“W02甲3”身份登录，在“存货核算”系统中，进行发出商品记账并生成凭证（发出商品制单）。

（5）2017年7月20日，以“X01甲6”身份登录，在“销售管理”系统中，参照“发货单”生成“销售专用发票”，同时现结并复核。

（6）2017年7月20日，以“W02甲3”身份登录，在“应收款管理”系统中，审核发票并制单。

（7）2017年7月20日，以“W02甲3”身份登录，在“存货核算”系统中，进行发出商品记账并生成凭证（结转发出商品成本）。

12.13.2 操作过程

12.13.2.1 填制分期收款销售订单并审核

（1）以“X01甲6”身份登录“企业应用平台”，“操作日期”为“2017年7月19日”。

（2）在“业务工作”选项卡中，依次执行“供应链”→“销售管理”→“销售订货”→“销售订单”命令，系统打开“销售订单”窗口。

（3）填制分期收款销售订单。在“销售订单”窗口中，单击工具栏中的“增加”按钮，然后编辑表头信息，“订单编号”为“XS0004”、“业务类型”为“分期收款”，“销售类型”为“直接销售”、“客户简称”为“××科技”、“销售部门”为“销售部”、“业务员”为“甲6”，编辑表体信息，参照图12-156录入所有商品的“存货编码”“数量”以及“无税单价”，如图12-150所示。

（4）保存并审核销售订单。在“销售订单”窗口中，单击工具栏中的“保存”按钮，

简易桌面　销售订单 ×

销售订单

打印模版 销售订单打印模版

表体排序

合并显示 □

订单号 XS0004　订单日期 2017-07-19　业务类型 分期收款

销售类型 直接销售　客户简称 ××科技　付款条件

销售部门 销售部　业务员 甲6　税率 17.00

币种 人民币　汇率 1　备注

必有定金 否　定金原币金额 0.00

	存货编码	存货名称	主计量	数量	报价	含税单价	无税单价	无税金额	税额
1	0101	东芝1T移动硬盘（黑色）	个	260.00	0.00	491.40	420.00	109200.00	18564.00
2	0103	东芝2T移动硬盘（黑色）	个	200.00	0.00	713.70	610.00	122000.00	20740.00
3	0402	索尼1T移动硬盘（灰色）	个	50.00	0.00	690.30	590.00	29500.00	5015.00
4	0501	爱国者500G移动硬盘（黑色）	个	180.00	0.00	561.60	480.00	86400.00	14688.00

图 12-150　销售订单

再单击“审核”按钮，完成订单审核。

（5）退出。退出“销售订单”窗口。

12.13.2.2　生成发货单并审核

（1）以“X01 甲 6”身份登录“企业应用平台”，“操作日期”为“2017 年 7 月 19 日”。

（2）在“业务工作”选项卡中，单击“供应链”→“销售管理”→“销售发货”→“发货单”命令，系统打开“发货单”窗口，然后单击工具栏中的“增加”按钮，系统弹出“查询条件选择-参照订单”对话框，再单击“取消”按钮，修改表体的“业务类型”为“分期收款”，然后单击工具栏中的“订单”按钮，系统弹出“查询条件选择-参照生单”对话框，再单击“确定”按钮，系统打开“参照生单”窗口。

（3）生成发货单。在“参照生单”窗口中，然后双击订单号为“XS0004”所对应的“选择”栏，选中该订单，如图 12-151 所示；然后单击“OK 确定”按钮，系统返回“发货单”窗口。

参照生单

输出　OK 确定　定位　全选　全消　查询　刷新　栏目　滤设　退出

页大小 20

□ 选中合计

记录总数：1

选择	业务类型	销售类型	订单号	订单日期	币名	汇率	开票单位编码	客户简称	开票单位名称	销售部门	业务员	税率（%）
Y	分期收款	直接销售	XS0004	2017-07-19	人民币	1.00000000	0105	××科技	××科技	销售部	甲6	17.00
合计												

发货单参照订单

□ 选中合计

记录总数：4

选择	订单号	订单行号	货物编号	货物名称	预发货日期	主计量单位	可发货数量	含税单价	无税单价	可发货无...	可发货税额
Y	XS0004	1	0101	东芝1T移动硬盘（黑色）	2017-07-19	个	260.00	491.40	420.00	109200.00	18564.00
Y	XS0004	2	0103	东芝2T移动硬盘（黑色）	2017-07-19	个	200.00	713.70	610.00	122000.00	20740.00
Y	XS0004	3	0402	索尼1T移动硬盘（灰色）	2017-07-19	个	50.00	690.30	590.00	29500.00	5015.00
Y	XS0004	4	0501	爱国者500G移动硬盘（黑色）	2017-07-19	个	180.00	561.60	480.00	86400.00	14688.00
合计							690.00			347100.00	59007.00

图 12-151　“参照生单”窗口

（4）保存并审核发货单。在“发货单”窗口中，补充仓库信息，然后单击工具栏中的“保存”按钮，再单击“审核”按钮，如图12-152所示。

图12-152 发货单

（5）退出。退出“发货单”窗口。

12.13.2.3 生成销售出库单并审核

（1）以“C01 甲7”身份登录“企业应用平台”，“操作日期”为“2017年7月19日”。

（2）在“业务工作”选项卡中，依次执行“供应链”→“库存管理”→“出库业务”→“销售出库单”命令，系统打开“销售出库单”窗口，单击工具栏“生单”→“销售生单（批量）”，系统打开“查新条件选择-销售发货单列表”对话框，再单击“确定”按钮，系统进入“销售生单”窗口。

（3）生成销售出库单。在“销售生单”窗口中，双击发货单号为“0000000003”所对应的“选择”栏，选中该单据，如图12-153所示；然后单击工具栏中的“OK确定”按钮，系统弹出“生单成功！”消息提示框，单击“确定”按钮，返回“销售出库单”窗口。

图12-153 “销售生单”窗口

（4）审核销售出库单。在“销售出库单”中，单击工具栏中的“审核”按钮，系统弹出“该单据审核成功”消息提示框，单击“确定”按钮，完成单据审核，然后单击“上一张”按钮，审核另外两张“销售出库单”，如图 12-154 所示。

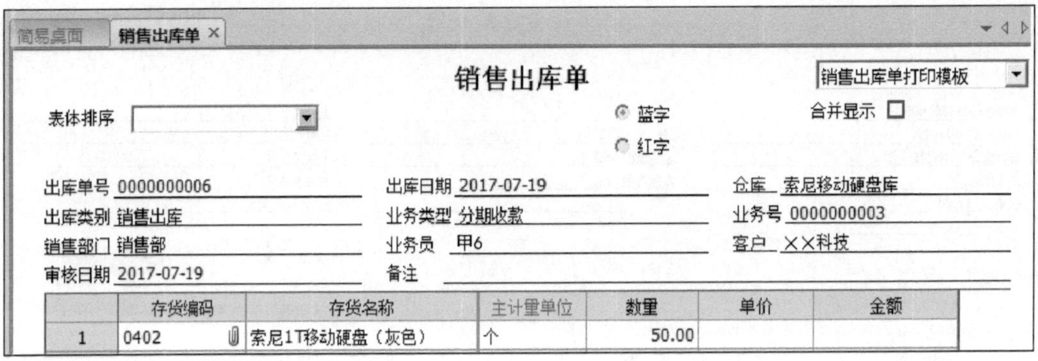

(a)

(b)

(c)

图 12-154 销售出库单

（a）索尼移动硬盘库；（b）东芝移动硬盘库；（c）爱国者移动硬盘库

（5）退出。退出“销售出库单”窗口。

12.13.2.4 发出商品记账并生成凭证（发出商品制单）

（1）以“W02 甲 3”身份登录“企业应用平台”，“操作日期”为“2017 年 7 月 19

日”。

（2）在“业务工作”选项卡中，依次执行“供应链”→“存货核算”→“业务核算”→“发出商品记账”命令，系统打开“查询条件选择”对话框，单击“确定”，系统打开“未记账单据一览表”窗口。

（3）记账。在“未记账单据一览表”窗口中，单击工具栏中的“全选”，如图 12-155 所示；再单击工具栏中的“记账”按钮，系统弹出“记账成功”信息提示框，单击“确定”按钮，完成记账。

简易桌面 | 未记账单据一览表 ×

发出商品记账

记录总数：4

选择	日期	单据号	仓库名称	收发类别	存货编码	存货名称	单据类型	计量单位	数量
Y	2017-07-19	0000000003	东芝移动硬盘库	销售出库	0101	东芝1T移动硬盘（黑色）	发货单	个	260.00
Y	2017-07-19	0000000003	东芝移动硬盘库	销售出库	0103	东芝2T移动硬盘（黑色）	发货单	个	200.00
Y	2017-07-19	0000000003	索尼移动硬盘库	销售出库	0402	索尼1T移动硬盘（灰色）	发货单	个	50.00
Y	2017-07-19	0000000003	爱国者移动硬...	销售出库	0501	爱国者500G移动硬盘（黑色）	发货单	个	180.00
小计									690.00

图 12-155 发出商品记账

（4）退出。退出“未记账单据一览表”窗口。

（5）在“存货核算”系统中，单击“财务核算”→“生成凭证”菜单项，系统打开“生成凭证”窗口，单击工具栏中的“选择”按钮，打开“查询条件”对话框，勾选“（05）分期收款发出商品发货单”复选框，单击“确定”按钮，进入“选择单据”窗口。

（6）生成凭证。在“选择单据”窗口中，选中本业务生成的发货单，再单击“确定”，系统返回“生成凭证”窗口，如图 12-156 所示，然后单击工具栏中的“合成”按钮，系统生成一张凭证。

简易桌面 | 生成凭证 ×

凭证类别 转 转账凭证

选择	单据类型	单据号	摘要	科目类型	科目编码	科目名称	借方金额	贷方金额	借方数量	贷方数量	科目...	存货编码	存货名称
1	发货单	000000...	发货单	发出商品	1406	发出商品	3000.00		10.00		1	0101	东芝1T移动硬盘（黑色）
				存货	1405	库存商品		3000.00		10.00	2	0101	东芝1T移动硬盘（黑色）
				发出商品	1406	发出商品	75000.00		250.00		1	0101	东芝1T移动硬盘（黑色）
				存货	1405	库存商品		75000.00		250.00	2	0101	东芝1T移动硬盘（黑色）
				发出商品	1406	发出商品	23000.00		50.00		1	0103	东芝2T移动硬盘（黑色）
				存货	1405	库存商品		23000.00		50.00	2	0103	东芝2T移动硬盘（黑色）
				发出商品	1406	发出商品	69000.00		150.00		1	0103	东芝2T移动硬盘（黑色）
				存货	1405	库存商品		69000.00		150.00	2	0103	东芝2T移动硬盘（黑色）
				发出商品	1406	发出商品	24000.00		50.00		1	0402	索尼1T移动硬盘（灰色）
				存货	1405	库存商品		24000.00		50.00	2	0402	索尼1T移动硬盘（灰色）
				发出商品	1406	发出商品	7200.00		20.00		1	0501	爱国者500G移动硬盘（...
				存货	1405	库存商品		7200.00		20.00	2	0501	爱国者500G移动硬盘（...
				发出商品	1406	发出商品	57600.00		160.00		1	0501	爱国者500G移动硬盘（...
				存货	1405	库存商品		57600.00		160.00	2	0501	爱国者500G移动硬盘（...
合计							25880...	25880...					

图 12-156 “生成凭证”窗口

（7）保存凭证。在“填制凭证”窗口，单击工具栏中的“保存”，完成凭证保存，如图 12-157 所示。

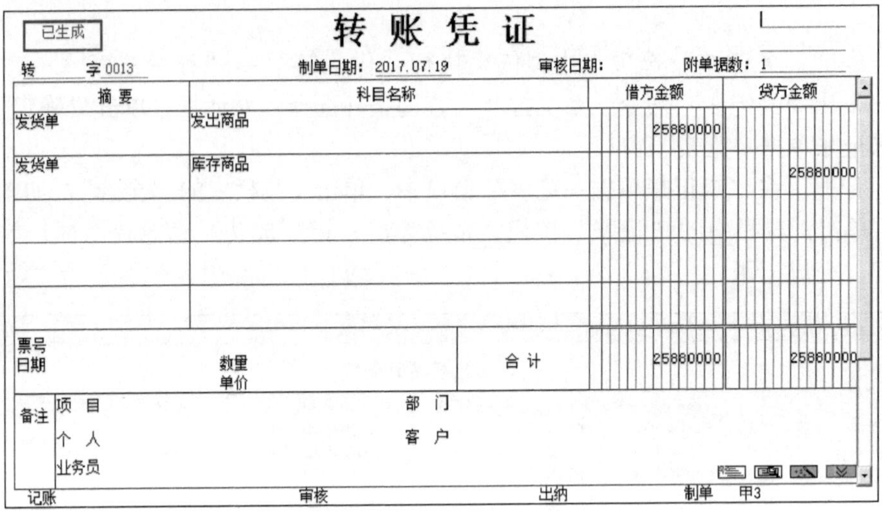

图 12-157 发出商品记账凭证

（8）退出。退出当前窗口。

12.13.2.5 生成销售专用发票、现结并复核

（1）以“X01 甲 6”身份登录“企业应用平台”，“操作日期”为“2017 年 7 月 20 日”。

（2）在“业务工作”选项卡中，依次执行“供应链”→“销售管理”→“销售开票”→“销售专用发票”命令，系统打开“销售专用发票”窗口，单击“增加”按钮，系统弹出“查询条件选择-参照订单”对话框，单击“取消”按钮，然后修改表头“业务类型”为“分期收款”，单击工具栏“生单”→“参照发货单”选项，系统弹出“查询条件选择-发票参照发货单”对话框，如图 12-158 所示；再单击“确定”按钮，系统打开“参照生单”窗口。

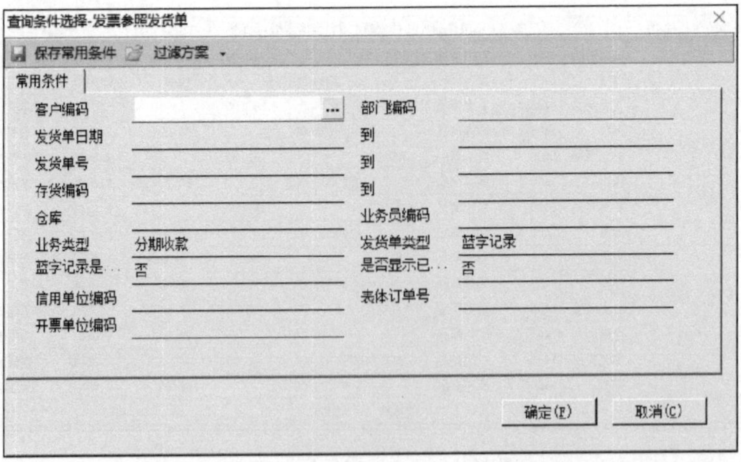

图 12-158 查询条件选择-发票参照发货单

（3）生成销售专用发票。在“参照生单”窗口中，双击发货单号为“0000000003”

所对应的“选择”栏，选中该发货单，然后在“发票参照发货单”中仅选中第“1”“2”行，如图 12-159 所示；再单击“OK 确定”按钮，系统返回“销售专用发票”窗口。

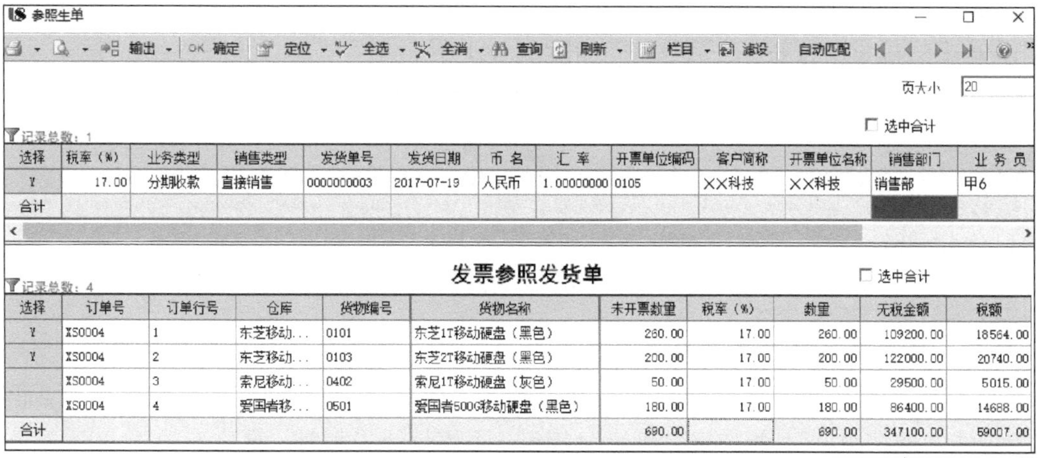

图 12-159　“参照生单”窗口

（4）保存销售专用发票。在“销售专用发票”窗口中，填写发票号为“397093 ** ”，其他项保持默认。单击工具栏中的“保存”按钮。

（5）现结并复核。在“销售专用发票”窗口中，单击“现结”按钮，系统打开“现结”窗口，“结算方式”选择“202-转账支票”、“原币金额”输入“270504.00”、“票据号”输入“36740 * * ”，然后单击“确定”按钮，再单击工具栏中的“复核”按钮，如图 12-160 所示。

图 12-160　销售专用发票

（6）退出。退出“销售专用发票”窗口。

12.13.2.6　审核发票并制单

（1）以“W02 甲 3”身份登录“企业应用平台”，“操作日期”为“2017 年 7 月 20 日”。

（2）在“业务工作”选项卡中，依次执行“财务会计”→“应收款管理”→“应收单据处理”→“应收单据审核”命令，系统打开“应收单查询条件”对话框，勾选“包含已现结发票”，再单击“确定”按钮，系统打开“单据处理”窗口。

（3）审核发票。在“单据处理”窗口中，双击单据号为“397093＊＊”的单据对应的“选择”栏，选中该单据，单击工具栏中的“审核”按钮，系统提示“单据审核成功”，单击“确定”按钮，完成审核，如图 12-161 所示。

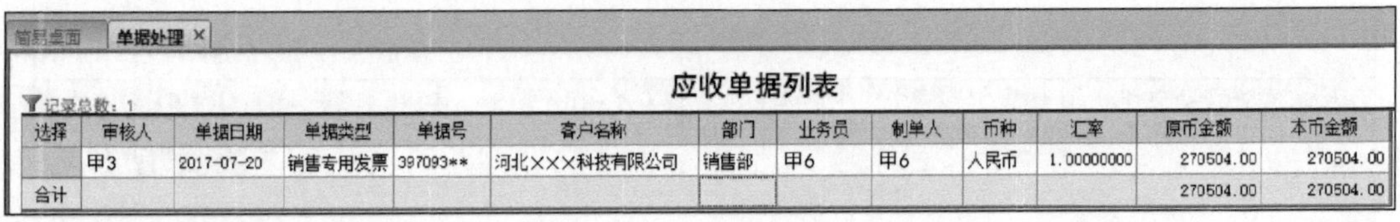
简易桌面 单据处理

应收单据列表

记录总数：1

选择	审核人	单据日期	单据类型	单据号	客户名称	部门	业务员	制单人	币种	汇率	原币金额	本币金额
	甲3	2017-07-20	销售专用发票	397093**	河北×××科技有限公司	销售部	甲6	甲6	人民币	1.00000000	270504.00	270504.00
合计											270504.00	270504.00

图 12-161　应收单据列表

（4）退出。退出“单据处理”窗口。

（5）在“应收款管理”系统中，双击“制单处理”，系统打开“制单查询”对话框，然后勾选“现结制单”，再单击“确定”按钮，系统打开“制单”窗口。

（6）制单。在“制单”窗口中，单击工具栏中的“全选”按钮，再单击“制单”按钮，系统生成一张收款凭证。

（6）保存凭证。在“填制凭证”窗口，再单击工具栏中的“流量”按钮，系统打开“现金流量录入修改”对话框，录入“项目编码”为“01”，如图 12-162 所示；然后单击“确定”按钮，最后单击工具栏中的“保存”按钮，如图 12-163 所示。

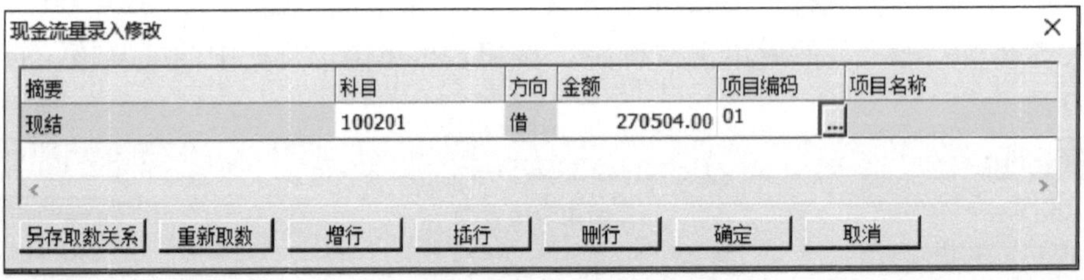
现金流量录入修改

摘要	科目	方向	金额	项目编码	项目名称
现结	100201	借	270504.00	01	

另存取数关系　重新取数　增行　插行　删行　确定　取消

图 12-162　现金流量录入修改

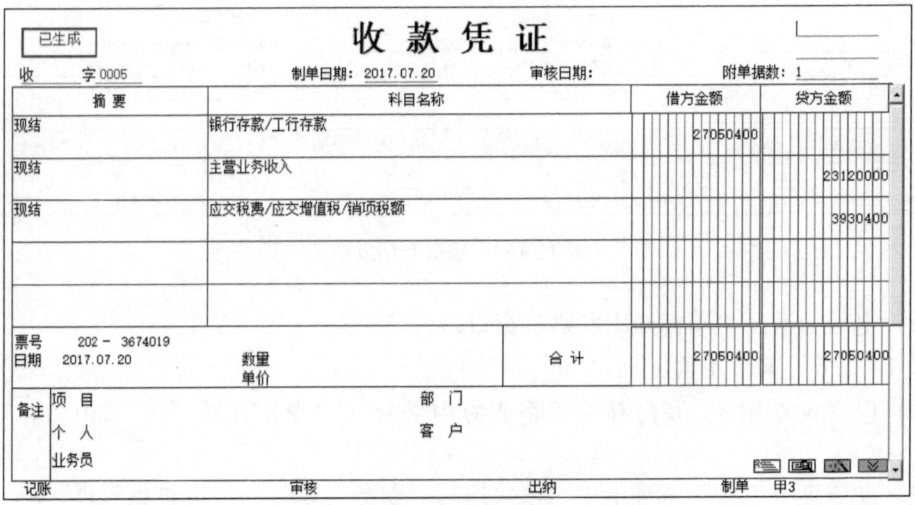
已生成

收款凭证

收　字 0005　制单日期：2017.07.20　审核日期：　附单据数：1

摘要	科目名称	借方金额	贷方金额
现结	银行存款/工行存款	27050400	
现结	主营业务收入		23120000
现结	应交税费/应交增值税/销项税额		3930400
票号 202 - 3674019 日期 2017.07.20　数量 单价	合计	27050400	27050400

备注　项目　部门

个人　客户

业务员

记账　审核　出纳　制单 甲3

图 12-163　销售专用发票制单结果

（7）退出。退出当前窗口。

12.13.2.7 发出商品记账并生成凭证（发出商品成本结转）

（1）2017年7月20日，以“W02甲3”身份登录“企业应用平台”。

（2）在“业务工作”选项卡中，依次执行“供应链”→“存货核算”→“业务核算”→“发出商品记账”命令，系统打开“查询条件选择”窗口，再单击“确定”，系统打开“未记账单据一览表”窗口。

（3）记账。在“未记账单据一览表”窗口，单击工具栏中的“全选”按钮，如图12-164所示；再单击工具栏中的“记账”按钮，系统弹出“记账成功”提示，单击“确定”按钮，完成记账。

简易桌面　未记账单据一览表

发出商品记账

记录总数：2

选择	日期	单据号	仓库名称	收发类别	存货编码	存货名称	单据类型	计量单位	数量
Y	2017-07-20	39709372	东芝移动硬盘库	销售出库	0101	东芝1T移动硬盘（黑色）	专用发票	个	260.00
Y	2017-07-20	39709372	东芝移动硬盘库	销售出库	0103	东芝2T移动硬盘（黑色）	专用发票	个	200.00
小计									460.00

图12-164 未记账单据一览表

（4）退出。退出“未记账单据一览表”窗口。

（5）在“存货核算”系统中，依次执行“财务核算”→“生成凭证”命令，系统打开“生成凭证”窗口，单击工具栏中的“选择”按钮，打开“查询条件”对话框，勾选“（26）分期收款发出商品专用发票”复选框，然后单击“确定”按钮，进入“选择单据”窗口，然后单击工具栏中的“全选”按钮，再单击“确定”按钮，系统返回“生成凭证”窗口，如图12-165所示。

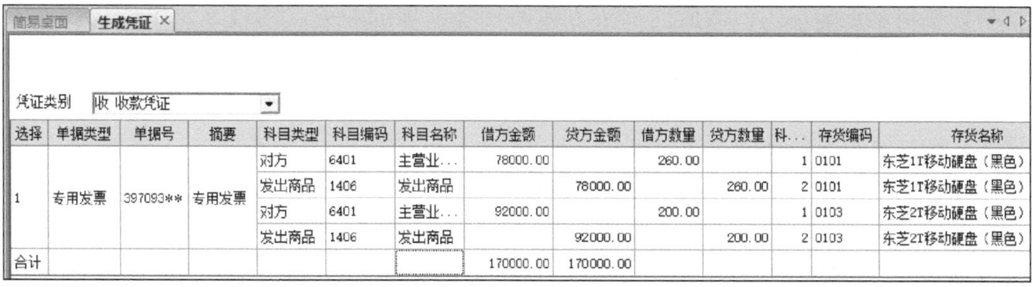
简易桌面　生成凭证

凭证类别　收 收款凭证

选择	单据类型	单据号	摘要	科目类型	科目编码	科目名称	借方金额	贷方金额	借方数量	贷方数量	科...	存货编码	存货名称
1	专用发票	397093**	专用发票	对方	6401	主营业...	78000.00		260.00		1	0101	东芝1T移动硬盘（黑色）
				发出商品	1406	发出商品		78000.00		260.00	2	0101	东芝1T移动硬盘（黑色）
				对方	6401	主营业...	92000.00		200.00		1	0103	东芝2T移动硬盘（黑色）
				发出商品	1406	发出商品		92000.00		200.00	2	0103	东芝2T移动硬盘（黑色）
合计							170000.00	170000.00					

图12-165 “生成凭证”窗口

（6）生成凭证。在“生成凭证”窗口，单击工具栏中“合成”，系统生成一张转账凭证。

（7）保存凭证。在“填制凭证”窗口中，单击工具栏中的“保存”按钮，如图12-166所示。

（8）退出。退出当前窗口。

注：

- 以分期收款销售方式发出商品，开具销售专用发票并确认收入后，应立即结转销售成本分期。

已生成

转 账 凭 证

转　字 0017　　制单日期：2017.07.20　　审核日期：　　附单据数：1

摘要	科目名称	借方金额	贷方金额
专用发票	主营业务成本	17000000	
专用发票	发出商品		17000000
票号 日期	数量 单价	合 计 17000000	17000000

备注　项　目　　部　门
　　　个　人　　客　户
　　　业务员

记账　　审核　　出纳　　制单　甲3

图 12-166　结转销售成本记账凭证

● 分期收款销售业务成本的结转与普通销售业务类似，相关单据必须在存货核算中记账后，才能结转销售成本。

12.14　采购实训 6　有运费的采购业务

12.14.1　业务描述与操作过程概述

代垫运费是指本该由购货方承担的运费，由于承运人不便到购货方收款，而由销售方代购货方垫付给承运部门，然后向购买方收回代垫款项的业务。销售方发生的代垫运费，其实际付款者是购货方。销货方只是按照合同的约定，受购买方的委托，代购买方将其购买的货物委托承运部门运输到指定地点，代为垫付运输费用或代为办理托运手续并垫付运输费用，然后将垫付款向购买方收回。

随着营改增政策的全面实施，运费税额的计算方法与之前不同，用友 ERP-U8 V10.1 的运费专用发票功能，已经不能满足实际需要，所以本笔业务在此通过采购专用发票来录入运费发票，其税率为 11%。

本笔业务的采购运费，将先由供应商代垫，形成本公司的应付款。由于存在运费，本笔业务需要进行手工结算，将运费分摊到入库单中。

7 月 20 日，与××××科技有限公司签订采购合同。当日收到××××科技有限公司发来货物、采购发票及运费发票，全部验收合格并办理入库（按数量分摊，不合并制单）。

7 月 21 日，支付××××货款及运费，购销合同如图 12-167 所示，运费发票如图 12-168 所示，采购专用发票（发票号：621742＊＊）及电汇凭证（发票号：618793＊＊）略。

操作过程概述：

(1) 2017 年 7 月 20 日，以“G01 甲 5”身份登录，在“采购管理”系统中，填制“采购订单”并审核。

购销合同

合同编号：CG0004

卖方：××××科技有限公司

买方：山东××科技有限公司

为保护买卖双方的合法权益，买卖双方根据《中华人民共和国合同法》的有关规定，经友好协商，一致同意签订本合同，共同遵守

一、货物的名称、数量及金额

货物的名称	规格型号	计量单位	数量	单价（不含税）	金额（不含税）	税率	税额
爱国者500G固态硬盘	黑色	个	100	360.00	36000.00	17%	6120.00
爱国者1T移动硬盘	灰色	个	120	500.00	60000.00		10200.00
合计					¥96000.00		¥16320.00

二、合同总金额：人民币拾壹万贰仟叁佰贰拾元整（¥112320.00）

三、付款时间及付款方式：7月22日之前以电汇形式支付货款

四、交货时间与地点：交货时间为2017年7月20日，交货地点为武汉××科技有限公司

五、发运方式与运输费用承担方式：由卖方发货，运输费用由买方承担，由卖方代垫。

卖　方：××××科技有限公司　　买　方：山东××科技有限公司

授权代表：×××　　授权代表：甲5

日　期：2017年07月20日　　日　期：2017年07月20日

图 12-167　购销合同（公章略）

山东省增值税专用发票　　No176950**

开票日期：2017年7月20日

购货单位	名　称：山东××科技有限公司 纳税人识别号：*************** 地 址、电 话：山东省××市××区××路***号 ****—******** 开户行及账号：中国工商银行××市××支行******************				密码区	略	
货物或应税劳务名称	规格型号	单位	数量	单价	金额	税率	税额
运输费					3000.00	11%	330.00
合　计					¥3000.00		¥330.00
价税合计	（大写）人民币叁仟叁佰叁拾元整					（小写）¥3330.00	
销货单位	名　称：山东××快运有限公司 纳税人识别号：*************** 地 址、电 话：山东省××市××区××路**号 ****—******** 开户行及账号：中国工商银行山东××支行******************				备注	山东××快运有限公司 *************** 发票专用章	

收款人：（略）　复核：（略）　开票人：（略）　销货单位：（章）

第三联：发票联 购货方记账凭证

图 12-168　运费专用发票

（2）2017年7月20日，以“G01 甲5”身份登录，在“采购管理”系统中，参照“采购订单”生成“到货单”并审核。

（3）2017年7月20日，以“C01 甲7”身份登录，在“库存管理”系统中，参照“到货单”生成“采购入库单”并审核。

（4）2017年7月20日，以“G01 甲5”身份登录，在“采购管理”系统中，参照“入库单”生成“采购专用发票”。

（5）2017年7月20日，以“G01 甲5”身份登录，在“采购管理”系统中，填制“运费专用发票”。

（6）2017年7月20日，以“G01 甲5”身份登录，在“采购管理”系统中，进行采

购的手工结算。

（7）2017年7月20日，以“W02甲3”身份登录，在“应付款管理”系统中，审核发票并制单（不合并制单）。

（8）2017年7月20日，以“W02甲3”身份登录，在“存货核算”系统中，单击“正常单据记账”并生成凭证。

（9）2017年7月21日，以“W02甲3”身份登录，在“应付款管理”系统中，填制“付款单”。

（10）2017年7月21日，以“W02甲3”身份登录，在“应付款管理”系统中，审核“付款单”、制单并核销。

12.14.2　操作过程

12.14.2.1　填制采购订单并审核

（1）以“G01甲5”身份登录“企业应用平台”，“操作日期”为“2017年7月20日”。

（2）在“业务工作”选项卡中，依次执行“供应链”→“采购管理”→“采购订货”→“采购订单”命令，打开“采购订单”窗口。

（3）填制采购订单。在“采购订单”窗口中，单击工具栏中的“增加”按钮，修改表头的“订单编号”为“CG0004”、“供应商”为“武汉××科技有限公司”、“部门”为“采购部”、“业务员”为“甲5”，表体内存货信息参照购销合同依次录入所有存货编码、数量及原币单价，如图12-169所示。

图12-169　采购订单

（4）保存并审核采购订单。在“采购订单”窗口中，单击工具栏中的“保存”按钮，再单击“审核”按钮。

（5）退出。退出“采购订单”窗口。

12.14.2.2　生成到货单并审核

（1）以“G01甲5”身份登录“企业应用平台”，“操作日期”为“2017年7月20日”。

（2）在“业务工作”选项卡中，依次执行“供应链”→“采购管理”→“采购到货”→“到货单”命令，系统打开“到货单”窗口，单击“增加”按钮，单击工具栏“生单”→“采购订单”命令，打开“查询条件选择-采购订单列表过滤”对话框，再单击“确定”按钮，系统进入“拷贝并执行”窗口。

（3）拷贝信息。在“拷贝并执行”窗口中，双击订单号为“CG0004”对应的“选择”栏，选中该订单，如图12-170所示；然后单击工具栏中的“OK确定”按钮，系统返回“到货单”窗口。

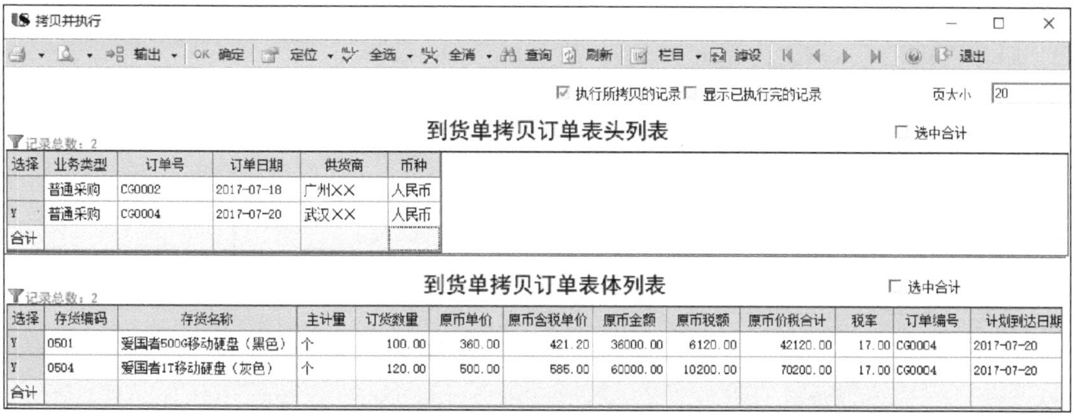

选择	业务类型	订单号	订单日期	供货商	币种
	普通采购	CG0002	2017-07-18	广州××	人民币
Y	普通采购	CG0004	2017-07-20	武汉××	人民币
合计					

选择	存货编码	存货名称	主计量	订货数量	原币单价	原币含税单价	原币金额	原币税额	原币价税合计	税率	订单编号	计划到达日期
Y	0501	爱国者500G移动硬盘（黑色）	个	100.00	360.00	421.20	36000.00	6120.00	42120.00	17.00	CG0004	2017-07-20
Y	0504	爱国者1T移动硬盘（灰色）	个	120.00	500.00	585.00	60000.00	10200.00	70200.00	17.00	CG0004	2017-07-20
合计												

图12-170 到货单拷贝订单表

（4）保存并审核到货单。在“到货单”窗口中，单击工具栏中的“保存”按钮，最后单击“审核”按钮，如图12-171所示。

	存货编码	存货名称	主计量	数量	原币含税单价	原币单价	原币金额	原币税额
1	0504	爱国者1T移动硬盘（灰色）	个	120.00	585.00	500.00	60000.00	10200.00
2	0501	爱国者500G移动硬盘（黑色）	个	100.00	421.20	360.00	36000.00	6120.00

图12-171 到货单

（5）退出。退出“到货单”窗口。

12.14.2.3 生成采购入库单并审核

（1）以“C01 甲7”身份登录“企业应用平台”，“操作日期”为“2017年7月20日”。

（2）在“业务工作”选项卡中，依次执行“供应链”→“库存管理”→“入库业务”→“采购入库单”命令，系统进入“采购入库单”窗口，依次执行工具栏“生单”→“采购到货单（蓝字）”命令，系统打开“查询条件选择-采购到货单列表”对话框，再单击“确定”按钮，进入“到货单生单列表”窗口。

（3）生成采购入库单。在“到货单生单列表”窗口中，双击要选择的到货单对应的“选择”栏，如图12-172所示；单击工具栏中的“OK确定”按钮，系统返回“采购入库单”窗口。

图12-172 到货单生单列表

（4）在“采购入库单”窗口中，补充表头的“仓库”为“爱国者移动硬盘库”，然后单击工具栏中的“保存”按钮，再单击“审核”按钮，系统弹出提示“该单据审核成功”，单击“确定”按钮，完成审核操作，如图12-173所示。

图12-173 采购入库单

（5）退出。退出“采购入库单”窗口。

12.14.2.4 生成采购专用发票

（1）以“G01 甲5”身份登录“企业应用平台”，“操作日期”为“2017年7月20日”。

（2）在“业务工作”选项卡中，依次执行“供应链”→“采购管理”→“采购发票”→“专用采购发票”命令，系统打开“专用发票”窗口，单击工具栏中的“增加”按钮，再单击工具栏“生单”→“入库单”命令，系统打开“查询条件选择-采购入库单列表过滤”对话框，单击“确定”按钮，进入“拷贝并执行”窗口。

（3）拷贝信息。在“拷贝并执行”窗口中，双击要选择的采购入库单对应的“选择”

栏，再单击“OK 确定”按钮，如图 12-174 所示；然后，系统返回“专用发票”窗口。

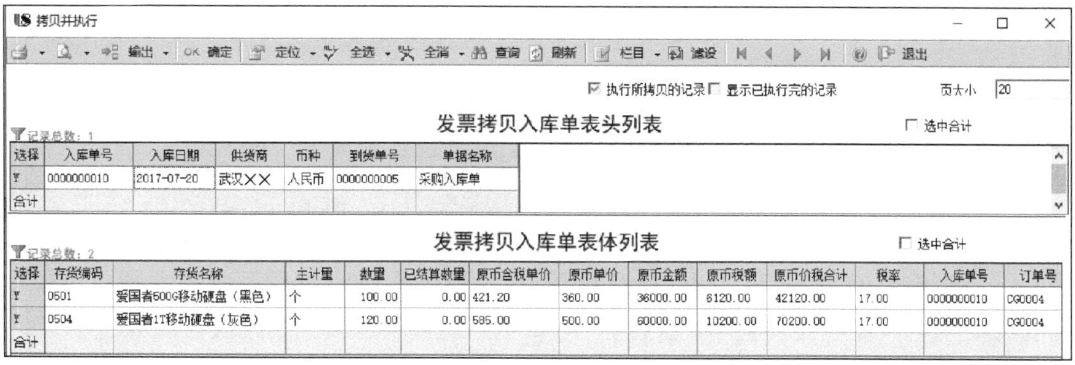

图 12-174 发票拷贝入库单列表

（4）编辑并保存采购发票。在“专用发票”窗口中，输入发票号“621742＊＊”，其他项为默认，然后单击工具栏中的“保存”按钮，如图 12-175 所示。

图 12-175 采购专用发票

（5）退出。退出“专用发票”窗口。

注：此处采购发票不进行结算，之后与运费发票一起手工结算。

12.14.2.5 填制运费专用发票

（1）以“G01 甲 5”身份登录“企业应用平台”，“操作日期”为“2017 年 7 月 20 日”。（注意：确保存货设置中，“0701 运输费”的存货属性为“应税劳务”，参见 2.6.3）

（2）在“业务工作”选项卡中，依次执行“供应链”→“采购管理”→“采购发票”→“专用采购发票”命令，系统打开“专用发票”窗口。

（3）填制运费发票。在“专用发票”窗口中，单击工具栏中的“增加”按钮，填写表头信息，“发票号”为“176950＊＊”、“供应商”为“山东××快运有限公司”、“代垫单位”为“武汉××科技有限公司”、“部门”为“采购部”，“业务员”为“甲 5”，修改“税率”为“11%”，系统弹出“将按照表头税率统一表体税率，是否继续?”信息提示框，单击“是”按钮，表体的“存货编码”为“0701”、“原币金额”为“3000.00”。

（4）保存运费发票。单击工具栏中的“保存”按钮，如图 12-176 所示。

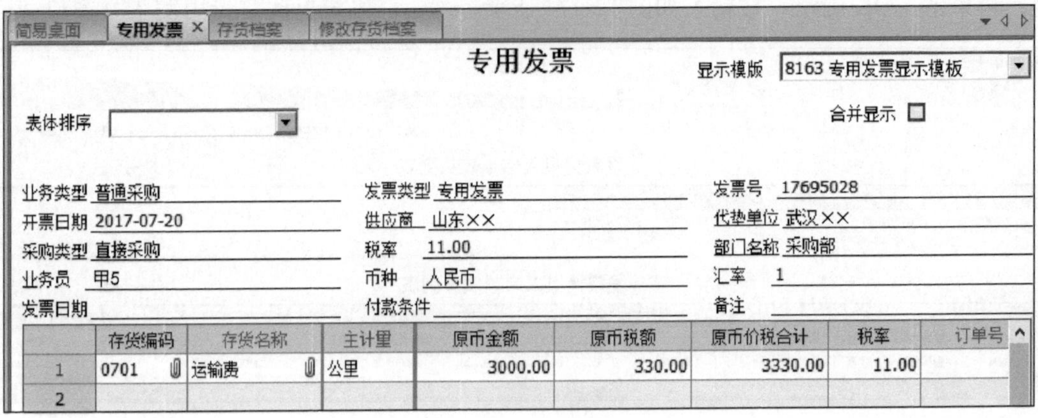

图 12-176　运费专用发票

（5）退出。退出“专用发票”窗口。

12.14.2.6　采购结算

（1）以“G01 甲 5”身份登录“企业应用平台”，“操作日期”为“2017 年 7 月 20 日”。

（2）在“业务工作”选项卡中，依次执行“供应链”→“采购管理”→“采购结算”→“手工结算”命令，系统打开“手工结算”窗口，单击工具栏中的“✓选单”按钮，打开“结算选单”窗口，再单击工具栏中的“查询”按钮，系统弹出“查询条件选择-采购手工结算”对话框，单击“确定”按钮，系统返回“结算选单”窗口。

（3）结算选单。在“结算选单”窗口中，双击要选择单击对应的“选择”栏，如图 12-177 所示；然后单击工具栏中的“OK 确定”按钮，系统弹出“所选单据扣税类别不同，是否继续?”提示框，单击“是”按钮，系统返回“手工结算”窗口。

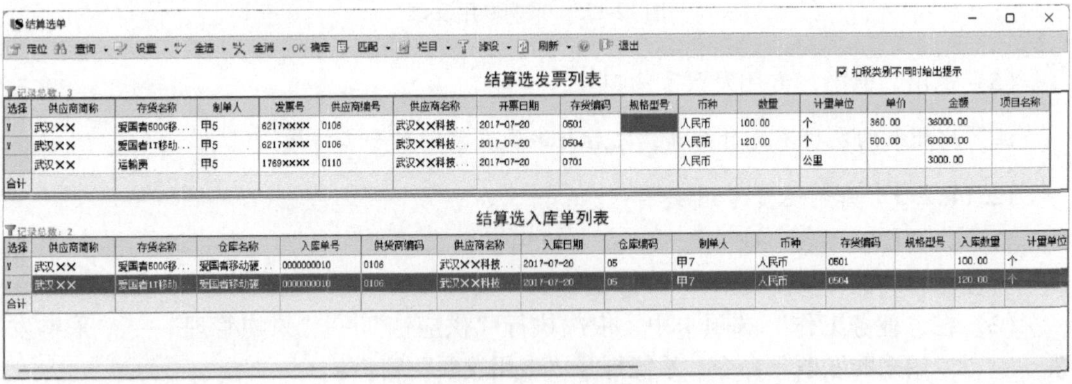

图 12-177　结算选单

（4）运费分摊。在“手工结算”窗口中，先在“选择费用分摊方式”（第二张表最上面），选择“按数量”，如图 12-178 所示。然后单击工具栏中的“分摊”按钮，系统弹出“选择按数量分摊，是否开始分摊?”信息提示框，单击“是”按钮，系统提示“费用分摊完毕”，单击“确定”按钮，完成运费分摊。

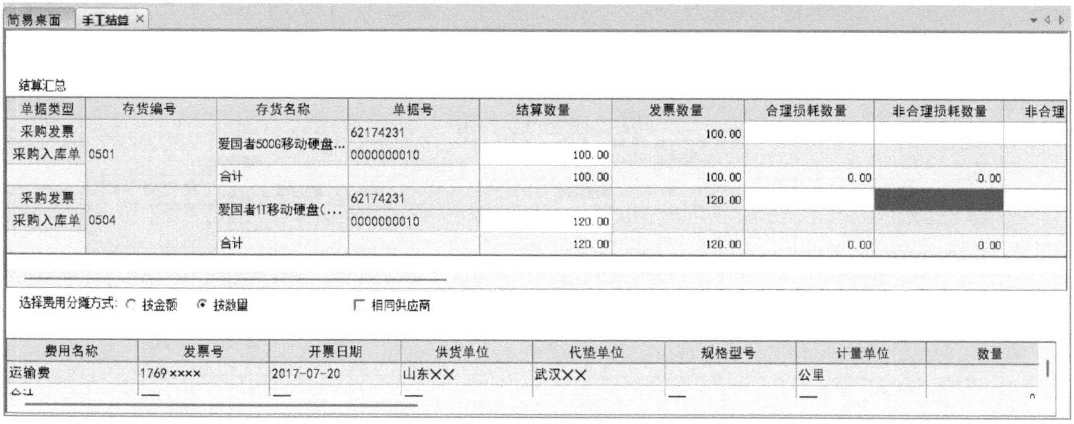

简易桌面 手工结算

结算汇总

单据类型	存货编号	存货名称	单据号	结算数量	发票数量	合理损耗数量	非合理损耗数量	非合理
采购发票		爱国者500G移动硬盘…	62174231		100.00			
采购入库单	0501		0000000010	100.00				
		合计		100.00	100.00	0.00	0.00	
采购发票		爱国者1T移动硬盘(…	62174231		120.00			
采购入库单	0504		0000000010	120.00				
		合计		120.00	120.00	0.00	0.00	

选择费用分摊方式：按金额 按数量 相同供应商

费用名称	发票号	开票日期	供货单位	代垫单位	规格型号	计量单位	数量
运输费	1769××××	2017-07-20	山东××	武汉××		公里	

图 12-178 “手工结算”窗口

（5）结算。在“手工结算”窗口中，单击工具栏中的“结算”按钮，系统弹出“结算：费用列表中有折扣或费用属性的存货信息，在结算前请确认是否进行了分摊，是否继续?”提示框，单击“是”按钮，弹出“完成结算”信息提示框，单击“确定”按钮，完成采购结算。

（6）退出。退出“手工结算”窗口。

12.14.2.7 审核发票并制单

（1）以“W02 甲 3”身份登录“企业应用平台”，“操作日期”为“2017 年 7 月 20 日”。

（2）在“业务工作”选项卡中，依次执行“财务会计”→“应付款管理”→“应付单据处理”→“应付单据审核”命令，系统打开“应付单条件查询”对话框，然后单击“确定”按钮，系统进入“单据处理”窗口。

（3）审核发票。在“单据处理”窗口中，双击要选择的采购专用发票对应的“选择”栏，然后单击工具栏中的“审核”按钮，完成发票审核，如图 12-179 所示。

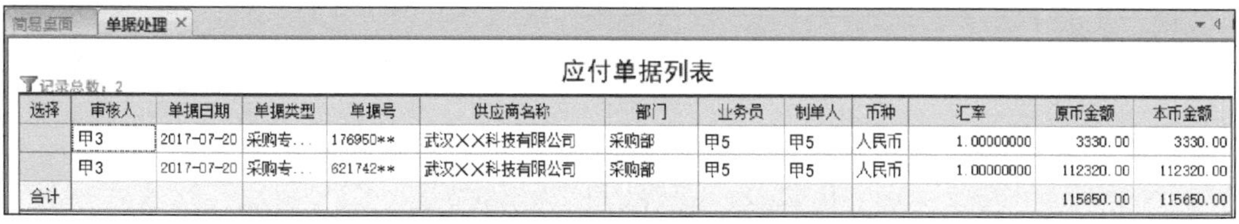

简易桌面 单据处理

应付单据列表

记录总数：2

选择	审核人	单据日期	单据类型	单据号	供应商名称	部门	业务员	制单人	币种	汇率	原币金额	本币金额
	甲3	2017-07-20	采购专...	176950**	武汉××科技有限公司	采购部	甲5	甲5	人民币	1.00000000	3330.00	3330.00
	甲3	2017-07-20	采购专...	621742**	武汉××科技有限公司	采购部	甲5	甲5	人民币	1.00000000	112320.00	112320.00
合计											115650.00	115650.00

图 12-179 应付单据列表

（4）退出。退出“单据处理”窗口。

（5）在“应付款管理”系统中，单击“制单处理”按钮，系统打开“制单查询”对话框，单击“确定”按钮，系统打开“制单”窗口。

（6）制单。在“制单”窗口中，单击工具栏中的“全选”按钮，再单击“制单”按钮，根据采购专用发票和运费发票分别生成两张转账凭证。

（7）保存凭证。在“填制凭证”窗口中，补充分录第一行的“科目名称”为“在途物资（1402）”，再单击工具栏中的“保存”按钮，如图 12-180 所示。单击工具栏中的“下一个”按钮，然后单击“保存”按钮，如图 12-181 所示。

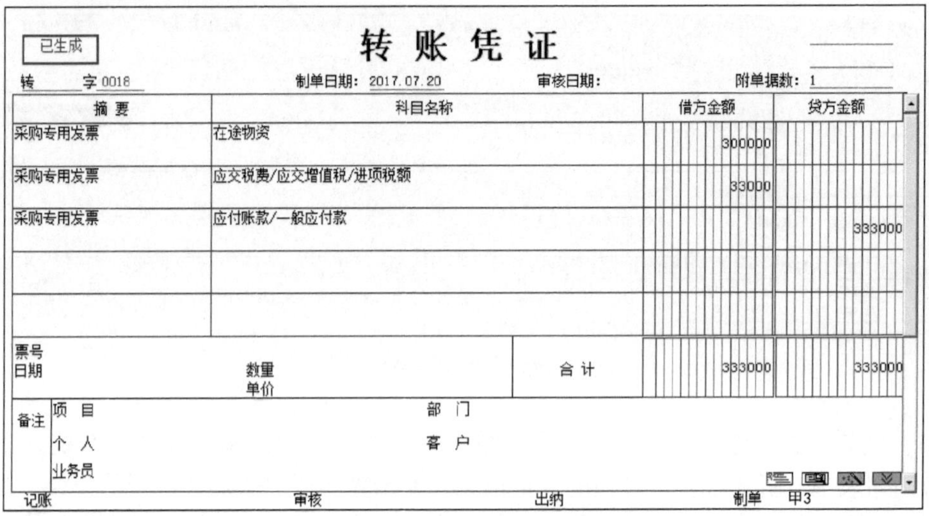

已生成　**转账凭证**

转 字 0018　制单日期：2017.07.20　审核日期：　附单据数：1

摘要	科目名称	借方金额	贷方金额
采购专用发票	在途物资	300000	
采购专用发票	应交税费/应交增值税/进项税额	33000	
采购专用发票	应付账款/一般应付款		333000
票号 日期 数量 单价	合计	333000	333000

备注：项目　部门　个人　客户　业务员

记账　审核　出纳　制单 甲3

图 12-180　运费专用发票制单结果

已生成　**转账凭证**

转 字 0019　制单日期：2017.07.20　审核日期：　附单据数：1

摘要	科目名称	借方金额	贷方金额
采购专用发票	在途物资	9600000	
采购专用发票	应交税费/应交增值税/进项税额	1632000	
采购专用发票	应付账款/一般应付款		11232000
票号 日期 数量 单价	合计	11232000	11232000

备注：项目　部门　个人　客户　业务员

记账　审核　出纳　制单 甲3

图 12-181　采购专用发票制单结果

（8）退出。退出当前窗口。

12.14.2.8　正常单据记账并生成凭证

（1）以“W02 甲 3”身份登录“企业应用平台”，“操作日期”为“2017 年 7 月 20 日”。

（2）在“业务工作”选项卡中，依次执行“供应链”→“存货核算”→“业务核算”→“正常单据记账”命令，系统打开“查询条件选项”对话框，单击“确定”菜单项，系统进入“未记账单据一览表”窗口。

（3）记账。在“未记账单据一览表”窗口中，单击工具栏中的“全选”按钮，如

图12-182所示。再单击“记账”按钮，系统弹出“记账成功”信息提示框，单击“确定”按钮，完成记账操作。

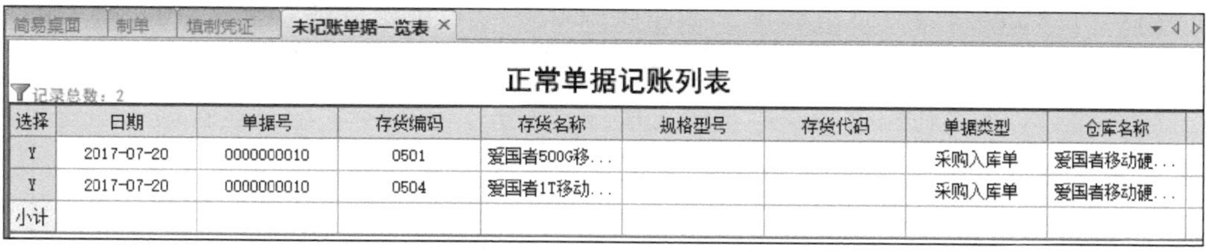

选择	日期	单据号	存货编码	存货名称	规格型号	存货代码	单据类型	仓库名称
Y	2017-07-20	0000000010	0501	爱国者500G移...			采购入库单	爱国者移动硬...
Y	2017-07-20	0000000010	0504	爱国者1T移动...			采购入库单	爱国者移动硬...
小计								

图12-182 正常单据记账列表

（4）退出。退出“未记账单据一览表”窗口。

（5）在“存货核算”系统中，执行“财务核算”→“生成凭证”命令，系统进入“生成凭证”窗口，单击工具栏中的“选择”按钮，打开“查询条件”对话框，仅勾选“(01）采购入库单（报销记账）”复选框，再单击“确定”按钮，系统进入“选择单据”窗口，如图12-183所示。

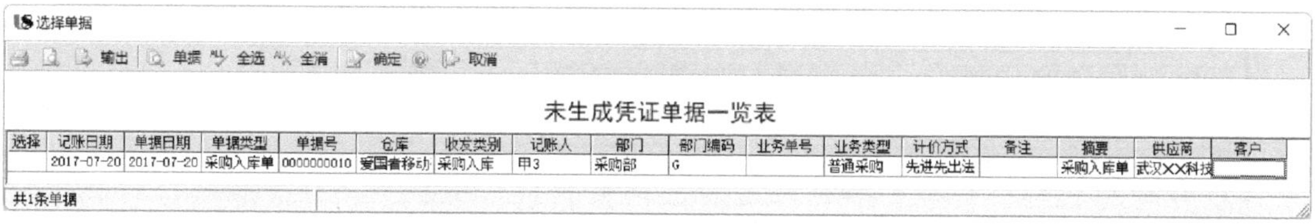

选择	记账日期	单据日期	单据类型	单据号	仓库	收发类别	记账人	部门	部门编码	业务单号	业务类型	计价方式	备注	摘要	供应商	客户
	2017-07-20	2017-07-20	采购入库单	0000000010	爱国者移动	采购入库	甲3	采购部	G		普通采购	先进先出法		采购入库单	武汉XX科技	

图12-183 未生成凭证单据一览表

（6）生成凭证。在“选择单据”窗口中，选中本业务生成的采购入库单，再单击“确定”按钮，系统返回“生成凭证”窗口，然后单击工具栏中的“合成”按钮，系统生成一张凭证。

（7）保存凭证。在“填制凭证”窗口中，单击工具栏中的“保存”按钮，如图12-184所示。

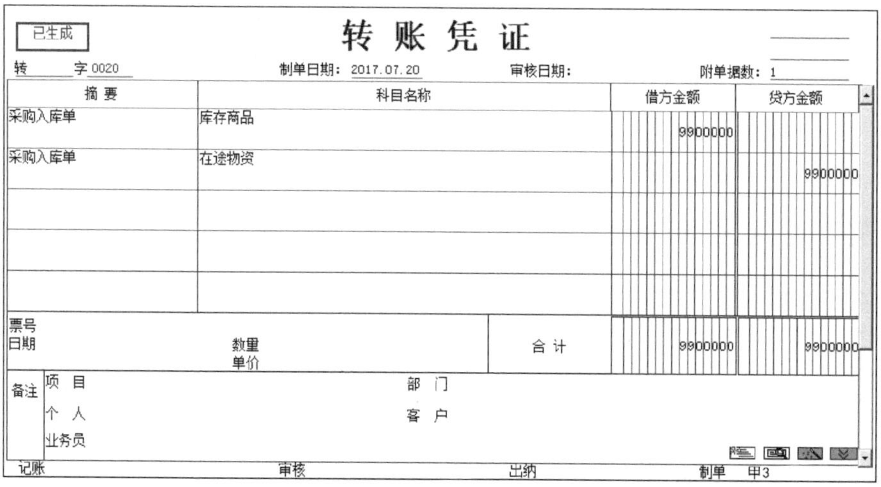

图12-184 存货记账凭证

（8）退出。系统退出当前窗口。

12.14.2.9 填制付款单

（1）以“W02 甲 3”身份登录“企业应用平台”，“操作日期”为“2017 年 7 月 21 日”。

（2）在“业务工作”选项卡中，依次执行“财务会计”→“应付款管理”→“付款单据处理”→“付款单据录入”命令，系统打开“付款单”窗口。

（3）填制付款单。在“付款单”窗口中，单击工具栏中的“增加”按钮，在表体中填入相关信息，“供应商”为“武汉××科技有限公司”，“结算方式”为“电汇”，“金额”为“115650.00”，“票据号”为“618793＊＊”，然后单击表体第一行。

（4）保存付款单。单击工具栏中的“保存”按钮，如图 12-185 所示。

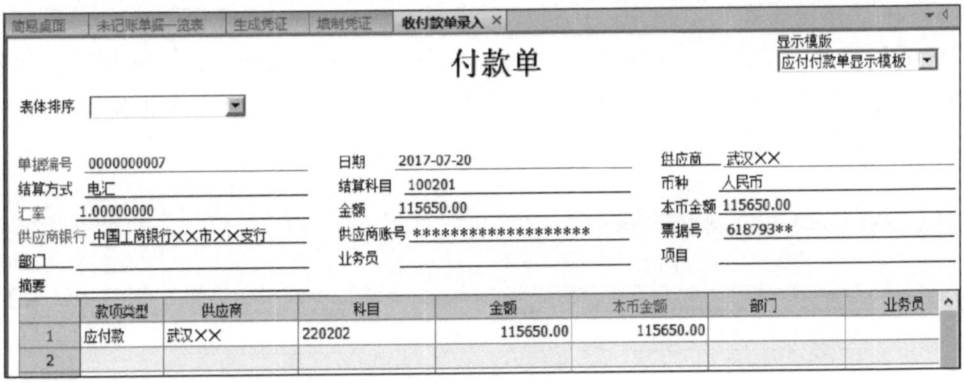

图 12-185 付款单

（5）退出。退出“付款单”窗口。

12.14.2.10 审核付款单、制单并核销

（1）以“W02 甲 3”身份登录“企业应用平台”，“操作日期”为“2017 年 7 月 21 日”。

（2）在“业务工作”选项卡中，依次执行“财务会计”→“应付款管理”→“付款单据处理”→“付款单据审核”，系统打开“付款单查询条件”对话框，单击“确定”按钮，系统打开“收付款单列表”窗口。

（3）审核付款单。在“收付款单列表”窗口中，双击要选择的付款单所对应的“选择”栏，再单击工具栏中的“审核”按钮，如图 12-186 所示。

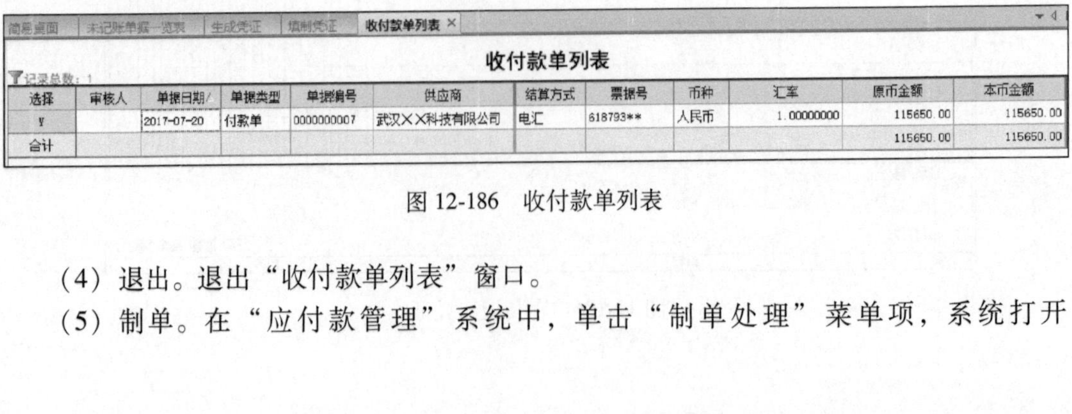

选择	审核人	单据日期	单据类型	单据编号	供应商	结算方式	票据号	币种	汇率	原币金额	本币金额
Y		2017-07-20	付款单	0000000007	武汉××科技有限公司	电汇	618793**	人民币	1.00000000	115650.00	115650.00
合计										115650.00	115650.00

图 12-186 收付款单列表

（4）退出。退出“收付款单列表”窗口。

（5）制单。在“应付款管理”系统中，单击“制单处理”菜单项，系统打开

“制单查询”对话框，勾选“收付款单制单”，再单击“确定”按钮，系统打开“制单”窗口，然后单击工具栏中的“全选”按钮，单击“制单”按钮，系统生成一张记账凭证。

（6）保存凭证。单击工具栏中的“流量”按钮，系统弹出“现金流量录入修改”对话框，录入“项目编码”为“04”，再单击“确定”按钮，最后单击工具栏中的“保存”按钮，如图 12-187 所示。

已生成

付 款 凭 证

付 字 0005　　制单日期：2017.07.20　　审核日期：　　附单据数：1

摘要	科目名称	借方金额	贷方金额
付款单	应付账款/一般应付款	11565000	
付款单	银行存款/工行存款		11565000
票号 日期　数量 单价	合计	11565000	11565000

备注		
	项目	部门
	个人	供应商 武汉××
	业务员	

记账　　审核　　出纳　　制单 甲3

图 12-187 付款单制单结果

（7）退出。退出当前窗口。

（8）在“应付款管理”系统中，单击“核销处理”→“手工核销”菜单项，系统打开“核销条件”对话框，“供应商”选择“武汉××科技有限公司”，再单击“确定”按钮，系统打开“单据核销”窗口。

（9）核销处理。在“单据核销”窗口中，采购专用发票对应的“本次结算”依次输入“3330.00”、“112320.00”，如图 12-188 所示。然后单击工具栏中的“保存”按钮，完成核销处理。

简易桌面 | 未记账单据一览表 | 生成凭证 | 制单 | 填制凭证 | 单据核销 ×

单据日期	单据类型	单据编号	供应商	款项...	结算方式	币种	汇率	原币金额	原币余额	本次结算	订单号
2017-07-20	付款单	0000000007	武汉××	应付款	电汇	人民币	1.00000000	115650.00	115650.00	115650.00	
合计								115650.00	115650.00	115650.00	

单据日期	单据类型	单据编号	到期日	供应商	币种	原币金额	原币余额	可享受折扣	本次折扣	本次结算	订单号	凭证号
2017-07-20	采购专...	176950**	2017-07-20	武汉××	人民币	3330.00	3330.00	0.00	0.00	3330.00		转-0018
2017-07-20	采购专...	621742**	2017-07-20	武汉××	人民币	112320.00	112320.00	0.00	0.00	112320.00	CG0004	转-0019
合计						115650.00	115650.00	0.00		115650.00		

图 12-188 “单据核销”窗口

（10）退出。退出“单据核销”窗口。

12.15 销售实训8 委托代销业务

12.15.1 业务描述与操作过程概述

7月21日，与湖北××科技有限公司签订委托代销合同（收取手续费方式）。

7月30日，收到代销清单并结算，相关原始单据如图12-189~图12-193所示。

委托代销合同

合同编号：WT0001

委托方：山东××科技有限公司

受托方：湖北××科技有限公司

为保护买卖双方的合法权益，买卖双方根据《中华人民共和国合同法》的有关规定，经友好协商，一致同意签订本合同，共同遵守。

一、货物的名称、数量及金额

货物名称	规格型号	计量单位	数量	单价（不含税）	金额（不含税）	税率	税额
三星500G固态硬盘	黑色	个	120	1300.00	156000.00	17%	26520.00
爱国者1T移动硬盘	灰色	个	100	620.00	62000.00	17%	10540.00
合计					¥218000.00		¥37060.00

二、合同总金额：人民币贰拾伍万伍仟零陆拾元整（¥255060.00）。

三、合同条款：

1. 交货日期及方式：2017年7月21日，委托方发货；
2. 结算方式：双方约定，按销售收入（价税合计）10%收取手续费。每月30日由湖北××科技有限公司开出代销清单，与委托方结算货款；
3. 质量保证：质量若有问题，受托方损失由委托方赔偿；
4. 违约责任：违约方须赔偿一切经济责任，但天灾人祸或其他人力不能控制之因素而导致延误交货，需方不能要求供方赔偿任何损失。
5. 交货地点：××××电脑有限公司

委托方：山东××科技有限公司　　受托方：湖北××科技有限公司

授权代表：甲6　　授权代表：×××

日　期：2017年7月21日　　日　期：2017年7月21日

图12-189　委托代销合同

商品代销清单

日期：2017年7月30日　　NO：00000112

委托方	山东××科技有限公司	受托方	湖北××科技有限公司
账号	******************	账号	******************
开户银行	中国工商银行××市××支行	开户银行	中国工商银行××支行

	代销货物名称	规格型号	计量单位	数量	单价（不含税）	金额	税率	税额
代销货物	三星500G固态硬盘	黑色	个	120	1300.00	156000.00	17%	26520.00
	爱国者1T移动硬盘	灰色	个	100	620.00	62000.00	17%	10540.00
	价税合计	大写：贰拾伍万伍仟零陆拾元整　小写：¥255060.00						
代销方式	收手续费							
代销款结算时间	根据代销货物销售情况于每月底结算一次货款							
代销款结算方式	转账支票							
本月代销货物销售情况	代销货物名称	规格型号	计量单位	数量	单价（不含税）	金额	税率	税额
	三星500G固态硬盘	黑色	个	100	1300.00	130000.00	17%	22100.00
	爱国者1T移动硬盘	灰色	个	100	620.00	62000.00	17%	10540.00
	价税合计	大写：贰拾贰万肆仟陆佰肆拾元整小写：¥224640.00						
本月代销款结算金额	大写：贰拾贰万肆仟陆佰肆拾元整小写：¥224640.00							

主管：略　　审核：略　　制单：略　　受托方盖章：

图12-190　商品代销清单（公章略）

山东省增值税专用发票 No 392034**

开票日期：2017年7月30日

购货单位	名　　称：湖北××科技有限公司 纳税人识别号：*************** 地 址、电 话：××市××区××中路**号***-******** 开户行及账号：中国工商银行××支行*******************	密码区	略

货物或应税劳务名称	规格型号	单位	数量	单价	金　额	税率	税额
三星 500G 固态硬盘	黑色	个	100	1300.00	130000.00	17%	22100.00
爱国者 1T 移动硬盘	灰色	个	100	620.00	62000.00	17%	10540.00
合　计					¥192000.00		¥32640.00
价税合计	（大写）人民币贰拾贰万肆仟陆佰肆拾元整				（小写）¥224640.00		

销货单位	名　　称：山东××科技有限公司 纳税人识别号：*************** 地 址、电 话：山东省××市××区××路***号****-******** 开户行及账号：中国工商银行××市××支行*******************	备注	山东××科技有限公司 *************** 发票专用章

收款人（略）　复核（略）　开票人（略）　销货单位：（章）

第一联：记账联 销货方记账凭证

图 12-191　销售专用发票

湖北省增值税专用发票 No176470**

开票日期：2017年7月30日

购货单位	名　　称：山东××科技有限公司 纳税人识别号：*************** 地 址、电 话：山东省××市××区××路***号****-******** 开户行及账号：中国工商银行××市××支行*******************	密码区	略

货物或应税劳务名称	规格型号	单位	数量	单价	金　额	税率	税额
代销手续费					18113.21	6%	1086.79
合　计					¥18113.21		¥1086.79
价税合计	（大写）人民币壹万玖仟贰佰元整				（小写）¥19200.00		

销货单位	名　　称：湖北××科技有限公司 纳税人识别号：*************** 地 址、电 话：××市××区××中路**号***-******** 开户行及账号：中国工商银行××支行*******************	备注	湖北××科技有限公司 *************** 发票专用章

收款人（略）　复核（略）　开票人（略）　销货单位：（章）

第三联：发票联 购货方记账凭证

图 12-192　代销手续费专用发票

中国工商银行进账单（收账通知）

2017年7月30日

付款人	全　称	湖北××科技有限公司	收款人	全称	山东××科技有限公司
	账　号	*******************		账号	*******************
	开户银行	中国工商银行××支行		开户银行	中国工商银行××市××支行

人民币（大写）：贰拾万零伍仟肆佰肆拾元整	千	百	十	万	千	百	十	元	角	分
		¥	2	0	5	4	4	0	0	0

票据种类	转账支票	票据张数	1
票据号码	69703715		
单位主管（略）　会计（略） 复　核（略）　记账（略）			湖北××科技有限公司 2017.7.30 转讫 收款人开户银行签章

图 12-193　银行进账单

操作过程概述：

（1）2017年7月21日，以“X01甲6”身份登录，在“销售管理”系统中，填制

“（委托代销）销售订单”并审核。

（2）2017年7月21日，以“X01甲6”身份登录，在“销售管理”系统中，参照“销售订单”生成“委托代销发货单”并审核。

（3）2017年7月21日，以“C01甲7”身份登录，在“库存管理”系统中，参照“委托代销发货单”生成“销售出库单”并审核。

（4）2017年7月21日，以“W02甲3”身份登录，在“存货核算”系统中，单击“发出商品记账”菜单项并生成凭证。

（5）2017年7月30日，以“X01甲6”身份登录，在“销售管理”系统中，进行“委托代销结算”并审核，同时生成“销售专用发票”、现结并复核。

（6）2017年7月30日，以“W02甲3”身份登录，在“应收款管理”系统中，审核发票并制单。

（7）2017年7月30日，以“W02甲3”身份登录，在“存货核算”系统中，单击“委托代销结算记账”菜单项并生成凭证。

（8）2017年7月30日，以“X01甲6”身份登录，在“销售管理”系统中，填制“销售费用支出单”并审核。

（9）2017年7月30日，以“W02甲3”身份登录，在“应付款管理”系统中，审核其他应付单并制单。

（10）2017年7月30日，以“W02甲3”身份登录，在“应付款管理”系统中，单击“应付冲应收”菜单项并制单。

注：其中“（1）～（5）”是收到发出代销货物的操作概述；“（5）～（9）”是与受托方办理结算的操作概述。

12.15.2 操作过程

12.15.2.1 填制委托代销销售订单并审核

（1）以“X01甲6”身份登录“企业应用平台”，“操作日期”为“2017年7月21日”。

（2）在“业务工作”选项卡中，依次执行“供应链”→“销售管理”→“销售订货”→“销售订单”命令，系统打开“销售订单”窗口。

（3）填制委托代销销售订单。单击工具栏中的“增加”按钮，修改表头的“订单号”为“WT0001”、“业务类型”为“委托代销”、“销售类型”为“委托代销”、“客户简称”为“××科技”、“销售部门”为“销售部”、“业务员”为“甲6”，再按照委托代销合同在表体中录入所有商品的“存货编码”“数量”及“无税单价”。

（4）保存并审核销售订单。单击工具栏中的“保存”按钮，再单击“审核”按钮，如图12-194所示。

（5）退出。退出“销售订单”窗口。

12.15.2.2 生成委托代销发货单并审核

（1）以“X01甲6”身份登录“企业应用平台”，“操作日期”为“2017年7月21日”。

（2）在“业务工作”选项卡中，单击“供应链”→“销售管理”→“委托代销”→“委托代销发货单”命令，系统打开“委托代销发货单”窗口，然后单击工具栏中的“增

图 12-194 委托代销销售订单

加”按钮，系统弹出“查询条件选择-参照订单”对话框，单击“确定”按钮，系统打开“参照生单”窗口。

（3）生成委托代销发货单。在“参照生单”窗口中，然后双击订单号为“WT0001”所对应的“选择”栏，选中该订单，如图 12-195 所示；单击“OK 确定”按钮，系统返回“委托代销发货单”窗口。

图 12-195 “参照生单”窗口

（4）保存并审核委托代销发货单。在“委托代销发货单”窗口中，补充仓库信息，然后单击工具栏中的“保存”按钮，再单击“审核”按钮，如图 12-196 所示。

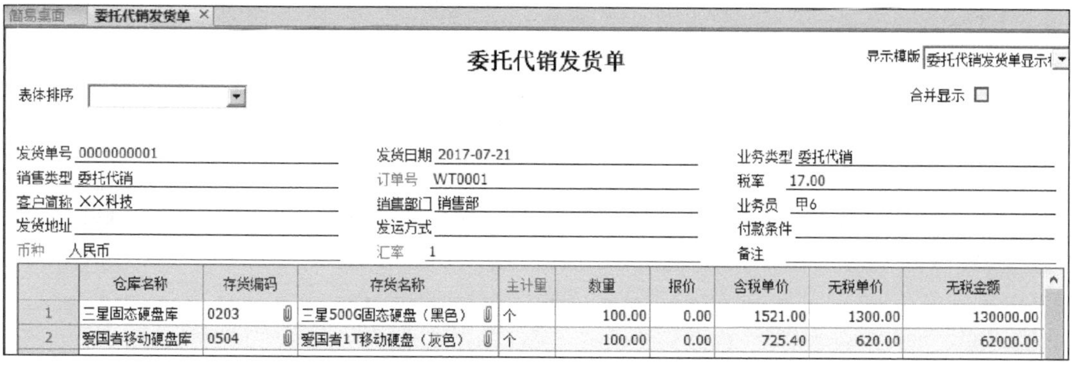

图 12-196 委托代销发货单

（5）退出。退出“发货单”窗口。

12.15.2.3　生成销售出库单并审核

（1）以“C01 甲 7”身份登录“企业应用平台”，“操作日期”为“2017 年 7 月 21 日”。

（2）在“业务工作”选项卡中，依次执行“供应链”→“库存管理”→“出库业务”→“销售出库单”命令，系统打开“销售出库单”窗口，单击工具栏“生单”→“销售生单（批量）”菜单项，系统打开“查新条件选择-销售发货单列表”对话框，再单击“确定”按钮，系统进入“销售生单”窗口。

（3）生成销售出库单。在“销售生单”窗口中，双击发货单号为“0000000001”所对应的“选择”栏，选中该单据，如图 12-197 所示。然后单击工具栏中的“OK 确定”按钮，系统弹出“生单成功!”消息提示框，单击“确定”按钮，返回“销售出库单”窗口。

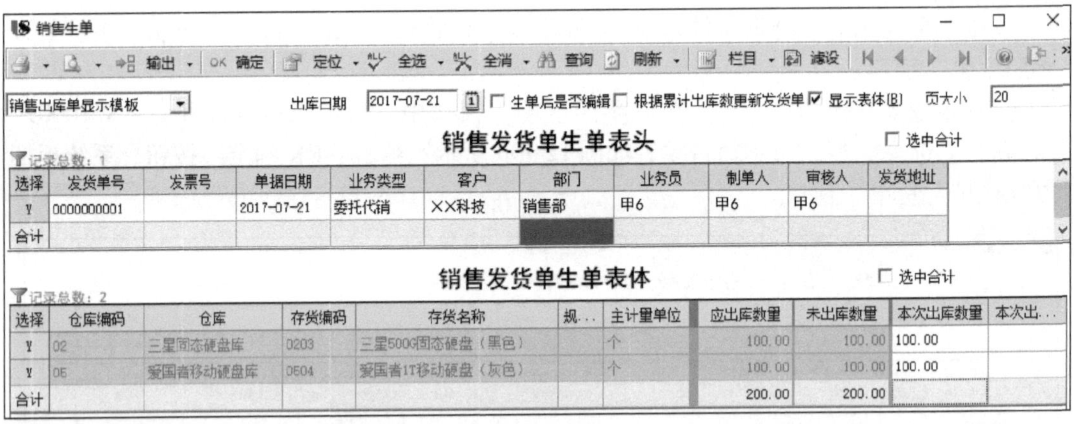

图 12-197　“销售生单”窗口

（4）审核销售出库单。在“销售出库单”中，单击工具栏中的“审核”按钮，系统弹出“该单据审核成功”消息提示框，单击“确定”按钮，完成单据审核，然后单击“上一张”按钮，审核另外一张“销售出库单”，如图 12-198 和图 12-199 所示。

图 12-198　销售出库单（三星固态硬盘库）

（5）退出。退出“销售出库单”窗口。

简易桌面 | 销售出库单

销售出库单 销售出库单打印模板

表体排序 ◉ 蓝字 ○ 红字 合并显示 □

出库单号 0000000009 出库日期 2017-07-21 仓库 爱国者移动硬盘库

出库类别 委托代销出库 业务类型 委托代销 业务号 0000000001

销售部门 销售部 业务员 甲6 客户 ××科技

审核日期 2017-07-21 备注

	存货编码	存货名称	主计量单位	数量	单价	金额
1	0504	爱国者1T移动硬盘（灰色）	个	100.00		

图 12-199 销售出库单（爱国者移动硬盘库）

12.15.2.4 发出商品记账并生成凭证

（1）以“W02 甲 3”身份登录“企业应用平台”，“操作日期”为“2017 年 7 月 21 日”。

（2）在“业务工作”选项卡中，依次执行“供应链”→“存货核算”→“业务核算”→“发出商品记账”命令，系统打开“查询条件选择”对话框，单击“确定”按钮，打开“未记账单据一览表”窗口。

（3）记账。在“未记账单据一览表”窗口中，单击工具栏中的“全选”按钮，如图 12-200 所示。再单击工具栏中的“记账”按钮，弹出“记账成功”信息提示框，单击“确定”按钮，完成记账。

简易桌面 | 未记账单据一览表

发出商品记账

记录总数：2

选择	日期	单据号	仓库名称	收发类别	存货编码	存货名称	单据类型	计量单位
Y	2017-07-21	0000000001	三星固态硬盘库	委托代销出库	0203	三星500G固态...	委托代销发货单	个
Y	2017-07-21	0000000001	爱国者移动硬...	委托代销出库	0504	爱国者1T移动...	委托代销发货单	个
小计								

图 12-200 发出商品记账

（4）退出。退出“未记账单据一览表”窗口。

（5）在“存货核算”系统中，单击“财务核算”→“生成凭证”菜单项，系统打开“生成凭证”窗口，单击工具栏中的“选择”按钮，打开“查询条件”对话框，勾选“（06）委托代销发出商品发货单”复选框，单击“确定”按钮，进入“选择单据”窗口。

（6）生成凭证。在“选择单据”窗口中，选中本业务生成的委托代销发货单，再单击“确定”按钮，系统返回“生成凭证”窗口，如图 12-201 所示。然后单击工具栏中的“合成”按钮，系统生成一张凭证。

（7）保存凭证。在“填制凭证”窗口中，单击工具栏中的“保存”按钮，完成凭证保存，如图 12-202 所示。

（8）退出。退出当前窗口。

简易桌面 生成凭证 ×

凭证类别 收款凭证

选择	单据类型	单据号	摘要	科目类型	科目编码	科目名称	借方金额	贷方金额	借方数量	贷方数量	科…	存货编码	存货名称
1	委托代…	000000…	委托代…	发出商品	1406	发出商品	85000.00		100.00		1	0203	三星500G固态硬盘（黑色）
				存货	1405	库存商品		85000.00		100.00	2	0203	三星500G固态硬盘（黑色）
				发出商品	1406	发出商品	25000.00		50.00		1	0504	爱国者1T移动硬盘（灰色）
				存货	1405	库存商品		25000.00		50.00	2	0504	爱国者1T移动硬盘（灰色）
				发出商品	1406	发出商品	25000.00		50.00		1	0504	爱国者1T移动硬盘（灰色）
				存货	1405	库存商品		25000.00		50.00	2	0504	爱国者1T移动硬盘（灰色）
合计							135000.00	135000.00					

图 12-201 “生成凭证”窗口

已生成

转 账 凭 证

转 字 0021 制单日期：2017.07.21 审核日期： 附单据数：1

摘 要	科目名称	借方金额	贷方金额
委托代销发货单	发出商品	13500000	
委托代销发货单	库存商品		13500000
票号 日期	数量 单价 合 计	13500000	13500000

备注 项 目 部 门

个 人 客 户

业务员

记账 审核 出纳 制单 甲3

图 12-202 委托代销发货单制单

12.15.2.5 委托代销结算

（1）以“X01 甲 6”身份登录“企业应用平台”，“操作日期”为“2017 年 7 月 30 日”。

（2）在“业务工作”选项卡中，依次执行“供应链”→“销售管理”→“委托代销”→“委托代销结算单”命令，系统打开“委托代销结算单”窗口。单击工具栏中的“增加”按钮，系统打开“查询条件选择-委托结算参照发货单”对话框，单击“确定”按钮，系统打开“参照生单”窗口。

（3）生成委托代销结算单。在“参照生单”窗口，双击发货单号为“0000000001”所对应的“选择”栏，选中该单据，如图 12-203 所示。单击“OK 确定”按钮，系统返回“委托代销结算单”窗口。

（4）保存委托代销结算单。在“委托代销结算单”窗口中，填写表头的“发票号”为“392034 **”，然后单击工具栏中的“保存”按钮，如图 12-204 所示。

图 12-203 委托结算参照发货单

图 12-204 委托代销结算单

（5）审核并自动生成销售专用发票。在“委托代销结算单”窗口中，单击工具栏中的“审核”按钮，系统弹出“请选择发票类型”对话框，选择“专用发票”，如图 12-205 所示。单击“确定”按钮，系统自动生成一张销售专用发票。

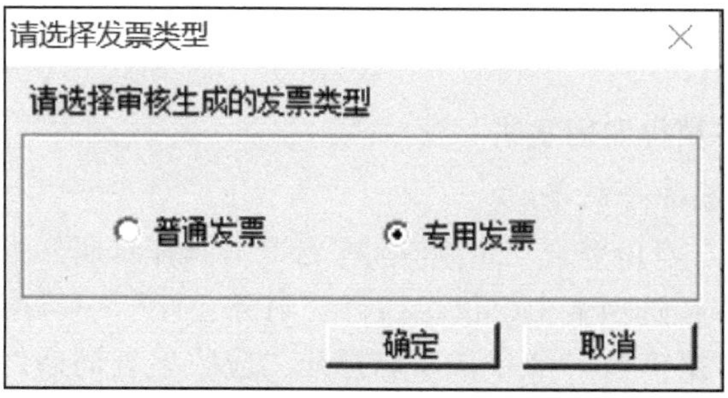

图 12-205 选择发票类型

（6）查看销售专用发票。在“销售管理”系统中，单击“销售开票”→“销售专用发票”菜单项，系统打开“销售专用发票”窗口，单击工具栏中的“上一个”按钮。

（7）现结并复核。在“销售专用发票”窗口，单击工具栏中的“现结”按钮，系统弹出“现结”对话框，选择“结算方式”为“转账支票”、“原币金额”为“205440.00”、“票据号”为“697037＊＊”，如图 12-206 所示。单击“确定”按钮，系统返回“销售专用发票”窗口，最后单击工具栏中的“复核”按钮，如图 12-207 所示。

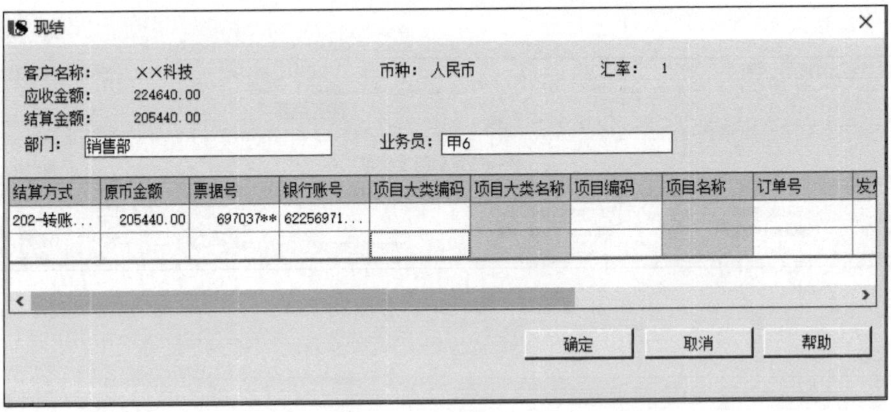

图 12-206 现结窗口

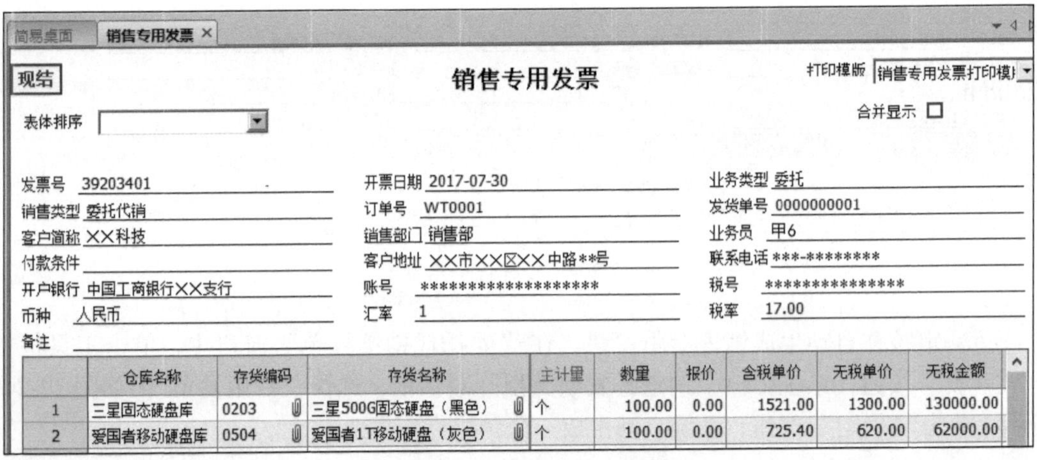

图 12-207 销售专用发票

（8）退出。退出“销售专用发票”窗口。

12.15.2.6 审核发票并制单

（1）以“W02 甲 3”身份登录“企业应用平台”，“操作日期”为“2017 年 7 月 30 日”。

（2）在“业务工作”选项卡中，依次执行“财务会计”→“应收款管理”→“应收单据处理”→“应收单据审核”命令，系统打开“应收单查询条件”对话框，勾选“包含已现结发票”，再单击“确定”按钮，系统打开“单据处理”窗口。

（3）审核发票。在“单据处理”窗口中，双击选择单据号为“392034＊＊”的单据对应的“选择”栏，选中该单据，单击工具栏中的“审核”按钮，系统提示“单据审核成功”，单击“确定”按钮，如图 12-208 所示。

（4）退出。退出“单据处理”窗口。

（5）在“应收款管理”系统中，双击“制单处理”选项，系统打开“制单查询”对话框，然后勾选“现结制单”，再单击“确定”按钮，系统打开“制单”窗口。单击工具

简易桌面 单据处理

应收单据列表

记录总数：1

选择	审核人	单据日期	单据类型	单据号	客户名称	部门	业务员	制单人	币种	汇率	原币金额	本币金额
	甲3	2017-07-30	销售专用发票	392034**	湖北××科技有限公司	销售部	甲6	甲6	人民币	1.00000000	224640.00	224640.00
合计											224640.00	224640.00

图 12-208 应收单据列表

栏中的“全选”按钮，再单击“制单”按钮，系统生成一张记账凭证。

（6）保存凭证。在“填制凭证”窗口中，单击工具栏中的“流量”按钮，系统打开“现金流量录入修改”对话框，录入“项目编码”为“01”，如图 12-209 所示。然后单击“确定”按钮，最后单击工具栏中的“保存”按钮，如图 12-210 所示。

现金流量录入修改

科目	方向	金额	项目编码	项目名称	对应分录号
100201	借	205440.00	01	销售商品、提供劳务收到的现金	2

另存取数关系 重新取数 增行 插行 删行 确定 取消

图 12-209 现金流量录入修改

已生成

收款凭证

收 字 0008 制单日期：2017.07.30 审核日期： 附单据数：1

摘要	科目名称	借方金额	贷方金额
现结	应收账款/一般应收款	1920000	
现结	银行存款/工行存款	20544000	
现结	主营业务收入		19200000
现结	应交税费/应交增值税/销项税额		3264000
票号 日期 数量 单价	合计	22464000	22464000

备注 项目 部门
个人 客户 ××科技
业务员 甲6

记账 审核 出纳 制单 甲3

图 12-210 销售专用发票制单结果

（7）退出。退出当前窗口。

12.15.2.7 委托代销结算记账并生成凭证

（1）以“W02 甲 3”身份登录“企业应用平台”，“操作日期”为“2017 年 7 月 30 日”。

（2）在“业务工作”选项卡中，依次执行“供应链”→“存货核算”→“业务核算”→“发出商品记账”命令，系统打开“查询条件选择”对话框，单击“确定”按钮，打开“未记账单据一览表”窗口。

（3）记账。在“未记账单据一览表”窗口中，单击工具栏中的“全选”按钮，如

图 12-211所示，再单击工具栏中的“记账”按钮，弹出“记账成功”信息提示框，单击“确定”按钮，完成记账。

简易桌面　未记账单据一览表

发出商品记账

记录总数：2

选择	日期	单据号	仓库名称	收发类别	存货编码	存货代码	存货名称	单据类型
Y	2017-07-30	392034**	三星固态硬盘库	委托代销出库	0203		三星500G固态硬盘（黑色）	专用发票
Y	2017-07-30	392034**	爱国者移动硬盘库	委托代销出库	0504		爱国者1T移动硬盘（灰色）	专用发票
小计								

图 12-211　发出商品记账

（4）退出。退出“未记账单据一览表”窗口。

（5）在“存货核算”系统中，单击“财务核算”→“生成凭证”菜单项，系统打开“生成凭证”窗口，单击工具栏中的“选择”按钮，打开“查询条件”对话框，勾选“(26)委托代销发出商品专用发票”复选框，单击“确定”按钮，进入“选择单据”窗口。

（6）生成凭证。在“选择单据”窗口，选中本业务生成的专用发票，如图 12-212 所示。再单击“确定”按钮，返回“生成凭证”窗口，然后单击工具栏中的“合成”按钮，系统生成一张凭证。

选择单据

输出　单据　全选　全消　确定　取消

未生成凭证单据一览表

选择	记账日期	单据日期	单据类型	单据号	仓库	收发类别	记账人	部门	部门编码	业务类型	计价方式	摘要	客户
1	2017-07-30	2017-07-30	专用发票	392034**	爱国者移动	委托代销出	甲3	销售部	X	委托	先进先出法	专用发票	湖北××科
1	2017-07-30	2017-07-30	专用发票	392034**	三星固态硬	委托代销出	甲3	销售部	X	委托	先进先出法	专用发票	湖北××科

图 12-212　未生成凭证单据一览表

（7）保存凭证。在“填制凭证”窗口中，选择凭证类别为“转”，单击工具栏中的“保存”按钮，完成凭证保存，如图 12-213 所示。

已生成

转 账 凭 证

转　字 0028　　制单日期：2017.07.30　　审核日期：　　附单据数：1

摘 要	科目名称	借方金额	贷方金额
专用发票	主营业务成本	13500000	
专用发票	发出商品		13500000
票号 日期	数量 单价 合 计	13500000	13500000

备注　项 目　　部 门
　　　个 人　　客 户
　　　业务员

记账　审核　出纳　制单　甲3

图 12-213　委托代销结转销售成本记账凭证

（8）退出。退出当前窗口。

12.15.2.8　填制销售费用支出单并审核

（1）以“X01 甲6”身份登录“企业应用平台”，“操作日期”为“2017年7月30日”。

（2）在“业务工作”选项卡中，依次执行“供应链”→“销售管理”→“费用支出”→“销售费用支出单”命令，系统打开“销售费用支出单”窗口。

（3）填制销售费用支出单。在“销售费用支出单”窗口中，单击工具栏中的“增加”按钮，编辑表头信息，其中“支出单号”为“17647105”、“客户简称”为“××科技”、“销售部门”为“销售部”、“业务员”为“甲6”、“费用供货商名称”为“湖北××科技有限公司”、“单据流向”为“其他应付单”，然后在表体中选择“费用项目”为“代销手续费”、输入“支出金额”为“19200.00”。

（4）保存并审核销售费用支出单。单击工具栏中的“保存”按钮，再单击“审核”按钮，如图12-214所示。

图12-214　销售费用支出单

（5）退出。退出“销售费用支出单”窗口。

注：销售费用单审核后，自动生成其他应付单。

12.15.2.9　审核其他应付单并制单

（1）以“W02 甲3”身份登录“企业应用平台”，“操作日期”为“2017年7月30日”。

（2）在“业务工作”选项卡中，依次执行“财务会计”→“应付款管理”→“应付单据处理”→“应付单据审核”命令，系统打开“应付单查询条件”对话框，单击“确定”按钮，系统打开“单据处理”窗口。

（3）审核其他应付单。在“单据处理”窗口中，双击要审核的其他应付单对应的“选择”栏，选中该单据，单击工具栏中的“审核”按钮，如图12-215所示。

（4）在“应收款管理”系统中，双击“制单处理”，系统打开“制单查询”对话框，然后勾选“应付单制单”，再单击“确定”按钮，系统打开“制单”窗口。

（5）制单。在“制单”窗口中，单击工具栏中的“全选”按钮，再单击“制单”按

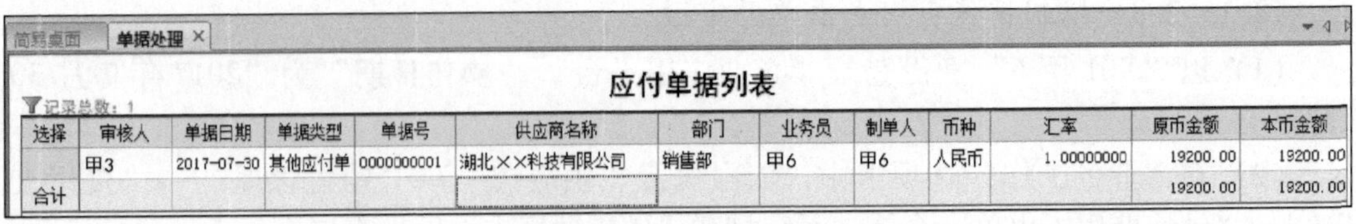

简易桌面　单据处理

应付单据列表

记录总数：1

选择	审核人	单据日期	单据类型	单据号	供应商名称	部门	业务员	制单人	币种	汇率	原币金额	本币金额
	甲3	2017-07-30	其他应付单	0000000001	湖北××科技有限公司	销售部	甲6	甲6	人民币	1.00000000	19200.00	19200.00
合计											19200.00	19200.00

图 12-215　应付单据列表

钮，系统生成一张记账凭证。

（6）修改并保存凭证。在“填制凭证”窗口，修改第一行“科目名称”为“销售费用——委托代销手续费（660107）”，并修改“金额”为“18113. 21”，然后鼠标单击第二行，再单击工具栏中的“插分”按钮，然后在第二行补充“借方科目”为“应交税费——应交增值税（进项税额）（22210101）”，并录入“金额”为“1086. 79”，然后单击工具栏中的“保存”按钮，如图 12-216 所示。

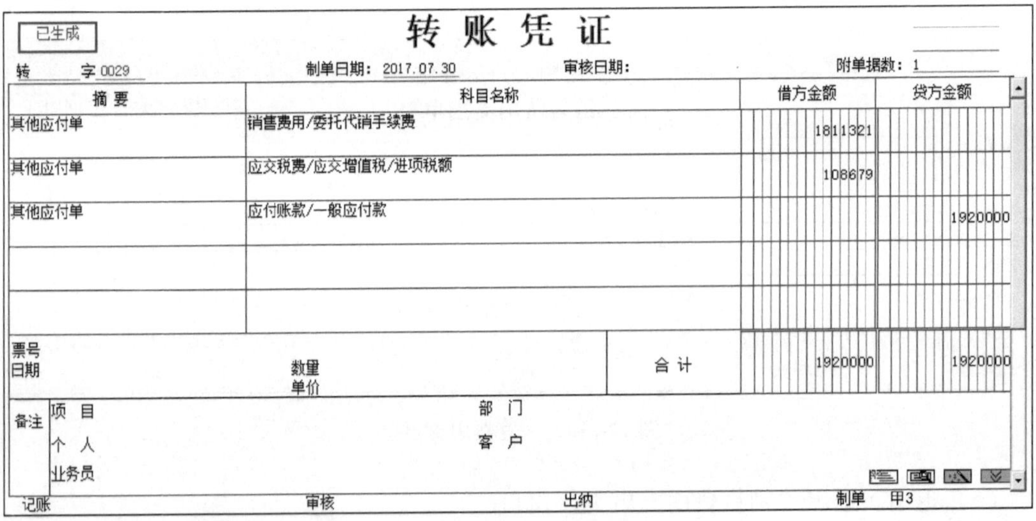

已生成

转 账 凭 证

转　字 0029　制单日期：2017.07.30　审核日期：　附单据数：1

摘要	科目名称	借方金额	贷方金额
其他应付单	销售费用/委托代销手续费	1811321	
其他应付单	应交税费/应交增值税/进项税额	108679	
其他应付单	应付账款/一般应付款		1920000
票号 日期	数量 单价 合计	1920000	1920000

备注　项目　部门

个人　客户

业务员

记账　审核　出纳　制单　甲3

图 12-216　支付委托代销手续费制单结果

（7）退出。退出当前窗口。

12. 15. 2. 10　应付冲应收并制单

（1）以“W02 甲 3”身份登录“企业应用平台”，“操作日期”为“2017 年 7 月 30 日”。

（2）在“业务工作”选项卡中，依次执行“财务会计”→“应付款管理”→“转账”→“应付冲应收”命令，系统打开“应付冲应收”对话框，将应付“供货商”和应收的“客户”均选为“湖北××科技有限公司”，如图 12-217 所示。然后，单击“确定”按钮。

（3）应付冲应收。在“应付冲应收”界面中，表体部分的“转账金额”均录入“19200. 00”，如图 12-218 所示。单击工具栏中的“保存”按钮，系统弹出“是否立即制单？”提示框，单击“是”按钮，系统生成一张凭证。

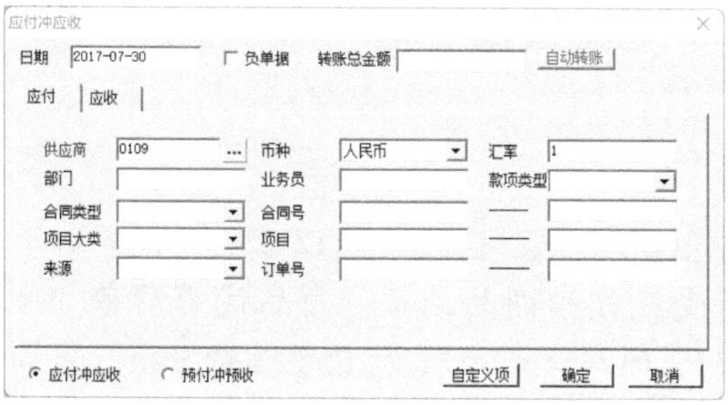

(a)

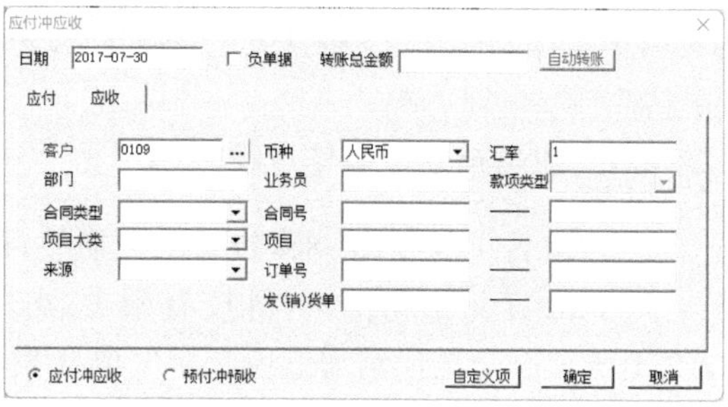

(b)

图 12-217 应付冲应收供货商、客户输入

（a）应付供货商输入 （b）应收客户输入

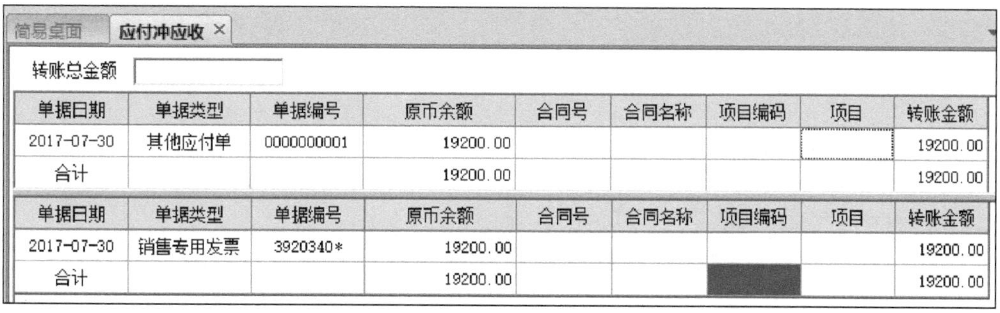

单据日期	单据类型	单据编号	原币余额	合同号	合同名称	项目编码	项目	转账金额
2017-07-30	其他应付单	0000000001	19200.00					19200.00
合计			19200.00					19200.00

单据日期	单据类型	单据编号	原币余额	合同号	合同名称	项目编码	项目	转账金额
2017-07-30	销售专用发票	3920340*	19200.00					19200.00
合计			19200.00					19200.00

图 12-218 应付冲应收窗口

（4）保存凭证。在“填制凭证”窗口，单击工具栏中的“保存”按钮，如图 12-219 所示。

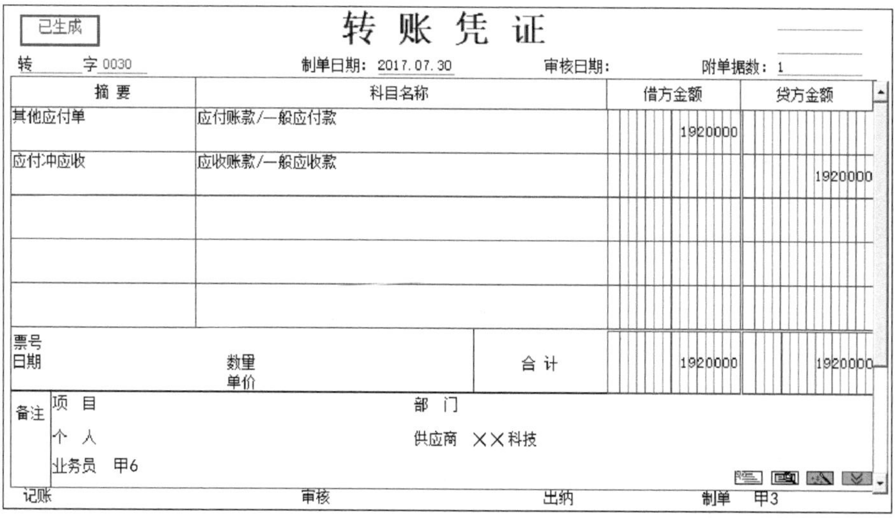

图 12-219 应付冲应收制单

（5）退出。退出当前窗口。

12.16 采购实训7 受托代销业务

12.16.1 业务描述与操作过程概述

7月24日，与湖南××科技有限公司签订受托代销合同，合同如图12-220所示。

7月30日，与湖南××科技有限公司进行受托代销商品结算，商品代销清单如图12-221所示。受托代销增值税专用发票（发票号：612468＊＊）、代销手续费发票（发票号：173921＊＊，发票金额：7169.81，税额：430.19）、银行进账单（转账支票，票据号：225876＊＊，金额：81320.00）略。

本笔业务是受托代销业务的收取手续费方式。

购销合同

合同编号：WT0002

卖方：湖南××科技有限公司

买方：山东××科技有限公司

为保护买卖双方的合法权益，买卖双方根据《中华人民共和国合同法》的有关规定，经友好协商，一致同意签订本合同，共同遵守。

一、货物的名称、数量及金额

货物的名称	规格型号	计量单位	数量	单价（不含税）	金额（不含税）	税率	税额
希捷1T移动硬盘	黑色	个	300	300.00	90000.00	17%	15300.00
希捷2T移动硬盘	灰色	个	240	460.00	110400.00		18768.00
合计					¥200400.00		¥34068.00

二、合同总金额：人民币贰拾叁万肆仟肆佰陆拾捌元整（¥234468.00）

三、委托代销方式：

采取手续费的方式由委托方委托受托方销售货物，即受托方只能按照合同规定的价格进行销售，受托方将代销商品销售后，按总价款（不含增值税）的10%给予受托方手续费，商品销售款归为委托方所有。

四、付款时间及付款方式：

根据代销商品情况，每月底结算一次货款和代销手续费。付款方式：转账支票。

五、交货时间及交货地点：交货时间为签订合同当日，交货地点：山东××科技有限公司。

卖　方：湖南××科技有限公司　　买　方：山东××科技有限公司

授权代表：×××　　授权代表：甲5

日　期：2017年07月24日　　日　期：2017年07月24日

图12-220　受托代销合同（公章略）

操作过程概述：

（1）2017年7月24日，以“G01 甲5”身份登录，在“采购管理”系统中，填制“（受托代销）采购订单”并审核。

（2）2017年7月24日，以“G01 甲5”身份登录，在“采购管理”系统中，参照“（受托代销）采购订单”生成“到货单”并审核。

商品代销清单

日期：2017年7月30日　　　　NO：0000113

委托方	湖南××科技有限公司				受托方	山东××科技有限公司		
账号	*******************				账号	*******************		
开户银行	中国工商银行××市××支行				开户银行	中国工商业银行××市××支行		
代销货物	代销货物名称	规格型号	计量单位	数量	单价（不含税）	金额	税率	税额
	希捷1T移动硬盘	黑色	个	300	300.00	90000.00	17%	15300.00
	希捷2T移动硬盘	灰色	个	240	460.00	110400.00	17%	18768.00
	价税合计	大写：人民币贰拾叁万肆仟肆佰陆拾捌元整　小写：￥234468.00						
代销方式		收取手续费						
代销款结算时间		根据代销货物销售情况于每月底结算一次货款						
代销款结算方式		转账支票						
本月代销货物销售情况	代销货物名称	规格型号	计量单位	数量	单价（不含税）	金额	税率	税额
	希捷1T移动硬盘	黑色	个	100	300.00	30000.00	17%	5100.00
	希捷2T移动硬盘	灰色	个	100	460.00	46000.00	17%	7820.00
	价税合计	大写：人民币捌万捌仟玖佰贰拾元整　小写：￥88920.00						
本月代销款结算金额		大写：人民币捌万捌仟玖佰贰拾元整　小写：￥88920.00						

图 12-221　商品代销清单（公章略）

（3）2017 年 7 月 24 日，以“C01 甲 7”身份登录，在“库存管理”系统中，参照“到货单”生成“采购入库单”并审核。

（4）2017 年 7 月 24 日，以“W02 甲 3”身份登录，在“存货核算”系统中，单击“正常单据记账”菜单项并生成凭证。

（5）2017 年 7 月 30 日，以“G01 甲 5”身份登录，在“采购管理”系统中，填制“受托代销结算单”，生成采购专用发票并现付。

（6）2017 年 7 月 30 日，以“W02 甲 3”身份登录，在“应付款管理”系统中，审核发票并制单。

（7）2017 年 7 月 30 日，以“W02 甲 3”身份登录，在“应付款管理”系统中，填制“负向应付单（受托代销手续费）”审核并制单。

（8）2017 年 7 月 30 日，以“W02 甲 3”身份登录，在“应付款管理”系统中，执行红票对冲并制单。

（9）2017 年 7 月 30 日，以“W02 甲 3”身份登录，在“存货核算”系统中，结算暂估成本。

注：其中，“（1）~（4）”是收到受托代销货物的操作概述；“（5）~（9）”是与委托方办理结算的操作概述。销售受托代销商品的操作概述见本章“12.18 销售实训 10 销售代销货物”。

12.16.2 操作过程

12.16.2.1 填制受托代销采购订单并审核

（1）以“G01 甲 5”身份登录“企业应用平台”，“操作日期”为“2017 年 7 月 24 日”。

（2）在“业务工作”选项卡中，依次执行“供应链”→“采购管理”→“采购订货”→“采购订单”命令，打开“采购订单”窗口。

（3）填制受托代销采购订单。在“采购订单”窗口中，单击工具栏中的“增加”按钮，编辑表头，选择输入“业务类型”为“受托代销”、输入“订单编号”为“WT0002”、选择输入“采购类型”为“受托代销”，“供应商”为“湖南××科技有限公司”、“部门”为“采购部”、“业务员”为“甲5”，然后参照受托代销合同，在表体中录入所有商品的“存货编码”“数量”及“原币金额”。

（4）保存并审核采购订单。单击工具栏中的“保存”按钮，再单击“审核”按钮，如图12-222所示。

简易桌面　采购订单 ×

采购订单

打印模版 8174 采购订单打印模板

表体排序　　　　合并显示 □

业务类型 受托代销　订单日期 2017-07-24　订单编号 WT0002

采购类型 受托代销　供应商 湖南××　部门 采购部

业务员 甲5　税率 17.00　付款条件

币种 人民币　汇率 1　备注

	存货…	存货名称	主计量	数量	原币含税单价	原币单价	原币金额	原币税额
1	0901	希捷1T移动硬盘（黑色）	个	300.00	351.00	300.00	90000.00	15300.00
2	0904	希捷2T移动硬盘（灰色）	个	240.00	538.20	460.00	110400.00	18768.00

图12-222　受托代销采购订单

（5）退出。退出“采购订单”窗口。

12.16.2.2　生成到货单并审核

（1）以“G01 甲5”身份登录“企业应用平台”，“操作日期”为“2017年7月24日”。

（2）在“业务工作”选项卡中，依次执行“供应链”→“采购管理”→“采购到货”→“到货单”命令，打开“到货单”窗口，单击工具栏中的“增加”按钮，修改“业务类型”为“受托代销”，然后单击“生单”→“采购订单”菜单项，系统打开“查询条件选项-采购订单列表过滤”对话框，单击“确定”按钮，系统打开“拷贝并执行”窗口。

（3）拷贝信息。在“拷贝并执行”窗口中，双击订单号为“WT0002”单据所对应的“选择”栏，选中该订单，如图12-223所示。单击“OK确定”按钮，系统返回“到货单”窗口。

（4）保存并审核到货单。在“到货单”窗口中，单击工具栏中的“保存”按钮，再单击“审核”按钮，如图12-224所示。

（5）退出。退出“到货单”窗口。

12.16.2.3　生成采购入库单并审核

（1）以“C01 甲7”身份登录“企业应用平台”，“操作日期”为“2017年7月24

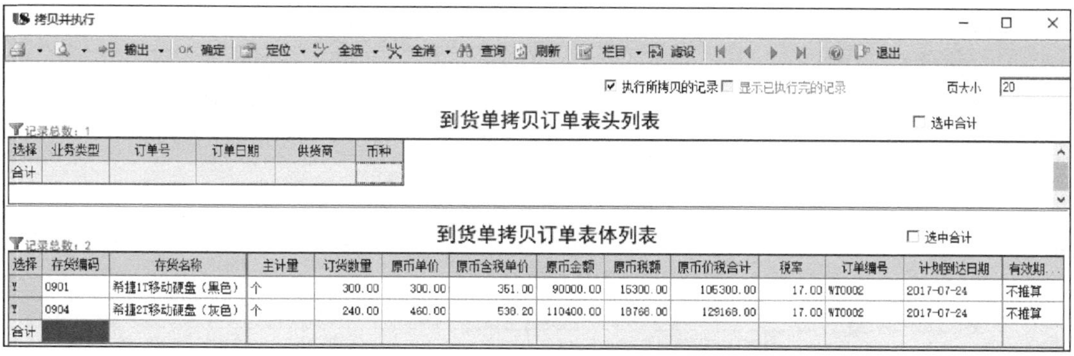

图 12-223 到货单复制订单列表

图 12-224 到货单

日”。

（2）在“业务工作”选项卡中，依次执行“供应链”→“库存管理”→“入库业务”→“采购入库单”命令，系统进入“采购入库单”窗口，依次执行工具栏“生单”→“采购到货单（蓝字）”命令，系统打开“查询条件选择-采购到货单列表”对话框，再单击“确定”按钮，进入“到货单生单列表”窗口。

（3）生成采购入库单。在“到货单生单列表”窗口中，双击要选择的到货单对应的“选择”栏，如图 12-225 所示。然后单击“OK 确定”按钮，系统提示“生单成功”信息，然后单击“确定”按钮，返回“采购入库单”窗口。

（4）在“采购入库单”窗口中，补充表头“仓库”为“受托代销商品库”，再单击工具栏中的“保存”按钮，然后单击“审核”按钮，系统弹出提示“该单据审核成功”信息，单击“确定”按钮，完成审核操作，如图 12-226 所示。

（5）退出。退出“采购入库单”窗口。

12.16.2.4 正常单据记账并生成凭证

（1）以“W02 甲 3”身份登录“企业应用平台”，“操作日期”为“2017 年 7 月 24 日”。

（2）在“业务工作”选项卡，依次执行“供应链”→“存货核算”→“业务核算”→“正常单据记账”命令，系统打开“查询条件选项”对话框，单击“确定”按钮，

图 12-225　到货单生单列表

图 12-226　采购入库单

系统进入“未记账单据一览表”窗口。

（3）记账。在“未记账单据一览表”窗口中，单击工具栏中的“全选”按钮，如图 12-227 所示。再单击“记账”按钮，系统弹出“记账成功”信息提示框，单击“确定”按钮，完成记账操作。

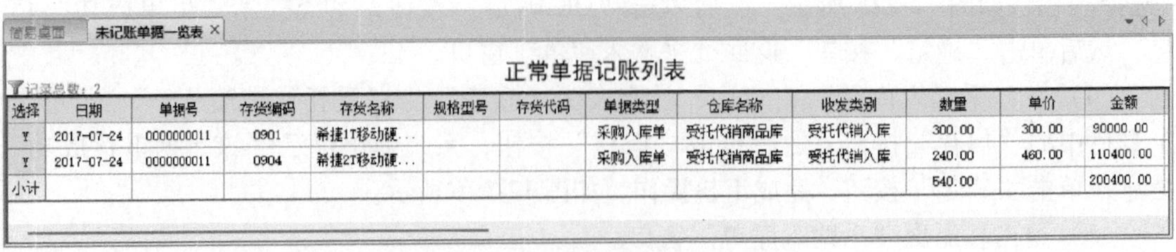

图 12-227　正常单据记账列表

（4）退出。退出“未记账单据一览表”窗口。

（5）在“存货核算”系统中，执行“财务核算”→“生成凭证”命令，系统进入

“生成凭证”窗口，单击工具栏中的“选择”按钮，打开“查询条件”对话框，仅勾选“(01) 采购入库单（暂估记账)”复选框，再单击“确定”按钮，系统进入“选择单据”窗口。

(6) 生成凭证。在“选择单据”窗口中，选中本业务生成的采购入库单，再单击“确定”按钮，系统返回“生成凭证”窗口，补充“应付暂估科目编码”为“2314（受托代销商品款)”，如图 12-228 所示。然后，单击工具栏中的“合成”按钮，系统生成一张凭证。

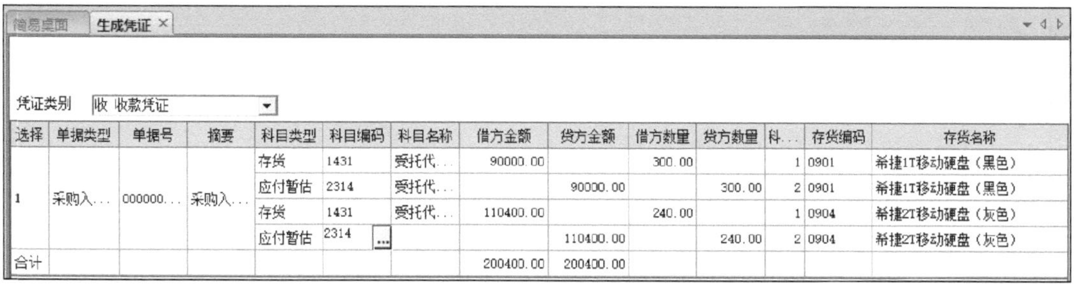

选择	单据类型	单据号	摘要	科目类型	科目编码	科目名称	借方金额	贷方金额	借方数量	贷方数量	科...	存货编码	存货名称
1	采购入...	000000...	采购入...	存货	1431	受托代...	90000.00		300.00		1	0901	希捷1T移动硬盘（黑色）
				应付暂估	2314	受托代...		90000.00		300.00	2	0901	希捷1T移动硬盘（黑色）
				存货	1431	受托代...	110400.00		240.00		1	0904	希捷2T移动硬盘（灰色）
				应付暂估	2314			110400.00		240.00	2	0904	希捷2T移动硬盘（灰色）
合计							200400.00	200400.00					

图 12-228 “生成凭证”窗口

(7) 保存凭证。在“填制凭证”窗口中，单击工具栏中的“保存”按钮，如图 12-229 所示。

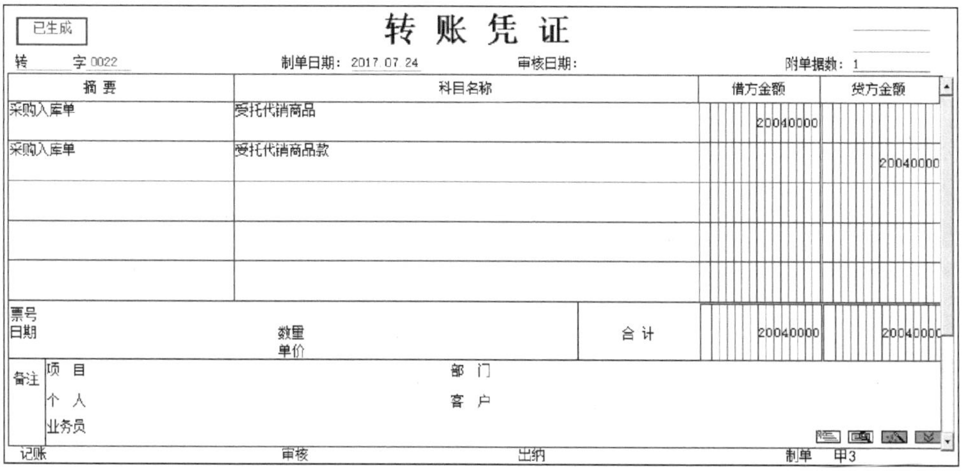

图 12-229 受托代销存货入库凭证

(8) 退出。退出当前窗口。

12.16.2.5 填制受托代销结算单并结算，生成采购专用发票并现付

(1) 以“G01 甲 5”身份登录“企业应用平台”，“操作日期”为“2017 年 7 月 30 日”。

(2) 在“业务工作”选项卡中，依次执行“供应链”→“采购管理”→“采购结算”→“受托代销结算”命令，系统打开“查询条件选择-受托结算选单过滤”对话框，“供应商编码”选择“0102 湖南××科技有限公司”，然后单击“确定”按钮，系统打开

“受托代销结算” 窗口。

（3）填制并保存受托代销结算单。编辑表头信息，“发票号” 为 “612468 * *”、“部门” 为 “采购部”、“业务员” 为 “甲 5”、“采购类型” 为 “受托代销”；然后编辑表体信息，向右拖动滚动条，编辑 “结算数量”，两行 “结算数量” 均为 “100. 00”，其他项保持默认，然后双击列表最左边的 “选择” 栏，选中此业务的所有数据条，选择结果如图 12-230 所示。

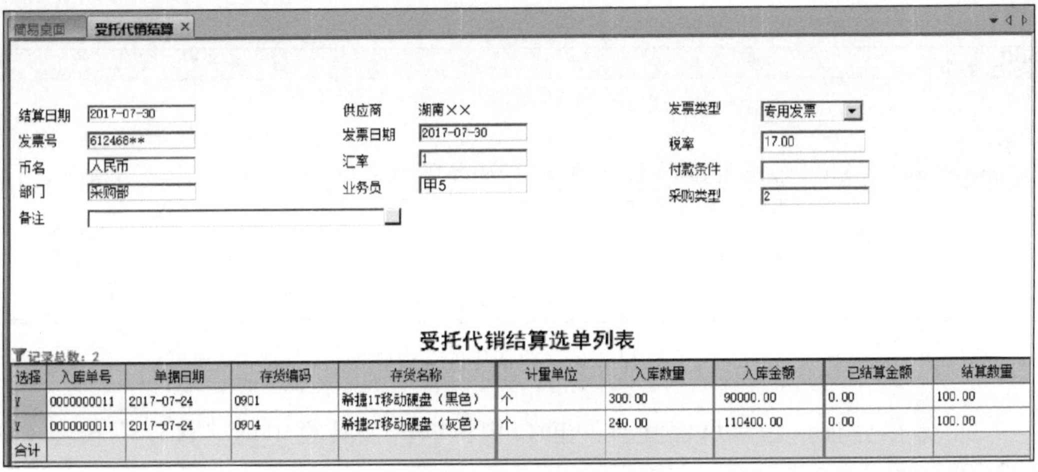

图 12-230　受托代销结算单

（4）结算。单击工具栏中的 “结算” 按钮，系统提示 “结算完成” 信息，然后单击 “确定” 按钮，系统自动生成一张已结算的采购专用发票和受托代销结算单。

（5）退出。退出 “受托代销结算” 窗口。

（6）在 “采购管理” 系统中，执行 “采购发票” → “专用采购发票” 命令，系统打开 “专用发票” 窗口，单击工具栏中的 “上一个” 按钮，然后单击 “现付” 按钮，系统弹出 “采购现付” 对话框，“结算方式” 选择 “转账支票”、“原币金额” 为 “81320. 00”、“票据号” 为 “225876 * *”，如图 12-231 所示。然后单击 “确定” 按钮，完成采购现付，如图 12-232 所示。

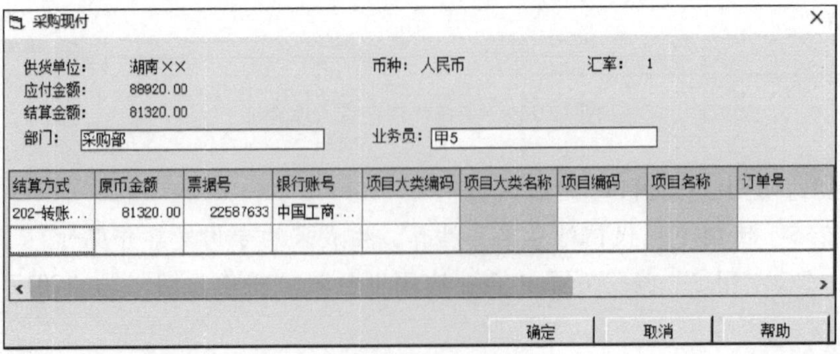

图 12-231　采购现付

（7）退出。退出 “专用发票” 窗口。

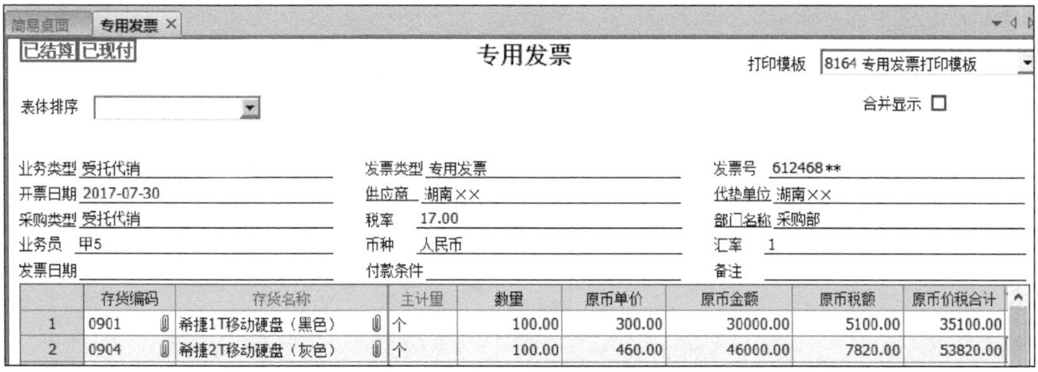
简易桌面 专用发票

已结算 已现付

专用发票

打印模板 8164 专用发票打印模板

表体排序

合并显示

业务类型 受托代销　发票类型 专用发票　发票号 612468**
开票日期 2017-07-30　供应商 湖南××　代垫单位 湖南××
采购类型 受托代销　税率 17.00　部门名称 采购部
业务员 甲5　币种 人民币　汇率 1
发票日期　付款条件　备注

	存货编码	存货名称	主计量	数量	原币单价	原币金额	原币税额	原币价税合计
1	0901	希捷1T移动硬盘（黑色）	个	100.00	300.00	30000.00	5100.00	35100.00
2	0904	希捷2T移动硬盘（灰色）	个	100.00	460.00	46000.00	7820.00	53820.00

图 12-232　采购专用发票

12.16.2.6　审核发票并制单

（1）以“W02 甲 3”身份登录“企业应用平台”，“操作日期”为“2017 年 7 月 30 日”。

（2）在“业务工作”选项卡中，依次执行“财务会计”→“应付款管理”→“应付单据处理”→“应付单据审核”命令，系统打开“应付单查询条件”对话框，勾选“包含已现结发票”，再单击“确定”按钮，系统打开“单据处理”窗口。

（3）审核发票。在“单据处理”窗口中，双击选择单据号为“612468＊＊”的单据对应的“选择”栏，选中该单据，单击工具栏中的“审核”按钮，系统提示“单据审核成功”，单击“确定”按钮，如图 12-233 所示。

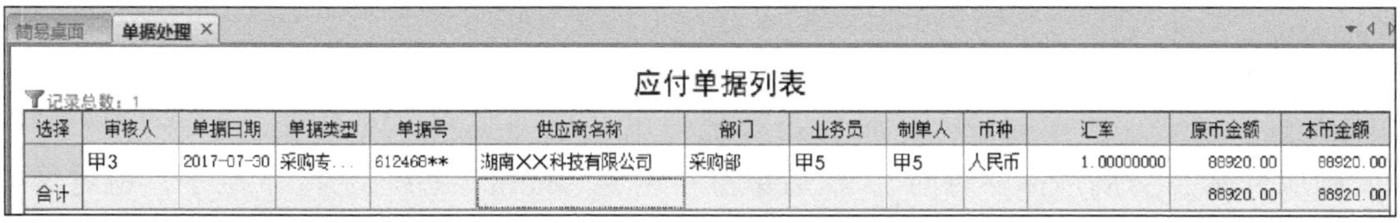
简易桌面 单据处理

应付单据列表

记录总数：1

选择	审核人	单据日期	单据类型	单据号	供应商名称	部门	业务员	制单人	币种	汇率	原币金额	本币金额
	甲3	2017-07-30	采购专...	612468**	湖南××科技有限公司	采购部	甲5	甲5	人民币	1.00000000	88920.00	88920.00
合计											88920.00	88920.00

图 12-233　应付单据列表

（4）退出。退出“单据处理”窗口。

（5）在“应付款管理”系统中，双击“制单处理”选项，系统打开“制单查询”对话框，然后勾选“现结制单”，再单击“确定”按钮，系统打开“制单”窗口。单击工具栏中的“全选”按钮，再单击“制单”按钮，系统生成一张付款凭证。

（6）修改并保存凭证。在“填制凭证”窗口中，修改第一行“科目名称”为“应付账款——暂估应付款（220201）”，系统弹出“辅助项”对话框，其中“供应商”选择“湖南××科技有限公司”，再单击“确定”按钮。然后单击工具栏中的“流量”按钮，系统打开“现金流量录入修改”对话框，录入“项目编码”为“04”，如图 12-234 所示。然后单击“确定”按钮，最后单击工具栏中的“保存”按钮，如图 12-235 所示。

（7）退出。退出当前窗口。

12.16.2.7　填制红字应付单、审核并制单

（1）以“W02 甲 3”身份登录“企业应用平台”，“操作日期”为“2017 年 7 月 30 日”。

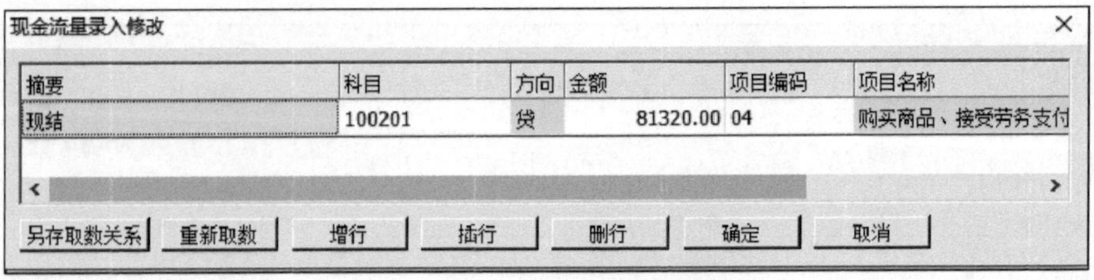

图 12-234　现金流量录入修改

图 12-235　受托代销采购专用发票制单

（2）在“业务工作”选项卡中，依次执行“财务会计”→“应付款管理”→“应付单据处理”→“应付单据录入”命令，系统弹出“单据类别”对话框，单据类型选择“其他应付单”，方向选择“负向”，然后单击“确定”按钮，系统打开“（红字）应付单”窗口。

（3）填制并保存红字应付单。在“（红字）应付单”窗口，单击工具栏中的“增加”按钮，编辑表头信息，“供应商”选择“湖南××科技有限公司”、“金额”为“7600.00”，在表体第一行录入“借方科目”为“其他业务收入——劳务收入（605102）”，单击工具栏中的“保存”按钮，如图 12-236 所示。

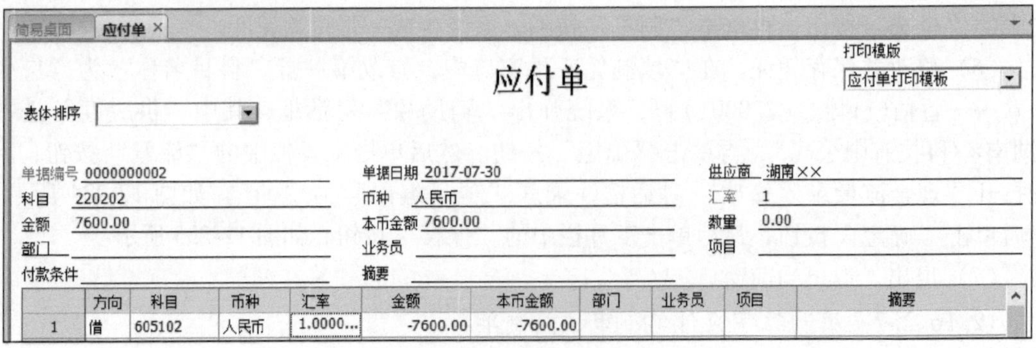

图 12-236　红字应付单

（4）审核红字应付单并制单。单击工具栏中的“审核”按钮，系统提示“是否立即制单?”，单击“是”按钮，系统生成一张转账凭证。

（5）保存凭证。在“填制凭证”窗口，修改第一行“贷方金额”为“7169.81”，单击第二行任意位置，再单击工具栏中的“插分”按钮，然后在第二行补充“贷方科目”为“应交税费——应交增值税（销项税额）（22210103）”，并录入“贷方金额”为“430.19”，最后单击工具栏中的“保存”按钮，如图 12-237 所示。

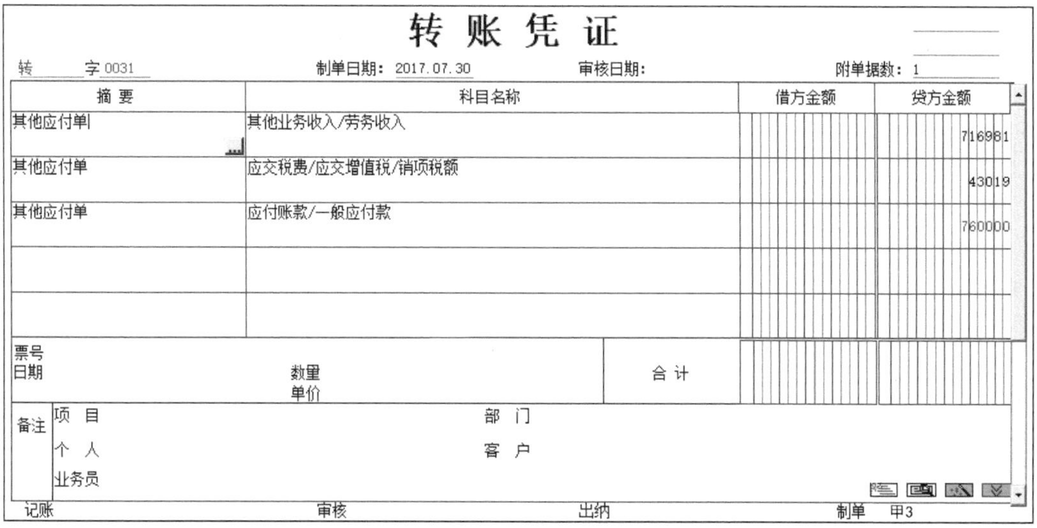

转账凭证

转 字 0031　　制单日期：2017.07.30　　审核日期：　　附单据数：1

摘要	科目名称	借方金额	贷方金额
其他应付单	其他业务收入/劳务收入		716981
其他应付单	应交税费/应交增值税/销项税额		43019
其他应付单	应付账款/一般应付款		760000
票号 日期　数量 单价	合计		

备注　项目　部门
个人　客户
业务员

记账　审核　出纳　制单 甲3

图 12-237　受托代销手续费制单结果

（6）退出。退出当前窗口。

12.16.2.8　红票对冲并制单

（1）以“W02 甲 3”身份登录“企业应用平台”，“操作日期”为“2017 年 7 月 30 日”。

（2）在“业务工作”选项卡中，依次执行“财务会计”→“应付款管理”→“转账”→“红票对冲”→“手工对冲”命令，系统打开“红票对冲条件”对话框。

（3）红票对冲。在“红票对冲条件”对话框中，将“供应商”选为“0102 湖南××科技有限公司”，再单击“确定”按钮（未截图），系统打开“红票对冲”窗口，在蓝字应付单（见图 12-238 中的第 2 张表）第二行的“对冲金额”中输入“7600.00”。再单击工具栏中的“保存”按钮，系统弹出“是否立即制单?”信息提示框，单击“是”按钮，生成一张转账凭证。

（4）保存凭证。在“填制凭证”窗口中，单击工具栏中的“保存”按钮，如图 12-239 所示。

（5）退出。退出当前窗口。

12.16.2.9　结算成本处理（暂估处理）

（1）以“W02 甲 3”身份登录“企业应用平台”，“操作日期”为“2017 年 7 月 30 日”。

简易桌面 | 红票对冲 ×

单据日期	单据类型	单据编号	供应商	币种	原币金额	原币余额	对冲金额
2017-07-30	其他应付单	0000000002	湖南××	人民币	7600.00	7600.00	7600.00
合计					7600.00	7600.00	7600.00

单据日期	单据类型	单据编号	供应商	币种	原币金额	原币余额	对冲金额
2017-07-20	采购专...	175649**	湖南××	人民币	342810.00	342810.00	
2017-07-30	采购专...	612468**	湖南××	人民币	88920.00	7600.00	7600.00
合计					431730.00	350410.00	7600.00

图 12-238 “红票对冲”窗口

已生成

转 账 凭 证

转 字 0032 制单日期：2017.07.30 审核日期： 附单据数：1

摘 要	科目名称	借方金额	贷方金额
红票对冲1	应付账款/一般应付款		760000
其他应付单	应付账款/一般应付款		760000
票号 日期	数量 单价	合 计	

备注 项 目 部 门
个 人 供应商 湖南××
业务员 甲5

记账 审核 出纳 制单 甲3

图 12-239 红票对冲制单

（2）在“业务工作”选项卡中，依次执行“供应链”→“存货核算”→“业务核算”→“结算成本处理”命令，系统打开“暂估处理查询”对话框，勾选“09 受托代销商品库”复选框，然后单击“确定”按钮，系统打开“结算成本处理”窗口。

（3）暂估处理。在“结算成本处理”窗口中，双击要选择单据最左侧的“选择”单元格，选中该单据，如图 12-240 所示。然后单击工具栏中的“暂估”按钮，系统提示“暂估处理完成”，单击“确定”按钮，完成结算成本处理。

简易桌面 | 结算成本处理 ×

结算成本处理

○ 按数量分摊
⊙ 按金额分摊

选择	结算单号	仓库编码	仓库名称	入库单号	入库日期	存货编码	存货名称	计量单位	数量	暂估单价	暂估金额
Y	00000000000007	09	受托代销商品库	0000000011	2017-07-24	0901	希捷1T移动硬盘（黑色）	个	100.00	300.00	30 000.00
Y	00000000000007	09	受托代销商品库	0000000011	2017-07-24	0904	希捷2T移动硬盘（灰色）	个	100.00	460.00	46 000.00
合计									200.00		76 000.00

图 12-240 结算成本处理列表

（4）退出。退出“结算成本处理”窗口。

12.17 销售实训9 普通销售业务（存货跌价准备）

12.17.1 业务描述与操作过程概述

7月26日，与××××科技有限公司签订销售合同。相关单据如图12-241～图12-243所示。其中，存货跌价准备为2500.00元。

购销合同

合同编号：XS00**

卖方：山东XX科技有限公司

买方：XXXX科技有限公司

为保护买卖双方的合法权益，买卖双方根据《中华人民共和国合同法》的有关规定，经友好协商，一致同意签订本合同，并共同遵守合同约定。

一、货物的名称、数量及金额

货物的名称	规格型号	计量单位	数量	单价（不含税）	金额（不含税）	税率	税额
金士顿500G固态硬盘	灰色	个	50	1300.00	65000.00	17%	10625.00
金士顿500G固态硬盘	黑色	个	50	1250.00	62500.00	17%	11050.00
合计					¥127500.00		¥21675.00

二、合同总金额：人民币壹拾肆万玖仟壹佰柒拾伍圆整（¥149175.00）

三、付款时间及付款方式：签订合同当日，卖方开出面值149175.00元的银行承兑汇票支付货款。

四、时间与地点：交货时间为2017年7月26日，交货地点：XXXX电脑有限公司。

五、发运方式与运输费用承担方式：由卖方发货，运输费用由买方承担。

卖 方：山东XX科技有限公司　　买 方：XXXX科技有限公司

授权代表：甲6　　授权代表：XX

日 期：2017年7月26日　　日 期：2017年7月26日

图12-241 购销合同

山东省增值税专用发票　　No 174681**

开票日期：2017年7月26日

购货单位　名称：XXXX科技有限公司
纳税人识别号：****************
地址、电话：XX市XX区XX中路**号***-********
开户行及账号：中国工商银行XX支行*******************

密码区：略

货物或应税劳务名称	规格型号	单位	数量	单价	金额	税率	税额
金士顿500G固态硬盘	灰色	个	50	1300.00	65000.00	17%	10625.00
金士顿500G固态硬盘	黑色	个	50	1250.00	62500.00	17%	11050.00
合计					¥127500.00		¥21675.00

价税合计（大写）人民币壹拾肆万玖仟壹佰柒拾伍元整　（小写）¥149175.00

销货单位　名称：山东XX科技有限公司
纳税人识别号：****************
地址、电话：山东省XX市XX区XX路**号****-********
开户行及账号：中国工商银行XX市XX支行******************

备注

收款人：（略）　复核：（略）　开票人：（略）　销货单位：（章）

第一联：记账联 销货方记账凭证

图12-242 销售专用增值税发票

存货跌价准备业务与普通销售业务操作过程基本一致，不同之处在于结转存货成本是需要转出对应的存货跌价准备。

操作过程概述：

（1）2017年7月26日，以“X01甲6”身份登录，在“销售管理”系统中，填制“销售订单”并审核。

（2）2017年7月26日，以“X01甲6”身份登录，在“销售管理”系统中，参照

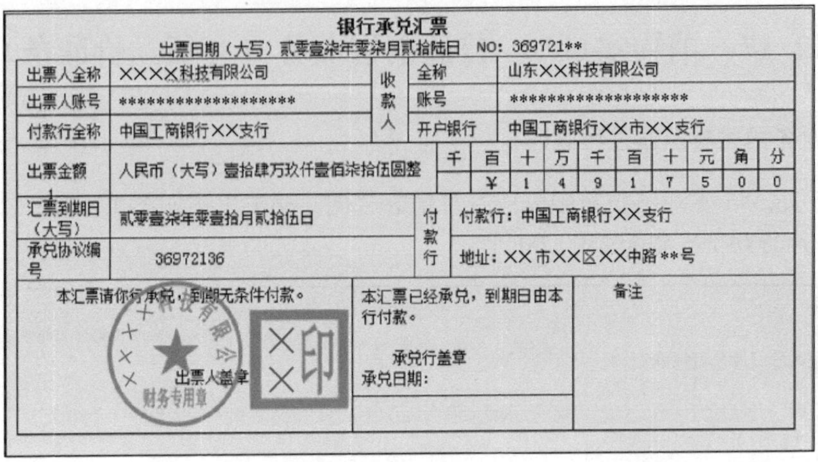

银行承兑汇票

出票日期（大写）贰零壹柒年零柒月贰拾陆日 NO：369721**

出票人全称	××××科技有限公司	收款人	全称	山东××科技有限公司
出票人账号	******************		账号	******************
付款行全称	中国工商银行××支行		开户银行	中国工商银行××市××支行
出票金额	人民币（大写）壹拾肆万玖仟壹佰柒拾伍圆整		千 百 十 万 千 百 十 元 角 分	¥ 1 4 9 1 7 5 0 0
汇票到期日（大写）	贰零壹柒年零壹拾月贰拾伍日	付款行	付款行：中国工商银行××支行	
承兑协议编号	36972136		地址：××市××区××中路**号	

本汇票请你行承兑，到期无条件付款。 ××××科技有限公司 财务专用章 ××印 出票人盖章

本汇票已经承兑，到期日由本行付款。 承兑行盖章 承兑日期：

备注

图 12-243 银行承兑汇票

“销售订单”生成“发货单”并审核。

（3）2017 年 7 月 26 日，以“C01 甲 7”身份登录，在“库存管理”系统中，批量生成“销售出库单”并审核。

（4）2017 年 7 月 26 日，以“X01 甲 6”身份登录，在“销售管理”系统中，参照“发货单”生成“销售专用发票”并复核。

（5）2017 年 7 月 26 日，以“W02 甲 3”身份登录，在“应收款管理”系统中，审核发票并制单。

（6）2017 年 7 月 26 日，以“W02 甲 3”身份登录，在“应收款管理”系统中，填制银行承兑汇票、审核并制单。

（7）2017 年 7 月 26 日，以“W02 甲 3”身份登录，在“应收款管理”系统中，审核收款单并制单。

（8）2017 年 7 月 26 日，以“W02 甲 3”身份登录，在“存货核算”系统中，单击“正常单据记账”菜单项并生成凭证。

12. 17. 2 操作过程

12. 17. 2. 1 填制销售订单并审核

（1）以“X01 甲 6”身份登录“企业应用平台”，“操作日期”为“2017 年 7 月 26 日”。

（2）在“业务工作”选项卡中，依次执行“供应链”→“销售管理”→“销售订货”→“销售订单”命令，系统打开“销售订单”窗口。

（3）填制销售订单。单击工具栏中的“增加”按钮，修改表头信息，“订单号”为“XS0005”、“销售类型”为“直接销售”、“客户简称”为“××科技”、“销售部门”为“销售部”、“业务员”为“甲 6”。编辑表体信息，参照购销合同依次录入所有商品的“存货编码”“数量”及“无税单价”。

（4）保存并审核销售。单击工具栏中的“保存”按钮，最后单击“审核”按钮，完成订单审核，如图 12-244 所示。

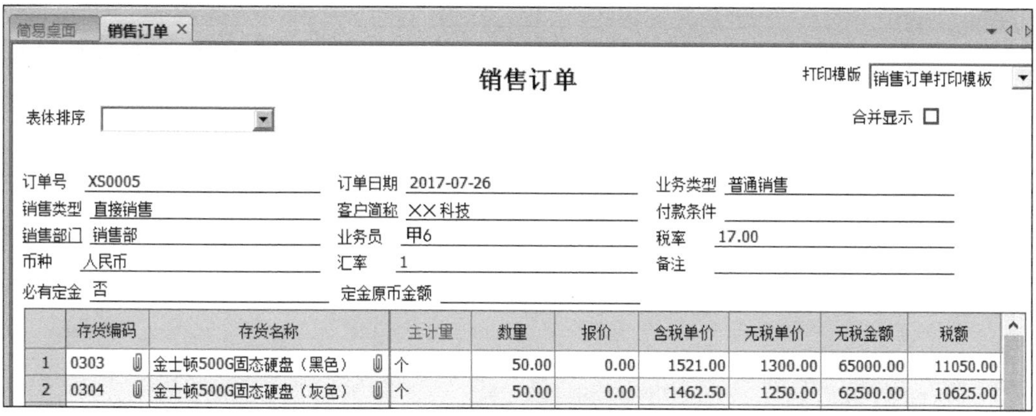

图 12-244 销售订单

（5）退出。退出“销售订单”窗口。

12.17.2.2 生成发货单并审核

（1）以“X01 甲6”身份登录“企业应用平台”，“操作日期”为“2017年7月26日”。

（2）在“业务工作”选项卡中，依次执行“供应链”→“销售管理”→“销售发货”→“发货单”命令，系统打开“发货单”窗口，然后单击工具栏中的“增加”按钮，系统弹出“查询条件选择-参照订单”对话框，再单击“确定”按钮，系统打开“参照生单”窗口。

（3）生成发货单。在“参照生单”窗口中，双击订单号为“XS0005”所对应的“选择”栏，选中该订单，如图12-245所示。单击“OK确定”按钮，系统返回“发货单”窗口。

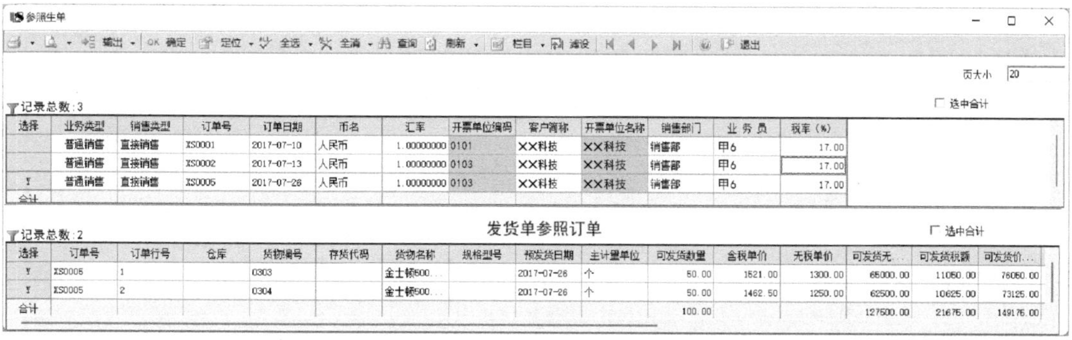

图 12-245 发货单参照生单

（4）保存并审核发货单。在“发货单”窗口中，添加仓库信息，然后单击工具栏中的“保存”按钮，再单击“审核”按钮，如图12-246所示。

（5）退出。退出“发货单”窗口。

图 12-246 发货单

12.17.2.3 生成销售出库单并审核

（1）以“C01 甲 7”身份登录“企业应用平台”，“操作日期”为“2017 年 7 月 26 日”。

（2）在“业务工作”选项卡中，依次执行“供应链”→“库存管理”→“出库业务”→“销售出库单”命令，系统打开“销售出库单”窗口，单击工具栏“生单”→“销售生单”，系统打开“查询条件选择-销售发货单列表”对话框，然后单击“确定”按钮，进入“销售生单”窗口。

（3）生成销售出库单。双击要处理单据对应的“选择”栏，如图 12-247 所示。再单击工具栏中的“OK 确定”按钮，系统返回“销售出库单”窗口。

图 12-247 “销售生单”窗口

（4）保存并审核销售出库单。单击工具栏中“保存”按钮，再单击“审核”按钮，系统提示“该单据审核成功”，单击“确定”按钮，如图 12-248 所示。

（5）退出。退出“销售出库单”窗口。

图 12-248　销售出库单

12.17.2.4　生成销售专用发票并复核

（1）以“X01 甲 6”身份登录“企业应用平台”，“操作日期”为“2017 年 7 月 26 日”。

（2）在“业务工作”选项卡中，依次执行“供应链”→“销售管理”→“销售开票”→“销售专用发票”命令，系统打开“销售专用发票”窗口，单击“增加”按钮，系统弹出“查询条件选择-参照订单”对话框，单击“取消”按钮，单击工具栏“生单-参照发货单”，系统弹出“查询条件选择—发票参照发货单”对话框，然后单击“确定”按钮，系统打开“参照生单”窗口。

（3）生成销售专用发票。在“参照生单”窗口中，双击发货单号为“0000000004”最左侧的“选择”单元格，选中该发货单，如图 12-249 所示。然后单击工具栏中的“OK 确定”按钮，系统返回“销售专用发票”窗口（类似图 12-250）。

图 12-249　发票参照发货单

（4）保存并复核。在“销售专用发票”窗口中，填写发票号为“174681 * *”，其他项保持默认，单击工具栏中的“保存”按钮，再单击“复核”按钮，如图 12-250 所示。

（5）退出。退出“销售专用发票”。

12.17.2.5　审核发票并制单

（1）以“W02 甲 3”身份登录“企业应用平台”，“操作日期”为“2017 年 7 月 26 日”。

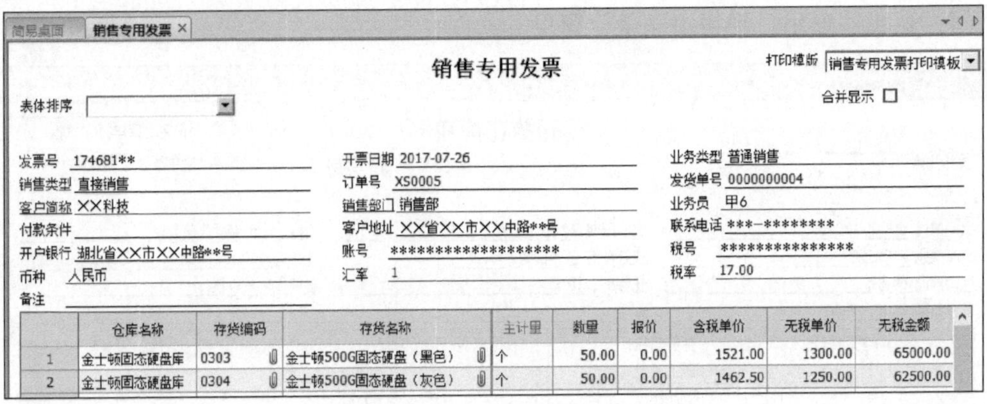

简易桌面 销售专用发票

销售专用发票

打印模版 销售专用发票打印模板

表体排序

合并显示 □

发票号 174681**　开票日期 2017-07-26　业务类型 普通销售

销售类型 直接销售　订单号 XS0005　发货单号 0000000004

客户简称 ××科技　销售部门 销售部　业务员 甲6

付款条件　客户地址 ××省××市××中路**号　联系电话 ***-********

开户银行 湖北省××市××中路**号　账号 ******************　税号 ***************

币种 人民币　汇率 1　税率 17.00

备注

	仓库名称	存货编码	存货名称	主计量	数量	报价	含税单价	无税单价	无税金额
1	金士顿固态硬盘库	0303	金士顿500G固态硬盘（黑色）	个	50.00	0.00	1521.00	1300.00	65000.00
2	金士顿固态硬盘库	0304	金士顿500G固态硬盘（灰色）	个	50.00	0.00	1462.50	1250.00	62500.00

图 12-250　销售专用发票

（2）在“业务工作”选项卡中，依次执行“财务会计”→“应收款管理”→“应收单据处理”→“应收单据审核”命令，系统打开“应收单查询条件”对话框，单击“确定”按钮，系统打开“单据处理”窗口。

（3）审核发票。在“单据处理”窗口中，双击单据号为“174681 * * ”的单据对应的“选择”栏，选中该单据，单击工具栏中的“审核”按钮，系统提示“单据审核成功”，单击“确定”按钮，完成审核，如图 12-251 所示。

简易桌面 单据处理

应收单据列表

记录总数：1

选择	审核人	单据日期	单据类型	单据号	客户名称	部门	业务员	制单人	币种	汇率	原币金额
	甲3	2017-07-26	销售专用发票	174681**	××××科技有限公司	销售部	甲6	甲6	人民币	1.00000000	149 175.00
合计											149 175.00

图 12-251　应收单据列表

（4）退出。退出“单据处理”窗口。

（5）在“应收款管理”系统中，双击“制单处理”选项，系统打开“制单查询”对话框，单击“确定”按钮，系统打开“制单”窗口。

（6）制单。在“制单”窗口中，单击工具栏中的“全选”按钮，再单击“制单”按钮，系统生成一张转账凭证。

（6）保存凭证。修改凭证类型，单击工具栏中的“保存”按钮，如图 12-252 所示。

（7）退出。退出当前窗口。

12.17.2.6　填制银行承兑汇票、审核并制单

（1）以“W02 甲 3”身份登录“企业应用平台”，“操作日期”为“2017 年 7 月 26 日”。

（2）在“业务工作”选项卡中，依次执行“财务会计”→“应收款管理”→“票据管理”命令，系统弹出“查询条件选择”对话框，单击“确定”按钮，系统打开“票据管理”窗口。

（3）填制银行承兑汇票。在“票据管理”窗口中，打开工具栏中的“增加”按钮，系统打开“应收票据”窗口（类似图 12-253），然后在表头中选择输入或录入相应的信息，其中“银行名称”选择“01 中国工商银行”、“票据类型”选择“银行承兑汇票”、

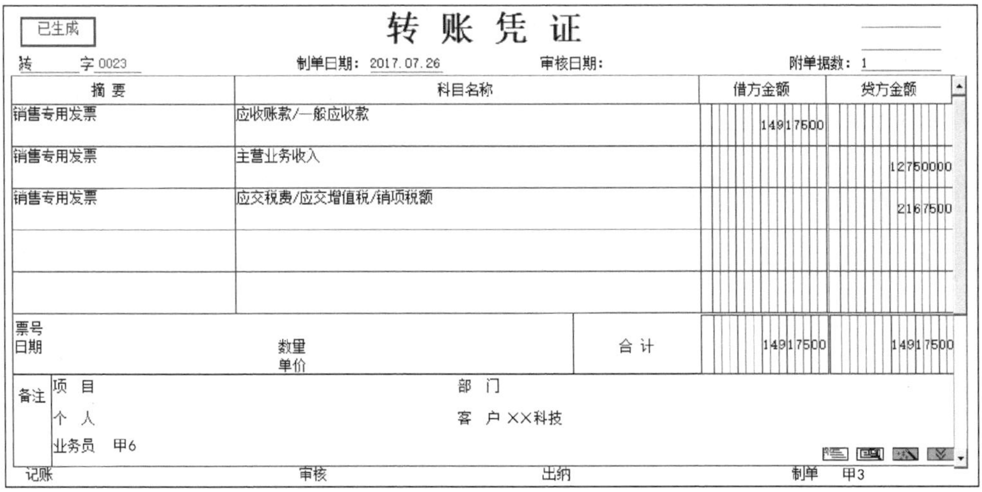

图 12-252 销售专用发票制单结果

“票据编号”为“369721＊＊”、“结算方式”为“银行汇票”、“出票日期”为“2017-07-26”、“到期日”为“2017-10-25”、“出票人”为“××××科技有限公司”、“收款人账号”选择“01”、“金额”为“149175.00”，其他项保持默认。

（4）保存汇票。单击工具栏中的“保存”按钮，如图 12-253 所示。

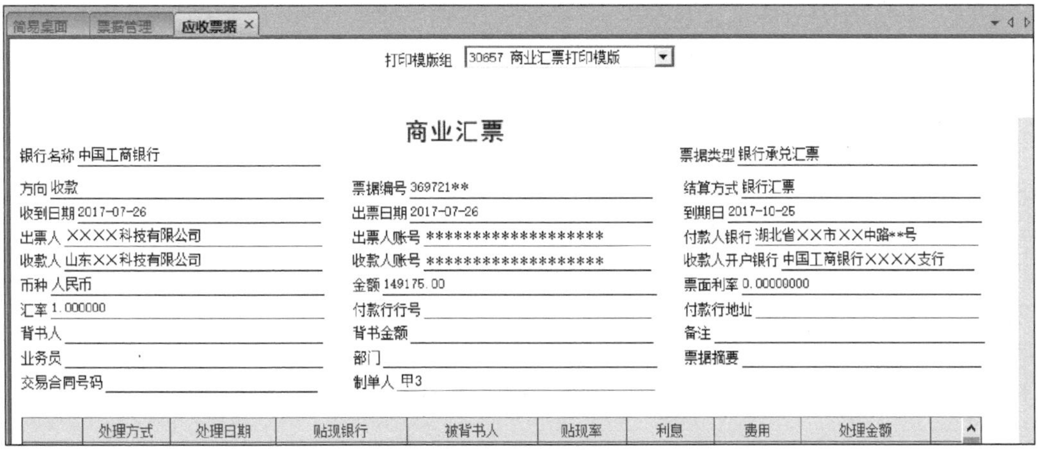

图 12-253 银行承兑汇票

（5）退出。退出当前窗口。

注：银行承兑汇票保存时，系统自动生成收款单。

12.17.2.7 审核收款单并制单

（1）以“W02 甲 3”身份登录“企业应用平台”，“操作日期”为“2017 年 7 月 26 日”。

（2）在“业务工作”选项卡中，依次执行“财务会计”→“应收款管理”→“收款单据处理”→“收款单据审核”命令，系统弹出“付款单查询条件”对话框，单击“确定”按钮，系统打开“收付款单列表”窗口。

（3）审核收款单。在“收付款单列表”窗口中，双击要选择的付款单所对应的“选择”栏，再单击工具栏中的“审核”按钮，如图 12-254 所示。

简易桌面 收付款单列表 ×

收付款单列表

记录总数：1

选择	审核人	单据日期	单据类型	单据编号	客户名称	部门	业务员	结算方式	票据号	币种	原币金额	本币金额
	甲3	2017-07-26	收款单	0000000004	××××科技有限公司			银行汇票	3697...	人民币	149175.00	149175.00
合计											149175.00	149175.00

图 12-254　收付款单列表

（4）退出。退出“收付款单列表”窗口。

（5）在“应收款管理”系统中，执行“制单处理”命令，系统弹出“制单查询”对话框，勾选“收付款单制单”，然后单击“确定”按钮，系统打开“制单”窗口。

（6）制单。在“制单”窗口中，单击工具栏中的“全选”按钮，再单击“制单”按钮，系统生成一张转账凭证。

（7）保存凭证。在“填制凭证”窗口中，单击工具栏中的“保存”按钮，如图 12-255 所示。

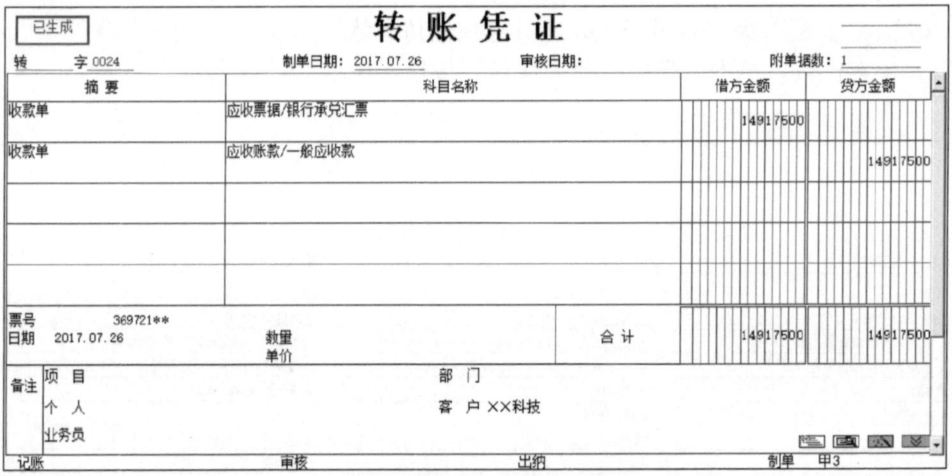
已生成
转 账 凭 证
转 字 0024　制单日期：2017.07.26　审核日期：　附单据数：1

摘要	科目名称	借方金额	贷方金额
收款单	应收票据/银行承兑汇票	14917500	
收款单	应收账款/一般应收款		14917500
票号 369721** 日期 2017.07.26	数量 单价　合计	14917500	14917500

备注　项目　部门
个人　客户 ××科技
业务员
记账　审核　出纳　制单 甲3

图 12-255　银行承兑汇票制单结果

（8）退出。退出当前窗口。

12.17.2.8　正常单据记账并生成凭证

（1）以“W02 甲 3”身份登录“企业应用平台”，“操作日期”为“2017 年 7 月 26 日”。

（2）在“业务工作”选项卡中，依次执行“供应链”→“存货核算”→“业务核算”→“正常单据记账”命令，系统打开“查询条件选择”窗口，单击“确定”按钮，系统打开“未记账单据一览表”窗口。

（3）记账。在“未记账单据一览表”窗口中，单击工具栏中的“全选”按钮，如图 12-256 所示。单击“记账”按钮，系统弹出“记账成功”信息提示框，单击“确定”按钮，完成记账。

（4）退出。退出“未记账单据一览表”窗口。

简易桌面 | 未记账单据一览表

正常单据记账列表

记录总数：2

选择	日期	单据号	存货编码	存货名称	单据类型	仓库名称	收发类别	数量
Y	2017-07-26	174681**	0303	金士顿500G固态硬盘（黑色）	专用发票	金士顿固态硬...	销售出库	50.00
Y	2017-07-26	174681**	0304	金士顿500G固态硬盘（灰色）	专用发票	金士顿固态硬...	销售出库	50.00
小计								100.00

图 12-256 正常单据记账列表

（5）在“存货核算”系统中，依次执行“财务核算”→“生成凭证”命令，系统打开“生成凭证”窗口，单击工具栏中的“选择”按钮，打开“查询条件”对话框，仅勾选“(26) 销售专用发票”复选框，单击“确定”按钮，进入“选择单据”窗口。

（6）生成凭证。在“选择单据”窗口中，选中本业务生成的销售发票，再单击“确定”按钮，系统返回“生成凭证”窗口，如图 12-257 所示。单击工具栏中的“合成”按钮，系统生成一张转账凭证。

简易桌面 | 生成凭证

凭证类别 收 收款凭证

选择	单据类型	单据号	摘要	科目类型	科目编码	科目名称	借方金额	贷方金额	借方数量	贷方数量	科...	存货编码	存货名称
1	专用发票	174681**	专用发票	对方	6401	主营业...	47500.00		50.00		1	0303	金士顿500G固态硬盘（黑色）
				存货	1405	库存商品		47500.00		50.00	2	0303	金士顿500G固态硬盘（黑色）
				对方	6401	主营业...	50000.00		50.00		1	0304	金士顿500G固态硬盘（灰色）
				存货	1405	库存商品		50000.00		50.00	2	0304	金士顿500G固态硬盘（灰色）
合计							97500.00	97500.00					

图 12-257 生成凭证窗口

（7）修改并保存凭证。在“填制凭证”窗口中，单击凭证中分录第二行的任意位置，然后单击工具栏中的“插分”按钮，然后在第二行补充“借方科目”为“存货跌价准备（1471）”，并录入“金额”为“2500.00”并修改第一行借方金额为“95000.00”，最后单击工具栏中的“保存”按钮，如图 12-258 所示。

已生成

转 账 凭 证

转 字 0025 制单日期：2017.07.26 审核日期： 附单据数：1

摘要	科目名称	借方金额	贷方金额
专用发票	主营业务成本	9500000	
专用发票	存货跌价准备	250000	
专用发票	库存商品		9750000
票号 日期	数量 单价 合计	9750000	9750000

备注 项 目 部 门

个 人 客 户

业务员

记账 审核 出纳 制单 甲3

图 12-258 结转销售成本记账凭证

（8）退出。退出当前窗口。

12.18 销售实训10 销售代销货物

12.18.1 业务描述与操作过程概述

7月26日，与湖北××科技有限公司签订销售合同。当日，我公司发出全部货物并开具增值税发票，并于当日收到湖北××科技有限公司支付的货款。购销合同如图12-259所示。其中，增值税发票（发票号：174360＊＊）和银行进账单（转账支票，票据号：261301＊＊）略。

购销合同

合同编号：XS0006

卖方：山东××科技有限公司

买方：湖北××科技有限公司

为保护买卖双方的合法权益，买卖双方根据《中华人民共和国合同法》的有关规定，经友好协商，一致同意签订本合同，共同遵守。

一、货物的名称、数量及金额

货物的名称	规格型号	计量单位	数量	单价（不含税）	金额（不含税）	税率	税额
希捷1T移动硬盘	黑色	个	100	300.00	30000.00	17%	5100.00
希捷2T移动硬盘	灰色	个	100	460.00	46000.00		7820.00
合计					¥76000.00		¥12920.00

二、合同总金额：人民币捌万捌仟玖佰贰拾元整（¥88920.00）

三、付款时间及付款方式：交货时间为2017年7月26日，交货地点为湖北××科技有限公司。

四、交货时间及交货地点：交货时间为签订合同当日，交货地点：山东××科技有限公司。

五、发运方式与运输费用承担方式：由卖方发货，运输费由买方承担。

卖　方：山东××科技有限公司　　买　方：湖北××科技有限公司

授权代表：甲6　　授权代表：×××

日　期：2017年07月24日　　日　期：2017年07月24日

图12-259 购销合同（公章略）

本业务与普通销售业务的操作基本一致，区别在于应收制单时，不确认主营业务收入，而是做暂估处理，记入科目“应付账款/暂估应付款”。

操作过程概述：

（1）2017年7月26日，以“X01 甲6”身份登录，在“销售管理”系统中，填制“销售订单”并审核。

（2）2017年7月26日，以“X01 甲6”身份登录，在“销售管理”系统中，参照“销售订单”生成“发货单”并审核。

（3）2017年7月26日，以“C01 甲7”身份登录，在“库存管理”系统中，批量生成“销售出库单”并审核。

（4）2017 年 7 月 26 日，以“X01 甲 6”身份登录，在“销售管理”系统中，参照“发货单”生成“销售专用发票”、现结并复核。

（5）2017 年 7 月 26 日，以“W02 甲 3”身份登录，在“应收款管理”系统中，审核发票并制单。

（6）2017 年 7 月 26 日，以“W02 甲 3”身份登录，在“存货核算”系统中，单击“正常单据记账”菜单项并生成凭证。

12.18.2 操作过程

12.18.2.1 填制销售订单并审核保存

（1）以“X01 甲 6”身份登录“企业应用平台”，“操作日期”为“2017 年 7 月 26 日”。

（2）在“业务工作”选项卡中，依次执行“供应链”→“销售管理”→“销售订货”→“销售订单”命令，系统打开“销售订单”窗口。

（3）填制销售订单。单击工具栏中的“增加”按钮，修改表头信息，“订单号”为“XS0006”、“销售类型”为“受托代销”、“客户简称”为“湖北××科技”、“销售部门”为“销售部”、“业务员”为“甲 6”。编辑表体信息，参照购销合同依次录入所有商品的“存货编码”“数量”及“无税单价”。

（4）保存并审核销售。单击工具栏中的“保存”按钮，最后单击“审核”按钮，完成订单审核，如图 12-260 所示。

图 12-260 销售订单

（5）退出。退出“销售订单”窗口。

12.18.2.2 生成发货单并审核

（1）以“X01 甲 6”身份登录“企业应用平台”，“操作日期”为“2017 年 7 月 26 日”。

（2）在“业务工作”选项卡中，依次执行“供应链”→“销售管理”→“销售发货”→“发货单”命令，系统打开“发货单”窗口，然后单击工具栏中的“增加”按钮，系统弹出“查询条件选择-参照订单”对话框，再单击“确定”按钮，系统打开“参照生单”窗口。

（3）生成发货单。在“参照生单”窗口中，双击订单号为“XS0006”所对应的“选择”栏，选中该订单，如图 12-261 所示。单击“OK 确定”按钮，系统返回“发货单”窗口。

图 12-261　发货单参照生单

（4）保存并审核发货单。在“发货单”窗口中，补充“仓库”为“受托代销商品库”，然后单击工具栏中的“保存”按钮，再单击“审核”按钮，如图 12-262 所示。

图 12-262　发货单

（5）退出。退出“发货单”窗口。

12.18.2.3　生成销售出库单并审核

（1）以“C01 甲 7”身份登录“企业应用平台”，“操作日期”为“2017 年 7 月 26 日”。

（2）在“业务工作”选项卡中，依次执行“供应链”→“库存管理”→“出库业务”→“销售出库单”命令，系统打开“销售出库单”窗口，单击工具栏“生单”→“销售生单”菜单项，系统打开“查询条件选择-销售发货单列表”对话框，然后单击

“确定”按钮，进入“销售生单”窗口。

（3）生成销售出库单。在“销售生单”窗口，双击要处理单据对应的“选择”栏，如图12-263所示。再单击工具栏中的“OK 确定”按钮，系统返回“销售出库单”窗口。

图12-263 “销售生单”窗口

（4）保存并审核销售出库单。单击工具栏中“保存”按钮，再单击“审核”按钮，系统提示“该单据审核成功”，单击“确定”按钮，如图12-264所示。

图12-264 销售出库单

（5）退出。退出“销售出库单”窗口。

12.18.2.4 生成销售专用发票、现结并复核

（1）以“X01 甲6”身份登录“企业应用平台”，“操作日期”为“2017年7月26日”。

（2）在“业务工作”选项卡中，依次执行“供应链”→“销售管理”→“销售开票”→“销售专用发票”命令，系统打开“销售专用发票”窗口，单击工具栏中的“增加”按钮，系统弹出“查询条件选择-参照订单”对话框，单击“取消”按钮。单击工具栏中的“生单”→“参照发货单”按钮，系统弹出“查询条件选择-发票参照发货单”对话框，然后单击“确定”按钮，系统打开“参照生单”窗口。

（3）生成销售专用发票。在“参照生单”窗口中，双击发货单号为“0000000005”最左侧的“选择”单元格，选中该发货单，如图 12-265 所示。然后单击工具栏中的“OK 确定”按钮，系统返回“销售专用发票”窗口。

图 12-265　“参照生单”窗口

（4）保存发票。在“销售专用发票”窗口中，填写发票号为“174360＊＊”，其他项保持默认，单击工具栏中的“保存”按钮。

（5）现结并复核。在“销售专用发票”窗口中，再单击“现结”按钮，系统打开“现结”窗口，“结算方式”选择“5-电汇”、“原币金额”输入“88920.00”、“票据号”输入“260249＊＊”，如图 12-266 所示。然后单击“确定”按钮，再单击工具栏中的“复核”按钮，如图 12-267 所示。

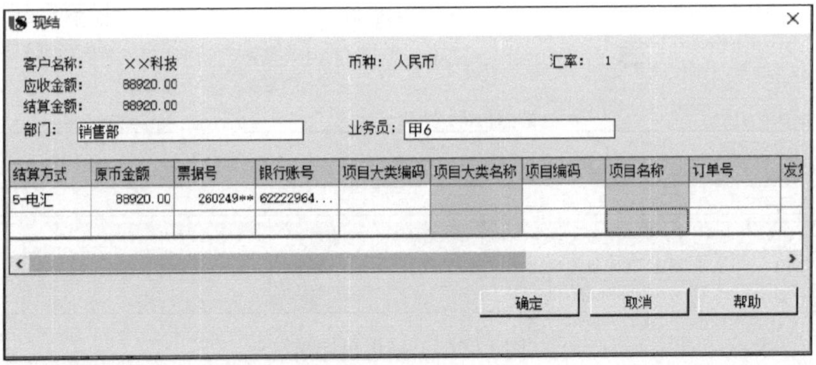

图 12-266　现结窗口

（6）退出。退出“销售专用发票”窗口。

12.18.2.5　审核发票并制单

（1）以“W02 甲 3”身份登录“企业应用平台”，“操作日期”为“2017 年 7 月 26 日”。

（2）在“业务工作”选项卡中，依次执行“财务会计”→“应收款管理”→“应收单据处理”→“应收单据审核”命令，系统打开“应收单查询条件”对话框，勾选“包含已现结发票”，再单击“确定”按钮，系统打开“单据处理”窗口。

（3）审核发票。在“单据处理”窗口中，双击选择单据号为“174360＊＊”的单据

图 12-267 销售专用发票

对应的“选择”栏，选中该单据，单击工具栏中的“审核”按钮，系统提示“单据审核成功”，单击“确定”按钮，如图 12-268 所示。

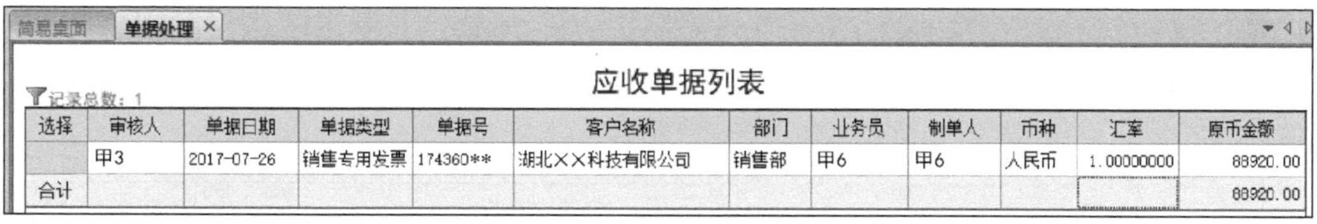

图 12-268 应收单据列表

（4）退出。退出“单据处理”窗口。

（5）在“应收款管理”系统中，双击“制单处理”，系统打开“制单查询”对话框，然后勾选“现结制单”，再单击“确定”按钮，系统打开“制单”窗口。单击工具栏中的“全选”按钮，再单击“制单”按钮，系统生成一张记账凭证。

（6）修改凭证。在“填制凭证”窗口中，修改科目“主营业务收入”为“应付账款——暂估应付款（220201）”，然后按〈Enter〉键，系统弹出“辅助项”对话框，对话框中的选择“供应商”为“湖南××”，如图 12-269 所示，然后单击“确定”按钮。

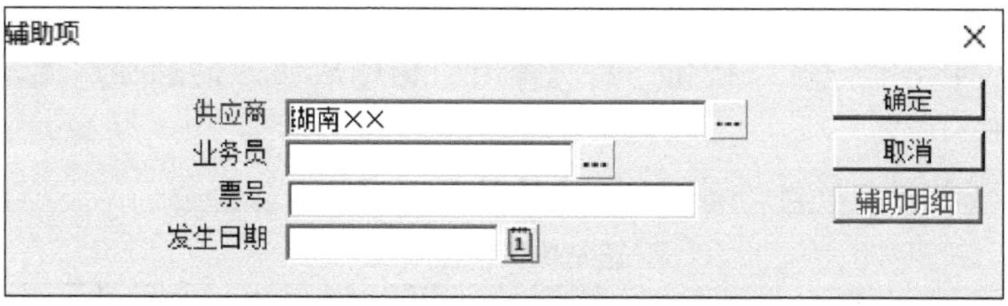

图 12-269 “辅助项”窗口

（7）保存凭证。单击工具栏中的“流量”按钮，系统打开“现金流量录入修改”对话框，录入“项目编码”为“01”，如图 12-270 所示。然后单击“确定”按钮，最后单击工具栏中的“保存”按钮，如图 12-271 所示。

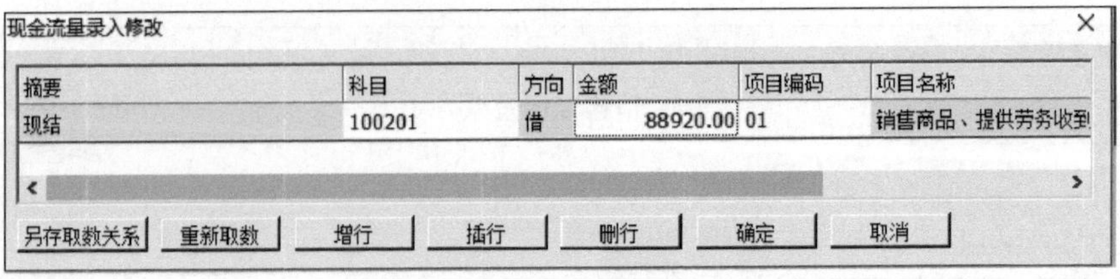

现金流量录入修改

摘要	科目	方向	金额	项目编码	项目名称
现结	100201	借	88920.00	01	销售商品、提供劳务收到

图 12-270　现金流量录入修改

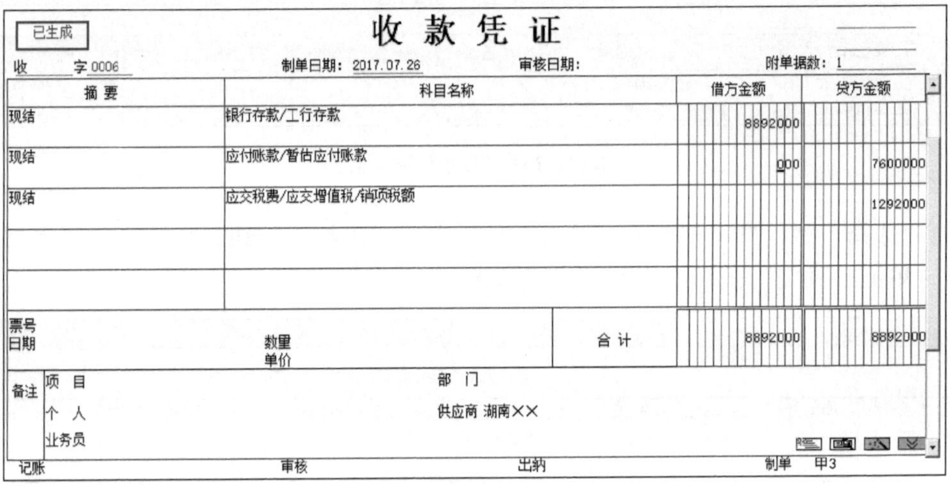

收款凭证

已生成

收　字 0006　　制单日期：2017.07.26　　审核日期：　　附单据数：1

摘要	科目名称	借方金额	贷方金额
现结	银行存款/工行存款	8892000	
现结	应付账款/暂估应付账款	000	7600000
现结	应交税费/应交增值税/销项税额		1292000
票号 日期　数量 单价	合计	8892000	8892000

备注　项　目　　部　门

个　人　　供应商 湖南××

业务员

记账　审核　出纳　制单　甲3

图 12-271　销售专用发票制单结果

（8）退出。退出当前窗口。

12.18.2.6　正常单据记账并生成凭证

（1）以“W02 甲 3”身份登录“企业应用平台”，“操作日期”为“2017 年 7 月 26 日”。

（2）在“业务工作”选项卡中，依次执行“供应链”→“存货核算”→“业务核算”→“正常单据记账”命令，系统打开“查询条件选择”窗口，单击“确定”按钮，系统打开“未记账单据一览表”窗口。

（3）记账。在“未记账单据一览表”窗口中，单击工具栏中的“全选”按钮，如图 12-272 所示。单击“记账”按钮，系统弹出“记账成功”信息提示框，单击“确定”按钮，完成记账。

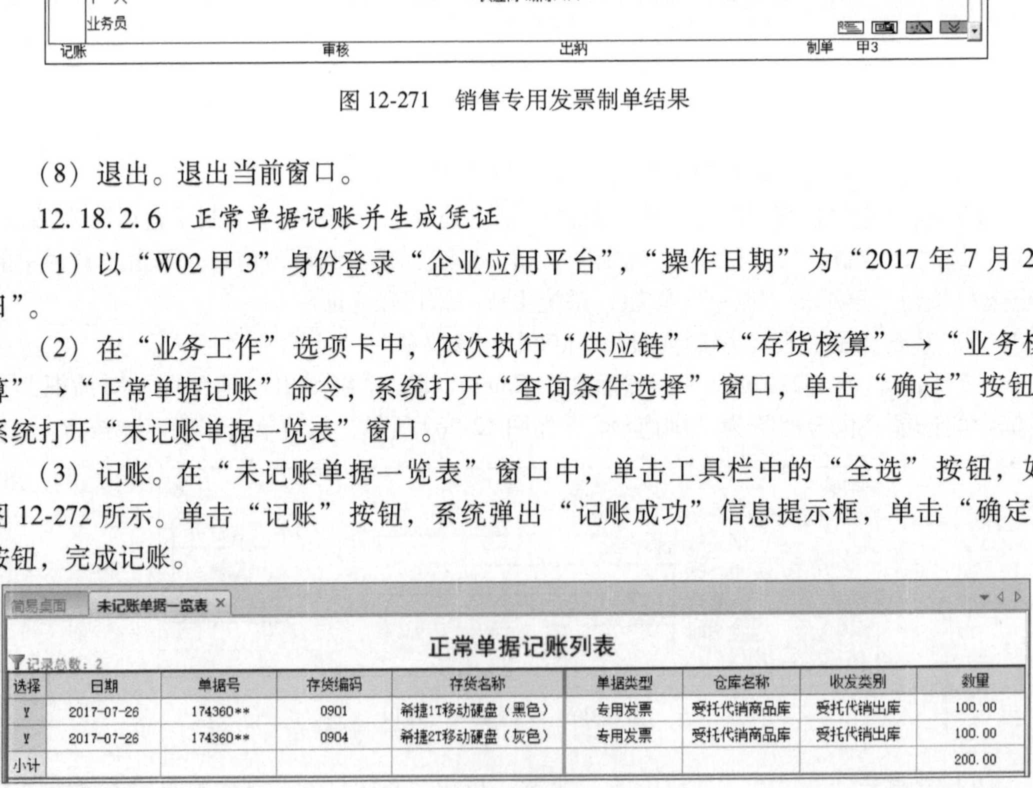

正常单据记账列表

记录总数：2

选择	日期	单据号	存货编码	存货名称	单据类型	仓库名称	收发类别	数量
Y	2017-07-26	174360**	0901	希捷1T移动硬盘（黑色）	专用发票	受托代销商品库	受托代销出库	100.00
Y	2017-07-26	174360**	0904	希捷2T移动硬盘（灰色）	专用发票	受托代销商品库	受托代销出库	100.00
小计								200.00

图 12-272　正常单据记账列表

（4）退出。退出“未记账单据一览表”窗口。

（5）在“存货核算”系统中，依次执行“财务核算”→“生成凭证”命令，系统打开“生成凭证”窗口，单击工具栏中的“选择”按钮，打开“查询条件”对话框，仅勾选“(26) 销售专用发票”复选框，单击“确定”按钮，进入“选择单据”窗口。

（6）生成凭证。在“选择单据”窗口中，选中本业务生成的销售发票，再单击“确定”按钮，系统返回“生成凭证”窗口，如图 12-273 所示。单击工具栏中的“合成”按钮，系统生成一张转账凭证。

选择	单据类型	单据号	摘要	科目类型	科目编码	科目名称	借方金额	贷方金额	借方数量	贷方数量	科…	存货编码	存货名称
1	专用发票	174360**	专用发票	对方	2314	受托代…	30000.00		100.00		1	0901	希捷1T移动硬盘（黑色）
				存货	1431	受托代…		30000.00		100.00	2	0901	希捷1T移动硬盘（黑色）
				对方	2314	受托代…	46000.00		100.00		1	0904	希捷2T移动硬盘（灰色）
				存货	1431	受托代…		46000.00		100.00	2	0904	希捷2T移动硬盘（灰色）
合计							76000.00	76000.00					

图 12-273 生成凭证窗口

（7）保存凭证。单击凭证中分录第一行的任意位置，按“Ctrl”+“S”组合键，调出“辅助项”对话框，对话框中的“供应商”选择“湖南××”，然后单击“确定”按钮，再单击工具栏中的“保存”按钮，完成凭证保存，如图 12-274 所示。

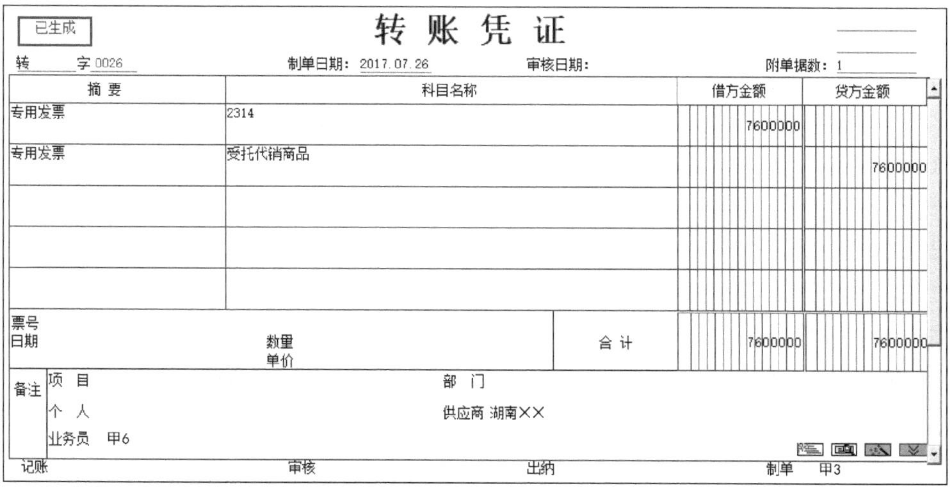

图 12-274 受托代销商品出库凭证

（8）退出。退出“辅助项”窗口。

12.19 销售实训 11 零售日报业务

12.19.1 业务描述与操作过程概述

7 月 26 日，销售部甲 6 对门市部零售商品进行汇总处理，客户为“零散客户”，货已发出，同时开出增值税普通发票，收到现金款。销售清单如图 12-275 所示，收据（票据号：0013565）略。

销售清单								
编制单位：门市部		2017年07月26日						
编码	产品名称	规格型号	计量单位	数量	单价	金额	税率	税额
0501	爱国者500G移动硬盘	黑色	个	50	400.00	20000.00	17%	3400.00
0504	爱国者1T移动硬盘	灰色	个	50	600.00	30000.00	17%	5100.00
价税合计		大写：人民币伍万捌仟伍佰元整　小写：￥58500.00						

图 12-275　销售清单

操作过程概述：

（1）2017 年 7 月 26 日，以“X01 甲 6”身份登录，在“销售管理”系统中，填制“零售日报”并复核，系统自动生成“发货单”。

（2）2017 年 7 月 26 日，以“C01 甲 7”身份登录，在“库存管理”系统中，参照“发货单”生成“销售出库单”并审核。

（3）2017 年 7 月 26 日，以“W02 甲 3”身份登录，在“应收款管理”系统中，审核零售日报并制单。

（4）2017 年 7 月 26 日，以“W02 甲 3”身份登录，在“存货核算”系统中，单击“正常单据记账”菜单项并生成凭证。

12. 19. 2　操作过程

12. 19. 2. 1　填制零售日报并自动生成发货单

（1）以“X01 甲 6”身份登录“企业应用平台”，“操作日期”为“2017 年 7 月 26 日”。

（2）在“业务工作”选项卡中，依次执行“供应链”→“销售管理”→“零售日报”命令，系统打开“零售日报”窗口。

（3）填制零售日报并保存。在“零售日报”窗口中，单击工具栏中的“增加”按钮，编辑表头信息，“销售类型”选择“门市销售”、“客户简称”选择“零散客户”、“销售部门”为“销售部”、“业务员”为“甲 9”，在表体中录入所有商品的“仓库名称”“存货编码”“数量”及“无税单价”，然后单击工具栏中的“保存”按钮。

（4）现结。单击工具栏中的“现结”按钮，系统弹出“现结”对话框，选择“结算方式”为“现金”、“原币金额”为“58500. 00”、“票据号”为“0013565”，如图 12-276 所示，再单击“确定”按钮。

（5）复核并自动生成发货单。单击工具栏中的“复核”按钮，如图 12-277 所示。

（6）退出。退出“零售日报”窗口。

（7）查看发货单。对“零售日报”进行复核操作后，系统自动生成“发货单”，执行“销售发货”→“发货单”命令，打开“发货单”窗口，单击工具栏中的“上一个”按钮，查找到本业务的发货单，如图 12-278 所示。

（8）退出。退出“发货单”窗口。

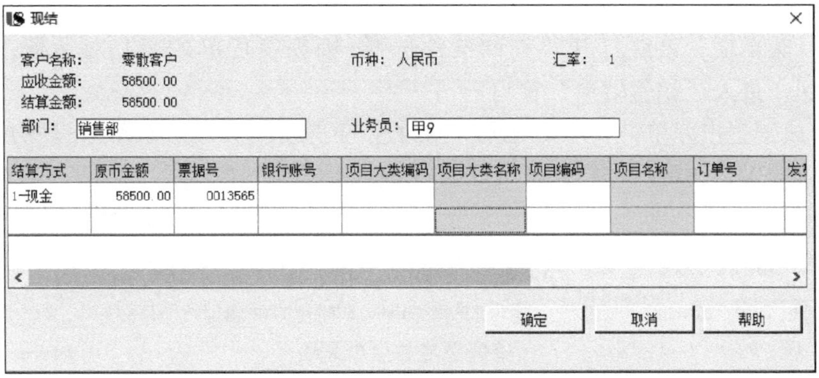

图 12-276 “现结”对话框

图 12-277 零售日报

图 12-278 零售日报发货单

12.19.2.2 生成销售出库单并审核

（1）以“C01 甲7”身份登录“企业应用平台”，“操作日期”为“2017年7月26日”。

（2）在“业务工作”选项卡中，依次执行“供应链”→“库存管理”→“出库业务”→“销售出库单”命令，系统打开“销售出库单”窗口，单击工具栏“生单”→“销售生单”菜单项，系统打开“查询条件选择-销售发货单列表”对话框，然后单击“确定”按钮，进入“销售生单”窗口。

（3）生成销售出库单。双击要处理单据对应的“选择”栏，如图 12-279 所示。再单击工具栏中的“OK 确定”按钮，系统返回“销售出库单”窗口。

图 12-279 “销售生单”窗口

（4）保存并审核销售出库单。单击工具栏中“保存”按钮，再单击“审核”按钮，系统提示“该单据审核成功”，单击“确定”按钮，如图 12-280 所示。

图 12-280 销售出库单

（5）退出。退出“销售出库单”窗口。

12.19.2.3 审核零售日报并制单

（1）以“W02 甲 3”身份登录“企业应用平台”，“操作日期”为“2017 年 7 月 26 日”。

（2）在“业务工作”选项卡中，依次执行“财务会计”→“应收款管理”→“应收单据处理”→“应收单据审核”命令，系统打开“应收单查询条件”对话框，勾选“包含已现结发票”，再单击“确定”按钮，系统打开“单据处理”窗口。

（3）审核零售日报。在“单据处理”窗口中，双击选择单据号为“0000000001”的单据对应的“选择”栏，选中该单据，单击工具栏中的“审核”按钮，系统提示“单据审核成功”，单击“确定”按钮，如图 12-281 所示。

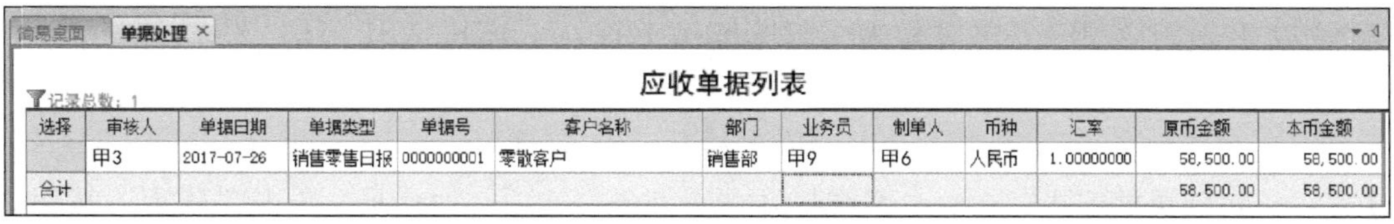

选择	审核人	单据日期	单据类型	单据号	客户名称	部门	业务员	制单人	币种	汇率	原币金额	本币金额
	甲3	2017-07-26	销售零售日报	0000000001	零散客户	销售部	甲9	甲6	人民币	1.00000000	58,500.00	58,500.00
合计											58,500.00	58,500.00

图 12-281　应收单据列表

（4）退出。退出“单据处理”窗口。

（5）在“应收款管理”系统中，双击“制单处理”选项，系统打开“制单查询”对话框，然后勾选“现结制单”，再单击“确定”按钮，系统打开“制单”窗口。单击工具栏中的“全选”按钮，再单击“制单”按钮，系统生成一张收款凭证。

（6）保存凭证。在“填制凭证”窗口中，单击工具栏中的“流量”按钮，系统打开“现金流量录入修改”对话框，录入“项目编码”为“01”，如图 12-282 所示。然后单击“确定”按钮，最后单击工具栏中的“保存”按钮，如图 12-283 所示。

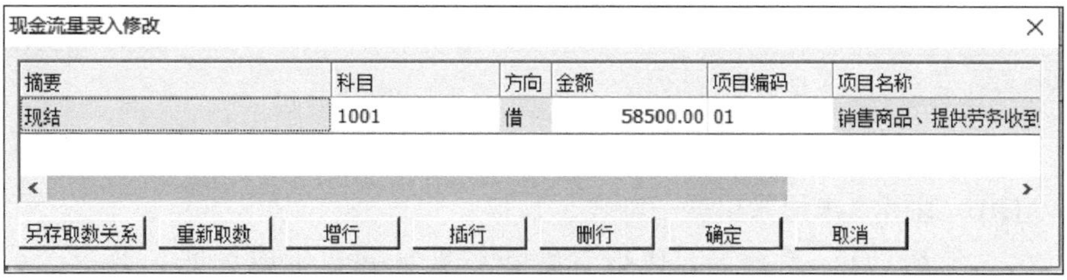

图 12-282　现金流量录入修改

图 12-283　零售确认收入制单结果

（7）退出。退出当前窗口。

12.19.2.4　正常单据记账并生成凭证

（1）以“W02 甲 3”身份登录“企业应用平台”，“操作日期”为“2017 年 7 月 26 日”。

（2）在“业务工作”选项卡中，依次执行“供应链”→“存货核算”→“业务核算”→“正常单据记账”命令，系统打开“查询条件选项”对话框，单击“确定”按钮，进入“未记账单据一览表”窗口。

（3）记账。在“未记账单据一览表”窗口中，单击工具栏中的“全选”按钮，如图 12-284 所示。再单击“记账”按钮，系统弹出“记账成功”信息提示框，单击“确定”按钮，完成记账操作。

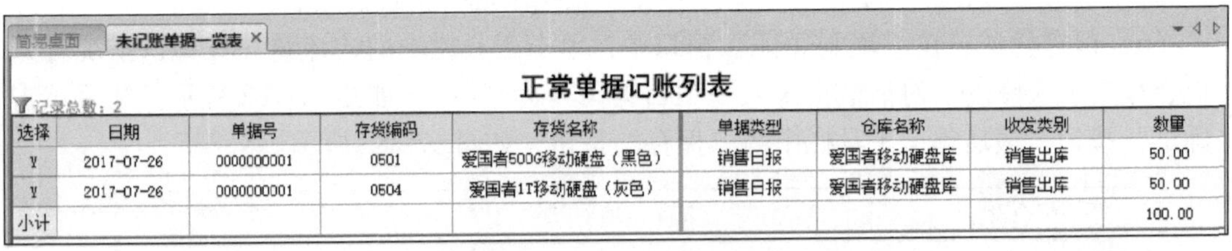
简易桌面　未记账单据一览表

正常单据记账列表

记录总数：2

选择	日期	单据号	存货编码	存货名称	单据类型	仓库名称	收发类别	数量
Y	2017-07-26	0000000001	0501	爱国者500G移动硬盘（黑色）	销售日报	爱国者移动硬盘库	销售出库	50.00
Y	2017-07-26	0000000001	0504	爱国者1T移动硬盘（灰色）	销售日报	爱国者移动硬盘库	销售出库	50.00
小计								100.00

图 12-284　正常单据记账列表

（4）退出。退出“未记账单据一览表”窗口。

（5）在“存货核算”系统中，执行“财务核算”→“生成凭证”命令，系统进入“生成凭证”窗口，单击工具栏中的“选择”按钮，打开“查询条件”对话框，仅勾选“(29) 销售日报”复选框，再单击“确定”按钮，系统进入“选择单据”窗口，如图 12-285 所示。

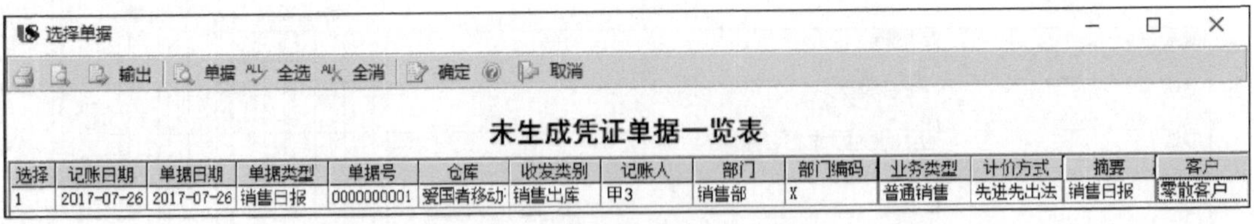
选择单据

输出　单据　全选　全消　确定　取消

未生成凭证单据一览表

选择	记账日期	单据日期	单据类型	单据号	仓库	收发类别	记账人	部门	部门编码	业务类型	计价方式	摘要	客户
1	2017-07-26	2017-07-26	销售日报	0000000001	爱国者移动	销售出库	甲3	销售部	X	普通销售	先进先出法	销售日报	零散客户

图 12-285　未生成凭证单据一览表

（6）生成凭证。在“选择单据”窗口中，选中本业务生成的采购入库单，再单击“确定”按钮，系统返回“生成凭证”窗口，然后单击工具栏中的“合成”按钮，系统生成一张凭证。

（7）保存凭证。在“填制凭证”窗口中，单击工具栏中的“保存”按钮，如图 12-286 所示。

（8）退出。退出“填制凭证”窗口。

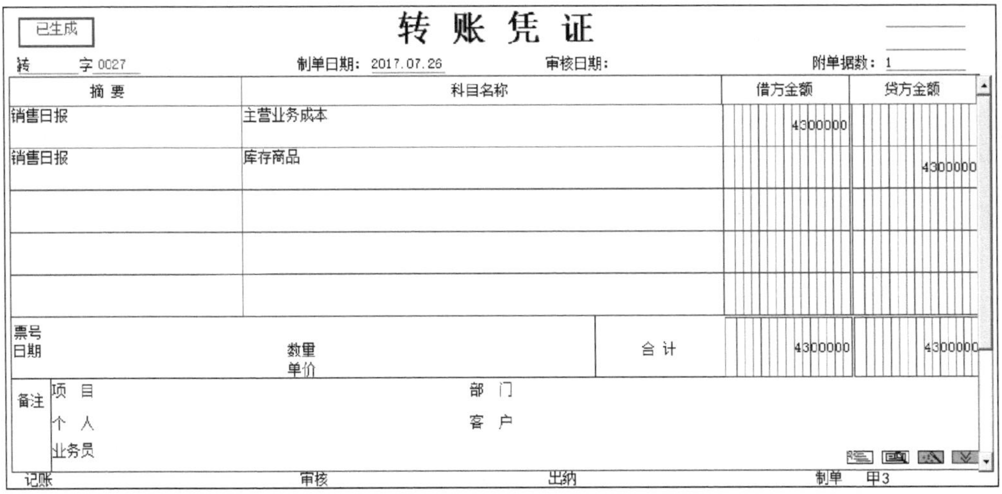

图 12-286 零售结转销售成本凭证

12.20 销售实训12 计提坏账准备业务

31 日，对应收账款计提坏账准备。

操作过程如下：

（1）以“W02 甲 3”身份登录“企业应用平台”，“操作日期”为“2017 年 7 月 31 日”。

（2）在“业务工作”选项卡中，依次执行“财务会计”→“应收款管理”→“坏账处理”→“计提坏账准备”命令，系统打开“应收账款百分比法”窗口，显示本月的计提结果，如图 12-287 所示。

简易桌面 | 应收账款百分比法

应收账款...	计提比率	坏账准备	坏账准备余额	本次计提
439920.00	0.500%	2199.60	0.00	2199.60

图 12-287 坏账准备计提结果

（3）计提坏账制单。单击工具栏中的“OK 确定”按钮，系统提示“是否立即制单?”，单击“是”按钮，系统生成一张转账凭证。

（4）保存凭证。在“填制凭证”窗口中，单击工具栏中的“保存”按钮，如图 12-288 所示。

（5）退出。退出“填制凭证”窗口。

已生成

转账凭证

转 字 0033　　制单日期：2017.07.31　　审核日期：　　附单据数：1

摘要	科目名称	借方金额	贷方金额
计提坏账准备	资产减值损失	219960	
计提坏账准备	坏账准备		219960
票号 日期	数量 单价 合计	219960	219960

备注　项目　部门
个人　客户
业务员

记账　审核　出纳　制单 甲3

图 12-288 计提坏账准备制单结果

12.21 库存实训 2 计提存货跌价准备业务

12.21.1 业务描述与操作过程概述

31 日，接到采购部通知，库存部分商品期末可变现净值低于成本，如图 12-289 所示。因此，按要求计提存货跌价准备。

库存商品期末可变现净值一览表

单位：元

存货编码	商品名称	数量	可变现净值单价
0103	东芝2T移动硬盘（黑色）	110台	450.00
0104	东芝2T移动硬盘（灰色）	110台	470.00

图 12-289 库存商品期末可变现净值一览表

操作过程概述：

（1）2017 年 7 月 31 日，以“W02 甲 3”身份登录，在“存货核算”系统中，填制计提跌价处理单。

（2）2017 年 7 月 31 日，以“W02 甲 3”身份登录，在“存货核算”系统中，执行跌价准备制单。

12.21.2 操作过程

12.21.2.1 填制计提跌价处理单

（1）以“W02 甲 3”身份登录“企业应用平台”，“操作日期”为“2017 年 7 月 31 日”。

（2）在“业务工作”选项卡中，依次执行“供应链”→“存货核算”→“跌价准备”→“计提跌价准备”命令，系统进入“计提跌价处理单”窗口。

（3）填制计提跌价处理单。在“计提跌价处理单”窗口中，单击工具栏中的“增加”按钮，参照“库存商品期末可变现净值一览表”，录入“存货编码”及“可变现价格”等信息。

（4）保存并审核。单击工具栏中的“保存”按钮，再单击“审核”按钮，如图12-290所示。

	存货编码	存货名称	计量单位	结存数量	结存单价	结存金额	可变现价格	可变现金额
1	0103	东芝2T移动硬盘（黑色）	个	110.00	460.00	50600.00	450.00	49500.00
2	0104	东芝2T移动硬盘（灰色）	个	110.00	480.00	52800.00	470.00	51700.00

图12-290 计提跌价处理单

（5）退出。退出“计提跌价处理单”窗口。

12.21.2.2 执行跌价准备制单

（1）以“W02甲3”身份登录“企业应用平台”，“操作日期”为“2017年7月31日”。

（2）在“业务工作”选项卡中，依次执行“供应链”→“存货核算”→“跌价准备”→“跌价准备制单”命令，系统进入“生成凭证”窗口。单击工具栏中的“选择”按钮，打开“查询条件”对话框，单击“确定”按钮，进入“选择单据”窗口。

（3）生成凭证。在“选择单据”窗口中，选中本业务生成的跌价准备单，再单击“确定”按钮，系统返回“生成凭证”窗口，如图12-291所示。单击工具栏中的“合成”按钮，系统生成一张转账凭证。

选择	单据类型	单据号	摘要	科目类型	科目编码	科目名称	借方金额	贷方金额	借方数量	贷方数量	科...	存货编码	存货名称
1	跌价准备	000000...	跌价准备	对方	6701	资产减值损失	1100.00				1	0103	东芝2T移动硬盘（黑色）
				计提	1471	存货跌价准备		1100.00			2	0103	东芝2T移动硬盘（黑色）
				对方	6701	资产减值损失	1100.00				1	0104	东芝2T移动硬盘（灰色）
				计提	1471	存货跌价准备		1100.00			2	0104	东芝2T移动硬盘（灰色）
合计							2200.00	2200.00					

图12-291 生成凭证窗口

（4）保存凭证。单击工具栏中的“保存”按钮，完成凭证保存，如图12-292所示。

（5）退出。退出“生成凭证”窗口。

已生成

转 账 凭 证

转 字 0034　　制单日期：2017.07.31　　审核日期：　　附单据数：1

摘要	科目名称	借方金额	贷方金额
跌价准备	资产减值损失	220000	
跌价准备	存货跌价准备		220000
票号 日期	数量 单价　　合计	220000	220000

备注　项目　　部门
　　　个人　　客户
　　　业务员

记账　　审核　　出纳　　制单　甲3

图 12-292　跌价准备制单结果

12.22　库存实训3　库存盘点业务

12.22.1　业务描述与操作过程概述

31 日，进行期末库存盘点，如图 12-293 所示（分开制单）。

库存商品实存账存对比表

盘点单位：仓管部各仓库　　盘点日期：2017 年 7 月 31 日

编号	商品名称	单位	单价	账面结存		实际盘存		升溢		损耗		升溢损耗原因
				数量	金额	数量	金额	数量	金额	数量	金额	
0202	三星250G盘（灰色）	个	700.00							3	2100.00	非人为因素仓库失火
0204	三星500G固态硬盘（灰色）	个	950.00					2			1900.00	计量出错
	合计											

单位主管：（略）　会计：（略）　复合：（略）　监盘：（略）　物资负责人：（略）

图 12-293　库存商品实存账存对比表

操作过程概述：

（1）2017 年 7 月 31 日，以“C01 甲 7”身份登录，在“库存管理”系统中，填制盘点单并审核。

（2）2017 年 7 月 31 日，以“C01 甲 7”身份登录，在“库存管理”系统中，审核其他出入库单。

（3）2017 年 7 月 31 日，以“W02 甲 3”身份登录，在“存货核算”系统中，执行盘点出入库单记账并生成凭证。

12.22.2　操作过程

12.22.2.1　填制盘点单并审核

（1）以“C01 甲 7”身份登录“企业应用平台”，“操作日期”为“2017 年 7 月 31

日”。

（2）在“业务工作”选项卡中，依次执行“供应链”→“库存管理”→“盘点业务”命令，系统进入“盘点单”窗口。

（3）填制盘点单。在“盘点单”窗口中，单击工具栏中的“增加”按钮，编辑表头信息，“盘点仓库”选择“三星固态硬盘库”、“出库类别”选择“盘亏出库”、“入库类别”选择“盘盈入库”、“部门”选择“仓管部”，然后按照“库存商品实存账存对比表”，录入“存货编码”“单价”“盘点数量”。

（4）保存并审核盘点单。单击工具栏中的“保存”按钮，再单击“审核”按钮，系统提示“该单据审核成功”，单击“确定”按钮，完成审核，如图12-294所示。盘点单审核后，系统会自动生成相应的出入库单。

图12-294 盘点单

（5）退出。退出“盘点单”窗口。

12.22.2.2 审核其他出入库单

（1）以“C01 甲7”身份登录“企业应用平台”，“操作日期”为“2017年7月31日”。

（2）在“业务工作”选项卡中，依次执行“供应链”→“库存管理”→“入库业务”→“其他入库单”命令，系统打开“其他入库单”窗口。

（3）审核盘盈入库单。在“其他入库单”窗口中，单击工具栏中的“末张”按钮，找到上一步的盘亏信息，查看盘盈入库单，然后单击工具栏中的“审核”按钮，系统弹出“该单据审核成功”信息提示框，再单击“确定”按钮，完成审核，如图12-295所示。

图12-295 盘盈入库单

（4）退出。退出“其他入库单”窗口。

（5）审核盘亏出库单。执行“出库业务”→“其他出库单”命令，打开“其他出库单”窗口，单击工具栏中的“末张”按钮，查看“盘亏入库单”，然后单击工具栏中的“审核”按钮，系统弹出“该单据审核成功”信息提示框，再单击“确定”按钮，完成审核，如图 12-296 所示。

图 12-296　盘亏出库单

（6）退出。退出“其他出库单”窗口。

12.22.2.3　盘点出入库单记账并生成凭证

（1）以“W02 甲 3”身份登录“企业应用平台”，“操作日期”为“2017 年 7 月 31 日”。

（2）在“业务工作”选项卡中，依次执行“供应链”→“存货核算”→“业务核算”→“正常单据记账”命令，系统打开“查询条件选择”窗口，再单击“确定”按钮，系统打开“未记账单据一览表”窗口。

（3）记账。在“未记账单据一览表”窗口中，单击工具栏中的“全选”按钮，如图 12-297所示。单击“记账”按钮，系统弹出“记账成功”信息提示框，单击“确定”按钮，完成记账。

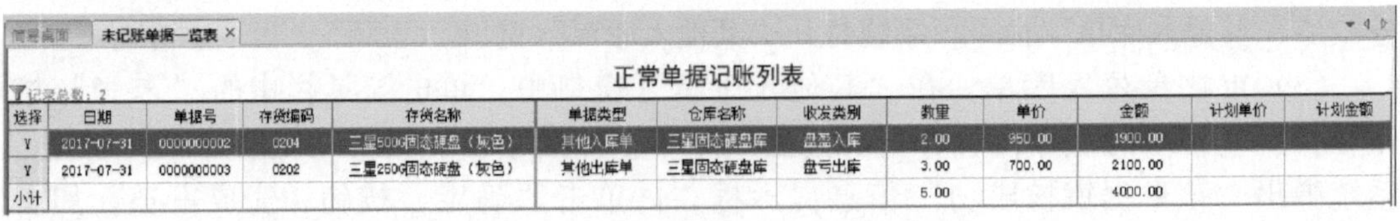

图 12-297　正常单据记账列表

（4）退出。退出“未记账单据一览表”窗口。

（5）在“存货核算”系统中，依次执行“财务核算”→“生成凭证”命令，系统打开“生成凭证”窗口，单击工具栏中的“选择”按钮，打开“查询条件”对话框，勾选“（08）其他入库单”和“（09）其他出库单”复选框，单击“确定”按钮，进入“选择单据”窗口。

（6）生成凭证。在“选择单据”窗口中，选中本业务生成的出入库单，单击“确定”按钮，系统返回“生成凭证”窗口，补全科目编码，如图 12-298 所示。单击工具栏中的“生成”按钮，系统生成两张转账凭证。

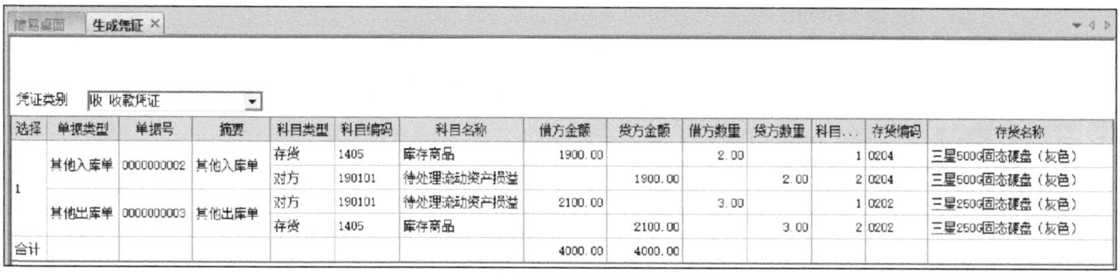

简易桌面 生成凭证

凭证类别 收 收款凭证

选择	单据类型	单据号	摘要	科目类型	科目编码	科目名称	借方金额	贷方金额	借方数量	贷方数量	科目...	存货编码	存货名称
1	其他入库单	0000000002	其他入库单	存货	1405	库存商品	1900.00		2.00		1	0204	三星500G固态硬盘（灰色）
				对方	190101	待处理流动资产损溢		1900.00		2.00	2	0204	三星500G固态硬盘（灰色）
	其他出库单	0000000003	其他出库单	对方	190101	待处理流动资产损溢	2100.00		3.00		1	0202	三星250G固态硬盘（灰色）
				存货	1405	库存商品		2100.00		3.00	2	0202	三星250G固态硬盘（灰色）
合计							4000.00	4000.00					

图 12-298 “生成凭证”窗口

（7）保存凭证。在“填制凭证”窗口中，单击工具栏中的“保存”按钮，完成盘盈入库凭证保存，如图12-299所示。单击工具栏中的“下一个”按钮，再单击“保存”按钮，保存盘亏出库凭证，如图12-300所示。

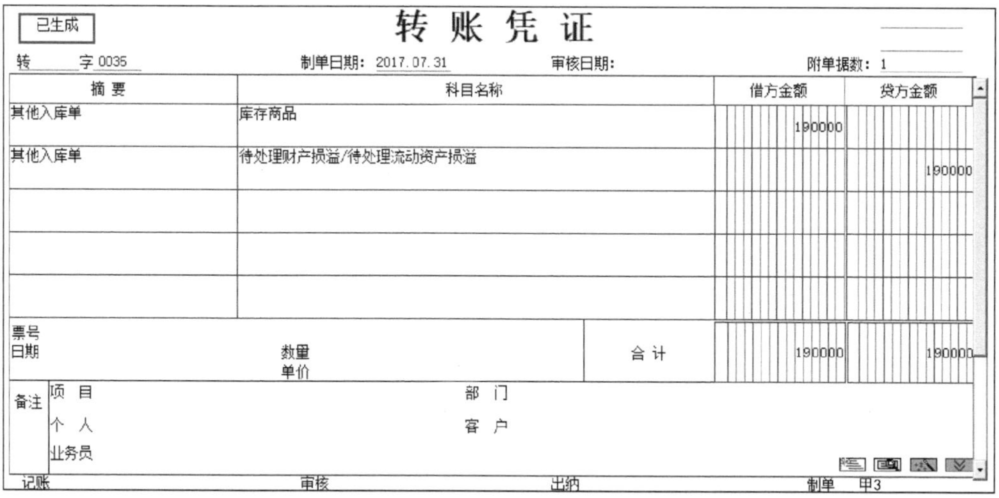

图 12-299 盘盈入库的存货凭证

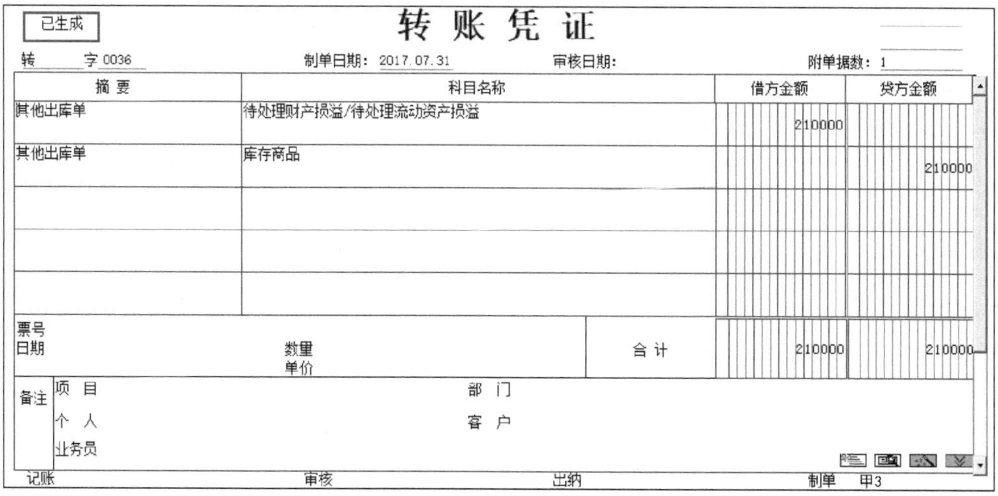

图 12-300 盘亏出库的存货凭证

（8）退出。退出当前窗口。

12.23 购销存系统凭证列表

购销存系统凭证列表如图 12-301 所示。

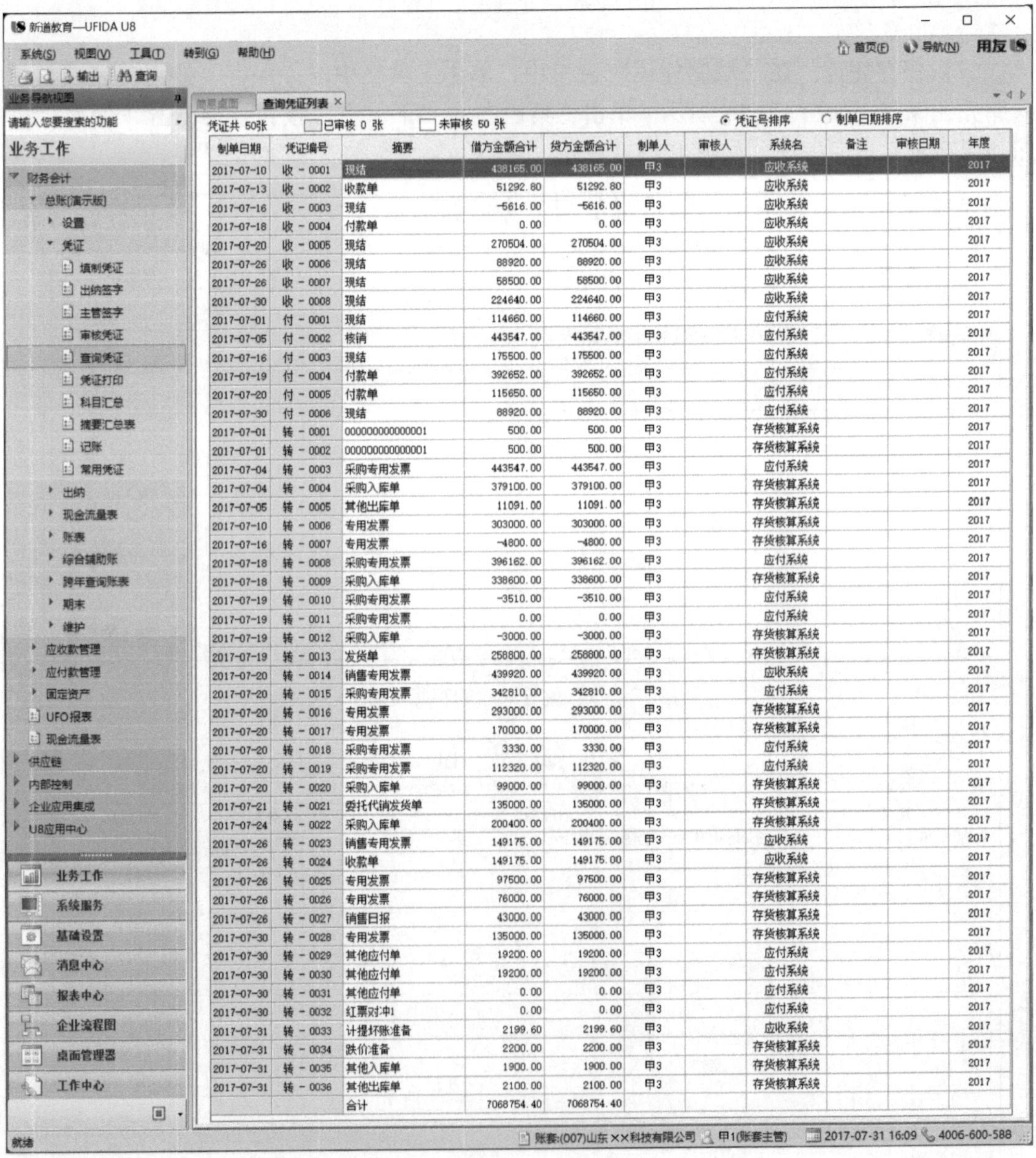

凭证共 50张　已审核 0 张　未审核 50 张　凭证号排序　制单日期排序

制单日期	凭证编号	摘要	借方金额合计	贷方金额合计	制单人	审核人	系统名	备注	审核日期	年度
2017-07-10	收 - 0001	现结	438165.00	438165.00	甲3		应收系统			2017
2017-07-13	收 - 0002	收款单	51292.80	51292.80	甲3		应收系统			2017
2017-07-16	收 - 0003	现结	-5616.00	-5616.00	甲3		应收系统			2017
2017-07-18	收 - 0004	付款单	0.00	0.00	甲3		应收系统			2017
2017-07-20	收 - 0005	现结	270504.00	270504.00	甲3		应收系统			2017
2017-07-26	收 - 0006	现结	88920.00	88920.00	甲3		应收系统			2017
2017-07-26	收 - 0007	现结	58500.00	58500.00	甲3		应收系统			2017
2017-07-30	收 - 0008	现结	224640.00	224640.00	甲3		应收系统			2017
2017-07-01	付 - 0001	现结	114660.00	114660.00	甲3		应付系统			2017
2017-07-05	付 - 0002	核销	443547.00	443547.00	甲3		应付系统			2017
2017-07-16	付 - 0003	现结	175500.00	175500.00	甲3		应付系统			2017
2017-07-19	付 - 0004	付款单	392652.00	392652.00	甲3		应付系统			2017
2017-07-20	付 - 0005	付款单	115650.00	115650.00	甲3		应付系统			2017
2017-07-30	付 - 0006	现结	88920.00	88920.00	甲3		应付系统			2017
2017-07-01	转 - 0001	000000000000001	500.00	500.00	甲3		存货核算系统			2017
2017-07-01	转 - 0002	000000000000001	500.00	500.00	甲3		存货核算系统			2017
2017-07-04	转 - 0003	采购专用发票	443547.00	443547.00	甲3		应付系统			2017
2017-07-04	转 - 0004	采购入库单	379100.00	379100.00	甲3		存货核算系统			2017
2017-07-05	转 - 0005	其他出库单	11091.00	11091.00	甲3		存货核算系统			2017
2017-07-10	转 - 0006	专用发票	303000.00	303000.00	甲3		存货核算系统			2017
2017-07-16	转 - 0007	专用发票	-4800.00	-4800.00	甲3		存货核算系统			2017
2017-07-18	转 - 0008	采购专用发票	396162.00	396162.00	甲3		应付系统			2017
2017-07-18	转 - 0009	采购入库单	338600.00	338600.00	甲3		存货核算系统			2017
2017-07-19	转 - 0010	采购专用发票	-3510.00	-3510.00	甲3		应付系统			2017
2017-07-19	转 - 0011	采购专用发票	0.00	0.00	甲3		应付系统			2017
2017-07-19	转 - 0012	采购入库单	-3000.00	-3000.00	甲3		存货核算系统			2017
2017-07-19	转 - 0013	发货单	258800.00	258800.00	甲3		存货核算系统			2017
2017-07-20	转 - 0014	销售专用发票	439920.00	439920.00	甲3		应收系统			2017
2017-07-20	转 - 0015	采购专用发票	342810.00	342810.00	甲3		应付系统			2017
2017-07-20	转 - 0016	专用发票	293000.00	293000.00	甲3		存货核算系统			2017
2017-07-20	转 - 0017	专用发票	170000.00	170000.00	甲3		存货核算系统			2017
2017-07-20	转 - 0018	采购专用发票	3330.00	3330.00	甲3		应付系统			2017
2017-07-20	转 - 0019	采购专用发票	112320.00	112320.00	甲3		应付系统			2017
2017-07-20	转 - 0020	采购入库单	99000.00	99000.00	甲3		存货核算系统			2017
2017-07-21	转 - 0021	委托代销发货单	135000.00	135000.00	甲3		存货核算系统			2017
2017-07-24	转 - 0022	采购入库单	200400.00	200400.00	甲3		存货核算系统			2017
2017-07-26	转 - 0023	销售专用发票	149175.00	149175.00	甲3		应收系统			2017
2017-07-26	转 - 0024	收款单	149175.00	149175.00	甲3		应收系统			2017
2017-07-26	转 - 0025	专用发票	97500.00	97500.00	甲3		存货核算系统			2017
2017-07-26	转 - 0026	专用发票	76000.00	76000.00	甲3		存货核算系统			2017
2017-07-26	转 - 0027	销售日报	43000.00	43000.00	甲3		存货核算系统			2017
2017-07-30	转 - 0028	专用发票	135000.00	135000.00	甲3		存货核算系统			2017
2017-07-30	转 - 0029	其他应付单	19200.00	19200.00	甲3		应付系统			2017
2017-07-30	转 - 0030	其他应付单	19200.00	19200.00	甲3		应付系统			2017
2017-07-30	转 - 0031	其他应付单	0.00	0.00	甲3		应付系统			2017
2017-07-30	转 - 0032	红票对冲1	0.00	0.00	甲3		应付系统			2017
2017-07-31	转 - 0033	计提坏账准备	2199.60	2199.60	甲3		应收系统			2017
2017-07-31	转 - 0034	跌价准备	2200.00	2200.00	甲3		存货核算系统			2017
2017-07-31	转 - 0035	其他入库单	1900.00	1900.00	甲3		存货核算系统			2017
2017-07-31	转 - 0036	其他出库单	2100.00	2100.00	甲3		存货核算系统			2017
		合计	7068754.40	7068754.40						

账套:(007)山东××科技有限公司　甲1(账套主管)　2017-07-31 16:09　4006-600-588

图 12-301 购销存系统完成后的凭证列表

12.24 习　　题

（1）完成本章所有实训操作。

（2）查看本章所有实训生成的凭证，并与图 12-301 进行对比，如有出入，请分析原因。

13 业务模块月末处理

13.1 业务模块月末结账

本账套的业务模块包括：采购管理、销售管理、库存管理、存货核算、应收款管理系统、应付款管理系统及总账系统，业务模块月末结账是对以上7个模块的经济业务进行月末处理和月末结账。

31日，对公司的各个业务模块进行月末结账处理。本业务需要注意的是，存货核算系统在进行月末结账之前，需要进行仓库和存货的期末处理，否则无法进行月末结账，且要按照采购、销售、库存、存货的顺序依次进行月末结账。

13.1.1 采购管理系统月末结账

操作过程如下：

（1）以“G01 甲 5”身份登录“企业应用平台”，“操作日期”为“2017 年 7 月 31 日”。

（2）在“业务工作”选项卡中，依次执行“供应链”→“采购管理”→“月末结账”命令，系统打开“结账”对话框，如图 13-1 所示。

（3）结账。在“结账”对话框中，单击“结账”按钮，系统弹出“月末记账”信息提示框，提示“是否关闭订单?”，如图 13-2 所示。单击“否”按钮，系统自动进行月末结账，此时，7 月份“是否结账”处显示“是”，此时 7 月份采购单据按会计期间计入有关账表中。

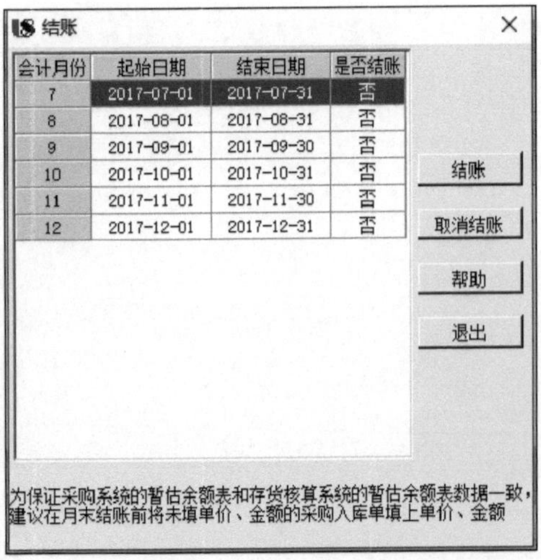

图 13-1 “结账”对话框

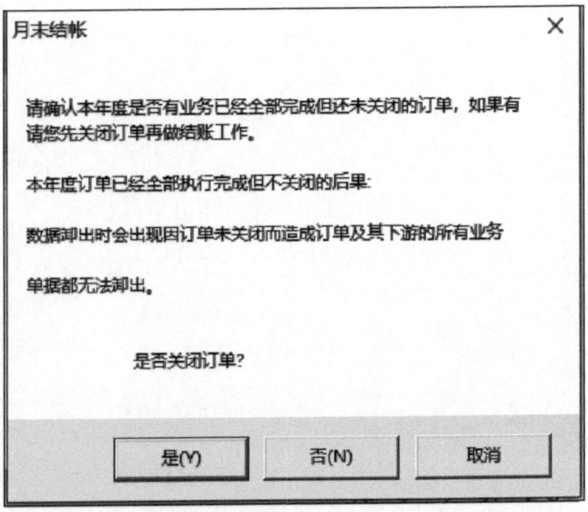

图 13-2 “月末结账”信息提示框

（4）退出。退出“结账”窗口。

13.1.2 销售管理系统月末结账

操作过程：

（1）以“X01 甲 6”身份登录“企业应用平台”，“操作日期”为“2017 年 7 月 31 日”。

（2）在“业务工作”选项卡中，依次执行“供应链”→“销售管理”→“月末结账”命令，系统打开“结账”对话框。

（3）结账。在“结账”对话框中，单击“结账”按钮，系统弹出“销售管理”信息提示框，提示“是否关闭订单?”，单击“否”按钮，系统自动进行月末结账，此时，7 月份“是否结账”处显示“是”，此时 7 月份销售单据按会计期间计入有关账表中。

（4）退出。退出“结账”窗口。

13.1.3 库存管理系统月末结账

操作过程：

（1）以“C01 甲 7”身份登录“企业应用平台”，“操作日期”为“2017 年 7 月 31 日”。

（2）在“业务工作”选项卡中，依次执行“供应链”→“库存管理”→“月末结账”命令，系统打开“结账”对话框。

（3）结账。在“结账”对话框中，单击“结账”按钮，系统弹出“库存管理”信息提示框，提示“库存启用月份结账后将不能修改期初数据，是否继续结账?”，如图 13-3 所示。单击“是”按钮，系统自动进行月末结账，此时，7 月份“是否结账”处显示“是”。

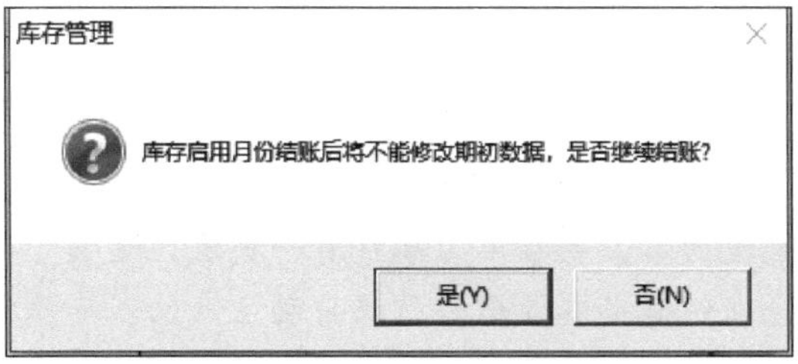

图 13-3 “库存管理”信息提示框

（4）退出。退出“结账”窗口。

13.1.4 存货核算系统月末结账

存货核算系统月末结账之前需要进行仓库和存货的期末处理。

（1）以“W02 甲 3”身份登录“企业应用平台”，“操作日期”为“2017 年 7 月 31 日”。

（2）在“业务工作”选项卡中，依次执行“供应链”→“存货核算”→“业务核算”→“期末处理”命令，系统打开“期末处理”对话框，如图 13-4 所示。

（3）期末处理。在“期末处理”对话框中，系统默认选中所有仓库，单击“处理”按钮，系统打开“未记账单据一览表”窗口，如图 13-5 所示。然后单击工具栏中的“确定”

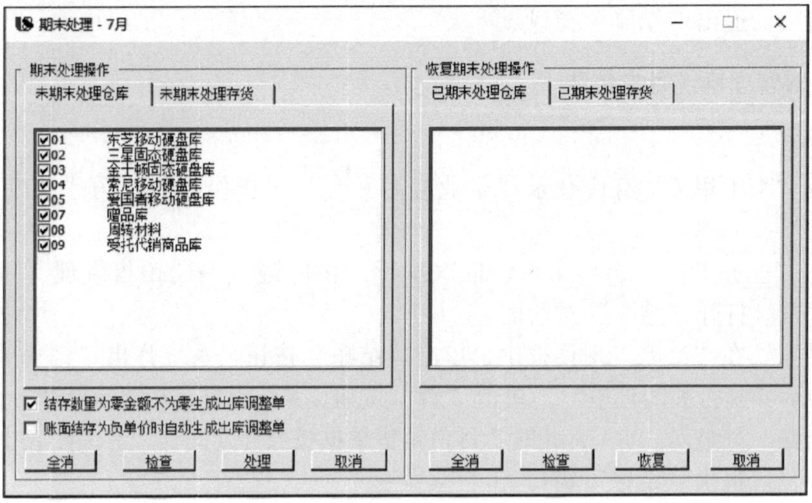

图 13-4 “期末处理”对话框

按钮，系统提示“期末处理完毕!”，单击“确定”按钮，完成各个仓库的期末处理操作。

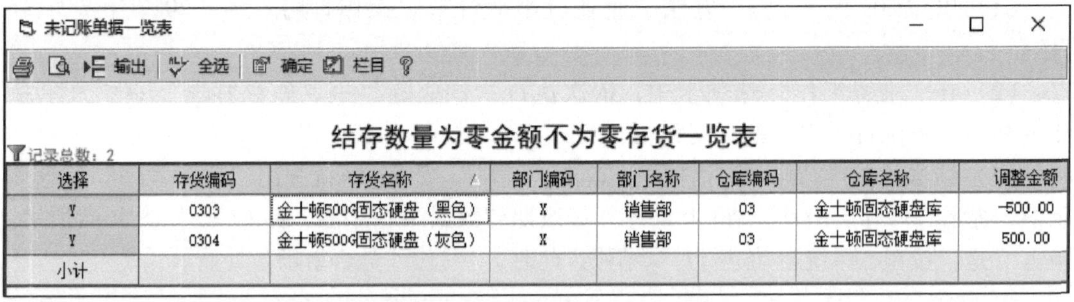

结存数量为零金额不为零存货一览表

选择	存货编码	存货名称	部门编码	部门名称	仓库编码	仓库名称	调整金额
Y	0303	金士顿500G固态硬盘（黑色）	X	销售部	03	金士顿固态硬盘库	-500.00
Y	0304	金士顿500G固态硬盘（灰色）	X	销售部	03	金士顿固态硬盘库	500.00
小计							

图 13-5 未记账单据一览表

（4）退出。退出“期末处理”对话框。

注：此处出现结存数量为零、金额不为零存货一览表，是由于本公司的暂估业务采用单到补差进行暂估处理，在结算成本处理时系统自动生成的入库调整单所形成的。

（5）在“存货核算”系统中，“ 业务核算”下，执行“月末结账”命令，打开“结账”对话框。

（6）月末检查。在“结账”对话框中，单击“月结检查”按钮，系统弹出“检测成功!”信息提示框，单击“确定”按钮，完成月结检查操作。

（7）结账。在“结账”对话框中，单击“结账”按钮，系统弹出“存货核算”信息提示框，提示“月末结账完成!”，如图 13-6 所示。单击“确定”按钮，系统退出“结账”对话框。

注：

- 供应链管理系统月末结账必须遵循采购管理与销售管理系统先结账，然后库存管理系统、存货核算系统依次结账的操作顺序，目的在于避免遗漏业务。
- 月末结账取消，采购管理、销售管理、库存管理三个系统，直接在“结账”对话

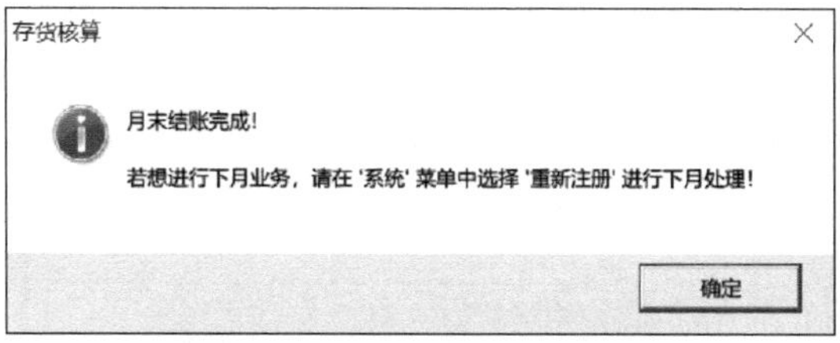

图 13-6 “存货核算”信息提示框

框中，单击“取消结账”按钮即可。

- 在进行存货核算月末结账后，只有以“下月”任意日期登录系统，才能恢复月末结账。
- 步骤：“存货核算”→“业务核算”→“月末结账”，在“结账”窗口，单击“取消结账”。
- 取消结账顺序：有货核算→库存管理→销售管理→采购管理。
- 恢复期末处理的功能，在总账结账后将不可用。

13.2 财务模块月末结账

本账套的财务模块包括：应收款管理、应付款管理、固定资产及总账，财务模块月末结账是对以上四个模块的经济业务进行月末处理和月末结账。

31 日，对公司的各个财务模块进行月末结账处理。

13.2.1 应收款管理系统月末结账

（1）以“W02 甲 3”身份登录“企业应用平台”，“操作日期”为“2017 年 7 月 31 日”。

（2）在“业务工作”选项卡中，依次执行“财务会计”→“应收款管理”→“期末处理”→“月末结账”命令，系统打开“月末处理”对话框。

（3）结账。在“月末处理”对话框中，双击“七月”的“结账标志”栏，如图 13-7

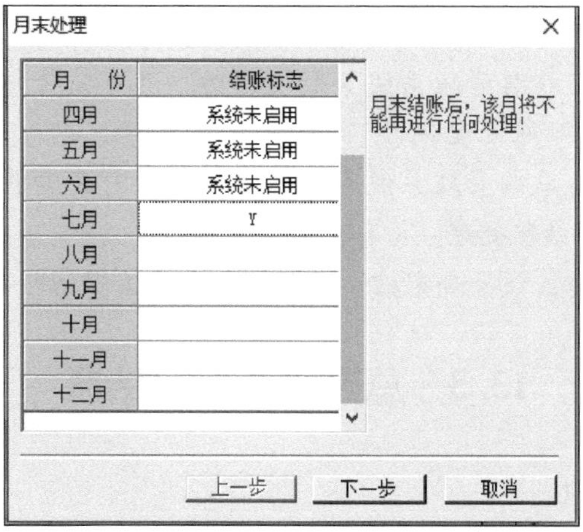

图 13-7 “月末处理”对话框（1）

所示。然后单击“下一步”按钮，系统弹出图 13-8 所示的对话框，单击“完成”按钮，系统弹出“7 月份结账成功”信息提示框。若有“处理情况”为“否，单击查看月末处理详细”中的提示，把提示中的问题解决后，再次进行月末处理。

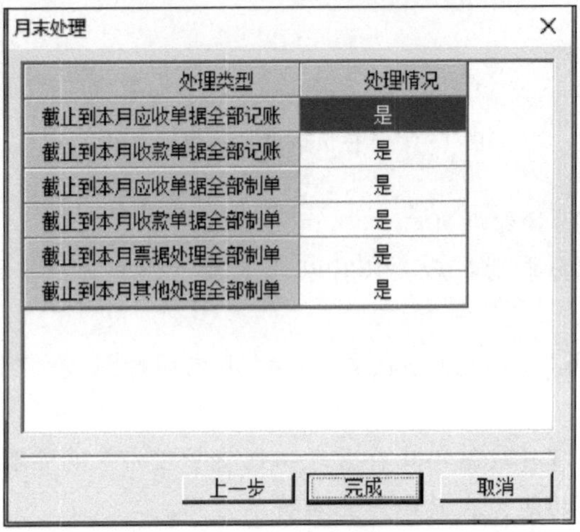

图 13-8 “月末处理”对话框（2）

（4）退出。单击提示框中的“确定”按钮，系统自动结账完成。

13.2.2 应付款管理系统月末结账

（1）以“W02 甲 3”身份登录“企业应用平台”，“操作日期”为“2017 年 7 月 31 日”。

（2）在“业务工作”选项卡中，依次执行“财务会计”→“应付款管理”→“期末处理”→“月末结账”命令，系统打开“月末处理”对话框。

（3）结账。在“月末处理”对话框中，双击“七月”的“结账标志”栏。然后单击“下一步”按钮，再单击“完成”按钮，系统弹出“7 月份结账成功”信息提示框。

（4）退出。单击提示框中的“确定”按钮，系统自动结账完成。

注：

- 应收款管理系统与销售管理系统集成使用时，只有销售管理系统结账后，才能对应收款管理系统进行月末结账处理。
- 应付款管理系统与采购管理系统集成使用时，只有采购管理系统结账后，才能对应付款管理系统进行月末结账处理。
- 本月单据在结账前应该全部审核；本月的结算单据在结账前应全部核销。

13.3 总账系统月末结账

13.3.1 总账系统月末处理

总账的期末处理，一般有计算应交增值税及结转未缴增值税、计算并结转城市维护建设税及教育费附加、期间损益结转处理、计算并结转本月企业所得税、计算并结转法定盈余公积金、投资者利润以及所有凭证的出纳签字、会计主管签字与审核。

自定义结转及生成、期间损益结转以及计提企业所得税、计提并结转法定盈余公积与投资者利润具体步骤参考第 6 章第 1 节内容，在此不做赘述。

13.3.2 总账系统月末对账与结账

总账系统月末对账与结账具体步骤参考第 6 章第 2 节内容，在此不做赘述。

13.4 习 题

（1）请依次分别完成采购管理系统月末结账、销售管理系统月末结账、库存管理系统月末结账、存货核算系统月末结账。

（2）请依次分别完成应收款管理系统月末结账、应付款管理系统月末结账。

参考文献

[1] 新道公司 . 2017 年新道杯会计大赛国赛试题［Z］.
[2] 吴溥峰 . 财务软件应用指南［M］. 上海：立信会计出版社，2013.
[3] 用友公司 . 用友 U810 帮助文件［Z］.
[4] 王新玲，等 . 用友 ERP 财务管理系统试验教程［M］. 北京：清华大学出版社，2017.
[5] 时广军，张艳 . 国外财务共享研究：回顾与展望［J］. 财会研究，2016（11）：28~33.
[6] 张雪梅，姜尧鹏 . 财务共享服务研究述评［J］. 新会计，2019（5）：10~14.
[7] 田高良，贝成成 . 财务机器人的选择和实施方法探究［J］. 财会月刊，2019（19）：9~14.
[8] 黄喆 . 大数据背景下云会计与财务软件的对比分析［J］. 现代商业，2021（11）：187~189.
[9] 叶志锋，陈洁 . 大数据时代《会计学》课程改革的思考［J］. 中国农业会计，2021（6）：5~7.